JN409646

국제법이론총서 No. 8

Perspectives of International Law in the 21th Century

21세기 국제법의 현안과 과제

박기갑 외

삼우사

서 문

우리는 곧잘 "시간이 참 빨리 간다"는 말을 쓰곤 한다. 그런데 이 책을 편집하면서 그 말을 정말 실감했다. 은사이신 유병화 교수님이 제자들의 석사학위논문을 추려 『국제법의 현실문제』(일조각, 1983)를 펴내셨는데, 그로부터 28년이 지난 2011년에는 편저자의 제자들이 쓴 논문을 모아 도서출판 삼우사의 도움으로 이렇게 단행본으로 출판하게 되었다. 세월이 정말 빨리 흐르고 있다는데 새삼 놀랍다. 예나 지금이나 제자들의 논문을 모아 출판하는 목적은 국제법학계에 젊은 피를 공급하여 분위기를 진작함과 동시에 학자되길 꿈꾸는 젊은이들에게는 희망과 용기를 불어넣어 주는데 있다. 이번 책에 실린 논문들은 편저자의 글을 제외하고는 「국제법 논문경시대회」 수상작들이다. 물론 지금까지의 모든 수상작이 아니라 편저자의 연구실과 인연을 맺은 고려대학교 대학원 지도학생들의 글만을 모은 것이다.

외교통상부 조약국(현 국제법률국)과 대한국제법학회 공동주최인 이 경시대회는 2001년 제1회를 시작으로 2010년까지 열 번째 대회를 마쳤고, 매해 원칙적으로 대학원생과 학부생 분야에서 최우수상과 우수상 수상자를 각각 배출해 오고 있다. 현재는 각 분야별로 논문경시대회라든지 모의법정대회가 열리고 있지만, 10년 전만 하더라도 「국제법 논문경시대회」는 학생들에게 「네덜란드 헤이그 국제법 아카데미」 참가자격 부여라는 큼직한 부상(副賞)을 걸고 동일한 주제하에 공개적으로 논문을 모집한 획기적인 기획작품이었다. 이제 「국제법 논문경시대회」는 명실 공히 신진학자의 등용문으로 자리매김을 하였다 해도 과언은 아닐 것이다.

이 책의 구성방식은 단순히 각 논문의 수상 연도 순서대로 나열하지 않고, 크게 네 가지 대주제로 나누어 그 밑에 관련 논문을 편성하였다. 네 개의 주제라 함은 '국제사회의 평화와 안전 유지', '국제법상 책임논리의 발전: 국가와 개인', '국제법상 인권보호와 증진', '영토, 조약 그리고 사법적 해결' 등이다. 이들 네 개의 대주제는 수상작들의 제목과 내용에서 풍기는 공통점 내지 유사성을 고려하여 편저자가 임의로 뽑았기 때문에 다른 특별한 의미가 있는 것은 아니다. 그럼에도 불구하고 이들 주제 하나하나는 국제사회가 계속해서 맞닥뜨릴 중요한 문제들임에는 틀림없다. 각 주제별로 간단히 살펴보기로 하자.

우선 '국제사회의 평화와 안전 유지'라는 주제는 20세기초 이래 지금까지 국제사회가 가장 중요하게 여기는 과제일 뿐만 아니라, 보편적 국제기구인 유엔이 존재하는 이유 중의 하나이다. 따라서 21세기 변환기에 있어서 유엔 안전보장이사회의 실질적 권한 확대현상을 분석하라는 문제가 「국제법 논문경시대회」 제1회 주제로 채택된 것은 지극히 당연하다 할 것이다. 1990년대 구 소련이 붕괴되면서 전면전의 위험은 감소된 것은 사실이지만, 국지전과 내전이 격화됨으로써 무력충돌의 희생자는 역설적으로 더욱 증가하였다. 또한 범세계적 테러집단 등 비국가 실체가 국가의 안보를 위협하는 새로운 상황에서 '평화에 대한 위협'의 의미는 오늘날 무엇이며, 안전보장이사회의 활동영역 확대가 필연적이라 한다면 그 통제수단은 무엇인가에 대한 진지한 고민이 논문을 통해 잘 나타나고 있다. 이 외에도 9·11 이후 미국이 알카에다 소탕을 위해 행한 아프가니스탄과 이라크에 대한 무력행사의 국제법적 적법성 판단, 대량살상무기(WMD) 확산을 방지하기 위한 국제사회의 새로운 노력, 그리고 나날이 그 심각성을 더해가는 사이버 공격을 둘러싼 각종 국제법적 의문에 대한 답을 모색하는 논문들이 첫 번째 제목하에 다루어지고 있다.

두 번째 주제는 국제법상 국가와 개인에 대한 책임논리의 발전으로 여기에는 세 편의 논문이 실려 있다. 국제법은 오랫동안 권리와 의무만을 다루는 1차적 법규범은 있었지만, 1차적 법규범을 위반하였을 때 이에 대한 책임을 추궁할 수 있는 2차적 법규범이 미흡했다는 평가를 들어왔다. 그러나 2001년 유엔 국제법위원회(ILC)는 반세기 동안의 작업을 거쳐 마침내 '국제불법행위에 관한 국가책임초안'을 채택하였다. '국제법상 금지되지 아니한 행위로 말미암은 책임', 즉 liability와 관련해서도 ILC는 2001년과 2006년에 각각 초안을 채택한 바 있다. 또한 개인의 형사책임과 관련해서는 1998년 국제형사재판소 설립에 관한 로마규정의 채택을 빼놓을 수 없다. 로마규정의 '침략범죄' 조항에 대해서는 2010년 채택된 관련 내용을 새로 정리하여 실었음을 밝힌다. 이처럼 국제법의 2차적 법규범의 비약적 발전이라는 맥락 속에서 이들 논문은 관련된 문제점들을 집중적으로 조명하고 있다.

세 번째 주제는 20세기 중반부터 급부상하였으며 21세기에도 국제사회의 화두로 계속 등장할 인권(human rights)의 보호와 증진이다. 국내법상 인권관련 법규 및 제도의 정비와 비약적인 발전은 정말 놀랍다. 더 나아가 일반인의 인권에 대한 인식수준은 오히려 실정법보다 더 앞서가는 듯하다. 하지만 한 가지 잊지 말아야 할 사실은 국내 관련 법제도는 바로 국제법 및 국제기관의 관행에서 영향을 많이 받고 있다는 점이다. 대한민국 정부가 소위 6대 국제인권조약에 모두 가입 완료한 시점은 1990년대 중반이며, 이제 우리가 한 단계 더 성숙한 인권보호와 증진정책을 국내적으로 펼치기 위해서는 21세기 국제사회의 변화와 발전을 충분히 숙지하여야 한다. 이러한 맥락에서 여기에 실린 세 편의 논문은 각각 기존에 국가의 권리행사로만 여겨졌던 외교적 보호권을 이제는 국제인권법상 개인의 권리 측면에서 재조명해야 한다는 논쟁, 불가침적 권리로 여겨지는 기본권을 규정하고 있는 국제인권조약에 과연 국가는 어디까지 유보가 가능한지 여부 및 그러한 유보의 법적 성격을 둘러싼 논쟁, 인도적 간섭을 둘러싼 오랜 국제사회의 논쟁 등을 각각 심층적으로 분석하고 있다.

네 번째 주제하에 묶여진 세 편의 논문은 국제사회의 영원한 화두로 남을 영토문제, 조약 그리고 국제판결의 집행 및 그 효율성을 제고하기 위한 고민을 다룬다. 오늘날 영토분쟁의 특징은 지표면의 영유권을 둘러싼 단순한 분쟁이 아니라, 자원 확보 및 개발을 둘러싼 전방위 이해관계 충돌이라는 빙산의 일각이다. 이러한 맥락에서 독도영유권을 보다 공고히 하기 위한 법리 개발의 일환인 '실효적 지배' 개념의 다각적 분석은 매우 흥미롭다 할 것이다. 두 번째 논문은 조약법의 특수문제 중 하나인 시간과의 관계를 다룬다. 고전국제법의 주춧돌이라 할 수 있는 조약법의 이해는 실무가나 학자 모두 매우 중요하다. 특히 일정한 시간이 흐르고 난 후 조약을 해석하고 적용하려고 할 때 조약 당사자들이 체결 당시 의도하지 못했던 상황에 처할 수 있거나 후속 관행에 의해 변경되어 이를 둘러싼 분쟁이 발생하기도 한다. 이 문제를 분석한 두 번째 논문을 통하여 실무가들은 유용한 관련 자료를 얻을 수 있을 것이다. 마지막 논문은 국제법학자들이 늘 부담스럽게 생각하는 국제판결의 불이행 문제와 관련되어 있다. 국제분쟁을 해결하는 국제법정의 판단이 내려지면 관련 당사자, 특히 자국의 주장이 받아들여지지 않은 국가는 비록 불만스럽겠지만 법적 의무감을 갖고 신의성실하게 판결을 이행해야 마땅하다. 그러나 현실적으로 과연 그러한가에 대해 일반인들은 의구심을 갖기도 한다.

이처럼 국가의 대외적 활동에 매우 중요하면서도, 다른 한편 어렵고 복잡한 법적 문제들에 대해 신진학자들은 공들여 수집한 자료를 세밀히 분석한 결과를 우리에게 제시하고 있다. 이 책은 국제법을 전공으로 하는 학자나 실무가뿐만 아니라 석·박사 논문을 준비하거나 논문경시대회에 참가하려는 학생들에게도 좋은 지침서 역할을 하리라 기대한다. 우선 학자나 실무가들은 21세기 들어서 국제사회에서 가장 쟁점이 되었던 문제들에 대해 심도 있는 분석을 접할 수 있을 것이다. 위에서도 잠시 언급했지만 외교통상부는 매년 경시대회 주제를 정함에 있어 그 당시 가장 민감하며 중요한 문제를 선정하였기 때문이다. 다음으로 배움의 연속선상에 있는 학생들은 이 책을 통해 주어진 주제에 대해 어떻게 정확히 논점을 잡으며, 관련된 방대한 자료를 어떻게 효율적으로 분석하여 배치하는지 등 바람직한 논문작성 방식을 배울 수 있을 것이다. 여느 논문경시대회가 그렇듯 집필기한은 보통 석 달 이내로 한정되어 있고, 응모한 논문들의 1차심사는 최소한 3명 정도의 전문가들에 의해 점수가 매겨지며, 2차심사는 1차심사를 통과한 복수 후보자에 대한 구술심사 끝에 최종적으로 최우수상, 우수상 등이 정해진다. 따라서 이 책에 실린 수상작들을 정독한다면 언젠가는 우수한 논문을 작성하는 안목을 가지게 될 것이다.

글 쓰는 사람이라면 자기의 손을 거쳐 생산된 글들 하나하나에 실린 자신의 에너지는 균등하지 않고 조금씩 차이가 있음을 인정할 것이다. 논문경시대회는 모든 절차가 공개적으로 이루어질 뿐만 아니라 몇 단계를 거쳐 선발되기 때문에 참가자들은 아마도 최고의 정성과 심혈을 기울인 작품을 제시하기 위해 노력하였을 것이고, 그 결과 한 단계 더 높은 학문의 경지를 개안(開眼)하는 경험을 하지 않았을까. 실제로 「국제법 논문경시대회」에서 수상한 이들은 그들의 이력과 경력에서 보다시피 국제법 분야의 신진학자의 길을 착실히 잘 가고 있다. 이들은 앞으로 우리나라 국제법학계를 선도해 나갈 큰 재목으로 성장하리라 믿어 의심치 않는다.

끝으로 척박한 국내 국제법학계에 논문경시대회와 모의법정대회 등을 통해 신진학자 양성의 길을 열어 주신 외교통상부와 대한국제법학회에 감사를 드린다. 또한 늘 그렇지만 도서출판 삼우사 조병철 대표께 심심한 감사의 말씀드리고 싶다. 상업적으로 별반 매력 없는 전문학술서 그것도 국제법 분야를 오랫동안 지속적으로 지원하기란 여간 어려운 일이 아닐 것이다. 조 사장님 덕분에 우리나라 국제법 연구에 밝은 희망을 보는 것 같아 기쁘고 감사하다.

2011년 2월

편저자 박 기갑

차 례

제3편 국제법상 인권보호와 증진

제4편 영토, 조약 그리고 사법적 해결

[용어표]

정식 명칭	약 어
국제연합 (United Nations)	유엔
국제연합 안전보장이사회 (Security Council)	안보리
국제연합 총회 (General Assembly)	총회
국제법위원회 (International Law Commission)	ILC
국제사법재판소 (International Court of Justice)	ICJ
상설국제사법재판소 (Permanent Court of International Justice)	PCIJ
국제형사재판소 (International Criminal Court)	ICC
상설중재재판소 (Permanent Court of Arbitration)	PCA
결의 표기 형식	ex) 제1334호
법조문 표기	ex) 제2조 4항

※ 이 책의 글 제목 및 목차도 약어에 따라 작성됨.

제 1 편

국제사회의 평화와 안전 유지

사이버 전쟁 내지 사이버 공격과 국제법 *

박 기 갑

* 이 논문은 『국제법평론』, 국제법평론회, 통권 제32호(2010-II)에 게재된 것임.

Ⅰ. 문제의 제기

과거와 마찬가지로 21세기 국제법에는 국제사회의 변화에 따라 새로운 내용이 논의되고 있으며, 경우에 따라서는 국제관습법 또는 조약형태로 발전하기도 한다. 가령 소말리아 해적 소탕을 위한 영해의 진입허용 가능성, 교토의정서 이후 기후변화에 대응하기 위한 새로운 제도적 장치 도출을 위한 협상, 국제형사재판소의 물적 관할권 중 하나인 침략범죄 개념의 채택, PSI(Proliferation Security Initiative)와 공해의 자유의 충돌 우려, 전통적 공해의 자유 중 어로행위의 자유를 제한하는 지역적 수산기구의 등장, 보호책임(R2P)을 둘러싼 공방 등을 들 수 있다. 이러한 국제법의 새로운 논의 목록에 덧붙여질 수 있는 것이 바로 가상세계 혹은 가상공간으로 번역되는 cyberspace이다.[1)]

Cyberspace와 관련되는 법적 문제들 중에서 개인이 저지르는 사이버 범죄(cyber crimes)는 2001년 Council of Europe에 의해 부다페스트에서 채택된 Convention on Cyber crime에서 보듯이 국가간 형사재판관할권 협력문제를 중심으로 국제사회에서 본격적으로 다루어지고 있다.[2)] 그러면 cyberspace에서 개인에 의해 저질러지는

---

1) 이 논문에서는 원어 그대로 cyberspace 용어를 쓰기로 한다. 참고로 이성덕, 최태현 교수 등은 '사이버 공간'이라고 번역한다. 한편 파생되는 cyber attack, cyber war는 사이버 공격과 사이버 전쟁으로 각각 번역한다.

2) 2001년 11월 23일 채택, 2004년 7월 1일 발효. 2010년 9월말 현재 30개국 가입(네덜란드, 노르웨이, 덴마크, 독일, 라트비아, 루마니아, 리투아니아, 마케도니아, 몬테네그로, 몰도바, 미국(Council of Europe 비회원국), 보스니아-헤르체고비나, 불가리아, 사이프러스, 세르비아, 스페인, 슬로바키아, 슬로베니아, 아르메니아, 아이슬란드, 아제르바이잔, 알바니아, 에스토니아, 우크라이나, 이탈리아, 크로아티아, 포르투갈, 프랑스, 핀란드, 헝가리). 국내 관련 논문으로는 이성덕, "사이버 공간에 대한 국가관할권의 문제: 입법관할권을 중심으로 한 국제법적 조망," 『서울국제법연구』, 6권 2호(1999), 219-238면; 최태현, "사이버 공간에 대한 입법관할권," 『법학논총』, 제17집(한양대 법학연구소, 2000. 10), 115-137면. Bert-Jaap Koops & Susan W. Brenner(edited by), *Cybercrime and*

범죄문제와는 별도로 일 국가가 다른 국가를 공격하는 이른바 사이버 공격(cyber attack) 내지 사이버 전쟁(cyber war)에 관해서는 어떠한가?

인류의 역사를 돌이켜 볼 때 과학기술의 발달은 전쟁수단에 곧바로 접목되어 국제관계에 엄청난 파급효과를 가져왔으며, 국제법 분야에도 영향을 미쳐 관련 규범의 수정・보완 및 제정 작업을 불러왔다. 가령 대포의 발달은 영해의 폭 조정을, 비행선과 항공기의 발달은 영공주권의 형성을, 우주물체의 등장은 영공주권원칙과는 정반대의 우주공간에서의 모든 국가의 자유이용원칙을 탄생케 하였다. 이제 인간의 전쟁터가 육지・바다・하늘 그리고 우주에 이어 cyberspace가 다섯 번째 전장으로 추가・확산되는 현상을 우리는 애써 부인하거나 외면할 수 없게 되었다.[3)]

Jurisdiction (2006), p.355.

3) *Economist*, 2010년 7월 3일자 'Cyber War' 특집판의 주요내용을 정리하면 다음과 같다. "인류역사를 통해 새로운 과학기술은 전쟁을 때로는 급격하게 때로는 천천히 변모시켰다. 가령 전차, 화약, 항공기, 레이더 그리고 핵분열 등. 이제 IT 차례이다. 컴퓨터와 인터넷은 경제를 바꾸어 놓았고 서방세계의 군대는 무인항공기 운용, 정보수집 및 원거리 공격목표 타격 등에 큰 이득을 보았다. 그러나 디지털 기술의 전파는 디지털 공격에 군대와 사회를 노출시키는 대가를 치루고 있다. 이러한 위협은 복잡하고 다면성을 갖고 있으며 또한 잠재적으로 매우 위험하다. 현대사회는 과거에 비해 인터넷에 연결된 컴퓨터 시스템에 더욱 의존하기 때문에 적에게 공격루트를 더 많이 열어주는 결과를 초래하고 있다. 만일 발전소・정유공장・은행 및 항공관제소 등의 체제가 마비된다면 많은 사람들이 피해를 입는 것은 자명하다. 그런데 문제는 아직까지 cyberspace에서의 위험한 행위를 지배하는 규정이 거의 없다. 그렇기 때문에 핵무기와 재래식 무기 감축 또는 통제를 시도했던 것처럼 사이버 공격에 직접・간접적으로 이해관계를 갖는 국가들은 더 늦기 전에 사이버 전쟁으로부터의 위협을 어떻게 감소시킬 것인지에 대해 협의를 시작해야 한다. Cyberspace는 육지・바다・하늘・우주에 이어 다섯 번째 전장이 되고 있다. 컴퓨터망이 붕괴되면 가령 화학공장 등의 폭발, 인공위성의 궤도이탈, 재정과 전자정부 계통의 미작동 등을 충분히 상상할 수 있다. 많은 전문가들은 네트워크 침입은 그럴 의사가 있고, 수단과 시간이 있는 자에 의해 충분히 가능하다고 본다. 각국 정부는 자신들이 바로 해커이기 때문에 상황을 잘 파악하고 있다. 이제 네트워크에 침입하여 손상을 입히는 일은 어렵지 않고 조금만 조심하면 누가 했는지 아무도 입증할 수 없다. 가령 2007년 에스토니아와 2008년 조지아에 대한 사이버 공격은 러시아의 지도부에 의해 지시되었다고 널리 알려져 있지만 정작 러시아 해커들만 피의자 선상에 오를 뿐이다. 또한 공격에 사용된 PC들 중에는

최근 이 문제에 대해 경종을 울리는 시류(時流) 때문인지[4] 외국에서는 관련 논문이나 단행본이 부쩍 많이 출간되고 있으며,[5] 국내에서도 이미 몇 년 전부터 연구논문들이 발표되고 있다.[6] 물론 대부분의 논문은 사이버 공격에 대해 심각하게 우려하며 대책을 강구해야 한다는 논지이지만 반대로 그렇지 않은 논조도 있긴 하다.[7] 본 논문은 전자의 입장에서 사이버 공격이 단순한 우려가 아니라 실제로 감행되고 있으며, 다가올 미래에는 더 심각한 사태가 발생할 수 있다는 점 및

해킹된 미국인의 것들도 많다. 사이버 무기의 존재는 핵무기처럼 그 자체로 사용될 준비가 되어 있다는 의미는 아니다. 더욱이 공격자는 자신의 공격이 다른 나라에서 어떤 효과를 나타낼지 확신을 하지 못한다. 하지만 확실한 것은 사이버 무기는 지금도 비밀스럽게 개발되고 있다는 것이다. 익명성은 실수, 오작동 및 여타 오류와 함께 군사적 갈등을 고조시킴으로써 자칫 재래식 군사충돌을 부추길 수도 있다.(이하 생략)"

4) 영국 국제전략문제연구소(IISS)는 2010년 2월에 '군사균형(Military Balance) 2010' 보고서를 발표했는데, 사이버 전쟁의 위협이 1950년대 핵전쟁 위협 수준이라는 진단을 하였다. 이 보고서는 사이버 전쟁이 정부나 국가기관의 웹사이트를 마비시키는 수준에서 벗어나 각국의 도로·공항·항만 등 사회기반시설 운영 시스템에 침투해 시설의 운영을 불가능하게 만들고, 군사 정보망의 내부정보를 왜곡해 군사작전에 혼선을 빚고, 금융거래 내역을 중간에서 가로챈 뒤 숫자를 바꿔치기해 금융시장을 마비시키는 방식으로 진행될 것이라고 예측했다. 보고서는 전쟁이 '비대칭 기술'(asymmetric technique) 중심으로 변하고 있기 때문에 사이버 전쟁 위협이 커졌다고 설명한다. 조선일보, 2010년 2월 25일자. '비대칭 전투능력'이라 함은 기존의 재래식 정규전이 아닌 비정규전을 수행하는 능력을 일컫는다.

5) 가령 Richard A. Clarke & Robert K. Knake, *Cyber War* (2010); Jeffrey Carr, *Cyber Warfare* (2010); Jean-Loup Samaan, "Mythes et réalités des cyberguerres," *politique étrangère* (2008. 4), pp.829-841; *The Economist*, 2010년 7월 3일자, Cyberwar: the threat from the internet 특집판 등.

6) 가령 김은구, "사이버 공격과 국제법상 무력사용에 관한 연구," 서울대학교 법학석사학위논문(2008); 김홍석, "사이버 테러와 국가안보," 제7회 한국법률가대회 발표문, 2010년 10월 26일; 문규석, "국제법상 정보전에 관한 연구," 『국제법학회논총』, 제48권 제1호(2003. 6), 159-192면; 서철원, "정보전에서 대응하는 무력사용에 관한 연구," 『법학논총』, 제16집(숭실대학교 법학연구소, 2006. 8), 123-152면. 서철원 교수는 "적의 컴퓨터나 컴퓨터에 있는 자료 혹은 정보의 전달수단인 통신망에 대한 타격을 가하는 행위"를 정보전으로 이해한다(126면 참조). 정보전에 관한 상세한 개념 연구는 문규석, 위의 논문, 161면 이하 참조.

7) 가령 Jean-Loup Samaan, *supra* note 5.

기존의 법이론 체계로는 어떤 국가가 다른 국가의 cyberspace를 공격함에 있어서 배후에서 조종하거나 직접 관여하는 사이버 전쟁과 같은 새로운 현상을 모두 포섭할 수 없다는 우려에서 출발한다.[8] 실제로 한국은 2009년 7월초 북한이 저질렀다고 간주되는 사이버 공격의 피해자이기도 하다. 이하에서 자세한 내용에 들어가기 앞서 관련 용어들을 살펴보고, 왜 국가들이 사이버 전쟁 내지 공격에 매력을 느끼는지에 대해 분석해 보기로 한다.

1. 주요 개념정의

우선 cyberspace는 현실세계가 아닌 컴퓨터, 인터넷 등으로 만들어진 가상의 공간을 일컫는다.[9] 인터넷과 cyberspace는 동일하지 않으며 다음과 같은 차이점이 있다고 한다. 인터넷은 다양한 네트워크들 중 열려있는 네트워크로서 우리는 이를 통해 다른 컴퓨터에 접속하여 대화를 할 수 있다. 이에 비해 cyberspace는 인터넷뿐만 아니라 인터넷으로는 일반적으로 접속할 수 없다고 여겨지는 컴퓨터의 여타 네트워크까지 포함하는 개념이다. 여기에는 돈의 흐름, 주식시장 거래, 신용카드결제 등의 상거래 네트워크와 발전소·항공기 또는 열

8) 2010년 6월 싱가포르에서 열린 아시아-태평양 안보 포럼에서 한국의 이명박 대통령, 미국의 Robert Gates 국방장관, 인도의 S. Menon 국가안보수석은 우주와 cyberspace를 포함하는 국제사회 안보를 보호할 국제공조 필요성을 역설하였다. *Economist*, 2010년 6월 10일자.

9) 'cyberspace'란 용어는 윌리암 깁슨이 1984년에 쓴 '뉴로맨서'라는 SF에서 최초로 등장한다고 한다. 참고로 이성덕 교수는 "사이버 공간은 물리적으로는 존재하지 아니하나 행위자들이 컴퓨터와 통신망이라는 매개체를 통하여 행하는 전자통신, 구체적으로는 정보의 게재와 그 정보에 대한 접근을 함으로써 형성된다"라고 설명한다. 아울러 사이버 공간의 특성으로 익명성, 행위지 및 행위자의 불특정성, 동시성, 국경을 초월한 전세계적 영향력, 물리적 인식의 불능, 쌍방향성 등을 언급한다. 이성덕, 앞의 주 2), 219-222면. 한편 형법학자인 강동범 교수는 사이버 공간을 "컴퓨터와 컴퓨터의 연결(컴퓨터네트워크)을 넘어 네트워크와 네트워크를 연결하여 전세계의 각종 정보서비스망을 하나로 연결하여 형성된 인터넷상의 가상공간"이라고 규정한다. 강동범, "사이버 범죄 처벌규정의 문제점과 대책," 『형사정책』, 제19권 제2호(2007), 34면.

차의 통제, 교통신호, 정유시설, 승강기 등 다양한 컴퓨터에 의한 통제 시스템이 속한다. 그런데 인터넷을 포함하는 cyberspace의 특징이라고 할 수 있는 국경과 이념의 한계가 없다는 점, 지리적 위치·시간·신분상의 제한을 받지 않고 누구에게나 실시간 또는 비실시간으로 정보의 선택 및 송수신이 가능하다는 장점이 거꾸로 사이버 공격의 통로로 악용된다는 사실은 참으로 아이러니하다.

다음으로 사이버 전쟁(cyber war) 내지 사이버 공격(cyber attack)은 어떻게 정의할 수 있을까? 우리는 일단 Richard A. Clarke가 내린 아래와 같은 개념을 논의의 출발점으로 삼기로 한다.

> "사이버 전쟁이란 사전허락 없이 일국의 정부에 의해, 정부를 위하여 또는 정부의 지원을 받아 다른 국가의 컴퓨터·네트워크에 침투하거나 또는 컴퓨터 시스템에 영향을 주는 다양한 행위를 일컫는다. 이러한 행위의 목적은 컴퓨터·네트워크 또는 컴퓨터 시스템이 통제하는 대상에 데이터를 첨가·변경 또는 왜곡되게 하거나 또는 혼란·붕괴 내지는 손해를 입히는 것이다."[10]

위의 개념정의는 대체로 적절하다고 보이지만, 두 가지 사항에 대해 이의를 제기할 수 있다. 첫째, Richard A. Clarke는 스파이를 사이버 전쟁의 다양한 행위 중에서 제외시키고 있다. 그 이유는 스파이 행위는 인류의 역사와 함께 해왔으며, 그 목적은 정보수집 차원이기 때문에 사이버 전쟁과는 달리 평가받아야 한다는 것이다.[11] 하지만

---

10) "Cyber warfare is the unauthorized penetration by, on behalf of, or in support of, a government into another nation's computer or network, or any other activity affecting a computer system, in which the purpose is to add, alter, or falsify data, or cause the disruption of or damage to a computer, or network device, or the objects a computer system controls." Richard A. Clarke, *supra* note 5, p.228.

11) 참고로 스파이, 즉 간첩의 국제법상 처우에 관해서는 '1899년 육전의 법 및 관습에 관한 헤이그협약(헤이그 제2협약) 부속서 제29조 내지 제31조, 특히 제31조에서는 일단 소속군에 복귀한 후에 나중에 적에 잡힌 간첩은 포로로서 취급되어야

스파이가 타국의 컴퓨터 시스템에 logic bomb[12]을 설치하는 행위는 논자에 따라 명백한 공격행위라는 주장이 제기될 수 있다. 둘째, '사이버 전쟁' 또는 '사이버 공격'이 어느 단계 또는 시점부터 국제법상의 '무력사용' 또는 '무력공격'에 해당하는가라는 질문에 대해 상기 개념 정의는 명확한 기준을 제시하지 못하고 있다. 국내법과 국제법 모두 폭력행사의 정도와 피해규모에 따라 비난 내지 처벌 수위가 달라지듯 사이버 공격 역시 사소한 형태에서부터 파괴력이 심각한 것까지 다양할 것이다. 법학에서는 이러한 분기점(threshold)을 설명하기 위해 심각한(significant), 대규모의(massive) 등의 표현을 사용한다.

참고로 사이버 공격 내지 사이버 전쟁이 어느 시점에서 전통 국제법의 '무력사용' 또는 '무력공격'이 되는지 여부에 관해 Michael Schmitt는 심각성(severity), 시간적 즉각성(immediacy), 직접성(directness), 침입성(invasiveness), 측정 가능성(measurability) 그리고 추정적 정당성(presumptive legitimacy) 등 6개의 기준을 제시한 바 있다.[13] 이러한 견해에 대하여 과연 상기 6가지 기준이 갖는

한다고 규정하고 있다. 일반적으로 포로의 대우를 받으려면 ① 책임 있는 자에 의해서 지휘될 것, ② 멀리서 인식할 수 있는 고착된 표지를 할 것, 즉 군복을 입을 것, ③ 공연하게 무기를 휴대할 것, ④ 전쟁에 관한 법규 및 관례를 준수할 것 등의 요건을 갖추어야 한다. 1949년 포로의 대우에 관한 제네바협약(제3협약) 및 1977년 제1추가의정서 제46조 2항 등 참조.

12) 컴퓨터 프로그램에 잠복해 있다가 결정적 시점에 작동하여 멈추게 하든지 아니면 회로를 망가뜨리는 일종의 컴퓨터 시한폭탄장치를 일컫는다. 국내에서는 '논리폭탄'으로 번역되기도 하지만 이 글에서는 원어 그대로 표기한다.

13) Michael Schmitt, "Computer network Attack and use of force in international law: thoughts on a normative framework," *Columbia Journal of Transnational Law,* Vol. 37(1999), pp.913-915; Jeffrey Carr, *supra* note 5, pp.60-61. ① 심각성(severity)은 사이버 공격이 가해지는 범위와 강도를 본다. 가령 희생자의 숫자, 공격받은 장소의 규모, 물적 피해의 규모 등을 고려한다. 그 물리적 피해의 수준이 심각하면 할수록 사이버 공격이 무력공격 및 무력사용에 준하게 될 가능성이 높아진다. ② 시간적 즉각성(immediacy)는 무력공격 내지 무력사용이 다른 경제적·정치적 위협 혹은 강요에 비해 그 효과를 즉각적으로 발휘한다는 점에 주목한다. 사이버 공격의 효과가 즉각적으로 나타나서 공격의 대상이 되었던 국가 혹은 집단이 평화로운 해결책이나 방어를 모색할 수 없게 된다면 이는 무력공격 내지 무력사용에 준하게 된다는 의

가치가 동일한가 아니면 특정 기준에 보다 많은 가중치를 부여할 수 있는가 등 다양한 질문이 제기될 수는 있겠지만, 어떤 형태의 사이버 공격이 국제법상 무력공격에 해당하는가라는 질문에 대한 답변을 제시함에 있어서 상당히 유용한 설명방식이라고 생각된다. 한편 2010년 6월 유엔군축사무소에서 발간한 보고서는 사이버 공격의 개념을 직접적으로 규정하는 대신에 사이버 테러와 다르다는 점, 사이버 공격은 기존 전쟁에 부속적으로 사용될 수 있다는 점, 사이버 공격은 무기의 사용이 아닌 프로그램을 사용한다는 등 기본적인 밑그림을 그리고 있다.[14)]

미이다. 참고로 Jeffery Carr는 이 부분에 대해 '시간적 지속성'으로 해석하여 시간적으로 공격의 효과가 오래 지속되면 무력공격에 가깝다는 식으로 묘사하고 있다. 그러나 이러한 Carr의 설명은 Schmitt의 의도를 정확하게 이해한 것 같지는 않다고 보여진다. ③ 직접성(directness)은 야기된 피해와 사이버 공격간의 상관관계, 즉 사이버 공격이 피해 발생에 직접적 원인 제공을 하였는지 여부이다. ④ 침입성(invasiveness)은 공격의 장소적 측면에 초점을 맞춘다. 즉 무력공격 내지 무력사용은 피해국 영토에 대한 직접적 침투성을 갖는다는 점에 주목하여 사이버 공격이 피해국의 영토에서 심각한 해를 끼칠 경우 이는 무력공격 내지 무력사용에 좀 더 가까워진다. ⑤ 측정 가능성(measurability)은 사이버 공격으로 인한 손해의 양적 규모의 판단을 의미한다. 정량적 평가가 가능한 피해는 그만큼 명백하고 심각한 피해가 발생하였음을 의미하므로 사이버 공격의 피해가 수량화될수록 무력공격 내지 무력사용에 가깝다고 볼 수 있다. ⑥ 추정적 정당성(presumptive legitimacy)이란 국가의 관행 및 국제사회에서 인정되고 있는 규범적 측면에서 사이버 공격 자체의 적법성을 평가하는 것이다. 국제관계에 있어서 무력공격 내지 무력사용은 예외적으로 허용될 수 있으며 일반적으로는 불법적인 것으로 추정된다. 사이버 공격 역시 국가 관행 및 국제사회에서 허용되지 않는다고 평가될수록 그 불법성이 추정되며 따라서 그만큼 무력공격 내지 무력사용에 가까워지게 된다. 전체를 종합해 볼 때 사이버 공격에 의한 피해가 심각하고 규모가 클수록, 즉각적인 공격의 효과가 즉각적으로 발생할수록, 피해의 직접적 원인 제공을 할수록, 피해국의 물리적 국경선 밖에서 자행되어 피해국 영토 및 네트워크에 대한 침투성을 강하게 띨수록, 마지막으로 그러한 공격행태가 국제사회에서 정당성을 부여받지 못할수록, 무력사용 더 나아가 무력공격의 범주에 포함된다는 이론이다.

14) "To be clear, when we talk about cyber conflict, it is not terrorism. … It is not necessarily war either. It may be an adjunct to war. It is now part of some countries' portfolio for beginning an attack. … It is not warfare in the traditional or conventional sense. … cyberattack does not involve weapons. This is a hard concept to deal with because, in fact, the most valuable attack unit is a person with

아울러 이 논문에서 사용되는 용어와 관련하여 부수적으로 언급할 필요가 있다. 현대 국제법 용어를 따른다면 '사이버 전쟁'(cyber war) 대신 '사이버 국제적 무력충돌'(cyber international armed conflict)이라고 표기해야 하겠지만, 난점이 따른다. 왜냐하면 cyberspace에는 물리적 국경이 존재하지 않을 뿐만 아니라 자국 영토로부터도 공격이 개시될 수 있기 때문에 '국제적'(international)이란 표현을 쓸 수 없다. 따라서 이 논문에서는 일단 국가간 충돌현상을 명확히 해 줄 수 있다는 관점에서 국제법 조류에 역행하지만 '사이버 전쟁'이란 용어를 쓰기로 한다. '사이버 공격'이란 용어는 현실세계의 무력공격 형태와 차별화시킨다는 점에서 장점이 있으므로 필요에 따라 이 논문에서 병기하기로 한다. 참고로 cyberspace에서 일 국가가 다른 국가를 공격하는 행위를 지칭하는 용어로 '정보전'(information warfare)이란 용어를 사용하는 학자들도 있다.[15]

다음으로 사이버 전쟁과 직접·간접적으로 관련되는 사이버 범죄 및 사이버 테러를 물적 대상으로 하는 국내법, 특히 한국 민사법 및 형사법상의 규율 추세를 간단히 언급하기로 한다. 사이버 범죄와 관련하여 민법상 불법행위책임을 추궁할 수 있는 법적 근거는 민법 제750조, 제751조 및 제760조이다.[16] 다만 민법상 불법행위에 해당하더라도 우리 법상 원칙적으로 금지청구(방해제거청구)가 허용되지는 않는다고 한다. 물론 물권이나 인격권 기타 지적재산권 등을 침해하

---

programming skills." *Cybewarfare and Its Impact on International Security*, United Nations Office for Disarmament Affairs, Occasional papers No. 19, June 2010, p.7.

15) 앞의 주 6)에 언급된 논문 참조.

16) 국내판례상 cyberspace에서 행하여진 불법행위로 말미암은 온라인 게임 서비스 제공자, 인터넷 종합 정보제공 사업자 등의 손해배상책임 판단기준은 다음과 같다. 관련 인터넷 기술의 발전 수준, 해당 서비스의 특성, 운영주체로서의 서비스 제공자의 영리적 성격 및 규모, 기술적 수단의 도입에 따른 일반 이용자에 대한 이익과 불이익 및 이에 따른 경제적 비용, 명의도용 내지 저작권 침해에 따른 피해의 정도, 가해자와 피해자의 관계 등이다.

는 경우에 침해된 권리의 성질상 금지청구가 허용되기도 하지만, 일반적으로 허용되지 않는다는 것이 학설의 일반적 입장이다.

사이버 범죄에 대한 형사법상 규율 현황은 어떠한가.[17] 컴퓨터나 인터넷상의 데이터 영역을 다수의 이용자가 자유롭게 정보를 주고받는 곳이며, 컴퓨터 네트워크상에서 행하여지는 범죄를 사이버 범죄라고 규정하며,[18] 사이버 범죄의 효과가 실제 현실사회에 악영향을 미치기 때문에 대한민국의 형법과 각종 특별법에 의해 규율되고 있다.[19] 사이버 범죄의 유형은 일반적으로 크게 세 가지 유형, 즉 현실세계가 아닌 cyberspace에서 이루어지지만 타인의 법익이 침해되기

---

17) 인터넷과 컴퓨터 범죄에 관해서는 Gerald R. Ferrera and others, *Cyber Law* (2nd ed., 2004), p.405 이하 참조.

18) 사이버 범죄에 관해서는 강동범, "사이버 범죄 처벌규정의 문제점과 대책," 『형사정책』, 제19권 제2호(2007), 33-52면; 조준현, "사이버 공간에서의 범죄유형론," 『고대 법대 100년의 학문적 성과와 미래』(2005), 171-194면. 참고로 형법은 1995년에 개정하여 부분적으로 사이버 범죄에 대한 처벌규정을 정비하였다. 특별법에 의해 처벌되는 경우로는 정보화촉진기본법, 정보통신기반보호법, 정보통신망이용촉진 및 정보보호 등에 관한 법률, 통신비밀보호법, 공공기관의 개인정보 보호에 관한 법률, 신용정보의 이용 및 보호에 관한 법률, 컴퓨터프로그램보호법, 전기통신기본법, 전기통신사업법, 성폭력범죄의 처벌 및 피해자보호 등에 관한 법률, 전자무역촉진에 관한 법률, 전자어음의 발행 및 유통에 관한 법률 등.

19) "고객정보 해킹당한 업체 둘 첫 기소," 중앙일보, 2010년 3월 17일자, 20면. 기사에 따르면 중고차 거래 사이트 B사와 네비게이션 업체 R사는 2009년 9월 중국 해커들에 의해 해킹을 당했다. 중국 해커들은 B사와 R사의 회원 91만명의 이름과 주민번호 등 개인정보를 통째로 훔쳐갔다. 김모씨는 이렇게 중국으로 유출된 국내 개인정보를 지난해부터 최근까지 총 100만원을 주고 사들여 인터넷에 '44개 업체 3,100만개의 개인정보를 판매한다'는 광고를 띄웠다. 김모씨는 이런 방식으로 15개 업체 1,000만개의 개인정보를 인터넷을 통해 팔아넘겼다. 김씨 스스로 불법도박 스팸메일 발송에 사용하기도 했다. 한편 인터넷서비스 대리점을 운영하는 이모씨는 김씨의 광고를 보고 모 통신사 고객정보 14만개를 개당 20원씩 총 300만원에 구입하여 인터넷 가입자 유치를 위한 텔레마케팅에 개인정보를 사용하였다. 서울경찰청 사이버범죄수사대는 3월 16일 B사 대표와 R사 대표 등 4명을 불구속 입건했다. 이들은 비록 해킹 피해자이긴 하지만 개인정보 암호화 등 보호조치를 취하지 않아 회원정보가 유출되도록 했다는 혐의(정보통신망 이용 촉진 및 정보보호 등에 관한 법률)가 적용되었다. 경찰은 2008년 9월 시행된 정보통신망법 개인정보 보호의무 위반 조항을 적용한 첫 사례라고 밝혔다. 한편 중국으로 유출된 개인정보를 사들인 김모씨와 그로부터 개인정보를 구매한 이모씨도 불구속 입건되었다.

때문에 처벌대상이 되는 범죄로서 현실세계에서 자행되는 범죄와 유사 내지 동일한 형태,[20] cyberspace에서 나타나는 새로운 범죄유형,[21] 그리고 cyberspace에 특유한 범죄유형[22] 등으로 구별 가능하다.

사이버 범죄의 처벌과 예방을 위한 국제적 공조는 나름대로 성과를 거두고 있다. 2001년 Convention on Cybercrime은 특히 컴퓨터 시스템이나 데이터에 대한 불법접속, 지적재산권 침해, 바이러스 개발 및 유포, 아동 포르노그래피 배포, 돈세탁, 사기, 테러리즘 모의 등에 대해 국내법으로 금지하고 처벌하는 등 국제형사공조를 강화함과 동시에 형사재판관할권 통일을 추구하고 있다. 다만 주관적 속지주의(정보발생지주의), 객관적 속지주의(정보수신지주의), 속인주의, 수동적 속인주의, 보호주의 및 보편적 관할권 등 복수의 국가관할권이 충돌 내지 경합할 우려가 있는 것은 사실이다.[23]

20) 가령 사이버 성폭력, 사이버 스토킹, 사이버 협박, 사이버 명예훼손, 사이버 업무방해, 사이버 비밀침해, 사이버 사기, 사이버 정보훼손, 사이버 자료조작, 사이버 음란물 유포, 사이버 도박, 사이버 저작권 침해 등.

21) 가령 바이러스의 전달과 유포, 보트넷(botnets, 웹사이트나 네트워크를 무력하게 하거나 정보의 채집), 스미싱(smishing, 문자 메시지를 미끼로 악성 스파이웨어 장착), 해킹, 스팸메일, 키로깅(keylogging, 숨은 소프트웨어로 자판동작을 모니터해 비밀번호 채집), 피싱(phishing, 이메일로 은행 등 유력기관 모방 사이트 유도), 파밍(pharming, 컴퓨터 악성코드로 가짜 웹사이트 유도), 해킹 등.

22) 가령 도메인 주소 절취, 사이버 머니나 아이템의 불법취득, 사이버 캐릭터에 대한 침해행위 등.

23) 형사재판관할권 결정을 둘러싼 각종 이론은 다음과 같다. ① 주관적 속지주의(정보발생지주의): 범죄행위가 개시된 국가가 당해 범죄 전체에 대해 형사관할권을 행사할 수 있다는 주장이다. ② 객관적 속지주의(정보수진지주의): 행위의 직접적인 결과가 발생한 국가가 당해 범죄 전체에 대해 형사관할권을 행사할 수 있다는 주장이다. ③ 속인주의: 국가는 자국민의 해외에서의 일정한 행위에 대해서도 이를 범죄로 규정하여 자신의 형사관할권을 행사할 수 있다는 주장이다. ④ 수동적 속인주의: 국가는 자국민을 대상으로 한 외국인의 외국에서의 일정 행위를 범죄로 규정하고 그에 대해 형사관할권을 행사할 수 있다는 주장이다. ⑤ 보호주의: 국가는 외국인이 외국에서 행한 행위라 하더라도 그로 인하여 국가의 이익, 즉 국가안보 또는 중요한 경제적 이익을 침해당한 경우 이를 범죄로 규정하여 형사관할권을 행사할 수 있다는 주장이다. ⑥ 보편적 관할권: 국제공동체 전체에 대해 위협이 되는 개인의 중대한 범죄에 대해서 모든 국가가 형사관할권을 행사할 수 있다는 주장이다.

이 논문에서 다루려는 사이버 공격과 국내형법에서 규율하는 사이버 범죄 유형은 밀접한 관련성이 있으며, 특히 사이버 테러(cyber terrorism)에 대해 관심을 기울일 필요가 있다. '사이버 테러'란 정치적 목적에 의해 특정인이나 집단 혹은 불특정 일반대중에게 공포심을 조장하기 위해 의도되거나 계획된 행위가 cyberspace에서 일어나는 현상으로, 가령 주요 국가기관의 정보시스템을 파괴 내지 일시적으로 무능화시켜 국가기능을 마비시키는 범죄를 일컫는다. 가령 앞에서 설명한 국내형법상 처벌대상범죄의 두 번째 형태인 바이러스의 전달과 유포, logic bomb 설치, 해킹, 피싱, 보트넷(botnets) 등은 국가가 사이버 공격을 시도하기 위한 수단으로도 사용될 수 있으며, 사이버 테러행위는 2007년 에스토니아와 2008년 Georgia 정부의 정보시스템을 무력화(無力化)시킨 사태에서 보듯 행위자와 행위지의 익명성 때문에 사이버 공격과 구별이 어렵거나 애매모호해지는 경우도 있다. 이처럼 개인의 법익을 침해하는 범죄유형은 정부의 거의 모든 행정업무가 컴퓨터 전산망을 통해 이루어지는 오늘날 자칫 국가안보 차원에서 볼 때도 큰 위협으로 작용하여 엄청난 위기상황을 초래할 수도 있다.

2. 사이버 전쟁 내지 공격이 갖는 매력

사이버 공격은 21세기 초 국제사회에 있어 최대 관심사 중 하나가 되고 있으며, 크고 작은 사이버 공격에 상당수 국가들이 직접·간접적으로 관여되고 있다는 사실은 공공연한 비밀이다. 국가들이 이처럼 사이버 전쟁에 관심을 갖는 이유를 굳이 꼽는다면 몇 가지를 들 수 있다. 첫째, 사이버 공격은 기존의 게릴라전 등 이른바 '비대칭 전력 내지 전투행위'(asymmetric warfare)에 속하기 때문에 행위자와 행위지를 은닉한 채 공격을 개시하기가 용이하다.[24] 다시 말해 사이버 공격의 독특한 매력은 이른바 '기망적인 공격'의 개시이다. 현대전에 사용되는 대부분의 전투력과 군수지원 시스템은 컴퓨터 네트워크와 연동되기 때문에 미리 침투시킨 바이러스 또는 전자기(EMP) 폭탄 등을 사용하여 정해진 시점에 통제 컴퓨터 네트워크를 마비시켜 버리면 적국의 전쟁 수행능력은 크게 떨어질 수밖에 없는 실정이다.[25] 둘째, 비용, 즉 예산 측면에서 볼 때도 전투기, 미사일, 탱크 등 비싼 재래식 무기구입에 비해 월등히 저렴하기 때문이다. 기초적인 컴퓨터 지식을 가진 적당한 인원과 적당한 예산만 있다면 다른 나라의 cyberspace를 쉽게 파고들어 심각한 사회적 혼란을 야기할 수 있다는 사실은 충분한 국방예산을 확보하기 어려운 국가들에게는 가장 큰 매력 포인트이다.

참고로 Richard A. Clarke는 그의 최근 저서인 *Cyber War* 에서 흥미로운 분석표를 제시하고 있다. 미국・러시아・중국・이란・북한 5개국을 사이버 공격, 사이버 방어 및 cyberspace에의 비의존도 3가지 항목에서 각각 1~10점까지 평가를 한 것이다.[26] 사이버 공격과 방어 항목에서는 점수가 높을수록 그 대비태세가 뛰어나다는 것이고, 비의존도 부문에서는 점수가 낮을수록 인터넷이나 cyberspace에 대한

---

24) 중국의 비대칭 전쟁 전략은 1999년에 발간된 *Unrestricted Warfare*에서 잘 나타난다. 즉 재래식 무기의 전력에서 뒤쳐진 약소국이 어떻게 열세를 극복하고 만회할 수 있는지에 대해 설명하고 있다. 가령 민간인을 군사목표로 삼기, 외국 언론 조작, 상대국에 마약 유포, 자연자원시장의 석권, 자신의 의도대로 하기 위한 포석으로서의 국제 법률기관에의 진출 등이다. 하지만 이러한 주장 중에는 국제인도법 원칙 특히 민간인 보호에 역행하는 내용도 다수 있어 문제를 야기한다.

25) "the unique challenge of cyberspace is that governments can launch deceptive attacks to which they cannot be linked." Herbert Lin, *International Herald Tribune*, 2009년 6월 27~28일, pp.1, 14.

26) 사이버 방어능력(cyber defense capacity)은 다음과 같은 요소를 고려한다. 비상시 국가가 외국과의 cyberspace 연결을 어느 정도 신속히 단절시킬 수 있는가. 그리고 자국의 물리적 국경선 안에서 발생하는 사이버 공격을 분간하여 멈출 수 있는가. 이는 가상적국의 외교행랑 속의 CD나 입국자의 USB 속에 cyberspace 시스템을 교란시킬 수 있는 프로그램이 있는 상황이 얼마든지 벌어질 수 있다는 것을 전제한다. 한편 cyberspace에의 의존도(cyber dependence)라 함은 사회의 필수불가결한 기반시설, 예를 들어 발전소, 철도, 가스 또는 원유 공급에 사용되는 파이프라인, 식품 등 사회적 공급루트 등이 어느 정도 컴퓨터 네트워크 체제에 의존하며, 비상시 대체물이 거의 없는 경우를 말한다.

사이버 전쟁 수행능력(General Cyber War Strength)[27]

국 가	사이버 공격능력	cyberspace에의 비의존도*	사이버 방어능력	합 계
미 국	8	2	1	11
러시아	7	5	4	16
중 국	5	4	6	15
이 란	4	5	3	12
북 한	2	9	7	18

* 원문에는 cyber dependence라고 되어 있으나, 내용상 lack of cyber dependence로 읽어야 적절하다고 판단되어 필자가 임의로 바꾸었음.

의존도가 높다는 의미이다. 물론 너무 단순화시켰다는 비판도 가능하지만 우리나라와 관련해서도 눈여겨볼 필요가 있다.

이 분석에 따르면 미국의 경우 국가와 사기업간 사이버 보안문제가 분리되어 있기 때문에 외부나 내부로부터의 사이버 공격에 취약한 반면, 중국이나 북한의 경우 국가가 모든 cyberspace를 통제하고 있기 때문에 사이버 방어적 측면에서 유리하다. 중국은 최근 급속도로 경제발전을 거듭하고 있지만, 아직까지 모든 것이 공산당의 지시에 따라 움직일 뿐만 아니라 미국에 비해 거의 대부분의 시설이 cyberspace에 의존하기보다는 아직도 수동조작의 비율이 높아 사이버 공격에도 큰 타격을 입지 않을 것이다. 또한 북한의 경우 cyberspace와 연계되어 있는 주요 사회기반시설은 거의 없기 때문에 cyberspace에 대한 의존도가 거의 없다. 그 결과 북한은 외부로부터 사이버 공격을 당해도 잃을 게 거의 없을 뿐만 아니라 역설적으로 소규모 인원과 예산규모로 짜여진 사이버 공격능력만 가지고도 미국처럼 사회기반시설 거의 대부분이 컴퓨터 체제에 의존하며, 정부와 기업이

27) Richard A. Clarke, *supra* note 5, p.148.

별개의 사이버 안보체제를 갖는 국가에 대해 치명적인 사이버 공격을 가할 수 있다는 결론에 도달한다.

이하에서는 사이버 공격으로 인하여 실제로 피해가 발생한 사례 및 사이버 공격을 우려한 국가들이 개별적이며 일방적인 사이버 안보에 관한 대책 마련을 서두르는 현실(제2장)을 살펴보고, 현행 국제법체제로서는 사이버 전쟁 내지 사이버 공격으로 인하여 야기될 수 있는 새로운 법적 논점을 모두 포괄하기 어렵다는 점(제3장), 따라서 국제사회의 협력이 필요한 시점임을 강조하기로 한다(제4장).

Ⅱ. 피해 사례 및 각국의 개별적 대응

만일 사이버 공격에 대해 국제사회가 적극적 대책 없이 그대로 방치해 둔다면 어떠한 결과가 발생할 것인가. 독자들의 이해를 돕기 위해 지금까지 잘 알려진 사이버 공격 사례 및 각국의 대처방안에 관해 설명한다. 물론 앞에서 언급한 바와 같이 cyberspace 특징, 즉 공격을 가한 행위자와 공격이 개시된 지점을 신속하고 정확하게 파악하기 힘들기 때문에 경우에 따라서는 국가가 개입하는 사이버 공격과 개인에 의해 이루어지는 사이버 테러 현상이 혼재될 수도 있음을 염두에 둬야 한다.

1. 한국이 입은 피해 사례

한국의 경우 이미 2004년 6월 중국발 바이러스로 국회, 국방연구원, 해양경찰청 등 10여개 국가기관 및 언론사 등의 PC 278대가 무더기 해킹당하는 사건이 발생한 이래, 2009년 7월 4일부터 9일 사이에 청와대, 국방부 등 정부 사이트가 사이버 공격으로 말미암아 일시

마비된 적이 있었다. 이 상황은 매우 심각하므로 아래에 상세히 서술한다.

2009년 7월 4일 미국에 대한 디도스(DDos, 분산서비스 거부) 공격은 7월 7일 저녁 한국으로 방향을 틀었다. 모두 3차례 공격이 있었으며, 공격에 사용된 좀비PC는 스스로 하드를 삭제하는 프로그램이 작동되어 '자결'하였다.[28] 신문보도에 따르면 원세훈 국정원장은 2009년 10월 29일 열린 국회 정보위 국정감사에서 지난 7월 청와대, 국방부 홈페이지뿐만 아니라 국내와 미국의 26개 인터넷 사이트에 대한 DDos 공격을 통한 사이버 테러에 동원된 IP(Internet Protocol, 인터넷 주소)가 중국에서 선을 임대해 쓰는 북한 체신청이 사용해 온 IP라는 사실을 밝혀냈다고 보고했다.[29] 또한 국정원은 DDos 공격이 미국, 일본, 과테말라, 중국 등 19개국의 92개 IP를 통해 감행되었다고 국회 정보위원들에게 보고한 바 있다.

모든 상황을 고려해 볼 때 2009년 7월 인터넷 대란은 북한 당국이 조직적으로 개입한 사이버 공격일 가능성이 커 보인다. 이러한 북한

28) 7월 7일 오후 6시 청와대, 국방부, 옥션, 외환은행, 신한은행 등 국내 12개 사이트, 미국 14개 사이트가 공격받았으며, 7월 8일 오후 6시에는 안철수 연구소, 이스트소프트, 다음메일, 우리은행 등 10개의 사이트가 추가되어 총 16개 사이트가 DDos의 공격을 받았다. 7월 9일 오후 6시부터는 3차로 조선닷컴, 옥션 등 총 7개 사이트에 대한 DDos 공격이 발생했다. 이번 DDos 공격에는 마이둠(Mydoom)이라는 악성 코드의 변형이 사용되었다. 마이둠은 공격 대상 사이트 목록과 실제 공격행위를 하는 사이버 로봇을 감염된 PC에 자동으로 설치한다. 이처럼 마이둠에 감염된 PC를 '좀비PC'라 한다. 생성된 '좀비PC'는 공격자가 미리 설정한 시간과 공격 대상에 대해 서비스 거부 공격을 수행한다. 이번 DDos 공격의 경우, 1차 공격시에는 23,000여대, 2차 공격시에는 16,000여대에 달하는 '좀비PC'가 발생한 것으로 밝혀졌다. 중앙Sunday, 2009년 7월 12일자, 원동호 칼럼, 35면.

29) 중앙일보, 2009년 10월 30일자, 1면. 국정원은 북한이 인민무력부 정찰국 산하 해커조직인 110호 연구소에 2009년 6월 7일 '공격 프로그램(악성코드)을 개발해 남조선 통신망을 파괴하고, 위장 해커부대를 운영하여 배후를 위장하라'는 지시를 내린 문건을 입수했다고 보고하였다. 110호 연구소란 대남・대미 탐지 부서인 인민무력부 정찰국 산하의 연구소로 평양에 있으며, 김일성대・김책공대 출신이나 컴퓨터 전문가로 구성된 전자전 전문부대(사이버 부대)로 외국 전산망 침투 및 해킹 등 사이버 공격과 악성코드 제작 등을 행하는 것으로 알려져 있다.

의 도발은 재래식 무기에 의한 공격과는 달리 한국의 보복 공격을 피하면서도 사회적 혼란을 야기하고, 달러를 축내는 핵과 미사일 대신 사람만으로 동일한 위협효과를 내는 '저비용 고효율 인터넷 전쟁'을 한 것이라고 평가되기도 한다.30) 미국 국방부는 2009년 7월의 북한에 의한 DDos 사이버 공격행위의 목적이 한국과 외국, 특히 미국과의 인터넷 접속을 차단하는데 얼마만큼의 보트넷(botnet) 컴퓨터가 동원되어야 하는지를 알아보는데 있었다고 잠정적인 결론을 내린 바 있다.31) 한국군과 미군간의 전자적 연결망을 차단시키거나 장애를 일으킬 수 있다면 실제 전쟁 발발시 북한군에게 엄청나게 유리한 효과를 거둘 수 있기 때문이다.

2. 외국의 피해 사례

사이버 공격이 일어난 사례의 대부분은 국제적 또는 비국제적 무력충돌이 이미 발생하였거나 또는 전운(戰雲)이 감도는 상황에서 발생하였다. 가령 2003년 미군이 이라크를 공격하기 전에 시도한 전자심리전이라든지 2007년 당시 시리아가 북한의 도움을 받아 건설중이던 원자로를 이스라엘 공군이 파괴한 사건뿐만 아니라,32) 최근 신종 컴퓨터 바이러스 '스턱스넷'(stuxnet)의 감염 사례가 이란의 산업시설에

30) 중앙일보, 2009년 7월 11일자, 3면.

31) Richard A. Clarke, *supra* note 5, p.29.

32) 2003년 3월 미국이 이라크를 공격하기 전에 수만명의 이라크군은 자신들의 군대 전용 전산망을 통해 전의를 상실케 하는 심리전의 일환인 미군 총사령관 발신의 e-mail을 받았다. 그 결과 실제로 수많은 이라크 군인들이 탱크와 항공기 등을 방기한 채 자신의 병영지를 이탈하였다고 한다. 2007년 9월 6일 이스라엘 전폭기가 시리아 모처에서 북한 기술자들의 도움으로 건설중이던 원자로를 공습하여 파괴하였다. 당시 시리아는 엄청난 예산을 들여서 러시아제 방공망을 구축하였는데도 전혀 작동하지 않았다고 한다. 이에 대하여 군사전문가들은 이스라엘 군 당국이 공습 직전에 방공망 운용에 사용되는 컴퓨터 전산망에 트로이 목마(trap-door) 바이러스를 심는 전자전을 수행했다는 추측을 한다. Richard A. Clarke, *supra* note 5, pp.1-30.

사용되는 컴퓨터 약 3만대에서 집중적으로 나타나고 있어 이란 핵시설 운영에 타격을 가하기 위한 사이버 전쟁일 가능성이 보도된 바 있다.[33] 또 다른 예는 Georgia에 대한 사이버 공격이다. 2008년 7월부터 Georgia 정부는 러시아의 지원을 받아 Georgia로부터 분리독립을 주장하던 South Ossetia, Abkhazia와 산발적 전투를 벌이고 있었다. Georgia 정부군이 South Ossetia로 진격하자 바로 러시아군이 개입함과 동시에 Georgia의 주요 언론기관과 웹사이트에 대한 사이버 공격이 행하여졌다. 이로 말미암아 Georgia 정부의 주요 정부기관의 전산망이 공격을 받고 무력화(無力化)되고 말았다.[34]

위에서 언급한 사례들은 사이버 공격이 발생했지만 민간인의 피해는 적었던 경우이다. 하지만 이와 달리 민간인이 직접 피해를 입은 예도 있다. 2007년 4월말 에스토니아의 수도 Tallinn에서는 구소련 지배 시절에 세워졌던 소련군 병사들의 동상 철거문제로 러시아와 충돌을 빚고 있었다. 'E-stonia'로 불릴 정도로 인터넷 강국으로 알려진 에스토니아는 4월 27일부터 대통령궁을 비롯한 행정부, 의회, 정당, 언론, 은행 등의 사이트와 전산망에 대하여 3주에 걸친 대대적인 사이버 공격을 받았다. 이 공격으로 일부 사이트는 완전히 접속 불능이 되었으며, 다수의 사이트가 접속 불안정 사태를 겪었다. 이메일의 이용이 차단되어 에스토니아 국민들은 전화와 팩스에 의존하여 업무를 처리해야 했고, 이동통신에도 영향이 있었다. 이러한 사이버 공격은 에스토니아 일반국민의 생활뿐만 아니라 정부와 국가경제의 운영에 막대한 피해를 입힌 것으로 추정된다.[35]

일반인이 짐작하다시피 미국 정부와 기업의 전산망은 전세계 해커들의 주요 공격목표이다.[36] 수많은 공격사례 중 2001년 미 해군 P-3

---

33) 연합뉴스, 2010년 9월 27일자 보도.

34) Jeffrey Carr, *supra* note 5, p.3.

35) *Ibid.*

36) 좀 오래된 자료이지만 1999년 미국 국방부 전산망에 대한 매년 공격 건수는 약

정찰기가 동지나해 상공에서 중국 전투기와 공중충돌한 사건이 발생한 후 미국 정부의 컴퓨터 서버에 대한 근원지를 찾을 수 없는 해킹 또는 사이버 공격 건수가 폭발적으로 증가하였으며, 2009년 4월 미 방위산업체 록히드 마틴이 개발중인 차세대 전투기 F-35 기밀자료 일부가 누출되었던 사건 및 2009년 7월 4일부터 재무부 등 주요 웹사이트가 일시 마비된 사건 등은 이미 신문지상 등을 통해 잘 알려진 사실이다.

3. 각국의 대응조치

자국의 정부 또는 주요 기관의 웹사이트 등을 목표로 하는 사이버 테러 또는 사이버 공격을 받은 국가들은 매우 민감하면서도 신속하게 대응책을 마련하고 있다.

우선 한국의 경우, 현재 사이버 보안을 통합하여 담당하는 부처는 없으며 방송통신위원회, 국가정보원, 행정안전부, 지식경제부, 검찰, 경찰 등으로 분산되어 있다.[37] 가령 민간 부문 사이트의 피해상황은 방통위 소관사항이지만 청와대나 국방부 사이트의 보안은 국정원 사이버 안전센터가 관리한다. 이에 비해 군대의 경우 다른 면모를 보여준다. 국방부는 '국방개혁 2020'의 일환으로 2010년 1월 11일 '사이버(정보보호)사령부'를 창설하였다.[38] 정보본부 예하로 창설된 사이버

22,000~24,000회 정도이며, 공격 비율은 매년 40% 증가한다는 신문보도도 있다. Eric Talbot Jensen, "Computer attacks on critical national infrastructure: a use of force invoking the right of self-defense," *Stanford Journal of International law,* Vol. 38(2002), pp.210-211.

37) 참고로 인터넷 침해사고 대응 예방 및 개인정보 보호와 피해 구제를 담당하는 한국정보보호진흥원(KISA: Korea Information Security Agency)은 1996년에 설립되었지만, 중앙통제기능은 갖고 있지 않다.

38) 국방정보본부령 제정(대통령령 제21915호, 2009년 12월 30일 시행)
군사정보 및 군사보안에 관한 사항과 군사정보전력의 구축에 관한 사항을 관장하기 위해 국방부장관 소속으로 국방정보본부를 둔다. 국방정보본부의 업무 중에는 사이버 보안을 포함한 군사보안에 관한 업무가 있으며, (제1조의2) 국방정보본부

사령부는 국방 사이버 지휘통제센터를 중심으로 인터넷 해킹 예방과 보안관제, 복구 등을 총괄 지휘하고 유사시에는 사이버 공간의 군사작전 임무를 수행한다. 국가적 사이버 위기 발생시 국방분야 전문기관으로서 역할과 함께 유관기관과 협력하여 신종 해킹과 바이러스에 대한 정보를 공유하고 기술협력과 전문인력 양성 등에 관한 공조체제도 구축한다.[39] 국방부의 사이버 사령부 창설은 계속 증가하는 북한의 사이버 공격 우려 및 사이버 부대 운영을 염두에 둔 포석이라고 할 수 있다. 앞에서 본 바와 같이 북한은 중국을 경유해 수차례 한국의 사이트에 대해 해킹을 시도한 적이 있다.[40]

한-미 양국 국방부는 사이버 위협의 증가에 따른 효율적인 국제공조 및 대응을 위해 상호 정보를 공유하고 기술교류를 활성화시킬 목

예하에는 아래와 같은 부대를 둔다.
- 적 및 가상적국에 대한 인간정보 및 영상정보의 수집 지원 및 연구에 관한 업무를 관장하기 위한 정보사령부
- 각종 신호정보의 수집 지원 및 연구에 관한 사항을 관장하기 위한 국방부특수정보부대(이른바 제777사령부)
- 사이버 군사작전의 계획, 시행, 부대훈련 및 연구개발에 관한 사항을 관장하기 위한 사이버 사령부 등

39) '국방정보화 기반조성 및 국방정보자원관리에 관한 법률'의 취지는 다음과 같다. 오늘날 군사기밀 전략전술 등은 거의 대부분 광(光) 또는 전자적 방식으로 처리되어 부호, 문자, 음성, 음향 및 영상 등으로 표현되고 있다. 이를 '국방정보'라 일컬으며, 이러한 국방정보의 수집, 가공, 저장, 검색, 송신, 수신 및 그 활용과 관련되는 기기와 소프트웨어 등 조직화된 체계, 즉 국방정보시스템을 관리하고 더 나아가 관련 설비, 기술, 인력 및 자금 등 국방정보자원을 관리하는 것은 현대전에 있어 매우 중요하다. 이처럼 국방정보 및 국방정보자원관리에 관한 사항을 규정하는 법을 제정하게 되었다. 국방정보의 전략적 보호, 특히 국방정보침해에 대응하기 위하여 국방사이버안전 전담기관을 국방부장관 소속으로 설치가능하게 되었다(제21조). 국방부장관은 국방정보에 대한 침해에 대비하기 위하여 ① 침해, 위협정보기술의 동향조사 및 분석, ② 침해된 정보의 유통 또는 유통 시도에 대한 감시체계의 구축, ③ 침해, 위협에 대한 역추적 등 대응기술의 개발, ④ 그 밖에 국방정보 보호를 위하여 국방부 장관이 필요하다고 인정하는 사항 및 이를 위한 국제협력 추진, 민간연구개발의 지원 등이 논의된다.

40) 기무사는 해커들이 군 전산망을 해킹하거나 공격하려는 시도는 하루에도 엄청난 수에 달한다고 한다. 이 가운데는 군 장성이나 국방부 주요 관계자에게 해킹 프로그램이 담긴 e-메일을 보내 개인 컴퓨터 안에 있는 군사정보 자료를 빼내려는 시도도 있었다.

적으로 2009년 4월 30일 '한미 정보보증 및 컴퓨터 네트워크 방어협력에 관한 양해각서'를 체결한 바 있다. 만일 남북한간 사이버 전쟁이 벌어진다면 가상 시나리오는 어떻게 될까? 군 당국은 다양한 사이버전 가상 시나리오를 구상하고 있는 것으로 알려져 있다. 북한이 사이버 공격을 펼칠 시점은 전면전 도발 직전이며 3단계에 걸친 공격 패턴을 예상할 수 있다.

우선 북한이 시도할 사이버 공격의 1차 목표는 미국의 지원을 지연시키는데 둘 가능성이 높다. 미 해군 항공모함 타격단이 한국에 빨리 오지 못하도록 정보망을 교란시킬 것이며, 또한 괌과 오키나와, 요코스카 등에 전진 배치된 미군 전력을 제때 움직이지 못하게 하려 할 것이다. 북한은 이러한 사이버 공격이 성공하면 곧바로 이들 기지를 탄도미사일로 타격할 것으로 군 당국은 예상하고 있다. 북한의 2차 사이버 공격목표는 한국군 자체가 될 것이다. 우리 군의 전투기와 함정·야포·작전 지휘 및 통제 및 군수지원 체계 등은 통합전투력 발휘를 위해 대부분 컴퓨터 네트워크에 연동되어 있다.[41] 이 같은 지휘통제통신체계(C4I)가 오염되면 지휘관들은 '눈 뜬 장님'이 될 수 있고, 오염된 데이터가 전투기·함정 등에 입력되면 오폭이 발생할 수도 있다. 물론 우리 군은 일반 인터넷과 완전히 분리된 자체 인트라넷을 사용하고 있어 해킹과 바이러스 침입 등이 쉽지는 않다고 한다. 따라서 북한은 요원을 활용하거나 전자적으로 영향을 주는 등의 다양한 방법을 시도할 것으로 예상된다. 북한의 마지막 공격목표는 한국내 발전소 등 에너지 체계, 수송체계, 은행, 급수체계, 통신 등 기반시설이 될 수 있다. 민간인을 볼모로 한국 사회를 경제적·사회적 대규모 혼

41) 지휘통제통신체계는 육해공군의 작전 합동성과 정보 및 데이터의 원활한 흐름을 보장하여 네트워크중심전 수행기반인 합동지휘통제체계이다. 합동지휘통제체계(Korea Joint Command & Control System: KJCCS)는 합참으로부터 각 군 작전사급까지 연결되며, 각 군 및 제대의 군사정보를 종합처리하는 군사정보통합처리체계(Military Information Management System)와 연결된다. 『2008 국방백서』, 88면 참조.

란에 빠뜨림으로써 한국군의 전쟁 지속능력을 떨어뜨리고 사기를 꺾자는 의도이다. 이제 사이버 사령부는 우선 사이버 공격 탐지팀을 대폭 강화하고, 북한의 사이버 공격수법을 연구・분석하여 효율적인 보호기법을 개발하여야 할 것이다.

다음으로 서유럽의 경우 독일(2010년 정부 산하 해커부대 창설 계획), 영국(2009년 정부 사이버 보안 책임자를 지명하고 사이버 보안센터를 신설), 프랑스(2008년)뿐만 아니라[42] 에스토니아는 NATO와 함께 사이버 테러 방어망을 구축하고 있으며,[43] 키르키즈스탄의 경우 2009년 1월 국가 전산망을 공격당한 후 정부차원의 사이버 보안 부서를 신설하였다.

동아시아 지역의 경우, 일본 정부는 2000년 1월 과학기술국 등 16개 일본 정부기관의 웹사이트가 해킹당하자 사이버 전력 강화에 나섰다. 그리하여 2000년 10월 육상・해상・항공 자위대 통합으로 사이버 테러 대응조직을 구성하고, 2005년 8월 정부 산하에 사이버 보안팀을 확대 개편하였으며,[44] 2010년에는 cyberspace 방위대를 신설하였다고 한다.

미국은 21세기 초 cyberspace로부터의 자국 안보가 위협당하는 상황에 대한 대책 마련을 선언하였으며,[45] 최근 오바마 대통령은 "미 컴퓨터망을 해커들의 공격으로부터 보호하는 것을 국가안보의 최우선 목표로 삼겠다"며 백악관 내에 정부 기관들의 사이버 보안업무를 총괄 조정하는 '사이버 보안 차르(책임자)'를 지명하겠다는 발표를 하기도 했다. 미국 정부는 세계 최대의 사이버 훈련인 '사이버 스톰'을 격년제

42) 프랑스 방위백서(2008), Défense et sécurité nationale: le Livre Blanc, Paris, éditions Odile Jacob/La Documentation française, 2008, p.53.

43) NATO는 2007년 에스토니아에 대한 사이버 공격이 발생하고 난 후 Cyber Defence Management Authority(CDMA)와 에스토니아 수도인 Talinn에 Cooperative Cyber Defence Center of Excellence(CCD COE)를 2008년 창설하였다. NATO 홈페이지의 Defending against cyber attacks 참조.

44) 중앙일보, 2009년 7월 11일자, 4면.

45) White House, National Security Strategy to Secure Cyberspace(2003).

로 실시하고 있으며, 2009년 6월 미 국방부는 전략사령부(STRA-COM) 산하에 사이버 전쟁과 사이버 테러에 대비하기 위한 사이버 사령부(USCYBERCOM)를 창설하였다.[46] 또한 5개년 계획으로 사이버 보안 예산으로 170억 달러(약 23조원)을 증액할 예정이다. 현재 미국의 cyberspace 보안은 둘로 나뉘어져서 군사적 측면은 USCYBE-RCOM이 맡고, 연방정부의 전산망은 국토안보부(Department of Homeland Security)가 맡는 이원체제를 구축하고 있다.[47] 미국의 2010년 국가안보전략서(National Security Strategy)는 미국과 세계 안보에 가장 큰 위협은 대량살상무기, 특히 핵무기라고 지적한 후, 우주공간과 사이버 공간 역시 일반인들의 일상생활에 영향력이 커지면 커질수록 외부로부터의 공격에 노출되는 등 취약성을 안게 된다는 점을 지적한 바 있다.[48]

한편 서방세계로부터 사이버 공격을 감행했다고 의심받는 러시아, 중국, 북한 등도 사이버 전쟁에 상당한 신경을 쓰고 있다. 러시아의 경우 구소련 국가보안위원회(KGB) 후신인 연방보안국(FSB)에 사이버 전쟁 전담부서를 두고 있으며, 1990년대 초부터 보리스 옐친 당시 대통령의 지시로 적성국의 지휘·통제 시스템을 무력화(無力化)시키는 방안을 개발하기 시작했다. 참고로 2007년 5월 에스토니아의 정부·민간 웹사이트들을 상당 기간 마비시키고, 2008년 Georgia와의 전쟁 때 Georgia의 정부·의회·언론기관 등의 웹사이트를 마비시켰다는 의심을 받고 있다.

중국은 1980년대부터 사이버 특수부대 및 전략정보 전담부대 등을

46) 한국일보, 2010년 7월 22일자.

47) Richard A. Clarke, *supra* note 5, p.118.

48) 미국 국가안보전략서는 미국의 국가안보와 관련된 대통령의 구상을 밝히는 안보 관련 최상위 기획문서이다. 미국은 1986년 제정된 골드워터-니콜스 법에 따라 대통령이 국가안보전략서를 작성해 주기적으로 의회에 제출하도록 하고 있다. 국가방위전략서(NDS)와 국가군사전략서(NMS)는 국가안보전략서의 지침을 적용해 작성된다.

창설하였으며, 1985년 국방과학기술정보센터를 설립하여 정보전에 대비해왔다. 특히 중국은 1990~91년 미국이 쿠웨이트에서 이라크군을 격퇴시킨 'Desert Storm' 작전에서 보여준 전자전에 충격을 받아 비대칭 전력 증강에 전력을 기울이고 있다. 인민해방군 총참모부는 1997년 "컴퓨터 바이러스 침투가 원자폭탄보다 효율적이다"란 요지의 보고서를 낸 뒤 꾸준한 투자를 해온 것으로 알려져 있으며,[49] 2010년 6월에는 중국 인민해방군 사이버사령부를 창설했다. 사이버사령부는 인민해방군 모든 부대의 사이버 관련 전략정보기구들을 총괄하게 되며, 유사시 사이버 전쟁을 직접 진두지휘하는 역할을 담당할 것으로 알려졌다.[50] 이와는 별도로 중국발 해킹의 중심에는 '홍커'(red hacker)라 불리는 백만명 이상에 이르는 민간 해커들이 존재한다. 이들은 미국・일본・대만 외에도 상당수 국가의 정부・군・민간기업의 웹사이트와 전산망에 침투해온 것으로 추정되며, 보도에 따르면 2001년 5월에는 미국 백악관 웹사이트를 공격해 마비시킨 바 있다.

북한의 경우 매년 바이러스 전문요원과 기술요원 각 10여명 등 100명의 전문 해커 인력을 양성하고 있으며, 이 중 10여명의 정예인력을 110호 연구소에 배치하고 있다. 또한 정보전 특수부대를 조직하고, 공군・저격・경보병 사령부에도 독립된 직속 정보정찰부대들을 새로이 배치하여 운영하고 있다고 한다.[51] 과거 주체사상 선전내용이

49) 가령 2000년에는 과학원 산하에 사이버 공격과 정보 교란 모의훈련을 하는 '반해커 부대'를, 2003년부터는 베이징, 광저우, 하이난 섬 등 4대 군구 산하에 '전자전 부대'를 창설했다. 이 부대에는 미국 MIT 등에서 유학한 약 2천여명의 인력이 배치되어 해킹 기술과 전자폭탄 등을 개발하고 외국의 각종 정부기관 자료를 빼내는 훈련을 받고 있다고 한다.

50) "중국, 후진타오 지시로 사이버사령부 창설," 한국일보, 2010년 7월 22일자.

51) 2009년 10월말 신문보도에 의하면 북한은 한국군 장교의 컴퓨터에 심어둔 악성코드를 통해 한국의 1,350개 화학물질 저장소에 관한 기밀자료를 빼돌렸다고 한다. 군 당국이 이러한 해킹 사실을 확인하는 데만 7개월이 소요되었다. 이 보도가 사실이라면 북한은 한국의 어느 곳에 염소(chlorine) 등 위험화학물질이 저장되어 있는지를 이미 파악하고 있다고 해도 과언이 아닐 것이다.

문제가 돼 우리 정부 당국이 2004년 11월 접속을 차단한 북한 김일성방송대학 인터넷 강의사이트를 놓고 정부와 북한당국이 숨바꼭질을 한 적도 있다.[52] 정부 당국은 김일성방송대 사이트의 IP를 차단했지만 북한은 수시로 IP만 다른 것으로 바꾸면서 사이트 주소를 그대로 사용해 이 주소로 접속이 가능하도록 시도하기도 했다. 당시 북한은 "인터넷 중단 조치를 철회하지 않을 경우 남북관계의 전면 파괴로 간주해 책임을 엄격히 계산할 것"이라는 조평통 서기국 성명서를 내기도 했다. 현재 북한 국가보위부 공작원들은 중국 베이징, 선양 등지에서 여러 개의 위장업체를 운영하면서 사이버 전쟁의 해외 거점으로 활용하고 있는 것으로 파악되고 있다. 앞서 이 논문의 '사이버 전쟁 또는 공격이 갖는 매력' 부분에서 언급했듯 북한은 큰 군사적 충돌 없이 그리고 저예산으로 대한민국 사회를 교란시킬 수 있는 비대칭 전력의 주요 군사수단의 하나로써 사이버 공격능력을 키우고 있는 것이다.[53]

Ⅲ. 현행 국제법 규범에 비추어본 제도 보완의 시급성

이제 상황에 따라서는 가공할 만한 파괴력을 발휘하는 사이버 공격을 국제사회가 효율적 내지 합리적으로 규제할 수 있는 법적・제도적 장치를 확보하고 있는지에 관하여 검토한다. 이하에서는 사이버 공격과 관련 있는 국제법의 제반 분야인 무력사용의 개념, 국가책임법, 국제인도법 및 국제인권법 등을 살펴본다.

52) "북 사이버 게릴라전," 중앙일보, 2004년 12월 23일자, 3면.
53) 중앙Sunday, 2009년 7월 12일자, 5면.

1. 국제법상 무력사용 개념의 수정 필요성?

사이버 공격에 관한 논문에서 가장 많이 다루는 문제는 바로 cyber-space에 대한 공격(혹자는 컴퓨터 네트워크에 대한 공격, computer network attack(CNA)이라는 용어를 사용하기도 한다)이 국제법상 금지되는 무력사용의 형태, 특히 무력공격에 속하는지 여부 및 사이버 공격에 대응하여 피해국은 자위권을 행사할 수 있는지 여부이다.[54]

우리는 먼저 유엔헌장 제2조 4항의 '무력사용 또는 무력사용에의 위협'(threat or use of force),[55] 제51조의 '무력공격'(armed attack)[56] 그리고 유엔헌장 제7장상의 집단적 제재조치의 발동 사유가 되는 '침략행위'(acts of aggression) 등 세 가지 개념간의 상관관계를 명확히 할 필요가 있다. 필자가 이해하기로는 가장 범주가 넓은 것이 '무력사용'이며 그 다음이 '무력공격' 그리고 무력공격 중에서도 가장 심각한 형태가 '침략행위'이다. ICJ는 1986년의 *Case concerning Military*

---

54) 단행본으로는 US Department of Defense, Office of General Counsel, An Assessment of International Legal Issues in Information Operations (1999). Walter Gary Sharp, Sr, *Cyberspace and the Use of Force* (1999), 논문으로는 Daniel B. Silver, "Computer network Attack as a use of force under Article 2(4) of the United Nations Charter," in *Computer Network Attack and International Law*, by Michael N. Schmitt & Brian T. O'Donnell(editors), 2002, pp.73-98; Eric Talbot Jensen, "Computer attacks on critical national infrastructure: a use of force invoking the right of self-defense," *Stanford Journal of International Law*, Vol. 38(2002), pp.207-240; Dimitrios Delibasis, "State use of force in cyberspace for self-defense: a new challenge for a new century," *Peace Conflict and Development: An Interdisciplinary Journal*, Issue 8(2006), pp.1-50; Matthew Hoisington, "Cyberwarfare and the use of force giving rise to the right of self-defense," *Boston College International & Comparative Law Review*, Vol. 32(2009), pp. 439-454.

55) 제2조 4항: 모든 회원국은 그 국제관계에 있어서 다른 국가의 영토보전이나 정치적 독립을 저해하거나 또는 국제연합의 목적과 양립하지 아니하는 어떠한 기타 방식으로도 무력의 위협이나 무력의 행사를 삼간다.

56) 제51조: 이 헌장의 어떠한 규정도 국제연합 회원국에 대하여 무력공격이 발생한 경우, 안전보장이사회가 국제평화와 안전을 유지하기 위하여 필요한 조치를 취할 때까지 개별적 또는 집단적 자위의 고유한 권리를 침해하지 아니한다.(이하 생략)

and Paramilitary Activities in and against Nicaragua 본안 판결에서 "모든 무력사용이 무력공격에 해당하는 것은 아니다"고 판단한 바 있다.[57] 이에 따르면 모든 무력사용이 유엔헌장 제51조의 자위권 행사와 직결되지는 않으며, 무력공격이 무력사용 개념보다 좁다는 것은 명확하다. 그러면 '침략행위'와 '무력공격'의 관계는 어떠한가. '침략행위'와 '무력공격'은 실과 바늘 관계라 할 수 있다. 이는 유엔헌장 제51조의 영어본 'armed attack'이 불어본에서는 'agression armée'란 용어로 병행 사용되고 있다는 점 및 '침략의 개념정의에 관한 1974년 유엔 총회 결의 제3314(XXIX)호'에 비추어 알 수 있다.[58]

---

57) ICJ Reports 1986, p.101.

58) 결의 3314의 관련 조항은 다음과 같다.

Article 1: Aggression is the use of armed force by a State against the sovereignty, territorial integrity or political independence of another State, or in any other manner inconsistent with the Charter of the United Nations.

Article 3: Any of the following acts, regardless of a declaration of war, shall, subject to and in accordance with the provisions of article 2, qualify as an act of aggression:

(a) The invasion or attack by the armed forces of a State of the territory of another State, or any military occupation, however temporary, resulting from such invasion or attack, or any annexation by the use of force of the territory of another State or part thereof;

(b) Bombardment by the armed forces of a State against the territory of another State or the use of any weapons by a State against the territory of another State;

(c) The blockade of the ports or coasts of a State by the armed forces of another State;

(d) An attack by the armed forces of a State on the land, sea or air forces, or marine and air fleets of another State;

(e) The use of armed forces of one State which are within the territory of another State with the agreement of the receiving State, in contravention of the conditions provided for in the agreement or any extension of their presence in such territory beyond the termination of the agreement;

(f) The action of a State in allowing its territory, which it has placed at the disposal of another State, to be used by that other State for perpetrating an act of aggression against a third State;

다만 필자는 모든 무력공격이 침략행위로 되는 것이 아니라 오로지 심각하고 대규모적인 무력공격, 즉 정성적(定性的)이며 정량적(定量的) 평가를 거쳐야만 비로소 침략행위로 규정될 수 있다고 생각한다. 왜냐하면 유엔 안전보장이사회에 의해서 병력을 수반하거나 수반하지 아니하는 집단적 제재조치를 가동시킬 수 있는 침략행위는 더욱 엄격히 해석되어야 할 것이기 때문이다.

참고로 2010년 6월 우간다 캄팔라(Kampala) 재검토 회의(Review Conference)에서 타결된 국제형사재판소(ICC) 규정의 '개인이 범한 침략범죄' 개념은 1974년 유엔 총회 결의 제3314(XXIX)호에 기초하여 국제사회에서 가장 심각한 무력사용 형태로서의 무력공격을 열거하고 있다.[59] 최태현 교수는 최근 발표한 논문에서 "(개인의 침략범죄에 관한) 제8조 bis는 침략행위의 범위를 넓게 정의하고 있지만, 동조 2항은 침략행위를 한 국가가 다른 국가에 대해 행하는 무력사용에 한정하고 있다. 따라서 이 조항은 침공, 공격, 군사점령, 폭격, 봉쇄 등과 같은 전통적인 형태의 전쟁에만 적용된다 할 것이다. … 따라서 경제적 봉쇄나 사이버 공격 등은 제외된다"고 평가하고 있다.[60]

지금까지 필자가 검토한 유엔헌장 제2조 4항과 관련된 논문이나 단행본 어디에도 사이버 공격이 무력사용의 범주에 속한다든지 또는 제51조상의 무력공격의 새로운 형태로서 언급된 적은 없다.[61] 우리에

(g) The sending by or on behalf of a State of armed bands, groups, irregulars or mercenaries, which carry out acts of armed force against another State of such gravity as to amount to the acts listed above, or its substantial involvement therein.

59) Resolution RC/Res.6, p.2. 최태현, "ICC 규정 침략범죄 관련조항의 채택과 함의," 서울국제법연구원, 사직 국제법 포럼 발표논문(2010. 9. 30).

60) 최태현, 위의 주, 13면.

61) 자위권 등 무력사용에 관한 전문서적에도 사이버 공격문제를 다루고 있지 않다. 가령 Tarcisio Cazzini, *The Changing Rules of the Use of Force in International Law* (2005). 특히 "Self-defence and other forms of unilateral use of force," pp.117-179 참조. 한편 김석현 교수는 "헌장 제2조 4항에서 금지되는 '힘에 의한 위협 또는 그 사용'은 '무력에 의한 위협 또는 그 사용'을 의미함으로써 이는 병력 또는 무기가 동원되는 경우를 전제로 하며, 정치적

게 익숙한 유엔헌장 제2조 4항 중 'the threat or use of force'라는 문구는 한국어로는 '무력사용 또는 무력사용에의 위협'으로 번역된다. 또한 헌장 제51조는 자위권 행사의 전제요건으로 '무력공격(armed attack)이 발생한 경우'라고 명시하고 있다. 유엔헌장이 제정된 이후 지금까지 'force'에 어떠한 형태까지 포섭되는지 여부가 줄곧 논쟁의 대상이 되어왔다.[62] 비록 경제적 봉쇄, 외교단절 내지 경제적 지원의 단절 등을 무력공격의 형태로 보기 어렵다 하더라도, 대규모 방화 내지 댐을 붕괴시키는 행위 등의 도발, 즉 화공(火攻)과 수공(水攻)은 역사적으로 각종 전투에서 사용되었기 때문에 넓은 의미에서 무력공격의 한 형태에 속한다고 볼 수 있을 것이다.[63]

또는 경제적인 방법으로 취해지는 비물리적 압력은 여기서 제외된다는 것이 확인된다"고 설명한다. 김석현, "UN헌장 제2조 4항의 위기: 그 예외의 확대와 관련하여," 『국제법학회논총』, 제48권 제1호(2003), 74면. 이러한 설명에 따른다면 사이버 공격이 '병력 또는 무기가 동원되는 경우'에 해당하는지 여부가 관건이 될 것이다.

62) Albrecht Randelzhofer, "Use of force," in *Encyclopedia of Public International Law*, Vol. 4(1982), pp.265-275; Joel H. Westra, *International Law and the Use of Armed Force: the UN Charter and the Major Powers* (2007), 특히 "The UN Charter and legal argumentation" 부분 참조. pp.10-40.

63) Ian Brownlie 교수는 상류국에 의한 대규모적인 물의 방류, 초국경적 방화 등도 유엔헌장 제2조 4항에서 금지되는지 여부를 제기한 바 있다. Ian Brownlie, *International Law and the Use of Force by Individual States* (1963). 그런데 제2조 4항을 엄격히 해석하는 김석현 교수는 이러한 행위의 국제법상 위법성을 동 조에서 찾을 수 없을 것이라는 회의적 입장을 표명한다. 앞의 주 61, 75면. 현실에 있어서 북한에 의한 수공(水攻) 사례 내지 가능성은 실제로 존재한다. 2009년 9월 6일 새벽 경기도 연천군 임진강 수위가 갑자기 불어나는 바람에 야영객 6명이 물에 휩쓸려 목숨을 잃었다. 그 원인은 북한이 사전예고 없이 황강댐의 수문을 열어 약 4천만 톤에 달하는 물을 흘려 보낸데 있었다. 황강댐은 팔당댐의 1.5배에 달할 만큼 규모가 크다. 저수량은 3억~4억 톤이라고 알려져 있으며, 군사분계선에서 북쪽으로 약 42.3㎞ 떨어진 임진강 본류에 위치해 우리 측에 결정적 타격을 가할 수 있다. 발전과 용수 공급 등을 목적으로 2002년 착공되었으며, 2007년께 완공했을 것으로 추정된다. 높이 34m, 길이 880m이다. 황강댐보다 약간 남쪽에 위치한 4월5일댐은 2001년 3월 완공되었으며, 저수량은 3,500만 톤으로 황강댐의 10분의 1이다. 이 외에도 북한의 임남댐(금강산댐) 역시 과거에 문제가 된 바 있었다. 북한은 1986년 10월 발전용량 81만 Kw의 안변청년발전소(금강산발전소)를 건설하면서 이 발전소에 물을 공급하기 위해 임남댐

그렇다면 군대 및 정부의 전산망을 와해시키거나 마비시키는 데에만 그치지 않고 더 나아가 사회의 중요한 기반시설에 손상을 입힘으로써 사회를 심각한 혼란에 빠뜨리고, 무고한 민간인에게까지 피해를 야기시킬 수 있는 성격의 심각하고도 중대한 사이버 공격에 대해 국제법은 기존의 유엔헌장 제2조 4항과 제51조의 엄격한 해석론에 입각하여 계속 외면해야 하는가.[64] 이러한 질문에 대해 서철원 교수는 Barkham의 논문을 인용하여 다음과 같은 논리를 전개한다.

> "일시적인 일부 시스템의 교란이나 적은 양의 데이터 손실의 경우, 무력사용에는 해당될 수 있지만, 무력공격에는 해당되지 않는다고 봐야 한다. … 국가에 의하거나 국가와 공모하여 상당한 피해를 야기하는 정보전을 하였지만 추가적인 공격이 없었다는 것이 확실한 1회성 공격도 무력사용에는 해당한다. 그러나 자위권 발동을 정당화하는 무력공격에 해당하는지는 의문이다."[65]

이처럼 서교수는 정보전(사이버 전쟁)의 상당 부분은 무력사용의 금지대상에는 포함되나 자위권의 대상이 되기는 어렵기 때문에 새로운 조약을 창출하여야 한다는 결론에 이른다.[66] 필자는 사이버 공격과

(금강산댐)을 건설한다고 발표했다. 북한 발표에 따르며, 금강산댐은 둑 높이 121.5m, 밑바닥 너비 700m의 사석댐으로 최대 저수량은 26억 2,000만 톤이고 연간 평균 저수량은 18억 톤 안팎이다. 한국은 댐 붕괴에 의한 수공 등의 가능성을 의식, 대응댐 건설을 하여 1987년 평화의 댐 1단계 공사를 마쳤다. 이후 1999년과 2002년 북한 쪽 폭우 이후 금강산댐 상부에 함몰의 흔적을 인공위성을 통해 발견했다. 그리하여 2005년 11월 2단계 공사를 마쳐 현재 평화의 댐 저수용량은 26억 3,000만 톤에 이른다. 금강산에서 발원하여 북한강으로 유입되던 물이 차단됨으로써 물 관리는 물론 휴전선 이남의 생태계에도 좋지 않은 영향을 미치고 있는 것은 사실이다.

64) '중요 기반시설'에 대해 유럽연합위원회는 2006년에 테러공격의 대상이 될 수 있는 원자력 및 화학공장, 재정 및 경제체제, 식량보급체제, 발전 및 위생보건시설, 교통·철도 등 대중교통체제 등을 'infrastructures critiques'라고 분류한 바 있다. Jean-Loup Samaan, "Mythes et réalités des cyberguerres," *Politique étrangère* (2008. 4), p.835.

65) 서철원, 앞의 주 6), 142면.

66) "이에(정보전) 대응하는 방법으로 UN헌장 제2조 4항에서 금지하는 무력사용의

관련된 새로운 국제조약의 창출 필요성에는 동감하지만, 사이버 공격자의 의도라든지 사이버 공격으로 인한 결과발생을 기준으로 피해국의 대응수위를 논한다는 것은 재래식 전투의 시각에서 벗어나지 못한 논리라고 생각한다. 파생되는 문제로서 만일 사이버 공격에 따른 심각한 피해가 A국에서 발생했을 때 A국이 기존에 체결하였거나 가입한 양자 또는 다자 상호방위조약이 적용되는지의 여부를 묻는 질문에 대해서도 그러한 논리에 따른다면 부정적인 결론에 다다르게 될 것이다.

한 가지 더 부연할 것은 1945년에 제정된 유엔헌장 제2조 4항, 특히 '무력의 위협이나 무력의 행사'에 관한 지금까지의 해석론은 그 후 국제관계의 변화를 충분히 수용하지 못한다는 주장에도 귀를 기울여야 할 것이다.[67] 21세기에는 안보환경의 복합화로 안보위협 요인이 다원화되고 국제기구, 다국적기업, 테러단체 등 비국가 행위자들의 수적 확산 및 영향력이 증대되고 있으며, 이로 말미암아 위협 역시 재래식과 현대식 방식이 혼합되는 이른바 '하이브리드 위협'이 증대할 것이다.[68] 미국의 최근 각종 보고서에는 cyberspace에서의 전쟁 양

범위를 확대하거나 UN헌장 제51조에서 규정하고 있는 자위권 행사의 요건을 완화하는 것은 적절한 방법이 아니다. 왜냐하면, 이들 규범의 규범력을 보다 약화시킬 위험이 있기 때문이다." 서철원, 앞의 주 6), 148면.

67) "Currently existing international legal norms on the use of force in general, and on self-defense in particular, can only marginally regulate cyber warfare, since they were conceived to deal with more traditional and certainly less complicated forms of forcible action." Dimitrios Delibasis, "State use of force in cyberspace for self-defence: a new challenge for a new century," *Peace Conflict and Development: An Interdisciplinary Journal,* Issue 8(2006), p.26. "The potential application of Article 2(4) to cyberwarfare creates serious interpretive difficulties for the existing distinction between force and coercion. (p.447) … Existing attempts at defining cyberwarfare within the current *jus ad bellum* paradigm fail to offer adequate safeguards from cyber attacks.(p.452)" Matthew Hoisington, "Cyberwarfare and the use of force giving rise to the right of self-defense," *Boston College International & Comparative Law Review*, Vol. 32(2009), pp.439-454.

68) 미국 국가정보위원회, 『글로벌 트렌드 2025: 변모된 세계』(*Global Trends 2025: A Transformed World*), November 2008.

상을 우려하는 대목이 상당히 많다.[69]

현대는 전자시대이다. 거의 모든 병참지원이 컴퓨터로 이루어지는 요즈음 만일 가상적국이 실제 전통적 의미의 병력을 동원하여 국제법상의 국경 내지 휴전선을 넘어 공격을 개시하지 아니하고 전자전, 즉 사이버 공격만을 펼쳐 주요 기간망을 일시 혼란에 빠뜨리거나 마비킬 가능성을 결코 배제할 수 없다. 만일 사이버 공격을 일차적 공격으로 하고 그 후에 이차적으로 전면전을 개시했다면 이는 명백한 유엔헌장 제2조 4항에 위배되는 상황이 되겠지만, 만일 사이버 공격만을 행하였다면 현행 국제법적으로 어떤 평가가 내려질지는 미지수이다. 또한 익명성이 보장됨으로써 공격 주체와 공격을 개시한 위치 파악이 어려운 현실에서 과연 어느 국가를 또는 누구를 가해자로 선뜻 지목할 수 있을까. 이러한 복잡한 문제는 사이버 공격에 과연 기존의 국가책임법 논리를 그대로 대입할 수 있는지 여부로 옮아간다.

2. 선제적 내지 예방적 자위권의 부활 가능성

선제적 내지 예방적 자위권(anticipatory/ preemptive/ preventive self-defense)은 여전히 뜨거운 이슈이다.[70] 일부 국가와 국제법 학자들은 유엔헌장 제51조에도 불구하고 이러한 권리는 핵공격이 가능한

---

69) 미국 4개년 국방검토 보고서(*Quadrennial Defense Review Report*), 2010 February.

70) "The problem with recourse to anticipatory self-defense is its ambiguity." Thomas M. Franck, *Recourse to Force* (2002), p.107. 한편 학자에 따라서는 잠재적인 위협(latent threat)에 대한 선제공격으로서의 preemptive self-defense와 급박한 위협(imminent threat)에 대한 선제공격으로서의 anticipatory / preventive self-defense 둘로 구분하기도 한다. 그러나 필자의 견해는 첫째, 전자는 정책적인 면이 강하기 때문에 아직 법화(法化)될 수 없는 주장이며, 둘째, 대부분의 학자들은 둘을 병용하는 경향이 있으므로 이 논문에서도 함께 쓰기로 한다. Malcolm D. Evans, *International Law* (3rd ed., 2010), p.628; 박기갑, "2003년 미국-이라크 전쟁과 현대국제법의 과제," 『고려법학』, 제46호(2006. 4), 107-140면.

국제사회에서 국제관습법으로 계속 존재한다는 주장을 한다.[71] 그러면 국가의 경제와 안보를 순식간에 마비시킬 수 있는 사이버 전쟁 가능성에 직면한 국가들은 어떤 논리를 펼까.

필자가 참조한 논문들은 사이버 공격에 대한 자위권 행사 가능성에 대해 다양한 결론에 도달하고 있다. 우선 사이버 공격에 대해서는 자위권 행사를 인정하기 힘들다는 견해,[72] 사이버 공격에 대해 일정한 요건을 충족시키는 경우에 자위권 행사가 가능하다는 입장,[73] 그리고 문제에 대한 답을 '무력공격'의 개념정의와 결부시키는 입장 등이다.[74] 더 나아가 혹자는 사이버 공격이 임박한 경우 예방적 자위권의

---

71) 가령 영국이 1807년 코펜하겐을 포격했을 당시, 영국정부는 다음과 같이 주장하였다. "the danger was certain, urgent and extreme, as to create a case of urgent, paramount necessity, leaving his Majesty's ministers no choice." Gregory A. Raymond & Charles W. Kegley, "Preemption and Preventive War," in *The Legitimate Use of Military Force* (2008, edited by Howard M. Hensel), p.100 재인용. 그리고 1837년 Caroline 사건 당시 미국 국무장관 Daniel Webster가 자위권 행사의 요건으로 언급한 "an instant, overwhelming necessity … leaving no choice of means, and no moment for deliberation." 구절도 여기에 속한다.

72) 문규석 박사는 "다른 국가의 컴퓨터 네트워크에 대한 공격이 다섯 가지의 전제조건하에 무력의 행사로 간주된다 하더라도 그 무력행사를 곧 침략행위로 볼 수 없고, 또 그에 대한 대응조치로 자위권을 행사하기에는 어려움이 있다. … 그러므로 사이버 공격은 침략행위가 아니라 국제법상의 불법행위가 자행된 것으로 보는 것이 타당하다." 문규석, 앞의 주 6), 186-187면. 아울러 김은구는 사이버 공격은 공격의 주체를 확인하기 힘들고 국가행위 여부를 입증하기 어려운 내재적 성격을 고려하여 사이버 공격에 대한 자위권 행사를 기본적으로 부정한다는 결론에 도달하고 있다. 김은구, 앞의 주 6), 87면.

73) 1999년 5월에 미국 국방성 Office of General Council에서 발행한 *An Assessment of International Legal issues in Information Operations*의 p.25에는 다음과 같이 사이버 공격에 대한 자위권 행사 가능성을 열어두고 있다. "The most likely result is an acceptance that a nation subjected to a state-sponsored computer network attack can lawfully respond in kind, and that in some circumstances it may be justified in using traditional military means in self-defense." 아울러 앞에서 살펴본 Michael Schmitt가 제시한 6개 기준을 모두 충족한 사이버 공격은 무력공격에 준하여 취급될 것이다. *supra* note 13 참조.

74) 김홍석 대령은 "사이버 테러에 대한 군사력의 사용이 가능한지를 판단하는 문제는 결국 (유엔헌장) 제51조가 적용될 수 있느냐의 문제이므로 '무력공격이 이루어질 경우'에 대한 분석이 이루어져야 한다"고 한다. 김홍석, 앞의 주 6), 35면.

행사 가능성까지도 언급하고 있다.[75] Yoram Dinstein은 컴퓨터 네트워크(이 논문에서의 cyberspace에 해당한다고 보인다)에 대한 사이버 공격에 대해서 핵무기 통제 프로그램을 제어 불능케 하는 행위 등에 대해서만 제한적인 자위권 행사를 긍정함과 동시에 'interceptive self-defense'가 컴퓨터 네트워크에 대한 공격을 막을 수 있는 자위권 행사라고 주장한다.[76]

여하튼 cyberspace는 지금까지의 재래식 무력충돌 상황과는 다르기 때문에 선제공격, 즉 예방적 자위권 행사가 불가피하다는 주장이 자연스럽게 거론되고 있다는 사실에 대해 국제법 학자들은 어떻게 받아들일 수 있을까. 가령 미국 국방부 National Military Strategy for Cyber Operations는 사이버 전쟁은 실제상황이며, 현대 전투력 체계의 중심이라는 인식에서 출발하여, cyberspace에서 미군이 전략적 우위를 점하고 상대를 제압하기 위해서는 (선제)공격이 가장 중요함을 부각시키고 있다. 재래식 전쟁과는 달리 사이버 전쟁은 지리적

---

75) Walter Gary Sharp, *Cyberspace and the Use of Force*(1999); Michael N. Schmitt, "Computer network attack and the use of force in international law: thoughts on a normative framework," *Columbia Journal of Transnational Law,* Vol. 37(1999); Eric Talbot Jensen, "Computer attacks on Critical national infrastructure: a use of force invoking the rights of self-defense," *Stanford Journal of International Law,* Vol. 38(2002), pp.207-240. Sharp와 Schmitt 모두 사이버 공격에 대한 선제적 자위권을 다음과 같은 경우에 인정해야 한다고 주장한다. "(1) the CNA(computer network attack) is part of an overall operation culminating in armed attack, (2) the CNA is an irrevocable step in an imminent and probably unavoidable attack, and (3) the defender is reacting in advance of the attack itself during the last possible window of opportunity available to effectively counter the attack." Eric Talbot Jensen, *ibid.*, p.225에서 재인용.

76) "The theme of interceptive self-defense is apposite to a CNA when an intrusion from outside into a computer network has been discovered, although, as yet, it is neither lethal to any person nor tangibly destructive of property." Yoram Dinstein, "Computer Network attacks and self-defence," in *Computer Network Attack and International Law* (2002), p.111.

내지 물리적 국경선과는 무관하게 사실상 지구상 어디에서든 작전이 가능하다는 점, 민간인의 생활과 직결되는 사회기반시설 및 상거래 분야에까지도 적이 침범할 수 있다는 점뿐만 아니라, 특히 사이버 전쟁에서 선제공격이 중요한 이유는 모든 것이 광속(光速)으로 이루어진다는 특성 때문이라는 것이다.[77] 즉 이전에는 공격 가능했던 대상이 옮겨지거나 경고 없이 새로운 방어선이 구축되거나, 이미 세웠던 작전이 쓸모없게 되는 상황이 발생할 수 있다는 것이다. 그 결과 cyberspace에서는 상대편이 공격해 올 때까지 기다렸다간 적이 공격과 동시에 아군이 설치한 logic bomb를 제거하거나 아군이 사용할 network paths로부터 공격목표를 차단시킬 것이라는 주장이 나름대로 설득력을 얻고 있다. 이러한 주장은 미국 부시 행정부의 부통령이었던 Dick Cheney가 2001년 9·11테러 이후 "미국을 공격할 자의 능력과 의도에 관한 절대적인 증거는 미국이 군사행동을 개시하기 위한 전제조건이 될 수 없다. 왜냐하면 재앙적인 공격을 경고하는 것 자체가 어렵고, 또한 적시에 공격자의 신원 파악이 거의 불가능한 상황에서 그러한 요구는 너무 높은 기대치이기 때문"이라고 언급한 것과 맥락을 같이 한다고 볼 수 있다.[78]

한편 최근에 제정된 한국의 '국방정보화 기반조성 및 국방정보자원 관리에 관한 법률' 제21조(국방사이버안전 전담기관의 의무)에는 "국방

77) Richard A. Clarke, *supra* note 5, p.44. 또한 미국 백악관이 2003년 발간한 '*National Security Strategy to Secure Cyberspace*'는 "국가, 테러리스트 집단, 또는 기타의 적이 사이버 공간을 통하여 미국을 공격하는 경우, 미국의 대응을 형사소추에 국한시킬 필요는 없다. 미국은 적절한 방식(appropriate manner)으로 대응할 권리를 보유하고 있으며, 이러한 상황에 대비하고 있을 것이다"고 언급하였다. *National Security Strategy to Secure Cyberspace*, Actions and Recommendations, Summary 5-4.

78) "absolute proof of an adversary's capabilities and intentions should not be a precondition for American military action; it is too high a threshold in a world where warnings of catastrophic attack would be limited and confirmation of the perpetrator's identity unattainable in operational time." Gregory A. Raymond & Charles W. Kegley, *supra* note 71, p.104에서 재인용.

정보의 침해, 위협에 대한 역추적 등 대응기술 개발 및 그 밖에 국방 정보 보호를 위해 필요한 사항"이라는 문구가 있다. 여기서 '그 밖에 필요한 사항'을 해석함에 있어 이를 미국 국방부의 문서에서처럼 선제 공격 가능성까지도 내포하는 것은 아닐까 하는 의문을 제기할 수 있다. 이처럼 일반 사회나 군대에 치명적이고 중대한 결과를 야기할 수 있는 사이버 전쟁에 대해 민감한 반응을 보이고 있는 각국 정부와 군수뇌부의 움직임에 대해 국제법 학자들은 이제 기존의 재래식 전쟁에서 논의되던 예방적 자위권의 문제는 사이버 전쟁 차원에서도 여전히 큰 차이가 없다는 입장을 고수하든지, 아니면 반대로 뭔가 분명히 다르기 때문에 사이버 전쟁에 대비하는 특유한 새로운 법적 논리를 개발해야 한다는 입장 중 어느 하나를 선택해야 하는 시점이 아닌가 싶다.

3. 국가책임 법리 적용의 어려움

평화시, 즉 아직 무력충돌의 상황까지 다다르지 아니한 시점에서 일국에 의한 다른 국가의 cyberspace에 대한 사이버 공격에 대하여 기존의 국가책임법 논리를 적용시키기에 아무런 문제가 없을까. 필자는 다음과 같은 최소한 두 가지 측면에서 의문을 제기하고자 한다. 하나는 사이버 공격행위를 개시한 국가에로의 귀속 가능성(attributability) 문제이고, 다른 하나는 공격행위를 행한 자가 개인인 경우 국가의 관리의무이다.

(1) 귀속 가능성[79)]

재래식 무력충돌과는 달리 사이버 공격이 발생한 경우 가장 어려운

79) '국제위법행위에 대한 국가책임 초안(2001)' 제2조(국가의 국제위법행위의 요소) 작위 또는 부작위를 구성하는 행위가 다음과 같은 경우, 국가의 국제위법행위가 존재한다.
(a) 국제법상 국가에 귀속되며,
(b) 국가의 국제의무의 위반을 구성하는 경우.

점은 아마도 행위주체의 파악일 것이다.[80] 왜냐하면 사이버 공격은 이른바 '비대칭형 공격행위'(asymmetric attack) 형태 중 하나로서 행위자는 자신을 은닉하거나 위장하려 들 것이기 때문이다.[81] 전통적인 법논리에 의하면 피해국은 자신이 피해를 입었다는 사실을 입증해야 한다는 입증책임(burden of proof)을 부담하므로, 피해를 입힌 자의 신병 확보는 자위권을 행사하기 위해서나 불법행위에 대한 국가책임을 추궁하기 위해서 필수적이다. 그러나 사이버 공격의 경우 cyberspace가 갖는 '동시성'과 '익명성'이라는 두 가지 특성으로 말미암아 피해국은 가해국에 대한 국가책임법상 불법행위를 성립시키기가 더욱 어려워질 수박에 없다.[82] 2009년 7월 초에 감행되었던 사이버 공격에서 보듯 한국과 미국의 전산망을 무력화(無力化)시키기 위해 동원된 컴퓨터와 서버의 숫자는 전세계에 산재해 있을 뿐만 아니라 엄청난 숫자였으며, 규명하는데 걸린 시간도 석 달이었다. 더욱이 공격에 동원된 컴퓨터나 서버가 바로 피해국의 영토에 위치할 수도 있다는 사실은 배후의 가해자를 색출하는 것이 얼마나 어려운가를 잘 대변해 준다.[83]

또 다른 문제로서 침투경로를 역추적해본 결과 공격에 사용된 서버가 중간경로로서 공격자로서 의심받고 있는 국가가 아닌 제3국에 있

80) Jeffrey Carr는 국가들이 사이버 공격과 관련하여 겪는 어려움을 두 가지로 집약한다. (1) uncertainty over whether a cyber attack can even qualify as an armed attack, and (2) because the law of war requires states to attribute an armed attack to a foreign government or its agents before responding with force. Jeffrey Carr, *Cyber Warfare* (2010), *supra* note 5, p.47.

81) 본 논문 I. 2 '사이버 전쟁 내지 공격의 매력' 참조.

82) Yoram Dinstein은 A국에서 시작된 B국 전산망에 대한 공격형태를 아래 네 가지 형태로 분류한다. ① A국에 거주하는 개인 해커가 A국과는 무관하게 오로지 사적인 이유에서 사이버 공격을 감행한 경우, ② A국에 근거를 둔 테러집단이 A국으로부터의 지원 없이 B국에 대해 사이버 공격을 한 경우, ③ A국으로 지원을 받는 테러리스트가 B국에 대해 사이버 공격을 한 경우, ④ A국의 공적 기관(군대 또는 민간인)이 B국에 사이버 공격을 감행한 경우. Yoram Dinstein, *supra* note 76, p.103.

83) 앞의 주 28)과 다음 주 89)에 언급된 통계숫자 참조.

다면 일단 피해국은 서버가 소재한 국가에 국제공조수사를 요청해야 할 것이다. 설령 그 국가가 협조해 준다고 하더라도 과연 서버에 사이버 공격자의 흔적이 남아있을지 여부는 미지수이며, 만일 서버 소재지국이 수사요청을 거절할 경우 피해국이 독자적으로 역해킹(hack-back)을 통하여 서버에 침투하여 기록을 체크할 경우에는 또 다른 국제분쟁을 발생시킬 수도 있다. 이러한 문제와는 별도로 사이버 공격의 경유지가 된 서버 소재지국은 국제법상 책임을 추궁받게 되는가. 추측컨대 이는 경유지국의 인지(認知) 여부에 따라 달라질 것이다. 즉, 사이버 공격이 개시되었던 시점에는 몰랐더라도 추후에 알았거나 그러한 사실을 피해국으로부터 통고받은 후에도 적절한 조치를 취하지 않았다면 그 책임 추궁을 피하긴 어려울 것이다. 이는 일반국제법상의 원칙 중 하나인 '일 국가는 다른 국가에 해를 끼쳐서는 아니된다'(Sic utere tuo ut alienum non laedas) 및 '선린우호'(good neighbourliness) 원칙에 비추어 봐도 그러하다.[84]

(2) 개인의 행위에 대한 국가의 관리의무

다수의 IT 전문가들은 에스토니아(2007), Georgia(2008) 및 미국과 한국(2009)에 대한 사이버 공격의 배후는 각각 러시아와 북한이라고 추정하고 있다. 러시아는 이미 자국이 개입한 적이 없으며, 다만 러시아의 애국적인 해커 개인의 소행이라며 자국 정부의 개입설을 일축한 바 있다. 북한은 아직 공식적 반응을 보이지 않았지만, 북한 공작원이 중국 단동에 있는 호텔에서 작업한 것으로 파악되고 있다. 사이버 공격이 일어난 경우 피해국의 입장에서 가장 큰 애로사항은 위에서 언급하였지만 가해자 또는 연루자의 확인작업이다. 다행히 빠른 시일 내에 어떤 국가가 사이버 공격에 개입한 사실을 시인하거나 또는 다른 방법에 의해 그러한 사실이 밝혀진다면 국가 대 국가의 차원

---

84) 박기갑, "북한의 행위와 국제법: 대한민국 국적인 피해사례와 황강댐 무단방류사건을 중심으로," 『안암법학』, 통권 제31호(2010), 374-375면.

에서 항의나 책임 추궁이 이루어지겠지만, 지금까지 발생했던 사이버 공격의 예에 비추어 볼 때 수월한 해결은 현실적으로 어렵다고 봐야 할 것이다.

그렇지만 개인의 불법행위에 대한 국가의 책임은 예외적으로 성립하기도 한다. '2001년 국가책임법 초안'을 보더라도 국가는 개인의 행위를 주의의무(due diligence)로서 예방하거나, 실제로 개인에 의한 불법행위가 발생한 경우 더 이상 이루어질 수 없도록 사후조치할 의무가 있다.[85] 러시아가 에스토니아와 Georgia에 대한 자국 해커들의 추후 사이버 공격을 물리적으로 차단하지 아니한 부작위뿐만 아니라, 중국 당국 역시 북한 공작원들이 자국 영토 내에서 사이버 공격을 주도하거나 계획한다는 명확한 증거가 있다면 이를 저지하여야 할 의무가 있다.[86] 다만 이 경우에도 중국이 사이버 전쟁의 마당을 북한에게 제공하고 있다는 구체적이면서도 결정적인 증거를 한국 정부가 제시하여야 하는 입증책임 문제는 여전히 남아 있다. 과연 촌각을 다투는 사이버 전쟁에서 전통적인 국가책임법 논리는 과학기술의 발달로 인한 법적 흠결을 드러낸다고 볼 것인가, 아니면 여전히 국가간 분쟁을 예방하는 버팀목으로서의 역할을 별도의 법적 보완작업 없이도 계속할 수 있다고 볼 것인가라는 질문에 대해 한번쯤은 생각해 봐야 할 것 같다.

---

85) 김석현 교수는 "국가는 영토상의 사인(私人)의 행위로 인해 타국의 법익이 직접 침해되지 않도록 주의·통제할 의무를 부담한다. 따라서, 사인의 행위로 인해 타국 또는 그 국민의 권익이 침해되었으며 영토국이 그러한 행위를 적극적으로 방조한 경우 또는 이를 사전에 방지하지 않았거나 사후에 진압 또는 처벌하지 않은 경우, 영토국의 국제의무의 위반이 성립되는 것이다"라고 설명한다. 김석현, 『국제법상 국가책임』(2007), 185면.

86) 이 점에 관해 김석현 교수는 "타국의 권익을 침해한 사인의 행위와 관련하여 영토국의 부작위에 의한 의무 위반을 확인하는 것은 다소 복잡한 문제를 포함한다. 영토상에서 외국의 권익을 침해한 사인의 행위를 사전에 방지하지 않았거나 또는 사후에 진압 또는 처벌을 하지 않았다는 부작위에 대한 책임이 성립하기 위해서는 ① 사인의 행위의 발생 사실 인식, ② 사인 행위의 방지 또는 진압의 태만 등 요건을 갖추어야 한다고 설명한다. 위의 주, 186-189면.

4. 국제인도법의 보완 필요성

광의의 국제인도법은 교전자의 살상행위를 규율하는 헤이그법 체제와 전시 희생자를 보호하려는 제네바법 체제 둘 모두를 포괄한다.[87] 그런데 사이버 공격은 기존의 무력충돌과는 그 양상이 다르다고 보여지는 바, 과연 기존의 국제인도법 체계가 사이버 공격을 포섭할 수 있을지 의문이다. 양자의 차이점을 대략 다음과 같이 정리할 수 있다.[88] 첫째, 공격개시 시점과 공격의 효과발생 시점에 거의 차이가 없다. 공격은 광섬유 케이블을 통해 대상을 향해 광속으로 이루어지기 때문에 피해가 즉각 발생하게 된다. 둘째, 사이버 공격은 전세계가 전장이 된다. DDos 공격에서 보듯이 좀비 컴퓨터와 서버는 각기 다른 나라에 소재할 수도 있기 때문에 교전국과 중립국의 구별이 더 이상 의미가 없어진다.[89] 셋째, 사이버 공격은 전시와 평화시의 구분이 없다. 공격자는 이미 적대국뿐만 아니라 제3국의 개인 네트워크와 전산망에 평화시에 침입하여 트로이 목마와 logic bomb 등을 설치해 놓고 때를 기다린다. 이러한 행위를 일종의 스파이 행위에 준해서 처벌할 수 있을까.[90] 넷째, 사이버 공격에서 주된 공격대상은 국가 네트워크도 있지만, 민간인 생활에 필수적인 사회기반시설, 가령 원자력발전소·중

---

87) "These two branches of the law applicable in armed conflict(Hague law and Geneva law) have become so closely interrelated that they are considered to have gradually formed one single complex system, known today as international humanitarian law." *Legality of the Threat or Use of Nuclear Weapons, Advisory Opinion*, ICJ Reports 1996, para. 75, p.256.

88) 전반적 문제점 제기에 관해서는 "Computers and war: the legal battlespace," Background paper prepared for Informal High-Level Expert Meeting on Current Challenges to International Humanitarian Law, Cambridge, June 25-27, 2004. Program on Humanitarian Policy and Conflict Research at Harvard University.

89) 2009년 7월초 한국의 주요 전산망을 공격하는데 사용된 좀비 컴퓨터는 전세계 74개국, 166,000대에 이른다고 한다. Richard A. Clarke, *supra* note 5, p.25.

90) 이 문제에 관해서는 이 논문의 I '문제의 제기'에서 간단히 언급한 적이 있다.

화학공장·은행·증권거래소 및 철도·항공 등 대중교통체계 등이 거론된다.

따라서 사이버 전쟁은 기존의 국제인도법 법리에 영향을 미칠 가능성은 충분히 있다고 생각되는 바, 필자가 임의로 쟁점을 정리해 본다면 다음과 같다. 첫째, 기존의 국제인도법은 일정한 시설물에 대한 공격을 금지하고 있는데 사이버 전쟁에도 그대로 적용될 수 있는지 여부,[91] 둘째, 사이버 공격에 참여하는 민간인은 적대행위에 직접 가담하고 있다고 간주되기 때문에 제네바협약의 보호대상으로부터 제외되는지 여부,[92] 셋째, 사이버 전쟁에 사용되는 프로그램 등은 제네바협약 체제에서 금지되는 '배신행위'(perfidy)인가, 아니면 금지되지 아니하는 '위계'(ruses)라고 판단해야 할지 여부 등이다.[93]

이 중에서 가장 심각한 문제는 민간시설에 대한 사이버 공격 가능성일 것이다. 왜냐하면 만일 무차별한 공격 및 그러한 가능성을 그대로 방치할 경우 모든 국가가 존중해야 할 국제관습법적 성격의 '민간인 보호' 원칙을 정면으로 위반하는 결과를 초래하기 때문이다.[94] 특

91) 1977년 제1추가의정서 제56조 1항: "위험한 물리력을 포함하고 있는 시설물, 즉 댐·제방·원자력발전소는 비록 군사목표물인 경우라도 그러한 공격이 위험한 물리력을 방출하고 그것으로 인하여 민간주민에 대해 극심한 손상을 야기하게 되는 경우에는 공격의 대상이 되지 아니한다.(이하 생략)"

92) 1977년 제1추가의정서 제51조 3항: "민간인은 적대행위에 직접 가담하지 아니하는 한, 그리고 그러한 기간동안 본 장에 의하여 부여되는 보호를 향유한다." Sean Watts, "Combatant status and computer network attack," *Virginia Journal of International Law*, Vol. 50, No. 2(2010), pp.391-447.

93) 1977년 제1추가의정서 제37조에 의하면 '배신행위'의 예는 항복 위장, 부상병으로 위장, 국제연합 또는 중립국 등의 표장·제복을 사용하는 위장행위 등이며, '위계'의 예는 위장·유인·양동작전·오보의 이용 등이다. 이에 관해서는 Knut Dörmann, "Applicability of the Additional Protocols to Computer Network Attacks," International Expert Conference on Computer Network Attacks and the Applicability of International Humanitarian Law, Stockholm(2004. 11. 17~19).

94) 민간인 보호 원칙은 가령 1938년 공중포격으로부터의 민간인보호에 관한 협약(Convention for the Protection of Civilian Populations against Bombing form the Air), 1949년 4개의 제네바협약 및 1977년 두 개의 추가의정서, 1978년 과도한 상해 또는 무차별적 결과를 초래하는 재래식 무기의 금지 및 제한

히 1977년 제네바협약 제1추가의정서 제35조는 전투수단 및 방법에 관한 기본규칙을 다음과 같이 명시하고 있다.

> "1항. 어떤 무력충돌에 있어서도 전투수단 및 방법을 선택할 충돌당사국의 권리는 무제한한 것이 아니다.
> 2항. 과도한 상해 및 불필요한 고통을 초래할 성질의 무기, 투사물, 물자, 전투수단을 사용하는 것은 금지된다.
> 3항. (자연환경 훼손에 관한 조항으로 생략)"[95]

여기서 중요한 사항은 교전자의 전투수단이나 방법의 선택은 무제한한 것이 아니며, 과도한 상해 및 불필요한 고통(superfluous injury or unnecessary suffering)을 초래하는 행위는 금지된다는 것이다. 아울러 교전시 민간인과 전투원을 구별하지 않는 무차별적 공격행위(indiscriminate attack)는 국제인도법 기본원칙상 금지되므로, 민간인이 사용하는 철도, 항공, 발전소, 댐 등에 logic bomb을 설치하고 가동하는 등 이들을 사이버 공격의 대상으로 삼는 행위는 분명히 국제법적으로 문제가 될 것이다.[96] 그렇기 때문에 필자는 '결과책임'이 아닌 '행위책임'적 차원에서 일단 주요 민간시설에 대한 심각하며 대규모적인 사이버 공격이 가해진 이상, 민간인이 실제로 살상되었는지

협약(Prohibitions or Restrictions on the Use of Certain Conventional Weapons Excessively Injurious or Having Indiscriminate Effects) 등에서 명시되고 있다. 아울러 국제형사재판소(ICC) 규정은 의도적으로 민간인을 살상하는 행위를 전쟁범죄로 금지하고 있다.

95) Article 35(Basic rules)
1. In any armed conflict, the right of the Parties to the conflict to choose methods or means of warfare is not unlimited.
2. It is prohibited to employ weapons, projectiles and material and methods of warfare of a nature to cause superfluous injury or unnecessary suffering.
3. (생략)

96) 1977년 제1추가의정서 제50조 이하 참조. 특히 제56조는 댐・제방・원자력발전소에 관한 언급이 있다.

의 여부와 무관하게 공격자의 책임을 추궁하는 전쟁법 내지 국제인도법의 관련 규정을 적절히 보완해야 한다고 생각한다.

또한 만일 사이버 공격에 사용되는 다양한 프로그램, 특히 logic bomb 등을 신무기에 속한다고 가정할 경우, 신무기 개발과 관련해서는 1977년 제네바협약 제1추가의정서 제36조에 다음과 같은 규정이 있다.

> "신무기, 전투수단 또는 방법의 연구개발 획득 및 채택에 있어서 체약당사국은 동 무기 및 전투수단의 사용이 본 의정서 및 체약당사국에 적용 가능한 국제법의 다른 규칙에 의하여 금지되는지의 여부를 결정할 의무가 있다."

그러나 재래식 무기 개발과정에서 이 규정을 준수하는 국가가 극히 드물다는 현실을 감안할 때 사이버 전쟁에 사용되는 프로그램 개발에의 적용은 요원하다 할 것이다.

5. 인권 및 시장경제원리와의 충돌 가능성

언제 닥칠지도 모르는 사이버 공격을 예방하기 위해 앞에서 살펴본 것처럼 각국은 사이버 안보(cyber security) 또는 사이버 방어(cyber defense)를 강조하고 있다. 그러나 안보를 강조하다보면 불가피하게 다른 법원칙과 충돌될 수밖에 없다. 가령 인권, 특히 표현의 자유와 자본주의의 기본원칙인 자유로운 시장경제원리 등이 바로 그것이다.

우선 인터넷을 포함하는 cyberspace에는 표현의 자유라는 원칙하에 대부분의 국가에서 익명성이 보장되고 있다. 그러나 익명성은 사이버 공격의 통로가 될 수 있으며, 그 때문에 피해국은 가해국 또는 가해자를 찾는데 상당한 시간과 노력이 소요된다. 사이버 공격을 예방하기 위한 목적으로 어느 정도까지 헌법상 보장되는 표현의 자유를 제한할 수 있는가. 국가의 입장에서 볼 때 자국의 cyberspace를 가상적국의 공격으로부터 보호하기 위해 더욱 강화된 사이버 안보가 요구된다면 디지털 시대에 있어서 헌법상의 표현의 자유를 부득이 제약해야 한다는 주장이 제기될 것이다. 실제로 cyberspace 공격을 우려한 국가들 중에는 일반시민이 눈치채지 못할 정도로 은밀하게 사전에 사이버상에서 정보를 분류하고 차단하기도 한다. 그렇기 때문에 이에 대한 균형잡힌 해답을 찾기 위해서는 소위 9・11 이후 각국이 행하고 있는 '반테러 전쟁'(war against terrorism)으로 말미암은 기본적 인권과 국제법 원칙이 때때로 침해되는 현상이 발생하고 있다는 사실을 반면교사(反面教師)로 삼아야 할 것이다.[97]

다음으로 사이버 안보를 강조할 경우 기업활동의 자유를 저해할 수도 있는 규제정책이 도입될 수 있다. 다시 말하여 비단 국가 전산망뿐만 아니라 사기업 소유의 발전시설, 교통체제 및 금융기관의 전산망도 사이버 공격의 대상에 포함될 수 있다는 이유로 사이버 안보를 위한 국가의 간섭이 불가피하다는 논리가 설득력을 발휘하게 되는 것이다. 실제로 cyberspace에 대한 의존도가 높은 국가, 즉 발전시설, 교통체계, 금융재정체제 등 사회의 중요한 기반시설이 컴퓨터 네트워크에 의존하는 비중이 높은 사회일수록 사이버 공격에 취약하게 되며, 또한 경제활동에 있어 관(官)과 민(民)이 분리되고 비규제정책을 우선시하는 자본주의 시장 국가일수록 효율적이며 일관된 사이버 방어가 용이하지 않다는 점은 명백하다.[98] 그러나 정부에 의한 과도한 규제정책은 때로는 소비자가격 상승을 초래하며 원인을 제공하는 문제를 해결하지 못할 수도 있기 때문에 창의성과 혁신정신을 크게 후퇴시킬 수도 있다.

---

97) 박기갑, "인권과 테러리즘," 『21세기 유엔과 도전』(2002), 451-471면.

98) 이 논문 I. 2. '사이버 전쟁 또는 공격이 갖는 매력' 부분에서 인용한 Richard A. Clarke 도표 참조.

Ⅳ. 국제적 차원의 대책 마련의 시급성

이상에서 보듯이 사이버 전쟁 내지 사이버 공격은 실제로 발생하고 있으며, 기존의 국제법 이론과 규범으로는 완전히 그리고 충분히 포섭할 수 없다고 판단된다. 핵무기가 개발되어 실제로 사용되고, 장거리 대륙간 탄도미사일이 실전배치되고, 첩보위성이 우주공간에 배치되기 시작하였을 때 국가들이 새로운 법규범의 필요성에 공감하고 협상을 개시했듯이, 사이버 전쟁에 관한 국제적 논의는 이제 시작되어야 한다.[99] 어떻게 본다면 사이버 공격의 위험성과 우려는 다른 무기보다 더욱 심각하다고 볼 수 있다. 왜냐하면 지금까지 알려진 사이버 공격의 주된 대상이 군사적 시설이나 군대에 국한되지 않고, 더 나아가 민간인의 생활에 필수적인 사회기반시설, 가령 발전소(원자력발전소 내지 수력댐 등), 은행, 철도, 항공기 등의 컴퓨터 제어 시스템까지 확대되기 때문에 이러한 기계적 장치들이 파괴되거나 마비될 수 있기 때문이다. 만일 규율되지 아니한 상태에서 사이버 공격이 감행된다면 엄청난 파국이 쉽게 예상된다. 피해국은 그러한 공격을 당하지 않으려고 선제공격을 시도할 것이며, 실제로 피해를 입은 국가는 가해국이 확실하게 밝혀지기 전에 추정되는 국가에 대해 모든 수단과 방법을 동원하여 보복을 시도할 지도 모른다. 이렇게 되면 걷잡을 수 없는 상황으로 치달을 수 있다. 여기에 테러집단이 개입하여 마치 어떤 국가가 공격을 한 것처럼 위장한다면 그에 따른 국제적 혼란은 더욱 가중될 수밖에 없다.

이하에서는 과거 군축협상의 틀을 제공한 미국과 소련의 양자협상

---

99) 서철원 교수는 다음과 같이 제안한다(서철원, 앞의 주 6), 147-148면). "조약의 형태를 취하든 연성법의 형태를 취하든 그것에 포함해야 할 내용을 정리하면 다음과 같다(이하 필자에 의한 임의적 요약임). 사실 확인의 절차 마련, 비국가행위자의 규제, 국가가 행위자인 경우 행위의 성격규정과 대응수단을 명확히 할 것 및 대응조치를 취할 수 있는 피해자의 결정문제."

의 예처럼 미국, 러시아, 중국 등 군사 강대국의 협상 가능성을 타진해 보고, 새로운 국제기구의 창설 가능성 및 새로운 법규범의 틀을 모색해 본다.

1. 미국과 러시아의 양자협상 가능성

미국과 러시아는 사이버 전쟁의 위협에 대한 우려를 감추지 않는다. 두 나라는 cyberspace가 미래의 전장(戰場)이 되리라는데 동감하고 있지만, 점증하는 사이버 전쟁의 위협에 적절히 대처할 방안 모색에 대해서는 아래와 같이 근본적으로 서로 다른 입장 차이를 보이고 있다.[100)]

(1) 러시아의 입장

러시아는 이 문제를 핵무기나 생화학무기 등의 군축협상과 유사한 맥락에서 접근하여 종국적으로는 관련 국제조약을 채택해야 한다고 주장한다. 러시아는 특히 전쟁 발발시에 가동하는 악성 코드나 회로를 비밀리에 상대편 국가에 깔아놓는 행위의 금지, 비교전자(非交戰者)에 대한 공격을 금지하는 국제인도법의 적용, cyberspace에서 익명의 공격행위에 대처하기 위한 cyberspace상 기망적 활동 금지 등에 역점을 두고 있다. 러시아는 사이버 전쟁을 규율하는 관련 국제조약의 부재 현상은 cyberspace에 있어서의 무기 개발 경쟁이 심화되어 더욱 위험한 결과를 초래할 것이기 때문에 인터넷을 감시하는 국제기구가 있어야 한다고 주장한다.

(2) 미국의 입장

미국은 사이버 공격을 규율할 국제조약 체결이 과연 필요한가에 대

---

100) *The New York Times*, 2009년 6월 28일자.

해 아직 회의적 입장이다. 왜냐하면 cyberspace에서 발생할 수 있는 국가간 충돌, 즉 공격행위는 아직 그 위험도가 검증되지 않았기 때문에 파괴력과 살상력이 검증된 핵무기나 생화학무기 등에 비해 과연 전쟁 억제력(deterrence)을 어느 정도 갖고 있는지 의문이라는 것이다.[101] 미국은 각국 형법의 강제집행력을 제고시키기 위한 국제협력체제를 공고히 하여 위법자들을 효율적으로 처벌할 수만 있다면 개별적 침범행위로부터 보다 더 안전하게 cyberspace를 만들어 줄 것이며, 이는 더 나아가 cyberspace를 군사행동으로부터도 안전하게 만들어 줄 것이라고 주장한다. 이러한 미국 주장의 모델은 바로 Council of Europe에서 채택한 Convention on Cybercrime이다.[102] 또한 미국은 러시아의 제안을 따를 경우 개별 정부에 무차별적인 인터넷 검열을 할 수 있는 권한을 주게 되며, 결과적으로 헌법상의 표현의 자유를 침해할 것이기 때문에 이는 곧 전체주의 국가체제에 빌미를 제공할 것이라고 반박한다.

이처럼 미국이 선호하는 법의 강제집행에 관한 협조방식과 러시아가 선호하는 군축과 유사한 국제조약 방식은 반드시 서로 충돌한다고 볼 수만은 없지만 근본적으로 서로 다른 철학적 바탕에서 출발하고 있다. Cyberspace에 관한 합의 도출은 인터넷망의 검열, 주권문제 및 조약의 당사자가 될 수 없는 범죄단체의 존재 등 다양하면서도 상당히 어려운 문제들을 안고 있다. 그런데 한 가지 확실한 점은 사이버 공격에 관한 한, 미국이 러시아, 중국 등 다른 국가에 비해 취약점이 더 많이 노출되어 있다는 것이다. 가령 발전시설, 송유관, 항공, 철도, 소비자 물품의 배달, 은행 및 군수지원 체계 등에서 cyberspace, 즉 컴퓨터 네트워크 체계에 상대적으로 의존도가 높다. 또한 국가의

---

101) Richard A. Clarke, *supra* note 5, p.189.

102) 동 조약의 자세한 내용은 앞의 주 2) 참조. 러시아는 cyberspace상 범죄에 관해 다른 나라에서 개시되었다는 혐의가 있는 online crime에 대해 사전에 당사국에게 통보하지 않고 수사를 개시할 수 있도록 하는 것은 궁극적으로 전통적인 국가주권을 침해하기 때문에 동 협약에 반대한다는 입장을 밝힌 바 있다.

주요 기반시설의 대부분이 사기업에 의해 운영되고 있으며, 이러한 시설의 사이버 보안은 국가가 책임지는 것이 아니라 각 기업체에서 자율적으로 부담하므로 방화벽을 계속 개선하지 않으면 그만큼 사이버 공격에 취약할 수밖에 없다. 바로 이러한 약점들 때문에 미국은 종국적으로는 협상에 임할 수밖에 없다는 논리가 힘을 얻고 있다.[103] 인터넷이 가장 잘 보급되어 있고 인터넷 시장을 선점하고 있는 미국으로서는 자유로운 사용체제를 통제할 지도 모르는 국제조약의 체결에 대해 머뭇거리고 있는 반면, 러시아는 적극적으로 국제적 토론장을 요구하고 있으므로 앞으로의 귀추가 주목된다.

한편 2010년 7월, 유엔에서는 미국·러시아·중국을 포함한 15개국이 각각 상대국 컴퓨터망에 대한 공격 위협을 줄이는 노력을 경주하는데 합의했다는 보도가 있었다. 유엔 경제사회이사회는 7월 16일 사이버 안보를 의제로 하는 회의에서 국가들은 '국경을 넘는 사이버 공격'(cross-border nature of cyber attacks)의 증가현상에 우려를 표하고, 사법과 경찰체제를 통한 국제협력의 골격을 촉진시켜야 한다는데 의견을 같이 했다.[104] 이번 15개국이 마련한 권고안에는 사이버 공간의 행위와 관련된 표준을 유엔이 정하는 한편, 각국의 사이버 보안 전략과 입법 정보를 교환하며 개도국의 컴퓨터망 보호능력을 확충시키기 위한 Internet Governance Forum을 계속 유지한다는 내용도 포함되었다.[105]

---

103) 이러한 관측은 Richard A. Clarke, *supra* note 5, pp.226-227.

104) 발언을 행한 국가는 대한민국, 러시아, 미국, 벨기에, 벨라루스, 브라질, 예멘, 이라크, 이란, 이집트, 중국, 캐나다 등. Economic and Social Council, 2010 Substantive Session, 2010년 7월 16일, ECOSOC/6444. 참고로 유엔 총회는 2010년 3월 'Creation of a Global Culture of Cyber Security' (Res. 64/211)를 채택한 바 있다.

105) *Washington Post*, 2010년 7월 17일자; 국방일보, 2010년 7월 19일자, 9면 참조.

2. 기존 군축 메커니즘의 유추적용

사이버 공격 및 그로 인한 파급 효과가 엄청나다는 점을 인식하고 그에 대비하기 위해 관계되는 군대조직을 재정비하거나 창설한 나라는 이제 20개국을 넘는다.106) 사이버 공격은 넓은 관점에서 본다면 군축(disarmament) 문제에 해당한다. 군축은 재래식 무기에서 비롯하여 핵무기, 생화학무기, 대륙간 탄도미사일 등 다양한 분야에서 시도되었다. 그 실효성(實效性)은 차치하더라도 지금까지 미-소간에 체결된 핵탄두를 규제하는 START 등 일련의 양자협정과 대량살상파괴무기(WMD)를 규제하는 수많은 다자협약들이 존재한다. 또한 남극조약체제와 우주원칙조약 및 1982년의 유엔해양법협약 등은 각각의 조약이 적용되는 특정 지역을 비무장화시키는데 큰 기여를 해왔다.107)

그러면 사이버 전쟁과 관련해서는 어떤 국제조약의 틀이 적절한 참고대상이 될 수 있나. 만일 국가들이 cyberspace 자체를 남극이나 외기권처럼 비무장지대로 선포한다면 정말 획기적인 선택이 될 것이지만 그 실현 가능성이 희박하다고 판단된다. 이에 비해 기존의 군축체제 중에서 가령 핵무기와 생화학무기처럼 대량살상파괴 효과를 갖는 무기를 보유하며 또한 공격능력을 갖는 국가들 간의 대화 채널의 유지·신뢰구축·검증체제·투명성 제고 등의 메커니즘은 순간적이며 우발적인 전쟁에 돌입할 지도 모르는 위험성을 상당히 감소시켰다고 평가받기 때문에 사이버 전쟁에도 원용 가능하다고 본다.108) 그러

---

106) 자세한 내용은 이 논문 II. 3. '각국의 대응조치' 참고.

107) '남극조약'(1959) 제1조 1항: 남극지역은 평화적 목적을 위하여서만 이용된다. 특히, 군사기지와 방비시설의 설치, 어떠한 형태의 무기실험 및 군사훈련의 시행과 같은 군사적 성격의 조치는 금지된다. '달과 기타 천체를 포함한 외기권의 탐색과 이용에 있어서의 국가활동을 규율하는 규칙에 관한 조약'(1967) 제4조: 본 조약의 당사국은 지구 주변의 궤도에 핵무기 또는 기타 모든 종류의 대량파괴 무기를 설치하지 않으며, 천체에 이러한 무기를 장치하거나 기타 어떠한 방법으로든지 이러한 무기를 외기권에 배치하지 아니할 것을 약속한다(이하 생략). '1982년 유엔해양법협약'(1982) 제136조: 심해저와 그 자원은 인류의 공동유산이다.

나 문제의 관건은 국제사회가 사이버 전쟁을 심각하게 인식하고 있는지의 여부, 사이버 공격을 상호 효율적으로 규제할 만큼 진정한 관심을 갖고 있는지 여부 및 각국이 그 동안 군사적 비밀사항으로 부쳐 사이버 무기에 대한 투자 및 개발해 왔던 노력을 포기할 만큼 전체적 분위기가 무르익었는지 여부라 할 것이다.[109)]

3. 새로운 국제기구 창설론

사이버 전쟁을 포함하는 사이버 보안 문제는 이제 개별 국가차원을 떠나 상당히 심각한 양상을 띠고 있다. 따라서 이를 담당할 국제기구 창설론이 힘을 얻고 있다고 보인다. 왜냐하면 아직까지 적절한 권한을 갖고 cyberspace를 통제 내지 관할할 수 있는 정부간 국제기구가 없으며, 또한 각국이 사이버 안보를 너무 강조하다보면 국제인권법상의 표현의 자유와 충돌할 우려가 있기 때문이다. 이처럼 국제공조가 절실한 상황에서 cyberspace와 관련된 제반 문제를 다룰 국제기구

108) "This makes the WMD model attractive because it gives us a road map on what we can do nationally and internationally." *Cybewarfare and Its Impact on International Security*, United Nations Office for Disarmament Affairs, Occasional papers No. 19, June 2010, p.14.

109) 이와 관련하여 2010년 10월 21일 제65차 유엔 총회 산하 제1위원회(군축) 회의에서 브라질 대표는 사이버 전쟁에 대한 우려 표명 및 유엔이 대책 마련에 관한 한 중심적 역할을 해야 한다는 요지의 발언을 하였다. 이하는 UN New Release GA/DIS/3419에 실린 관련 내용이다. "Modern society's emerging dependence on of the new cutting-edge information and communication technologies was giving rise to new vulnerabilities that could undermine activities of Governments, markets and other entities, said Brazil's representative. With that in mind, he(필자 주: 브라질 대표) urged the international community to consider establishing instruments to deal with cyberwarfare. At the same time, he encouraged the United Nations to play a leading role in addressing the issue of security of information and communications technology in conflict situations, paying attention to identification, classification of information warfare weapons and establishment of multilateral rules."

창설제안론이 등장한다.[110)]

사이버 보안기구 구상은 2007년부터 2009년까지 발생했던 세계적 DDos 사이버 테러 내지 공격이 그 계기가 되었다고 볼 수 있다. 국제적 사이버 안전 협력은 국제통신연합(ITU), 경제협력개발기구(OECD) 등 국제기구와 북대서양조약기구(NATO), 아시아태평양경제협력체(APEC) 등 지역 협력기구가 조금씩 관여해 왔지만 구심점이 없다는 지적을 받아왔다. 다시 말해서 cyberspace에는 governance가 없다는 취약점이 있다. 과거에는 ARPA(DoD's Advanced Research Project Agency)가 일종의 네트워크 관리자 역할을 했지만 이는 더 이상 존재하지 않는다. 다만 ICANN(Internet Corporation for Assigned Names and Numbers)이라는 NGO가 국제적인 고유의 인터넷 주소를 배정해주는 일종의 기술적 역할만을 하고 있을 뿐이다.[111)]

V. 결 론: *lex ferenda*의 핵심 사항들

지금까지 우리는 단순히 개인에 의한 사이버 범죄나 테러가 아닌 국가에 의한 또는 국가가 지원하는 사이버 공격이 실제로 감행되고 있으며, 주요 국가들은 자체적으로 사이버 방어체제 내지 보복을 가할 수 있는 체제를 개발중에 있음을 살펴보았다. 또한 언젠가는 사이버 전쟁 또는 전통적 의미의 무력충돌에 사이버 전쟁이 첨가된 새로운 형태의 국제적 무력충돌이 발발할 수도 있다는 점 역시 예상하였다.

이러한 새로운 현상에도 불구하고 기존의 국제법, 특히 무력사용의 개념정의, 국제인도법, 국제인권법 및 국가책임법은 심각하고 치

110) 중앙일보, 2010년 2월 23일자, 경제면 1면 참조.

111) Richard A. Clarke, *supra* note 5, p.79.

명적일 수 있는 사이버 공격의 모든 면을 포섭하기에는 역부족이라는 분석결과에 도달하였다. 그러므로 조속한 시일 내에 국가들과 유엔을 중심으로 하는 국제기구들을 통하여 무제한한 사이버 전쟁으로 인한 파국을 막기 위한 외교적 노력을 시작하여, 일단 비록 추상적일지라도 전반적인 틀을 제공할 수 있는 국제조약과 cyberspace에 관한 제반 문제를 담당할 국제기구 내지 국제기관을 설치할 필요가 있다.[112] 그리고 만일 사이버 공격을 종래 군축(disarmament)이라는 큰 테두리에서 다룰 때 이 문제에 관하여 관심을 갖거나 직접·간접적으로 이해관계를 갖는 국가들은 최소한 아래의 법적·정치적 요소들을 충분히 고려하여 추후 도출될 수 있는 국제문서에 반영해야 할 것이다.

첫째, 사이버 공격을 먼저 하지 않겠다는 정치적 선언이다. 사이버 공격을 개시한 측은 정치적으로나 법적으로 책임을 추궁당할 것이며 보복행위를 초래한다는 점을 인식하여야 한다. 아울러 DDos 공격의 예방조치 마련 및 평화시 다른 국가의 전산망에 침입하여 해킹을 하거나 logic bomb을 설치하는 행위를 금지해야 할 것이다.

둘째, 1977년 제네바협약 제1추가의정서에서 명시하였듯이 교전자가 아닌 민간인을 위한 기반시설, 가령 댐, 발전소, 대중교통체제, 은행, 식량 공급망, 상수도 관리시설 등에 대한 무차별 사이버 공격을 금지해야 한다. 이 항목은 가장 중요할 뿐만 아니라 시급하다. 과거 무차별 공습을 금지하였듯 이를 위반하면 전쟁범죄로 취급하여 국

---

112) 사이버 안보를 주제로 하는 범세계적인 포럼 개최 및 그 성공을 위해 전제조건이 있다는 내용의 신문기사를 소개한다. "명백한 사실관계 없이 그리고 아주 소량의 기밀에서 해제된 정보만으로는 (국가들은) 감정적인 수사학적 싸움으로 전락하고 만다. 그 결과 (국제포럼은) 무의미한 역사적 비교라든지 짜증나는 지정학적 비난으로 빠지고 만다. 진지한 국제적 포럼은 만일 우리의 참조사항이 'digital Pearl Harbors'라든가 'e-Katrinas' 등으로만 국한된다면 불가능하다. 각국 정부들은 사이버 공격의 성격이라든지 사이버 공격으로 말미암아 자신이 입은 손해 등에 관해 솔직한 발표를 해야 할 것이다." Evgeny Morozov, "The 0s and 1s of computer warfare," *International Herald Tribune*, 2009년 7월 1일자.

제형사재판소에 기소당할 수 있음을 알리는 방안도 생각해볼 만할 것이다.[113]

셋째, 사이버 공격유형 및 사태 발발에 관한 정보를 공유해야 한다. 이를 위해 사무국 또는 국제기구의 설치가 필요할 것이다. 만일 관련 국제협약을 제정할 경우 과거 군축 메커니즘처럼 위반 여부를 검증할 수 있는 제도적 장치가 필요하다. 또한 국제기구가 행사할 수 있는 권한 중 하나로서 사이버 공격을 받는 국가에 대한 지원의무(duty to assist)를 제창하는 것도 생각해 볼 수 있다. 그리고 가능하다면 cyberspace에서의 자국 군사정책을 투명하게 밝힐 수 있도록 각국을 유도해야 할 것이다. 참고로 현재 NATO는 일 회원국이 사이버 공격을 받아 피해가 발생했을 경우 그 피해 규모가 어느 정도에 이르러야 다른 회원국들로부터 군사지원을 받을 수 있는 무력공격의 형태로 간주될 수 있는지에 관해 검토하고 있다.

넷째, 2001년 Council of Europe에 의해 채택된 Convention on Cybercrime에 명시된 국제수사에 공조할 의무와 사이버 공격에 사용되었다는 혐의를 받는 서버의 확보 및 보관의무 등을 규정해야 한다. 또한 인터넷 서비스 제공자의 의무 역시 명시해야 할 것이다. 이러한 의무의 실효적 이행을 위해서는, 만일 사이버 범죄를 예방하거나 처벌하는 국내적 조치를 취하지 아니할 경우, 관련 국제기구가 결정하는 경제적 제재를 가할 수 있는 방안을 마련하는 것도 생각해 볼 수 있다.

다섯째, 사이버 안보 또는 사이버 방어를 위한 최소한의 필요한 기술이전을 행해야 한다. 왜냐하면 개발도상국들은 자칫 사이버 공격을 위한 중간 경유지로 악용될 소지가 다분하기 때문에 이른바 'root

113) 그러나 이러한 주장에 대해 혹자는 실현 가능성이 거의 없다는 비판도 할 수 있을 것이다. 왜냐하면 국제형사재판소(ICC) 물적 관할권은 4가지 범죄에 국한되어 있으며, 2010년 우간다 캄팔라 회의에서 채택된 침략범죄의 해석상 사이버 공격이 포함될 수 없다는 견해도 있다. 최태현, 앞의 주 59) 참조.

causes'를 제거한다는 중장기적 전략에서 이 문제를 접근할 필요가 있다. 이는 기존 국제법상 선진국과 개발도상국과의 협력관계를 증진하고 유지해야 한다는 보편적 원칙과도 그 궤를 같이한다.

여섯째, 국가들은 타국을 사이버 공격하기 위한 의도로 제3국이나 비국가실체가 자국 영토에서 활동하는 것을 금지해야 할 뿐만 아니라 그러한 행위를 지원 내지 방조하는 행위 역시 금지해야 한다. 이는 앞에서 이미 언급한 일반국제법상의 원칙 중 하나인 '일 국가는 다른 국가에 해를 끼쳐서는 아니된다'(*Sic utere tuo ut alienum non laedas*) 및 '선린우호'(good neighbourliness) 원칙의 반영이다.

이상과 같은 항목이 반영된 국제문서의 도출은 향후 국가간 사이버 전쟁 또는 사이버 공격의 위험 내지 우려를 완화시켜 줄 것이다. 특히 우리에게 있어 북한으로부터의 위협은 무시할 수 없다. 북한은 6·25 전쟁 이후 60년 동안 정전협정을 위반하고 수없이 도발을 해오고 있으며, 북한은 이제 심리전과 사이버 전쟁 등 비대칭 전력(asymmetric lines of attack)을 강화하고 있기 때문에 이를 국제적 공조를 통해 억제할 필요가 있다.

유엔헌장상 '평화에 대한 위협' 개념의 확대와 안보리의 역할에 대한 평가*

이 유 정

* 제1회(2001) 대학(원)생 국제법 논문 경시대회 대학원생 부문 최우수상.

Ⅰ. 서 론

냉전의 종식은 평화유지라는 임무를 위한 안보리의 역할범위에 커다란 변화를 가져왔다. 안보리는 동・서 양극구조에서 벗어나 비로소 유엔헌장이 구상하는 평화유지의 임무를 수행할 기회를 갖게 되었다. 또한 냉전의 종식과 더불어 국제사회는 인권이라는 가치를 보호하기 위하여 더 많은 노력을 기울이게 되었다.[1] 특히 국내문제로 취급되어 오던 국내적 인권문제가 국제화됨으로써 안보리의 관여사항이 다양해지게 되었다. 이는 국제평화와 안전을 유지하기 위한 안보리의 권한이 확대되었음을 의미한다.

특히 안보리에 의한 헌장 제39조[2]의 '평화에 대한 위협' 개념의 해석은 1990년대 이후로 커다란 관심의 대상이 되었다. 이러한 관심은 냉전 종식후 안보리의 활동이 크게 증가하면서 나타나기 시작하였다. 최근 '평화에 대한 위협'을 근거로 취해진 안보리의 조치들을 살펴볼 때, 헌장 초기의 '평화에 대한 위협' 개념에 비하여 상당히 그 범위가 확대되었음을 알 수 있다.[3] '평화에 대한 위협' 개념의 확대는 곧 안보

---

1) 냉전 종식후, 인권보호에 대한 관심은 다음에서 찾아볼 수 있다. Charter of Paris for a New Europe, A New Era of Democracy Peace and Unity, Nov. 21, 1990, *I.L.M.* Vol. 30, 1990; Document of the Copenhagen Meeting of the Conference on the Human Dimension, June 29, 1990, *I.L.M.* Vol. 29, 1990; United Nations World Conference on Human Rights: Vienna Declaration and Programme of Action, June 25, 1993, *I.L.M.* Vol. 32, 1993.

2) 원문은 다음과 같다. 〔Art. 39〕 The Security Council shall determine the existence of any threat to the peace, breach of the peace, or act of aggression and shall make recommendations, or decide what measures shall be taken in accordance with Articles 41, and 42, to maintain or restore international peace and security.

3) 유엔헌장 조항의 개념 변화에 대하여 Javier Pérez de Cuellar 사무총장은 1991년 9월 유엔 총회에서 연설한 그의 보고서에서 다음과 같이 언급하고 있다: "These Charter principles are by no means frozen: their scope and the manner of their application is determined by changing global

리의 권한 범위에 대한 문제로 넘어간다. 안보리는 국제평화와 안전의 유지에 일차적 책임을 지고 있으며, 안보리가 취하는 강제조치의 전제조건 중의 하나가 바로 평화에 대한 위협이기 때문이다. 이하에서는 '평화에 대한 위협' 개념 및 안보리에 의한 해석에 있어서의 그 변화 모습을 살펴보고, 이러한 '평화에 대한 위협' 개념의 확대가 갖는 의미를 안보리의 권한 문제와 국내문제 불간섭원칙과 관련하여 평가해 보도록 하겠다.

Ⅱ. '평화에 대한 위협' 개념

'평화에 대한 위협'이 무엇인가를 명확히 정의 내리기는 어렵다. 헌장에서도 '평화에 대한 위협' 개념을 정의하고 있지 않으며, 안보리 및 총회도 이에 대한 개념정의를 내리지 않고 있기 때문이다. 또한 어떠한 상황이 과연 '평화에 대한 위협'에 해당하는지에 대한 확립된 기준도 없다. 왜냐하면 냉전기간 동안 안보리는 동·서간의 대립으로 인하여 어떠한 사태에 대하여 '평화에 대한 위협' 결정을 내리는데 있어 소극적이었고, 따라서 관행상 축적되어 온 기준이 없기 때문이다.

1. '평화에 대한 위협' 개념의 변화

전통적으로 '평화에 대한 위협'이라는 개념은 일반적으로 국가간 또는 지역분쟁에 있어서 침략행위 혹은 실질적·잠재적 군사적 행동을

---

conditions. 〔…〕 A rigid interpretation that fails to take human realities into acco유엔t would ossify international law, 〔…〕 and diminish its contemporary relevance. 〔…〕 We cannot 〔…〕 regard the Charter as immutable." Javier Pérez de Cuellar, Report of the Secretary-General on the Work of the Organization, 유엔. Doc. GA/46/404(1991), reprinted in *UN Yearbook*, Vol. 45, pp.13-14.

포함하는 평화의 파괴를 의미하는 것으로 해석되었다. 헌장 제정 당시 '평화에 대한 위협'은 사실상 국제평화에 대한 무력적 위협을 의미하는 것이었다.[4] 즉, 안보리는 어떠한 상황 혹은 사태에 대하여 헌장 제39조상의 '평화에 대한 위협'을 규정함에 있어 주로 국가간 문제에 중점을 두는 제한적인 태도를 취하여 왔다.[5]

그러나 최근의 안보리의 결정을 살펴보면 제39조상의 '평화에 대한 위협'의 개념이 보다 더 확대되고 있음을 알 수 있다. 우선 '평화에 대한 위협' 개념을 살펴보는 데 있어 주목해야 할 것은 평화 자체에 대한 정의의 문제이다. 만일 평화를 단지 전쟁의 부재라고 볼 경우, '평화에 대한 위협' 개념은 매우 축소될 것이다. 반면 평화가 정치, 사회, 경제적 의미를 모두 포괄하는 것이라고 한다면, 여러 상황에 있어서 안보리가 그 개입에 대한 정당성을 확보할 수 있는 근거가 될 수 있겠지만, 동시에 안보리의 활동 범위가 너무 확대될 가능성이 있다. 이는 국내문제불간섭의 원칙과 충돌될 가능성을 내포하고 있다. 물론 안보리가 어떠한 사태에 대하여 평화에 대한 위협 결의를 채택하는 것 그 자체는 새로운 사실이 아니지만 위협을 구성하는 내용 자체는 근본적으로 변화하고 있다.[6] '평화에 대한 위협' 개념의 해석에 있어서 안보리의 입장변화는 1992년 1월 31일자의 안보리 특별회의에서 잘 나타난다.

> "국가간의 전쟁, 무력충돌이 없다는 그 자체만으로 국제평화와 안전을 보장하지 않는다. 경제적, 사회적, 인도적 및 생태적 분야에서

4) Cf. Hans, Kelsen, *The Law of the United Nations*, 2nd impression, London, 1951, p.930.

5) Sydeny D. Bailey, *The UN Security Council and Human Rights*, The Macmillan Press Ltd., 1994, p.123.

6) Sean D. Murphy, "The Security Council, Legitimacy and the Concept of Collective Security After the Cold War," *Columbia Journal of Transnational Law*, Vol. 32, 1994, p.210.

비군사적 불안정의 요소는 평화와 안전에 대한 위협이 되어 왔다. 유엔 회원국 전체는 적절한 기구를 통하여 협력하면서, 이들 문제를 해결하는데 최우선 순위가 매겨져야 한다."[7]

이는 '평화에 대한 위협' 개념이 최근 국제적 무력충돌을 넘어서 경제・사회・환경 및 인도적 문제까지 포함하는 개념으로 확대되고 있음을 보여준다. 또한 이에 의해 채택된 조치들도 더욱 다양해지고 있으며, 이들 조치의 대부분은 국가간 분쟁의 상황이 아닌 국내분쟁 해결에 그 목적을 두고 있음을 살펴볼 수 있다.

2. '평화에 대한 위협' 개념의 정치적 성격

안보리에 의한 헌장 제39조의 '평화에 대한 위협'의 광범위한 해석은 몇몇 사례에서 보여지듯이 정치적 성격과 법적 성격을 구분하기 어려움을 알 수 있다. 그러나 분명한 것은 이전에는 분명히 '평화에 대한 위협'으로 여겨지지 않던 상황들이 최근 안보리에 의해 '평화에 대한 위협'에 해당한다는 결정이 많이 내려지고 있다는 것이다.

냉전 중에는 거부권을 가지고 있는 미・소간의 교착상태로 인해서 많은 사태들에 있어서 '평화에 대한 위협' 결정을 내리는데 어려움이 있었다. 즉, 분쟁의 수준이 '평화에 대한 위협'에 충분히 해당하는 국제적 영향력을 갖고 있다 하더라도 상임이사국, 특히 미국과 소련이 개입되어 있는 경우, 이를 의제로 상정하는 것조차 힘들었다.[8] 그리

---

7) SC 3046 meeting, 47 UN S/PV 1992, p.143. 그러나 이 회담에서도 안보리 아시국들 간의 입장차이가 분명히 나타났다. 서방국가들이 국제공동체의 가치로서 인권과 민주주의를 중시한 반면, 러시아는 군비축소에 관심을 두었다. 그리고 중국은 국내관할 사항에 대한 불간섭원칙의 중요성을 언급하였다. N.D. White, *Keeping the Peace*, Manchester University Press, 1993, p.61.

8) 1956년의 헝가리와 중동의 위기는 강대국들 간의 핵심적인 이해가 분열되어 있는 경우, 안보리가 헌장상의 임무를 수행하기 어려움을 보여준다. Leland M. Goodrich, "The Security Council," *International Organization: Politics*

고 어떠한 사태에 대하여 결의하는 경우에도 안보리는 그 결의안 채택에 있어서 명확히 제39조의 '평화에 대한 위협'이라는 용어를 회피하고, 이와 유사한 다른 용어를 사용함으로써[9] 제7장의 적용을 자제하는 자세를 보여주었다. 이는 어떠한 사실적 사태를 법적으로 정의함에 있어서 나오는 어려움을 보여주는 한편 어떠한 사태에 대한 안보리의 정치적 이해관계를 보여주기도 한다.

안보리의 권한범위를 결정해주는 기준인 분쟁의 수준은 안보리 이사국, 특히 상임이사국의 타협에 의하여 이루어졌다. 사실상 어떠한 사태의 '국제평화에 대한 잠재적 위험 가능성'에서 '국제평화에 대한 위협' 결정으로의 발전은 사태의 심각성의 발전에 따른 것이라기보다는 상임이사국의 문제 해결에 대한 정치적 의지에 따른 것이었다. 이러한 사실은 '평화에 대한 위협'의 개념을 파악하고 이에 따른 안보리의 권한을 파악하는데 있어서 정치적 요인을 무시할 수 없음을 보여준다.

'평화에 대한 위협' 결정에 있어서의 정치적 성격은 로데지아 사태에 대한 안보리의 '평화에 대한 위협' 결정 과정에서 명확히 드러난다. 1966년 안보리는 Southern Rhodesia 내의 Smith 정권의 계속적

& Process, University of Wisconsin Press, 1973. 한편 1979년 구소련의 아프가니스탄 무력침공사태에 있어서도 안보리는 '평화의 파괴'는 물론 '평화에 대한 위협'의 존재로 인정하는 것조차 불가능하였다. 이러한 무력개입이 아프가니스탄의 주권, 영토보전, 정치적 독립의 존중에 관한 유엔헌장의 원칙에 위배된다고 한 결의안도 안보리에서 부결(구소련의 반대)되었다. 山本草二, 박배근 역, 국제법, 국제해양법학회, 1999, p.722.

9) 안보리 결의안을 살펴보면, 국제평화에 대한 위험 가능성(likely to endanger international peace), 국제평화에 대한 심각한 교란(seriously disturbing international peace), 인접국의 안보에 대한 위협(threats to the security of neighbouring States), 국제평화에 대한 잠재적 위협(potential threat to international peace), 그리고 국제평화에 대한 위협(threat to the international peace)이라는 표현이 안보리에 의해 사용되었다. White, N.D., "The Security Council and the Decentralised Military Option: Constitutionality and Function," *Netherlands International Law Review*, Vol. 44, No. 3, 1997, p.41.

존재는 국제평화와 안전에 대한 위협에 해당한다는 결의 제232호[10]를 채택하였다. 그러나 이미 1963년 총회는 로데지아 사태의 상황이 평화에 대한 위협이 된다고 결의한 바 있었다.[11] 안보리도 1965년 로데지아 사태에 대하여 결의 제216호를 채택하여 국가들로 하여금 Smith 정권을 인정하지 않을 것과 어떠한 원조도 하지 말 것을 요구하기는 하였으나, 이 결의안에는 '평화에 대한 위험'(danger to the peace) 결정도 '평화에 대한 위협'(threat to the peace) 결정도 포함되어 있지 않았다. 그 이유는 상임이사국으로서 거부권을 가지고 있는 영국의 결의안 초안[12]과 코트디부아르 초안[13] 간의 타협으로 인한 것이었다. 그러나 점차 안보리도 로데지아 사태가 평화에 대한 위협에 해당한다는 방향으로 움직이기 시작하여 결국 로데지아 사태를 '평화에 대한 위협'으로 결정하고, 이에 의한 강제 제재조치를 부과하였다.

다른 한편 안보리의 이러한 결의는 당시로서 특이한 것이었다. 전통적인 개념에 있어서 로데지아 사태는 국가간의 무력분쟁에 의한 평화의 위협의 경우가 아니었으며, 로데지아의 사태가 국제평화와 안전에 직접적인 영향을 준 것도 아니었기 때문이다. 안보리도 결의안 채택에 있어 로데지아 사태가 왜 '평화에 대한 위협'에 해당하는지에 대한 어떠한 경험적 증거도 제시하지 아니하였다.[14]

---

10) UN Doc. S/RES/232(1996).

11) GA Res. 1889, 18 UN GAOR Supp. (No. 15) 46, 1963.

12) "… continuance of the resulting situation is likely to endanger the maintenance of international peace and security." UN Doc. S/6928 (1965).

13) "… threat to international peace and security, …," UN Doc. S/6929 (1965).

14) P.H. Kooijmans, "The Enlargement of the Concept 'Threat to the Peace'," the Development of the Role of the Security Council 113, 1993.

3. '평화에 대한 위협' 개념과 안보리의 권한과의 관계

유엔헌장 제24조 1항은 유엔의 신속하고 효율적인 행동을 제도적으로 보장하기 위하여 안보리에 대하여 국제평화와 안전유지에 관한 주된 책임을 맡기고 있다.15) 특히 이러한 책임을 수행하는데 있어, 유엔헌장 제7장은 제39조에서 '평화에 대한 위협', '평화의 파괴', '침략행위'가 발생한 경우 안보리로 하여금 평화의 유지와 회복을 위한 조치를 결정할 수 있도록 규정하고 있다. 그리고 헌장은 이 세 가지 경우에 구체적인 상황이 과연 이들 경우에 해당하는가 여부의 판단을 안보리에 맡기고 있다. 안보리의 이러한 결정에 있어서의 재량권은 사실상 제한되지 않으며, 오히려 유엔헌장에 의해 광범위하게 허용되고 있다.16) 제39조의 세 가지 사항 중에서 특히 안보리의 재량권이 최대한 확보되는 것이 바로 '평화에 대한 위협' 개념이다. 왜냐하면 헌장상 개념 정의가 없는 상태에서 안보리는 그들의 결의에 의하여 여하한 상황 혹은 사태도 '평화에 대한 위협'으로 규정할 수 있는 권한이 인정되기 때문이다.17) 안보리가 제39조의 '평화에 대한 위협' 결정을

---

15) 유병화・박노형・박기갑, 국제법 Ⅱ, 법문사, 2000, p.693.

16) Lois E. Fielding, "Taking a Closer Look at Threats to Peace: The Power of the Security Council to Address Humanitarian Crises," *U. Det. Mercy Law Review*, Vol. 73, 1996.

17) 유엔헌장에서 '평화에 대한 위협' 개념의 정의를 내리지 않고 있는 것은 헌장 제정 당시 안보리에게 개별 사건에 기초하여 '평화에 대한 위협' 결정을 내리는데 있어서 광범위한 재량권을 주기 위한 것이었다. eg. Leland M. Goodrich & Anne P. Simsons, *The United Nations and the Maintenance of International Peace and Security*, 1955, pp.352-354; McDougal 교수와 Reisman 교수도 안보리 스스로 어떠한 사태가 평화에 대한 위협에 해당하는지 결정할 수 있는 권한을 가지고 있으며, 이는 헌장 초안가들이 안보리에게 광범위한 재량권을 주기 위한 신중한 의도에서 비롯된 것이라고 보고 있다. Cedric E. Evans, "The Concept of "threat to peace" and Humanitarian Concerns: Probing the Limits of Chapter VII of the U.N. Charter," *Transnational Law & Contemporary Problems*, Vol. 5, 1995, p.220. 반면 이러한 해석에 대하여 Mary O'Connell 교수는 반대의견을 제시하기도 한다. 즉 이와 같은 안보리의 광범위한 재량권은 헌장의 정신에 반하는 것이라고 주장한다. 그리고 평화에 대한 위협 결정은 반드시 국제평화를 위협하는 근본적이고 실체적인 사태에 근거해야

내리고 나면, 안보리에게 비무력적[18] 혹은 무력적 제재조치[19]를 취할 수 있는 권한이 주어지게 된다.[20] '평화에 대한 위협' 개념은 제39조상의 다른 요건인 '평화의 파괴' 혹은 '침략행위'와는 달리 그 개념 정의가 열려있는 최저기준이다. 따라서 이 요건의 적용을 통해 헌장 제2조 4항의 예외로 안보리가 무력사용을 허가할 수 있다는 것은 매우 중요한 의미를 지닌다.

Ⅲ. 사례분석을 통한 '평화에 대한 위협' 개념의 유형 및 안보리의 관행 분석

1. 대량난민의 발생(이라크 사태)[21]

이라크 정부의 쿠르드족에 대한 인권침해 문제는 1960년대에 이미

한다고 주장한다. Mary E. O'Connell, "Continuing Limits on UN Intervention in Civil War," *IND. L.J.*, Vol. 67, 1992.

18) Article 41: … include complete or partial interruption of economic relations and of rail, sea, air, postal, telegraphic, radio and other means of communication, and the severance of diplomatic relations.

19) Article 42: … it may take such action by air, sea, or land forces as may be necessary to maintain of restore international peace and security. Such action may include demonstrations, blockade, and other operations by air, sea, of land forces ….

20) Daniel Pickard, "When Does Crime Become a Threat do International Peace and Security?," *Florida Journal of International Law*, Vol. 12, 1998, p.5.

21) 이라크 사태에 대한 자세한 논의는 다음 참고: P. Malanczuk, "The Kurdish Crisis and Allied Intervention in the Aftermath of the Second Gulf War," *EJIL*, Vol. 2, 1991, pp.114-132; H. Adelman, "Humanitarian Intervention: The Case of the Kurds," *International Jurnal of Refugee Law*, Vol. 4, 1992, pp.4-38; P. Alston, "The Security Council Council and Human Rights: Lessons to be Learned from the Iraq-Kuwait Crisis and its Aftermath," *Australian Yearbook of International Law*, Vol., 1992, pp.107-176; L. Freedman and D. Boren, "Safe Haven for

제기된 바 있다. 그러나 당시의 정치적 상황과 국내문제 불간섭원칙에 의해 이 사태에 대한 안보리의 개입은 무산되었다.[22] 1990년대 들어서 냉전이 종식되고, 인권에 대한 관심이 높아지면서 이라크내 쿠르드족 문제는 안보리에서 다시 다루어지게 되었다. 안보리는 결의 제686호[23]를 통해 이라크정부의 쿠르드족 인민에 대한 광범위한 인권침해가 국제평화와 안전을 위협하는 비군사적 위협에 해당한다고 보고, 이에 대한 조치를 취할 수 있도록 하였다.[24] 그리고 동 결의안에서 안보리는 민간 주민에 대한 억압이 그 지역에 있어서의 국제평화와 안전을 위협하는 결과라고 비난하고, 이러한 억압을 즉각적으로 중지할 것을 요구하였다.[25] 결의 제686호는 냉전 이후 안보리의 입장변화를 보여주는 것으로 평가되고 있다. 즉, 대량적인 인권침해가 대량난민을 발생시키고, 이들 난민들의 유출을 안보리가 '평화에 대한 위협'이라고 보기 시작했다는 점이다.[26] 이는 과거 안보리가 국가간

Kurds in post-war Iraq," *To Loose the Bands of Wickedness*, ed. by Nigel S, Rodley, 1992, pp.43-92.

22) 1963년 구소련은 쿠르드 인민에 대하여 이라크 공화국 정부가 수행하고 있는 집단학살정책(Policy of genocide which is being pursued by the Government of the Republic of Iraq against the Kurdish people)이라는 주제를 의사일정에 포함시킬 것을 안보리에 요청하였는데, 안보리는 이라크 북부의 문제는 순수한 국내문제로 여겨진다는 이유로 의사일정에서 제외하였다. 신성수, "인도적 목적을 위한 유엔 안보리의 제재조치에 관한 연구," 국제법학회논총, 제42권 제2호(1997), p.92.

23) UN Doc. S/RES/688(1991).

24) 동 결의안은 안보리의 제재조치의 법적 근거가 되었지만, 동 결의안은 제7장에 대한 언급이 없으며, 집단조치에 대한 언급도 없다. 그리고 명백하게 군사적 개입을 언급하고 있지도 않다. P. Malanczuk, *Humanitarian Intervention and the Legitimacy of the Use of Force*, Het Spinhuis Publishers, 1993, p.18.

25) 신성수, *supra* note 22, p.99.

26) Scheffer 교수도 난민의 이동은 국경을 넘는(transboundary) 효과 및 영향을 주며, 이는 평화에 대한 위협을 줄 수 있다고 보았다. David J. Scheffer, *Law and Force in the New International Order*, 1991, p.15 그리고 Kooijamans 교수도 쿠르드족에 대한 억압의 직접적 결과로 인접국가로의 대량난민의 이동사태가 발생하였으며, 이는 이 지역의 국제평화와 안전을 위협하였다고 하였다. Peter H. Kooijmans, "The Enlargement of the Concept

직접적인 무력충돌 또는 충돌 위험만을 헌장 제7장에 근거한 강제조치의 발동 요건으로 보았던 것에 비하여 커다란 변화이다.[27] 그러나 동시에 결의 제688호는 냉전 종식후 권한범위를 확대해 가는 안보리가 제2조 7항의 불간섭원칙과의 긴장관계를 보여준다.[28] 왜냐하면 이 결의는 확립된 법적 정부에 대한 직접적 제재조치였기 때문이다. 안보리는 결의 제688호에서 제2조 7항을 언급함으로써,[29] 안보리가 국내문제 불간섭원칙의 제한을 고려하였음을 보여주고 있다.[30]

2. 인도적 지원에 있어서의 장애(보스니아, 소말리아 사태)[31]

1992년 안보리는 결의 제770호에서 이 지역에서의 인도적 구호에 대한 장애는 보스니아와 헤르체고비나의 국제평화와 안전에 대한 위협에 해당한다고 결정하였다.[32] 안보리는 보스니아와 헤르체고비나에서의 인도적 구호는 이 지역의 국제평화와 안전을 회복하기 위한 안보리의 노력에 있어서 중요한 부분을 차지한다고 지적하면서, 인도적

"Threat to the Peace" in Peace-Keeping and Peace-Building," *The Development of the Role of the Security Council*, Rene-Jean Dupuy ed., 1992, p.114.

27) 신용호, "안보리 결의의 합법성과 사법심사," 국제법학회논집, 제44권 제1호(1999), p.164.

28) 결의 688은 안보리 15개 이사국 중에서 단지 10개국의 찬성에 의해서 채택되었다. 쿠바, 예멘, 짐바브웨가 결의안 채택에 반대하였으며, 중국과 인도는 기권하였다. P. Malanczuk, *supra* note 24, p.17.

29) "Recalling the provisions of Article 2, paragraph. 7, of the Charter, …" in Res. 688 para. 2.

30) N.D. White, *supra* note 9, p.46.

31) 소말리아와 유엔의 개입에 대한 자세한 논의는 Hutchinson Mark R., "Restoring Hope: U.N. Security Council Resolutions for Somalia and an Expanded Doctrine of Humanitarian Intervention," *Havard International Law Review*, Vol. 34, 1993; *Learning from Somalia: The Lessons of Armed Humanitarian Internvention*, ed. by Walter Clarke and Jeffrey Herbst, 1997; Makinda, Samuel M., *Seeking Peace from Chaos; Humanitarian Internvention in Somalia*, 1993 참고.

32) UN Doc. S/RES/770(1992).

지원을 용이하게 하기 위하여 모든 필요한 조치를 취할 것을 선언하였다. 여기서 모든 필요한 조치란 무력사용을 포함하는 것이라고 볼 수 있다. 이는 처음으로 안보리가 인도적 지원을 시행하기 위하여 무력사용을 허가한 사건이라고 볼 수 있다.[33)]

한편 소말리아의 경우도, 소말리아 내전에 있어서 안보리의 인도적 지원에 대한 조건을 마련하기 위한 것이었다. 소말리아에서의 끝없는 내전, 대량의 기아, 수백만의 난민의 발생으로 소말리아 내의 인권상황이 악화되자 안보리는 결의 제794호[34)]를 만장일치로 채택하여 "소말리아에서 발생하는 분쟁으로 인한 비극적 사태는 국제평화와 안전에 대한 위협을 구성한다"고 결정하였다. 특히 결의 제794호는 이 지역에서의 인도적 지원을 위하여 사태의 해결에 참여를 원하는 회원국들에게 필요한 모든 수단을 사용할 것을 허가하고 있다. 안보리에 의해 개입이 인정된 직후, 미국 주도의 다국적군이 소말리아에 개입하였다. 이는 안보리 결정의 이행을 위하여 개별 회원국들에게 유엔과는 다소 독립적으로 무력의 사용을 허가한 첫 번째 사례로서 특별한 성격을 지니고 있다.

3. 테러리즘(리비아,[35)] 수단[36)])

리비아 및 수단의 경우는 다른 사례들과는 조금 구별되는 성격을

---

33) Inger Österdahl, "Threat to the Peace, Swedish Institute of International Law," *Studies in International Law*, Vol. 13, 1998, p.48.

34) UN Doc. S/RES/794(1992).

35) 자세한 논의는 Michael Plachta, "The Lockerbie Case: The role of the Security Council in enforcing the principle *aut dedere aut judicare*," *EJIL*, Vol. 12, pp.125-140; Anthony Aust, "The Lockerbie," *ICLQ*, Vol. 49, 2000, pp.278-296; Beveridge, Fiona, "The Lockerbie Affair," *ICLQ*, Vol. 41, 1992, pp.907-920 참고.

36) 자세한 논의는 Leah M. Campbell, "Defending against Terrorism: a Legal Analysis of the Decision to Strike Sudan and Afghanistan," *Tulane Law Review*, Vol. 74, 2000, pp.1067-1096; Jules Lobel, "The

지니고 있다. 즉, 리비아에 대한 결의안은 국내무력분쟁·심각한 인권침해 혹은 인도적 상황에 의해 채택된 것이 아니라는 점이다. 안보리는 세계에 널리 퍼진 모든 형태의 국제테러리즘은 국제관계와 국가안보에 해로운 영향을 준다고 하면서, 국제테러리즘은 국체평화와 안전을 위협한다고 결정하고 있다.37) 또한 1992년 3월 결의 제748호38)에서 안보리는 1988년 로커비 상공에서 폭파된 팬암기 사건의 용의자를 리비아 정부가 인도하지 않은 것은 국제평화와 안전을 위협한다고 결의하였다. 국가가 직접적 혹은 간접적으로 관련되어 있다고 하더라도, 국제테러리즘 행위에 대한 억제는 국제평화와 안전의 유지를 위하여 필수적인 것이라고 하였다.39) 한편 수단의 사례도 이와 유사한 유형에 속한다. 안보리는 수단 정부가 테러리스트들의 인도 및 테러리스트 활동에 대한 원조 중지 요청을 받아들이지 않은 것은 국제평화와 안전에 대한 위협을 구성한다고 결의하였다.40)

이 두 경우에 있어서 안보리는 우선 테러리스트의 인도를 요구하는 비구속적인 결의안을 채택하고 난 뒤, 이러한 요청이 받아들여지지 않는 경우, 안보리는 제7장에 따른 구속력 있는 결의안을 채택하여 이러한 불이행이 그 자체로 '평화에 대한 위협'을 구성한다고 결정하고 있다. 이와 같은 사례는 안보리가 테러리즘을 '평화에 대한 위협' 개념에 포함하고 있음을 보여준다.

Use of Force to Respond to Terrorist attack; the Bombing of Sudan and Afganistan," *Yale Journal of International Law*, Vol. 24, 1999, pp.537-557.

37) UN Doc. S/RES/731(1991).

38) ICC Doc. S/RES/748(1992).

39) *Ibid.*

40) UN Doc. S/RES/1054(1996); UN Doc. S/RES/1070(1996).

4. 민주주의의 결여[41](아이티 사례[42])

민주주의의 회복과 관련한 안보리의 결의 및 조치는 아이티 사태에서 잘 나타난다. 아이티의 경우, 안보리는 부적법한 정권에 의해 자행되는 민간인의 생명에 대한 체계적인 침해[43]를 '평화에 대한 위협' 결정을 내리는데 있어서 주요한 근거로 삼았다.[44] 비록 직접적으로 안보리가 민주주의의 결여라는 용어를 사용하고 있지는 않지만 "적법한 정권의 회복과 …, 아이티에서의 민주주의의 회복이 국제공동체의 목표이다"라는 표현으로 아이티의 상황을 '평화에 대한 위협' 결정을 내리는데 앞서 인용하고 있다.[45] 안보리의 논리는 민주적 선거의 결여가 난민발생의 원인이 되었고, 만일 적법한 정권이 회복된다면, 난민의 유출이 중지되면서 이 지역의 국제평화와 안전에 대한 위협은 사라지게 된다는 것이다. 그러나 안보리가 '평화에 대한 위협'을 결정함에 있어서, 부적법한 사실상의 정권의 존재 자체를 평화에 대한 위협으로 보았는지 혹은 그로 인한 난민의 발생을 평화에 대한 위협으로

---

41) 국제평화와 안전 및 민주주의의 회복과 관련된 자세한 논의는 Lois E. Fielding, "Taking the Next Step in the Development of New Human Rights: The Emerging Rights of Humanitarian Assistance to Restore Democracy," *Duke Journal of Comparative and International Law*, Vol. 5, 1995.

42) 아이티 사례에 대한 논의는 "Agora: The 1994 U.S. Action in Haiti," *AJIL*, Vol. 89, 1995, pp. 58-87; Elizabeth D. Gibbons, *Sanction in Haiti*, 1999; Thomas K. Adams, "The US and the UN in the Haiti: The Limit of Intervention," *Savage Wars of Peace*, ed. by John T. Fishel, 1998; D.J. Lecce, "International Law Regarding pro-democratic intervention: A Study of Dominican Republic and Haiti," *Naval Law Review*, Vol. 45, 1998; David Malone, *Decision-Making in the UN Security Council: the case of Haiti, 1990-1997*, Oxford University Press, 1998 참고.

43) 아이티에 대한 포괄적인 경제적 제재를 결정하는 결의안에서 안보리는 아이티에서의 "수많은 비사법 처형, 자의적 체포, 불법구류, 유괴, 강간, 강제 실종, 표현의 자유의 지속적 거부, 불처벌"을 비난하고 있다. UN Doc. S/RES/917 (1994), para. 11.

44) UN Doc. S/RES/940(1994), para. 10.

45) UN Doc. S/RES/841; UN Doc. S/RES/917; UN Doc. S/RES/940.

보았는지는 확실하지 않다. 다만 앞의 이라크 사례와 비교해 볼 때, 당시 안보리가 난민의 발생을 '평화에 대한 위협'으로 본 반면, 아이티 사례에서는 적법한 정권의 회복 및 민주주의의 회복을 강조하고 있다는 특징이 있다. 이는 안보리가 점차 어떠한 사태의 국제적 영향뿐만 아니라 국내적 정치 상황에도 더욱 관심을 두고 있는 것으로 평가할 수 있다.[46]

그러나 인권의 보장이 민주주의라는 가치와 분리될 수 없음은 확실하지만, 안보리가 국가로 하여금 민주주의 체제를 선택하도록 강요할 수 있는지는 의문이 있다. 왜냐하면 어떠한 국가가 자유롭게 정치체제를 선택할 수 있는 권리는 국가의 주권사항이기 때문이다. 1970년 우호관계선언[47]에서도 모든 국가는 그들의 정치·경제·사회·문화 체제를 선택할 수 있는 양도할 수 없는 권리를 지닌다고 명시되어 있다.

5. 국제인도법의 위반(구 유고[48] 및 르완다[49])

안보리는 구 유고 지역에서의 구 유고 지역 내의 광범위한 대량학

46) Inger Österdahl, *supra* note 33, p.94.

47) General Assembly Declaration on Principles of International Law concerning Friendly Relations and Co-operation among States in Accordance with the Charter of the United Nations, Res. 2625(XXV) of 24 October 1970.

48) 구유고에 대한 사태는 다음 논문을 참고, M. Weller, "The International Response to the Dissolution of the Socialist Federal Republic of Yugoslavia," *AJIL*, Vol. 86, 1992, pp.569-607. 구유고 임시재판소의 설립에 관한 자세한 논의는 Cherif M. Bassiouni and P. Manikas, *The Law of the International Criminal Tribunal for the Former Yugoslavia*, 1996; Richard J. Goldstone, "The International Tribunal for the Former Yugoslavia: A case study in Security Council Action," *Duke Journal of Comparative and International Law*, Vol. 6, 1995 참고.

49) 르완다 사태에 관한 논의는 Patrick J. O'Halloran, *Humanitarian Intervention and the Genocide in Rwanda*, London: Reserch Institute for the Study of Conflict and Terrorism, 1995 참고, 르완다 임시재판소에

살, 체계적인 그리고 조직된 구류, 강간, 인종청소 등의 인도법에 반한 범죄가 평화에 대한 위협에 해당한다고 하였다.[50] 즉, 구유고에서의 이와 같은 안보리 결의는 안보리의 역사상 인도법에 반한 범죄가 국제평화에 대한 위협이 된다고 결정한 첫 번째 사례이다. 인도법에 반한 범죄가 국제평화와 안전에 위협이 된다는 결정은 안보리에 의한 평화에 대한 범죄 개념의 해석이 확대되고 있음을 보여주는 것이며, 또한 안보리가 예전에 비해 인도적 문제 혹은 인권보호에 더욱 관여하고 있음을 보여준다.[51] 이러한 맥락에서 안보리가 특별한 권한 행사의 한 방식으로서 인도법에 반한 범죄를 종식시키고, 평화의 회복 및 유지를 위하여 구유고 임시전범재판소[52]를 설립한 것을 이해할 수 있다. 구유고 사태에서의 안보리에 의한 임시재판소의 설립은 안보리에 의해 취해지는 제재조치에서 매우 독특한 형태라고 볼 수 있다. 이는 평화에 대한 위협 결정에 따라 안보리에 의해 취해지는 조치가 매우 다양해지고 있으며, 그 권한도 더욱 확대되고 있음을 보여준다.

한편 르완다 사태에 대해 안보리가 채택한 결의들은 90년대 이후 변해온 안보리의 입장을 잘 보여준다. 후투족(Hutus)과 투치족(Tutsis)간의 분쟁으로 인한 대규모의 인권침해 상황은 오랫동안 국제사회로부터 큰 관심을 받지 못했다.[53] 그러나 르완다에서의 전쟁과 대

관한 논의는 다음 논문 참고; P. Akhavan, "The International Criminal Tribunal for Rwanda," *AJIL*, Vol. 90, 1996, pp.501-510; M. Meier Wang, "The International Tribunal for Rwanda," *Columbia Human Rights Law Review*, Vol. 27, 1995, pp.177-226; D. Shraga and R. Zacklin, "The International Criminal Tribunal for Rwanda," *EJIL*, Vol. 7, 1996, pp.501-518.

50) UN Doc. S/RES/827(1993).

51) Inger Österdahl, *supra* note 33, p.52.

52) 정식명칭은, The International Tribunal for the Prosecution of Persons Responsible for Serious Violations of International Humanitarian Law Committed in the Territory of the Former Yugoslavia since 1991.

53) 당시 유엔 사무총장이었던 Boutros Boutros-Ghali는 유엔의 개입에 소극적인 자세를 취하면서, 그 대신 OAU(Organization of African Unity)에 대하여 점증하는 후투족과 투치족의 반목을 해결하도록 선도적인 역할을 촉구하였으나

량학살에 의한 대량의 난민유출은 분명한 것이었으며,[54] 이는 이 지역의 평화와 안전에 불안요소로 작용하였다. 결국 1994년 6월 안보리는 결의 제929호를 채택하여 르완다의 대규모 인도적 위기가 이 지역의 평화와 안정에 위협이 된다는 결정을 내리면서, 르완다에서의 체계적이고 광범위한 민간인 학살에 깊은 우려를 표명하였다.[55]

안보리의 르완다 사태에 대한 '평화에 대한 위협' 결정은 소말리아의 경우에서와 같이 협력하기를 원하는 회원국들로 하여금 난민과 민간인 보호를 위하여 모든 필요한 조치의 사용, 즉 무력적 개입의 허용으로 이어졌다. 그리고 구유고의 경우에서와 같이 안보리는 르완다에서 자행된 민간인 학살과 국제인도법에 반한 범죄를 다루기 위한 임시 재판소를 설치하였다.[56] 재판소 설립을 위한 결의에서 안보리는 "제노사이드, 그리고 광범위한·체계적인·심각한 인도법 위반이 르완다에서 자행되고 있으며, … 이러한 상황은 국제평화와 안전에 위협을 구성한다"라고 선언하였다.[57] 즉, 안보리는 르완다 내의 광범위한 민간인 학살이 평화에 대한 위협에 해당한다고 해석하고 있음을 알 수 있다.

평화의 회복 및 유지를 위하여 임시재판소를 설치하는 것은 안보리가 평화의 개념을 단순한 전쟁의 부재보다 좀 더 광범위하게 해석하

OAU의 그러한 개입은 실현되지 않았으며, 폭력사태는 더욱 가속화되었다. John R. Bolton, "The United and Ethnic Conflicts," *Global Economic Review*, Vol. 27, 1998, p.85.

54) Commission on Human Rights의 특별보고자에 의하면 1994년 7월말 난민의 수는 대략 250만명이며, 이 중 170만명이 자이레로 이동했다고 한다.

55) UN Doc. S/RES/929(1994).

56) UN Doc. S/RES/955(1994), 정식명칭은 The International Criminal Tribunal for the Prosecution of Persons Responsible for Genocide and other Serious Violations of International Humanitarian Law Committed in the Territory of Rwanda and Rwandan citizens responsible for genocide and other such violations committed in the territory of neighbouring states, between 1 January 1994 and 31 December 1994.

57) *Ibid*.

고 있음을 보여준다. 즉, 구유고와 르완다 사태에 있어서의 안보리의 관행을 보면, 안보리가 국제인도법의 심각한 위반에 책임이 있는 자를 재판을 통해 정의를 회복하는 것을 평화의 전제로 삼고 있다는 것이다. 또한 이를 유엔헌장 제7장의 한 형태로서 적용하고 있다는 것은 매우 중요한 것이라고 할 수 있다.

Ⅳ. '평화에 대한 위협' 개념의 확대에 따른 문제제기

1. 제2조 7항과의 관계

불간섭원칙은 국가주권의 다른 표현으로 국제법상 확립된 원칙이다.[58] 제2조 7항의 불간섭원칙은 유엔 권한 범위의 한계를 설정한다.[59] 그러나 제2조 7항의 해석은 아직 명확하지 않다. 왜냐하면 후문에서 제7장에 의한 강제조치의 적용을 배제하고 있기 때문이다. 따라서 어떠한 특정 상황은 비록 그 문제가 국내관할권에 속하는 사항이라 하더라도, 그것이 국제평화와 안전을 위협하는 경우, 안보리에 의한 개입의 근거가 되며 이는 더 이상 불간섭원칙에 의한 보호를 받지 못한다.[60] 즉, 제2조 7항은 불간섭원칙을 규정함과 동시에 불간섭원칙의 보호범위에서 제7장에 의한 안보리의 활동을 제외하고 있고,[61] 이는 해석상 비록 그 상황이 본질적으로 국내관할에 속하는 문

58) R.J. Vincent, *Non-intervention and International Order*, 1974, p.14.

59) N.G. Onuf, "The Principle of Non-Intervention, the United Nations and the International System, International System," *International Organization*, Vol. 25, 1971, pp.209-227 참고.

60) Myers S. McDougal & W. Michael Reisman, "Rhodesia and the United Nations: The Lawfulness of International Concern," *AJIL*, Vol. 62, 1968, p.15.

61) Art. 2(7): Nothing contained in the present Charter shall authorize the United Nations to intervene in matters which are essentially within the domestic jurisdiction of any state or shall require the

제라고 하더라도 안보리가 그 상황을 제39조의 '평화에 대한 위협'에 해당한다는 결정을 내릴 수 있다는 것을 의미한다. 즉, 안보리는 제2조 7항의 제한에서 벗어날 수 있으며, 안보리가 '평화에 대한 위협'을 결정한 사항은 이미 본질적으로 국내관할에 속한 문제가 아닌 범위로 넘어가게 된다.[62] 즉, 제7장에 따른 안보리의 권한은 사실상 불간섭 원칙에 의해 제한되지 않는다.[63] 따라서 과거 제2조 7항이 국가주권의 보호를 위해 안보리의 개입을 억제하는 방향에서 적극 원용되었다면, 냉전 종식후 안보리의 권한이 강화된 최근에는 안보리의 '평화에 대한 위협' 해석 및 이에 따른 강제조치가 제2조 7항에 의해 보호받고 있는 듯한 경향을 보여준다.

한편, 불간섭의 범위는 제2조 7항의 "본질적으로 국가관할에 속하는 사안"이 무엇인지에 대한 논의에서 출발한다.[64] 최근의 안보리 조치들을 살펴보면 주로 국내무력분쟁과 관련된 인도적 문제에 개입하고 있음을 볼 수 있다. 이와 같은 인도적 개입이 제2조 7항과 충돌되는가의 여부는 인권문제가 본질상 국내관할사항인가 아닌가에 따라 좌우되는 문제이다. 최근 인권의 보호는 국내관할에만 속하는 문제가 아니며,[65] 안보리도 점차 인권의 보호를 평화와 안전의 유지에 핵심

Members to submit such matters to settlement under the present Charter: but this principle shall not prejudice the application of enforcement measure under Chapter VII.

62) Cedric E. Evans, *supra* note 17, p.217.

63) P. Malanczuk, *supra* note 24, p.15.

64) 헌장 제정 당시의 제2조 7항의 분석과 안보리의 권한에 대한 탁월한 논의로는 H. Lauterpacht, *International Law and Human Rights*, London: Stevens and Sons, 1950, pp.145-220 참고. Lauterpacht 교수는 비록 그 상황이 제39조의 평화에 대한 위협을 구성하지 않는다 하더라도 국제적인 반향(repercussion)이 있으면 그 문제는 본질적으로(essentially) 국내관할권 내에 속하지 않는다고 하였다.

65) Jessup 교수도 인권은 헌장에 의한 국제적 보장을 받고 있으므로 헌장 제2조 7항의 이른바 본질적으로 국내관할권내에 속하는 문제가 아니라고 주장하며, Higgins 판사도 인권침해 문제는 더 이상 국내문제에 속하지 않는다고 보고 있다. Higgins, Rosalyn, *Problems and Process, International Law and How We Use It*, Oxford University Press, 1994, p.254.

적인 것으로 인식하고 있다.[66] 또한 헌장 제정 당시에는 국내문제로 여겨져서 '평화에 대한 위협'을 구성하지 않았던 국내무력분쟁, 난민의 발생, 심각한 인도적 문제 등이 최근 안보리에 의해 '평화에 대한 위협'을 구성하는 요소로 인정되고 있다. 이는 국내관할사항이 확정적이지 않으며, 국제사회의 변화에 의해 그 범위가 바뀔 수 있음을 보여주는 것이다.[67] 흥미로운 것은 이미 *Nationality Decrees case* 판결 중 PCIJ의 권고적 의견에 이와 같은 국내관할 사항의 변화에 대한 언급이 있다는 것이다. "어떠한 특정 상황이 완전히 국내관할권에 속하는가 그렇지 않은가 하는 문제는 근본적으로 상대적인 문제이다. 즉, 이 문제는 국제관계의 발전에 의존한다."[68]

문제는 '본질적으로' 국가관할에 속하는 문제가 축소되고, 따라서 안보리의 관여사항이 확대되었다는 것을 인정한다 하더라도, 어떠한 정도의 상황이 과연 안보리가 개입할 수 있는 상황인지 그 기준이 사실상 없다는 것이다. 1992년 부트로스 부트로스 갈리(Boutros Boutros-Ghali) 사무총장은 안보리의 요청에 의한 보고서에서 다음과 같이 언급하고 있다.

> 국내적 위기의 이러한 상황에 있어서 유엔은 국가의 주권을 존중해야 할 필요가 있을 것이다. 왜냐하면 그렇게 하지 않을 경우 헌장

---

66) Lois E. Fielding, "Taking a Closer Look at Threats to Peace: The Power of the Security Council to Address Humanitarian Crises," *University of Detroit Mercy Law Review*, Vol. 73, 1996, p.552.

67) UN의 Secretary-General이었던 Javier Perez de Cuellar도 1991년 그의 보고서에서 이러한 변화의 필요성을 다음과 같이 언급하고 있다. "It is now increasingly felt that the principle of non-interference with the essential domestic jurisdiction of States cannot be regarded as a protective barrier behind which human rights could be massively or systematically violated…" Javier Perez de Cuellar, Report of the Secretary-General on the Work of the Organization, UN Doc. GA/46/404(1991), reprinted in *UN Yearbook*, Vol. 45, p.7.

68) Leland M. Goodrich et al., *Charter of the United Nations*, 3rd ed., Columbia University Press, 1969, p.61.

의 원칙을 수락하고 있는 회원국들의 이해와 일치하지 않을 것이기 때문이다.[69]

그러나 동 보고서에도 안보리에 의한 국제적 행동을 정당화할 수 있는 국내적 상황의 기준은 설정하지 못하였다. 따라서 어떠한 상황하에서 안보리가 인권보호를 위한 조치를 취할 수 있는가 하는 문제는 해결되어야 할 과제로 남게 되었다.[70]

2. 안보리의 권한 확대와 정당성 문제

최근 '평화에 대한 위협'이 국가간 무력분쟁 상황을 넘어서 국내적 무력분쟁 및 심각한 인권침해의 상황 그리고 기타 여러 상황에서 사용되어지고 있다는 것은 국제평화와 안전을 유지하기 위한 안보리의 권한이 확대되었음을 의미한다.[71] 이와 같은 상황들이 원래 유엔헌장이 구상하였던 국제평화와 안전에 대한 위협의 범위에 완전히 포함되는지의 여부는 아직 논쟁의 여지가 있다.[72] 그러나 분명히 1990년대의 현실세계는 1945년 '평화에 대한 위협'이 헌장에 기술될 때의 상황과는 매우 다르다. 제2차 세계대전이 끝난 직후, 국제사회는 국가간 침략의 두려움에 휩싸여 있었고, 따라서 최고의 목표는 국가간 전쟁을 유엔을 통해 억제하고 이에 대한 일차적 의무를 안보리에 주었

69) Boutros Boutros-Ghali, *An Agenda for Peace, United Nations*, 1992, p.17.

70) 신성수, *supra* note 22, p.98.

71) 1990년대 말, 안보리는 아이티, 캄보디아, 엘살바도르, 조지아, 라이베리아, 모잠비크, 르완다, 소말리아, 시에라리온, 타지키스탄 등의 국내분쟁 사태에 개입하여 왔다. 그러나 쿠바, 인도, 중국 등의 국가들을 이러한 안보리의 권한 증대를 그들 국가의 주권에 대한 잠재적인 위협으로 보고 있다. David M. Malone, "The UN Security Council in the Post-Cold War World," *Security Dialogue*, Vol. 28, 1997, p.397.

72) Otunnu, Olara A., "The Security Council: A need for change," *Ecumenical Review*, Vol. 47, 1995, p.304.

다. 그러나 현재 국제사회의 관심은 만연하는 국내적 무력사태 및 심각한 인권침해 상황이다. 따라서 헌장제정 당시의 제2차 세계대전 직후와 현재의 국제사회의 양상이 변하였다고 하더라도, 안보리가 세계평화를 유지하는 제 일차적 기관으로서의 기능을 가지고 있다면, 안보리는 이와 같이 변화된 상황에 대하여 그 역할 또한 적응시켜야 한다.[73] 그러나 안보리가 과거에 비해 그 권한범위를 확대하여 국내분쟁이나 인권침해 상황을 '평화에 대한 위협'으로 결정하고, 이에 따른 조치를 취하기 위해서는 국제사회로부터 콘센서스를 확보할 수 있어야 한다.[74] 이를 위해서는 국제사회가 동의할 수 있는 일정한 기준이나 일관성 혹은 결정과정에 있어서의 투명성을 확보하고 있어야 할 것이다.

한편 안보리는 자기결정(self-regulating) 기관으로서, 안보리가 특정 상황에 대하여 내리는 '평화에 대한 위협' 결정은 통제받지 아니한다. 따라서 사실상 안보리는 어떠한 상황에 대해서도 '평화에 대한 위협' 결정을 내릴 수 있다. 그러나 그 결정이 헌장이 추구하는 가치와 국제적 콘센서스와 동떨어져 있을 때, 안보리는 스스로의 정당성과 권위를 침식시키게 되는 결과를 낳게 된다.

또한 안보리는 분명히 정치적 기관이다.[75] 그러나 동시에 안보리는 유엔헌장 제7장하에서, 결의안을 해석하는데 있어서[76] 그리고 '평화

---

73) 오늘날 헌장 해석과 관련한 논의는 Bruno Simma(ed.), "The Interpretation of the Charter," *The Charter of the United Nation*, Oxford University Press, 1994, pp.25-44 참고.

74) 예를 들어, 소말리아에 대한 안보리의 개입은 국제사회의 광범위한 지지를 얻을 수 있었기 때문에 그 정당성을 확보할 수 있었던 반면, 팬암기 사건에 있어서의 리비아 정부에 대한 국제평화와 안전에 대한 위협 결정은 아직도 그 정당성에 대해서 많은 논란을 남겨두고 있다. Otunnu, *supra* note 72, p.304.

75) Tono Eitel, "The UN Security Council and its Future Contribution in the Field of International Law," *Max Planck Yearbook of United Nations Law*, Vol. 4, 2000, p.60.

76) Frederic L. Kirgis, Jr., "The Security Council's First Fifty Years," *American Journal of International Law*, Vol. 89, 1995, p.528.

에 대한 위협'을 결정 후 내리는 조치의 채택에 있어서 준사법적 권한(quasi-legislative authority)을 갖게 된다.[77] 즉 제41조와 42조에 따른 제재조치를 취하는 경우, 이 결의는 모든 회원국을 구속하게 된다.[78] 따라서 안보리 결의는 국제관습법의 형성에 있어서도 하나의 선례로서 중요한 요소가 된다.[79] 그리고 안보리의 헌장 해석과 그에 따른 결의 및 조치는 매우 중요한 의미를 지닌다. 이는 안보리가 헌장을 해석함에 있어서 일관성을 유지해야 함을 의미한다. 왜냐하면 안보리의 헌장 해석과 이에 따른 결의 및 조치는 장래에 규범적인 기준이 될 것이기 때문이다.[80]

---

77) *Ibid.*, p.520, Frederic L. Kirgis, Jr.는 안보리 권한의 준사법적 성격을 다음의 세 가지로 보고 있다; "Legislative acts have three essential characteristics: they are unilateral act in form, they create of modify some element of a legal norm, and the legal norm in question is general in nature, that is, directed to indeterminate addressees and capable of repeated application in time"; Edward Yemin, *Legislative powers in the United Nations and Specialized Agencies*, Leiden: A.W. Sijthoff, 1969, p.6.

78) Tono Eitel은 이러한 안보리에 의한 구속력 있는 결의를 'Council Law'라고 부르며, 이는 국제법의 발전에 매우 중요한 요소가 된다고 보고 있다. Tono Eitel, *supra* note 75, pp.61-62.

79) Divid Bills, "International Human Rights and Humanitarian Intervention: The Ramifications of Reform of the United Nations' Security Council," *Texas International Law Journal*, Vol. 31, 1996, p.125.

80) 1969년 조약법에 관한 비엔나협약(VCLT) 제31조 3항은 "(a) 조약의 해석 또는 그 조약 규정의 적용에 관한 당사국간의 추후의 합의 및 (b) 조약의 해석에 관한 당사국의 합의를 확정하는 그 조약의 적용에 있어서 추후의 관행은 조약을 해석할 때 고려되어야 한다"고 명시하고 있다. 이러한 조약법협약이 유엔헌장에도 적용된다고 한다면, 안보리에 의한 유엔헌장의 해석 및 후속관행에 있어서의 일관성은 안보리 행위의 월권가능성을 감소시킬 수 있다. 그러나 안보리에 의한 유엔헌장 제7장의 해석은 여타 다른 조약의 해석의 경우와는 달리 특별한 의미를 지니고 있다. 왜냐하면 유엔의 구조상 다른 나머지 국가들을 모두 배제한 상태에서 15개 안보리 이사국만이 헌장 제7장에 따른 결정을 내릴 수 있고, 해석할 수 있기 때문이다. 이 결정은 이사회의 소수 반대의견을 가진 국가(상임이사국의 반대를 제외하고)와 총회의 나머지 모든 국가들의 의견과는 관계없이 구속적이다. 그러나 모든 유엔 회원국들이 이러한 유엔의 독특한 결정과정 방식에 동의하였고, 그러한 결정에 구속받기를 동의하였기 때문에 조약법 협약의 제31조 3항이 안보리에 의해 취해진 결정에도 적용 가능한지는 논란이 있다. Inger Österdahl, *supra* note 33, p.91.

따라서 유엔헌장 제정 당시 고려하지 못하였던 국제사회의 변화에 대처하여 안보리가 헌장을 개정하지 않은 상태에서 헌장 제39조상의 '평화에 대한 위협' 개념을 확대하여 적용하는 것이 불가피한 것이라고 보더라도 최소한 안보리는 '평화에 대한 위협'의 존재를 결정함에 있어서 용어의 해석과 그에 따른 조치의 일관성을 유지해야만 할 것이다. 또한 안보리는 결정 과정에 있어서 최소한의 투명성을 가져야 한다. 즉, 어떠한 사태에 있어서 안보리의 개입에 대한 여부가 국제공동체의 가치를 보호하기 위한 것이라기보다 정치적 이해관계에 의해서 결정되는 상황은 피해져야 한다. 이러한 조건하에서만 안보리는 국제사회의 평화유지를 담당하는 주요 기관으로서 스스로의 정당성을 획득할 수 있다. 즉, 국제사회에 있어서의 법의 지배 확립을 위해서는 안보리가 개입하는 상황에 있어서 정치적인 이해보다 국제사회 모두가 받아들일 수 있는 기준을 마련하려는 노력이 있어야 할 것이다. 안보리의 권한강화는 그 행위(특히 제7장에 의한 강제조치)에 있어서 규범성과 일관성을 가지고 있을 때 그 정당성을 획득할 수 있다 하겠다.

3. 안보리 권한의 한계

유엔헌장의 구조 내에서 안보리의 권한은 여타 다른 국가 혹은 국제기구의 권한과 비교할 수 없을 정도로 크다. 헌장 제103조에 의해서 헌장이 다른 국제협약보다 우선하며, 특히 유엔헌장은 제7장에서 안보리에 대하여 사태에 대한 판단 및 행위의 자유를 부여하고 있기 때문이다. 따라서 제7장하에서 안보리는 특정 상황에 대하여 '평화에 대한 위협'에 해당한다고 결정할 수 있는 거의 법적으로는 제한되지 않는 판단의 자유를 지니고 있다.[81] 또한 한번 그러한 결정을 내리고

---

81) Kooijmans은 안보리가 평화에 대한 위협 결정에 있어서 완전한 자유재량권을 갖는다고 서술하고 있으며, Reisman은 헌장 제39조는 그 자체로 안보리의 행위를

난 뒤에 안보리는 평화에 대한 위협을 제거하기 위하여 경제적 제재를 취할 것인지 아니면 군사적 제재를 취할 것인지 혹은 어떠한 정도의 제재를 취할 것인지에 대한 제한되지 않는 결정의 자유를 지니고 있다. 그러나 이러한 재량권은 안보리로 하여금 "평화의 유지 및 회복"이라는 임무를 위하여 국제사회가 부여한 권한이라고 볼 때, 안보리의 권한남용은 유엔헌장의 목적에 배치되는 것이다. 현실적으로 안보리의 권한 제한은 유엔의 목적 및 스스로의 정당성 확보를 위한 '자기제한'에 근거해야 한다.[82)]

V. 결 론

안보리에 의한 강제조치를 가능하게 하는 제39조의 평화에 대한 위협, 평화의 파괴, 침략행위 중 가장 불확정적이며, 안보리의 재량권이 가장 크게 확보되는 조건이 바로 '평화에 대한 위협'이다. 안보리에 의한 '평화에 대한 위협' 개념의 확대는 일면 안보리의 국제사회의 평

제한하지 않는다고 말하고 있다. 또한 Sur는 안보리의 행위에는 어떠한 외부적 통제도 존재하지 않는다고 밝히고 있다. *Peace-Keeping and Peace-Building, The Development of the Role of the Security Council*, Rene-Jean Dupuy ed., 1992, pp.111-140.

82) 많은 논란이 있지만 안보리에 의한 유엔헌장 제39조의 평화에 대한 위협 개념의 해석과 그에 대한 조치의 한계를 설정할 수 있는 기관으로 ICJ가 논의되고 있다. 그러나 아직까지 직접적으로 ICJ가 안보리의 권한에 대하여 사법적 심사를 한 적은 없다. 로커비사건(*Libya vs. the United Kingdom, Libya vs. the United States*)에서도 ICJ가 직접적으로 안보리의 결정에 대하여 사법적 심사를 한 것은 아니었다. 또한 안보리가 자신의 권한에 대하여 ICJ에 대하여 권고적 의견을 요청할 수는 있으나 이에 따른 ICJ의 판결은 구속성을 갖지 못한다. 안보리 결정과 이에 따른 ICJ의 심사권에 관한 논의는 D. Akande, "The International Court of Justice and the Security Council: Is There a Room for Juidicial Control of Decisions of the Political Organs of the United Nations," *ICLQ*, Vol. 46, 1997, pp.309-343; Jos E. Alvarez, "Judging the Security Council," *AJIL*, Vol. 90, 1996, pp.1-39; T. Franck, "The Power of Appreciation: Who is the Ultimate Guardian of UN Legality?," *AJIL*, Vol. 86, 1992, pp.519-523 참고.

화 및 안전의 유지라는 역할의 확대라는 측면과 다른 한편, 이러한 안보리의 권한 확대에 따른 국가주권의 침해 가능성이라는 긴장관계를 낳게 된다.

안보리가 제39조의 '평화에 대한 위협' 결정을 내린 사례를 볼 때, 국내무력분쟁·심각한 인권침해·민주주의의 결여·테러리즘 그리고 중대한 인도법 위반 등을 '평화에 대한 위협'으로 해석하는 것으로 보인다.[83] 한 번 '평화에 대한 위협'으로 결정된 사례는 하나의 선례로서 'Council Law'를 구성하게 되며, 이는 이후의 사안에 있어서 헌장해석의 기준이 될 것이다. 따라서 이후의 유사한 사태에 있어 안보리는 그 행위의 정당성 및 신뢰성 확보를 위해서는 선행하는 사태에서의 자세와 일관된 자세를 유지하여야 할 것이다.

현재의 안보리는 지난 50여년간 많은 변화를 겪어왔으며, 지금도 변화하고 있다. 안보리의 국제평화의 유지를 위한 그 역할은 앞으로도 여러 요인들에 의하여 영향받게 될 것이다. 무엇보다도 현재의 안보리 권한 확대의 흐름에 있어서 가장 중요한 것은 국제공동체로부터의 신뢰성 및 정당성 확보이다. 이를 위해서 안보리는 스스로의 권한남용(*ultra-vires* act)을 막기 위하여 신중하게 유엔헌장의 목적에 합치하도록 제39조의 '평화에 대한 위협' 개념을 해석하고, 그에 따른 제재조치에 있어서 급박하고 불가피한 경우가 아닌 경우, 무력사용은 최대한 제한적으로 사용하여야 할 것이다.

---

83) 이 외에 마약거래 및 환경적 위험도 '평화에 대한 위협'에 포함되어야 한다는 논의도 있다. 각각 Yuri M. Kolosov, "Limiting the Use of Force: Self-Defense, Terrorism, and Drug Trafficking," *Law and Force in the International Order*, Westview Press, 1991, p.236; Catherine Tinker, "Environmental Security in the United Nations," *Tennessee Law Review*, Vol. 59, 1992.

<참고문헌>

Ⅰ. 단행본

유병화 · 박노형 · 박기갑, 국제법, 법문사, 2000.

山本草二, 박배근 역, 국제법, 국제해양법학회, 1999.

H. Lauterpacht, *International Law and Human Rights*, 1950.

Leland M. Goodrich & Anne P. Simsons, *The United Nations and the Maintenance of International Peace and Security*, 1955.

Peter Malanczuk, *Humanitarian Intervention and the Legitimacy of the Use of Force*, Het Spinhuis Publishers, 1993.

Rudiger Wolfrum, *United Nations: Law, Policies and Practice*, Vol. 1, Vol. 2, Martinus Nijhoff Publishers, 1994.

Christopher C. Joyner, *The United Nations and International Law, ASIL*, Cambridge University Press, 1995.

Harris, D.J., *Cases and Materials on International Law*, 4th ed. 1991.

Inger Österdahl, "Threat to the Peace, Swedish Institute of International Law," *Studies in International Law*, Vol. 13, 1998.

White N.D., *Keeping the Peace*, Manchester University Press, 1993.

Sydeny D. Bailey, *The UN Security Council and Human Rights*, Macmillan Press Ltd., 1994.

Rene-Jean Dupuy ed., *Peace-Keeping and Peace Building, The Development of the Role of the Security Council*, 1992.

Ⅱ. 논 문

김석현, "인권보호를 위한 안보리의 개입," 국제법학회논집, 제40권 제1호 (1995).

신성수, "인도적 목적을 위한 유엔안보리의 제재조치에 관한 연구," 국제법학회논집, 제42권 제2호(1997).

신용호, "안보리 결의의 합법성과 사법심사," 국제법학회논집, 제44권 제1호 (1999).

장복희, "현대 국제법에서의 인도적 간섭의 적법성," 국제법학회논집, 제44권 제1호(1999).

Han Sung Joo, "The United Nations as International Mediator," *IRI Review*, 제2권 제1호, 1997, 고려대학교(Ilmin International Relations Institute).

백진현, "Legal Aspect of United Nations Peacekeeping: with Particular Reference to Domestic Law and Practice of Korea," 서울국제법연구, 제3권 제2호(1996).

Myers S. McDougal & W. Michael Reisman, "Rhodesia and the Untied Nations: The Lawfulness of Internaitonal Concern," *American Journal of Internaitonal Law*, Vol. 62, 1968.

Leland M. Goodrich, "The Security Council in International Organization: Politics & Process," *University of Wisconsin Press*, 1973.

Oscar Schachter, "United Nations Law in the Gulf Conflict," *American Journal of International Law*, Vol. 85, 1991.

Frederic L. Kirgis, Jr., "The Security Council's First Fifty Years," *American Journal of International Law*, Vol. 89, 1995.

Bruno Simma(ed), "Interpretaion of the Charter" in the Charter of the United Nations, 1994.

David D. Caron, "The Legitimacy of the Collective Authority of the Security Council," *American Journal of International Law*, Vol. 87, 1993.

John R. Bolton, "The United Nations and Ethnic Conflicts," *Global Economic Review*, Vol. 27, 1998.

Sean D. Murphy, "The Security Council, Legitimacy and the Concept of Collective Security After the Cold War," *Columbia Journal of Transnational Law*, 32:201, 1994.

Otunnu, Olara A., "The Security Council: A need for change," *Ecumenical Review*, Vol. 47, 1995.

Buallay, Jassim M., "Enhancing Transparency of Security Council Proceedings," *UN Chronicle*, Vol. 36, 1999.

Menon, P.K., "The New World Order and the Security Council: Testing the Legality of its Acts," *Netherlands International Law Review*, Vol. 43, 1996.

Blokker N.M., "The Internationalization of Domestic Conflict: The Role of the UN Security Council," *Leiden Journal of International Law*, Vol. 9, 1996.

White, N.D., "The Security Council and the Decentralised Military Option: Constitutionality and Function," *Netherlands International Law Review*, Vol. 44, 1997.

David Bills, "International Human Rights and Humanitarian Intervention: The Ramifications of Reform of the United Nations' Security Council," *Texas International Law Journal*, Vol. 31, 1996.

Arthur Paecht, "Kosovo as a Precedent: Towards a Reform of the Security Council?," *International Law and Humanitarian Intervention*, Vol. 13, 2000.

Niels M. Blokker & Marieke Kleiboer, "The Internaitonalization of Domestic Conflict: The Role of the UN Security Council," *Leiden Journal of International Law*, Vol. 9, 1996.

Yoram Dinstein, "Humanitarian Intervention from Outside, in the face of Genocide, is Legitimate only when Undertaken by the Security Council," *Justice*, No. 27, 2001.

Tono Eitel, "The UN Security Council and its Future Contribution in the Field of International Law," *Max Planck Yearbook of Untied Nation Law*, Vol. 4, 2000.

Rahmatullah Khan, "United Nations Peace-keeping in Internal

Conflicts," *Max Planck Yearbook of United Nations Law*, Vol. 4, 2000.

Cedric E. Evans, "The Concept of "threat to Peace" and Humanitarian Concerns: Probing the Limits of Chapter VII of the UN Charter," *Transnational Law & Contemporary Problems*, Vol. 5, 1995.

Fred Grünfeld, "Human Rights Violations: A Threat to International Peace and Security," *The Role of the Nation-State in the 21st Century*, Kluwer Law International, 1998.

Daniel Pickard, "When Does Crime Become a Threat to International Peace and Security?," *Florida Journal of International Law*, Vol. 12, 1998.

Lois E. Fielding, "Taking a Closer Look at Threats to Peace: The Power of the Security Council to Address Humanitarian Crises," *U. Det. Mercy Law Review*, Vol. 73, 1996.

David M. Malone, "The UN Security Council in the Post-Cold War World," *Security Dialogue*, Vol. 28, 1997.

아프가니스탄과 이라크에의 미국 무력행사에 대한 국제법적 평가 *

김 현 정(金玹廷)

* 제3회(2003) 대학(원)생 국제법 논문 경시대회 대학원생 부문 최우수상.

Ⅰ. 들어가며

1. 미국의 아프가니스탄 및 이라크에 대한 무력행사

2001년 9월 11일 미국을 대상으로 한 동시다발 테러공격(이하 9·11테러)은 또 다른 국제적 무력행사를 낳았다. 미국은 9·11테러를 '전쟁행위'로 규정하면서 이 테러를 자행한 것으로 추정되는 알카에다 지도자 오사마 빈라덴의 인도를 아프가니스탄 탈레반 정권에 요구하였다. 탈레반 정권이 이를 거부하자 미국은 탈레반 정권에 대한 최후통첩을 한 다음날인 2001년 10월 7일, 영국과 연합군을 구성하여 아프가니스탄에 대한 무력행사를 감행하였다.[1] 다른 한편으로 미국은 이라크가 빈라덴이 이끄는 알카에다와 연계되어 있으며, 걸프전 이후 지속적으로 안보리의 결의를 이행하지 않은 채, 생화학 및 핵무기, 미사일 프로그램을 재구축하고 대량살상무기를 보유함으로써 미국과 그 동맹국들에게 테러를 가할 위험이 심각하다는 점을 밝혀왔다. 미국은 자국과 그 동맹국들의 안보를 확고히 한다는 명분하에, 2003년 3월 20일 영국과 함께 이라크에 대한 무력행사를 개시하였다.[2]

아프가니스탄에 대한 무력행사는 공격 개시 두 달 반만인 2001년 12월 22일 아프가니스탄에서 과도정부가 출범하고 다국적 평화유지군이 수도 카불에 도착하여 활동을 시작함에 따라 마무리되었다. 이라크에 대한 무력행사는 공격 개시 20여일만인 2003년 4월 9일 이라크의 수도 바그다드를 함락하고, 그 후 한 달도 채 안된 5월 1일 부시 대통령의 '사실상 종전' 선언으로 일단락되었다.

21세기를 시작하면서 발생한 테러공격과 그에 대응한 무력행사는

---

1) "9·11테러, 악몽의 그 날에서 대탈레반 최후통첩까지 백악관의 7일," 『월간중앙』 (2002. 3).

2) "9·11테러부터 이라크전쟁까지," 『연합뉴스』(2003. 3. 18).

국제사회에서 뜨거운 논란을 불러일으켰다. 특히 미국의 군사력을 동원한 대응방식, 유엔과의 협력 없는 일방적 무력행사는 미국의 패권주의에 대한 전세계적 반전평화운동을 낳게 하였다. 이와 같은 논란 외에도 미국의 무력행사가 국제법적으로 허용되는지와 유엔헌장 중심의 국제법질서를 붕괴시키는 것인지에 대한 국제법적 격론이 벌어졌다.[3] 이러한 미국의 무력행사에 대한 평가는 그 행위 자체에 대한 법적 평가뿐 아니라, 21세기 국제법질서의 미래를 엿볼 수 있다는 점에서 현대국제법의 중요한 과제이다. 따라서 이 글은 아프가니스탄과 이라크에 대한 미국의 무력행사가 현대국제법상 어떠한 평가를 받는지를 조망하고자 한다. 이를 위해서는 국제법상 무력행사에 관한 법이 어떻게 발전하여 왔는지와 미국의 무력행사에 대하여 현대국제법에서 제기되는 법적 쟁점을 명확히 할 필요가 있다.

2. 국제법상 무력행사의 규율

국제법상 무력행사에 관한 법은 근대국제법 이래 국제법질서를 결정하는 중요규범이었다. 근대 초기 무력행사는 *jus ad bellum*에 의해 규율되었다. 무력행사 또는 전쟁의 합법성은 정당한 전쟁(just war)과 정당하지 않은 전쟁(unjust war)의 구별에 의해 결정되었다. Grotius가 체계화한 정전론(正戰論)에 따르면, 정당한 이유가 없는 전쟁은 불법이며, 정당한 원인으로는 자기방어, 침해된 권리의 회복 및 처벌만이 인정된다.[4] 이러한 정전론은 18세기 이후 국가주권이 발

3) 예를 들어, B. Langille, "It's 'Instant Custom': How the Bush Doctrine Became Law After the Terrorist Attacks of September 11, 2001," *Boston College International and Comparative Law Review*, Vol. 26, 2003, pp.154-156; "War would be illegal," *Guardian*(2003. 3. 7), http://www.guardian.co.uk/letters/story/0,3604,909275,00.html, 2003-10-10 검색.

4) H. Grotius, "*De jure Belli ac Pacis*"(1625), in W. Schätzel(ed.), *Vom Recht des Krieges und des Friedens* (Tübingen: J.C.B. Mohr, 1950),

전・확립됨에 따라 변화된다. 전쟁의 정당성과 합법성은 전쟁에 호소하는 국가들에 의해 직접 판단・결정되기에 이르렀다. 무력행사 또는 전쟁이 국가 스스로에 의해 합리화됨에 따라, 그 결과 전쟁의 정당성 논의는 무의미해졌다.[5] 그리하여 *jus ad bellum*이 사실상 그 의미를 상실하면서, 그 대신에 무력행사의 수행과정에서의 정당성과 합법성에 관한 법인 *jus in bello*가 부각되었다. 이러한 무력행사에 관한 법의 변화양상은 사실상 제한 없는 무력행사 또는 전쟁을 허용하는 결과를 초래하였다. 그 결과는 제1차 세계대전과 제2차 세계대전으로 나타나게 되었다.

국제사회는 제한 없는 무력행사 또는 전쟁이 가져다준 국제질서의 붕괴와 참상에 대한 반성을 통해 제1차 세계대전 직후부터 무력행사 또는 전쟁의 제한・금지를 국제법체제에 도입하기 시작하였다. 제1차 세계대전을 종결짓는 베르사이유 평화조약과 Kellogg-Briand조약이 그 예이다. 특히 부전조약이라고 불리는 Kellogg-Briand조약은 무력행사 또는 전쟁의 불법화의 출발점이 되었다. 이러한 국제법상 무력행사의 금지 또는 제한은 제2차 세계대전을 종결짓는 유엔헌장에 구현된다. 즉 "모든 회원국은 그 국제관계에 있어서 다른 국가의 영토보전이나 정치적 독립에 대하여 또는 유엔의 목적과 양립하지 아니하는 어떠한 기타 방식으로도 무력에 의한 위협이나 무력의 행사를 삼간다"고 하기에 이르렀다. 이러한 헌장 제2조 4항이 표방하는 무력행사금지원칙은 현대국제법상 헌장상의 의무를 넘어 국제관습법적으로 확립되었으며, 어떠한 위반도 허용하지 않는 강행규범의 지위를 획득하고 있다.[6] 바로 이러한 의미에서 헌장이 표방한 무력행사금지원칙

---

pp.135-138.

5) M.N. Shaw, *International Law*, 4th ed.(Cambridge: Cambridge University Press, 1997), p.779.

6) A. Cassese, *International Law in a Divided World*(London: Bulter & Tanner, 1989), p.147; S.R. Ratner, "*Jus ad Bellum* and *Jus in Bello* after September 11," *American Journal of International Law*, Vol. 96,

은 현대국제법의 *jus ad bellum*이라고 볼 수 있다.

하지만, 헌장 제2조 4항의 구체적인 법적 함의를 둘러싸고 서로 대립되는 법해석이 제기되어 왔다. 이 조항이 무력행사를 원천적으로 금지한 것인지를 둘러싸고 벌어진 제한적 견해[7]와 허용적 견해[8]의 대립이 그것이다. 허용적 견해에 따르면, 영토보전·정치적 독립·기타 유엔의 목적에 반하지 않는 무력행사는 허용된다고 주장한다. 그러나 그러한 근거는 유엔헌장의 목적 및 해석에 의해 부정되고 있다. 따라서 헌장 제2조 4항은 헌장이 허용한 경우를 제외하고는 무력사용을 원천적으로 금지한다고 보아야 할 것이다. 이러한 제한적 법해석은 국가들의 관행에 의해서도 뒷받침된다.[9]

이와 같이 현대국제법은 원칙적으로 무력행사를 금지하고 있지만, 두 가지 경우에 있어서는 무력행사를 예외적으로 허용하고 있다.[10] 하나는 헌장 제7장에 근거한 강제조치[11]이고, 다른 하나는 헌장 제51

2002, p.914.

7) Brownlie에 따르면, 영토보전 및 정치적 독립은 국가가 갖는 법적 권리의 총체이므로, 유엔헌장에 의해 구체적으로 허용되지 않은 모든 무력행사는 금지된다고 한다〔I. Brownlie, *International Law and the Use of Force by States* (Oxford: Clarendon Press, 1963), pp.112-113〕.

8) 허용적 견해를 보이는 Bowett는 영토의 손실 또는 영구점령(permanent occupation)의 결과를 수반하지 않는 무력행사는 국가의 독립성에 손상을 주지 않으며, 유엔의 목적에 반하지 않은 무력행사는 불법이 아니라고 한다〔D.W. Bowett, *Self-Defence in International Law* (Manchester: Manchester University Press, 1958), p.152〕.

9) 유엔헌장 채택후, 허용적 견해에 기초한 국가는 우간다의 엔테베를 공격한 이스라엘이 거의 유일하다고 한다〔M. Dixon, *Textbook on International Law* (London: Blackstone Press, 2002), p.299〕.

10) 제2차 세계대전중의 적국에 대한 조치로서 헌장 제107조 및 헌장 제53조 1항에 규정된 내용도 무력행사금지원칙의 예외이나, 과거 적국도 모두 유엔의 회원국이 되었기 때문에 본 조항들은 현재 적용되지 않고 있다. 따라서 이 글에서는 무력행사금지원칙의 예외로서, 헌장 제7장상의 강제조치와 자위권에 대해서만 고찰하도록 한다.

11) 유엔헌장 제8장은 지역협정 또는 지역기구를 이용하여 강제조치를 취할 수 있도록 하고 있다. 지역협정·지역기구가 강제조치를 취하기 위해서는 안보리의 수권이 필요하므로(유엔헌장 제53조 참조), 이는 결국 유엔헌장 제7장의 내용에 포함된다고 볼 수 있을 것이다.

조상의 개별국가(군)의 자위권이다. 결국 유엔헌장 제2조 4항을 통해 확립된 무력행사금지원칙은 헌장이 허용한 강제조치와 자위권을 제외한, 국가들의 무력행사를 원천적으로 금지하고 있다.

3. 미국에 의한 무력행사의 국제법적 쟁점

현대국제법상 무력행사에 관한 법에 비추어, 미국의 아프가니스탄 및 이라크에 대한 무력행사는 두 가지 측면에서 고찰해 볼 수 있을 것이다. 하나는 이들 국가에 대한 미국의 무력행사가 현대국제법상 적법화될 수 있는가이다. 다른 하나는 미국의 무력행사와 같은 국가관행이 무력행사에 관한 새로운 국제법을 창출하거나 기존 국제법을 변경하는 것인지이다. 전자는 미국의 무력행사에 대한 개별적인 적법성 평가에 해당하며, 후자는 법 형성 절차에 관한 평가이다. 이 두 논제에 대하여 이후에서 구체적으로 살펴보겠다.

Ⅱ. 미국의 아프가니스탄 및 이라크에 대한 무력행사의 적법성[12)]

1. 미국의 적법성 주장과 법적 쟁점

대아프가니스탄 무력행사를 적법화하는 근거로 두 가지 주장이 제기된다. 첫째, 안보리의 결의에 의하여 미국의 아프가니스탄에 대한 무력행사가 허용된다는 것이다.[13)] 이의 근거로 9·11테러[14)]에 대응

12) 미국 정부는 아프가니스탄 및 이라크에 대한 무력행사의 적법성을 안보리의 수권결의 또는 자위권에서 찾고 있으나, 구체적인 이유는 설명하고 있지 않다. 여기서 수권결의 및 자위권의 적법성에 관한 논의는 미국의 무력행사를 옹호하는 학자들의 견해에 기초하여 하도록 한다.

13) 미국 정부는 9·11테러에 대한 대아프가니스탄 무력대응이 수권결의에 의한 것

하기 위해 "모든 필요한 수단을 취할 준비"가 되어 있음을 밝힌 안보리 결의 제1368호,[15] "결의의 완전한 이행을 확보하기 위하여 모든 필요한 수단을 취할 것"을 명시한 안보리 결의 제1373호[16]를 들고 있다. 이러한 안보리 결의는 헌장 제7장상의 강제조치에 따라 개별국가의 군사조치를 허용하는 것이므로, 미국의 대아프가니스탄 무력행사를 적법화시킬 수 있다고 한다.[17] 둘째, 미국은 대아프가니스탄 무력행사가 적법한 자위권의 행사였다고 주장한다. 2001년 10월 7일 존 네그로폰테 유엔 주재 미국 대사는 유엔 안보리 의장에게 보낸 서한[18]에서 미국은 유엔헌장 제51조에 따라 9·11테러와 관련된 알카에다와 비호국인 아프가니스탄에 자위권을 행사할 것임을 시사했다.

이와 유사한 맥락에서, 미국은 대이라크 무력행사의 근거로 안보리의 수권결의와 자위권을 언급하고 있다. 우선 이라크에 대한 무력행사는 일련의 안보리 결의에 의하여 충분히 수권(authority)되었다고 주장한다.[19] 또한, 미국의 2002년 국가안보전략(National Security

---

이라기보다는, 자위권에 근거한 적법한 무력행사라고 주장하고 있다. 수권결의에 의해 적법하다는 견해는 주로 미국의 무력행사를 옹호하는 학자들에 의해 제시되고 있다.

14) 테러(또는 테러공격)는 폭력 등을 이용하여 자신의 목적을 달성하고자 하는 조직적인 행위로, 대상자에게 공포감을 조성하는 행위이다[하재환, "국제법과 테러리즘," 『부산대학교 법학연구』, 제41권 제1호(2000. 12)]. 테러리즘은 이러한 개별적인 테러보다 포괄적인 개념으로 쓰인다.

15) S/Res/1368(2001).

16) S/Res/1373(2001).

17) J. Paust, "Security Council Authorization to Combat Terrorism in Afghanistan," *ASIL Insights*, October 23, 2001; http://www.asil.org/insights/insigh77.htm#comment4(2003-09-12 검색).

18) S/2001/946(2001).

19) 콜린 파월 미 국무장관은 2003년 4월 3일 나토 사령부에서의 회견에서 대이라크 무력행사는 안보리 결의 제1441호에 의하여 충분히 수권(authority)되었다고 주장하였다[Secretary Colin L. Powell, "Press Conference at NATO Headquarters," *U.S. Department of State*, April 3, 2003, http://www.state.gov/secretary/rm/2003/19350pf.htm(2003-09-12 검색)]. 더불어, 미국과 함께 이라크에 무력행사를 한 영국의 골드 스미스 법무부 장관도 2003년 3월 17일 의회에 제출한 영국 정부의 무력조치에 대한 법적 근거에 관한 서면답

Strategy of the United States of America)에 따르면, 미국은 대량살상무기의 소유 및 개발 또는 테러리즘과의 연계에서 야기되는 위협에 대한 선제적 군사조치(preemptive military action)를 취할 것이라고 하였다.[20] 부시 미 대통령은 최후통첩에서 이라크의 대량살상무기 보유와 테러위험에 대응하여 "미국은 자국 안보를 확고히 하기 위한 무력사용 권한을 갖고 있다"고 언급, 이라크에의 무력행사가 예방적 자위권 및 테러비호국에 대한 자위권의 행사임을 밝혔다.[21]

이처럼 대아프가니스탄과 대이라크 무력행사는 그 적법성과 관련하여 여러 공통적인 법적 쟁점을 야기한다. 첫째, 안보리 결의에 의해 아프가니스탄 및 이라크에 대한 무력행사가 적법화되는가이다. 둘째, 안보리 결의에 의해 적법화되지 않더라도, 미국의 일방적 무력행사가 현대국제법상 무력행사금지원칙의 예외인 자위권으로 인정될 수 있는가이다. 여기서 자위권과 관련하여 세 가지 법적 쟁점을 검토해야 한다. 우선 미국이 알카에다의 추가테러 및 대량살상무기의 위협에 기인한 예방적 자위권을 주장하고 있는 바, 예방적 자위권이 허용되는지 알아보아야 할 것이다. 다음으로, 헌장 제51조 '무력공격'(armed attack)의 범주에 아프가니스탄과 이라크의 테러리즘 비호행위도 포함되는지가 문제시된다. 마지막으로, 대아프가니스탄 무력행사에 한정되는 문제로서, 테러공격이 현행 자위권의 전제인 '무력공격'에 포

변에서, 이라크의 지속적인 안보리 결의 위반에 따라 결의 제678호가 부활하였고, 결의 제1441호가 이라크 제재조치에 대한 추가결의가 필요하다고 명시적으로 밝히고 있지 않음을 들어, 결의 제678호, 제687호, 제1441호에 의해 이라크에의 무력행사가 정당화된다고 발표하였다("Attorney General's Iraq Response," *BBC*(2003. 3. 17), http://newsvote.bbc.co.uk/1/hi/uk_politics/2857347.stm(2003-09-12 검색).

20) The White House, "The National Security Strategy of the United States of America," *U.S. Department of State*, September 2002, http://usinfo.state.gov/topical/pol/terror/secstrat.htm(2003-09-09 검색).

21) "후세인 48시간내 떠나라," 『문화일보』(2003. 3. 18); "부시, 對이라크 최후통첩 연설 요지," 『연합뉴스』(2003. 3. 18).

함되는지를 살펴보아야 할 것이다. 이러한 논점들을 중심으로 현대국제법상 미국의 무력행사가 적법화될 수 있는지 살펴보겠다.

2. 안보리 결의에 기초한 적법성 검토

(1) 유엔헌장 제7장상의 강제조치와 수권결의의 관행

유엔은 국제평화와 안전을 달성하고자 집단안전보장 체제를 구축하고 있으며,[22] 이에 따라 안보리가 무력을 수반하는 강제조치를 수행하도록 헌장 제7장에서 규정하고 있다. 그러나 지금까지 유엔헌장상의 강제조치가 안보리에 의하여 직접 수행된 적은 한 차례도 없었고, 그 대신 안보리가 개별국가에 무력행사를 수권(授權, authorization)하는 결의를 채택하는 방식[23]으로 취해졌다. 이러한 안보리의 관행은 안보리 결의에 근거하여, 평화의 위협·파괴 및 침략행위에 대하여 국가들의 적법한 무력행사를 가능케 하였다.[24] 그렇다면 이러한 수권결의 관행에 의하여 미국의 무력행사가 정당화될 수 있는가를 살펴보도록 하겠다.

(2) 안보리의 대아프가니스탄 및 대이라크 수권결의 가능성

대아프가니스탄 무력행사의 경우, 미국은 수권결의를 강력하게 주장하고 있지는 않으나, 자위권 외에도 자국의 무력행사가 국제법상 불법이 아니라는 근거의 일부로 수권결의의 존재를 언급하고 있다.

---

22) 하재환, "국제법과 집단안보," 『부산대학교 법학연구』, 제39호 제1호(1998. 12), p.469.

23) 안보리는 직접적으로 무력행사(use of force)를 '수권'(authorization)하는 경우보다는, 주로 '필요한 모든 수단(all necessary means)을 취할 것'을 허용하는 방식을 택하고 있다〔김석현, "UN헌장 제2장 4항의 위기-그 예외의 확대와 관련하여-," 『국제법학회논총』, 제48권 제1호(2003. 6), p.93〕.

24) 그 예로 1990년 안보리 결의 제678호에 근거한 다국적군의 대이라크 무력행사, 1992년 안보리 결의 제794호에 근거한 미국 주도 다국적군의 대소말리아 무력행사, 1994년 안보리 결의 제929호에 근거한 프랑스 주도의 대르완다 무력행사 등이 있다.

특히 안보리 결의 제1373호를 그 근거로 제시하고 있으나,[25] 이것이 무력행사를 염두에 둔 것이라고 보기 어렵다. 결의 제1373호는 모든 수단을 동원할 필요성이 있다고 했으나, 동 결의 4항에서는 테러리즘에 대한 국제적 차원에서의 대응 및 공조의 필요성을 강조하였고, 6항에서는 결의의 이행을 감시하고 국제테러에 대한 국제협력 강화를 위하여 반테러리즘위원회(Security Council Committee Concerning Counter-Terrorism)의 설치를 결정하였다. 이러한 안보리의 조치를 볼 때, 동 결의는 개별국가에게 무력행사를 수권하였다기보다는, 테러리즘의 심각성과 폐해에 대한 국제사회의 관심 및 공조협력체제 구축을 위한 것이라고 보는 것이 타당할 것이다.[26]

아프가니스탄과 달리, 이라크에서의 수권결의 여부는 무력행사의 적법성 여부를 판단하는 데 있어 중요한 문제이다. 미국은 이라크에 대한 무력행사가 안보리 결의 제678호,[27] 제687호,[28] 제1441호[29]에 근거하여 적법하다고 말한다.[30] 즉, 결의 제1441호가 이라크에 대한 무력행사를 수권하였다고 주장하는 한편, 이라크의 의무 불이행으로 인하여 정전상황이 종료되고, '모든 필요한 수단'을 사용하도록 수권한 결의 제678호가 부활하였다는 것이다.[31] 그러나 안보리의 대

25) Paust, *supra* note 17.

26) 배정생, "국제법상 자위권(right of self-defense) 행사: 9·11테러에 대한 미국의 대아프가니스탄 무력공격의 적법성을 중심으로," 『전북대학교 법학연구』, 제23집(2002. 12), p.64; 김석현, "테리리즘의 억제와 국제법," 『국제법평론』, 2001-II(제16호), p.52.

27) S/Res/678(1990).

28) S/Res/687(1991).

29) S/Res/1441(2002).

30) 안보리 결의 제678호는 이라크의 쿠웨이트 침공에 대하여 '모든 필요한 수단'(all necessary means)을 사용할 것을 허용하였고, 결의 제687호는 이라크의 동 결의 내용 준수를 조건으로 한 다국적군과의 조건부 정전합의였다. 10여년이 지난 2002년 채택된 결의 제1441호는 이라크가 결의 제687호를 포함한 관련 결의에 따른 이라크의 의무-UNSCOM 및 이후의 UNMOVIC, IAEA와 같은 국제사회의 감독 아래 생화학 및 핵무기, 미사일 프로그램의 파괴·제거의무-에 대한 중대한 위반(material breach)을 하였고, 이라크의 추후의 의무위반은 또 하나의 중대한 위반(a further material breach)을 구성한다고 밝혔다.

이라크 결의안을 근거로 미국의 무력행사를 적법화하는 논리는 비판의 여지가 있다. 첫째, 결의 제1441호가 미국의 이라크에 대한 무력행사를 수권하였다고 보기는 어렵다. 그동안 개별국가의 무력행사를 수권하는 결의를 채택할 때, 안보리는 최소한 '모든 필요한 수단'과 같은 문구를 사용하여 이를 밝혀왔으나, 결의 제1441호는 이와 같은 명시적으로 수권하는 문구를 사용하지 않고 있다. 오히려, "이라크에게 안보리의 관련 결의들의 의무이행을 위한 마지막 기회를 부여"하고, 안보리가 지속적으로 이라크의 상황을 주시하겠다고 밝히고 있다. 같은 맥락에서, 결의 제1441호 13항의 "심각한 결과에 직면"할 것이라는 문구는 이러한 결의의 내용을 상기시키고자 한 것이지, 무력행사를 수권하는 것이라 보기 어렵다.[32] 더불어, 결의 제1441호 이후에 미국이 새로운 안보리 결의안 채택에 노력을 기울였다는 사실은 미국 또한 결의 제1441호가 직접적인 수권결의가 아님을 인정한 것이라 볼 수 있다. 둘째, 안보리 결의 제678호에서의 국제평화와 안전의 위협요인은 1991년의 무력행사로 종결되었다고 봐야 한다. 아울러 결의 제687호의 준수를 조건으로 하여, 정전합의에 도달한 것은 사실이나, 이라크의 의무위반이 바로 정전상황의 파기를 가져오는 것은 아니다. 정전은 안보리에서 판단할 문제이지, 개별국가가 판단할 수 있는 것은 아니기 때문이다. 안보리는 결의 제687호 34항에서 "안보리는 본 문제에 대해 계속 관여하고 본 결의의 이행과 이 지역의 평화와 안전을 확보하기 위하여 요구되는 추가적인 조치를 결정한다"고

31) C. Greenwood, "International Law and the Pre-emptive Use of Force: Afghanistan, Al-Qaida, and Iraq," *San Diego International Law Journal*, Vol. 4, 2003, pp.33-36.

32) 안보리 이사국인 멕시코는 결의 제1441호의 투표후, 무력행사는 마지막 방법으로서 안보리로부터 명백하고 우선하는 수권이 있는 경우에만 유효하다고 밝힌 바 있다(F.L. Kirgis, "Security Council Resolution 1441 on Iraq's Final Opportunity to Comply with Disarmament Obligations," *ASIL Insights*, November 2002, http://www.asil.org/insights/insigh92.htm, 2003-09-11 검색).

밝혔다. 이는 안보리가 정전합의의 이행에 관한 결정권을 스스로 보유하겠다는 의지의 표명이다.[33] 마지막으로, 결의 제678호에 의한 걸프전에서의 무력행사는 개별국가 대 국가의 무력충돌이 아니라 안보리의 수권에 의한 강제조치였다. 즉, 이번 미국의 공격과 같이 이라크의 '중대한 위반'에 기초하여 개별국가가 일방적으로 무력을 행사하도록 하는 결의가 아니었다.[34]

개별국가의 일방적 무력행사를 막고 국제사회의 평화와 안전을 유지하고자 하는 집단안전보장 체제의 목적을 달성하기 위해서는 "안보리가 무력행사의 개시 기간 목적에 대하여 엄격하게 통제할 필요성"이 요구된다.[35] 이러한 점에서, 헌장 제7장상의 강제조치에 대한 새로운 관행인 안보리의 수권결의는 명시적으로 이루어져야 하며, 국제사회 일반이 납득할 만한 방식이어야 할 것이다. 따라서 명백한 수권결의를 얻지 못한 미국의 아프가니스탄 및 이라크에 대한 일방적 무력행사가 안보리 결의에 기반하여 적법화될 가능성은 없다.

3. 자위권에 기초한 적법성 검토

결국 미국의 아프가니스탄 및 이라크에 대한 무력행사는 안보리의 수권결의 없이 일방적으로 행해진 무력행사였다. 이러한 개별국가의 일방적 무력행사가 허용될 수 있는 것은 현대국제법상 자위권뿐이다. 여기서는 자위권으로서 미국의 행위가 적법화될 수 있는지 알아보도록 하겠다.

33) N. Deller, "*Jus ad Bellum*: Law Regulating Resort to Force," *Human Rights*, Vol. 30, 2003, p.12.

34) *Ibid.*

35) J. Lobel and M. Ratner, "Bypassing the Security Council: Ambiguous Authorizations to Use Force, Cease-Fires and the Iraqi Inspection Regime," *American Journal of International Law*, Vol. 93, 1999, pp.125-131.

(1) 현대국제법상 자위권의 내용

유엔헌장 제51조는 자위권을 "무력공격[36]이 발생한 경우," 피해국이 행사할 수 있는 "고유한 권리"(inherent right)라고 규정하고 있다. 헌장상의 자위권과 달리, 무력행사가 자유롭던 시기에 형성된 전통적인 국제관습법상의 자위권은 그 범위가 헌장상의 자위권보다 넓으며, 다양한 상황에서 주장될 수 있었다.[37] 그러나, 이러한 전통적인 국제관습법상의 자위권이 무력행사를 전면적으로 금지한 유엔헌장이 채택된 후에도 존재한다는 주장은 무리가 있다고 보여진다.[38] 헌장 제51조의 "고유한 권리"라는 것은 전통적인 국제관습법상의 권리를 의미하는 것이 아니라, 유엔 회원국을 포함하여 모든 국가가 당연히 갖는, 국가의 고유한 권리를 의미한다는 것이 일반적인 견해이다.[39] 또한, Brownlie에 따르면, 자위권을 제한적으로 해석하는 국가관행에 의하여, 헌장 채택 당시의 국제관습법상 자위권은 이미 헌장상의 자위권으로 축소되었다고 한다.[40] 결론적으로, 현대국제법상의 자위권은 헌장 제51조상의 자위권을 의미한다. 다음에서는 미국의 무력행사가

---

36) 헌장 제51조의 자위권의 내용에서 '무력공격'(armed attack)이 무엇을 의미하는가는 논란이 있다. '무력공격'을 완전하게 정의하지는 못하였지만, 1974년 유엔총회 결의 제3314(XXIX)호에서 채택된 「침략의 정의」 제3조에서 예시한 침략행위는 헌장 제51조상의 '무력공격'을 구성한다고 볼 수 있을 것이다[A. Randelzhofer, "Use of Force," in R. Bernhardt(ed.), *Encyclopedia of Public International Law*, Vol. Ⅳ(Amsterdam: North-Holland Publishing, 2000), p.1253]. ICJ도 1986년 니카라과 사건에서 무력공격을 설명함에 있어, 본 조항을 원용하였다[Military and Paramilitary Activities in and against Nicaragua(Nicaragua v. United States of America), Merits, *Judgement, I.C.J. Reports 1986*, p.103, para. 195].

37) 대표적인 예로 전통적인 국제관습법에서는 예방적 자위도 허용되었다고 한다. 이러한 예방적 자위권이 헌장채택 이후에도 존재한다고 주장하는 학자로는 Bowett, Waldock, McDougal 등이 있다.

38) T. Hillier, *Principles of Public International Law*, 2nd ed.(London: Cavendish Publishing, 1999), p.249; 김석현, "국제법상 자위권의 행사," 『단국대학교 법학논총』, 제21집(1995. 12), p.238.

39) Randelzhofer, *supra* note 36, p.1253.

40) Brownlie, *supra* note 7, pp.279-280.

이러한 헌장상 자위권의 범주에 들어갈 수 있는 무력행사인지 살펴보겠다.

(2) 예방적 자위권[41]의 허용 가능성

미국은 아프가니스탄을 공격하기에 앞서, 9・11테러뿐 아니라, 계속 일어날 수 있는 테러공격에 대하여 자위권을 행사하겠다고 밝혔다.[42] 이라크 공격을 앞둔 상황에서 미국은 "적의 공격의 시기와 장소가 비록 확실치 않더라도, 미국을 방어하기 위해 예방적 조치(anticipatory action)를 취하겠다"고 밝혔다.[43] 이처럼 미국은 '무력공격이 발생한 경우'가 아닌, 무력공격이 발생하기 전에도 자위권을 발동할 수 있기 때문에, 대아프가니스탄 및 대이라크의 무력행사가 적법하다고 본다.

하지만, 이러한 미국의 주장은 현대국제법에서 허용될 수 없다고 생각된다. 자위권은 예외적으로 허용되는 개별적 무력행사이므로, 분명하고 제한적인 경우에만 허용되어야 한다는 것이 유엔헌장의 의도이다.[44] 무력공격의 예방이라는 것은 예상 피해국의 주관적 판단에 의존해야 하는 바, 이는 예외적으로 허용되는 자위권에 대해서조차 객관적 통제를 하려고 하는 유엔 집단안전보장 체제의 목적에 부합하지 않는다.[45] 1986년 니카라과 사건에서 ICJ는 예방적 자위권을 전

---

41) 예방적 자위(anticipatory self-defence)와 선제적 자위(pre-emptive self-defence)의 용어 차이에 대해서도 논란이 있다. 주로 예방적 자위는 급박한(imminent) 공격에 대한 자위를 의미하며, 선제적 자위는 이보다 시간적으로 뒤에 나타날 위협에 대한 자위를 의미한다고 한다. 경우에 따라서는 둘을 구분하지 않고 쓰기도 한다(Greenwood, *supra* note 31, p.9).

42) Kirgis에 따르면, 9・11테러가 미국에 대한 무력공격이고, 대응조치가 다음 공격의 예방 차원에서 필요하면 자위권이 인정될 것이라고 보았다(F.L. Kirgis, "Terrorist Attacks on the World Trade Center and the Pentagon," *ASIL Insights*, September 2001, http://www.asil.org/insights/insigh77.htm, 2003-09-11 검색).

43) The White House, *supra* note 20.

44) L. Henkin, *How Nations Behave: Law and Foreign Policy,* 2nd ed. (New York: Columbia University Press, 1979), p.295.

면으로 다루지는 않았으나, "자위권의 행사는 무력공격의 희생이 된 국가에 대하여 인정된다"[46]라고 판시함으로써 예방적 자위권행사에 대하여 부정적인 입장을 보였다. 마지막으로 국가들의 관행을 살펴보면, 자국의 일방적 무력행사에 대하여 많은 국가들이 자위권을 원용하였지만 실제로 예방적 자위권을 주장한 국가들은 많지 않다. 예방적 자위권을 주장한 국가들은 대다수 나머지 국가들의 비난에 부딪혔고,[47] 결국 국가들은 헌장상 예방적 자위권이 허용된다고 하기보다는, 상대국의 무력행사가 '무력공격'의 범주에 들어간다는 방식으로 자국의 무력행사를 정당화하였다. 이는 국가들이 다른 대다수 국가들의 반대에 부딪히는 근거보다는, 용인될 수 있는 근거에 기초하고 싶어하기 때문이다.[48] 결론적으로, 예방적 자위가 미국의 무력공격의 적법한 근거가 되기는 힘들다고 보인다.

(3) 테러비호국[49]에 대한 자위권의 허용 가능성

미국의 무력행사를 지지하는 견해에서는 테러리즘을 비호한 국가도 테러피해국의 자위권의 대상이 된다고 본다. 9·11테러 직후, 부시

---

45) Brownlie, *supra* note 7, pp.274-275.

46) *I.C.J. Reports 1986*, p.103, para. 195.

47) 김석현, "예방적 자위에 관한 연구,"『국제법학회논총』, 제38권 제1호(1993. 6), p.99.

48) C. Gray, *International Law and the Use of Force* (Oxford: Oxford University Press, 2000), p.112.

49) 국가의 테러지원 수준에 따라, 'state-sponsored terrorism,' 'state-supported terrorism,' 그리고 'state-tolerated terrorism'으로 나누어 고찰해 보면, '국가가 테러행위를 직접 통제하거나 지시하는 경우(sponsorship 또는 direction),' '테러가 국가에 의해 통제되지는 않았으나, 훈련·자금·장비·수송 등에 있어서 국가가 직접 지원을 제공한 경우(support),' '국가가 지원은 하지 않으나, 테러리스트들의 체포나 제압의 노력을 하지 않는 경우(toleration),' '정치적·내재적 이유로 인하여 국가가 테러리스트들에 대해 효과적으로 대응하지 못하는 경우(inaction)'로 구분할 수 있다〔G.M. Travalio, "Terrorism, International Law, and the Use of Military Force," *Wisconsin International Law Journal*, Vol. 18, 2000, pp.150-151; R. Erickson, *Legitimate Use of Force against State Sponsored Terrorism* (Maxwell AFB: U.S. Air War College, 1989), pp.32-34〕.

미 대통령은 "(9·11테러를 행한) 테러리스트와 이를 비호한 국가를 구분하지 않겠다"고 밝혔다.[50] 9·11테러와 관련한 아프가니스탄 및 이라크의 행위는 테러리즘을 비호하는 것으로 볼 수 있을 것이다.[51] 미국의 논리에 따르면, 이러한 비국가주체의 행위에 대한 국가의 묵인은 그 행위를 국가에 귀속시킬 수 있으므로, 9·11테러는 아프가니스탄에 귀속된다. 따라서 9·11테러가 '무력공격'에 해당한다면, 아프가니스탄은 미국의 자위권 행사의 대상이 된다는 것이다.[52] 또한, 9·11테러 이후의 안보리 결의 제1368호, 제1373호, 제1390호[53] 등에서 자위권을 재확인하거나 테러지원행위를 지속적으로 비난하고 있다는 사실을 상기할 때, 자위권행사 요건인 '무력공격'에 테러비호국의 행위까지 포함된다고 한다.[54] 같은 맥락에서, 이라크가 테러리즘을 지속적으로 비호하였다면, 미국은 이라크에 대해서도 자위권을 행사할 수 있다고 한다.[55]

---

50) President Bush, "Statement by the President in His Address to the Nation," *U.S. Department of State*, September 11, 2001, http://www.state.gov/coalition/cr/rm/2001/5044.htm, 2003-10-20 검색.

51) 아프가니스탄의 탈레반 정권은 알카에다에 기지를 제공하고, 9·11테러 후 지속적으로 빈라덴의 인도를 거부하였고, 이라크 또한 알카에다 조직원들을 자국 내에 머무르게 하는 등 테러리즘을 지원하였다고 한다("파월장관 연설의 요점," 『연합뉴스』(2003. 2. 6). 9·11테러와 관련한 아프가니스탄 및 이라크의 이러한 행위는 적극적으로 테러공격을 통제·지시했다기보다는, 비호한 것으로 보인다. 앞에서 고찰한 테러지원국의 분석에 따를 경우, 약한 정도의 'support' 또는 'toleration'에 해당할 것이다(앞의 주 49) 참조).

52) J.M. Beard, "America's New War on Terror: The Case for Self-Defense under International Law," *Harvard Journal of Law and Public Policy*, Vol. 25, 2002, p.578; J. Cerone, "Acts of War and State Responsibility in 'Muddy Waters': The Non-state Actor Dilemma," *ASIL Insights*, September 2001, http://www.asil.org/insights/insigh77.htm #comment, 2003-09-11 검색.

53) S/Res/1390(2002).

54) A.C. Arend, "International Law and Rogue States: The Failure of the Charter Framework," *New England Law Review*, Vol. 36, 2002, pp.746-747.

55) 그러나, 이후 미국은 이라크가 알카에다와 관련 없음을 시인함으로써, 이라크에 대한 테러책임 귀속 주장은 설득력을 잃고 있다("이라크=알카에다 관련 없다,"

하지만, 비호행위에 대하여 테러비호국에게 국제법상 책임을 물을 수는 있으나,[56] 이에 대한 직접적인 자위권행사는 실정국제법상 인정되지 않는다. 미국에서 주장한 안보리 결의들은 테러지원국에 대응하기 위한 국제협력을 천명한 것이며,[57] 테러비호국에 대하여 자위권 행사를 가능케 하려는 목적은 아니었다.

ICJ도 테러비호국에 대한 자위권을 인정하지 않는 입장을 보인다. 니카라과 사건에서 ICJ의 다수 견해는 타국에 대항한 무장세력에게 무기・재정 훈련장소의 제공 및 일반적인 고무행위(encouragement)는 해당 국가에 대한 불법적 무력행사이나, 이러한 행위가 자위권의 발동 전제인 원조국에 의한 무력공격을 구성하지는 않는다고 판시하였다.[58] 또한, 개인이나 집단의 행위가 국가에 귀속되기 위해서는 국가가 이에 대하여 실효적 지배를 해야 한다고 한 바,[59] 재판소는 테러지원의 가장 높은 수준인 'sponsorship' 또는 'direction'에 해당하는 경우에만, 테러공격이 테러를 지원한 국가에 귀속된다고 판시한 것으로 보인다.[60] 마지막으로 국가들의 관행에 따르면, 테러비호국에 대

『연합뉴스』(2003. 7. 24)].

56) 1970년 유엔 총회 결의 제2625(XXV)호에서 채택된 「유엔헌장에 따른 국가간 우호관계 및 협력에 관한 국제법원칙 선언」(이하 「우호관계원칙선언」)에서는 "타국에서 테러행위에 관한 계획, 사주, 원조의 제공 및 참여, 자국의 영토에서 이러한 목적을 위한 조직적인 활동을 묵인하는 행위를 금지할 의무"를 규정하였다. 유엔총회의 결의가 비록 구속력이 없다고는 하나, 「우호관계원칙선언」은 절대다수의 지지를 받았고, 국제기구에서 여러 번 재확인하고 있는 바, 오늘날 구속력있는 규범을 수립하는데 사용될 수 있을 것이다〔제성호, "'9・11테러사건'에 대한 국제법적 대응," 『국제법학회논총』, 제47권 제1호(2002. 6), pp.204-205〕.

57) 배정생, 앞의 주 26), p.64; 김석현 앞의 주 26), p.52.

58) *I.C.J. Reports 1986*, p.119, para. 231.

59) *I.C.J. Reports 1986*, pp.62-65, paras. 109-115.

60) 앞의 주 49), 51) 참조. 군사적・준군사적 작전에 대한 원조국의 귀속을 위한 통제의 정도는 실효성원칙에 따라 판단된다는 ICJ의 니카라과 사건 판결은 유엔 국제법위원회(International Law Commission)의 「국제위법행위에 대한 국가책임」(Responsibility of States for Internationally Wrongful Acts)에 관한 2001년 초안 제8조에 반영되었다. 국가책임초안은 법적 구속력있는 문서가 아니지만 국가들의 현재 관행 및 의사를 알 수 있는 증거가 된다는 점에서 의의가 있다.

한 자위권행사는 국제사회의 법적 지지를 받지 못하였다. 그 예로, 1985년 자국민을 대상으로 한 팔레스타인의 테러공격에 대한 무력대응으로, 튀니지 소재 PLO 본부를 공격한 이스라엘은 자국의 무력행사를 자위권의 행사라 주장하였으나, 안보리에서 미국만이 이스라엘의 주장에 동조하였을 뿐, 다른 국가들은 튀니지에 대한 침략행위라며 이스라엘을 비난하였다.[61] 최근에는 2003년 10월 이스라엘이 자살폭탄테러의 보복으로, 시리아의 테러 근거지를 폭격하였다. 비록 미국의 반대로 이스라엘을 비난하는 안보리 결의안은 채택되지 못하였지만, 대부분의 국가들이 이스라엘의 행위를 비난하였다.[62] 결론적으로, 테러비호행위가 존재하는 경우, 아프가니스탄과 이라크에게 이에 대한 국제법상 책임을 물을 수는 있을 것이다. 그러나 이러한 비호행위를 유엔헌장 제51조 자위권의 행사요건인 '무력공격'으로 보아 테러비호국에 자위권을 행사하는 것은 현대국제법상 허용되지 않는다고 보아야 할 것이다.

(4) 테러공격의 유엔헌장 제51조 '무력공격'과의 합치 가능성

미국은 9·11테러가 유엔헌장 제51조상의 '무력공격'에 포함된다며,[63] 아프가니스탄에 대한 무력행사가 자위권으로 적법하다고 다음과 같이 주장하고 있다. 첫째, 안보리 결의 제1368호 및 제1373호에서 자위권을 확인하였다.[64] 둘째, '무력공격'에 준하는 대규모의 테러리즘이 동시다발적으로 발생할 우려가 있는 만큼, 이에 관여하고 책

---

61) S/RES/573(1985); 신각수, "국제법적 관점에서 본 9·11 반테러전쟁,"『국제법학회논총』, 제47권 제1호(2002. 6), p.130.

62) "유엔, '이, 시리아공습' 맹비난,"『한겨레신문』(2003. 10. 6).

63) M.E. O'Connell, "American Exceptionalism and the International Law of Self-Defense," *Denver Journal of International Law and Policy*, Vol. 31, 2001, p.47.

64) S.D. Murphy, "Terrorism and the Concept of "Armed Attack" in Article 51 of the U.N. Charter," *Harvard International Law Journal*, Vol. 43, No. 1, 2002, p.48.

임이 있는 지도자 및 단체는 국가·비국가를 따지지 않고 자위권의 대상이 된다.[65] 마지막으로, 테러가 발생한 이후에 무력을 행사하는 것은 무력복구라는 비판에 대하여, 미국은 테러공격 하나로는 '무력공격'이 아닐 수도 있으나, 여러 테러들을 연장선상에서 놓고 볼 때, 이는 '무력공격'에 해당하며, 한 번의 테러로 공격이 끝난 것이 아니라 테러공격은 여전히 진행중(on-going)이라고 주장한다.[66]

그러나 이러한 미국의 주장은 현대국제법상 허용되지 않는다. 첫째, 9·11테러 이후 안보리 결의 제1368호 및 제1373호는 자위권을 확인하고 있으나, 9·11테러를 '국제평화에 대한 위협'으로 보았을 뿐, '무력공격'을 구성한다고 하지 않았다.[67] 유엔 총회 또한 이를 '무력공격'으로 보지 않았다.[68] 둘째, 헌장 채택 당시부터 '무력공격'은 국가 대 국가간에 이루어지는 경우만을 전제로 한 것이기 때문에 원칙적으로 국가외 주체에 대한 자위권행사는 불가능하다.[69] 셋째, 미국은 여러 이론들을 통하여 일련의 테러공격이 현재 '진행중'인 '무력공격'이라고 주장하나, 이러한 미국의 주장은 국제사회의 지지를 받지 못하고 있다. 국가들의 관행을 볼 때, 테러공격에 대하여 자위권을 행사하는 국가는 많지 않으며, 이러한 주장에 동조하는 국가들도 소수이다. 1968년 이스라엘은 레바논의 베이루트 공항을 공격함에 있어,

---

65) J. Paust, "War and Responses to Terrorism," *ASIL Insights*, September 2001, http://www.asil.org/insights/insigh77.htm#addendum2, 2003-09-10 검색.

66) 대표적인 이론으로는 '침공전술론'(needle-stitch-tactics), '연계공격론'(patterns of attacks argument), '누적사건이론'(cumulation of events) 등이 있다〔제성호, 앞의 주 56), p.213; 김찬규, "미국의 리비아폭격과 자위권," 『평화연구』, 제7권 제1호(1988. 6), p.18; D.J. Harris, *Cases and Materials on International Law*, 5th ed.(London: Sweet & Maxwell, 1998), p.898〕.

67) A. Cassese, "Terrorism is also Disrupting Some Crucial Legal Categories of International Law," *European Journal of International Law*, Vol. 12, 2001, pp.995-997.

68) A/RES/56/1(2001).

69) H. Kelsen, *The Law of the United Nations: A Critical Analysis of its Fundamental Problems* (London: Stevens & Sons, 1951), pp.798-800.

자국 국적기에 대한 테러에 대응한 자위권의 행사였다고 주장했으나,[70] 안보리는 만장일치로 이스라엘의 공격을 비난하였다.[71] 1986년 미국은 리비아가 베를린 나이트클럽에서 미국인들에 대한 테러공격을 감행했다는 이유로 리비아에 무력을 행사하였는데, 이는 과거 테러공격에 대한 대응 및 차후에 있을 테러공격을 방지하기 위한 자위권의 행사라고 주장하였다. 대다수의 국가들은 이러한 미국의 주장에 대하여, 자위권은 최대한 제한적으로 해석되어야 한다는 입장을 밝히며, 수용하지 않았다.[72]

9·11테러에 대한 미국의 무력대응에 대해 많은 국가들이 동조하는 입장을 보인 것은 사실이다. 미국이 여러 차례 알카에다의 테러공격의 대상이 되어 왔고, 9·11테러라는 대형참사를 경험했다는 점에서 미국의 테러리즘에 대한 대응에 어느 정도 공감을 하고 있다. 그러나 무력행사의 '적법성'은 이러한 공감과는 구별해야 하는 개념이다. 미국은 자국의 무력행사에 대하여 국제법적으로 적법화할 수 있는 근거를 대야 할 것이고, 그렇지 못한다면 적법하다고 할 수 없다. 자위권은 무력공격이 현존하는 상황에서 이를 격퇴하기 위한 방어적 권리이다. 그러나 미국의 행위는 테러공격이 끝난 후, 보복의 형식으로 취해진 무력행사이므로 무력복구[73]일 뿐이다.

4. 소 결

미국의 아프가니스탄과 이라크에의 무력행사는 기존의 유엔헌장체

70) Gray, *supra* note 48, p.116.

71) S/Res/262(1968).

72) Gray, *supra* note 48, pp.116-117.

73) 무력복구는 19세기에 국제관습법으로 금지되었으며, 이후 일체의 무력행사를 불법화한 유엔헌장에 의해서도 금지되고 있다〔유병화 외 2인, 『국제법Ⅱ』, 법문사, 2001, pp.668-669; R. Higgins, *Problems and Process: International Law and How We Use It* (Oxford: Clarendon Press, 1994), pp.240-241〕.

제 내의 무력행사금지원칙과 상반되는 점이 많다. 유엔헌장체제에서는 유엔 안보리가 주축이 되는 집단안전보장이 핵심이며, 무력행사가 원천적으로 금지된다. 예외적으로 허용되는 무력행사는, 집단적 무력행사로서 헌장 제7장에 근거한 군사적 강제조치(실제로는 안보리가 결의를 통해 개별국가에게 수권하는 방식), 개별적 무력행사로서 헌장 제51조상의 자위권이다. 이상 살펴본 바와 같이, 미국의 대아프가니스탄 및 대이라크 무력행사는 안보리의 수권결의에 따른 강제조치가 아니며, 아울러 개별국가의 자위권행사도 아니므로 현대국제법상 적법화되기 어려울 것이다.

Ⅲ. 미국의 무력행사가 국제법에 미친 영향

1. 국가관행으로서 무력행사의 법적 함의

국제관습법이 국가관행과 법적 확신(*opinio juris*)이라는 두 요소에 의해 형성된다는 점은 ICJ 규정뿐 아니라 그 판례에서도 확인되고 있다.[74] 특히 1969년 북해대륙붕 사건[75] 및 1986년 니카라과 사건[76]에 관한 판결은 이를 명확하게 확인하고 있다. 이러한 국제관습법의 형성절차에 입각하여 볼 때, 국가관행 또는 법적 확신의 소멸 또는 변경은 기존 관습법에 영향을 주게 될 것이다.[77]

---

74) 정경수, "현대 국제관습법의 형성과정에서 나타난 변화와 안정성," 『국제법학회논총』, 제47권 제3호(2002. 12), p.164.

75) *North Sea Continental Shelf cases* (Federal Republic of Germany/Denmark; Federal Republic of Germany/Netherlands), Merits, Judgement, *I.C.J. Reports 1969*, p.3 at p.44, para. 77.

76) *I.C.J. Reports 1986*, p.14. at pp.108-109, para.207.

77) R.J. Beck and A.C. Arend, "'Don't Tread on Us': International Law and Forcible State Responses to Terrorism," *Wisconsin International Law Journal*, Vol. 12, 1994, p.158. 학자에 따라서는 두 요소 모두 소멸한 경우에만 기존 관습법이 폐지된다고 보는 경우도 있으나, 관습법 형성의 요건으로

여기서 문제가 되는 것은 무력행사 금지에 관한 국제관습법이 무력을 행사하는 국가들의 관행에 의해 변경되거나 새로운 법의 출현으로 대체되는가이다. 왜냐하면 미국 등 적지 않은 수의 국가들에 의해 무력행사가 빈번하게 발생하고 있기 때문이다. Center for Systemic Peace의 통계분석에 따르면, 유엔체제가 형성된 후인 1945년에서 1999년 사이에도, 유엔 회원국의 2/3 가량이 291건의 국가간 무력충돌에 연루되었다고 한다.78) 이러한 위반행위에도 불구하고 무력행사금지원칙이 계속 유효한지, 아니면 불법으로부터 새로운 법이 창출되는지에 대한 논의가 필요하다. 여기서는 두 가지 측면에서 논의를 전개하도록 한다. 우선 무력행사금지원칙의 틀은 유지하되, 국가관행에 의하여 예외적인 무력행사를 확대하는 새로운 국제관습법이 형성될 수 있는지를 검토한다. 다음으로 국가관행에 의하여 무력행사금지원칙 자체가 전면적으로 변경될 가능성이 있는지를 검토한다.

2. 새로운 국제관습법의 형성 가능성

(1) 안보리 결의에 기반하지 않은 일방적 무력행사의 허용 가능성

유엔헌장이 채택된 이후에도 세계 곳곳에서 발생한 인권침해, 민주주의 탄압에 대해 국제사회가 묵과해서는 안된다는 여론이 거세졌다. 국내문제 불간섭원칙79)의 절대성이 허물어져감과 동시에, 많은 국가들은 타국에 대하여 무력을 수반한 인도적 간섭 또는 민주적 간섭을

는 두 가지 모두를 요구하면서 하나의 결여상태에도 관습법이 존속한다고 보는 점에서 비판을 받는다〔박배근, "관습국제법의 변경," 『국제법학회논총』, 제43권 제1호(1998. 6), p.104〕.

78) Center for Systemic Peace, "Global Conflict Trends," September 20, 2000, http://members.aol.com/CSPmgm/conflict.htm, 2003-10-20 검색.

79) 유엔헌장 제2조 7항에서는 국내문제 불간섭원칙을 천명하고 있고, 1970년 유엔총회 결의 제2625(XXV)호에서 채택된 「우호관계원칙선언」에서도 제1·3원칙으로 타국에 대한 무력행사 금지 및 간섭하지 않을 의무를 명시하고 있다.

주장하며, 안보리의 수권결의 없이도 이러한 무력행사가 허용되어야 한다고 주장한다. 이와 같은 인도적 간섭의 사례로는 1998/1999년 NATO의 유고 간섭 등이 있으며, 민주적 간섭의 사례로는 1983년 미국의 그레나다 간섭, 1989년 미국의 파나마 간섭 등이 있다. 미국도 이번 무력행사에 앞서 아프가니스탄의 여성인권침해, 이라크내 소수민족에 대한 인권침해, 후세인 이라크 대통령의 독재체제, 이라크 국민들의 민주주의 열망을 무시한 점을 언급하기도 하였다.[80]

이와 같은 인도적·민주적 목적 자체에는 많은 국가들이 동의하며, 헌장 제7장상의 강제조치의 관행에 따른 안보리의 수권결의에 기반한 인도적·민주적 간섭은 허용될 수 있을 것이다.[81] 그러나 수권결의가 없는 인도적 간섭 또는 민주적 간섭은 현행 무력행사금지규범과 관련한 새로운 국제관습법으로 형성되기 어렵다. 인도적 간섭과 관련된 국가관행을 살펴보면, 인도적 간섭은 주로 강대국들의 정책적 수단으로 남용될 소지가 강하며, 진정한 의미로서 개별국가의 인도적 개입의 사례는 거의 없었다.[82] 인도적 간섭이라 주장할지라도, 실제로는 개별국가의 이기적인 목적을 위한 무력간섭에 불과한 경우가 대다수였다. 이와 비슷하게 민주적 간섭도 무력행사를 정당화하려는 국가들의 명분에 불과할 뿐, 실제 무력행사는 정치적 실리에 따라 행해졌다.[83] 또한, 국가들은 자국의 무력행사를 인도적 또는 민주적 간섭이라 주장하면서도, 한편으로는 안보리의 수권결의를 통해 이를 적법화

---

80) "탈레반 여성은 노예-美국무부 인권탄압 폭로," 『동아일보』(2001. 11. 20); "대량살상무기 퍼붓는 미군, 이라크인 피해 눈감아," 『한겨레신문』(2003. 4. 8).

81) 김태운, "국제법상 인권을 유린하는 부당한 정권에 대한 인도적 간섭의 적법성 및 유형화," 『국제법학회논총』, 제47권 제2호(2002. 10), p.9.

82) Brownlie, *supra* note 7, pp.338-341; M. Walzer, *Just and Unjust Wars: A Moral Argument with Historical Illustrations* (New York: Basic Books, 1977), pp.101-102; 나인균, "국제법상 무력금지의 원칙-문제점과 경향," 『강릉대학교 사회과학연구』, 제9집(1998. 12), p.174.

83) J. Crawford, "Democracy and International Law," *British Yearbook of International Law*, Vol. 64, 1993, pp.123-126.

하려고 노력하고 있다. 따라서 이와 같은 관행은 수권결의 없는 간섭을 적법화시키는 새로운 국제관습법의 증거로 원용될 수 없을 것이다.84)

ICJ는 니카라과 사건에서 인도적 간섭 자체를 부정하지는 않았으나, "무력행사는 인권보장을 감시하거나 확보하기 위한 적절한 방법이 아니다"85)라고 판시한 바 있다. 이는 무력행사가 인도적 목적을 포함한 인류공동체를 위한 선의의 목적과 양립하기 어렵다는 것을 보여준다.

인권 및 민주주의에 대한 유엔을 비롯한 국제사회의 관심과 개입이 고조되면서 개별국가에 의한 간섭의 필요성이 줄어들고 있다. 대규모의 인권침해와 민주주의의 탄압에 대해 국제사회가 방관해서는 안되나, 무력행사가 수반되는 인도적·민주적 간섭은 그 필요성을 충분히 인식하고 국제사회 전반이 의사합치를 이룬 경우에만 허용해야 할 것이다. 결론적으로 안보리의 수권에 기반한 인도적·민주적 간섭만이 허용되며, 수권결의 없이 일방적으로 행하는 개별국가들의 무력간섭을 허용하는 새로운 국제관습법은 형성되지 않았다.

(2) 자위권 개념의 확대 가능성

1945년 유엔헌장 체제가 성립되고 무력행사금지원칙이 국제사회에 등장한지 50년 이상의 시간이 흐른 오늘날, 대량살상무기를 비롯한 전술·전략무기의 급속한 발달 및 확산, 불특정 다수를 대상으로 하는 테러리즘의 대규모화·조직화·체계화는 국제사회의 평화와 안전에 위협이 되고 있다.86) 이러한 상황의 변화로 오늘날 자위권은 기

---

84) R. Jennings and A. Watts(eds.), *Oppenheim's International Law*, 9th ed., Vol. I(London: Longman, 1992), pp.442-444; 김석현, "인권보호를 위한 안보리의 개입," 『국제법학회논총』, 제40권 제1호(1995. 6), pp.53-54; 김석현, "국제법에 있어서의 민주주의," 『국제법학회논총』, 제44권 제1호(1999. 6), p.49.

85) *I.C.J. Reports 1986*, p.134, para. 268.

존 범위보다 확대되어야 한다는 주장이 제기되고 있다. 이에 대한 주장은 두 가지로 요약된다. 첫째, 예방적 자위를 허용하지 않은 것은 도리어 유엔헌장을 무력하게 만들 것이고, 오늘날의 무기체계의 발전 및 국제안보에 비추어 보았을 때 적합하지 않다고 한다.87) 둘째, 예측불허의 조직적인 테러리즘에 대한 최선의 대응책으로서, 테러피해국이 자위권을 행사하여 테러리스트를 소탕하거나, 테러리스트를 비호하는 국가에 타격을 주어 그들의 행동을 억제하는 것이 허용되어야 한다.88) 이러한 견해들은 헌장 제51조의 자위권에 대한 새로운 국제관습법의 형성이라는 주장으로 귀결된다.

그러나 자위권을 확대하는 새로운 국제관습법을 형성할 만한 국가관행은 아직 축적되지 못한 것으로 보인다. 예방적 자위권 및 테러비호국에 대한 자위권 행사, 테러공격의 '무력공격' 적용을 주장하는 국가들은 미국과 이스라엘과 같이 주로 자국의 행위에 제한이 가해지는 것을 꺼려하는 강대국이나 자국 영토 주변에 분쟁이 끊이지 않는 국가들뿐이다. 그동안 자위권의 확대를 옹호하는 입장의 목소리가 크게 느껴졌던 것은 이를 주장하는 국가들이 소위 국제사회를 움직이는 힘을 가진 국가들이기 때문이다. 반면 대다수 국가들은 자위권 자체를 제한적이며 예외적인 권리로 보기 때문에, 자위권을 확대해석해서는 안된다고 본다. 제한적인 수의 국가관행은 강대국에 의한 것이라 할지라도 다른 대다수 국가들의 묵인 없이 신국제관습법을 형성하기는 어렵다.89) 자위권행사를 확대하는 새로운 국제관습법은 서구 강대국

86) J.A. Cohan, "Formulation of a State's Response to Terrorism and Sate-sponsored Terrorism," *Pace International Law Review*, Vol. 14, 2002, p.101; 김영완, "국제법상 예방적 자위권에 관한 연구," 고려대학교 박사학위논문, 1994, pp.118-119.

87) M.S. McDougal and F.P. Feliciano, *Law and Minimum World Order: Legal Regulation of International Coercion* (New Haven: Yale University Press, 1961), pp.233-241.

88) 김영완, 앞의 주 86), pp.119-122.

89) M. Akehurst, "Custom as a Source of International Law," *British Year-*

및 과거 사회주의 국가들이 주장한 것이나, 나머지 국가들은 이에 대한 우려를 표명해 왔으며,[90] 유엔 안보리 및 총회도 자위권의 확대해석에 대해 비난한 바 있다.[91] 이는 신국제관습법 형성에 대한 국제사회의 컨센서스가 형성되지 못했음을 보여준다.

3. 기존 국제관습법의 변경 가능성

(1) 국제관습법의 변경요청의 제기

무력행사와 관련된 국제관습법의 전면적인 변경을 주장하는 학자들은 무력행사금지원칙이 현실을 무시한 규범이라고 본다. 이 규범이 명목상으로는 존재하나, 국가들의 실제 관행으로는 존재하지 않는 것과 마찬가지라는 것이다. 즉, 유엔헌장 체제의 무력행사금지규범은 이상적인 규범일 뿐이며, 실제 국가관행과 동떨어진 비현실적인 법체계라고 주장한다.[92] 많은 국가들이 정치적 이유 때문에 유엔헌장 내에서 자국의 무력행사를 정당화하려고 시도했을 뿐, 이것이 무력행사의 전면적 금지원칙을 인정한 것은 아니므로,[93] 무력행사금지원칙에 대한 법적 확신이 결여되어 있다고 한다. 더불어 국가들의 관행을 살펴보았을 때, 기존 원칙의 위반이 계속 발견되기 때문에 전면적으로 무력행사를 금지하는 규범은 더 이상 존재할 수 없으며, 국가의 실제

---

book of International Law, Vol. 47, 1974-1975, p.16.

90) A. Cassese, "Return to Westphalia? Considerations on the Gradual Erosion of the Charter System," in A. Cassese(ed.), *Current Legal Regulation of the Use of Force* (Dordrecht: Martinus Nijhoff Publishers, 1986), p.512.

91) S/RES/487(1981); A/RES/36/27(1981); S/RES/262(1968); S/RES/573(1985) 참조.

92) M.J. Glennon, "Military Action against Terrorists under International Law: The Fog of Law: Self-Defense, Inherence, and Incoherence in Article 51 of the United Nations Charter," *Harvard Journal of Law and Public Policy*, Vol. 25, 2002, p.540.

93) Arend, *supra* note 54, p.752.

관행에 따라 국제관습법이 변경되어야 할 것이라고 한다. 요컨대, 의무론적인 무력행사금지규범은 상반되는 국가관행의 축적에 의해 변경되어야 한다는 것이다.[94]

(2) 국제관습법의 변경 가능성 검토

일반국제관습법은 모든 국가를 구속하며, 국가는 임의로 이의 적용을 배제할 수 없다. 하지만, 규범과 반대되는 법적 확신이나 추후 관행이 축적되는 경우, 당해 규범은 폐지(desuetude)되게 된다. 기존 국제관습법에 상반되는 규범으로 변경되기 위해서는 광범위한 관행이 요구되는데,[95] 특히 기존 규범이 무력행사금지원칙과 같은 강행규범인 경우, 이를 대체할 규범이 형성되기 위해서는 매우 높은 수준의 전폭적인 관행이 있어야 하며,[96] 이 또한 강행규범적 성격을 가져야 한다.[97] 그동안의 국가들의 관행을 살펴보면, 국제관습법이자 강행규범인 무력행사금지원칙에 위반하는 국가관행이 적지 않았던 것은 사실이다. 그러나 국가들은 이러한 관행을 무력행사금지원칙 내에서 정당화시키려고 노력하였을 뿐, 원칙 자체의 폐기를 주장하지는 않았다.

니카라과 사건에서 ICJ는 무력행사금지규칙에 대한 국가관행이 반드시 지켜진 것만은 아니라고 인정하였으나, "관습법규칙으로 성립되기 위하여 이에 상응하는 관행의 준수가 엄격하게 지켜져야 한다고는 보지 않는다. 관습법규칙의 존재를 추론하기 위해서는 일반적으로 규범에 따르는 국가행위가 있는 것으로 족하며, 그 규칙과 양립하지 않는 국가행위는 새로운 규칙의 징표가 아닌, 기존 규칙의 위반이다"[98]고 밝혔다. 또한, "국가가 승인된 규칙에 일견 양립하지 않는 방식으

---

94) Glennon, *supra* note 92, p.557.

95) 김영구, "현대 관습국제법의 형성을 위한 관행과 법적 확신에 관한 소고," 『국제법학회논총』, 제38권 제2호(1993. 12), pp.10-11.

96) Akehurst, *supra* note 89, p.19.

97) 1969년 비엔나조약법협약 제53조, 제64조 참조.

98) *I.C.J. Reports 1986*, p.14 at p.98, para. 186.

로 행동하나, 자국의 행위에 대하여 그 규칙 자체의 예외라고 주장하거나 또는 규칙 자체에서 정당한 것이라고 합리화하는 것은, 실제로 정당한가의 여부를 떠나, 이러한 국가의 태도는 기존의 규칙을 약화시키기보다는 오히려 강화시킨다"[99]고 판시하였다. 위반행위가 많았더라도 국가들이 무력행사금지원칙 내에서 행위를 정당화했다는 점에서, 위반행위들이 기존의 관습법을 폐지·변경하는 증거로 쓰이기는 어렵다. 이러한 국가관행을 통하여 국제관습법의 변경이 아닌, 무력행사금지원칙이라는 현행 체제를 인정하는 국가들의 의도를 발견할 수 있다.[100]

아울러, 그동안 무력행사금지원칙을 위반한 관행은 대부분 강대국에 의해서 행해졌다. 강대국들은 유엔의 집단안전보장 체제에 만족하지 않고, 지속적으로 개별적인 무력행사의 가능성을 확대시키려고 노력하였다. 반대로, 약소국들은 자국의 주권을 지키고자, 개별적인 무력행사의 확대를 반대하고, 무력행사금지원칙을 고수하는 경향을 보이며, 자위권 개념의 확장 및 다른 형태의 예외적 무력행사도 인정하지 않으려 한다.[101] 북해대륙붕 사건에서, ICJ는 "상당한 기간이 경과하지 않았더라도, … 매우 광범위하고 대표적인 참여는, 특별히 이해관계가 있는 국가들의 관행이 포함된다면 그 자체로 충분하다"[102]고 판시하였다. 이는 타국의 관행의 부재가 국제관습법 형성을 막지 못한다는 것을 의미할 뿐, 반대 관행에도 불구하고 특별히 이해관계가 있는 국가들의 관행만으로 국제관습법이 형성된다는 것을 의미하지는 않는다.[103] 다시 말해 규범에 특별한 이해관계가 없는 국가들이라 할지라도 그들의 명시적 또는 묵시적 반대는 규범 형성을 저지할 수 있

---

99) *I.C.J. Reports 1986*, p.98, para. 186.
100) Cassese, *supra* note 90, p.514.
101) Dixon, *supra* note 9, p.302.
102) *I.C.J. Reports 1969*, p.42, para. 73.
103) Akehurst, *supra* note 89, p.22.

다는 것이다. 따라서 유엔체제의 존속을 옹호하는 대다수 국가들의 관행을 배제한 채, 일부 강대국들만의 관행만으로는 무력행사 금지에 관한 국제관습법이 변경될 수는 없다는 점을 간과해서는 안된다.[104]

4. 소 결

유엔체제가 성립된 이후에도 국가들은 자국의 실리에 따라 일방적으로 무력을 행사하고자 했으나, 유엔체제에서 허용되지 않는 이러한 개별국가의 무력행사는 국제사회의 비난을 받았다. 안보리의 수권결의 없는 인도적 간섭·민주적 간섭과 자위권 개념의 확대 주장은 일부 국가들에 의해 지지되었으나, 광범위한 관행의 부재 및 대다수 국가들의 반대로 허용되지 않는다. 국가들은 일방적 무력행사를 기존 법규범 내에서 적법화하려고 노력하며, 강행규범인 무력행사금지원칙에 위반되는 관행은 대다수 국가들의 지지 내지 묵인을 얻지 못하였다. 따라서 현행 유엔체제를 중심으로 한 무력행사금지원칙은 존속하며, 이에 반대되는 관행은 위반행위이다.

Ⅳ. 맺음말

무력행사와 관련한 규범은 '법의 회색지대'라고 불릴 만큼, 논쟁이 치열한 분야이며, 실제 무력행사 또한 논란이 되어 왔다. 아프가니스탄 및 이라크에 대한 미국의 무력공격은 유례 없는 논란을 불러일으켰다. 특히 올해 있었던 이라크에 대한 공격은 전 세계에 반전평화운동 열풍을 가져왔고, 각국의 국제법학자들은 이라크 공격은 불법이라는 성명을 발표하기도 하는 등 미국의 일방적 무력행사에 대한 비난

104) Cassese, *supra* note 90, p.514; 박배근, "관습국제법의 증거-Schwarzenberger의 귀납적 방법론을 중심으로-," 『국제법평론』, 1997-Ⅱ(제9호), p.50.

의 목소리가 끊이지 않았다.105) 앞서 살펴본 바와 같이, 미국의 무력행사는 현대국제법상 적법하지 않은 일방적 무력행사로서, 무력행사금지규범의 위반행위이다. 위반 관행의 축적은 법 형성에 영향을 미칠 수 있으나, 법 위반이 존재했다는 사실이 바로 법 존재 자체를 부정하는 것은 아니다. 미국을 비롯한 강대국들에 의한 일방적 무력행사가 무력행사를 규율하는 국제법의 부정, 유엔체제의 붕괴를 의미하지 않는다. 따라서 아직까지 안보리 수권결의에 기반한 강제조치와 자위권을 제외한, 개별국가의 일방적 무력행사를 허용하는 새로운 국제관습법은 형성되지 않았다. 더 나아가 현행 무력행사금지규범을 전면적으로 변경하는 국제관습법의 형성 또한 발견할 수 없다. 현 상황에서 필요한 것은 무력행사금지규범의 폐지·변경에 대한 논의보다, 국제평화와 안전을 위하여 국제사회의 공조와 협력을 구축하여 무력행사금지규범을 확고히 하는 것이다.

---

105) "War would be illegal," *Guardian*(2003. 3. 7), http://www.guardian.co.uk/letters/story/0,3604,909275,00.html(2003-10-10 검색).

<참고문헌>

Ⅰ. 단행본

유병화 외 2인, 『국제법Ⅱ』, 법문사, 2001.

D.W. Bowett, *Self-Defence in International Law*(Manchester: Manchester University Press, 1958).

I. Brownlie, *International Law and the Use of Force by States* (Oxford: Clarendon Press, 1963).

A. Cassese, *International Law in a Divided World*(London: Bulter & Tanner, 1989).

M. Dixon, *Textbook on International Law*(London: Blackstone Press, 2002).

R. Erickson, *Legitimate Use of Force against State Sponsored Terrorism*(Maxwell AFB: U.S. Air War College, 1989).

C. Gray, *International Law and the Use of Force*(Oxford: Oxford University Press, 2000).

D.J. Harris, *Cases and Materials on International Law*, 5th ed.(London: Sweet & Maxwell, 1998).

L. Henkin, *How Nations Behave: Law and Foreign Policy*, 2nd ed.(New York: Columbia University Press, 1979).

R. Higgins, *Problems and Process: International Law and How We Use It*(Oxford: Clarendon Press, 1994).

T. Hillier, *Principles of Public International Law*, 2nd ed. (London: Cavendish Publishing, 1999).

R. Jennings and A. Watts(eds.), *Oppenheim's International Law*, 9th ed., Vol.I(London: Longman, 1992).

H. Kelsen, *The Law of the United Nations: A Critical Analysis of its Fundamental Problems*(London: Stevens & Sons, 1951).

M.S. McDougal and F.P. Feliciano, *Law and Minimum World Order: The Legal Regulation of International Coercion*

(New Haven: Yale University Press, 1961).

M.N. Shaw, *International Law*, 4th ed.(Cambridge: Cambridge University Press, 1997).

M. Walzer, *Just and Unjust Wars: A Moral Argument with Historical Illustrations* (New York: Basic Books, 1977).

Ⅱ. 논 문

김영구, "현대 관습국제법의 형성을 위한 관행과 법적 확신에 관한 소고," 『국제법학회논총』, 제38권 제2호(1993. 12).

김영완, "국제법상 예방적 자위권에 관한 연구," 고려대학교 박사학위논문, 1994.

김석현, "UN헌장 제2장 4항의 위기-그 예외의 확대와 관련하여-," 『국제법학회논총』, 제48권 제1호(2003. 6).

_____, "국제법상 자위권의 행사," 『단국대학교 법학논총』, 제21집(1995. 12).

_____, "국제법에 있어서의 민주주의," 『국제법학회논총』, 제44권 제1호(1999. 6).

_____, "예방적 자위에 관한 연구," 『국제법학회논총』, 제38권 제1호(1993. 6).

_____, "인권보호를 위한 안보리의 개입," 『국제법학회논총』, 제40권 제1호(1995. 6).

_____, "테리리즘의 억제와 국제법," 『국제법평론』, 2001-Ⅱ(제16호).

김찬규, "미국의 리비아폭격과 자위권," 『평화연구』, 제7권 제1호(1988. 6).

김태운, "국제법상 인권을 유린하는 부당한 정권에 대한 인도적 간섭의 적법성 및 유형화," 『국제법학회논총』, 제47권 제2호(2002. 10).

나인균, "국제법상 무력금지의 원칙. 문제점과 경향," 『강릉대학교 사회과학연구』, 제9집(1998. 12).

박배근, "관습국제법의 변경," 『국제법학회논총』, 제43권 제1호(1998. 6).

_____, "관습국제법의 증거-Schwarzenberger의 귀납적 방법론을 중심으로-," 『국제법평론』, 1997-Ⅱ(제9호).

배정생, "국제법상 자위권(right of self-defense) 행사: 9·11테러에 대한 미국의 대아프가니스탄 무력공격의 적법성을 중심으로," 『전북대학교 법학연구』, 제23집(2002. 12).

신각수, "국제법적 관점에서 본 9·11 반테러전쟁," 『국제법학회논총』, 제47권 제1호(2002. 6).

정경수, "현대 국제관습법의 형성과정에서 나타난 변화와 안정성," 『국제법학회논총』, 제47권 제3호(2002. 12).

제성호, "'9·11테러사건'에 대한 국제법적 대응," 『국제법학회논총』, 제47권 제1호(2002. 6).

하재환, "국제법과 집단안보," 『부산대학교 법학연구』, 제39호 제1호(1998. 12).

_____, "국제법과 테러리즘," 『부산대학교 법학연구』, 제41권 제1호(2000. 12).

M. Akehurst, "Custom as a Source of International Law," *British Yearbook of International Law*, Vol. 47, 1974-1975.

A.C. Arend, "International Law and Rogue States: The Failure of the Charter Framework," *New England Law Review*, Vol. 36, 2002.

J.M. Beard, "America's New War on Terror: The Case for Self-Defense under International Law," *Harvard Journal of Law and Public Policy*, Vol. 25, 2002.

R.J. Beck and A.C. Arend, ""Don't Tread on Us": International Law and Forcible State Responses to Terrorism," *Wisconsin International Law Journal*, Vol. 12, 1994.

A. Cassese, "Return to Westphalia? Considerations on the Gradual Erosion of the Charter System," in A. Cassese(ed.), *Current Legal Regulation of the Use of Force* (Dordrecht: Martinus Nijhoff Publishers, 1986).

_________, "Terrorism is also Disrupting Some Crucial Legal Categories of International Law," *European Journal of International Law*, Vol. 12, 2001.

J. Cerone, "Acts of War and State Responsibility in 'Muddy Waters': The Non-state Actor Dilemma," *ASIL Insights*, September 2001, http://www.asil.org/insights/insigh77.htm#comment(2003-09-11 검색).

J.A. Cohan, "Formulation of a State's Response to Terrorism and Sate-sponsored Terrorism," *Pace International Law Review*, Vol. 14, 2002.

J. Crawford, "Democracy and International Law," *British Yearbook of International Law*, Vol. 64, 1993.

N. Deller, "*Jus ad Bellum*: Law Regulating Resort to Force," *Human Rights*, Vol. 30, 2003.

M.J. Glennon, "Military Action against Terrorists under International Law: The Fog of Law: Self-Defense, Inherence, and Incoherence in Article 51 of the United Nations Charter," *Harvard Journal of Law and Public Policy*, Vol. 25, 2002.

C. Greenwood, "International Law and the Pre-emptive Use of Force: Afghanistan, Al-Qaida, and Iraq," *San Diego International Law Journal*, Vol. 4, 2003.

H. Grotius, "*De jure Belli ac Pacis*"(1625), in W. Schätzel(ed.), *Vom Recht des Krieges und des Friedens* (Tübingen: J.C.B. Mohr, 1950).

F.L. Kirgis, "Security Council Resolution 1441 on Iraq's Final Opportunity to Comply with Disarmament Obligations," *ASIL Insights*, November 2002, http://www.asil.org/insights/insigh92.htm(2003-09-11 검색).

__________, "Terrorist Attacks on the World Trade Center and the Pentagon," *ASIL Insights*, September 2001, http://www.asil.org/insights/insigh77.htm(2003-09-11 검색).

B. Langille, "It's 'Instant Custom': How the Bush Doctrine Became Law After the Terrorist Attacks of September 11, 2001,"

Boston College International and Comparative Law Review, Vol. 26, 2003

J. Lobel and M. Ratner, "Bypassing the Security Council: Ambiguous Authorizations to Use Force, Cease-Fires and the Iraqi Inspection Regime," *American Journal of International Law*, Vol. 93, 1999.

S.D. Murphy, "Terrorism and the Concept of "Armed Attack" in Article 51 of the U.N. Charter," *Harvard International Law Journal*, Vol. 43, No. 1, 2002.

M.E. O'Connell, "American Exceptionalism and the International Law of Self-Defense," *Denver Journal of International Law and Policy*, Vol. 31, 2001.

J. Paust, "Security Council Authorization to Combat Terrorism in Afghanistan," *ASIL Insights*, October 23, 2001, http://www.asil.org/insights/insigh77.htm#comment4(2003-09-12 검색).

________, "War and Responses to Terrorism," *ASIL Insights*, September 2001, http://www.asil.org/insights/insigh77.htm#addendum2(2003-09-10 검색).

A. Randelzhofer, "Use of Force," in R. Bernhardt(ed.), *Encyclopedia of Public International Law*, Vol. Ⅳ(Amsterdam: North-Holland Publishing, 2000).

S.R. Ratner, "Jus ad bellum and *jus in bello* after September 11," *American Journal of International Law*, Vol. 96, 2002.

G.M. Travalio, "Terrorism, International Law, and the Use of Military Force," *Wisconsin International Law Journal*, Vol. 18, 2000.

Ⅲ. 기타 자료

– ICJ 판례

North Sea Continental Shelf Cases (Federal Republic of Germany/ Denmark; Federal Republic of Germany/Netherlands), Merits, Judgement, *I.C.J. Reports 1969.*

Military and Paramilitary Activities in and against Nicaragua (Nicaragua v. United States of America), Merits, Judgement, *I.C.J. Reports 1986.*

– 유엔 총회 및 안보리 결의, 기타 유엔 문서

A/RES/36/27(1981).

S/RES/262(1968).

S/RES/487(1981).

S/RES/573(1985).

S/RES/678(1990).

S/RES/687(1991).

S/RES/1368(2001).

S/RES/1373(2001).

S/RES/1390(2002).

S/RES/1441(2002).

S/2001/946(2001).

– 언론기사

"탈레반 여성은 노예-美국무부 인권탄압 폭로," 『동아일보』(2001. 11. 20).

"파월장관 연설의 요점," 『연합뉴스』(2003. 2. 6).

"9·11테러, 악몽의 그 날에서 대탈레반 최후통첩까지 백악관의 7일," 『월간 중앙』(2002. 3).

"9·11테러부터 이라크 전쟁까지," 『연합뉴스』(2003. 3. 18).

"부시, 對이라크 최후 통첩 연설 요지," 『연합뉴스』(2003. 3. 18).

"후세인 48시간내 떠나라," 『문화일보』(2003. 3. 18).

"대량살상무기 펴붓는 미군, 이라크인 피해 눈감아," 『한겨레신문』(2003. 4. 8).

"이라크=알카에다 관련없다," 『연합뉴스』(2003. 7. 24).

"유엔, '이, 시리아공습' 맹비난," 『한겨레신문』(2003. 10. 6).

"War would be illegal," *Guardian*(2003. 3. 7), http://www.guardian.co.uk/letters/story/0,3604,909275,00.html(2003-10-10 검색).

"Attorney General's Iraq Response," *BBC*(2003. 3. 17), http://newsvote.bbc.co.uk/1/hi/uk_politics/2857347.stm(2003-09-12 검색).

– 기타 문서

President Bush, "Statement by the President in His Address to the Nation," *U.S. Department of State*, September 11, 2001, http://www.state.gov/coalition/cr/rm/2001/5044.htm (2003-10-20 검색).

The White House, "The National Security Strategy of the United States of America," *U.S. Department of State*, September 2002, http://usinfo.state.gov/topical/pol/terror/secstrat.htm (2003-09-09 검색).

Secretary Colin L. Powell, "Press Conference at NATO Headquarters," *U.S. Department of State*, April 3, 2003, http://www.state.gov/secretary/rm/2003/19350pf.htm(2003-09-12 검색).

Center for Systemic Peace, "Global Conflict Trends," September 20, 2000, http://members.aol.com/CSPmgm/conflict.htm (2003-10-20 검색).

대량살상무기(WMD) 규제법리의 과제 *

- 유엔 안보리 결의 제1540호에 기초한 규제법리의 필요성 -

임 예 준

* 제4회(2004) 대학(원)생 국제법 논문 경시대회 대학생 부문 최우수상.

Ⅰ. 서 론

인류는 수없이 많은 전쟁을 겪으면서 발전해 왔다. 전쟁은 무기를 발달시켰고 가공할 만한 위력을 과시하는 무기의 발달은 또 다른 전쟁을 낳았다. 무기가 발달할수록 전쟁은 승자도 패자도 없는 참혹함만을 남겼다. 군비경쟁을 지속해 오던 국가들은 양차 세계대전을 겪으면서 대량살상무기에 대한 위협을 느끼고, 핵무기를 중심으로 대량살상무기의 사용과 확산을 규제하기 위한 여러 가지 제도를 형성하였다. 핵강대국인 미국과 소련의 양자조약부터 시작하여 다자조약을 체결하고, 조약의 이행을 확보하기 위하여 여러 검증체제를 제도화해 나아갔다. 그러나 이러한 국제공동체의 합의와 일련의 노력에도 불구하고, 새로운 차원에서 진행되는 안보의 위협은 여전히 인류를 불안과 공포에 떨게 하고 있다.

9·11테러를 기점으로 국제사회의 평화와 안보를 위협하는 주요 요인으로 부각된 국제 테러리즘은 테러단체의 대량살상무기의 사용 가능성을 시사해 주며, 대량살상무기 확산방지의 규제 차원을 국가가 아닌 개인 또는 비국가단체로 확대해야 할 필요성을 깨닫게 해 주었다. 그러나 대량살상무기와 관련하여 다차원적으로 진행되어 가는 안보의 위협을 규제하기에는 기존의 규범적 차원의 규제는 근본적인 한계를 가지고 있었다. 이러한 이유로 일부 국가들은 새로운 세기의 안보의 위협에 대하여 비규범적 차원의 해결방법을 택하였다. 대량살상무기의 확산을 방지하기 위하여 개별국가가 개입하여 취한 일련의 행위들은 기존 체제의 문제점을 지적하면서 새로운 규제법리의 필요성을 보여 주고 있다.

Ⅱ. 안보환경의 변화와 국제법의 새로운 과제

1. 9・11테러 이후 안보환경의 변화

(1) 테러위협의 증가

양차대전 이후 국제안보 영역은 국가간 경쟁관계로 평화를 유지하는 차원에서, 국가간 합의의 도출과 협력으로 안보위험의 수위를 낮추는 차원으로 발전되어 나아갔다. 국가간의 군축을 중심으로 평화를 추구해 오던 국제사회는 2001년 9월 11일 미국 뉴욕과 워싱턴에서 발생한 민간항공기를 이용한 테러를 목격하고 변화하는 안보환경을 직시하게 되었다. 9・11테러는 국가가 아닌 비국가행위자에 의해서도 대량살상이 가능함을 보여줌으로써 개인 또는 단체를 국가간의 전쟁에 의한 대량살상의 피해자인 객체에서 국제사회의 안보를 위협하는 주체로 등장시켰다. 이렇듯 '국가 대 국가'의 영역에서 '국가 대 비국가행위자'로의 비대칭적인 관계의 전환은 안보영역을 더욱 복잡하고 다양하게 만들었으며, 기존 체제의 한계에 직면하게 되었다. 국제사회는 테러의 증가된 위협에 있어 국제평화를 유지하기 위하여 비국가행위자에 대한 공동의 대응방안을 모색해야 할 필요성을 깨닫게 되었다. 9・11을 계기로 무장단체에 의한 테러로 인하여 엄청난 인명피해가 발생함에 따라, 테러를 '전쟁행위'로까지 규정해야 한다는 주장이 제기되었다. 9・11테러가 있은 직후 유엔 안보리는 테러행위를 강하게 규탄하면서 "그 같은 행위를 국제테러리즘과 마찬가지로 국제평화와 안전에 대한 위협으로 간주한다"[1]고 선언하였다. 이제 테러리즘

1) "Unequivocally condemns in the strongest terms the horrifying terrorist attacks which took place on 11 September 2001 in New York, Washington, D.C. and Pennsylvania and regards such acts, like any act of international terrorism, as a threat to international peace and security." UN Doc. S/RES/1368(2001).

은 명백하게 유엔헌장 제39조의 '평화에 대한 위협'을 구성하게 된 것이다.

(2) 대량살상무기의 확산

과거 냉전시대 강대국에 의해 보유되던 대량살상무기는 최근 강대국의 범위를 넘어 후진국과 개발도상국을 포함한 세계 전 지역으로 확산되고 있다.[2] 1991년 걸프전 종전 이후 유엔의 이라크에 대한 강제사찰을 통해 그 동안 가능성으로만 인식되어 온 대량살상무기 보유 사실이 드러남에 따라[3] 북한 등 제3세계국가들로의 대량살상무기의 확산 가능성도 현실화되었다. 이와 같은 국제적인 대량살상무기의 확산 추세는 세계 안보환경을 악화시키며 국가간의 갈등을 증대시키고 있다.[4] 국제적 확산 실태에서 주목하여야 할 것은 기존의 수입국이

---

2) 대량살상무기 확산 문제는 구소련 붕괴 이후 전 세계가 직면한 당면과제였다. 구소련 붕괴 이후 벨라루스, 카자흐스탄, 우크라이나는 핵무기를 인계받았으나 자발적으로 폐기후 모두 NPT에 가입하였다. 핵비확산조약(NPT)상의 핵보유국은 5개국이었으나 현재 인도, 파키스탄, 이스라엘이 핵을 보유하고 있으며, 북한, 이란이 핵개발 의혹을 받고 있다. 화학무기의 경우 10개국에서 15개국, 생물무기의 경우 4개국에서 13개국으로 확산되었으며, 이의 운반수단인 탄도미사일 보유국은 9개국에서 28개국으로 확산되어 있다. 서정하, "21세기 안보환경과 WMD 비확산," 『외교』, 제68호(2004. 1), p.96.

3) 유엔 안보리 결의 제687호는 종전과 관련 이라크가 이행해야 할 의무를 부과하고, 이라크의 의무이행을 감시·사찰하기 위한 특별기구로 유엔하에 이라크 대량살상무기 폐기특별위원회(UNSCOM)를 설치하였다. UNSCOM은 1991년 4월부터 이라크내 화학무기 및 생산시설, 화학무기 관련시설들을 사찰하여 왔다(UN Security Council S/23165, 25. Oct. 1991). 이라크는 1998년까지 250여 차례의 현장조사를 받았다. 이라크는 이 기간 동안 48기의 장거리 미사일, 690톤의 화학무기 원료 등을 폐기했다. "2차 이라크 전쟁 배경-전개과정," 『동아일보』 (2004. 2. 6).

4) 구체적인 확산 실태를 살펴보면, 대량살상무기와 관련하여 국제사회의 관심이 집중되어 있는 북한은 화학무기 비축 및 생물무기 능력을 보유하고 있으며, 수백 개의 단거리 미사일과 중거리 미사일을 지속적으로 개발하고 있다고 알려져 있다. 북한은 대량살상무기의 운반수단인 미사일을 수출하고 있는 국가이며 중국, 러시아와 함께 중동지역, 서남아시아 지역의 관련 장비와 기술의 주요 공급국으로 국제사회의 주목을 받고 있다. 그 외에도 이란, 리비아, 수단, 시리아 등은 이미 대량살상무기를 개발하였거나 확보를 추진중인 것으로 알려져 있다. 특히 이란은 상당 수준의 미사일을 자체개발 능력 및 생산 능력을 보유하고 있는 것으로 평가되

수출국으로 전환될 수 있을 정도로 기술과 정보가 보편화되었다는 것과, 이들 국가들이 무기수출을 외화를 벌어들이는데 있어 주요한 경제활동으로 삼을 수 있다는 것이다. 여기에 대량살상무기 원료와 기술의 특성은 규제의 어려움을 더하고 있다. 이들은 기본적으로 두 가지 용도(dual use)로 사용이 가능하므로 전면적인 철폐가 불가능하고, 실험실에서의 은폐가 가능하며, 합법적인 유통이 가능하다는 것이 규제의 최대 난점이 되고 있다. 즉, 대량살상무기 확산 가능성은 증대하였으며, 규제는 날로 어려워지고 있는 실정이다.

(3) 테러와 대량살상무기의 연계

테러와 대량살상무기와의 연계는 인류의 생존에 위협을 가하는 제 요인으로 등장하게 되었다. 테러단체에 의한 대량살상무기의 사용은 9·11테러 이전에도 심각성이 제기된 바 있다. 1995년 3월 20일 5,500명의 부상자와 12명의 사상자를 낸 옴진리교에 의한 일본 지하철에서의 사린가스 살포는 테러단체의 대량살상무기의 획득능력과 사용 가능성, 사용 의도를 보여주는 시작이었다.[5] 그러나 생화학무기의 테러단체로의 확산이 인류를 위협한다는 것이 보편적인 국제사회의 인식으로 자리매김하게 된 것은 9·11테러 이후 미국 전역에서 일어난 우편배달에 의한 탄저균 살포 파동을 기점으로 한다. 약 한달간 지속된 탄저균 공포는 생물무기에 의한 테러 발생 가능성을 현실적으로 보여주는 것으로서, 테러에 이용될 수 있는 생화학무기의 심각성을 제기하였다. 이들 생화학무기는 비교적 생산비용이 많이 들지 않고

고 있으며, 최근 핵개발에 대한 의혹이 제기되고 있다. 이들 국가들이 자체생산 능력을 확보한 경우 대량살상무기의 수출국으로 전환할 가능성이 높은 것으로 평가되고 있다. 이에 따라 선진 G8국가들을 중심으로 이들 국가들에 대한 대량살상무기 비확산 통제 논의가 활발하게 진행되고 있다. 국방부, 『대량살상무기(WMD) 문답 백과』, 2004, p.192 참조.

5) John-Alex Romano, "Combating Terrorism and Weapons of Mass Destruction: Reviving the Doctrine of a State of Necessity," *Georgetown Law Journal*, April 1999, p.1023.

제조가 용이하나 무차별적인 대량살상의 효과를 가지고 있다.

생화학무기는 제1차 세계대전에서의 독가스 사용 이후 비인도적인 무기로 규정되었으며, 국가들은 이를 규제하기 위한 여러 가지 제도를 마련해 왔다. 그러나 탄저균 사태로 생화학무기의 테러단체의 사용 가능성이 제기됨에 따라 기존 체제의 허점이 드러났다. 실제로 미국의 대 아프가니스탄 전쟁이 시작되자 9·11테러 배후로 알려진 알카에다(Al-Qaeda)는 이에 대한 대응으로 생화학무기 사용 의도를 언급한 바 있다.[6] 대량살상무기의 테러단체로의 확산은 인류 전체의 생존을 위협할 수 있는 위험성을 지닌 것으로 국제사회가 공동으로 대응해야 할 과제가 되었다.

2. 국제사회의 강경한 대응

대량살상무기 확산과 테러단체와의 연계 가능성은 대량살상무기 규제 차원의 강화를 필수적으로 요구하고 있다. 국제사회는 대량살상무기의 테러단체로의 이전을 국제사회의 평화와 안전을 위협하는 최고의 난제로 받아들이고 있으며, 대량살상무기의 확산방지가 국제안보의 핵심과제로 부각됨에 따라 기존의 비확산단계에서 반확산단계로의 전환에 대한 요청이 높아지고 있다.[7] 국가들은 효과적인 대량살상무기 확산금지를 위해서는 강경한 대응이 필수적이라는 것에 대한 공감대를 형성하고 있다. 일부에서는 대량살상무기에 관한 기존의 조약 체제들의 검증제도와 규제조치가 강구되어야 한다는 목소리를 높였으나 무엇보다 강경한 대응 모습은 개별국가 차원의 규제에서 보인다.

---

6) 정형희, "WMD 테러리즘과 미국의 대확산 정책," 경희대 행정대학원 석사학위논문, 2003, p.74.

7) 반확산은 비확산과는 다른 포괄적 개념으로서 비확산을 보완하면서 보다 적극적이고 공세적으로 대량살상무기 위협에 대처하는 개념이라고 볼 수 있다. 대확산은 국제적 비확산 노력에도 불구하고 대량살상무기가 이미 잠재국가들에 의해 확산되었다는 전제하에 대량살상무기의 실질적 위협을 감소하고 제거시킴으로써 군사적 대응 측면이 강조되고 있다.

구체적인 예로 먼저 2002년 12월 북한 선박 '서산호' 나포 사건을 볼 수 있다. 스커드(SCUD) 미사일을 적재하고 예멘으로 향하던 북한 선박 서산호는 스페인 군함에 의해 차단, 나포되었다. 그러나 미사일기술통제체제(MTCR)의 가입국이 아닌 북한의 미사일 운반은 위법이 아니며, 나포의 국제법적 근거가 없으므로 석방된 사례가 있다. 다음으로 2003년 3월 이라크가 대량살상무기를 개발하고, 보유하며, 테러단체 등을 지원하고 있다는 명분하에 미국을 선두로 한 국가들이 감행한 이라크전쟁을 볼 수 있다. 대량살상무기의 특성상 보유 자체에서 임박한 위협을 도출해 낼 수 있다는 주장과[8] 대량살상무기가 사용될 경우 일회적 공격만이 가능하므로 자위권의 개념을 확장하여 생존의 위협에 대한 선제공격을 가능하도록 하여야 한다는 논리로 전개된 이라크전쟁은 대량살상무기에 대한 국제사회의 강경한 대응 모습을 보여주는 대표적인 사례이다. 이들 사례는 대량살상무기의 확산을 효과적으로 방지하기 위해서는 기존의 소극적 방어로는 부족하며, 무력사용금지원칙에 반하는 한이 있다 하더라도 적극적으로 대응해야 한다는 국제사회의 의지를 보여주고 있다.

3. 국제법의 새로운 과제

변화하는 안보환경은 기존 체제의 실효성과 합리성에 대한 재고를 요하며 국제법의 새로운 과제를 제시하고 있다. 대량살상무기의 확산

8) "We must adapt the concept of imminent threat to the capabilities and objectives of today's adversaries. Rogue States and terrorists do not seek to attack us using conventional means. … the use of weapons of mass destruction-weapons that can be easily concealed, delivered covertly, and used without warning." White House, *National Security Strategy of the United States of America*, U.S. Department of State, September 2002; Michael N. Schmitt, "Preemptive Strategy in International Law," *Michigan Journal of International Law*, Winter 2003, pp.513-522.

은 핵확산금지조약, 화학무기금지협약, 생물무기금지협약 등을 통하여 규제되어 왔다. 이와 함께 대량살상무기의 위험을 방지하기 위하여 법적 구속력은 없지만 정치적인 구속력을 행사할 수 있는 여러 안보레짐[9]이 구축되었으며, 보편적 국제기구와 지역적 차원의 협력 등 다양한 노력이 전개되었다. 그러나 기존 체제는 기본적으로 '국가 대 국가'의 관계를 상정하고 있으므로 변화하는 안보환경의 다양한 행위자를 효과적으로 규제할 수 있는 방안이 마련되어 있지 않으며, 효과적인 검증체제 및 이행에 대한 강제조치가 없다는 한계점을 가지고 있다. 대량살상무기 규제의 필요성에 대하여 국제사회가 공감하고 있고, 유엔 역시 여러 차례 결의를 통하여 국제공동체의 제 역할을 강조했음에도 불구하고 기존 규제법리로는 대량살상무기를 효과적으로 규제할 수 없는 바, 비규범적 차원의 노력이 전개되었다. 그러나 비규범적 차원에서 전개되는 '힘에 의한 개입'은 국제법 일반원칙인 무력사용금지원칙을 위태롭게 하고 있다. 즉, 국제법은 국제법 일반원칙의 위기와 대량살상무기의 효과적인 규제법리 마련의 과제를 동시에 안고 있는 것이다.

---

9) 국제레짐의 정의에 대해서는 다양한 견해가 있다. John G. Ruggie는 "일단의 국가군에 의해 받아들여지는 일련의 상호기대, 규칙, 규제, 계획, 기구적인 역량, 재정적인 공약들의 조합"이라 정의하였고, Ernst B. Haas는 "상호의존의 조합 속에서 갈등을 조정하기 위한 인위적 기구로서 어떤 쟁점에 있어서 협조를 위한 행위자들의 행태와 관련하여 그들의 기대가 수렴되는 명시적·묵시적 원칙, 규범, 규칙, 의사결정과정"이라 정의하였다. Stephen D. Krasner는 "국제관계의 특정 영역에서 행위자의 기대하는 바가 수렴되는 명시적 혹은 묵시적인 원칙, 규범, 규칙 그리고 정책결정절차의 총체"라고 정의하였다. 김성일, "WMD 관련 국제안보레짐의 효과성에 영향을 미치는 요인 분석: NPT를 중심으로," 한국외국어대학교 석사학위논문, 2004, pp.7-9.
본서에서는 국제법으로 정의된 조약이나 국제관습법의 범위를 넘어 국제정치적인 현상에서의 국제관습법화 가능성을 살펴보기 위하여, 관행이 될 수 있는 국가들의 행위를 포함하기 위한 레짐이라는 용어를 사용하였다. 여기서의 레짐은 위의 정의에서의 공통점을 살펴 다음과 같이 정의하고자 한다. 본 연구에서 사용하는 '레짐'은 국가 상호간의 기대를 수렴하기 위한 원칙과 규범을 가지는 제도, 협약, 협력체의 총체를 의미한다.

Ⅲ. 대량살상무기 규제의 필요성

1. 대량살상무기의 정의

(1) 전통적 정의

대량살상무기(Weapons of Mass Destruction)라는 개념이 인류의 역사에 처음으로 등장한 것은 1937년 스페인시민전쟁을 보도한 기사에서이다.[10] 대량살상무기의 정의가 유엔 문서에서 공식적으로 언급된 것은 1948년 재래식 군비위원회(Commission for Conventional Armaments)의 결의에서 찾아 볼 수 있다. 위원회는 재래식 무기와의 구분을 위하여 원자폭탄, 방사능물질무기, 치명적인 화학 및 생물무기, 그리고 이상의 무기와 같은 정도의 대량살상의 효과를 가지는 향후 발달되는 모든 무기가 대량살상무기로 정의된다고 하였다.[11] 이후 군비경쟁을 통하여 세력균형을 유지하던 냉전시대에는 일반적으로 대량살상무기는 모든 것을 파괴할 만큼 위협적이라 인식되어진 핵무기만을 지칭하는 개념으로 사용되었다. 이러한 대량살상무기 개념이 오늘날의 일반적인 정의와 같이 널리 알려지게 된 것은 1991년 걸프전쟁의 종식과 함께 이라크에 있는 대량살상무기에 대한 국제사회의 관

---

10) "… British newspapers called bomber aircraft "weapons of mass destruction " in 1937, when the Nazi Luftwaffe was flattening towns during the Spanish Civil War …," http://encyclopedia.thefreedictionary.com/WMDs(2004-9-22 검색).

11) "… that weapons of mass destruction should be defined to include atomic explosive weapons, radioactive material weapons, lethal chemical and biological weapons, and any weapons developed in the future which have characteristics comparable in destructive effect to those of the atomic bomb or other weapons mentioned above." Resolution of the Commission for Conventional Armaments: Definition of Armaments, August 12, 1948; UN Doc. S/C.3/30, Aug. 13, 1948, in *Department of State Bulletin*, Aug. 29, 1948, p.268.

심이 높아지면서 이를 제거하기 위한 국제사회의 결의가 나온 이후이다. 유엔 안보리의 결의 제687호에서는 이라크에 있는 대량살상무기인 핵무기, 화학무기, 생물무기의 위협을 제거할 것을 촉구하며 구체적으로 관련 협약을 언급하였다.[12] 이후 대량살상무기란 대규모의 인명살상과 피해를 초래할 수 있는 핵무기, 생물무기, 화학무기와 이들의 운반수단인 미사일을 집합적으로 지칭하는 개념으로 정의되어 국제사회에서 일반적으로 이용되고 있다.

(2) 9·11테러 이후 대량살상무기 정의의 난제와 열거적 정의

대량살상무기라는 개념은 유엔 결의에서도 등장하고, 각국의 외교안보 정책에 있어서도 흔히 등장하게 되었으나, 아직까지 조약법이나 국제관습법에서의 명확한 법적 정의는 없다.[13] 대량살상무기는 '대량살상을 가능하게 하는 파괴력을 가진 무기'라고 풀이할 수 있는 결과중심의 정의이다. 특히 9·11테러가 도시가 발달하고 인구가 밀집한 현대사회의 경우 핵무기나 생화학무기가 아닌 기존의 재래식 무기를 통해서도 충분히 대량살상의 효과를 낳을 수 있음을 보여줌으로써, 대량살상무기는 그 수단 자체의 효과를 지칭하는 차원을 넘어서 사용방법에 따라 확장이 가능하다는 것에 대한 논의가 활발하게 진행되고 있다. 실제로 운반수단인 탄도미사일을 정의함에 있어서 상당 거리를 저공으로 비행할 수 있는 순항미사일 기능을 가진 무인항공기 및 무인전투항공기 등을 포함하여 대량살상무기로 간주해야 한다는 주장이 제기되고 있다.[14] 이는 9·11테러 이후 이를 모방한 추후 테러를 염두에 둔 주장이라 생각된다. 또한 미연방수사국(FBI)에서는 피해규모

---

12) UN Doc. S/RES/687(1991).

13) David P. Fidler, "Weapons of Mass Destruction and International Law," *ASIL Insights*, February 2003, http://www.asil.org/insights/nsigh97.htm(2004-9-22 검색).

14) 이서항, "세계 WMD 문제의 현황과 대책," 주요 국제문제 분석, 외교안보연구원(2003. 1), http://www.ifans.go.kr/ko/ifan_pub.mof(2004-9-22 검색).

및 결과를 기준으로 대량살상무기를 정의할 것을 제시한 바 있음에 비추어 보아,[15] 집합적인 개념으로서의 대량살상무기는 명확한 법적 개념을 명시하지 않는 이상 무제한적인 확장이 가능할 것이다. 즉, 개별 상황에 따라 대량살상무기 여부 판단의 자의적인 해석의 여지가 존재한다고 할 수 있다.

대량살상무기를 결과중심으로 해석하여 무한정 확대시키는 것은 효율적인 규제를 위하여 바람직하지 않다. 대량살상무기의 효율적인 규제법리 마련을 위해서는 대량살상무기의 범위는 한정되어야 하며, 제한적인 범위 내에서의 예외적 상황이어야 하기 때문이다. 대량살상무기는 앞으로 논의할 새로운 규제법리 차원에서 명시적인 법적 정의를 통하여 고유명사화되어야 한다. 즉, 대량살상무기를 핵무기, 화학무기, 생물무기로 한정하며 이는 예시적 규정이 아닌 열거적인 규정이 되어야 한다. 또한 이들의 이중적인 사용의 특징을 고려하여 해당 범위의 원료 또는 물질을 구체적으로 적시할 필요가 있다.

2. 대량살상무기 규제의 필요성

안보영역의 보편적인 규제법리를 마련하는 일은 공존을 필수적으로 요하는 다른 영역보다 더 큰 어려움이 따르기 마련이다. 그럼에도 불구하고 필요성은 그 어느 영역보다 높다. 명실상부하게 대량살상무기의 규제는 국제평화를 유지하기 위한 군축의 핵심과제이다.[16] 국제평

15) 이서항, 위의 논문.

16) 군비축소는 상호 신뢰를 구축하고 군사적 균형과 안정을 이루어 전쟁의 위험을 감소시킴으로써 공동의 안전을 확보하는데 궁극적이 목적이 있다. 19세기 산업화와 함께 무기제조 기술이 발달됨에 따라 군비통제의 필요성이 제기되었다. 이를 위하여 1899년과 1907년 헤이그평화회의가 열렸으나 군비축소에는 합의를 보지 못하였다. 군비증강을 지속해 오던 국가들은 양차대전을 계기로 군비축소의 공동의 이익을 찾고 국제연맹규약, 제네바의정서 등을 통하여 군비축소의 노력을 지속하였다. 1945년 히로시마 원자폭탄 투하를 지켜본 국제사회는 핵무기 확산이 세계평화와 안전의 가장 심각한 위협요인이며, 핵무기확산 방지는 공동의 이익을 위하여 협력해야 할 핵심과제임을 깨닫게 되었다. 이후 핵무기를 비롯하여 대량살상무

화 유지의 목적 외에도 대량살상무기 규제는 구체적인 규범을 통해 요청되고 있다.

첫째로, 전쟁법에서 정하고 있는 무기제한의 원칙이다. 합법적인 공격이라 하더라도 불필요한 고통을 주는 무기를 사용하는 것은 금지된다는 국제관습법이 형성된 이후 조약에 의해 구체화되고 있는 무기제한의 원칙은, 치명적인 살상력을 가지고 있는 무기의 사용뿐만 아니라 보유 자체를 금지하고 있다.[17] 또한 전쟁중 민간인을 보호하기 위한 무차별공격 금지 원칙이 있다. 국제관습법으로 발전해 온 이 원칙은 1977년 제네바 제1추가의정서 제51조 4항에 의해 구체화되었다. 이는 논리적으로 무차별무기의 사용금지규범을 도출해내며 대량살상무기 규제의 필요성을 강조하고 있다.[18]

둘째로, 인권존중원칙은 국제법 일반원칙이며 강행규범화된 원칙으로 다수의 국제인권 관련 협약에서 구체화되고 있다. 그 중 대표적인 것은 집단학살금지원칙이다.[19] 대량살상무기의 파괴력은 목적 여하를 불문하고 집단학살금지원칙에 반하는 결과를 야기할 수 있으므로, 이 원칙에 의해서도 대량살상무기 규제의 필요성이 도출된다.[20] ICJ 역

기 통제는 군축 논의의 중심에 있게 된다. 박용규, "국제군축조약의 이상과 현실," 『21세기 현대 국제법질서』, 개정판, 박영사, 2001, p.719 참조.

17) 생물무기금지협정과 화학무기금지협정이 개발·보유·비축 자체를 금지하고 있는 반면, 핵무기를 규제하는 핵확산금지조약의 경우에는 보유 자체가 합법적인 것으로 규정되어 있고, 심지어 ICJ의 판례를 통해서도 사용을 금지하지 못하고 있는 실정이다.

18) ICJ도 핵무기사용과 위협에 관한 적법 여부에 관한 권고적 의견(Legality of the Threat or Use of Nuclear Weapons)에서 "각국은 절대로 민간인을 공격목표로 해서는 안되며, 따라서 민간목표물과 군사목표물을 구분할 수 없는 무기는 결코 사용해서는 안된다"고 하였다. 무차별무기의 사용금지에 대해서는 재판소 전체가 관습법규로 보았고, 이를 강행규범으로, 절대적 원칙으로 선언하기도 하였다. 김대순, 『국제법론』, 제8판, 삼영사, 2003, p.963.

19) 집단학살금지 이외에도, 노예 및 노예매매, 개인의 인명살상, 잔인한 고문, 구금, 인종차별 금지 등을 기본적 인권의 보호 영역으로 강행규범화되었다고 하고 있다. Restatement #702, *The Foreign Relations Law of the United States*, American Law Institute, 1987; 박찬운, 『국제인권법』, 한울, 2000, p.27 참조.

시 핵무기의 사용 또는 위협의 적법성에 관한 판결에서 "엄격하고 실효성 있는 국제적 통제하에서 모든 측면에서의 핵군축을 가져다 줄 협상을 성실히 수행하여 종결지을 의무가 존재한다"고 함으로써 국제사회의 핵군축의 과제를 제시하였다.[21]

3. 대량살상무기 규제의 특징-규범적 차원과 비규범적 차원

국제법 일반원칙에서의 규제의 요청은 대량살상무기를 효과적으로 규제할 수 있는 법리를 마련할 것을 강조한다. 대량살상무기를 규제하는 법리는 두 가지 차원으로 나누어 살펴볼 수 있다. 하나는 규범적 영역에서의 규제법리이다. 국가들은 조약을 체결하고 조약의 이행을 확보하기 위하여 관련기구를 설립하거나 국가들 간 비공식적인 합의를 중심으로 사실상 구속력을 가지고 있는 체제를 형성한다. 또한 보편적 기구를 통하여 나오는 결의나 결정을 통해서 국제사회의 논의를 이끌어내고, 향후 규제법리의 발전과제를 제시해 주는 과정 속에서 규제 법리를 마련해 나아간다. 다른 하나는 비규범적 영역에서의 규제법리이다. 안보문제의 특성상 국가간 첨예한 이해관계의 대립은 보편적인 합의를 이끌어 내기 어려운 경우가 많다. 그러므로 평화적인

---

20) ICJ는 핵무기사용의 적법성 여부에 관한 권고적 의견에서 방론으로 국제인권법 및 집단학살금지협약과의 관계를 논하고 있다. 국제인권법과는 핵무기 사용문제는 무력충돌법의 특별법의 적용대상이라고 판시함으로써 적용대상임을 부정하였고, 집단학살금지협약과는 협약의 목적에 위반된다는 주장에 대하여 "핵무기 사용이 집단학살금지협약에 위반되게 하기 위해서는 집단들의 전부 또는 일부를 파멸케 할 의도(intend to destroy)가 입증되어야 한다"고 판단함으로써, 핵무기 사용이 필연적으로 본 협약에 반하는 것은 아니라고 하였다. 최태현, "핵무기 사용의 합법성 여부에 관한 권고적 의견에 대한 비판적 고찰," 『국제법평론』, 통권 제16호(2001), p.66 이하 참조: 그러나 ICJ의 판례는 관련 협약이 사용을 불법화하기 위한 근거로는 적용되지 않는다는 것을 논하고 있으며, 규제법리의 마련을 부정하는 것은 아니므로, 국제인권법에서의 대량살상무기 규제법리 필요성 도출은 이와는 차원이 다른 것으로 가능하다고 생각한다.

21) 최태현, 위의 논문 재인용; "Legality of the Threat or Use of Nuclear Weapons," Advisory Opinion, *ICJ Reports*, 1996.

수단의 규범적 차원의 접근보다는 실질적인 무력행사나 경제적 압박 등의 외교정책적 수단이 효과적인 규제방안으로 작용하는 경우도 빈번하다. 즉, 규범적인 체제에 의존하지 않고 개별국가의 행위를 통하여 실제적인 규제력을 발휘하는 비규범적 영역이 다른 하나의 축을 형성하고 있다. 대량살상무기의 규제법리는 전자보다 후자의 규범력에 의존하고 있는 것이 현실이다. 이러한 비규범적 영역의 규제법리는 국가들의 관행과 법적 확신에 의하여 관습법으로 정착되는 경우 규범적 영역으로 편입될 수 있는 가능성을 가지고 있다.

Ⅳ. 대량살상무기의 규제법리

1. 규범적 차원에서의 규제법리

(1) 조약체제에 의한 규제

1) 핵확산금지조약 및 체제

핵확산을 금지하고 있는 체제는 핵확산금지조약(NPT: Non Proliferation Treaty)을 중심으로 하여 수평적 확산을 방지하고 있는 차원과 수직적 확산을 방지하고 있는 두 차원으로 나뉘어 있다.[22] 핵무기가 일종의 전쟁억지에 기여하였다는 의의를 가지고 있다는 해석이 가능하다 하더라도 핵확산금지체제는 핵무기의 위협을 전면적으로 규제하지 못하고 있는 근본적인 한계를 내포하고 있다.[23] 오히려 핵확산금지조약은 ICJ의 핵무기 사용을 전면적으로 금지할 수 없는 판례

---

22) 핵확산을 규제하는 다자간 체제로는 핵확산금지조약(NPT), 포괄적 핵실험금지조약(CTBT), 핵물질 방호협약(Physical Protection Convention), 쟁거위원회(ZC)와 원자력공급국 그룹(NSG)이 있다.

23) 핵확산금지조약 제1조에서는 핵보유국에 대한 수직적 확산을 금지하고, 제2조에서 핵 비보유국에 대한 수평적 확산을 금지하여 현상을 유지할 것을 별도로 규정하고 있다.

의 실정법적 근거로써 이용되기도 하였다.[24] 핵확산금지조약은 국제원자력기구(IAEA: International Atomic Energy Agency)의 실질적 검찰활동을 통하여 핵무기의 확산을 방지하고 있다.[25] 그러나 핵확산금지조약 및 체제는 규정 당시 국가만을 염두에 두고 제정되었으며, 가입국에 한하여 구속이 가능한 조약 자체의 내재적 한계를 가지고 있으므로 새로운 차원의 안보환경에서의 실효성은 더욱 저하되고 있는 실정이다.[26]

2) 생화학무기금지협약 및 체제

화학무기 금지를 위한 국제사회의 합의 도출 노력은 1992년 제47차 유엔 총회에서 화학무기금지협약(CWC: Chemical Weapons Convention)이 채택되어 1994년 발효로 결실을 거두었다.[27] 이행을 위한 검증기구로 화학무기금지기구(OPCW: Organization for the Prohibition of Chemical Weapons)를 설립한 이 협약은 가장 성공적인 군축조약이라고 하나, 화학무기를 보유하고 있거나 개발능력을 가진 국가들이 가입하지 않음으로써 실질적인 화학무기의 위협을 규제

---

24) ICJ는, "핵 억지정책의 관행과 Tlatelolco조약, Rarotonga조약에 관한 핵무기 보유국의 유보 및 NPT에 대한 핵무기 보유국의 선언도 실정법의 측면에서 무시할 수 없다. 따라서 '국가의 생존 자체가 위태로운, 자위라고 하는 극단적인 상황'에서는 핵무기의 위협 또는 사용이 합법인지 위법인지에 관하여 ICJ는 확정적인 결론을 내릴 수 없다"고 하였다. 최태현, 앞의 논문, p.71 참조.

25) IAEA헌장 제12조C항, IAEA-UN간 관계협정 제3조 2항에 의하면, 사찰 결과 안전조치협정을 불이행한 국가에 대해서는 IAEA 이사회는 제재 여부에 대한 결의를 채택하여 유엔안보리 및 총회와 모든 IAEA 가입국에 보고할 수 있다. 이에 따라 안보리는 필요시 제재결의를 통해 유엔헌장 제7장 제39조, 제41조, 제42조에 근거한 경제적·외교적 및 군사적 방법을 통한 제재를 취할 수 있다.

26) 이 외에도 제10조에 근거하여 조약 당사국은 본 협약에서 자유롭게 탈퇴할 수 있으며, 탈퇴에 대한 법적인 제재조치는 없다. 다만, NPT 탈퇴가 세계평화에 대한 위협으로 판단되면 유엔 안보리에 의한 제재가 가능할 뿐이다.

27) 화학무기 금지를 위한 국제사회의 노력은 오랜 역사에 걸쳐 진행되었다. 화학무기 사용금지를 위한 국제적 협약은 1847년 브뤼셀협약을 시작으로, 제1, 2차 헤이그협약이 제정되었다. 그러나 화학무기는 제1차 세계대전 중 광범위하게 사용되었으므로 이 협약들은 단순한 선언적 의미 이상을 넘지 못하였다. 1925년 제네바의정서가 합의되었으나 여전히 검증규정이 없는 유명무실한 협약이었을 뿐이다. 김성일, 앞의 논문, pp.42-44.

하지 못하고 있다.[28] 생물무기금지협약(BWC: Biological Weapons Convention)은 1975년 발효한 최초의 특정 대량살상무기금지조약이다. 이 협약은 검증체제가 마련되어 있지 않으므로 실질적인 규범력을 담보할 수 없음이 가장 큰 문제로 지적되고 있다. 여러 차례 강화의정서 제정이 논의되고 있으나 별다른 진전을 보지 못하고 있다.[29] 이들 생화학무기의 수출을 통제함으로써 확산을 규제하고 있는 다자간 체제로는 호주그룹(Australia Group)이 있다. 그러나 이는 소수의 국가만이 참여한 자발적인 협의체일 뿐 보편성이 없다.

3) 대량살상무기 운반수단 관련 체제

현재 대량살상무기 운반수단 확산 방지를 규제할 수 있는 법적 구속력 있는 다자조약은 없다. 다만, 미사일과 미사일 관련 기술의 통제를 위한 주요 기준을 설정하고, 국제적 수출통제기준을 제시하는 체제로 미사일기술통제체제(MTCR: Missile Technology Control Regime)가 있으나, 미사일 관련 기술을 보유한 선진국들 사이에서의 약속인 신사협정에 불과하며 보편성을 획득하지 못한 상태이다.

(2) 조약체제의 한계

기존의 조약체제는 대량살상무기를 포괄적으로 규제하고 있는 체제

---

28) 이 외에도 화학무기금지협약은 새로운 안보환경의 변수를 포함하고 있지 못하다. 개별규정을 간단히 살펴보면, 이 협약 제1조에서는 각 '당사국'은 자기 나라가 소유 또는 점유하거나 자기 나라의 관할 또는 통제하의 화학무기를 이 협약의 규정에 따라 폐기할 것을 일반적인 의무로 규정하고 있다. 즉, 국가의 관할하에 개인 또는 단체를 규제하도록 하였으므로 기본적으로 조약의 당사자인 국가를 직접 규제의 대상으로 하고 있을 뿐이다. 또한 제16조에서는 각 당사국이 이 협약의 주요 사항과 관련된 비상사태가 자기 나라의 가장 중요한 이익을 위협한다고 결정하는 경우, 각 당사국은 자기 나라의 국가주권을 행사하여 이 협약으로부터 탈퇴할 권리를 가진다고 명시하고 있다.

29) 이 외에도 생물무기금지협약 역시 제4조에서 국가가 관할지역에 대한 책임을 지고, 국내입법에 의한 사인의 제재를 규정할 뿐 국가의 협조를 배제한 상태에서는 사인에 대한 구체적인 이행방법이 없다. 또한 제13조에서 국가주권의 행사로써 탈퇴의 권리를 보장하고 있으며, 미가입국을 규제할 수 있는 법리를 마련하고 있지 못하다.

가 아니며, 새로운 안보환경의 변수를 포함하고 있지 못하다. 조약의 당사자는 국가이며, 국가의 협조 없이 비국가행위자를 직접 규제할 수 있는 방법을 마련하고 있지 못하다. 다만, 국가가 관할지역의 책임을 지고 있으므로, 국내 입법조치를 통한 사인의 제재를 규정하고 있을 뿐이다. 또한 협약 이행 여부를 확인할 수 있는 검증제도가 미비할 뿐 아니라, 각 당사국은 이 협약의 자기 나라의 가장 중요한 이익을 위협한다고 결정하는 경우 국가주권을 행사하여 탈퇴할 권리를 가지고 있다는 한계를 가지고 있다. 탈퇴에 대한 법적인 제재조치는 없으며, 다만 본 협정의 탈퇴가 세계평화에 대한 위협으로 판단되면 유엔안보리에 의한 제재가 실행될 수 있을 뿐이다.

현행 규제법리는 대량살상무기금지조약의 가입 당사국이 해당 조약을 준수하지 않음으로써 야기되는 '체제 내부로부터의 도전'과 비당사국 또는 조약의 효력이 미치지 않는 행위자가 조약의 규제에 반하는 행위를 함으로써 제기되는 '체제 외부로부터의 도전'의 양면의 어려움을 가지고 있는 것이다.[30] 이러한 기존 조약체제의 한계는 대량살상무기를 효과적으로 규제하지 못할 뿐 아니라, 새로운 안보환경에도 대처하고 있지 못하다. 규범적 영역에서의 효과적 규제의 한계는 대량살상무기의 규제를 일방주의적인 개별국가의 대응에 내어주고 있다.

2. 비규범적 차원에서의 규제법리

(1) 개별국가의 일방행위-선제공격

1) 선제공격의 논의 배경 및 내용

선제공격(Preemptive Strike)의 논의 배경은 두 가지로 정리된다. 대량살상무기의 확산에 의한 안보위협이 증가하고 있다는 것과, 이러

30) 서정하, 앞의 논문, p.98.

한 새로운 안보위협에 기존의 체제가 제 역할을 다하지 못하고 있다는 것이다. 9·11테러 이후 대량살상무기의 확산에 대한 우려가 증대됨에 따라, 합리성에 기초하지 않은 소위 '불량국가'로 지목된 국가들과 국가단위를 넘는 테러단체의 위협에 직면하였다고 판단한 미국은 기존의 규제법리인 조약과 체제를 통한 국가간 합의를 도출할 수 없는 상황을 근거로, 일방주의적인 규제방안을 강구하였다. 이에 따라 미국은 2002년 9월 국가안보전략보고서(The National Security Strategy of the United States)를 통하여 필요시에는 단독행동 및 선제공격을 불사한다는 안보전략을 발표하였다. 이후 2003년 3월 발발한 대이라크 전쟁은 국가안보전략보고서에 따른 선제공격을 처음으로 실현한 경우가 되었다.[31]

2) 선제공격의 법리적 근거 및 국제법적 고찰

이라크전의 가장 중요한 명분은 '대량살상무기의 파괴'였다. 이라크 전쟁의 수많은 법적 쟁점[32] 중 본 논의에서의 국제법적 판단대상은 다음과 같다. 선제공격이 과연 대량살상무기의 규제법리로 인정될 수 있는가이다. 선제공격이 이라크전쟁으로 현실화된 이상 이는 향후 다

---

31) Schmitt, *supra* note 8, pp.546-547.

32) 이라크전쟁의 적법성은 이라크전쟁 명분에 따라 살펴볼 수 있을 것이다. 이라크전의 첫 번째 명분은 이라크가 대량살상무기를 보유하고 있고, 또 테러단체에게 이전·확산할 위험이 있으므로 이라크에 있는 대량살상무기를 파괴한다는 것이다. 두 번째는 독재와 인권탄압을 한 독재자 후세인을 몰아내고 이라크의 민주화와 이라크 국민에게 자유를 돌려주기 위한 것이다. 세 번째는 이라크가 2002년 11월 8일 유엔 안보리 결의 제1441호를 위반했다는 것이다. 첫 번째 명분은 대량살상무기의 규제법리로 선제공격이 인정되느냐의 여부가 쟁점이 될 것이고, 두 번째 명분은 과연 여기에 인도적 간섭을 주장할 수 있을 것이냐가 될 것이며, 세 번째 쟁점은 승인 없이 감행된 이라크 공격의 적법 여부이다. 이라크가 유엔과 국제원자력기구에 의한 사찰과 무장해제 노력에 적극적으로 협력하지 않았다고 평가한 안보리 결의안의 내용에서 즉각적이고도 적극적으로 협력할 것을 요구하며, 불응하면 '심각한 결과'를 맞이할 것이라고 경고하였던 것이 과연 집단안전보장체제 제7장의 강제조치를 명한 것인가이다. 본 연구에서는 대량살상무기의 한계영역을 설정하는데 이라크전쟁을 사례로 들고 있으므로 두 번째와 세 번째 명분에 대해서는 국제법적 고찰을 하지 않겠다. 첫 번째 영역에서의 국제법적 고찰은 대량살상무기의 규제법리의 한계를 정해 줄 것이다.

른 국가들의 개별 무력행사의 선례로 주장될 여지가 있으며, 관행으로 축적되어 하나의 법리로 정착될 수 있는 여지가 있으므로 충분한 고찰이 필요하다 할 것이다.

선제공격은 개별국가의 독자적인 무력행사이다. 유엔헌장이 채택된 이후 개별국가의 무력행사가 전면적으로 금지되었음에도 불구하고, 대량살상무기의 경우는 일회적 공격만이 가능하다는 특수성에 기초하여 보유 그 자체로써 임박한 위협을 도출할 수 있다는 것이다. 그러므로 이를 규제하기 위한 강제조치는 개별국가 차원의 무력사용의 유일한 예외인 유엔헌장 제51조에 기초한 자위권의 행사로서 인정되어야 한다는 것이다. 또한 이러한 임박한 위협은 기존의 자위권 개념을 확장하여 사전 무력행사까지 허용하여야 한다고 하고 있다. 유엔헌장이 채택되기 이전에는 선제공격은 국제관습법하에서 국가의 자연적 권리인 자위권의 한도에서 인정되었다. 즉, 선제공격을 예방적 자위권으로 주장하는 견해에 따르면 예방적 자위권 인정 여부에 따라 선제공격 역시 정당화될 수 있다.[33] 국제법상 예방적 자위권을 인정하는지 여부에 대해서는 논의가 분분하나, 이것은 자위권의 행사요건의 구체적인 평가로 귀결된다고 생각한다.[34] 19세기 미국과 영국간의 *Caroline* 사건은 자위권의 요건을 구체화하였는데, 그 필요성이 급박하고 다른 수단이 없으며, 합리적이고 비례적인 조치여야 한다고 하였다.[35] 그러므로 선제공격이 국제법상 인정될 수 있는지 여부는 개별국가 단위의 무력사용의 예외인 자위권 요건의 확장 가능성과 관련이 있다.

대량살상무기에 관한 선제공격의 자위권 요건 충족 여부는 1981년 이스라엘의 이라크 원자로 폭격 사례와 유사하다고 판단된다.[36] 그렇

33) Anthony Clark Arend, "International law and the Preemptive use of Military force," *The Center for Strategic and International Studies and the Massachusetts Institute of Technology*, Spring 2003, p.90.

34) 유병화・박기갑・박노형, 『국제법Ⅱ』, 법문사, 2000, p.681 참조.

35) 위의 책, p.679.

다면 1981년의 유엔 안보리의 판단과 같이 자위권이 인정되지 않음은 분명하다 할 것이다. 그럼에도 불구하고 대량살상무기의 공격이 현실적으로 발생할 경우, 기존의 해석만이 가능한 자위권을 인정한다는 것은 저항력 자체를 일시에 파괴시킬 수 있는 대량살상무기의 위협하에서는 모순일 수 있으므로 재고찰의 여지가 있는 바, 이러한 경우 법 일반원칙인 비례성원칙에 의해 판단하여야 할 것이다. 비례성의 원칙은 '필요성'과 '적정성'으로 판단할 수 있다. 대량살상무기의 보유 자체의 파괴에 개별국가의 무력행사가 필요하고도 적정하였는지 살펴보면, 집단안전보장체제를 택하고 있는 유엔헌장하에서는 보충적 차원의 개별적인 무력행사는 유엔 차원의 논의대상이 된 이후에는 필요하거나 적정하지 않다고 할 것이다. 일방주의적인 규제법리는 공동의 안보 문제를 다루기에는 바람직하지 않으며, 이러한 개별단위의 제재는 남용의 여지가 있으므로 적법하지 않다고 생각한다. 또한, 궁극적으로 국제법의 가장 중요한 원칙인 무력행사금지원칙을 해하는 것으로 보아, 정당성 역시 확보될 수 없다고 생각한다.

(2) 협력체에 의한 구상－확산방지구상

1) 확산방지구상의 논의 배경 및 내용

대량살상무기 수출통제제도는 비공식적이고 자발적인 협의체에 의

---

36) Schimitt, *supra* note 8, pp.546-547: 예방적 자위권의 논의가 한참이었을 당시, 1981년 이스라엘은 이라크에 건설중이던 원자로에 대하여 폭격을 감행하였다. 이스라엘은 이를 이라크로부터 핵위협에 대한 예비적 자위권의 행사로서 일반국제법의 원칙과 헌장 제51조에 따라 정당화된다고 주장하였다. 그러나 안보리는 이스라엘의 행위를 비난하는 결의를 채택하였고, 유엔헌장과 국제법원칙에 정면으로 위배된다고 하였다. 김영원, "자위권에 관한 유엔헌장 제51조와 예비적 자위권 문제,"『21세기 현대 국제법질서』, 개정판, 박영사, 2001, p.686: 물론 이스라엘 사례에서는 예비적 자위권의 요건이 충족되지 않으므로 적법하지 않다 하였으나, 본 사례가 대량살상무기의 파괴를 위한 무력행사가 가능한가라는 새로운 규제법리의 과제에서 시사해 주는 바가 크다. 즉, 1981년 이스라엘의 경우 핵무기의 위협을 규제하기 위한 일방주의적 행동이었고, 2003년 미국의 경우 생화학무기 위협을 규제하기 위한 일방주의적 행동임에 공통점이 있기 때문이다.

해서 진행되고 있으므로 해당 가입국이 아닌 한 규제의 어려움이 있다.[37] 수출통제제도의 한계를 극복하기 위하여 개별국가들이 적극적인 행동을 취할 것을 논의하는 것이 확산방지구상(PSI: Proliferation Security Initiative)이다. 확산방지구상은 대량살상무기와 미사일 및 관련 물자의 국제적인 거래를 해상·육상·공중에서 사전에 검색하여 반입을 차단하고자 하는 국가들 간의 합의를 바탕으로 만들어진 새로운 국제협력체제(Coalition of Willingness)이다. 확산방지구상에 참여하는 국가들은 날로 증대되는 테러의 위협으로부터 대량살상무기의 확산 방지를 위하여 이를 사전에 차단하기 위한 적극적인 행동을 취할 것을 합의하고 있다.

2) 확산방지구상의 법리적 근거 및 국제법적 고찰

확산방지구상은 "대량살상무기 의혹이 있는 화물을 적재한 항공기 및 선박을 탐색하고 불법무기 또는 이와 관련된 미사일 기술을 압류"함으로써 대량살상무기의 확산을 방지하겠다는 것으로,[38] 자발적인 협력체 국가들의 적극적이고 직접적인 행동의 약속이다. 확산방지구상은 유엔 안보리 의장의 1992년 1월 성명에서 대량살상무기 확산이 국제평화와 안보에 명백한 위협이 되고 있음을 지적한 것과 부합하므로 이에 법적 근거를 두고 있다고 주장한다. 그러나 유엔 안보리 의장의 성명은 법적 구속력이 없으므로, 이를 근거로 확산방지구상이 법적 정당성을 얻었다고 하기에는 무리가 있다. 또한 확산방지구상 원칙에서 주장하고 있는 '의심의 여지가 있는 국가'(states of concern)

---

37) 국제무기수출통제체제는 핵무기의 경우 원자력비확산체제(NSG), 생물화학무기의 경우에는 호주그룹(AG), 미사일의 경우에는 미사일기술통제체제(MTCR)가 존재하고 있다.

38) "Search planes and ships carrying suspect cargo and to seize illegal weapons or missile technologies," The White House, Fact Sheet, Proliferation Security Initiative, Statement of Interdiction Principle, *U.S. Department of State*, September 4, 2003, http://www.whitehouse.gov/news/release(2004-9-25 검색).

라는 법적 개념의 불명확성과 이의 판단 주체가 누구인가 하는 점은 확산방지구상이 명확하지 않은 기준을 설정하고 있음을 보여준다.[39)]

이처럼 수많은 법적 쟁점을 가지고 있는 확산방지구상은 2004년 4월 28일 유엔 안보리의 결의 제1540호가 통과됨에 따라 기존의 법적 과제 중 많은 부분에 정당성을 얻게 되었다. 그럼에도 불구하고 확산방지구상의 핵심행동 양식인 '차단의 원칙'을 수행하기 위하여 따르는 구체적 행동들을 살펴볼 때, 새로운 개념이라 하더라도 이들 행동원칙은 군사력을 필수적으로 요구하게 되므로, 무력사용을 금지하는 국제법의 일반원칙과의 충돌 여부가 문제가 된다. 또한 해양법상 '무해통행의 자유'와 '공해의 자유'가 인정되고 이러한 범위 내에서는 선박의 기국에 전적인 관할권이 인정되고 있는 바, 본 선박에 대한 수색 및 나포는 해양법상 허용되지 아니하며, 주권침해가 될 수 있는 여지가 있으므로 이를 구체적으로 살펴볼 필요가 있다.

① 무력사용금지원칙과의 충돌 여부

전통국제법하에서는 국가들은 전시법으로 전환할 수 있는 법적 자유가 있었으며, 평시에서도 무력사용의 권리를 가지고 있었다. 그러나 현대국제법은 모든 전쟁을 국제법상 불법으로 규정하였으며, 평시에도 무력의 사용 또는 위협을 원칙적으로 금지하였다. 유엔헌장 제2조 4항의 무력사용금지원칙은 국제법의 포기할 수 없는 가치이자, 강행규범성이 인정되고 있으므로 이 원칙에 위배되는 일체의 조약이나 관습은 당연무효가 되는 것이다.[40)] 그러나 무력사용을 전면적이고 절대적으로 금지하고는 있지 않은 바, 헌장 제7장의 집단적 제재조치, 제51조의 자위권으로서의 무력사용은 예외적으로 허용되고 있다. 확산방지구상은 선박과 항공기를 영해상, 공해상에서 '나포'하거나 '차

39) Benjamin Friedman, "The Proliferation Security Initiative: The Legal Challenge," *Policy Brief*, Bipartisan Security Group, September 2003, pp.2-8.

40) 김대순, 앞의 책, p.212.

단'하는 군사력을 동원한 실제적인 무력행사가 예정되어 있으므로, 국제법 일반원칙인 무력사용금지원칙에 반하는 행동이 될 것이나, 만일 위의 예외에 해당하는 경우에는 정당하다 할 수 있을 것이다. 실제로 확산방지구상의 협상 대표인 존 볼튼(John Bolton)은 북한 선박의 차단은 자위권의 원용이라고 주장한 바 있다.41)

그러나 과연 대량살상무기 수출통제가 자위권행사로서 정당성을 얻을 수 있을 것인가 의문이 든다.42) 물론 일부 국제법학자들의 이견이 있다 하지만, 자위권행사의 핵심요건은 무력공격(armed attack)의 존재이며, 이러한 헌장의 해석은 남용의 여지를 없애기 위해서라도 지켜져야 할 것이다. 대량살상무기 확산을 적극적으로 방지해야 함이 국제사회 공동의 이익을 위함임은 분명하다. 그러나 장래에 있을 수 있을지도 모르는 테러단체 또는 위험국가로의 이전과 사용 가능성에 대하여 무력공격을 인정하여 자위권 개념을 확대시켜 해석·적용하는 것은 무리가 있다. 즉, 가능성에 대한 실제 무력행사는 정당성과 합리성을 찾을 수 없다. 그러므로 확산방지구상 행동원칙에서의 개별국가 단위의 무력사용은 일반국제법원칙상 허용되지 않는다고 생각한다.

② 무해통항권, 공해자유의 원칙과의 충돌 여부

해양에서는 공해와 영해의 법적 지위가 다르므로 양자를 나누어 살펴보아야 한다. 공해상 선박에 대해서는 국적국가의 관할권이 절대적으로 인정된다.43) 그러므로 해적행위나, 노예매매, 마약거래 등 제한된 경우가 아닌 이상 항해의 자유에 제한을 가할 수 없으며,44) 비단

---

41) Rachel Weiner, "Proliferation Security Initiative to Stem Flow of WMD Material," *Center for Non-proliferation Studies*, July 16, 2003.

42) 특히 대량살상무기와 관련하여서는 개별국가의 무력사용을 자위권 개념의 확대로 정당화시키려 하는 주장이 많은데 이는 자위권을 위시한 여타 무력사용의 확대를 초래할 수 있으며, 현대국제법의 주요한 발전 모습인 무력사용금지원칙을 무력화시키는 위험한 결과를 낳을 수 있다고 생각한다.

43) 1982년 유엔해양법협약 제87조 1항은 공해에서의 항해의 자유를 인정하고 있고, 제90조에서는 공해를 항해하는 선박에 대해서는 선박이 국기를 달고 있는 경우 그 선박의 배타적 관할권은 기국에게 있음을 명시하고 있다.

대량살상무기를 탑재하고 있다 하더라도 차단하고 나포할 수 있는 법적 근거가 없다. 또한 영해에서는 선박의 무해통항권이 인정되므로 대량살상무기 운반 선박에 대한 간섭은 법적 근거를 필요로 한다. 해양법에서는 예외적으로 제19조 2항에 열거한 경우를 제외하고는 무해통항권을 인정하고 있으므로,[45] 명시되지 않은 대량살상무기 운반 선박에 대해서도 이 권리는 인정되는 것이다. 특히 제23조에서는 핵무기에 관해서 직접적으로 언급하며,[46] 제한된 조건하에서는 운반의 무해통항권을 보장하고 있으므로 미사일이나 대량살상무기의 운반 자체를 모두 불법화하여 무해통항권을 인정하지 않는 것은 법적 근거가 없을 뿐 아니라 해양법상 합치되지 않는다. 즉, 특정 수출통제체제 가입국이 아닌 경우에는 공해에서의 항해의 자유나 무해통항권을 주장하는 경우 대량살상무기 선적을 이유로 나포하는 것은 일반 무력행사와 같은 것이며 적법하지 않다.

앞에서 살펴본 바와 같이, 확산방지구상의 '차단원칙'은 공해・영해상의 일반적인 무력사용이며, 관습법적으로 유지되어 오다가 명문화된 주요 원칙인 무해통항권 보장과 항해의 자유를 무력화시킬 수 있는 위험을 내포하고 있다.

---

44) 유엔해양법협약 제99조에서 제110조 참조.

45) 유엔해양법협약 제19조 2항에서는 무해통항권이 제한되는 경우를 열거하고 있다. 무력의 위협이나 무력의 행사가 있는 경우나, 무기를 사용하는 훈련이나 연습의 직접적인 행위가 있는 경우, 연안국의 관세・재정・출입국관리 또는 위생에 관한 법령에 위반되는 물품이나 통화를 싣고 내리는 행위 또는 사람의 승선이나 하선, 오염행위 등을 구체적으로 적시하고 있으며 이는 열거적 규정으로 해석되고 있다. 대량살상무기와 관련한 규정은 없다.

46) 제23조에서는 외국의 핵추진선박과 핵물질 또는 본래 위험하거나 유독한 그 밖의 물질을 운반중인 선박은 영해에서 무해통항권을 행사하는 경우, 이러한 선박에 대하여 국제협정이 정한 서류를 휴대하고 또한 국제협정에 의하여 확립된 특별예방조치를 준수한다고 함으로, 핵무기와 관련된 물자의 이동에 있어서 무해통항권이 전적으로 배제되는 것은 아님을 보여 준다.

(3) 새로운 규제법리로의 발전 가능성

1) 관습법의 형성 요건

관습법은 조약과 함께 국제법의 주요 법원으로 인정되고 있다. ICJ 규정 제38조 1항에 의하면 관습이란 "법으로 수락된 일반관행의 증거"이다. 관습법으로 정착하기 위해서는 국가들의 일반관행이 존재해야 하며, 국가들이 이 일반관행을 법적 구속력이 있는 것으로 수락하는 법적 확신이 존재해야 한다. 일반관행이 형성되기 위해서는 첫째, 관행의 지속성이 인정되어야 하며, 둘째, 관행이 획일적이고 일관성이 유지되어야 하며, 셋째, 관행의 일반성이 보장되어야 하며, 넷째, 국가관행의 증거가 있어야 한다. 관행의 지속성은 고정된 시한을 요구하고 있지는 않으며, 짧은 기간 내에도 관행이 성립할 수 있다. ICJ는 북해대륙붕 사건에서 국가관행이 '광범위하면서도 사실상 획일적'일 것, 그러한 국가관행의 형성에 '특별히 영향 받는 국가들'이 참여할 것의 두 요건을 충족하면 짧은 기한 내에도 관습법이 형성되었다고 판결하였다.[47]

2) 비규범적 차원의 규범적 차원으로의 전환 가능성

일방주의적 행동으로서의 선제공격과 구상의 단계에 있는 확산방지구상의 차단원칙은 대량살상무기를 규제하려는 국제사회의 행동양식이다. 양자의 구체적인 수단과 방법의 차이는 있지만 국제법적으로 제기되는 문제점은 동일하다. 즉, 대량살상무기 확산의 방지 목적이 무력행사라는 수단을 정당화할 수 있는지 여부와, 국제법이 고수하고 있는 기본원칙과 개념을 약화시킬 우려가 있는 경우에도 인정되어야 하는지 여부이다. 비규범적 차원에서 다뤄지고 있는 이러한 행동이 관행으로 축적되어 관습법으로 정착된다면 규범적 차원에서 논의될 수 있을 것이다. 따라서 이러한 행동원칙들의 관습법으로의 전환, 그것은 향후 규제법리의 핵심과제가 될 것이다.

47) 김대순, 앞의 책, p.35.

관습법 형성의 요건의 충족 여부를 살펴보면 객관적 요건에서는 양자 모두 관행의 지속성이 문제가 될 것이다. 그러나 북해대륙붕 판결에서 보듯이 특별히 영향 받는 국가들의 참여를 이끌어낸다면 짧은 시간에도 관행의 성립을 인정할 수 있다. 이를 규제의 대상국으로 해석한다면 어려움이 따를 것이나, 규제의 주체국으로 본다면 현재 선제공격을 주장하는 미국의 입지와 동맹국이 증가하고 있음에 비추어 보아 이러한 요건을 충족한다고 할 수 있다. 또한 확산방지구상 역시 미국, 호주, 스페인, 일본 등 주요 해상강대국의 적극적인 참여가 있으므로 요건이 충족된다. 그러나 '법적 확신'의 주관적 요건이 문제된다 할 것이다. 양자 모두 살펴본 바와 같이 적법성을 갖추고 있지 못한 바, 앞서 언급한 유엔 안보리 결의 제1540호가 도출됨에 따라 불법성이 치유될 수 있는지 문제가 된다. 즉, '대량살상무기의 확산을 방지해야 함이 모든 회원국의 의무'라고 결정한 것이 과연 법적 확신의 표현이라 볼 수 있는가가 문제이다. 본 결의에서는 목적을 명시하고 있을 뿐, 그것이 국제법 일반원칙에 반하는 행동까지 허용한다고 언급하고 있지 아니하다. 또한 기존체제와의 조화를 강조한 점, 그리고 국제기구의 결의 의지에서 보여주듯 유엔헌장 제7장의 집단안전보장체제하의 논의로 풀어나가는 점을 볼 때, 그것이 대량살상무기의 확산을 금지하기 위한 개별국가의 무력사용을 정당화하는 것이라 볼 수 없다.48)

(4) 소결-대량살상무기 규제 수위의 한계영역

개별국가들이 어떻게 행동하는가는 규범적 판단의 문제와는 별개이다. 규범이 불합리하거나 부적정하다고 하여 이와 배치되는 행동양식

---

48) 유엔헌장의 강제조치 메커니즘으로 볼 때, 예외적인 개별국가의 조치는 유엔이 나선 이후에는 제한되어야 한다. 그러므로 결의 제1540호는 오히려 기존의 개별적 차원에서 규제하던 것을 유엔의 차원에서 논의하고자 하는 유엔의 의지를 보여주고 있다고 생각한다.

을 보이더라도 그 행동양식이 관행으로 굳어지고 법적 신념에 의해 뒷받침되지 않는 한 그것은 여전히 불법적인 행동이기 때문이다.[49] 앞서 살펴본 바와 같이, 선제공격과 차단원칙이 대량살상무기의 확산을 효과적으로 방지할 수 있다 하더라도 국제법 일반원칙과 합치되지 않는다면 새로운 규제법리의 행동양식으로 적법하다 할 수 없을 것이다.

선제공격과 확산방지구상의 차단원칙의 논의는 대량살상무기 규제법리의 한계영역에 맞닿아 있으며, 규제 수위의 한계를 설정해 주고 있다. 즉, 기존 체제와의 조화, 국제법 일반원칙의 존중의 범위 내에서 효과적인 규제법리의 마련을 요청한다.

Ⅴ. 대량살상무기 규제법리의 과제

1. 규제객체의 증가, 규제주체의 견제, 통합의 과제

새로운 안보환경에서의 규제법리는 세 가지 과제를 가지고 있다. 첫째로 국가만이 규율 대상이 아니라 비국가행위자를 어떻게 효율적으로 규제할 수 있는 법리를 마련하는가이다. 일부 테러단체와 같이 무국적성을 띠고 있는 경우에는 특정 국가의 명시적인 지원의 증거가 인정되지 않는 한 기존 체제와 같이 해당국가의 책임으로 귀속시키는데 무리가 따를 것으로 보인다. 둘째로 일방주의의 견제이다. 비규범적 영역에서 형성되어가는 규제법리는 기존 체제와의 조화를 필수로 할 것이다. 즉, 집단안전보장체제를 택하고 있는 한 개별국가 단위의 무력행사는 지양되어야 할 것이며, 이를 위해서는 국제기구의 결의를 통한 다자적 차원의 접근이 필요할 것이다. 셋째로 통합의 과제이다. 대량살상무기의 법적 개념이 없듯이 대량살상무기를 포괄적으로 규제

49) 이충면, "힘의 관리 시스템: 무력행사(use of force)에 관한 국제법체계," 『21세기 현대 국제법질서』, 개정판, 박영사, 2001, p.632.

하고 있는 기존의 규제법리는 존재하지 않는다. 개별조약의 발효시기와 가입국 현황에서 살펴볼 수 있듯이 각국은 자국의 이해관계에 따라 가입 여부를 결정하게 되어 있다. 이와 같은 개별체제하에서는 보편성을 확보한 대량살상무기의 통합적 규제는 한계를 가지고 있다. 즉, "부분의 합은 전체보다 작다"는 말이 있듯이 개별적으로 규정된 대량살상무기들의 조약의 자체적인 취약점 외에도 포괄적인 규제법리의 부재는 대량살상무기 규제의 요청에 부합하지 못한다. 대량살상무기의 열거적 정의를 바탕으로 하여 포괄적으로 정의하는 규제법리가 마련되어야 한다.

2. 대량살상무기 규제법리의 발전방향

(1) 국제기구 결의의 규범적 가치

유엔은 대량살상무기와 관련한 규제법리의 실행 차원, 형성 차원에서의 두 가지 역할을 담당하고 있다. 집단안보체제하에서 강제조치를 전임하고 있는 유엔에서는 개별조약에서의 검증과정에서 위반사항이 발견되었다거나 불이행에 따른 조치를 취하는 경우 이를 안보리 및 총회에 보고한 바에 따른 추가조치를 강제할 권한을 가지고 있다. 또한 형성 차원에서는 대량살상무기를 포함한 군축은 유엔의 핵심과제이므로 관련 결의를 도출함으로써 규제법리 형성에 기여한다. 국가들은 다양한 형식으로 국제적 행동기준을 마련하고 있으므로 구속력이 없는 총회의 결의라 하더라도 규범적 가치는 무시할 수 없다. 특히 국가들은 대다수 국가들이 참여한 보편적 국제기구 및 국제회의에서 공동의 법적 문제에 대한 합의를 이끌어내는 수단으로 결의와 선언을 활용하고 있는 바,[50] 국제기구의 결의는 그 자체로서는 법적 구속력

---

50) 정경수, "현대 국제관습법의 형성과정에서 나타난 변화와 안정성-국제기구의 결의에 기초한 국제관습법의 형성문제를 중심으로," 『국제법학회논총』, 제47권 제2호 (2002), p.2.

이 없는 경우에도 그 안에 담긴 규범적 내용을 기반으로 국제법 형성에 기여할 수 있는 일정한 법적 가치를 가지고 있다.[51]

(2) 유엔 안보리 결의 제1540호의 의의 및 향후 과제

1) 배경 및 내용

2003년 9월 23일 유엔 총회 기조연설에서 부시 미 대통령은 유엔 안보리에 대량살상무기 확산을 불법화하고, 모든 유엔 회원국이 강력한 수출통제를 실시하여 모든 위험물자들을 차단할 것을 의무로 하는 결의안을 채택하기를 요청하였다. 부시 대통령의 새로운 결의안 요구는 대량살상무기의 국가로부터 비국가행위자로의 확산을 금지해야 한다는 것으로 기존 체제에서는 규율하지 못하고 있는 영역이었다.[52] 이 같은 내용을 포함한 결의는 기존 체제를 약화시킬 우려가 있으며, 개별국가에 대한 무기수출 통제로 인한 경제적 제재의 수단으로 작용할 수 있으므로 채택과정에서 많은 논의가 있었다. 이러한 우려에도 불구하고 2004년 4월 28일 유엔 안보리는 만장일치로 결의안을 통과시켰다. 이 결의는 유엔헌장 제7장의 권한에 따라 모든 회원국은 대량살상무기의 테러단체 등 이른바 '비국가행위자'(non-state actor)[53]로의 확산을 금지하고, 확산 위험을 제거할 의무를 가지며, 수출을 통제하고 적재 선박의 통항을 막을 수 있는 관련 국내법을 제정하고 시행하여야 한다고 하고 있다.[54] 또한 안보리는 모든 회원국으로 구성

---

51) 위의 논문, p.3.

52) Sean D. Murphy(ed.), "Contemporary Practice of the United States Relating to International Law: Use of Force and Arms Control: UN Security Council Resolution on Nonproliferation of WMD," *American Journal of International Law*, July 2004, pp.606-607.

53) "Definitions for the purpose of this resolution only: Non-State actor: individual or entity, not acting under the lawful authority of any State in conducting activities which comes within the scope of this resolution."

54) UN Doc. S/RES/1540(2004).

된 위원회를 설립하여 이 결의안의 이행을 감시하도록 하였다. 이와 같은 결의안의 통과로 모든 회원국은 불법적인 무기거래나 관련 물자 운반의 의심의 여지가 있는 선박을 정선·검색·차단·나포할 수 있는 권한이 아닌 의무를 지게 되었다.

2) 결의에 기초한 규제법리 마련의 필요성

유엔은 결의를 통하여 대량살상무기 확산을 방지하기 위한 법리 마련에 실질적인 역할을 담당하고 있다. 대량살상무기가 최초로 언급된 결의 제678호에서부터 제1540호까지 국제기구가 채택한 결의는 대량살상무기 규제법리의 발전방향을 제시해 주고 있다. 특히 결의 제1540호는 지금까지 핵무기와 생화학무기를 개별적으로 규제하는 조약과 수출통제 시스템의 문제점에 대한 인식을 바탕으로 하고 있다는데 의의가 있다. 그간 운반수단과 관련 물자를 포함한 대량살상무기를 포괄하여 규제하는 국제체제가 존재하지 않았기 때문이다. 또한 이 결의에서 비국가행위자를 직접 언급한 것은 앞으로의 대량살상무기 방지체제의 주체의 확대가 필수적임을 보여주고 있다. 마지막으로 유엔의 결의를 통하여 대량살상무기를 규제하려는 유엔의 의지를 보여주고 있다. 결의 제1540호는 대량살상무기의 확산의 위험으로부터 평화를 수호하기 위한 집단적 안전보장체제의 발동으로서 유엔헌장 제7장의 강제조치를 기반으로 한 효과적인 규제법리 마련의 기초가 될 것이다.

Ⅵ. 결 론-대량살상무기 규제법리의 과제 및 한계

변화하는 안보환경에 대한 규제법리 마련은 안보영역의 국제법의 효용성 평가의 본질적 문제를 제기한다. 국가간 이해관계가 대립하는 안보영역에서의 제도화는 오랜 역사를 가지고 많은 논의가 진행되었으며, 여러 합의의 결과가 존재함에도 불구하고 언제나 핵심에는 다가가지 못하고 있는 경향을 보인다. 대량살상무기의 효과적인 규제법리 마련은 안보영역의 제도화와 국제법 지위를 확립시킬 수 있는 시도가 될 것이다. 지난날 군축이 국가 공동의 신뢰와 이익을 바탕으로 하고 있었다면, 오늘날 대량살상무기 확산의 방지는 인류 전체의 신뢰와 이익을 바탕으로 해야 할 것이다. 대량살상무기의 규제법리의 향후 발전과제는 다음과 같다. 첫째, 다양한 행위자의 효과적이고도 합리적인 규제체제 마련이다. 둘째, 적법한 규제 주체의 적법한 방법의 선택이다. 셋째, 개별적인 규제의 한계를 극복한 통합적인 규제법리 마련이다. 이러한 규제법리가 구체적으로 조약의 형태로 형성되어야 할지에 대하여는 추가적인 논의가 필요하다고 생각한다. 국가는 조약체결의 자유를 가지고 있으며, 유엔 안보리 결의의 구속력만으로는 모든 국가에게 앞서 제시한 과제를 충족하는 새로운 대량살상무기와 관련된 조약 체결을 강제할 국제법적 근거가 부족하기 때문이다. 그럼에도 불구하고, 유엔 안보리 결의 제1540호는 이와 같은 과제를 반영한 새로운 규제법리 마련의 기초가 될 것임은 분명하다.

21세기의 과제는 새로운 차원으로 전개되어가는 대량살상무기의 확산에 의한 안보의 위협을 어떻게 효과적으로 규제할 수 있느냐에 있다. 이는 개별국가의 국가안보 차원이 아닌 국제 공동체 공동의 안보 과제이다. 대량살상무기의 새로운 규제법리는 무엇보다 국제법의 일반원칙에 충실하고, 기존 체제와의 조화를 꾀하는 방향으로 나아가야 할 것이다. 대량살상무기 규제법리의 형성이 개별국가 차원이 아닌 다자가 참여할 수 있는 국제기구의 장을 통하여 진행되기를 바란다.

<참고문헌>

Ⅰ. 단행본

국방부, 『대량살상무기(WMD) 문답 백과』(신오성, 2004).

김대순, 『국제법론』, 제8판(삼영사, 2003).

박찬운, 『국제인권법』(한울, 2000).

유병화 · 박노형 · 박기갑 공저, 『국제법Ⅱ』(법문사, 2000).

The White House, The National Security Strategy of the United States of America, *U.S. Department of State* (September 2002).

Ⅱ. 논 문

박용규, "국제군축조약의 이상과 현실," 『21세기 현대 국제법질서』, 개정판(박영사, 2001).

서정하, "21세기 안보환경과 WMD 비확산," 『외교』, 제68호(2004).

이서항, "세계 WMD 문제의 현황과 대책," 『주요 국제문제분석』, 외교안보연구원(2003).

이충면, "힘의 관리시스템: 무력행사(use of force)에 관한 국제법체계," 『21세기 현대 국제법질서』, 개정판(박영사, 2001).

정경수, "현대 국제관습법의 형성과정에서 나타난 변화와 안정성-국제기구의 결의에 기초한 국제관습법의 형성문제를 중심으로," 『국제법학회논총』, 제47권 제2호(2002).

최태현, "핵무기 사용의 합법성 여부에 관한 권고적 의견에 대한 비판적 고찰," 『국제법평론』, 통권 제16호(2001).

Anthony Clark Arend, "International law and the Preemptive use of Military force," *Washington Quarterly*, Vol. 26(2003).

John-Alex Romano, "Combating Terrorism and Weapons of Mass Destruction: Reviving the Doctrine of a State of Necessity," *Georgetown Law Journal*, Vol. 87(1999).

Michael N. Schmitt, "Preemptive Strategies in International Law," *Michigan Journal of International Law*, Vol. 24(2003).

Sean D. Murphy(ed.), "UN Security Council Resolution on Nonproliferation of WMD" in Contemporary Practice of the United States Relating to International Law, *American Journal of International Law*, Vol. 98(2004).

Ⅲ. 기타 자료

– UN문서

UN Doc. S/RES/687(1991).

UN Doc. S/RES/1368(2001).

UN Doc. S/RES/1540(2004).

UN Doc. S/23165(October 25, 1991).

UN Doc. S/C.3/30(August 13, 1948).

– 인터넷 자료, 신문기사 등

"2차 이라크 전쟁 배경-전개과정," 『동아일보』(2004. 2. 6).

Benjamin Friedman, "The Proliferation Security Initiative: The Legal Challenge," *Policy Brief*, Bipartisan Security Group, Washington DC(September 4, 2003). http://www.gsinstitute.org/gsi/pubs/09_03_psi_brief.pdf

David P. Fidler, "Weapons of Mass Destruction and International Law," *ASIL Insights*, February 2003, http://www.asil.org/insights/insigh97.htm

Rachel Weiner, "Proliferation Security Initiative to Stem Flow of WMD Material," James Martin Center for Nonproliferation Studies(July 16, 2003). http://cns.miis.edu/stories/030716.htm

The White House, Fact Sheet, Interdiction Principles for the Proliferation Security Initiative, U.S. Department of State (September 4, 2003). http://www.state.gov/t/isn/c27726.htm

제 2 편

국제법상 책임논리의 발전: 국가와 개인

- 한국 황사피해에 대한 중국의 국가책임 — 남승현
- ICC의 관할대상 범죄로서 침략범죄 조항 채택을 위한 논의 — 박진아
- 변칙적 범죄인인도의 효력 — 김현정(金泫廷)

한국 황사피해에 대한 중국의 국가책임 *

남 승 현

* 제3회(2003) 대학(원)생 국제법 논문 경시대회 대학생 부문 우수상.

Ⅰ. 서 론

현재 중국의 환경오염은 곧 세계의 환경오염 문제가 되고 있는 실정이다. 중국은 지난 몇 세기 동안 많은 산업화 활동을 이룩하여 경제적으로 크게 성장할 수 있었지만, 이에 대한 반작용으로 중국의 대기오염과 사막화는 실제로 인접국들에 대해 심각한 환경손해를 초래하고 있다. 중국의 황사로 인해 하와이에 위치하고 있는 Mount Loa섬은 최근에 5일에서 10일 정도된 비소(arsenic), 구리(copper)와 아연(zinc)이 발견된 바 있고, 이 물질들은 중국으로부터 배출된 것으로 나타났다. 이뿐만 아니라, 중국의 황사로 제트 기류를 타고 간 대기오염물질이 미국대륙에서도 발견되고 있는 상황이다.[1] 중국의 인접국인 한국과 일본이 매년 안고 있는 피해는 더욱 심각한 상황이다. 환경부에서 실시한 황사의 이동시간과 수송상태에 관한 조사에 의하면 발원지에서 배출되는 황사량을 100%라 할 때 보통 30%가 발원지 부근에 재침적되고, 20%는 주변 지역으로 수송되며, 50%는 장거리 수송되어 한국, 일본, 태평양에 침적된다고 한다.[2] 그만큼 중국의 환경오염 문제는 국제사회에서 큰 문제로 거듭나고 있다.

지난 몇 년간 한·중·일간에 TEMM(Tripartite Environment Ministers Meeting) 협력사업을 공동으로 추진해 온 바 있다. 이런 사업은 정보교류의 장을 마련하고, 협력을 강화하기 위해 중요한 역할을 하고 있는 것은 사실이지만, 실제로 황사로 인한 오염피해를 예

---

1) Ferris Jr. & Hongjuu Zhang, "Reaching Out to the Rule of Law: China's Continuing Efforts to develop an effective environmental law regime," *William & Mary Bill of Rights Journal*, 2003, p.574; Andrew Bridges, "Dirty Air Has Gone Global," *Toronto Star*, June 1, 2002; Howard W. French, "China's 'Growing Deserts are Suffocating Korea'," *N.Y. Times*, Apr. 14, 2002 참조.

2) 김민호, 황사피해방지 종합대책, 환경부, 2003. 〈http://www.me.go.kr/〉.

방하는 데 있어서는 큰 효과를 누리지 못한다고 본다. 중국의 대기오염물질의 방출을 예방하기 위해서는 중국의 강한 국내법적인 통제력이 행사되어야 하며, 이것은 국제사회의 법체계를 통해서만 이루어질 수 있다. 그러므로 황사문제에 대한 국제법적인 고찰이 매우 중요하며, 한국의 환경피해 예방과 구제에 대한 중국의 책임을 검토할 필요가 있다.

현재 황사로 인해 한국이 어떠한 환경피해를 입고 있는지 살펴본 후에, 중국에 대한 국제법적인 책임을 살펴보고자 한다.

Ⅱ. 황사 현황

황사는 중국대륙 중심부에 있는 황토지역에서 사막의 작은 모래, 황토 또는 먼지가 대규모로 수송되어 낙하하는 것이며, 우리나라에는 주로 봄에 발생한다. 여름에는 발원지에 비가 내리고, 가을에는 땅에 식물이 뿌리를 내리고 있고, 겨울에는 땅이 얼어 있어 모래 먼지가 상대적으로 안정되어 있지만, 봄에는 얼었던 건조한 토양이 녹으면서 20μm 이하 크기의 모래먼지가 발생하게 된다. 또 발원지 부근에서는 강한 상승기류가 존재하고 있고, 발원지로부터 약 5.5㎞ 고도의 편서풍 기류가 우리나라를 통과하고 있다는 점에서, 우리나라는 황사의 영향을 받을 수 있는 기상조건을 갖추고 있다고 한다. 더 나아가 최근 중국의 산업화 및 산림개발로 인해 토양유실 및 사막화가 증가하면서 황사의 발생지역과 그 양이 증가하고 있고, 그 결과 중국은 사막화 속도가 60년대 이전에는 1,560㎢였지만, 70~80년대에는 2,100㎢, 오늘날에는 3,000㎢(서울 면적의 약 5배)나 되는 심각한 상황에 놓여 있다. 또, 한국의 황사 발생일수가 증가하고 있으며, 1970년대 서울에서는 평균 2.8일 동안 황사가 발생 하였는가 하면, 2002년에는 16일 동안 발생하였다고 한다. 2002년 4월 8일에는 황사로 인한 서울의 미세먼지 시간당 최고농도가 2,070㎍./㎥로 평상시보다 27배나 높게 나타나 서울・경기지역에서는 초등학교 휴교사태가 벌어지기도 했다.[3)]

이런 자연적인 황사현상으로 중국에서 배출되는 대기오염물질들이 운반되어 온다. 동북아시아에서 발생하는 대기오염물질의 장기이동에 관한 3번째 공동보고서(Annual Report: The 3rd years Joint Research on Long-Range Transboundary Air Pollutants in Northeast Asia)에 의하면 서해와 동해 바다 쪽에는 황사의 영향으로 아황산가스(Sulphur Dioxide: SO_2) 농도가 3ppb에서 9ppb로 측정되어 매우 높게 나타나고 있다. 더 나아가 세계에서 가장 많은 SO_2 농도를 배출하는 도시는 중국 남부지방에 있다고 보도되고 있으며, 그 이유는 SO_2 농도가 높은 석탄을 가정에서, 특히 가정용 스토브와 소규모 사업장에서 사용하고 있기 때문이다.[4)] 아황산가스가 산성비를 형성하는 물질이라는 점에서 한국에 더욱 더 큰 피해를 초래하고 있다. 중국 남부지방에 있는 Chonqing과 Guiyang의 경우 아황산가스의 평균농도가 매년 100~150ppb에 이르며 WHO에서 정한 기준을 몇 배로 넘어섰다.[5)] 1990년대 후반에는 SO_2의 농도가 50개의 대도시에서 조금씩 줄어들고, TSP(Total Suspended Particles)의 농도는 40개의 도시에서 감소했으나 여전히 그 전에 배출했던 오염으로 우리나라는 많은 피해를 입고 있는 것이 사실이다. 또 중국은 1970년대부터 NOx(Nitrogen Oxides)를 가장 많이 배출하는 5개 국가 중 하나로 지정되기도 하였고,[6)] 현재 중국에서는 차량의 사용이 증가하면서,

---

3) 위의 논문.

4) World Bank Report, *China Air, Land and Water: Air Pollution Control*, 1997, p.85.

5) Jorge E. Hardoy, Diana Martin, David Satterthwaite, *Environmental Problems in Third World Cities*, Earthscan Publications Ltd, London, 1993, p.79.

6) Mostafa K. Tolba, Osama A. El-Kholy, *The World Environment, 1972-1992: Two decades of challenge*, Chapman and Hall, 1992, p.13.

NOx 농도도 증가하였다. 1991~1998년 사이에는 32개 대도시에서 질소산화물(NOx)의 평균농도가 55에서 57μm/㎥로 증가하였다는 사실이 보도되기도 하였다.[7)]

Ⅲ. 황사오염으로 인한 국제법상의 환경피해

중국의 황사로 인해 한국 내에서 발생하는 환경오염(environmental pollution)에 대한 예방과 구제를 살펴보기 전에, 이러한 환경오염이 과연 국제법상의 '환경피해'(environmental harm) 개념에 해당되는지 검토해 봐야 할 것이다. 그러므로 환경피해에 대한 국제법상의 개념을 살펴보도록 한다.

1. 국제법상 환경피해의 개념

'환경피해'의 의미는 국제환경법의 근원이라고 할 수 있는 1972년 스톡홀름선언의 전문 3번에 명백히 구체화되어 있다. 이 부분에서는 인간의 산업발전이 부주의하게 악용되어 인간과 환경에 막대한 손해를 끼치는 경우를 나열하면서 '환경피해'의 개념을 "위험한 정도의 대기, 물, 토양, 동·식물군에 대한 오염; 생태계의 불균형을 초래할 수 있는 위험; 재생 불가능한 자원에 대한 파괴와 고갈; 인체에 대한 육체적·정신적·사회적 손해"라고 정리하여 규정하고 있다.[8)]

---

7) World Bank Report, *supra* note 4, p.79.

8) Proclaim of the Declaration of the UN Conference on the Human Environment(1972), "… Wrongly or heedlessly applied, the same power can do incalculable harm to human beings and the human environment. We see around us growing evidence of man-made harm in many regions of the earth: dangerous levels of pollution in water, air, earth and living beings; major and undesirable disturbances to the ecological balance of the biosphere; destruction and depletion of

즉 첫 번째로, 환경피해는 지구상의 모든 천연자원과 재생 가능 및 재생 불가능한 자원 등에 대한 오염을 말하며, 이는 대기오염, 수질오염, 토양오염, 해양오염과 자연생태계 파괴를 포함하고 있다. 둘째, 환경피해는 자연생태계에 대한 피해뿐만 아니라 인류건강에 대한 피해도 규정하고 있으므로, 인간을 '환경'의 개념에 포괄적으로 포섭시켰다. 이러한 점에 비추어 보아, 인체에 대한 건강 위해도 환경피해 개념의 매우 중요한 요소가 된다. 또한, 본문에서는 생존권을 향유할 수 있는 모든 사람들의 인권을 중시하여 인간의 삶의 질을 향상시키는 데에 중점을 두고 있다는 것을 확인할 수 있다. 실제로, 2000년 제네바에서 개최된 Copenhagen 사회정상회담에 대한 유엔 특별총회 후기모임(United Nations General Assembly's Special Session on the Five-Year Follow-up to the Copenhagen Social Summit, held in Geneva from July 1 to 7, 2000)에서도 '인간중심'으로 지속적인 개발을 해나갈 것을 목적으로 하는 결의안이 채택된 것으로 보아, 환경에 대한 국제사회의 관심은 인권과 밀접하게 연관되어 있는 것으로 보인다.[9] 마지막으로, 환경피해는 인간의 활동(man-made)으로 인해 발생되어야 한다. 즉, 손해를 야기한 주체는 인간의 산업활동에만 국한된다.

2. 황사로 인한 환경오염의 '환경피해' 해당 가능성

중국의 산업활동과 황사로 인해 발생하는 우리나라에 대한 환경오

---

irreplaceable resources; and gross deficiencies harmful to the physical, mental and social health of man, in the man-made environment, particularly in the living and working environment."

9) G.A. Res. S-24/2, U.N. GAOR, 24th Sess., 10th plen. mtg., Annex, Agenda Item 9, U.N. Doc. A/RES/S-24/2(2000) ch. 3, para. 4. 〈http://www.un.org/esa/socdev/docs/english.pdf〉 "the crucial role of Government in advancing people-centered sustainable development through actions to develop and maintain increased equality and equity."

염은 명백히 국제법상의 '환경피해'에 해당된다고 할 수 있다. 황사현상은 미세먼지 증가로 한국인 노약자, 호흡기 질환자에 대한 건강상 피해를 유발하고 있으며, 사회의 전반적인 생활에 많은 악영향을 끼친다는 것도 명백한 사실이다. 특히, 극심한 황사로 인해 서울・경기 지역 초등학교 휴교사태와 항공기 결항 등 많은 피해가 발생하였다. 더 나아가, 중국의 산업화가 급속도로 진행되면서 모래 먼지 속에 카드뮴, 수은 등 중금속 입자가 동반되는 현상이 증가하고 있다.[10] 이처럼 황사에 동반되어 한국에 날아오는 대기오염물질들은 다양한 오염현상을 불러일으킴으로써 생태계에 많은 피해를 초래하고 있고, 미세먼지 증가로 인해 한국인 인체에 대한 육체적・정신적・사회적 건강 위해를 가져오고 있다. 마지막으로, 이러한 환경피해는 중국의 산업화로 인한 결과라는 것이 명백하기 때문에 중국 황사의 영향으로 한국이 겪고 있는 환경오염은 국제법상의 환경피해 개념에 해당된다.

Ⅳ. 한국이 입은 환경피해에 대한 중국의 국가책임

국제법상의 의무위반(Internationally wrongful act)에 대한 책임은 주체의 법적 이익이 다른 법인격에 의해 침해됨으로써 발생하는 것을 의미한다.[11] 일반적으로 국제환경법에서의 의무위반은 국제관습법이나 조약을 위반했을 경우에 발생한다.[12] 1993년 10월 28일 중국과 한국은 대기오염물질의 장기이동에 관한 양자조약(Agreement on Environmental Cooperation between the Government of the Republic of Korea and the Government of the People's Republic of

10) 김민호, 앞의 주 2)의 책.

11) Ian Brownlie, *Principle of Public International Law* (Oxford Univ. Press, 1999), p.435.

12) Patricia W. Birnie, Alan E. Boyle, *International Law and the Environment* (Oxford Univ. Press, 1992), p.139.

China)을 체결한 바 있지만,[13] '환경협력'협정에 불과하다. 현재 황사 오염이 더 심각해지는 상황에 놓여있는 만큼, 중국이 한국에 야기한 환경피해가 국제관습법이나 국제환경법조약을 위반하는지 살펴봐야 할 것이다. 이를 위반하는지 알아보기 위해서는 국제법상의 환경오염 방지의무를 우선적으로 검토해 봐야 할 것이다.

1. 환경오염방지의무

중국은 국제사회의 일원으로서 국제환경관습법을 준수할 의무가 있는 바, 국제환경법에서는 어떠한 의무를 국제관습법으로 보고 있는지 살펴봐야 할 것이다.

국제환경법은 그동안 국제관습법과 국제조약들을 통해 지난 몇 십 년간 많은 발전을 이룩할 수 있었다. 국제조약을 체결하기 전에는 유엔헌장 제74조에 규정되어 있는 선린의 원칙(principle of good neighbourliness)이라는 가장 기본적인 국제법원칙에 기초하여 지역 분쟁들을 해결해 나감으로써 국제관습법을 형성하고 지역별로 환경조약을 체결하기도 하였으나, 초국경적(transboundary)인 환경오염의 특성상 환경오염 방지를 위한 전 세계적·통일적 국제조약의 필요성을 국제사회가 인식하기 시작하면서 1972년 스톡홀름 유엔인간환경회의(UN Conference on the Human Environment)에서 처음으로 국제환경조약을 채택하였다. 더 나아가, 1992년 Rio de Janeiro 유엔환경개발회의(United Nations Conference on Environment and Development: UNCED)와 2002년 8월 지속가능발전 세계정상회의(World Summit on Sustainable Development: WSSD)에서는 스톡홀름에서 채택되었던 사항들을 더 구체화해 나가면서 법규를 확립하는 데 중요한 역할을 하였다.

---

13) 노명준·성재호·최승환·서철원, "동북아 환경협력 체제에 관한 법적 연구," 국제법학회논총, 제46권 제1호(2001), p.51.

이와 같은 국제환경조약들은 조약국들에게 크게 두 의무를 부여하고 있다고 할 수 있을 것이다.[14] 바로 환경피해와 환경오염을 방지·감소·통제할 의무(A Duty to Prevent, Reduce and Control Environmental Harm)와 환경오염의 위험과 긴급상황을 완화할 의무(A Duty to cooperate in mitigating environmental risks and emergencies)이다. 그 밖에 여러 대기오염방지조약에 기초한 대기오염방지의무가 있다. 이것을 더 구체적으로 살펴보고자 한다.

(1) 환경오염을 방지·감소·통제할 의무

1) 판 례

환경오염방지의무는 판례에서 그 근거를 찾을 수 있다. 우선 모든 국가들은 국가의 관할이 미치는 지역과 국제공역에서 발생하는 환경오염을 포함하여 초국경적인 환경피해를 규제하고 통제하기 위한 적절한 조치를 취해야 할 국제법상의 의무가 있다는 것은 이미 국제관습법적으로 확립되었다. 수많은 판례들을 통해 인정된 바 있으며,[15] 특히 *Trail Smelter* 분쟁 사건에서는 "어떤 국가도 자국의 자원을 개발하기 위하여 타국에 손해를 야기시킬 수 없다"라고 판시함으로써 국제환경법의 중요한 기준을 마련하였다.[16] *Corfu Channel* 사건에서는 타국의 이익에 반하는 행위를 고의로 행하는 것을 금함으로써 국제환경관습법에 많은 기여를 한 바 있다.[17]

---

14) 위의 논문, p.89.

15) 위의 논문.

16) Trail Smelter Arbitration(United States v. Canada), 3 R.I.A.A. 1905 (Mar. 11, 1941): "no state has the right to use or permit the use of its territory in such a manner as to cause injury by fumes in or to the territory of another."

17) *Corfu Channel case* (UK v. Albania), Merits, Judgements, *I.C.J. Reports 1949*, p.18: "every state's obligation not to allow knowingly its territory to be used for acts contrary to the rights of other states."

2) 스톡홀름선언 원칙 21과 환경과 개발에 관한 리우선언 원칙 2

환경오염방지의무는 스톡홀름선언 원칙 21과 환경과 개발에 관한 리우선언 원칙 2에도 그 근거를 두고 있다. 스톡홀름선언 원칙 21에 의하면 "각 국가는 유엔헌장 및 국제법의 원칙에 따라 자국의 자원을 그 환경정책에 의거하여 개발할 주권적 권리를 갖는다. 또한 각 국가는 자국의 관할권내 또는 통제지역 내에서의 활동이 다른 국가의 환경 또는 국가관할권의 범위를 벗어난 지역의 환경에 피해를 끼치지 않도록 할 책임을 진다"고 명시하고 있다.[18] 이 원칙은 *Trail Smelter*와 같은 판례들을 통하여 국제관습법적으로 형성된 법규를 명시적으로 재확인하고 국제환경법의 기본틀을 제공해 주는 국제환경법의 초석이라고도 불린다.[19] 그러나 자국의 고유한 주권을 환경오염방지의무와 대등한 관계로 규정하여 많은 혼란을 가중시키기도 하였다. 자국의 자원을 개발할 국가의 권리와 자신의 관할을 넘어서서 타국에 환경손해를 야기하지 말아야 할 책임이라는 매우 상반된 두 측면이 모순되기 때문이다. 일반적인 견해는 주권을 환경보호의무에 우선적으로 적용할 것이 아니라, 국가의 관할권을 넘어서는 환경을 보호하는 한도 내에서 국가의 이익을 위해 개발할 권리를 주장할 수 있다는 것이다. 이런 논리로 인정되어야만 뒷부분의 의미가 상실되지 않을 것이다.[20]

---

18) Stockholm Declaration on the Human Environment(1972년 6월 16일 스톡홀름 유엔 인간환경회의에서 채택됨) Principle 21: "States have, in accordance with the Charter of the United Nations and the Principles of International law, the sovereign right to exploit their own resources pursuant to their own environmental policies, and the responsibility to ensure that activities within their own jurisdiction or control do not cause damage to the environment of other States or of areas beyond the limits of national jurisdiction."

19) John H. Knox, "The Myth and Reality of Transboundary Environmental Impact Assessment," *American Journal of International Law*, 2002, p.293.

환경과 개발에 관한 리우선언 원칙 2는 스톡홀름선언 원칙 21과 거의 같은 내용을 규정하고 있으나, 국내 환경정책 외에 '개발'정책도 국가의 주권내용으로 포함하고 있다.[21] 환경오염방지의무에 관한 부분은 그대로 유지되는 반면에, 주권의 범위를 '개발'로 더 확대시킨 것은 주권의 개념을 더 우선시하려는 국가들의 이익을 반영한 것이라고 볼 수도 있을 것이다. 스톡홀름선언 원칙 21과 환경과 개발에 관한 리우선언 원칙 2는 오늘날까지 유엔 총회 및 수많은 유엔 결의안들과 국제환경조약에서[22] 확인된 바 있으며, 국제환경법의 근본으로 확립됨으로써 국제관습법으로 널리 인정되고 있다.[23]

3) 대기오염방지의무

중국의 황사현상은 한국에 대기오염을 불러일으키는 것으로써 여러

---

20) *Ibid.*, "states have the right to exploit their own resources *provided that* they ensure that activities within their jurisdiction or control do not harm the environment beyond their territory. Otherwise, the second clause would be a nullity."

21) Rio Declaration on Environment and Development(1992년 6월 8일 리우데자네이루 유엔 환경과 개발에 관한 리우선언에서 채택됨) Principle 2: "States have in accordance with the Charter of the United Nations and the principles of international law, the sovereign right to exploit their own resources pursuant to their own environmental and developmental policies, and the responsibility to ensure that activities within their jurisdiction or control do not cause damage to the environment of other States or of areas beyond the limits of national jurisdiction."

22) Birnie, Boyle, *supra* note 12, p.91; UNEP Principles, London Dumping Convention, the Geneva Convention on Long-Range Transboundary Air Pollution, the Ozone Convention, or the Basel Convention on the Transboundary Movement of Hazardous Wastes. Art. 192, 193, 194 of the 1982 UNCLOS.

23) Birnie, Boyle, *supra* note 12, p.90; Knox, *supra* note 19; Rio Declaration on Environment and Development, Jun. 14, 1992, *31 I.L.M. 874* (1992); David Freestone & Ellen Hey(eds.), *The Precautionary Principle and International Law*, Kluwer Law, International, The Haque, 1994; Edith Brown Weiss, *In Fairness to Future Generations: International Law, Common Patrimony and Intergenerational Equity*, Transrational Publishers, New York, 1989.

대기오염협약에 따라 중국은 대기오염을 예방할 의무가 있다고 할 수 있을 것이다. 1979년 국경을 넘는 광역 대기오염에 관한 제네바협약(1979년 Geneva Convention on Long-range Transboundary Air Pollution) 제2조에 의하면, 당사국들은 인간과 환경을 대기오염에서 보호하고 대기오염을 감소 또는 방지하도록 노력할 것을 결의하고 있다. 또, 1985년 유황 배출이나 국경을 넘는 유출의 최소 30% 감소에 관한 Helsinki 의정서(1985 Helsinki Protocol to the 1979 Convention on Long-Range Transboundary Air Pollution on the Reduction of Sulphur Emissions or Their Transboundary Fluxes by at least 30 percent) 제6조에서 당사국들은 1993년까지 유황 배출을 최소한 30% 이상 감소할 수 있도록 지체 없이 국가계획을 마련하고 정책과 전략을 수립하여야 한다고 한 바 있다. 그 밖에 1988년 산화질소의 배출이나 국경을 넘는 유출의 통제에 관한 Sofia 의정서, 1991년 휘발성 유기화합물의 배출이나 국경을 넘는 유출의 통제에 관한 Geneva 의정서, 의제 21(Agenda 21)의 제9장에서 대기오염 문제를 다루고 있다. 이 협약들은 동·서유럽의 거의 모든 국가와 미국 및 캐나다가 가입하고 있는 다자조약으로서 국제관습법의 발판을 만들어 나갔다.[24]

(2) 환경오염의 위험과 긴급상황을 완화할 의무(A Duty to cooperate in mitigating environmental risks and emergencies)

환경오염방지의무와 관련해서 크게 3가지 절차상의 의무가 있다는 것이 대다수의 견해이다. 그것은 바로 감독(assess), 통지(notify) 및 협의(consult)할 의무이다.[25] 오염원인을 제공하는 국가들은 심하게 환경오염을 발생시킬 위험이 있는 경우나 오염의 급박한 발생 가능성이 농후한 경우에는 인접국가들에게 향후 피해를 최대한 줄일 수 있

24) 유병화·박노형·박기갑, 국제법 II, 법문사, 2000, pp.820-824.

25) Knox, *supra* note 19, p.294.

도록 사전에 알리고 협력할 의무가 있다. 그리고 사전에 알리기 위해서는 당연히 감독할 의무도 따르게 된다. *Lac Lanoux* 분쟁사건에서도 서로 공유하는 운하에 관한 변경사항은 프랑스가 스페인에 대해 사전통지의무를 행사해야만 한다고 판시하였다.[26]

이와 같이, 당사국이 사전통지의무를 하지 않을 경우, 환경오염방지의무에 대한 위반사유가 되는지 문제될 수 있다. 사전통지의무를 다하지 않았음에도 불구하고 환경손해가 발생하지 않을 수도 있고, 또 반대로, 사전통지의무를 했는데도 환경손해가 발생할 수가 있다. 이런 문제를 해결해 나가는 데에는 아직 많은 어려움이 따르지만, 환경오염방지의무에 대한 취지에 중점을 두는 것이 타당할 것이다. 즉, 환경오염을 최대한 예방하고 최소화하기 위해 적절한 사전적 조치를 취할 수 있도록 보장해 주는 제도를 마련하는 것이다.[27] 이런 점에서 황사피해와 관련하여 사전적 주의의무를 종합적으로 검토해 보는 것이 바람직할 것이다. 그리고 무엇보다 중요한 것은 *Nuclear Tests* 사건과 ILC의 내용을 통해 인접국들에 대한 사전통고, 정보교환, 협의 등을 행할 의무가 있다는 것이 점차 재확인되면서 국제관습법으로 인정되었다는 것이 일반적인 견해이다.[28]

2. 불법행위책임 여부와 해로운 결과에 대한 책임 여부

(1) 불법행위책임 여부

불법행위책임은 한 국가가 스스로 국제의무를 위반하여 인접국에게 환경상의 침해를 발생시키는 것에 대한 전통적 책임이다. 불법행위책임이 성립되기 위해서는 첫째로 국제법상 그 행위가 국가에게 귀속(attributable, imputable)되어야만 한다. 둘째, 이러한 행위는 작위

26) *Lake Lanoux Arbitration* (Spain v. France), *1957 I.L.R,* p.101.
27) Knox, *supra* note 19, p.293.
28) Birnie, Boyle, *supra* note 12, p.103.

나 부작위로 성립할 수도 있으며, 무엇보다도 위법행위(breach of international obligation)가 존재해야만 한다.[29] 손해의 발생도 물론 있어야 한다. 주체의 귀책사유도 문제될 가능성이 있다는 견해[30]도 있으나, ILC 초안에는 명시적으로 규정되어 있지 않다. 그러나 무과실책임주의를 따르는 국제환경법에서 주관적(subjective) 요건을 따질 실익이 없다는 것이 대부분의 학자들의 견해이다.[31] 따라서 불법행위책임이 중국에게 귀속되기 위해서는 중국의 주관적 요건보다는 중국이 한국에 야기한 환경손해, 즉 객관적(objective) 요건을 살펴봐야 할 것이며, 구체적으로 중국의 상당한 주의의무의 위반이 있을 경우에는 환경피해에 대한 책임은 중국에 귀속된다.[32] 그리고 국가책임의 귀속성과 관련해서, 사인에 대한 불법행위책임과 더불어 국가에 대한 불법행위책임 역시 문제될 수 있다.

1) 사전적 조치-예방

① 주의의무

상당한 주의의무(Due Diligence and Harm Prevention)는 환경과 개발에 관한 리우선언 원칙 13에서 규정되었듯이, 환경오염을 방지하기 위한 국내법의 제도적 보장을 의미한다. 즉, 국내에 환경오염을 통제할 수 있는 환경법을 적용하여 국내뿐만 아니라 국외에도 환경오염이 발생하지 않도록 국제환경조약에 따라 협력할 것을 요구하는 것이다. 이 규정의 장점은 국가의 상황에 맞게 융통성 있게 적용될 수 있다는 것이다. 이것은 곧 자국의 과학적·기술적 그리고 경제적 능력

---

29) Report of the International Law Commission on the Work of Its Fifty-sixth Session, UN GAOR, 56th Sess., UN Doc. A/56/89 and Corr.1, art. 2(2002), 'Elements of an internationally wrongful act of a state.'

30) Brownlie, *supra* note 11, p.444.

31) Birnie, Boyle, *supra* note 12, p.142.

32) Report of the ILC, *supra* note 29. Art. 13; "an act of a state does not constitute a breach of an international obligation unless the State is bound by the obligation in question at the time the act occurs."

에 따라 효과적인 조치를 취하도록 하고 있는 대부분의 국제환경조약들에 근거한다.[33] 그러나 이는 국제법의 틀에서 벗어나지 않도록 해야 할 것이다. 그리고 이러한 주의의무 위반 사실이 국가책임의 귀속 여부를 검토하는 데에 매우 중요한 요소가 된다는[34] 점에서 구체적으로 짚어봐야 할 부분이다.

i) 국가 스스로의 행위에 대한 주의의무

타국에 피해를 주지 않도록 국가가 스스로 주의의무를 다해야 함에도 불구하고 국가가 이런 주의의무를 다하지 않는 경우에는 국제의무를 위반한 것이며 국가 스스로 한 행위로서 국가에 직접 귀속된다. 이러한 경우에는 어떤 의문의 여지도 없이 불법행위책임이 성립하게 된다.

ii) 사인의 행위와 관련한 국가책임

국가가 아닌 사인에 대한 행위에 대해서도 국가는 주의의무를 다할 책임이 있다. 1928년 *Palmas*섬 사건에서 판시하였듯이, 국가는 배타적 관할권을 행사함으로써 타국의 간섭을 배제하는 소극적 권리로서만 이해할 것이 아니라, 영토상에서 타국의 권리를 보호하여야 하는 적극적 의무도 수반한다.[35] 그러므로 *Tehran* 사건에서도 확인되었듯이, 국가는 영토상에서 이루어지는 모든 사인의 행위들이 타국민들에게 어떤 피해도 가하지 않도록 주의의무를 충실히 이행해 나가야 한다.[36] 스톡홀름선언 원칙 22에서도 "국가는 자국관할권이나 통제내의 활동으로 …" 끼친 손해를 배상해야 된다고 한 바, 사인의 행위는 국가의 관할권에 속하므로 '국가가' 주의의무를 다해야만 이런 환경오염배상책임을 면할 수 있게 된다. 그러므로 국가가 영역상에서

---

33) Birnie, Boyle, *supra* note 12, p.93.; 1972 London Dumping Convention.

34) *Ibid.*, pp.93-95; OECD, *Legal Aspects of Transfrontier Pollution*, p.385.; 김태천, "환경법에 있어서의 사전주의원칙," 형평과 정의, pp.232-233.

35) 김석현, "환경오염에 대한 국가의 국제책임," 국제법평론, 통권 제4호(1995-I), p.105,

36) Peter Malanczuk, *Akehurst's Modern Introduction to International Law*, 7th ed., Routledge, 1997, p.259.

사인의 행위로 인해 타국에게 환경오염을 야기시키고 있다는 것을 알고 있었음에도 불구하고, 이 문제에 대응하기 위하여 오염을 방지하거나 통제하려고 하지 않았다면, 환경오염방지의무에 대한 주의의무 위반행위가 발생한다.

② 사전주의원칙

사전주의원칙(Foreseeability of Harm and the Precautionary Principle)이라는 것은 환경손해 발생원인들을 예견 및 예방하고 이에 대처하기 위한 제도이다. 1980년 중반에 새로이 국제법의 개념으로 이해되기 시작했지만, 국내법에 의존해야만 하는 한계가 있었다.[37] 그러나 스톡홀름선언 원칙 21에서 밝힌 환경손상의 방지는 사전주의 의무의 존재를 예정하고 있는 것으로 보아야 한다. 이러한 절차적 요건이 부과되어야만 환경문제를 더 잘 해결할 수 있기 때문이다.[38] 국제법에서는 이 원칙에 관한 명백한 절차적 기준을 제시하고 있지는 않지만, 기본적으로 감독(assess)·통지(notify) 및 협의(consult)할 의무의 형태가 있다는 것이 일반적이다. 그리고 리우선언 원칙 15에서 명시적으로 사전주의원칙을 규정하고 있다. 이에 의하면 "환경을 보호하기 위해서는, 사전주의적 접근방식이 국가들에 의하여 그들의 능력 범위 안에서 폭넓게 적용되어야 한다. 회복할 수 없는 중대한 손해가 발생할 우려가 있는 경우에는, 충분한 과학적 확실성의 결여가 환경손해를 방지하기 위한 비용은 물론 효과적 조치를 지연시키는 이유로 되어서는 안된다"고 한다.[39] 즉 중대한 환경오염을 감독(assess)할 명백

37) Richard L. Revesz, Philippe Sands, Richard B. Stewart, *Environmental Law, the Economy and Sustainable Development*, Cambridge, 2000, chap. 12.

38) Birnie, Boyle, *supra* note 12, p.95.; 성재호, "인접국 오염원에 의한 환경피해의 국제법적 구제," 국제법학회논총, 제46권 제2호, p.108.

39) Rio Declaration on Environment and Development, Principle 15: "In order to protect the environment, the precautionary approach shall be widely applied by States according to their capabilities. Where there are threats of serious or irreversible damage, lack of full scientific

한 의무가 있는 것이다. 이 외에도 여러 국제환경조약에서 이 원칙을 언급하고 있다.[40] 한편, 사전주의원칙은 스톡홀름선언 원칙 21과 리우선언 원칙 2에 규정된 환경오염방지의무 또는 '사전방지원칙'과는 구별해야 한다. 사전방지원칙은 과학적으로 증명된 손해나 위험을 방지하기 위한 것임에 반하여, 사전주의원칙은 환경손해를 야기할 가능성만 있고, 과학적 불확실성이 존재하는 경우에도 적용된다는 점에서 구별된다.[41] 사전주의원칙에는 여러 제도들이 마련될 수 있다. 통지 및 협의가 그 대표적인 예가 되며, 이 외에도 환경영향평가제도가 있다.

i) 통지 및 협의의무

중국이 실제로 통지 및 협의의 의무(Obligation to notify and consult)를 다하였는지 측정하는 것은 매우 어려운 과제가 될 것이다. 무엇보다도 통지 및 협의의무는 단순히 형식적인 것이어서는 안되며 신의칙(good faith)에 합치하여야만 한다.[42]

통지 및 협의하기도 전에 오염국이 이에 대해 사전에 알고 있었는지가 가장 크게 문제된다. 알고 있지 않은 상태에서 통지 및 협의의무를 하지 않았다는 것은 오염국의 책임을 감소시킬 수 있으나, 명백히 알고 있었는데도 불구하고 피해국에게 통지조차 안하고 협의하려고 하지도 않았다면, 이것은 중대한 국제법상의 의무위반 행위가 되기 때문이다. 그리고 실제로 *Corfu Channel* 사례에서는 환경손해가 발생할 가능성에 대한 인식이 Albania의 책임을 인정하는 중요한 요소로 판시되기도 하였다. 그러나 이러한 '인식'이라는 것도 인식할 수 있

---

certainty shall not be used as a reason for postponing cost-effective measures to prevent environmental degradation."

40) 이재곤, "스톡홀름선언, 세계자연헌장 및 리우환경선언의 국제환경법적 비교연구," 충남대학교 법학연구소, 법학연구, 제9권 제2호(1999), p.94.; 1985년의 오존층 보존을 위한 비엔나협약, 몬트리올의정서, 동북대서양 환경보존조약, 기후변화협약, Maastricht 조약.

41) 김태천, "환경법에 있어서의 사전주의원칙," 형평과 정의, 제16집, p.228.

42) 성재호, 앞의 주 38)의 논문, p.109.

는 능력(Foreseeability)을 의미할 뿐, 인식 자체(Foresight)를 뜻하지는 않는다.[43]

ii) 감독할 의무 - 환경영향평가제도

환경영향평가제도(environmental impact assessment obligation)는 환경상황 또는 환경에 영향을 미칠 수 있는 활동과 관련한 일정한 정보를 관련국가 또는 국제기구에 제공하고 교환된 정보를 기초로 일정한 활동이 다른 국가에 미칠 수 있는 영향에 대해 협의함으로써 계획한 활동을 중단시키거나 대체적인 방법을 찾는 등 영향을 최소화하는 방안을 의미한다.[44] 그리고 국가의 환경오염 발생 가능성에 대한 인식능력과 환경손상 방지의 법적 의무를 위반하였는가를 결정하는 데 매우 효과적이다.[45] 감독 의무는 통지 및 협의할 의무에 부수적인 것으로서 통지 및 협의의무와 상호관계에 있다고 볼 수도 있지만, 실제로 감독의무는 수많은 국제환경조약들에 의해 명시되기도 하였다.[46]

2) 중국의 주의의무 위반 가능성

우선 중국이 이런 환경오염을 인식하고 통제할 능력이 있었는지가 문제될 것이다. 현재 중국의 산업발달과 황사현상이 우리나라에 심각한 환경오염을 초래하고 있다는 것은 이미 입증된 사실이다. 그리고

---

43) Birnie, Boyle, *supra* note 12, p.96, p.143; "Foreseeability, rather than actual foresight is required by the ILC's articles on International Liability."

44) 이재곤, 앞의 주 40)의 논문, p.100.

45) Knox, *supra* note 19; 성재호, 앞의 주 38)의 논문, p.109.

46) Birnie and Boyle, *supra* note 12, p.96; Art. 206 of the 1982 UNCLOS: "When States have reasonable grounds for believing that planned activities under their jurisdiction or control may cause substantial pollution of or significant and harmful changes to the marine environment, they shall, as far as praticable assess the potential effects of such activities on the marine environment and shall communicate reports of the results of such assessments"; ILC draft articles, UNEP Principles, 1991 ECE Convention on Environmental Impact Assessment.

중국은 이런 환경오염이 발생하고 있다는 것을 분명히 인식하고 있다. 황사는 매년 일어나는 현상으로서 중국에서도 피해를 보고 있는 바, 한국과 같은 인접국이 이런 오염문제를 겪고 있다는 것을 인식 못할 여지가 없다. 또, 대부분의 경우에는 오랜 기간 동안 환경오염이 계속적으로 발생하면 이 사실은 널리 알려지게 된다.[47] 이런 점에서 황사현상으로 인한 환경오염은 '지속적으로' 꾸준히 일어나고 있었기 때문에 중국이 인식할 수 있었을 뿐만 아니라, 예견 가능하였다는 점에서 중국은 국제관습법적으로 인정된 스톡홀름선언 원칙 21의 절차적 요건에 따라 감독·통지와 협의할 의무가 있다.

중국은 1990년대 후반에 들어서면서부터 'TEMM' 사업과 관련하여 1996년 회의에서 한·중·일 3국간 협력 및 조정을 담당할 공동위원회를 설치할 것에 합의한 바 있다. 하지만 이것은 중국이 감독·통지 및 협의할 의무를 다 이행했는지의 여부를 확정짓는다고 보기 힘들 것이다. 명백한 것은 황사의 영향으로 한국에 대기오염물질이 지속적으로 증가하고 있다는 것이다. 중국의 대기오염은 표준치(National Ambient Air Quality Standards)를 넘어섰다는 사실이 확인된 바 있다.[48] 그러므로 오랜 기간 동안 지속적으로 초국경적 환경피해가 발생해 왔고, 이에 대한 결과가 점차 심화되었다면, 이것을 통해서 중국이 주의의무를 다하지 않았다는 법률상의 추정을 할 수 있다.[49]

---

47) Marc Pallemaerts, "International Legal Aspects of Long-Range Transboundary Air Pollution," *Hague Yearbook of International Law*, 1988, p.208: "in most situations involving continuous transfontier pollution, the pollutants' crossing of the boundary will be widely known and their effects on the exposed environment will have been gradually built up."

48) World Bank, *supra* note 4, p.77.

49) Marc Pallemaerts, *supra* note 47, p.208: "Thus when the extraterritorial damage is caused by continuous pollution, the effects of which have gradually developed over a long period of time, there is a strong presumption of lack of due care on the part of the state from whose territory the pollution emanated."

이와 같이 중국은 인식할 능력(Foreseeability)이 있었을 뿐만 아니라, 인식(Foresight)을 하고 있었고, 중국이 주의의무를 다하지 않았다는 법률상의 추정으로 중국은 불법행위책임을 진다고 본다.

(2) 해로운 결과에 대한 책임 여부

국제책임은 불법행위책임 이외에 위험한 활동에 따른 결과에 책임을 질 수 있다. 해로운 결과에 대한 책임(International liability for injurious consequences arising out of acts not prohibited by international law)은 국가의 의무위반 없이도 발생할 수 있는 책임을 의미한다. 즉, 불법행위와는 달리, 국제법상 의무위반을 성립요건으로 하지 않으며, 단순히 위험한 활동에 따르는 결과에 대하여만 책임을 지게 되는 것이기 때문에 국제법상의 의무를 다했음에도 불구하고 위험한 결과책임을 질 수 있다.[50] 국가귀속성을 떠나 손해가 발생한다면 이에 대해 배상을 추구할 수 있어야 정의에 부합한다는 취지 아래 이런 책임을 인정하게 되었고, 실제로 초국경적 환경피해 발생에 대응하기 위해 설립된 것이다.[51] 이러한 책임을 인정하게 된 근본적인 배경은 문제의 손해를 입은 국가 또는 개인들이 '선의의 피해자'(innocent victims)라는 사실에 있다.[52] 이와 같은 책임은 무과실책임주의를 추구하는 국제환경법 분야에서 큰 의미를 두고 있다.

1) 성립요건

해로운 결과에 대한 책임의 유일한 성립요건은 '손해의 발생'이다. 위원회가 1990년에 문안작성위원회에 넘긴 동 초안의 제2조(g)에 의하면, 초국경적 손해는 물리적 결과로서 '인식할 수 있을 정도'(appreciably)여야 하며, '중대하게'(significant) 환경에 해를 줘야만

50) Knox, *supra* note 19: "The ILC approach thus raises the possibility of liability without responsibility."

51) Malanczuk, *supra* note 36, p.255.

52) 김석현, 앞의 주 35)의 논문, p.109.

한다고 규정하였다. 그리고 초국경적이라 함은 관할권의 한계에까지만 미치는 것이기 때문에 국제공역에 대한 손해에 대해서는 해로운 결과에 대한 국제책임이 적용되지 않는다.[53]

2) 중국의 해로운 결과에 대한 책임 여부

중국은 불법행위책임을 검토하면서 확인되었듯이, 인식할 능력은 있었고 환경피해는 한국의 관할권 내에서 발생하였으나, 중대한 환경피해라고 보기에는 사실상 많은 어려움이 따른다. 중대한 환경피해는 주로 원자력 사고와 같이 광범위하고 피해가 대규모로 발생하는 경우에만 한하는 것이 국제법에서는 일반적이다. 이 때문에, 지속적이지만 원자력 사고만큼 피해가 심각하지 않은 황사피해에 대한 해로운 결과에 대한 책임을 중국에 대하여 추궁하는 것은 힘들다. 이런 피해의 중대성이 인정된다 하더라도 해로운 결과에 대한 책임규정은 초안에 불과하기 때문에 법적 구속력이 없는 초안에 근거하여 중국에 대하여 책임을 지게 하는 것은 거의 불가능하다.

3. 사후적 조치-구제방법

한국 황사피해에 대한 중국의 불법행위책임이 인정됐으므로 어떠한 사법적 구제방법이 있는 지 살펴보도록 해야 할 것이다. 우선 사법적인 처리를 국내법원에 소송을 제기하여 국제사법상으로 구제방안을 모색할 수도 있으며, 국가간의 해결을 유엔헌장 제33조 1항에 따라 직접교섭, 심사, 중개, 조정, 국제중재재판, 사법적 해결, 지역적 기관 또는 지역적 협정의 이용 기타 평화적 수단에 의하여 해결할 수 있다. 국제사법상의 구제방안과 국제법상의 구제방안에는 무엇이 있는지 검토해 보도록 한다.

53) 위의 논문, pp.118-119.

(1) 국제사법상 구제

환경오염으로 피해를 입은 사인은 자국 또는 오염원 국가의 법원에 피해보상에 대한 국제소송을 제기할 수 있다. 하지만 이 소송이 오염원 국가의 법원에서 소송을 제기할 것인지, 아니면 자국에 대해 소송을 제기할 것인지 문제가 될 수 있다. 또 당사자능력의 문제도 발생할 수 있다. 소송이 국가의 영토 밖에서 이뤄지고 외국인이 소송을 제기하는 경우에는 당사자능력이 배제될 가능성도 있다. 더 나아가, 현실적으로 양국간의 환경오염에 관한 국가책임협약이 체결되지 않았다면, 외국판결의 승인과 집행은 인정하기 힘들다.[54] 중국과 한국은 환경협력에 관한 협정을 체결하였지만, 국가책임에 관한 협정이 아니므로 국제사법을 통해 한국인이 중국 법원에 대하여 황사피해에 대한 소송을 제기하는 것은 사실상 많은 어려움이 따른다.

(2) 국제법상의 구제

환경오염 피해를 입은 피해국은 오염원 국가를 상대로 국제사법재판소에 소송을 제기하거나 국제중재에 회부할 수 있다. *Cosmos 954* 호 사례에서도 확인되었듯이, 국가 자신이 피해자라고 간주하는 경우에도 가해국에 대하여 직접 손해배상청구를 할 수 있다.[55] 그 외에도 *Corfu Channel case*가 대표적인 예가 될 수 있다. 실제로 이러한 배상책임을 인정함으로써 환경의 복원 기능뿐만 아니라 예방적 기능도 할 수 있다는 점에서 매우 효과적인 제도이다.[56]

국제소송을 제기하기 위해서는 우선적으로 불법행위가 성립해야 한

54) 박기갑, "환경오염으로 인한 손해의 국제법적 구제방안," 환경법연구, 제23권 제1호, p.185.

55) 위의 논문.

56) 노명준·성재호·최승환·서철원, 앞의 주 13)의 논문, p.63.; Alexander Kiss, "Present Limits to the Enforcement of State Responsibility for Environmental Damage" in *International Responsibility for Environmental Harm* (F. Francioni and T. Scovazzi, eds.), Graham & Trotman, 1991, p.7.

다. 그 다음으로 당사자 능력과 국내구제절차가 완료(Local Remedies Rule)되어야만 한다.

1) 당사자능력

사법상의 구제를 요청하기 위해서는 당사자능력이 인정되어야 하며, 원칙적으로 피해국(injured state)에 대하여만 인정하는 것이 원칙이다. 하지만 국제환경법에서는 피해국을 한정시키는 데에 많은 어려움이 따른다. 초국경적 환경오염은 공역까지 미칠 수 있다는 점에서 결국 모든 국가들이 피해국이 되는 상황까지 미칠 수 있기 때문이다. 특히, 대기오염 분야에서는 당사자능력을 인정하기가 매우 힘들다.[57]

2) 국내구제절차 완료의 적용

국내구제절차의 완료(Local Remedies Rule)는 국제환경법에서 적용 가능할 것이나, 이에 대한 반론이 있다. 첫 번째로, 초국경적 피해자는 가해국의 관할에 자발적으로 들어간 것이 아니라는 점이다. 또 하나는 국내구제절차의 완료는 개인이나 그 재산의 침해시에 적용되는 것으로 국가 자신에 대한 직접 침해시에는 필요가 없다. 즉, Amerasinghe에 의하면 "국가관행과 판례상에서 입증되었듯이, 비록 일국의 사인의 권리가 침해되었더라도 국가에 대한 직접 침해가 발생하는 경우에는 국내구제완료의 원칙이 적용되지 않는다"고 한다.[58]

V. 결 론

한국은 중국에 대하여 불법행위책임을 추궁하는 것이 타당하다. 중국은 국제사회의 일원으로서 국제관습법화된 스톡홀름선언 원칙 21

57) Birnie, Boyle, *supra* note 12, pp.154-155.
58) *Ibid.*, p.158.

에 기초하여 환경오염을 방지할 의무가 있다는 것이 명백하고 이에 대한 주의의무를 다해야 했음에도 불구하고, 한국에 대한 황사피해를 방지하기 위한 조치를 취하지 아니하였다고 법률상으로 추정되며, 중국의 국제법상의 의무위반으로 인한 책임은 중국에게 직접 귀속된다 할 것이다. 그 반면에, 해로운 결과에 대한 책임을 추궁하는 것은 현실적으로 힘들다.

불법행위책임이 인정된다 하더라도 불법행위에 대응하는 데 있어서는 한계가 따른다. 중국과 한국은 ICJ 합의를 통해서만 이에 대한 심사를 회부할 수 있을 것이고, 중국은 이에 승낙하지 않을 가능성이 매우 높기 때문이다. 대신 중재, 주선이나 조정과 같은 절차를 밟는 것도 가능하겠지만, 이러한 제도들은 당사국들을 법적으로 구속하지 않기 때문에 불법행위책임에 근거한 손해를 보상 받을 가능성은 매우 희박하다. 그러므로 현재 가장 중요한 과제는 효과적이면서도 실행가능한 사후적 구제방법을 마련하기 위한 법체계를 정립하는 것이다. 그리고 이것을 달성하기 위한 궁극적인 수단은 바로 한국과 중국간의 국제책임에 관한 양자조약을 체결하는 것이다. 양자조약을 통해서 효과적인 분쟁해결절차를 가능하게 하고, 사전적 조치에 관한 절차상의 규칙이나 지침을 명시적으로 규정함으로써 환경오염을 한국에서뿐만 아니라, 중국에서도 감소시킬 수 있을 것이다. 이것은 서로의 협력을 더 도모하면서 자신의 국가와 타국의 환경오염을 줄일 수 있는 이중효과를 누릴 수 있게 한다.

이에 아울러, 양국민의 건강과 그들의 환경권을 보장할 수 있는 방침이 될 것이다. 인간은 천부적으로 깨끗한 환경에서 살 기본적인 권리가 보장되어야 하므로 정부측에서는 양국간의 조약을 통한 사법적 구제방안의 마련을 적극적으로 추진해야 할 것이다.

<참고문헌>

Ⅰ. 단행본

유병화·박노형·박기갑, 국제법 II, 법문사, 2000.

Birnie P.W. & Boyle A.E., *International Law and the Environment* (Oxford: Clarendon Press, 1992).

Brownlie I., *Principles of Public International Law* (Oxford: Clarendon Press, 1999).

Hardoy J., Martin D., Satterthwaite D., *Environmental Problems in Third World Cities* (London: Earthscan Publications Ltd., 1993).

Malanczuk P., *Akehurst's Modern Introduction to International Law*, 7th ed.(Routledge, 1997).

Revesz R.L., Sands P., Steward R.B., *Environmental Law, the Economy and Sustainable Development* (Cambridge: Cambridge Univ. Press, 2000).

Tolba M.K., El-Kholy O.A., *The World Environment 1972-1992* (Chapman and Hall, 1992).

Ⅱ. 논 문

김석현, "환경오염에 대한 국가의 국제책임," 『국제법평론』, 통권 제4호(1995).

김태천, "환경법에 있어서의 사전주의원칙," 『형평과 정의』, 제16집(2001).

노명준·성재호·최승환·서철원, "동북아 환경협력 체제에 관한 법적 연구," 『국제법학회논총』, 제46권 제1호(2001).

박기갑, "환경오염으로 인한 손해의 국제법적 구제방안," 『환경법연구』, 제23권 제1호(2001).

성재호, "인접국 오염원에 의한 환경피해의 국제법적 구제," 『국제법학회논총』, 제46권 제2호(2001).

Knox J.H., "The Myth and Reality of Transboundary Environmental Impact Assessment," *American Journal of International Law* (2002).

Pallemaerts M., "International Legal Aspects of Long-Range Transboundary Air Pollution," *Hague Yearbook of International Law* (1988).

Ⅲ. 기타 자료

김민호, 황사피해방지 종합대책, 환경부, 2003.

Corfu Channel case(U.K. v. Albania), Judgements, *I.C.J. Reports* 1949.

Trail Smelter Arbitration(United States v. Canada), 3 R.I.A.A. 1941.

Stockholm Declaration on the Human Environment 1972.

Rio Declaration on Environment and Development 1992.

Report of the International Law Commission on the Work of its Fifty-sixth Session, U.N.GAOR, 56th Session 2002.

World Bank, China Air, Land and Water: Air Pollution Control, 1997.

Andrew Bridges, "Dirty Air Has Gone Global," *Toronto Star*, June 1, 2002.

Howard W. French, "China's Growing Deserts are Suffocating Korea," *N.Y. Times*, April 14, 2002.

ICC의 관할대상 범죄로서 침략범죄 조항 채택을 위한 논의 *

박 진 아

* 제5회(2005) 대학(원)생 국제법 논문 경시대회 대학원생 부문 최우수상.

Ⅰ. 들어가며

유엔 총회 결의 제52/160호(1997년 12월 15일)에 따라 1998년 6월 15일에서 7월 17일까지 로마에서 개최된 'ICC 설립에 관한 유엔 전권외교회의'(이하 로마회의)는 1998년 7월 17일 「ICC에 관한 로마규정」(이하 로마규정)을 채택하였다.[1] 이 규정은 재판소가 관할권을 행사할 수 있는 특정 범죄와 재판소의 기능에 대한 오랜 기간의 협의 끝에 나온 결과물이었다.[2] ICC는 로마규정 제5조 1항에 따라 제노사이드, 인도에 반하는 죄, 전쟁범죄 그리고 침략범죄 이렇게 4개의 핵심 범죄에 대하여 관할권을 행사하는데 로마회의에서 침략범죄를 제외한 3개의 관할범죄만이 정의되었다.

침략범죄는 로마회의 동안 내내 논란의 대상이었다. 일부에서는 국제관습법상 침략범죄에 대한 정의가 없다는 근거로 로마규정에 침략범죄를 포함시키는 것 자체를 반대하기도 하였다. 결국 침략범죄의 정의가 최종안의 완성기간 안에 합의될 수 없었기 때문에 로마규정에 "재판소의 관할권행사 조건을 정하는 조항이 채택된 후 재판소는 침략범죄에 대한 관할권을 행사한다"는 조항(제5조 2항)을 포함시키고 침략범죄에 대한 정의를 다음으로 미루었다. 이에 따라 ICC는 로마규정 제121조(개정)와 제123조(규정의 재검토)에 따라 ICC의 관할권행사 조건이 채택되어야 관할권을 행사할 수 있게 되었다.

로마회의에서는 침략범죄에 관해 크게 세 가지 쟁점이 있었는데,

---

1) Rome Statue of the International Criminal Court, U.N. Doc. A/CONF. 183/9(1998).

2) ICC의 발전에 대한 역사적 배경은 다음 글을 참고. 최태현, "국제형사재판소체제의 출범," 『국제법 동향과 실무』, 제2권 제1호(2003), 3-15쪽; 정인섭, "국제형사재판제도의 발전," 『국제인권법』, 제5호(2002), 1-31쪽; J. Holmes Armstead, Jr., "The International criminal Court: History, Development and Status," 38 *Santa Clara L. Rev.* 745(1998).

첫째, 침략범죄를 ICC 관할대상범죄로 로마규정에 포함시킬 것인지 여부, 둘째, 침략범죄의 정의방식과 셋째, 침략범죄와 관련한 안보리의 역할에 관한 쟁점이 논의되었다. 이 세 가지 쟁점 중 첫 번째는 침략범죄가 조건부로 로마규정에 포함됨으로써 해결되었으나 나머지 두 가지는 ICC 준비위원회(Preparatory Commission)에서 그 논의가 계속되었다.

침략범죄 조항의 채택을 위해 로마회의 최종의정서(Final Act)는 준비위원회가 침략범죄에 관한 정의와 ICC의 침략범죄에 관한 관할권행사의 요건을 규정한 제안을 준비하도록 하는 임무를 부여하였다.[3] 준비위원회의 제안은 당사국총회에 제출후 채택되어 로마규정의 개정절차를 거침으로써 발효하게 된다. 이 글은 침략범죄의 관할권 조항의 채택을 위해 필요한 논의를 검토하기 위해 먼저 침략범죄의 역사적 배경을 살펴보고, 준비위원회의 제안을 중심으로 침략범죄의 정의와 관할권행사를 위한 조건 및 그 외의 관련문제를 검토하고 적절한 규정안을 제시하고자 한다.

Ⅱ. 침략범죄의 역사적 배경

1. 뉘른베르크재판

무력사용이 본격적으로 금지되기 시작한 제2차 세계대전 이전에는 사실상 침략행위가 국제법의 위반이라고 할 수 없었다. 제1차 세계대전후 1919년 전 독일황제 빌헬름 2세에 대해 역사상 처음 공식적으로 전쟁에 대한 개인의 책임을 물을 때에도 그는 무력사용의 위

---

3) 최종의정서(The Final Act of the U.N. Diplomatic Conference of Plenipotentiaries on the Establishment of an International Criminal Court, UN Doc. A/CONF.183/10(1998), 결의 F, 7항.

법성이 아닌 '국제도덕과 조약 의무에 대한 최악의 위반'으로 기소되었다.[4)]

침략범죄에 관한 새로운 접근방식은 제2차 세계대전의 주된 전쟁범죄자들을 재판하기 위한 뉘른베르크재판에서 이루어졌다. 즉, 제1차 세계대전후 독일인 모두에 집단적 책임을 물은 베르사이유 형식의 조약 대신에 제2차 세계대전 후에는 전쟁의 만행에 대해 책임이 있는 군지도자를 개별적으로 재판하였다. 뉘른베르크국제재판소헌장(이하 뉘른베르크헌장)은 '평화에 반한 죄,' '인도에 반하는 죄,' '전쟁범죄'를 규정하고 '평화에 반한 죄'에서 침략전쟁에 대해 규정하였다.[5)] 뉘른베르크재판소는 "침략전쟁의 시도는 국제범죄일 뿐만 아니라 다른 전쟁범죄와는 달리 그 자체가 모든 범죄를 포함하고 있는 최고의 국제범죄"라고 판시함으로써 침략범죄를 다른 범죄와 구분하였다.[6)] 뉘른베르크헌장 및 뉘른베르크 판결은 국제관습법으로서 침략범죄에 대한 개인의 형사책임을 권위적으로 확인한 것으로 인정받으며 1946년 유엔 총회 결의와[7)] ILC의 '인류의 평화 및 안전에 반하는 범죄법전초안' 작업에 반영되었다.

---

4) Versailles Treaty of Peace with Germany, 1919, Peace Treaties, II, 1265, 1389(Yoram Dinstein, *War, Aggression and Self-Defence*, 3rd ed., Cambridge Univ., 2001, p.106에서 재인용).

5) 뉘른베르크헌장 제6조 a호, "침략전쟁 또는 구제조약, 협정 또는 약정을 위반하는 전쟁의 계획·준비·개시 또는 수행, 또는 상기 행위를 실행하기 위한 공동계획 또는 공모에의 참가"(Annex to Agreement for the Prosecution and Punishment of the Major War Criminals of the European Axis, 1945. 8. 8, *U.N.T.S.*, Vol. 82, 1951).

6) Benjamin B. Ferencz, "An International Criminal Code and Court: Where They Stand and Where They're Going," 30 *Colum. J. Transnat'l.* 375(1992), p.452. 동경극동국제군사재판소도 뉘른베르크헌장의 침략범죄를 포함한 규정과 유사한 조항으로 지휘자를 처벌하였다.

7) Affirmation of the Principle of International Law recognized by the Charter of the Nürenberg Tribunal, G.A. Res. 95(1), U.N. GAOR, 1st Session, 55th Plen. mtg.(1946).

2. 침략을 정의하기 위한 유엔의 노력

(1) ILC의 '인류의 평화와 안전에 반하는 범죄법전초안' 작업

유엔 총회의 요청에 따라[8] 시작된 ILC의 1954년 '인류의 평화와 안전에 반하는 범죄법전초안' 작업[9]에서 ILC는 개인의 형사적 책임을 가져오는 침략범죄를 구성하는 특별한 상황을 목록화하면서 열거적인 접근방식을 취하였다.[10] 이 초안작업은 그러나 1954년 총회에 의해 지연되었고 1982년까지 제기되지 않았다.

1996년 초안은 침략범죄에 대한 개인의 책임을 유지하면서 좀 더 일반적인 접근방식을 택했다.[11] 이러한 정의는 뉘른베르크재판소의 전례를 뛰어넘지 않았으며[12] 지도자범죄에 한정하였다. 그러나 초안 코멘터리에서 침략범죄에 대하여 책임이 있는 자는 "정부 구성원을 포함하여 … 군대에서 높은 지위를 차지하는 사람과 같이 넓은 의미로 이해되어야 한다"는 견해를 지지하였다.[13] 침략행위는 국가에 의한 침략으로 한정하였고 "유엔헌장 제2조 4항에 포함되는 금지에 대해 충분하게 중대한 위반일 것"을 요구한다고 언급하면서[14] 개인범죄의 책임을 묻기 위한 위반의 '중대성'에 대한 논란을 가져왔다. 하지만, '침략'이란 단어 자체는 정의되지 않았다. 1954년과 1996년 사이에 ILC

---

8) G.A. Res. 177(Ⅱ), U.N. GAOR, 2d Sess., U.N. Doc. A/519(1947).

9) 김석현, "UN ILC의 작업현황," 『국제법평론』, 통권 제3호(1994), 153-160쪽; 통권 제5호(1995), 245-251쪽; 통권 제7호(1996), 209-231쪽; 통권 제9호(1997), 234-236쪽 참조.

10) ILC, Draft Code of Offences Against the Peace and Security of Mankind, in *YILC, Vol. Ⅱ(1954)*, 제2조 1항.

11) ILC, Draft Code of Offences Against the Peace and Security of Mankind, in *YILC, Vol. Ⅱ(2) (1996)*, 제16조.

12) Andreas L. Paulus, "Peace through Justice? The Future of the Crime of Aggression in a Time of Crisis," 50 *Wayne Law Review* 1(2004), p.18.

13) Commentary to Art. 16, Draft Code of Crime, *supra* note 11, p.43.

14) *Ibid.*

는 모두 세 번의 초안을 냈지만, 결국 유엔에 의해 어느 것도 채택되지 못했다.

(2) 유엔 총회 결의 제3314호

유엔 총회는 1952년 특별위원회를 설립하여 침략의 정의를 논의하였는데[15] 침략 정의의 필요성에 대해서는 합의가 이루어졌지만 결국 미국과 소련간의 냉전이 심화되면서 그 논의가 중단되었다. 그로부터 20년후 유엔 총회는 1974년 12월 14일 컨센서스로 침략의 정의에 관한 유엔 총회 결의 제3314호를 채택하였다.[16]

동 결의 제1조는 침략을 "한 국가가 타국의 주권, 영토보전 또는 정치적 독립에 대한 무력사용, 또는 유엔헌장에 위반된 것으로서 이 결의에서 규정하고 있는 다른 방식으로의 무력사용"으로 유엔헌장 제2조 4항과 다소 유사하게 정의하고 있다. 이 정의는 단순한 무력사용의 위협은 포함하지 않으며 주권을 침해하는 무력사용에 대한 금지의 성격을 가진다. 제2조는 한 국가가 유엔헌장에 위반하여 행한 제1차적인 무력의 사용은 일응(*prima facie*) 침략행위의 증거로 간주된다고 규정하고 있으며[17] 제3조는 침략행위에 해당하는 7개의 상황을 열거하였다.[18] 제5조에서 특별히 '침략전쟁'을 국제평화에 반하는 범죄라고 규정하면서도 침략전쟁에 대하여 어떠한 정의도 제공하고 있지 않다. 더욱이 제5조는 침략전쟁과 침략 자체를 구분하는 기초 위에서 후자가 국제책임을 야기한다고 규정하고 있다.

ICJ는 유엔 총회 결의 제3314호를 관습법의 표현으로 다루고 있

---

15) U.N. Doc. A/RES/688(Ⅶ), U.N. GAOR. Suppl. 20(A/2361), para. 5(a), (b) (1952).

16) Definition of Aggression, G.A. Res. 3314(XXIX), U.N. GAOR, 6th Comm., 29th Sess, 2319th plen. mtg.(1974).

17) *Ibid.*, Annex, 제2조.

18) *Ibid.*, Annex, 제3조. 그러나 제4조에서 이렇게 열거된 상황이 침략행위의 전부가 아니며, 안보리가 이에 구속되지 않고 유엔헌장의 규정에 따라 다른 행위도 침략행위로 결정할 수 있음을 규정하고 있다.

으나[19] 총회의 결의는 유엔 회원국가를 구속하는 것이 아니라 단지 설득하는 것이라는 점과 결의 제3314호를 통해 총회는 유엔헌장 제39조 안에 포함된 용어를 해석하는 것으로 안보리를 위한 지침서라는 점을 고려할 필요가 있다. 즉, 총회의 결의에 의한 침략의 정의는 예시에 지나지 않으며 법적이기보다 정치적이라는 제한이 있다.

3. 소결 : ICC를 통한 역사적 노력의 지속

침략범죄를 정의하기 위한 역사는 이것을 정의한다는 것이 얼마나 힘겨운 작업인가를 잘 설명해 준다. 그러나 한편으로 그 오랜 시간의 노력으로 침략범죄에 대한 인식과 그에 따른 처벌의 필요성이 강화되었다. 침략범죄를 정의하려는 노력은 로마규정에 따른 ICC의 설립을 통해 계속되었다. 비록 로마규정 채택시 로마규정 내에 침략범죄의 정의 및 관할권행사 조건을 정한 조항 마련에 실패하였지만 로마회의 최종의정서에 따라 설립된 준비위원회를 통해 침략범죄에 관한 논의를 지속하였다. 1999년 2월부터 2002년 7월에 이르기까지 총 10차례 회의를 개최하고 침략범죄에 관한 실무작업반(Working Group)을 설립하여 논의를 진행한 준비위원회는 그러나 최종적인 합의에 도달하지 못하고 그 임무를 종료하였다. 대신 지금까지 제기되어 왔던 다양한 제안과 견해를 단일문서에 종합적으로 반영・정리함으로써 장래 이에 관한 논의의 유용한 기초자료를 제공하는 터전을 마련하는 성과를 거두었다. 준비위원회의 침략범죄 조항 마련을 위한 논의는 당사국총회의 결의[20]에 따라 설립된 당사국총회 내의 특별실무작업반(Special Working Group)의 2004년, 2005년 회기간 비공식 회의

---

19) Nicar. v. U.S., 1986 I.C.J. Reports at 104(June 27; Frowein & Krisch, Article 39, in Bruno Simma(ed.), *Charter of the United Nations: A Commentary*, Oxford Univ. Press, 1995, p.610.

20) Assembly Resolution ICC-ASP/1/RES.1(2002. 9. 9).

(Informal inter-sessional meeting)의 논의의 결과가 당사국총회의 요청에 따라 당사국총회에 제출되고 있다.[21]

Ⅲ. 침략범죄의 정의

침략범죄를 정의하는데 있어 무엇보다 먼저 고려해야 할 것은 형법의 기본원칙으로서의 '죄형법정주의의 준수'와 '유엔헌장의 관련 규정과의 부합'[22]이다. 비록 준비위원회는 당사국총회에 완성된 제안을 제출하는데 실패하였지만 침략범죄 마련을 위한 기초를 마련하는데 이바지하였다.[23] 여기서는 준비위원회의 침략범죄의 논의의 중심이 되는 통합안[24]과 그리스·포르투갈의 제안(이하 그리스안),[25] 보스니아·뉴질랜드 및 루마니아의 제안(이하 보스니아안)[26][27] 및 마지막 회의

21) Informal inter-sessional meeting of the Special Working Group on the Crime of Aggression, held at the Liechtenstein Institute on Self-Determination, Woodrow Wilson School, Princeton University, New Jersey, United States, from 21 to 23 June 2004(ICC-ASP/3/SWGCA/INF.1), from 13 to 15 June 2005(ICC-ASP/4/SWGCA/INF.1).

22) 로마규정 제5조 2항.

23) Special Working Group on the Crime of Aggression, Forth Session, ICC-ASP/4/SWGCA/INF.1, Annex Ⅱ, p.20.

24) Consolidated Text of Proposals on the crime of aggression prepared by the Coordinator, Proceedings of the Preparatory Commission, ninth session(이 제안은 최초 제3차회의에서 제시됨. 이하 Consolidated Text by Coordinator), U.N. Doc. PCNICC/2002/L.1/Rev.1.

25) Proposal submitted by Greece and Portugal, U.N. Doc. PCNICC/1999/WGCA/DP.1.

26) Proposal submitted by Bosnia and Herzegovian, New Zealand and Romania, Conditions for exercise of jurisdiction over the crime of aggression, U.N. Doc. PCNICC/2001/WGCA/DP.2/Add.1.

27) 준비위원회의에 제출된 제안의 자세한 내용에 관해서는 최태현, "국제형사재판소 관할대상범죄로서의 침략범죄의 정의," 『국제법학회논총』, 제47권 제3호(통권 제94호), 226-231쪽(Ⅳ. 침략범죄의 정의- 2. 침략범죄의 정의에 관한 제안들) 참조.

에서 실무작업반 의장이 침략범죄의 정의에 대해 지금까지 제기되어 왔던 다양한 제안과 견해를 하나의 문서로 정리한 토론보고서[28](이하 토론보고서)를 중심으로 침략범죄의 정의에 있어 쟁점별 접근을 통해 검토하고 가장 적절한 정의안을 제시하고자 한다.

1. 침략범죄의 정의방식 : 포괄적 정의방식 v. 열거적 정의방식

침략범죄의 정의방식의 선택에 관한 문제는 침략범죄의 정의에 있어 여전히 핵심사안으로서 지금까지의 침략범죄의 정의를 위한 제안의 전례를 살펴볼 때, 일반적이고 추상적인 방법으로 정의를 하는 '포괄적 방식'(generic approach)과 침략범죄를 구성하는 특정 행위를 열거하는 '열거적 방식'(list approach)으로 나눠볼 수 있다.[29]

먼저 열거적 정의방식을 선호하는 입장에 따르면, 다년간에 걸쳐 여러 국가가 참여하여 이루어낸 합의로서 국제관습법을 반영한 유엔 총회 결의 제3314호에 담고 있는 내용을 재현해야 한다고 주장한다.[30] 또한 ICC의 다른 관할권범죄가 열거적 접근방식을 취하고 있으며 다른 조항과의 조화라는 측면에서 침략범죄에도 이와 같은 방식이 적용되어야 한다는 점이 부각되었다. 그러나 열거적 정의방식은 다음과 같은 측면에서 적절하지 못하다. 먼저, 열거적 정의방식의 근

---

28) Discussion paper proposed by the Coordinator, U.N. Doc. PCNICC/2002/WGCA/RT.1/Rev.1.

29) 이 두 가지 접근방식 외에도 포괄적 정의를 먼저 한 후에 침략범죄의 사례를 열거하는 식의 절충적 방식과, 처음부터 개인의 침략범죄와 국가의 침략행위를 구별하여 개인의 침략범죄는 포괄적 정의방식에 따르고, 국가의 침략범죄는 유엔 총회 결의 제3314호의 방식을 인용하자는 제안이 있었다(Discussion Paper proposed by the Coordinator, *supra* note 28, paras. 1, 2, p.1). 다만, 여기서는 상반되는 두 가지 접근방식을 통해 각각의 장단점을 살펴볼 수 있으므로 다른 접근방식에 대한 상세한 논의는 생략하기로 하겠다.

30) Consolidated Text by Coordinator, *supra* note 24, Option 1, Variation 3.

거가 되고 있는 총회 결의 제3314호에 열거된 내용이 국제관습법의 핵심을 반영한 것이 아니라 그 시대의 정치적 상황을 반영하고 있다.[31] 또한 동 결의는 국가행위에 관한 것이지 개인의 형사책임과는 관련이 없으며[32] 그 목적이 정치적 기관인 안보리에 지침을 제공하기 위한 것으로 형사법 분야에서의 정의가 아니었다.[33] 무엇보다, 그리스안에서 지적되었듯이, 열거적 방식은 침략행위에 해당하는 각 행위를 정하는 과정에서 교섭기간을 장기화할 우려가 있다.[34] 또한 열거적 정의방식은 비교적 명확한 서술을 통해 죄형법정주의 원칙에 충실하다는 평가를 받지만 다른 한편으로는 앞으로 일어날 범죄의 모든 가능한 유형을 고려한다는 것이 불가능하다는 점에서 죄형법정주의를 충족시키기 어렵다.[35]

한편, 포괄적 방식을 주장하는 입장을 살펴보면 크게 '침략전쟁'을 범죄화한 뉘른베르크헌장의 정의방식에 따르는 방식과[36] 총회 결의 제3314호의 제1조에 유엔헌장 제2조 4항도 고려하여 무력의 불법적 사용에 대한 다른 유형에 대한 정의를 확장하는 방식, 이 두 가지가 제안되었다.[37] 뉘른베르크헌장의 정의방식의 지지자들은 뉘른베르크

---

31) Irina Kaye Müller-Schieke, "Defining the Crime of Aggression Under the Statue of the International Criminal Court," 14 *Leiden Journal of International Law* 409(2001), p.415.

32) J. Stone, "Hopes and Loopholes in the 1974 Definition of Aggression," 71 *AJIL* 225(1977), p.245.

33) Grant M. Dawson, "Defining Substantive Crimes Within the Subject Matter Jurisdiction of the International Criminal Court: What is the Crime of Aggression?," 19 *N.Y.L. Sch. J. Int'l & Comp. L.* 413-452 (2000), p.444.

34) 그리스안, *supra* note 25, pp.1-2.

35) 흥미롭게도 이러한 논의는 1974년의 침략범죄의 정의를 단순히 대체했던 1991년 '인류의 평화와 안보에 반하는 범죄법전초안'이 논의될 때 ILC의 대다수 위원으로부터 제기되었다(Summary records of the meetings of the 47th Session of the ILC, 1995 *YILC*, Vol. Ⅰ, p.3).; Commentary by Colombia on the Italian proposal mad orally in the Working Group on 13 March 2000, PCNICC/2000/WGCA/DP.2, at para. 1 참조.

36) Consolidated Text by Coordinator, *supra* note 24, p.14, Option 2.

헌장을 국제법상 유일하게 권위있는 문서로 강조하면서 실질적으로 개인의 형사책임을 확립하고 인정한 문서라고 주장한다. 그러나 뉘른베르크헌장의 '침략전쟁'의 정의는 과거의 전쟁과 관련된 것으로 현시대의 위법행위의 유형에는 대체로 적용되지 못한다는 점을 비판받았다.[38] 총회 결의 제3314호에 근거한 정의도 총회 결의가 가지는 의미에 따른 한계가 있다. 그러나 포괄적 정의방식 자체는 죄형법정주의 원칙에 따라 범죄를 명확하게 규정하면서도 정의가 간결하고 일반적이며 ICC에 판단 재량을 부여할 만큼 유연하다는 큰 장점이 있다. ICC의 다른 관할권범죄와 달리 정치적 성격이 강한 침략범죄는 국가간 이해관계의 충돌로 합의에 이르는 과정이 험난하다. 그런 측면에서 다른 관할권범죄 조항과의 조화보다는 침략범죄를 적절하게 정의할 수 있는 방식을 택해야 하며 이에 따라 열거적 정의방식보다는 포괄적 정의방식의 채택이 적절하다고 판단된다.

2. 침략범죄 정의의 내용적 측면에서의 쟁점

(1) 침략범죄 정의를 위한 제한적 접근

1) '침략'의 정의에 대한 제한적 논의

침략을 정의하기 위한 준비위원회의 시도가 다양했음에도 불구하고 그러한 논의는 실질적인 전쟁 또는 무력공격에 제한되어 있었다.[39]

---

37) Consolidated Text by Coordinator, *supra* note 24, p 13, Option 1.

38) Silvia A. Fernandez de Gurmendi, "Completing the Work of the Preparatory Commission: The Working Group on Aggression at the Preparatory Commission for the International Criminal Court," 25 *Fordham Int'l L.J.* 589(2002), pp.595-596.

39) Silvia A. Fernandez de Gurmendi, *ibid.*, p.597; Bengt Broms, "The definition of aggression," *Academie de Droit International, Recueil des Cours*, Tome 154 I(1977), Alphen aan den Rijn: Sijthoff & Noordhoff, 1978, p.325(1953년 침략범죄 정의를 위한 ILC 특별위원회의에서 초안의 권고안(draft resolutions)을 제출한 4개국 중 소련이 간접적 침략, 경제적 침략, 사상적 침략을 포함하는 안을 제시했다. 이에 멕시코가 소련의 안을 수정하여 무

따라서 침략과 관련하여 직접적인 침략행위(direct aggression)뿐만 아니라 다른 국가가 침략행위를 하도록 조장하거나 선동하는 간접적인 침략행위(indirect aggression)도 포함되는지 여부, 또한 경제적 침략(economic aggression)과 사상적 침략(ideological aggression)이 포함되는지 여부에 대한 논의가 거의 이루어지지 않았다. 그러나 침략범죄가 일정한 규모(magnitude)와 중대성(gravity)이 요구된다는 점, 유엔헌장의 규정과의 관계, 특히 유엔헌장 제39조의 침략행위 규정과의 부합을 고려해야 한다는 점, 그리고 국제관습법상 침략범죄가 무력사용을 포함한 '침략전쟁' 중심으로 발달하였다는 점[40]을 고려해 볼 때 '무력공격'에 한하여 침략을 논의하는 것이 현실적이며 적절하다고 판단된다. 무엇보다 침략 범위를 위에서 언급한 부분까지 확대하는 것은 지금도 난항을 겪고 있는 침략범죄의 정의를 더욱 어렵게 할 것이다.

2) 테러리스트 등 비국가실체에 의한 침략행위의 제외

침략행위는 국가가 아닌 실체(non-state actor), 예를 들어 테러리스트단체와 같이 국가의 기관도 아니며 국가를 대표하지도 않는 이러한 집단에 의해 '침략'이 이루어진 경우 이 집단의 지도자에게 침략행위의 책임을 물을 수 있는가에 대한 논의는 현재까지 이루어지지 않고 있다. ILC는 이에 대해 1996년 초안 코멘터리에서 비국가 테러집단을 포함하는 넓은 의미의 침략과 초안상의 침략 용어를 달리하면서 오직 국가만이 이런 행동을 금지하는 국제법규칙을 위반함으로써 침략범죄를 저지를 수 있다고 지적하였다.[41] 사실상, 침략범죄를 지도자범

력을 수반하는 경우에 한하여 간접적인 침략, 경제적 침략, 사상적 침략이 침략으로 간주될 수 있다고 보았다).

40) Elizabeth Wilmshurst, "Definition of the Crime of Aggression: State Responsibility or Individual Criminal Responsibility?," in Mauro Politi and Giuseppe Nesi(ed.), *International Criminal Court and the Crime of Aggression*, Ashgate, 2004, p.95.

41) Commentary to Article 16, Draft Code of Crime, *supra* note 11, para.

죄로 한정하는 것이 테러집단, 비정부단체 또는 국가의 신뢰나 취지에 반하는 행동을 한 국민에 대한 재판을 배제하고 있다.42) 그러나 테러로 인한 침략의 위험이 높아져가는 지금 침략의 정의과정에서 국가외의 실체를 인정할지 여부에 대한 논의가 이루어질 필요가 있다.43)

(2) 침략행위와 침략범죄의 구별

한편으로는 국가의 불법적 무력사용에 대한 책임과 다른 한편으로는 개인이 범한 침략범죄의 정의를 두고 준비위원회에서도 혼란이 있었다. 이러한 면에서 준비위원회에서 침략범죄 정의의 협상과정에서 국가가 범한 침략행위와 개인이 범하는 침략범죄의 구별이 필요하다는 점이 다루어졌다. 침략범죄는 ICC의 관할권 내의 다른 어떤 범죄보다 국가의 개입을 필요로 한다. 즉, 국가의 침략행위에 대한 책임 없이는 개인 또한 침략범죄로 처벌받을 수 없다. 이런 측면에서 침략범죄의 정의를 국가에 의한 침략행위와 개인의 침략범죄로 구별하여 정의한 보스니아의 제안이 적절하다고 판단된다.44) 보스니아의 제안

4; Rayfuse, "The Draft Code of Crimes Against Peace and Security of Mankind: Eating Disorders at the International Law Commission," 8 *Crim. L.F.* 43(1997), pp.58-60.

42) Grant M. Dawson, *supra* note 33, p.444; 이러한 집단의 배제는 주권국가가 자국민을 재판할 권리의 존중으로부터 파생한다(Rachel Peirce, "Which of the Preparatory Commission's Latest Proposals for the Definition of the Crime of Aggression and the Exercise of Jurisdiction Should Be Adopted into the Rome Statue of the International Criminal Court?," 15 *BYU J. Pub. L.* 281-299(2001), p.289).

43) 1994년 ILC 초안(UN Doc. A/49/10(1994))은 테러범죄, 마약거래 범죄 등 소위 조약상 범죄(treaty-based crimes)도 포함하고 있었으나, 동 범죄 규정에 대한 각국의 이해관계가 첨예하게 대립하여 로마규정의 채택 여부가 불투명해지고 ICC 창설이 지연되는 상황에 처하게 되자 조약상 범죄를 제외하고 서둘러 로마규정을 채택하였다. 그러나 로마규정 채택 당시와 달리 테러범죄가 전 인류에 대해 심각한 불안과 공포를 야기하는 지금 테럼범죄에 대한 일괄된 처벌의 필요성이 증가하였다(김만호, "국제형사재판소를 통한 항공기테러범죄 규제에 관한 연구: ICC규정 개정을 위한 입법론적 고찰을 중심으로," 『항공우주법학회지』, 통권 제15호(2002)); 최태현, "국제형사재판소(ICC)의 관할권," 『Jurist』, 통권 제384호(2002), 27쪽.

은 최소한 방법론적인 측면에 있어서는 다른 위원들로부터 환영받았으며, 매우 중요한 진전에 해당한다는 평가를 받았다.[45]

(3) 지도자범죄

침략범죄의 형사책임을 지도자에 한정해야 한다는 점이 준비위원회의 논의에서 어느 정도 공유되었다.[46] 따라서 "국가의 정치 또는 군사행위를 효과적으로 지시 또는 통제하는 지위에 있는 자"만이 침략범죄에 대한 책임능력이 있다. 뉘른베르크재판의 선례에 따르면 지도자 범주에 속하는 자는 국가원수뿐만 아니라 국가정책결정에 관여한 군지도자, 외교관, 기업가 등도 포함된다.[47] 그러나 정책결정자와 단순한 실행자의 구별이 쉽지 않다는 점에서 인적 범위가 모호해질 수 있으며 이는 죄형법정주의에도 어긋날 수 있다는 비판이 있다.[48] 특히 행정부 또는 입법부의 서로 다른 기관에 속해 있는 수많은 사람이 결정과정을 준비하고 완성하는데 참여하는 민주주의사회에서는 더욱 그러하다. 개인은 사전에 침략범죄에 대해 책임을 질 수 있는 자의 범주 안에 속하는지 여부를 알아야 할 필요가 있다는 점에서 침략범죄를 정의할 때 이 부분을 명확히 규정할 필요가 있다. 한편, 로마규정 제27조(공적 지위의 무관련성)와 관련하여 이 범죄의 특별한 성질 때문에 명령을 받고 수행하는 입장에 있는 지위가 낮은 공무원과 군인은 위반책임을 지지 않으므로 동 규정의 범위는 침략범죄에 있어 제한되어야 하며 이런 제한은 범죄 그 자체의 정의 안에 규정하는 것이 적절하다.[49]

---

44) 보스니아안, *supra* note 26.
45) Silvia A. Fernandez de Gurmendi, *supra* note 38, p.597.
46) *Ibid.*, p.598.
47) International Military Tribunal(Nuremberg)-Judgement and Sentences, 41 *AJIL*(1947), p.223.
48) Silvia A. Fernandez de Gurmendi, *supra* note 38, p.598.
49) Irina Kaye Műller-Schieke, *supra* note 31, p.420.

(4) 침략범죄의 'threshold' 문제

ICC는 처벌에 있어 국제공동체 전체가 관심을 가질 정도의 중대한 범죄에 대해서만 관할권을 가지도록 규정하였다.[50] 침략범죄의 정의를 둘러싼 준비위원회의 대표자들 간의 근본적인 불일치에도 불구하고 침략의 정의에 해당하는 무력의 사용은 일정한 '규모' 또는 '중대성'을 가져야 한다는 점에 대해서는 모두가 인정하고 있다. 이러한 맥락에서 강도, 규모, 정도에 있어 상당히 높은 수준의 'threshold'를 정의에 포함시켜야 한다고 주장하였다.

이에 관해 크게 3가지 방안이 제시되고 있는데, 위반의 정도로서 유엔헌장의 '명백한' 위반에 해당하는 경우[51]로 제한하는 방식과, 타국 영토의 전부 또는 일부의 '점령' 또는 '병합'할 목적 또는 결과를 가져오는 행위로 제한하는 방식,[52] 마지막으로 '침략전쟁' 정도의 위반을 요구하는 방식이 제시되었다.[53]

문제는 침략범죄의 중대성과 관련된 적절한 'threshold'를 설정하는데 있다. 먼저 '침략전쟁'의 정도의 위반을 요구하는 주장에는 '침략'을 '침략전쟁'에 한정함으로써 전면전에만 ICC의 관할권을 한정하려는 목적이 있다고 하겠다.[54] 이러한 주장은 침략범죄를 침략에 대한 개인의 형사책임을 물었던 뉘른베르크재판소나 동경재판소의 전례가

---

50) 로마규정 제5조 1항.

51) Discussion paper proposed by the Coordinator, *supra* note 28, section Ⅰ, 1항, Option 3에 해당; Consolidated Text by Coordinator, *supra* note 24, Option 1 참조.

52) Discussion paper proposed by the Coordinator, *supra* note 28, section Ⅰ, 1항 Option 1 및 Option 2에 해당; Consolidated Text by Coordinator, *ibid*.

53) *Ibid*. 다만 Discussion paper의 Option 1과 Option 2의 차이는 Option 1의 경우 일정한 목적과 결과의 예로서 영토의 점령과 병합 및 침략전쟁을 들고 있으며, Option 2는 그러한 행위로 제한하고 있다.

54) Phani Dascalopoulou-Livada, "Aggression and the ICC: Views on Certain Ideas and their Potential for a Solution," in Mauro Politi and Giuseppe Nesi(ed.), *supra* note 40, p.41.

오직 '침략전쟁'을 근거로 하였으며, 이에 따라 형성된 국제관습법을 고려하는 한 국제법에서 침략범죄를 구성하는 것은 오직 '침략전쟁'뿐이라는 점을 근거로 하고 있다.[55] 따라서 국제형법은 단순한 침략이 아니라 침략전쟁에만 적용 가능하다고 주장한다.[56]

그러나 현대에 와서 공식적으로 '전쟁'이 거의 선언되지 않는다는 것은 의심할 여지가 없다. 따라서 '침략'을 '침략전쟁'으로 제한하여 정의하는 것은 ICC의 관할권을 극히 제한하는 효과를 가져 온다는 점에서 적절하지 못하다. 또한 제시되는 '침략전쟁'의 용어가 유엔 총회 결의 제3314호에 열거된 무력사용의 유형 그 이상의 수단인지 아닌지 명확한 지적이 없고, 침략전쟁에 대한 정의 자체가 총회 결의 제3314호에서도, ICC의 최종초안에서도 정의되지 않았다는 점은 사실상 '침략전쟁'이라는 개념을 도입하는 것이 침략범죄의 정의에 도움이 되지 않는다고 판단된다.[57] 또한 이와 비슷한 이유로 '명백한' 위반을 점령이나 합병 등에 제한하는 것은 그러한 결과나 목적이 없이 행한 침략범죄를 부당하게 배제한다는 점에서 적절하지 못하다. 따라서 침략범죄의 'threshold'를 유엔헌장의 '명백한' 위반으로 한정하고, 어떠한 행위가 유엔헌장의 '명백한' 위반에 해당하는지는 유연성 있게 상황에 따라 재판소의 판단 여지를 줄 수 있는 첫 번째 방식이 적절하다고 본다.

55) Elizabeth Wilmshurst, *supra* note 40, p.95.

56) B.B. Ferencz, "Aggression," in Rudolf Bernardt(ed.), *Encyclopaedia of Public International Law*, Vol. I, 58-64, p.62.

57) Roger S. Clark, "Rethinking Aggression as a Crime and Formulating Its Elements: The Final Work-Product of the Preparatory Commission for the International Criminal Court," 15 *Leiden Journal of International Law* 859(2002), p.878.

3. 소 결

지금까지 논의를 정리하면 먼저, 침략행위의 정의방식에 있어 내용적 측면에서뿐만 아니라 국가간 합의에 있어서도 다소 용이한 포괄적 접근방식을 택하는 것이 적절하다고 본다. 준비위원회의 논의 과정에서도 두 접근방식 모두 장단점에 대한 전체적 평가가 오고 가는 가운데 포괄적 정의방식이 상당히 선호되는 경향을 보이고 있다. 침략범죄에 있어 국가의 침략행위와 개인의 침략행위의 개념상 구별이 필요하며 따라서 보스니아안의 방식처럼 개인의 침략범죄와 국가의 침략행위를 구별하여 정의에 규정하는 것이 바람직하다. 침략범죄의 대상이 되는 국가의 침략행위는 유엔헌장의 '명백한' 위반에 해당하는 정도의 'threshold'가 요구되어야 한다. 침략범죄의 주체는 "국가의 정치 또는 군사행위를 효과적으로 지시 또는 통제하는 지위에 있는 자"로 제한하되 지나치게 제한적으로 해석하지 않도록 해야 한다.

Ⅳ. 침략범죄의 관할권행사를 위한 조건

1. ICC의 침략범죄와 안보리

로마규정은 제5조 2항에서 침략범죄에 대한 관할권행사 조건을 채택하도록 규정하면서 그러한 조항이 유엔헌장의 관련 규정과 부합될 것을 명시하였다.[58] 침략범죄는 앞서 언급하였듯이 국가에 의한 침략행위를 전제로 하고 있다. 이러한 침략행위는 무력사용을 금지한 유엔헌장 제2조 4항과 국제평화와 안전의 유지를 위한 일차적 책임을 안보리에 부여한 제24조 및 동 조항에 따라 안보리의 '침략행위의 존

58) 동 조항은 유엔 회원국의 헌장상의 의무와 다른 국제협정상의 의무가 상충되는 경우 유엔헌장의 의무가 우선한다는 유엔헌장 제103조 규정과도 관련된다.

재를 결정'할 권한을 규정한 제39조와 관련된다. 비록 로마규정 제5조 2항에서 명백하게 언급되지는 않았으나 결국 관할권행사의 조건은 ICC와 안보리의 관련성에 대한 논의를 요구하고 있다.[59] 즉, 침략행위로 인한 국가책임과 침략범죄로 인한 개인의 책임은 밀접하게 관련되어 있으므로 유엔헌장에 따른 안보리의 이러한 역할은 로마규정의 침략범죄 논의과정에서 반드시 고려되어야 하는 것이다.[60] 즉, 안보리의 침략행위 존재의 결정에 대한 심의는 ICC가 관할권을 행사하는데 있어 필요한 조건이 되어야 한다. 이 점은 준비위원회의 논의과정에서도 인정되었다.[61]

2. 침략행위 존재의 결정권한에 대한 문제

문제는 안보리의 침략행위 존재의 결정이 배타적 권한인지 여부에 있다. 침략행위 존재의 결정이 안보리의 배타적 권한이라면 안보리의 결정이 없이는 ICC는 관할권을 행사할 수가 없게 된다. 이러한 주장은 정치적 기관인 안보리에 의해 ICC의 재판관할권 행사가 지나치게 침해당한다는 비판을 불러왔다. 침략범죄의 실질적인 처벌을 통해 침략행위를 금지하려는 로마규정의 목적을 위해서는 유엔헌장에 따른 안보리의 권한을 인정하면서, 동시에 ICC의 재판관할권 행사에 있어 독립성과 효율성을 유지시킬 수 있는 제안이 요구된다.

(1) 안보리의 배타적 권한의 부정과 우선적 권한의 인정

과연 침략의 결정에 있어 안보리의 권한은 배타적인 것인가? 만약

59) Silvia A. Fernandez de Gurmendi, "An Insider's View," in Mauro Politi and Giuseppe Nesi(ed.), *supra* note 40, p.183.

60) 최태현, 앞의 주 27)의 논문, 222-223쪽.

61) PCNICC/2002/WGCA/RT.1/Rev.2; ICC-ASP/4/SWGCA/INF.1, para. 64; Paula Escarameia, "The ICC and the Security Council on Aggression: Overlapping Competencies?," in Mauro Politi and Giuseppe Nesi(ed.), *supra* note 40, p.142.

안보리의 결정권한이 배타적이라면 침략행위 존재 여부에 대한 안보리의 결정이 있어야만 ICC는 관할권을 행사할 수 있다. 그러나 유엔헌장 제39조는 단지 안보리의 '일차적'(primary) 책임일 뿐이며 따라서 침략 발생에 대하여 안보리가 독점적인 권한을 행사하는 것으로 이해할 필요는 없다.[62] G. Gaja가 적절하게 지적한 바와 같이 헌장 제39조하의 권한 부여는 제7장과 관련된 것으로 로마규정이 개인의 국제범죄책임을 다루는 것과는 다르다.[63] 또한, ICC가 관할권을 행사하기 위해 안보리의 결정이 반드시 있어야만 한다면, 안보리의 상임이사국의 국민이 피의자인 경우 이는 ICC의 기소에 대한 면제를 부여하는 것과 동일하다는 점에서 부적절하다.[64] 이런 측면에서 ICC의 침략범죄의 결정의 전제조건으로서 침략행위를 결정하는 문제를 안보리의 배타적 권한으로 인정할 수 없다.

그러나 다른 한편, 침략범죄의 규정이 유엔헌장의 규정에 부합하여야 하는 점에서, 유엔헌장 제39조에 따라 주어진 안보리의 권한이 인정되어야 한다. 따라서 침략행위 존재의 결정에 있어 안보리에 우선적 역할만은 인정해야 한다. 준비위원회의 그동안의 논의를 검토해 보면, 대부분의 제안들이 침략행위 존재의 결정에 있어 안보리의 우선적 역할을 인정하는 것을 전제로 하고 있다. 따라서 ICC가 동 범죄에 대해 국가로부터 수사요청을 받을 경우 ICC는 먼저 그러한 범죄행위가 존재하는지 여부에 대한 결정을 안보리에 요청해야 하며, 안보리는 정해진 기간 안에 결정을 내려야 한다.

---

62) Frowein & Krisch, *supra* note 19, p.610; Giorgio Gaja, The "The Long Journey towards Repressing Aggression," in *Rome Statute of the International Criminal Court: A Commentary*, pp.432-34.

63) Giorgio Gaja, *ibid.*, p.433; 침략행위의 존재 결정은 절차사항이 아닌 본질적 사항으로 상임이사국 전원의 동의투표를 요구한다(유엔헌장 제27조 3항).

64) Linda Jane Springrose, "Aggression as a Core Crime in the Rome Statute Establishing an International Criminal Court," 5 *St. Louis-Warsaw Trans'l L.J.*, 151-175(1999), p.161.

(2) 안보리 결정의 부재시 해결방안의 검토

안보리가 정해진 기간 안에 결정을 내리지 못한 경우 첫째, ICC가 유엔 총회에 정해진 기간 안에 권고를 해줄 것을 요청하는 방법,[65] 둘째, ICC가 총회 또는 안보리에 유엔헌장 제96조에 따라 ICJ에 권고적 의견을 구할 것을 요청하는 방법,[66] 마지막으로 ICC가 결정하는 방법[67] 등 크게 세 가지가 제안되었다.

첫 번째 제안을 지지하는 입장은 비록 국제평화와 안전의 유지에 있어 안보리가 일차적 권한을 가지지만, 안보리가 결정을 내리지 않는 경우, 유엔 총회가 침략행위에 대해 권고를 내릴 수 있다고 주장한다.[68] 그 근거로서 1950년 유엔 총회의 '평화를 위한 단결'(Uniting for Peace) 결의를 예로 들고 있다.[69] 그러나 이러한 제안은 유엔 총회의 권한 강화 문제와 맞물려 또 다른 정치적 문제를 야기하며 침략범죄 규정을 위한 국가간 합의를 더욱 어렵게 할 여지가 크다.

두 번째로 ICJ에 권고적 의견을 구하자는 견해를 살펴보면 먼저, ICJ는 요청된 사안에 대해 권고적 의견을 부여할 것인지의 여부는 ICJ의 재량사항으로 침략행위의 존재에 대한 의견을 거부할 수 있다는 점에서 제한이 따른다.[70] 국가의 침략행위에 대한 결정은 사실에 관한 사항으로 사법판단기관인 ICJ의 역할을 제한한다는 점에서도

---

65) Discussion paper proposed by the Coordinator, *supra* note 28, Option 3; Consolidated Text of Proposals, *supra* note 24, Option 1, Variation 2.

66) Discussion paper proposed by the Coordinator, *ibid.*, Option 4; 보스니아안, *supra* note 26, 5항.

67) Discussion paper proposed by the Coordinator, *supra* note 28, section Ⅰ, 5항, Option 1; Consolidated Text by the Coordinator, *supra* note 24, Option 1, Variation 1.

68) Saeid Mirzaee Yengejeh, "Reflections on the Role of the Security Council in Determining an Act of Aggression," in Mauro Politi and Giuseppe Nesi(ed.), *supra* note 54, p.127.

69) G.A. Res. 377(V), U.N. GAOR, 5th Sess., Supp. No. 20, 302d plen. mtg., U.N. Doc. A/1775(1950).

70) ICJ규정 제65조.

권고적 의견이 거부될 가능성이 높음을 시사한다.71) 또한 로마규정 제119조에 따라 제한으로서 ICJ는 당사국간의 분쟁에만 결정을 내릴 수 있으며, ICJ의 이러한 결정도 ICC의 당사국총회에 따라 분쟁당사국이 ICJ에 사안을 회부하는 경우에만 가능하다. 이런 점에서 ICJ에 권고적 의견을 요청하는 것은 적절한 방안이 아니라고 판단된다.

마지막으로 안보리의 결정이 없는 경우 ICC가 결정을 내리는 방법이 있다. 이에 대해 ICC의 재판관할권은 개인이지 국가의 행위가 아니라는 점이 지적되었다. 또한 T. Meron의 견해에 따르면 ICC에게 이러한 결정을 맡기도록 하는 것이 ICC로 하여금 국가간의 정치적 논쟁에 휘말리게 할 위험이 있다.72) 그러나 ICC의 결정은 오직 피고인을 구속하는 것이지 국가의 국제법 위반행위에 대한 판단이 아니다. 또한 안보리가 오직 국가행위만을 고려하는 반면에 ICC의 목적은 국제범죄를 저지른 개인을 처벌하는 것이다. 따라서 ICC가 안보리의 역할인 일국가의 침략행위에 관한 일반적 선언을 하지 않는다면 ICC는 안보리의 결정이 없는 경우에 소를 진행할 수 있어야 한다.

3. 소 결

그동안의 안보리는 일정한 무력사용에 대해서 '침략'이라는 단어를 사용하기를 꺼려왔다.73) 이러한 안보리의 관행에서 볼 수 있듯이 침

71) James Nicholas Boeving, "Aggression, International Law, and the ICC: An Argument for the Withdrawal of Aggression from the Rome Statute," 43 *Columbia Journal of Transnational Law* 557(2005), p.581.

72) Theodor Meron, "Defining Aggression for the International Criminal Court," 25 *Suffolk Transnat'l Law Review* 1(2001), p.13.

73) Giorgio Gaja, "The Respective Roles of the ICC and the Security Council in Determining the Existence of an Aggression," in Mauro Politi and Giuseppe Nesi(ed.), *supra* note 40, p.124. 예를 들어, 북한의

략행위의 존재를 결정하는 권한을 안보리에 배타적으로 인정한다는 것은 사실상 침략범죄에 관한 ICC의 관할권을 무력화시키는 것이라고 하겠다. 따라서 유엔헌장의 규정에 근거하여 동 결정에 관한 안보리의 우선적 권한은 인정하되, 안보리가 이러한 역할에 실패하였을 경우 ICC가 재판을 할 수 있도록 하는 것이 적절한 것으로 판단된다. 유엔 총회의 결정이나 유엔 총회의 요청에 따른 ICJ의 결정은 유엔헌장의 규정과도 부합하지 않을 뿐더러 정치적 논쟁에 개입될 여지가 있어 적절하지 않다.

V. 침략범죄 조항 마련을 위한 그 외 논의들

1. 범죄구성요건 마련을 위한 ICC의 노력

준비위원회는 열 차례의 회의기간을 거의 침략범죄의 '정의'와 관할권행사 '조건'에 집중하였다. 그러나 침략범죄의 구성요건에 대한 연구도 로마회의가 준비위원회에 위임한 중요한 역할 중 하나이다. 침략범죄에 관한 당사국총회의 특별실무작업반의 제4차 회기에서 위원장은 침략범죄의 범죄구성요건을 먼저 논의하고 그 다음으로 침략범죄의 정의를 논의하는 것을 제안할 만큼[74] 침략의 정의에 있어 중요

남한 침공에 대해서는 '평화의 파괴'(안보리 결의 제82호, 1950)라는 용어를 사용, 동티모르 사건의 경우 상황에 대한 정의 없이 단순히 인도네시아의 군대 철수 요구(안보리 결의 제384호, 1975), 이라크의 쿠웨이트 침공의 경우 '침공'(invasion)과 '평화와 안보의 파괴'를 사용(결의 제660호, 1990)하였다. 다만, 외교관과 공관지역에 대해서는 '침략적인 행위'를 사용(결의 제667호, 1990), 이스라엘이 튀니지에 있는 PLO 본부를 폭격해 다수의 사상자가 발생한 사건에서 '무력침략행위'(act of armed aggression)로 인정했다(결의 제573호, 1985).

74) Assembly of State Parties, 4th Session(2005. 6. 29), Special Working Group on the Crime of Aggression, ICC-ASP/4/SWGCA/INF.1, para. 56.

한 부분을 차지한다.[75]

범죄구성요건은 로마규정 제9조에 규정되어 있다.[76] 사실상 하나의 범죄에 대해 완벽한 '범죄구성요건'을 정의한다는 것은 불가능하다. 범죄구성요건이라는 개념도 또한 국제법 분야에서는 새로운 것이기 때문에 혼란이 존재할 수밖에 없다. 침략범죄의 구성요건은 마지막 회의에서 사모아 대표인 Roger Clark 교수에 의해 처음으로 제출되었고 이후 단기적인 논의를 거쳐 이를 수정한 것이 토론보고서에 포함되었다.[77]

(1) 객관적 요건(*actus reus*)

범죄의 객관적 요건은 특정범죄를 구성하는 행위, 상황, 결과를 의미한다.[78] 준비위원회에서 행위요건으로서 '침략의 계획, 준비 또는 명령'은 국가의 침략행위가 실제로 발생하였을 경우에만 처벌할 수 있다는 주장이 일반적으로 지지를 얻었다.[79] 여기서, 국가의 '침략행위'는 어떠한 결과를 필요로 하는 것이 아니라 단순히 타국가를 침략하는 '행위'만 있어도 침략행위가 존재하는 것으로 보아야 한다. 이와 관

---

75) Kriangsak Kittichaisaree, *International Criminal Law*, Oxford Univ., 2001. p.220.

76) 로마회의 당시 미국은 범죄구성요건을 규정하는 것이 죄형법정주의 원칙에 부합한다고 주장하였으나, 대다수의 국가들은 일단 로마회의에서 관할권범죄를 정의한 이후 범죄구성요건은 준비위원회를 구성하여 채택하기를 희망함에 따라 그 타협안으로 제9조가 채택되었다. 또한 범죄구성요건의 성격도 구속력이 있는 것보다는 ICC가 로마규정 제6조, 제7조 및 제8조를 해석하고 적용하는데 있어서 도움을 주는 것을 희망하였다. 이에 따라 로마규정 제9조 1항에서 "범죄구성요건은 재판소가 제6조, 제7조 및 제8조를 해석하고 적용하는 것을 보조한다"고 규정하였다(김영석, "국제형사재판소의 관할대상범죄," 『국제인권법』, 제5권(2002), 69쪽).

77) Discussion paper proposed by the Coordinator, *supra* note 28(Ⅱ. Elements of the crime of aggression(as defined in the Rome Statue of the International Criminal Court)).

78) 김영석, "국제형사재판소규정에서의 형법의 일반원칙," 『국제법 동향과 실무』, 제2권 1호(2003), 29쪽.

79) PCNICC/1999/WGCA/RT.1, p.4.

련하여 로마규정 제25조 3항에서 요구하는 '착수'(attempt)의 개념이 침략범죄에서는 어느 단계에 해당하는지와 침략행위의 처벌을 위해 착수로 충분한지에 대한 논쟁이 있었다.[80] 한편에서는 침략범죄를 다른 관할범죄와 굳이 다르게 취급할 이유가 없다는 점과 규정에 침략범죄를 포함시킨 목적 중 하나가 침략행위의 방지에 있으므로 따라서 제25조 3항(f)를 침략범죄에 적용하는 데는 문제가 없다고 보는 반면 다른 한편에서는 '침략'이라는 행위의 개념 자체가 완성을 전제로 하고 있다는 점, 즉 완성된 행위 없이는 범죄가 없다고 주장한다.

한편, 부작위가 침략범죄의 행위(*actus reus*)에 해당할 수 있는지도 고려해볼 만하다. *The High Command case*(*1947*)에서 미군재판소(US Military Tribunal)는 특정 상황, 즉 침략행위를 시도하려는 정책이 존재하고 그것이 불법임을 인지하고 그러한 정책에 영향을 줄 수 있는 정치적 지위에 있음에도 불구하고 아무런 조치를 취하지 않아 침략이 발생한 경우 능동적인 참여와 같이 형사적 책임을 질 수 있다고 판결하였다.[81]

(2) 주관적 요건(*mens rea*)

범죄의 주관적 요건은 행위자의 범죄행위시 귀책사유 있는 심리상태를 말한다.[82] 로마규정 제30조는 "달리 규정되지 않는 한" "고의"와 "인식"을 가지고 범죄의 객관적 요건을 범한 경우에만 재판소 관할범죄에 대하여 형사책임을 진다고 규정하고 있다. 따라서 침략범죄의 정의에서 주관적 요건을 규정하지 않아도 침략범죄에 대한 책임을 지우기 위해서는 최소한 고의와 인식이 필요하다. 침략의 준비・계획・

---

80) Informal inter-sessional meeting of the Special Working Group on the Crime of Aggression. *supra* note 21, paras. 33-43.

81) Wilhelm von Leeb and Others, US Military Tribunal at nuremberg, 28 Oct. 1948(1953) 15 *Ann. Dig.* 376, p.381(G. Brand, "The War Crimes Trials and the Law of War," 26 *BYIL* 414(1949), p.421에서 재인용).

82) 김영석, 앞의 주 78)의 논문, 28쪽.

시행의 명령행위 등에 대한 인식과 침략행위가 불법이라는 점, 이러한 행위에 대해 자신이 법적 책임이 있는 지위에 있다는 상황에 대한 인식, 침략을 수행하겠다는 고의 등이 고려되어야 한다. 만약 이러한 부분에 대한 인식이 결여되어 있다면 침략범죄도 다른 범죄와 마찬가지로 로마규정 제32조의 사실의 착오 또는 법률의 착오가 적용될 수 있겠다.[83]

2. 침략범죄 조항과 로마규정의 관련조항과의 문제

침략범죄 조항 마련을 위한 주요한 논의 이외에도 침략범죄 조항이 마련된 이후의 개정방식에 관한 문제,[84] 침략범죄 조항과 로마규정 일반형법원칙의 적용 문제들이 논의해야 할 사항으로 남아 있다.[85] 특히 일반형법원칙에 있어서 제25조 3항(개인의 형사책임)과 관련하여 침략이 지도자범죄라는 사실이 제25조 3항에서 반영될 필요가 있는지, 또는 이에 따라 동 조항의 일부를 침략범죄의 적용에서는 배제할 것인지의 여부, 착수 개념이 침략범죄에도 적용될 수 있는지 여부, 제28조(지휘관 및 기타 상급자의 책임)와 제33조(상급자의 명령과 법률의 규정) 등을 그대로 적용할 것인지, 침략범죄에 있어 특별히 배제 또는 수정을 할 것인지 논의되었다. 준비위원회는 토론보고서 3항에서 제25조 3항과 제28조 및 제33조를 침략범죄에 적용하지 않을 것을 제안하였다.[86] 그러나 특별실무작업반의 논의에서 다수의 참가자는 제

83) 특별실무작업반은 침략범죄의 정의에서 '고의'와 '인식'의 사용에 대한 논의가 있은 후에, 참가자들은 제30조가 특별히 언급되지 않았더라도 반드시 적용되어야 하는 규칙임에 동의했다(Informal inter-sessional meeting of the Special Working Group on the Crime of Aggression, *supra* note 21, para. 51).

84) ICC-ASP/4/SWGCA/INF.1. 2005년 6월, 제4차 회의에서 특히 제121조 4항의 방식(당사국의 8분의 7의 비준서 또는 수락서가 유엔 사무총장에게 기탁된 때로부터 1년 후에 '모든 당사국'에 대하여 발효)과 동조 5항의 방식('개정을 수락한 당사국'에 대하여 비준서 또는 수락서가 기탁된 지 1년 후에 발효) 및 동조 3항의 방식(개정안의 채택은 당사국의 3분의 2의 다수결을 요한다)이 제시되었다.

85) 로마규정에서의 형법의 일반원칙에 관해서는 김영석, 앞의 주 78)의 논문 참조.

28조와 제33조에도 적용 가능하다고 보았으며, 제25조 3항은 침략범죄의 지도자범죄의 특징을 명시한 새로운 조항을 삽입하는 안을 제안하기도 하였다.[87] 기소회피를 방지하기 위해 위 조항들의 적용을 유지하되 침략범죄에 적용 가능하도록 수정하는 방법이 적절하다고 판단된다.

VI. 마치며

침략범죄를 정의하기 위한 국제공동체의 노력은 아직 합의에 도달하지는 못하였지만 침략범죄 조항이 침략행위를 방지하고 처벌하는 목적을 위해 적절하게 정의될 수 있기를 요구하고 있다. 따라서 침략범죄와 관련된 조항은 침략이 국제법상 최고의 범죄라는 점을 강화시키는 방향으로 되어야 하며 죄형법정주의에 부합하도록 명확하게 정의되어야 할 것이다. 또한 ICC의 공정성과 독립성, 그리고 효율적인 운영을 도모하고 정치적 의도에 의해 침식당하지 않도록 규정해야 한다.

이에 지금까지의 논의를 종합하여 다음과 같이 제안하고자 한다. 먼저, 침략범죄의 정의에 있어서는 포괄적 정의방식에 따라 국가의 침략행위와 개인의 침략범죄의 구별이 정의에 나타나도록 하며 이때, 침략범죄의 대상이 되는 국가의 침략행위는 유엔헌장의 '명백한' 위반에 해당하는 만큼의 규모와 정도를 가지도록 'threshold'를 제한하는 것이 적절하다. 침략범죄의 주체는 지도자, 즉 "국가의 정치 또는 군사행위를 효과적으로 지시 또는 통제하는 지위에 있는 자"로 제한하고

86) Discussion paper proposed by the Coordinator, *supra* note 28, para. 3.

87) Informal inter-sessional meeting of the Special Working Group on the Crime of Aggression, *supra* note 21, Annex I (Proposed rewordings for the chapeau of the Coordinator's paper) Proposal A; 제노사이드의 경우에도 제25조 3항(e)에 특별히 동 범죄에만 적용되는 규정을 삽입하였다.

이러한 지위를 가진 자가 '고의'와 '인식'을 가지고 "침략행위를 적극적으로 계획・준비・개시 또는 수행을 명령하거나 이에 참여하는 경우" 처벌됨을 규정하여야 한다. 그리고 ICC의 관할권행사 조건에 있어서는 유엔헌장의 규정에 근거하여 안보리의 우선적 결정권한을 인정하되 안보리가 이러한 역할에 실패하였을 경우 ICC가 이를 결정하고 재판할 수 있도록 해야 한다.

침략의 방법은 사회의 발전과 함께 계속적으로 다양화되고 진화할 것이다. 사실상 모든 침략상황을 다 포함하는 정의란 있을 수 없으며 어느 정도 국가들의 합의에 따라 조정되는 것을 부인할 수는 없을 것이다. 그러나 침략범죄의 처벌을 통한 국제평화와 복지의 증진이라는 궁극적 목적을 간과해서는 안되며 이러한 목적에 충실하게 정의되어야 한다. 따라서 침략범죄의 범위를 지나치게 제한함으로써 사실상 ICC의 관할권을 무의미하게 하려는 의도나 아예 로마규정에서 침략범죄 규정을 제외하려는 시도는 경계하여야 한다. 지금은 국제공동체의 오랜 노력이 결실을 맺기 위하여 과거 어느 때보다 국가들의 노력이 필요한 시기이다.

〔에필로그－2005년 논문수상 이후 논의 주제의 발전〕

2010년 캄팔라 재검토회의에서 채택된 국제형사재판소규정 개정안의 침략범죄 관련 조항의 소개*

Ⅰ. 개 관

2010년 5월 31일부터 6월 11일까지 우간다 캄팔라에서 침략범죄 정의 조항과 관할권행사요건 마련을 위한 국제형사재판소규정 재검토회의가 열렸다. 재검토회의 기간 동안 당사국들은 치열한 교섭을 통해 컨센서스로 침략범죄 정의 조항 및 관할권행사요건 조항을 포함한 국제형사재판소규정 개정안을 채택하였다.[1] 이로써 침략범죄 관련 조항의 마련과 채택을 위한 국제사회의 오랜 노력이 소기의 성과를 거두게 되었다.

개정안을 채택한 당사국 결의에는 침략범죄 정의 조항인 '제8조 *bis*', 침략범죄 관할권행사요건은 당사국 회부 및 소추관의 독자적인 수사의 경우인 '제15조 *bis*', 유엔 안전보장이사회의 회부의 경우인 '제15조 *ter*', 범죄요건에서 침략범죄의 요건을 다룬 '제8조 *bis*', 그리고 '침략범죄에 관한 국제형사재판소 로마규정의 개정에 관한 양해' (Understandings regarding the amendments to the Rome Statute

---

* 자세한 내용에 관하여는 다음의 논문을 참고. 김영석, "국제형사재판소규정상의 침략범죄에 관한 최근 논의 고찰," 『서울국제법연구』, 제16권 1호(2009); 최태현, "ICC규정 침략범죄관련 조항의 채택과 함의," 『사직 국제법포럼』, 서울국제법학회 (2010. 9. 30).

1) http://www.icc-trialcompetition.org/cms/images/Crime%20of%20Aggression%20Definition.pdf(검색일자: 2010. 12. 20).

of the International Criminal Court on the Crime of Aggression)가 포함되어 있다.

이 글에서는 캄팔라 재검토회의에서 채택된 개정안을 간단히 소개하고, 개정안의 영어 원문과 함께 이해를 돕기 위한 비공식적 국어 번역을 함께 싣는다.

Ⅱ. 침략범죄의 정의(제8조 *bis*)

캄팔라에서 채택된 제8조 *bis*는 침략행위를 지도할 수 있는 지위에 있는 자가 이러한 행위를 계획, 준비, 개시 또는 실행하는 것을 처벌하는 개인의 침략범죄를 정의하고 있다. 중요한 점은 침략행위가 유엔헌장의 '명백한' 위반에 해당할 정도의 수준을 요구하고 있다는 점이다.

최종 채택된 조문은 침략행위를 정의하는 방식에 있어 일반적 방식(generic approach, 또는 포괄적 방식)과 열거적 방식(enumerated approach)을 혼합하고 있다. 2항 전문은 일반적 정의방식으로 침략행위를 유엔헌장에 위반되지 않는 정당한 무력사용, 즉 자위권과 안전보장이사회의 허가 이외에 한 국가가 다른 국가의 주권, 영토적 완전성 또는 정치적 독립에 반하여 무력을 사용하는 경우로 정의하고 있다. 2항 후문은 열거적 정의방식으로 1974년 12월 14일의 유엔총회 결의 제3314(XXIX)호의 제3조를 그대로 규정하고 있다. 채택된 해당조문은 다음과 같다.

Article 8 *bis* Crime of aggression	제8조 *bis* 침략범죄
1. For the purpose of this Statute, "crime of aggression" means the planning, preparation, initiation or	1. 이 규정의 목적상, "침략범죄"는 한 국가의 정치적 또는 군사적 행동을 실효적으로 통제하거나

execution, by a person in a position effectively to exercise control over or to direct the political or military action of a State, of an act of aggression which, by its character, gravity and scale, constitutes a manifest violation of the Charter of the United Nations.

지시할 수 있는 지위에 있는 사람이 침략행위를 계획, 준비, 개시 또는 실행하는 것을 의미하며, 그 침략행위는 그 성질, 중대성 및 규모에 의하여 유엔헌장의 명백한 위반에 해당하여야 한다.

2. For the purpose of paragraph 1, "act of aggression" means the use of armed force by a State against the sovereignty, territorial integrity or political independence of another State, or in any other manner inconsistent with the Charter of the United Nations. Any of the following acts, regardless of a declaration of war, shall, in accordance with United Nations General Assembly resolution 3314 (XXIX) of 14 December 1974, qualify as an act of aggression:

2. 제1항의 목적상, "침략행위"는 한 국가가 다른 국가의 주권, 영토적 완전성 또는 정치적 독립에 반하여 무력을 사용하거나, 또는 유엔헌장에 위반되는 기타의 방식으로 무력을 사용하는 것을 의미한다. 다음의 어느 행위든지, 선전포고의 유무와 관계 없이, 1974년 12월 14일의 유엔 총회결의 3314(XXIX)에 따라 침략행위에 해당될 수 있다.

a) The invasion or attack by the armed forces of a State of the territory of another State, or any military occupation, however temporary, resulting from such invasion or attack, or any annexation by the use of force of the territory of another State or part thereof;

(가) 한 국가의 군대에 의한 타국 영토에 대한 무력침입 또는 공격, 또는 아무리 일시적이라도 그러한 무력침입이나 공격에 의한 군사점령, 또는 무력사용에 의한 타국영토나 그 영토 일부의 합병;

b) Bombardment by the armed forces of a State against the territory of another

(나) 한 국가의 군대에 의한 타국 영토에 대한 폭격 또는 한 국

State or the use of any weapons by a State against the territory of another State;	가의 타국 영토에 대한 어떠한 무기의 사용;
c) The blockade of the ports or coasts of a State by the armed forces of another State;	(다) 한 국가의 군대에 의한 타국 항구나 연안에 대한 무력 봉쇄
d) An attack by the armed forces of a State on the land, sea or air forces, or marine and air fleets of another State;	(라) 한 국가의 군대에 의한 타국의 육군, 해군, 공군 또는 함대와 항공대에 대한 공격
e) The use of armed forces of one State which are within the territory of another State with the agreement of the receiving State, in contravention of the conditions provided for in the agreement or any extension of their presence in such territory beyond the termination of the agreement;	(마) 한 국가가 접수국과의 협정으로 타국의 영토에 있는 자국 군대를 협정에 규정된 조건을 위반하여 사용하거나 그 협정의 종료 이후에도 그 영토에 계속 잔류하는 행위
f) The action of a State in allowing its territory, which it has placed at the disposal of another State, to be used by that other State for perpetrating an act of aggression against a third State;	(바) 한 국가가 타국이 제3국에 대한 침략행위를 범하도록 자국의 영토를 이용하는 것을 방임하는 행위
g) The sending by or on behalf of a State of armed bands, groups, irregulars or mercenaries, which carry out acts of armed force against another State of such gravity as to amount to the acts listed above, or its substantial involvement therein.	(사) 한 국가가 위에서 열거된 행위와 유사하게 중대한 무력사용 행위를 타국에 대해 수행하도록 무장집단, 단체, 비정규병력, 용병을 보내는 행위

Ⅲ. 관할권행사의 요건

침략범죄 관할권행사요건은 두 경우로 나뉘어 채택되었는데, 당사국 회부와 소추관의 독자적인 수사의 경우(제15조 *bis*), 그리고 안전보장이사회 회부의 경우(제15조 *ter*)이다. 이 조항들은 소추관이 재판소 관할범죄의 수사를 개시하는데 있어 다른 관할범죄와는 다르게 침략범죄에만 적용되는 독특한 체계를 규정하고 있다. 먼저, 안전보장이사회에 의해 사태가 회부된 경우(제15조 *ter*) 재판소는 국제형사재판소규정의 다른 관할범죄와 같은 방식으로 수사가 개시된다. 즉, 소추관이 침략범죄의 수사를 착수할 수 있다. 그러나 사태가 당사국에 의해 회부되거나 소추관이 독자적으로 수사를 개시한 경우(제15조 *bis*)에는 i) 먼저, 안전보장이사회가 침략행위 존부에 대한 결정을 내렸는지 확인해야 하고 그러한 결정을 6개월 동안 기다려야 한다(제15조 *bis* 6항, 7항, 8항). ii) 또한, 당사국 사이에 발생한 침략행위 사태에 대해서만 관할권을 행사할 수 있으며(제15조 5항), iii) 전심 재판부가 수사의 개시를 허가한 이후에 진행할 수 있다(제15조 8항).

제15조 *bis*는 또한 당사국이 사무국장에게 관할권을 수락하지 않는다는 선언을 사전에 제출하는 경우에는 당해 국가가 범한 침략행위에 대해서는 관할권을 행사할 수 없도록 함으로써 개정안 수락국도 국제형사재판소의 관할권을 '선택배제'(opt-out)할 수 있도록 규정하고 있다(제15조 4항). 이러한 선언은 개정안이 발효되기 이전을 포함하여 언제든지 할 수 있으며, 회원국은 3년 안에 이를 재검토해야 한다. 제15조 *bis*의 경우 비당사국은 자국의 국민이 범한 또는 자국 영역에서 범해진 침략범죄에 대한 재판소의 관할권으로부터 제외된다(제15조 *bis* 5항). 그러나 안보리가 회부하는 경우에는 관련국가가 ICC의 관할권을 수락했는지 여부와 관계 없이 국제형사재판소는 관할권을 행사할 수 있다.[2] 채택된 해당 조문은 다음과 같다.

Article 15 *bis* Exercise of jurisdiction over the crime of aggression (State referral, *proprio motu*)	제15조 *bis* 침략범죄에 대한 관할권행사(당사국 회부, 소추관의 독자적인 수사개시)
1. The Court may exercise jurisdiction over the crime of aggression in accordance with article 13, paragraphs (a) and (c), subject to the provisions of this article.	1. 재판소는 이 조항의 규정을 조건으로, 제13조 (가)항과 (다)항이 정한 바에 따라 침략범죄에 대하여 관할권을 행사할 수 있다.
2. The Court may exercise jurisdiction only with respect to crimes of aggression committed one year after the ratification or acceptance of the amendments by thirty States Parties.	2. 재판소는 30개 당사국이 개정안을 비준 또는 수락한 후 1년 후 범해진 침략범죄에 관해서만 관할권을 행사할 수 있다.
3. The Court shall exercise jurisdiction over the crime of aggression in accordance with this article, subject to a decision to be taken after 1 January 2017 by the same majority of States Parties as is required for the adoption of an amendment to the Statute.	3. 재판소는 이 규정의 개정안 채택을 위해 요구되는 회원국의 3분의 2의 다수결에 의하여 2017년 1월 1일 이후 이뤄진 결정을 조건으로 이 조항이 정한 바에 따라 침략범죄에 대하여 관할권을 행사한다.
4. The Court may, in accordance with article 12, exercise jurisdiction over a crime of aggression, arising from an act of aggression committed by a State Party, unless that State Party has previously declared that it does not accept such jurisdiction by	4. 재판소는 제12조가 정한 바에 따라 당사국이 사무국장에게 관할권을 수락하지 않는다는 선언을 사전에 제출하지 않는 한 당사국이 범한 침략행위로부터 발생한 침략범죄에 대하여 관할권을 행사할 수 있다. 이러한 선언은 언

2) 국제형사재판소규정 제13조 (나)항, 제12조 2항 및 침략범죄에 대한 국제형사재판소 로마규정의 개정에 관한 양해사항 제2조.

lodging a declaration with the Registrar. The withdrawal of such a declaration may be effected at any time and shall be considered by the State Party within three years.

제든지 철회할 수 있으며 당사국은 3년 안에 이를 재검토한다.

5. In respect of a State that is not a party to this Statute, the Court shall not exercise its jurisdiction over the crime of aggression when committed by that State's nationals or on its territory.

5. 이 규정의 당사국이 아닌 국가의 국민에 의하여 또는 그 국가의 영역에서 침략범죄가 범해진 경우 재판소는 이 범죄에 대하여 관할권을 행사하지 아니한다.

6. Where the Prosecutor concludes that there is a reasonable basis to proceed with an investigation in respect of a crime of aggression, he or she shall first ascertain whether the Security Council has made a determination of an act of aggression committed by the State concerned. The Prosecutor shall notify the Secretary-General of the United Nations of the situation before the Court, including any relevant information and documents.

6. 소추관이 침략범죄에 관한 수사를 진행시킬 만한 합리적인 근거가 있다고 판단하는 경우, 그는 당해국가가 범한 침략행위에 대해 안전보장이사회의 결정이 있는지 여부를 먼저 확인해야 한다. 소추관은 재판소에 제기된 사태를 그와 관련된 정보 및 문서와 함께 유엔 사무총장에게 통지한다.

7. Where the Security Council has made such a determination, the Prosecutor may proceed with the investigation in respect of a crime of aggression.

7. 안전보장이사회가 그러한 결정을 내리는 경우, 소추관은 침략범죄에 관한 수사를 진행할 수 있다.

8. Where no such determination is made within six months after the date of notification, the Prosecutor may proceed with the investigation in

8. 통지한 날로부터 6개월 이내에 그러한 결정이 없는 경우, 소추관은 전심재판부가 제15조가 규정한 절차에 따라 침략범죄에 대

respect of a crime of aggression, provided that the Pre-Trial Division has authorized the commencement of the investigation in respect of a crime of aggression in accordance with the procedure contained in article 15, and the Security Council has not decided otherwise in accordance with article 16.	한 수사의 개시를 허가하고 안전보장이사회가 제16조에 따라 달리 결정하지 않는 것을 조건으로 침략범죄에 관한 수사를 진행할 수 있다.
9. A determination of an act of aggression by an organ outside the Court shall be without prejudice to the Court's own findings under this Statute.	9. 재판소 이외 기관의 침략행위에 대한 결정은 이 규정에 따른 재판소의 판단을 침해하지 아니한다.
10. This article is without prejudice to the provisions relating to the exercise of jurisdiction with respect to other crimes referred to in article 5.	10. 이 조항은 제5조에 규정된 다른 범죄에 대한 관할권의 행사와 관련된 조항들을 침해하지 아니한다.

Article 15 *ter* Exercise of jurisdiction over the crime of aggression (Security Council referral)	제15조 *ter* 침략범죄에 대한 관할권행사(안전보장이사회 회부)
1. The Court may exercise jurisdiction over the crime of aggression in accordance with article 13, paragraph (b), subject to the provisions of this article.	1. 재판소는 이 조항의 규정을 조건으로 제13조 (나)항이 정한 바에 따라 침략범죄에 대하여 관할권을 행사할 수 있다.
2. The Court may exercise jurisdiction only with respect to crimes of aggression committed one year after	2. 재판소는 30개 당사국이 개정안을 비준 또는 수락한 후 1년 후 범해진 침략범죄에 관해서만 관

the ratification or acceptance of the amendments by thirty States Parties.	할권을 행사할 수 있다.
3. The Court shall exercise jurisdiction over the crime of aggression in accordance with this article, subject to a decision to be taken after 1 January 2017 by the same majority of States Parties as is required for the adoption of an amendment to the Statute.	3. 재판소는 이 규정의 개정안 채택을 위해 요구되는 회원국의 3분의 2의 다수결에 의하여 2017년 1월 1일 이후 이뤄진 결정을 조건으로 이 조항이 정한 바에 따라 침략범죄에 대하여 관할권을 행사한다.
4. A determination of an act of aggression by an organ outside the Court shall be without prejudice to the Court's own findings under this Statute.	4. 재판소 이외 기관의 침략행위에 대한 결정은 이 규정에 따른 재판소의 판단을 침해하지 아니한다.
5. This article is without prejudice to the provisions relating to the exercise of jurisdiction with respect to other crimes referred to in article 5.	5. 이 조항은 제5조에 규정된 다른 범죄에 대한 관할권의 행사와 관련된 조항들을 침해하지 아니한다.

Ⅳ. 양해사항

이번 재검토회의에서 개정안에 포함시키는 것으로 합의되지 못한 일부 사항이 개정된 조문의 해석을 위한 양해사항의 형태로 채택되었다. 양해사항의 법적 구속력에 대해서는 논란이 있을 수 있으나 이러한 양해사항은 법이 아니라 법의 해석 기준으로 봐야 한다.[3] 채택된 양해사항은 다음과 같다.

3) 최태현, "ICC규정 침략범죄관련 조항의 채택과 함의," 『사직 국제법포럼』, 서울국제법학회(2010. 9. 30).

Understandings regarding the amendments to the Rome Statute of the International Criminal Court on the crime of aggression	침략범죄에 대한 국제형사재판소 로마규정의 개정에 관한 양해사항
Referrals by the Security Council	안전보장이사회에 의한 회부
1. It is understood that the Court may exercise jurisdiction on the basis of a Security Council referral in accordance with article 13, paragraph (b), of the Statute only with respect to crimes of aggression committed after a decision in accordance with article 15 *ter*, paragraph 3, is taken, and one year after the ratification or acceptance of the amendments by thirty States Parties, whichever is later.	1. 재판소는 국제형사재판소규정 제13조 (나)항이 정한 바에 따라 안전보장이사회의 회부에 근거하여 오직 제15조 *ter* 3항에 따른 결정이 내려진 이후 또는 30개 당사국이 개정안을 비준 또는 수락한 후 1년 후 중 늦은 시점에 범한 침략범죄에 대해서만 관할권을 행사할 수 있음을 양해한다.
2. It is understood that the Court shall exercise jurisdiction over the crime of aggression on the basis of a Security Council referral in accordance with article 13, paragraph (b), of the Statute irrespective of whether the State concerned has accepted the Court's jurisdiction in this regard.	2. 재판소는 국제형사재판소규정 제13조 (나)항이 정한 바에 따라 안전보장이사회의 회부에 근거하여 당해 국가가 이에 대해 재판소의 관할권을 수락했는지 여부와 관계 없이 침략범죄에 대해 관할권을 행사함을 양해한다.
Jurisdiction *ratione temporis*	시간적 관할권
3. It is understood that in case of article 13, paragraph (a) or (c), the Court may exercise its jurisdiction only with respect to crimes of aggression	3. 재판소는 제13조 (가)항과 (나)항의 경우, 오직 제15조 *bis* 3항에 따른 결정이 내려진 이후 또는 30개 당사국이 개정안을 비

committed after a decision in accordance with article 15 *bis*, paragraph 3, is taken, and one year after the ratification or acceptance of the amendments by thirty States Parties, whichever is later.

준 또는 수락한 후 1년 후 중 늦은 시점에 범한 침략범죄에 대해서만 관할권을 행사할 수 있음을 양해한다.

Domestic jurisdiction over the crime of aggression

침략범죄에 대한 국내관할권

4. It is understood that the amendments that address the definition of the act of aggression and the crime of aggression do so for the purpose of this Statute only. The amendments shall, in accordance with article 10 of the Rome Statute, not be interpreted as limiting or prejudicing in any way existing or developing rules of international law for purposes other than this Statute.

4. 침략행위와 침략범죄의 정의를 기술한 개정안은 오직 이 규정의 목적을 위한 것임을 양해한다. 개정안은 국제형사재판소규정 제10조가 정한 바에 따라 이 규정과 다른 목적을 위한 기존의 또는 발전중인 국제법 원칙을 결코 제한하거나 침해하는 것으로 해석되지 아니한다.

5. It is understood that the amendments shall not be interpreted as creating the right or obligation to exercise domestic jurisdiction with respect to an act of aggression committed by another State.

5. 개정안은 다른 국가가 범한 침략행위에 대해 국내관할권을 행사할 권리 또는 의무를 창설하는 것으로 해석되지 아니함을 양해한다.

Other understandings

기타 양해사항

6. It is understood that aggression is the most serious and dangerous form of the illegal use of force; and that a determination whether an act of

6. 침략은 불법적인 무력사용 중 가장 심각하고 위험한 형태이며, 침략행위가 범해졌는지 여부의 결정은 유엔헌장이 정한 바에

aggression has been committed requires consideration of all the circumstances of each particular case, including the gravity of the acts concerned and their consequences, in accordance with the Charter of the United Nations.	따라, 당해 행위의 중대성 및 그 결과를 포함한, 개별 사태의 모든 상황을 고려할 필요가 있음을 양해한다.
7. It is understood that in establishing whether an act of aggression constitutes a manifest violation of the Charter of the United Nations, the three components of character, gravity and scale must be sufficient to justify a "manifest" determination. No one component can be significant enough to satisfy the manifest standard by itself.	7. 침략행위가 유엔헌장의 명백한 위반을 구성하는지 여부에 대한 확정에 있어 "명백한"의 결정을 정당화하기 위해 성질, 중대성 및 규모 이 세 가지 요소를 충족해야 함을 양해한다. 하나의 요소만으로는 그 자체로서 명백한 기준을 충족시키기에 충분하지 않다.

Ⅴ. 범죄구성요건

국제형사재판소규정 제9조 1항은 범죄구성요건이 재판소가 관할범죄 조항(제6조, 제7조, 제8조)을 해석하고 적용하는 것을 보조한다고 규정하고 있다. 이번 재검토회의에서는 특별한 논의 없이 콘센서스로 침략범죄의 구성요건이 채택되었다. 이에 따라 국제형사재판소규정 제9조 1항의 제1문에 '제8조 *bis*'가 추가된다.[4] 채택된 침략범죄의 구성요건은 다음과 같다.

---

4) 현재 국제형사재판소규정 제9조는 1항은 다음과 같다.
  1. 범죄구성요건은 재판소가 제6조, 제7조 및 제8조를 해석하고 적용하는 것을 보조한다. 이는 당사국총회 회원국의 3분의 2의 다수결에 의하여 채택된다.

Article 8 *bis* Crime of aggression	제8조 *bis* 침략범죄
Introduction	도입
1. It is understood that any of the acts referred to in article 8 *bis*, paragraph 2, qualify as an act of aggression.	1. 제8조 *bis* 2항에 규정된 행위는 침략행위임을 양해한다.
2. There is no requirement to prove that the perpetrator has made a legal evaluation as to whether the use of armed force was inconsistent with the Charter of the United Nations.	2. 무력사용이 유엔헌장에 위반되는지 여부에 대해 피의자가 법적 평가를 했는지를 입증할 필요가 없다.
3. The term "manifest" is an objective qualification.	3. "명백한"(manifest)이라는 용어는 객관적 요건이다.
4. There is no requirement to prove that the perpetrator has made a legal evaluation as to the "manifest" nature of the violation of the Charter of the United Nations.	4. 피의자가 유엔헌장의 위반에 있어 "명백한"의 성격에 대해 법적 평가를 했는지를 입증할 필요가 없다.
Elements	구성요건
1. The perpetrator planned, prepared, initiated or executed an act of aggression.	1. 침략행위를 계획, 준비, 개시 또는 실행한 피의자.
2. The perpetrator was a person in a position effectively to exercise control over or to direct the political or military action of the State which committed the act of aggression.	2. 피의자는 침략행위를 범한 국가의 정치적 또는 군사적 행동을 실효적으로 통제하거나 지시할 수 있는 지위에 있는 사람일 것.
3. The act of aggression – the use of	3. 침략행위 – 한 국가가 다른 국가

armed force by a State against the sovereignty, territorial integrity or political independence of another State, or in any other manner inconsistent with the Charter of the United Nations – was committed.	의 주권, 영토적 완전성 또는 정치적 독립에 반하여 무력을 사용하거나, 또는 유엔헌장에 위반되는 기타의 방식으로 무력을 사용하는 것 – 를 범했을 것.
4. The perpetrator was aware of the factual circumstances that established that such a use of armed force was inconsistent with the Charter of the United Nations.	4. 피의자가 그러한 무력사용이 유엔헌장 위반에 해당한다는 사실적 정황을 알았을 것.
5. The act of aggression, by its character, gravity and scale, constituted a manifest violation of the Charter of the United Nations.	5. 침략행위의 성질, 중대성 및 규모가 유엔헌장의 명백한 위반에 해당할 것.
6. The perpetrator was aware of the factual circumstances that established such a manifest violation of the Charter of the United Nations.	6. 피의자가 그것이 유엔헌장의 명백한 위반에 해당한다는 사실적 정황을 알았을 것.

Ⅵ. 발효 및 관할권행사 절차

이번 재검토회의에서 당사국들은 개정안의 발효는 국제형사재판소 규정 제121조 5항에 따르는 것으로 결정하였다.[5] 제121조 5항에 의

5) 제121조(개정) 5항 이 규정 제5조, 제6조, 제7조 및 제8조에 대한 개정은 그 개정을 수락한 당사국에 대하여 비준서 또는 수락서가 기탁된 지 1년 후에 발효한다. 개정을 수락하지 아니한 당사국의 국민에 의하여 또는 그 국가의 영역에서 개정으로 포함된 범죄가 범해진 경우, 재판소는 그 범죄에 대하여 관할권을 행사하지 아니한다.

하면, 개정안은 수락한 당사국에 대하여 비준서 또는 수락서가 기탁된 지 1년 후에 발효한다. 즉, 이 조항은 당사국들이 개정안을 '선택수락'(opt-in)할 수 있도록 규정하고 있어서 개정안을 수락한 당사국들에 대해서만 침략범죄 관련 조항이 효력을 갖게 된다.

그러나 재검토회에서 결정한 관할권행사요건에 따라 재판소가 실재로 관할권을 행사하게 되는 것은 30개 당사국이 개정안을 비준 또는 수락한 후 1년 후 또는 2017년 1월 1일 이후 당사국 총회에서 결정하는 일자 중 늦은 일자이다(제15조 *bis/ter* 2항 · 3항).

Ⅶ. 정 리

이번 재검토회의를 통해 국제형사재판소규정 당사국들은 콘센서스로 개정안을 채택함으로써 침략범죄를 둘러싼 한 세기 가까운 논쟁을 일단락하고 관할권행사를 위한 체계를 마련하는데 성공하였다. 이번 개정안 채택은 분명 국제법 발전의 이정표를 세웠다고 평가할 수 있다. 그러나 채택된 개정안의 체계가 복잡하고 불명확하다는 점, 개정안의 적용을 피하기 위한 여러 예외를 허용하고 있다는 점 등은 이번 회의의 결과가 그렇게 긍정적이지만은 않다는 것을 말해 준다. 재판소가 실질적으로 관할권을 행사하기 위해서는 국가들의 적극적인 비준과 협조가 절실히 요구된다는 점에서 이번 개정안의 법적 가치는 국제사회의 추후 실행에 따라 결정될 것이다.

<참고문헌>

Ⅰ. **단행본**

김영석, 『국제형사재판소법강의』, 법문사, 2003.

Ahmed M. Rifaat, International Aggression; A Study of the Legal Concept: Its Development and Definition in International Law, Stockholm: Almqvist & Wiksell International, 1979.

Antonio Cassese, *International Criminal Law*, Oxford Univ., 2003.

Antonio Cassese(editor), *The Rome Statute of the International Criminal Court: a Coamentary*, Oxford Univ., 2002.

Bengt Broms, *The definition of aggression, Academie de Droit International, Recueil des Cours*, Tome 154 I(1977), Alphen aan den Rijn: Sijthoff & Noordhoff, 1978.

Kriangsak Kittichaisaree, *International Criminal Law*, Oxford Univ., 2001.

M.N. Shaw, *International Law*, 5th ed., Cambridge Univ., 2003.

Mauro Politi and Giuseppe Nesi(editor), *International Criminal Court and the Crime of Aggression*, Ashgate, 2004.

Yoram Dinstein, *War, Aggression and Self-Defence*, 3rd ed., Cambridge Univ., 2001.

Ⅱ. 논 문

김만호, "국제형사재판소를 통한 항공기테러범죄 규제에 관한 연구: ICC규정 개정을 위한 입법론적 고찰을 중심으로,"『항공우주법학회지』, 통권 제15호(2002).

김석현, UN ILC 작업현황, 『국제법평론』, 통권 제7호(1997).

김영석, "국제형사재판소의 관할대상범죄,"『국제인권법』, 제5권(2002).

_____, "국제형사재판소규정에서의 형법의 일반원칙,"『국제법 동향과 실무』, 제2권 1호(2003).

정인섭, "국제형사재판제도의 발전,"『국제인권법』, 제5호(2002).

최태현, "국제형사재판소체제의 출범,"『국제법 동향과 실무』, 제2권 제1호

(2003).

_____, "국제형사재판소 관할대상범죄로서의 침략범죄의 정의," 『국제법학회논총』, 제47권 제3호(2002).

_____, "국제형사재판소(ICC)의 관할권," 『Jurist』, 통권 제384호(2002).

Yong Sok Kim, "The Crime of Aggression in the International Criminal Court," 『서울국제법연구』, 제7권 2호(2000).

Young Sok Kim, "The Cooperation of a State to Establish an Effective Permanent International Criminal Court," 6 *D.C.L. J. Int'l L. & Prac.* 157(1997).

Andreas L. Paulus, "Peace through Justice? The Future of the Crime of Aggression in a Time of Crisis," 50 *Wayne Law Review* 1(2004).

B.B. Ferencz, "Aggression," in Rudolf Bernardt(ed.), *Encyclopaedia of Public International Law*, Vol. Ⅰ, 58(1992-2000).

Benjamin B. Frencz, "Can Aggression be Deterred by Law?," 11 *Pace International Law Review* 341(1999).

Frowein & Krisch, Article 39, in Bruno Simma(ed.), *Charter of the United Nations: A Commentary*, Oxford Univ., 1995.

Giorgio Gaja, "The Long Journey towards Repressing Aggression," in *The Rome Statute of the International Criminal Court : a Commentary* (ed. by Antonio Cassese), Oxford Univ. (2002).

Grant M. Dawson, "Defining Substantive Crimes Within the Subject Matter Jurisdiction of the International Criminal Court: What is the Crime of Aggression?," 19 *N.Y.L. Sch. J. Int'l & Comp. L.* 413(2000).

Irina Kaye Műller-Schieke, "Defining the Crime of Aggression Under the Statue of the International Criminal Court," 14 *Leiden Journal of International Law* 409(2001).

James Nicholas Boeving, "Aggression, International Law, and the ICC: An Argument for the Withdrawal of Aggression from the Rome Statute," 43 *Columbia Journal of Transnational Law* 557(2005).

J. Holmes Armstead, Jr., "The International Criminal Court: History, Development and Status," 38 *Santa Clara L. Rev.* 745(1998).

J. Stone, "Hopes and Loopholes in the 1974 Definition of Aggression," 71 *AJIL* 225(1977).

Linda Jane Springrose, "Aggression as a Core Crime in the Rome Statute Establishing an International Criminal Court," 1999 *St. Louis-Warsaw Trans'l* 151(1999).

Rachel Peirce, "Which of the Preparatory Commission's Latest Proposals for the Definition of the Crime of Aggression and the Exercise of Jurisdiction Should Be Adopted into the Rome Statue of the International Criminal Court?," 15 *BYU J. Pub. L.* 281(2001).

Rayfuse, "The Draft Code of Crimes Against Peace and Security of Mankind: Eating Disorders at the International Law Commission," 8 *Crim. L.F.* 43(1997).

R.S. Clark, "Rethinking Aggression as a Crime and Formulating Its Elements: The Final Work-Product of the Preparatory Commission for the International Criminal Court," 15 *Leiden Journal of International Law* 859 (2002).

Silvia A. Fernandez de Gurmendi, " Completing the Work of the Preparatory Commission: The Working Group on Aggression at the Preparatory Commission for the International Criminal Court," 25 *Fordham Int'l L.J.* 589(2002).

Theodor Meron, "Defining Aggression for the International Criminal Court," 25 *Suffolk Transnat'l Law Review* 1(2001).

W. Michael Reisman, "The Definition of Aggression and the ICC," 96 *American Society of International Law Proceedings* 181 (2002).

변칙적 범죄인인도의 효력 *

김 현 정(金泫廷)

* 제6회(2006) 대학(원)생 국제법 논문 경시대회 대학생 부문 최우수상.

Ⅰ. 서 론

변칙적 범죄인인도는 오래 전부터 행해져 왔으며 비단 최근의 문제는 아니다. 하지만 과거에 비해 변칙적 범죄인인도 사례는 증가했고 이에 따라 언론 및 학계의 관심이 증폭된 것이 사실이다. 이러한 변화는 9·11테러 발생후 범죄 진압에 대한 전 세계적 인식 변화와 밀접한 관련이 있다. 테러와의 전쟁(war against terror)이라는 미명하에 수많은 나라들은 앞다퉈 테러 용의자를 자국 및 제3국으로 변칙적으로 인도하고 있고 이들의 소식이 신문지상에 오르내리는 것은 흔한 일이 되었다.

이에 따라 변칙적 범죄인인도의 인정 여부에 관한 찬반론도 엇갈리고 있다. 우선 반대하는 견해는 변칙적 범죄인인도가 여러 국제법원칙을 위반할 뿐만 아니라 인권침해 문제도 동반하므로 허용되어서는 안된다고 한다. 하지만 이에 못지않게 변칙적 범죄인인도의 필요성을 주장하는 의견도 있다. 이 견해는 테러의 위협에 직면해 있는 현대사회의 특수한 현실을 강조한다. 범죄인인도(extradition)에 인도국들이 소극적으로 대응함으로써 범죄인 처벌이 지연되고 심지어 불가능한 일이 빈번하게 발생함에 따라 변칙적 범죄인인도가 불가피하다는 것이다. 또한 법원칙 및 범죄인에 대한 인권보호만 앞세워 변칙적 범죄인인도를 막는다는 것은 범죄인에 대한 처벌을 방관하는 것이라는 여론의 비난도 무시할 수 없다. 이처럼 범죄인인도에 의해 실현하지 못한 '정의구현'에 대한 대체방안으로서 변칙적 범죄인인도가 허용될 수 밖에 없다는 주장은 이의 정당성에 강한 무게를 실어주고 있다.

이 논문에서는 이처럼 많은 관심의 대상이 되고 있는 변칙적 범죄인인도가 국제법적으로 어떻게 문제가 되며 그것이 과연 합법적인 제도인가를 규명할 것이다. 이를 위해 변칙적 범죄인인도에 저촉되는 국제법원칙들을 살펴보고 이것이 변칙적 범죄인인도에 가하는 법적 제한을 살펴본다. 변칙적 범죄인인도에 관한한 국제법적으로 3가지 측면에서 검토될 수 있겠다. 우선 범죄인이 변칙적으로 인도되는 과정에서 한 국가의 국가관할권 침해에 대한 문제가 제기될 수 있다. 둘째로 변칙적 범죄인인도가 법의 절차에 의함이 없이 범죄인을 인도한다는 측면에서 적법절차원칙의 위반이 주장될 수 있을 것이다. 마지막으로 변칙적으로 인도된 범죄인에 대한 인권보호가 문제될 수 있다. 본 논문에서는 위 원칙들과 변칙적 범죄인인도의 관계를 차례로 살펴보고 나아가 변칙적 범죄인인도가 앞으로 어떤 형식으로 규율돼야 할 것인지를 고찰해 본다.

Ⅱ. 범죄인인도 유형과 변칙적 범죄인인도의 개념 정의

논의에 앞서 이 장에서는 우선 변칙적 범죄인인도의 개념부터 살펴보도록 한다. 왜냐하면 변칙적 범죄인인도의 개념을 이해하는 것은 본 논문의 연구범위를 확정함에 있어 매우 중요하기 때문이다. 하지만 변칙적 범죄인인도에 관해선 아직 국제법상 정의 개념이 없다. 그러므로 변칙적 범죄인인도의 개념은 그와 상관관계에 있는 다른 개념과의 관계 속에서 이해되어야 한다. 이를 위해 범죄인인도의 다양한 유형을 살펴보고 그 중 무엇이 변칙적 범죄인인도인가를 검토함으로써 논의의 방향을 확정하고자 한다.

1. 범죄인인도의 유형

(1) 범죄인인도조약이 체결된 상태에서의 이전-범죄인인도

범죄인인도는 다른 나라에서 범죄를 저지른 후 자국으로 도피하였거나, 유죄판결을 받고 자국에 체재하는 범죄인의 소추 또는 처벌을 위해 요청국에 인도하는 강제적 출국의 한 형태이다. 범죄인인도는 범행후 외국으로 도망한 자뿐 아니라 소송국에서 형의 확정판결을 받고 그 집행중 도망한 자의 인도도 포함한다. 따라서 범죄인인도란 범죄의 피의자 또는 범죄인을 발견한 국가가 범죄를 범하였거나 유죄판결을 받은 국가에 인도하는 것을 말한다.

범죄인인도에서 특징적인 건 범죄인인도조약(extradition treaty)의 존재이다. 범죄인은 조약의 합의 내용 및 절차에 따라 인도되며 이런 맥락에서 범죄인인도는 법에 따른 합법적 인도제도라 할 수 있다.[1] 그러므로 범죄인인도를 위해서 범죄인인도조약의 체결은 필수이며 이는 대부분 양자조약의 형식으로 이루어진다.

(2) 범죄인인도조약이 체결되었지만 그 범위를 초과하는 상태에서 이전

당사국간 범죄인인도조약이 체결되어 있음에도 그 조약의 절차에 따르지 않고 인도하는 경우이다. 이 제도가 범죄인인도제도의 대안으로 이용되는 것은 조약상 인도범죄로 지정되지 않은 범죄에 대한 소추나 처벌의 필요성이 있는 경우와 인도제도에 의한 인도가 실패한 경우이다. 그러나 사실상 이 제도가 많이 이용되는 이유는 범죄인인도제도에 의한 인도가 가능한 경우에도 이 방법에 의한 인도가 비용과 시간이 절감되기 때문이다.

(3) 범죄인인도조약 체결이 안된 상태에서 양국간 합의로 범죄인이 이전되는 경우-(informal surrender)

범죄인인도에 따르지 않고 양 정부요원간 묵시적 합의에 따라 이전

1) Michael John Garcia, "Renditions: Constraints Imposed by Laws on Torture," April 5, 2006, *CRS Report for Congress*, Order Code RL 32890, pp.4-5.

되는 경우다. 이는 주로 이웃 국가간에서 행해지는 경우가 많으며, 인도되는 범죄인 또한 요청국 국민인 경우가 대부분이다. 양국간 합의가 있다는 점에서 영토고권의 침해는 발생하지 않으나, 비공식적 절차인 만큼, 문서화되지 않은 경우가 많아 범죄인 인권보호에 미흡하다.

(4) 범죄인인도조약 체결이 안되어 있고 양국간 합의 없는 상태에서 이전되는 경우-(transnational forcible abduction)

국제사회에서는 이를 납치라고도 한다. 납치는 폭력 기타 사술에 의하여 사람을 한 나라의 관할로부터 다른 나라의 관할로 이동시키는 것으로 외국의 국가기관에 의하여 행해지거나 민간인에 의하여 행해지기도 한다. 이런 형태의 범죄인인도는 엄연히 국제법 위반이지만, 범죄인인도에 의한 인도가 불가능할 경우 공공연하게 행해지고 있는 것이 현실이다.

(5) 양 국가가 아니라 제3국으로 이전되는 경우

국가가 범죄인을 소재국에서 납치하여 제3의 국가(보통의 경우 요청국)로 이전해 주는 경우이다. 가장 좋은 예가 바로 *Abu Omar* 납치사건일 것이다.[2] 이집트 출신으로서 테러 용의자로 지목됐던 Abu Omar는 2003년 2월 17일, 이탈리아 밀라노 집 근처에서 미국 요원들에 의해 납치되어 현재 이집트 비밀수용소에 억류되어 있는 것으로 추정된다. 이곳은 수용자들을 상대로 각종 고문을 자행하는 것으로 알려져 있어 인권단체 및 국제사회에서 비난의 목소리가 일고 있다. 이들이 이런 곳으로 이전되는 이유에는 같은 문화・언어・정서를 공유하기 때문에 심문과정에서 정보를 더 얻어낼 수 있다는 점도 있겠

---

2) Carig Murray, "Abducted imam seeks return to Italy," http://www.craigmurray.co.uk/archives/2006/04/abducted_imam_s.html#mcre(2006년 4월 8일 검색).

으나, 실질적으론 정보를 얻기 위해 심문과정에서 심한 고문이 자행되고 있을 개연성이 높다는 것이 국제사면위원회(Amnesty International; AI) 등 인권단체들의 주장이다.

(6) 범죄인이 어떤 형태의 속임수에 의해 자진해서 요청국으로 옮겨가는 경우-(lures)

요청국 요원 및 그의 사주를 받은 개인에 의한 속임에 따라 범죄인이 자진해서 인도국의 관할권에서 벗어남과 동시에 체포·인도하는 방식이다. 이 경우 다른 범죄인인도와 달리 인도국의 영토고권 침해 문제가 발생하지 않는다.

(7) 사실상 인도-(disguised extradition)

범죄인인도절차 외의 합법적 방법을 통해 범죄인을 사실상 인도함으로써 범죄인인도의 효과를 얻는 방법이다. 이에는 강제퇴거, 추방, 입국거부 등이 있다.

- **강제퇴거** : 강제퇴거는 자국 내에 있는 외국인을 강제로 자기 나라 영역으로부터 퇴거시키는 것을 말한다. 강제퇴거는 반드시 목적지를 지정할 필요는 없으며 퇴거를 강제하기 전에 자발적으로 출국의 기회를 부여하는 경우도 있다. 그러나 대부분 국가는 국내법상으로 강제퇴거되는 자의 최종행선지를 명령으로 정할 수 있다고 규정하고 있고, 통상적으로 강제퇴거되는 자의 국적국이거나 그를 심리·처벌하려는 국가를 최종행선지로 지정함으로써 실질적으로는 강제퇴거의 방법을 사용하여 범죄인인도와 동일한 효과를 거두고 있다.
- **추방** : 국가가 영역 내의 외국인을 강제적으로 자국의 영역을 떠나게 하는 권력행사로서 형벌이 아니라 행정상 조치의 일종이다. 국가는 별도의 조약상의 의무가 존재하지 않는 한 외국인의

추방에 대하여 광범위한 재량권을 가지며 이 재량권은 거의 전적으로 행정부에서 행사하게 되는 바, 지정된 추방목적지가 추방당하는 자의 형사처벌을 원하고 있는 국가와 일치되는 경우에는 결과적으로 사실상의 인도가 이루어진다.

- **입국거부** : 입국거부는 외국인이 자국의 영역 내에 들어오는 것을 허가하지 않는 조치이다. 외국인이 본국에서 형사소추를 위한 수배대상인 경우 입국거부가 그를 송환하는 법적 수단이 될 수 있다. 입국거부가 결정되면 외국인은 출발지로 돌아가는 수밖에 없으며 다른 목적지를 선택할 수 없으므로 사실상의 인도가 이루어지게 된다.

2. 개념 정의

이처럼 범죄인인도에는 다양한 형태가 있으며 이 중 위의 1. (2)~(7)이 변칙적 범죄인인도에 해당된다고 생각된다. 결국 인도제도는 범죄인인도와 그 외의 모든 유형의 인도, 곧 변칙적 범죄인인도(irregular rendition)로 나눌 수 있을 것이다.

그렇다면 '범죄인인도외 형태의 인도'라는 것은 정확하게 어떤 의미인가? 위에 열거된 변칙적 범죄인인도 유형을 아우를 수 있는 변칙적 범죄인인도의 정의는 무엇인가?

변칙적 범죄인인도가 범죄인인도의 반대선상에 놓인다고 볼 때, 변칙적 범죄인인도의 정의도 범죄인인도를 개념 짓는 요소와의 대비 속에서 찾을 수 있다. 미국은 범죄인인도가 조약 체결에 의한 인도라는 점을 토대로 변칙적 범죄인인도는 조약에 의하지 않은 인도라고 한다. 하지만 변칙적 범죄인인도가 단순히 조약의 체결 여부만으로 결정될 수는 없다. 위의 1. (2)의 경우처럼 조약체결이 있어도 변칙적 범죄인인도로 분류되는 경우가 있기 때문이다. 또한 범죄인인도를 합법적 범죄인인도로 보고 변칙적 범죄인인도를 불법적 방법이라고도 볼 수 있으나 이 또한 바람직하지 않다. 위 1. (7)의 경우처럼 엄연히 합법적인 절차를 거쳤지만 여전히 변칙적 범죄인인도로 분류되는 경우도 있기 때문이다.

생각건대 이와 같은 상황들을 놓고 볼 때, 변칙적 범죄인인도는 범죄인인도에 의하지 않는 모든 유형의 합법적(legal)·법외적(extra-legal) 방법의 인도를 포괄하는 개념으로 정의하는 것이 타당하다고 생각되며, 이 글에서도 이와 같은 정의 개념을 토대로 변칙적 범죄인인도에 대해 보다 자세히 살펴보도록 한다.[3]

3. 논의의 방향

이러한 변칙적 범죄인인도의 개념을 토대로 이 글에서는 변칙적 범죄인인도에 저촉되는 국제법원칙들－i) 국가관할권의 침해, ii) 적법절차원칙의 침해, iii) 인권침해－을 차례로 검토할 것이다. 하지만 모든 유형의 변칙적 범죄인인도가 위 3가지 국제법원칙들에 다 저촉되는 것은 아님을 미리 밝히는 바이다. 예컨대, 변칙적 범죄인인도의 유형, 즉 위 1. (3)의 경우에는 적법절차원칙의 위배 문제가 논의될 수는 있겠으나 양 당사국간의 합의가 있었다는 측면에서는 영토고권의 침해 문제는 발생하지 않는다.

이에 따라 이 글에서는 각 국제법원칙을 논함에 앞서 이에 저촉되는 변칙적 범죄인인도의 유형을 미리 밝히도록 할 것이며, 각 국제법원칙들에 대한 논의를 거친 후 제기된 문제점들을 총체적으로 극복하기 위한 변칙적 범죄인인도의 규율방식을 해결책으로써 모색해 보도록 한다.

---

3) Liaquat Ali Khan, "Friendly Renditions to Muslim Chambers of Torture," *Daily Star* (2005. 7. 6).

Ⅲ. 국가관할권의 침해

이 장 이후부터는 변칙적 범죄인인도와 저촉되는 국제법원칙들을 차례로 살펴볼 것인 바, 우선 국가관할권의 침해 문제부터 살펴보도록 한다. 변칙적 범죄인인도에 있어서 국가관할권의 제한 문제는 주로 *당사국간의 합의가 없는 상태에서, 한 국가의 일방적인 행위에 의해 행해졌을 경우*에 발생하게 된다.

1. 국가관할권(권한)으로서의 영토주권 및 국내문제 불간섭의무

국가의 자국에 대한 권한행사는 국제법적으로는 영토관할권의 행사 및 국내문제 불간섭의무로서 인정된다고 할 수 있겠다. 국가는 자국 영역 내에서의 필요한 입법·집행·사법에 대한 주권을 가지는데 이를 곧 영토주권이라 한다. 아울러 국내문제 불간섭의무란 어떤 나라의 정치체제, 헌법제도 등 국가의 내부생활에 직접 관련되는 분야로서 이 분야에 대해서까지도 남의 간섭을 받으면 독립국가라고 할 수 없는 문제에 관해서는 타국이 간섭할 수 없다는 원칙을 말한다.[4] 인도국의 동의가 없는 상태에서 이루어지는 변칙적 범죄인인도와 관련해서는 영토주권 및 국내문제 불간섭의무에 대한 저촉 여부가 문제된다.

특히 이 문제와 관련해서 구체적으로 논의될 수 있는 국제법규범으로는 무력사용금지원칙을 규정하고 있는 유엔헌장 제2조 4항과 헌장 제2조 7항상의 국내문제 불간섭원칙이 있을 수 있다. 이 장에서는 이 두 원칙과 변칙적 범죄인인도의 관계를 보다 자세히 살펴보도록 한다.

---

4) 유병화 외, 『국제법 I』, 법문사, 2000, p.322.

2. 무력사용금지원칙 및 국내문제 불간섭원칙과의 저촉 여부

(1) 유엔헌장 제2조 4항과의 관계

유엔헌장 제2조 4항에서는 "모든 회원국은 그 국제관계에 있어서 다른 국가의 영토보전이나 정치적 독립에 대하여 또는 유엔의 목적과 양립하지 아니하는 어떠한 기타 방식으로도 무력의 위협이나 무력행사를 삼간다"고 규정하고 있다. 이 조항은 전쟁은 물론 평시에도 무력을 행사하거나 무력으로 위협해서는 안된다는 무력사용 및 위협금지원칙을 규정한 것이다. 이를 통해 궁극적으로는 국제분쟁이 평화적 방법으로 해결되도록 강조하고 있다. 아울러 여기서는 영토고권 및 정치적 독립의 침해를 구성하는 어떤 형태의 무력사용도 금지한다는 일반국제법상의 의무도 규정하고 있다. 그러나 유엔헌장 제2조 4항이 무력사용 및 그 위협을 전면적 그리고 절대적으로 금지하고 있는 것은 아니다. 곧, 제7장상의 집단적 제재조치로서 무력사용, 제51조의 자위권 그리고 제53조 단서에 의한 제107조상의 구 적국에 대한 무력사용 등을 예외적으로 인정하고 있다.

변칙적 범죄인인도가 헌장 제2조 4항에 따른 무력사용금지원칙을 침해하여 영토주권에 대한 제한을 구성하는지를 살펴보기 위해서는 2가지 측면에서의 검토가 이루어져야 할 것이다. 첫째로는 과연 자국민 보호를 위해 행해지는 납치가 헌장 제2조 4항에서 금지하는 '다른 국가의 영토보전 및 정치적 독립에 대한' 무력사용에 해당하는지 여부이다. 둘째로는 국가가 상대국의 동의 없이 범죄인을 납치하는 것이 과연 다른 국가에 대한 '무력의 위협 또는 무력행사'에 해당되는지를 검토해야 할 것이다. 그러므로 이하에서는 이 2가지 쟁점에 대해 보다 자세하게 살펴보도록 한다.

1) '영토보전 및 정치적 독립'의 의미

변칙적 범죄인인도와 관련하여 제2조 4항상의 '영토보전 및 정치적

독립'에 대한 해석을 둘러싸고 다음과 같은 3가지 견해대립이 있다

- 엄격한 견해(restrictive theory) : 제2조 4항을 엄격히 해석함으로써, 비록 자국민 보호를 위한 것이라도 변칙적 범죄인인도는 절대로 허용될 수 없다는 견해이다.[5] 제2조 4항의 "… 또는 유엔의 목적들에 부합하지 않는 다른 어떤 방법에 의해서도 무력의 위협이나 그 사용을 삼가야 한다"는 부분이 바로 이 점을 뒷받침해 준다. 아울러 헌장 제51조에서 자국에 무력공격이 있을시 자위권을 행사할 수 있는 경우를 예정하고 있으나, 이는 안보리에 의한 엄격한 감독하에 제한적으로만 인정될 수 있고 변칙적 범죄인인도를 허용한 것이 아니라고 한다. 또한 유엔헌장의 목적은 어떤 형태의 무력사용도 금지하며 따라서 변칙적 범죄인인도 과정에서 행해지는 무력은 유엔헌장의 목적에 위배된다고 한다.
- 실용적 견해(realist theory) : 보다 완화된 입장을 취하는 견해로서 변칙적 범죄인인도가 자국민 보호를 위한다는 조건하에서 허용될 수 있다는 주장이다.[6] 이 견해의 논거는 다음과 같다. 우선 제2조 4항에서 금지하는 것은 '영토 보전 및 정치적 독립성'에 대한 것인 바, 변칙적 범죄인인도시 개인에 대해 행해지는 각종 무력은 소재국을 상대로 행해지는 것이 아닌 만큼 소재국의 영토고권을 침해하는 것이 아니며 고로 유엔헌장에 저촉되지 않는다고 한다. 둘째로 테러 용의자 및 각종 범죄인들을 이송하여 처벌하는 것은 결국 인류의 평화와 인권신장을 위한 것이므로, 이 또한 유엔헌장의 궁극적 목적에는 위반되지 않는다고 한다. 또한 유엔헌장의 목적은 평화유지뿐 아니라 인권보호도 그 내용인 바, 무력을 통해 인도국에 인질로 잡힌 개인을 구출하는 것은

5) *Ibid.*, pp.481-485.
6) *Ibid.*, pp.481-481.

영토고권의 침해가 아니라고 한다.

- **정당방위이론**(self-defense theory) : 자국에 위협의 소지가 있는 자들을 변칙적으로 인도해 가는 것은 결국 자기방어 차원에서 행해지는 것인 만큼 국제법 위반이 아니라는 주장이다.[7] 이 견해에 의하면 자기방어를 위한 무력사용은 타국의 '영토보전 및 정치적 독립성'에 대한 것이 아닌 바, 유엔헌장에 위배되지 않는다고 한다.

2) 'use of force'의 의미

헌장 제2조 4항상의 '무력'의 범위에 관해서는 학설 대립이 있으나, 현재 학계의 다수설은 'armed force'를 의미하는 것으로 보고 있다. 일부 개발도상국들 사이에서는 재정지원과 같은 경제적 조치의 사용 또는 각종 정치적 조치에 따른 간섭 또한 무력의 범위에 포함된다고 주장하고 있으나, 이러한 광범위한 해석에 따르면 위법행위를 저지른 국가에 대한 피해국의 간섭도 제2조 4항상의 '무력행사'에 포함되게 될 소지가 있다는 지적에 따라 받아들여지고 있지 않은 상황이다.[8] 유엔 총회 결의 제2625호에서도 헌장 제2조 4항에 따른 '무력'에는 단순한 'armed force'만 포함된다고 기술하였고, ICJ도 *Nicaragua* case에서 헌장 제2조 4항상의 '무력'의 범위에는 경제적 간섭은 포함되지 않는다고 밝힌 바 있다.[9]

아울러 헌장 제2조 4항을 반대 해석하여 '영토보전, 정치적 독립, 기타 유엔의 목적에 반하지 않는 무력행사'는 허용될 수 있다는 허용적 견해도 있으나 이는 타당하지 않다고 생각된다. 왜냐하면 이는 유

---

7) *Ibid.*, pp.481-485.

8) Albrecht Randelzhofer, "Use of Force," *Encyclopedia of Public International Law*, Vol. Ⅳ(Amsterdam: North-Holland Publishing, 1982), pp.1246-1257.

9) *Military and Paramilitary Activities in and against Nicaragua* 〔*Nicaragua v. United States of America*〕, *I.C.J. Reports 1986*; Albrecht Randelzhofer, *ibid.*, pp.1246-1257에서 재인용.

엔헌장의 전체적 목적에 위배되는 해석이기 때문이다. 곧, 유엔헌장 제1조 1항에서는 유엔헌장의 목적이 '국제평화와 안전을 유지'하기 위함이라고 밝히고 있고, 헌장 전문에서도 이 같은 원칙을 재확인하고 있는 점으로 미뤄, 헌장 제2조 4항은 동 조항 외에 헌장 제7장에 의한 강제조치와, 헌장 제51조에 따른 자위권행사의 경우를 제외하고는 무력사용을 원천적으로 금지하고 있다고 보아야 할 것이다.[10]

(2) 국내문제 불간섭원칙과의 관계

다음으로는 변칙적 범죄인인도와 헌장 제2조 7항상의 국내문제 불간섭원칙(principle of non-intervention)과의 관계를 살펴보도록 하겠다. 헌장 제2조 7항은 "이 헌장의 어떠한 규정도 본질상 어떤 국가의 국내관할권 내의 사항에 간섭할 권한을 이 기구에 부여하지 아니하며, 또한 그러한 사항을 이 헌장에 의한 해결에 부탁하도록 회원국에 요구하지 아니한다. 다만, 이 원칙은 제7장에 의한 강제조치의 적용을 해하지 아니한다"라고 함으로써 국내문제 불간섭원칙을 규정하고 있다.

생각건대, 헌장 제2조 7항에서는 "본질상 어떤 국가의 국내관할권 내의 사항"이라고 규정함으로써 국내문제의 범위를 상당히 광범위하게 규정하고 있다. 하지만 동 조항을 원용하여 국내문제에 대한 유엔의 개입을 부정하는 국가들의 주장에 대해 그간 유엔 총회나 안전보장이사회는 동 조항상의 '개입'의 범위를 '일정한 행동을 강요하는 것'으로 제한적으로 해석하고 있다.[11] 또한 국가들이 국제사법법원의 강제관할권을 수락하는 과정에서 국내관할권에 대한 유보를 주장하면서도, 여전히 국내관할권이 국제법에 의해 제한된다는 한계를 수락하고 있는 점에서도 동 조항상의 국내문제 불간섭원칙에 대한 해석범위를 축소시키고 있음을 알 수 있다.[12]

---

10) Albrecht Randelzhofer, *supra* note 8, p.1251.
11) 유병화 외, *supra* note 4, p.326.

3. 국내관할권의 침해를 정당화하는 요소들

이처럼 위에서 변칙적 범죄인인도와 관련되는 국제법원칙들로서 국내관할권으로서 인정되는 영토주권 및 국내문제 불간섭의무를 살펴보았는 바, 다음으로 변칙적 범죄인인도가 이와 같은 원칙들에 위배되지 않는다는 주장의 근거를 살펴보도록 한다.

(1) 영토고권 침해가 적은 유형의 변칙적 범죄인인도

변칙적 범죄인인도의 유형에 따라 영토고권의 침해 정도도 제각각이다. 우선 변칙적 범죄인인도를 한 국가가 개인을 다른 나라에서 납치해 오는 경우와 당사국간 협력에 의해 이루어지는 변칙적 범죄인인도로 나누어 보자. 비록 양자의 경우 모두 법의 절차를 무시한 것이지만, 당사국간의 협력이 있었던 후자가 한 국가의 영토고권의 침해 문제와 관련해 전자보다 침해의 정도가 더 적은 것이 사실이다.[13] 테러 용의자 Carlos Illich Ramirez가 수단 정부의 묵인하에 프랑스로 변칙적으로 인도된 예, 그리고 예멘 정부가 테러 용의자 Johannes Weinrich를 독일 정부에 넘겨준 경우 등이 좋은 예이다. 이 경우 인도국 정부의 묵시적 승인이 있었으므로 영토고권의 침해는 성립되지 않는다.

이에 따라 변칙적 범죄인인도시 당사국간의 협력을 강화함으로써 영토고권의 침해는 일어나지 않고 변칙적 범죄인인도가 허용될 수 있다는 주장도 있다.[14] 또한 변칙적 범죄인인도 중 납치(transnational forcible abduction)에 비해, 범죄인을 자진해서 인도국 밖으로 나오

---

12) *Ibid.*, p.326.

13) Bassioni M. Cherif, "Unlawful seizures and Irregular Rendition Devices as Alternatives to Extradtition," *7 Vand J. Transnat'l L.*, Winter 1973, pp.64-65.

14) Melanie M. Laflin, "Kidnapped Terrorists: Bringing International Criminals to Justice through Irregular Rendition and Other Quasi-legal Options," *Journal of Legislation*, Vol. 26:315, pp.329-330.

도록 유인하는 방법(lures)이 국가의 영토고권을 훨씬 덜 침해하는 방법이라는 주장도 있다.[15]

(2) 보호의무로서의 국가책임

어느 국제법주체가 국제법규에 위반하는 행위 또는 부작위를 통하여 다른 국제법주체에게 손해를 발생시킨 경우 국제법규를 위반한 국제법주체는 이 손해를 배상할 책임을 지게 되는데, 국제법상 이를 국가책임(State-responsibility)이라고 한다. 변칙적 범죄인인도의 정당성을 주장하는 일부 견해들은 인도국과 요청국이 각각 지고 있는 보호의무로서의 국가책임을 근거로 변칙적 범죄인인도의 국내관할권 제한에 대한 정당화를 주장하기도 한다.

1) 인도국의 국가책임과 영토고권

인도국은 각종 테러 및 범죄로부터 자국에 소재하는 외국인을 보호할 의무가 있다. 이는 범죄인을 범죄인인도 절차에 따라 인도하거나 자국 법원에서 처벌함으로써 실현될 것이다. 이러한 국가의 의무는 헤이그협정, 몬트리올협정, 국제인질방지협약(International Convention Against the Taking of Hostages)에도 명시되어 있다.

Gurulé는 영토고권이 국제법상 중요한 원칙임에는 틀림없으나 그것이 '절대적'인 것은 아님을 강조한다. 그러므로 인도국이 자국내 외국인에 대한 보호의무를 방임한 경우, 그들은 요청국의 변칙적 범죄인인도를 감수할 수밖에 없다고 한다.[16]

---

15) *Ibid.*, p.324 Quote: "However, although different methods of rendition are done outside the formal process of extradition, luring can be considered less offensive than the typical irregular rendition [i.e. forcible abductions] because no teirritory's sovereignty has been violated".

16) Gurulé Jimmy, "Terrorism, Territorial Sovereignty, and the Forcible apprehension of International Criminals Abroad, *17 Hastings Int'l and Comp*, LR, pp.474-478.

특히 이와 관련해 *Machain* 사건을 살펴보자. Machain은 멕시코에서 살해당한 미국 요원의 죽음과 연관된 혐의로 멕시코에서 미국으로 변칙적으로 인도된 바 있다. 이 사건에서 멕시코 정부는 범죄인인도 절차에 협력하지 않았을 뿐만 아니라 범죄인을 자국 법원에서 처벌하지도 않았다. 이에 Gurulé는 멕시코가 외국인보호에 관한 주의의무를 다하지 못한 만큼, 미국의 변칙적 범죄인인도를 감수할 수밖에 없고, 변칙적 범죄인인도는 그 범위에서 영토고권을 침해하지 않는다고 하였다.[17]

2) 요청국의 국가책임과 영토고권

인도국의 책임에 상응하는 것으로서 요청국에게는 자국민을 보호할 의무가 인정된다. 하지만, 자국민에게 해를 가한 범죄인에 대해 인도국이 범죄인인도에 응하지 않고, 동시에 자국에서 적절히 처벌치도 않을 경우, 요청국 입장에서는 자국민 보호의무를 다하지 못한 결과가 발생한다. 이와 같은 상황에서 자국민 보호를 위해 행해지는 변칙적 범죄인인도에 대해 영토고권 침해의 예외를 인정할 수 있다고 주장한다.

4. 소 결

생각건대, 변칙적 범죄인인도를 헌장 제2조 7항상의 '무력행사'로 해석하는 것은 지나친 확대라고 생각되는 바, 헌장 제2조 7항상의 무력사용금지원칙에 위배되지는 않는다고 생각된다. 하지만, 납치와 같은 형태의 변칙적 범죄인인도는 다른 국가의 사법적 관할권에 관한 배타적·실효적 지배를 침해한다고 충분히 보여질 수 있는 바 헌장 제2조 7항상의 국내문제 불간섭원칙에는 저촉된다고 생각된다.[18]

---

17) *Ibid.*, pp.474-478.

18) *Nicaragua vs United States*: " bearing on matters in which each state is permitted, by the principle of State sovereignty, to decide freely.

그러나 국내관할권행사와 관련해서 인도국이 범죄인인도 및 처벌에 대해 국가책임을 다하지 않고 있어 요청국이 자국민 보호의 일환으로써, 혹은 정당방위의 일환으로 변칙적 범죄인인도를 행하는 경우에는 국내관할권에 대한 제한이 인정될 수밖에 없다고 생각된다. 즉, 영토주권 및 국내문제 불간섭원칙도 모두 국제법을 근거로 하여 인정된 원칙들인 만큼, 그 권한 행사도 국제법의 범위 안에서 정당하게 행사될 때 비로소 인정될 수 있다는 것이다.[19] 그러므로 이러한 범위 내에서는 인도국의 국내관할권 제한은 일응 인정될 수밖에 없다고 생각된다.

그러나 이처럼 일부 변칙적 범죄인인도가 국내관할권 제한에 대한 정당성이 부여된다고 하더라도, 법적 절차를 거치지 않고 임의로 행해졌다는 측면에서 다음에 살펴보게 될 적법절차원칙을 위배하고 있다는 비판은 여전히 면하지 못할 것이다. 그런 측면에서 변칙적 범죄인인도가 단순히 영토주권 및 국내문제 불간섭의무에 저촉되지 않는다고 하여 바로 합법적이라고 단정 짓는 것은 지나치게 섣부른 판단이라 생각된다.

One of these is the choice of a political, economic, social and cultural system, and the formulation of foreign policy. Intervention is wrongful when it uses methods of coercion in regard to such choices which must remain free ones. The element of coercion which defines and indeed forms the very essence of prohobited interventiion, is particularly obvious in the case of an intervention which uses force either in the direct form of military action or in the indirect form of support for subversive or terrorist armed activities within another state," *ICJ Reports 1986*, p.14; Albrecht Randelzhofer, *ibid.*, pp.1246-1257에서 재인용.

19) 유병화 외, *supra* note 4, p.329.

Ⅳ. 적법절차원칙의 침해 - 재판관할권의 문제와 관련해서

1. 개 관

범죄인인도 절차를 거치지 않고 행하여지는 *합법적·법외적*(*extra legal*) 형태의 변칙적 범죄인인도의 경우는 엄연히 적법절차원칙에 위배된다. 특히 주목할 것은 강제퇴거, 입국거부, 추방과 같은 사실상 인도도 비록 합법적 방법을 통해 사실상의 범죄인인도 효과를 낳지만, 여전히 범죄인인도 절차에 따르지 않고 있다는 측면에서는 엄연히 적법절차원칙에 위배된다는 사실이다. 즉, 단순히 법으로 인정되는 절차에 따랐다고 해서 적법절차를 준수한 것이 아니라, 합법적인 범죄인인도 절차에 따른 범죄인인도만이 적법절차원칙을 따랐다고 평가할 수 있을 것이다. 그러므로 변칙적 범죄인인도와 관련해 이 원칙의 수호는 각국의 법원이 적법절차원칙 위반을 인정하고 인도된 범죄인에 대한 관할권을 부정함으로써 효과적으로 실행될 수 있다.

전통적으로 전 세계적으로 많은 국가들이 그간 변칙적으로 인도된 범죄인에 대한 자국의 재판관할권을 인정해 왔다. 범죄인을 인도함에 있어 어떠한 불법적 수단이 동원되었건, 혹은 범죄인에 대한 인권이 얼마나 침해되었건 일단 납치국 법원에서 기소가 되어 재판절차가 개시되면 납치국은 법적 관할권을 갖는다는 것이다. 특히 이러한 법원의 입장을 주도해 온 것이 미국이다. 그러나 최근엔 이러한 전통적 견해에 대해 반기를 드는 판결들도 있어 적법절차원칙 수호에 한발 앞서가고 있다.

2. 재판관할권을 인정해 온 전통적 입장

(1) 미국의 입장

미국은 그 동안 변칙적으로 인도된 범죄인에 대한 관할권을 인정해 왔다. 변칙적 범죄인인도에 있어 법적 관할권에 관한 가장 유명한 사건은 바로 *Ker v. Illinois* 사건이다.[20] 이 사건은 1886년에 Ker가 페루에서 미국 국적의 개인에 의해 납치되어 미국으로 이송된 것이 발단이 되었다. 페루 정부와 미국간에는 범죄인인도조약이 체결되어 있었음에도 불구하고, 당시 요원들은 이 같은 절차를 무시하였다. 결국 Ker는 미국 법원에서 재판을 받게 되었는데, 이에 대해 Ker는 미국 법원의 관할권을 부정하는 소송을 제기하였다. Ker의 주장에 의하면 적법한 범죄인인도조약의 체결에도 불구하고 그를 납치한 것은 국제법원칙에 위반되고 그의 기본권을 침해한다는 것이다.

이에 대해 미국 대법원은 납치와 관련해 불법적 방법이 동원되었다 하더라도 그것이 미국 법원에 대해 관할권을 부정하는 근거가 될 수는 없다고 판결하였다. 이러한 원칙은 1952년 *Frisbie v. Collins* 사건에서 다시 한번 확인되었고 이에 따라 지금은 Ker-Frisbie 원칙이라고도 불린다.[21] 이 원칙은 여전히 미국 법원에서 인정되고 있으며, 미국 외 다른 국가에서도 암묵적으로 받아들여지고 있는 실정이다.

그 이후에 일어난 *Machain* 사건은 다시 한번 Ker-Frisbie 원칙을 확인하는 계기가 되었다.[22] 이 사건에서 Machain은 멕시코 구

---

20) *Ker vs. Illinois*, 199 U.S. 436(1886), http://caselaw.lp.findlaw.com/cgi-bin/getcase.pl?court=US&vol=119&invol=436(2006년 8월 31일 검색).

21) *Frisbie vs. Collins*, 342 U.S. 519(1952), http://caselaw.lp.findlaw.com/scripts/getcase.pl?court=us&vol=342&invol=519(2006년 8월 31일 검색).

22) *United States vs. Alvarez-Machain*, 504. U.S.. 655(1992), http://caselaw.lp.findlaw.com/scripts/getcase.pl?court=US&vol=504&invol

아달라자라(Guadalajara)시에서 미 법무부 마약단속국(Drug Enforcement Administration; DEA) 요원에 의해 미국 텍사스주로 변칙적으로 인도되었다. Machain은 멕시코로 납치된 후 고문, 살해된 미국 마약단속국 요원 *Enrique Camarena-Salazar*의 사건에 관련된 혐의로 납치되었으며 미국은 즉각 Machain 외 19명을 기소하였다.

멕시코는 Machain의 납치에 대해 강력하게 항의하였으나, 미국은 여기서 다시 한번 Ker-Frisbie 원칙을 재확인하였다. 이 판결에서 미국 연방대법원은 비록 미국과 멕시코간에 범죄인인도조약이 체결되어 있다고는 하지만, 범죄인이 범죄인인도조약에 의해서만 인도되어야 한다고 규정한 것은 아니므로, 변칙적으로 인도된 범죄인이라도 여전히 미국 법원에서 판단할 수 있다고 하였다.

Machain 사건은 Ker-Frisbie 원칙을 재확인한 차원을 넘어서 또 다른 측면에서도 의의가 있다. 기존의 *Ker-Frisbie* 사건에서는 모두 범죄인들의 납치가 개인적 차원에서 이루어졌었고, 또한 납치된 범죄인이 소를 제기하기는 하였으나 인도국 정부에서는 항의하지 않았다. 하지만 *Machain* 사건에서는 미국 정부가 납치에 대해 공식적으로 관여하였다. 곧 연방대법원은 이 사건에서 납치국 정부가 관여한 경우에도 Ker-Frisbie 원칙이 적용된다는 점을 통해 Ker-Frisbie 원칙의 적용범위를 한층 더 넓혔다는 점에서 주목할 만하다.

(2) 영국의 입장

영국의 경우 *Ex parte Elliot* 사건을 주목할 수 있다.[23] 이 사건에서 영국 정부는 벨기에 경찰의 도움으로 범죄인을 변칙적으로 인도하

=655(2006년 8월 31일 검색).

23) R v. O/C Depot Battalion, RASC, Colchester, Ex parte Elliott(1949), Ex parte Bennett 재인용, http://uniset.ca/other/schmidt/bennett.html (2006년 8월 31일 검색).

였다. 벨기에 정부는 영국에 대해 항의하였으나, 영국 항소법원에서 Lord Goddard 판사는 영국 내에 이송된 범죄인에 대해서는 그 인도 절차가 아무리 불법적이더라도 영국 법원에 재판관할권이 있다고 결정하였다.

3. 재판관할권을 부정하려는 새로운 시도 및 변화의 모색

(1) 미 국

미국에서도 그간 모든 법원이 일관되게 Ker-Frisbie 원칙에 입각해서 판결을 내린 것은 아니다. 최근 미국에선 변칙적으로 인도된 범죄인에 대한 법원의 관할권을 부정한 일부 판례들이 있어 눈길을 끈다.

미국에선 Ker-Frisbie 원칙에 대한 예외의 인정 가능성을 제시한 사건이 있었는데, 1974년의 *United States v. Toscanio* 사건이 바로 그것이다.[24] Toscanio는 우루과이 몬테비데오(Montevideo)시에서 납치되어 브라질로 이송된 후 심문과정에서 고문을 당했다. 그 후 다시 미국으로 이송되었고 마약범죄와 관련해 미국 법원에서 기소되었다. 이 사건에서 미국 정부의 연관성이 전면적으로 나타나지는 않았으나, *Toscanio* 사건에 간접적으로 연루되었던 것은 공공연한 사실이다. *Toscanio* 사건에 대해 미국 하급심은 그의 납치는 국제법원칙 위반이며 이 경우에는 미국 법원이 관할권을 갖지 못한다고 판결함으로써 Ker-Frisbie 원칙에 대한 예외의 인정 가능성을 시사한 바 있다. 안타깝게도 이러한 *Toscanio* 판결 내용은 그 후 일어난 *Matta-Ballesteros v. Henman* 사건에서 연방대법원에 의해 거부되어 실제로 미국 법원의 법원칙으로서 확립되지는 못하였다.[25]

---

24) *United States vs. Toscanino*, 500F. 2d 267(2d Cir.), reh'g denied, 504 F.2d 1380(2d Fr. 1974), http://www.uniset.ca/other/cs5/500F2d267.html(2006년 8월 31일 검색).

(2) 영 국

영국에서도 1980년대 이후부터는 법적 관할권에 관한 전통적 입장에 의문을 제기하는 견해가 제기되기 시작하였다. *Ex parte Mackeson* 사건에서 짐바브웨에 소재한 영국인을 자국으로 변칙적으로 인도한 것에 대해 조약의 체결 없이 범죄인을 인도하는 것은 바람직하지 않다는 판결을 내린 바 있다.[26] 그러나 이 견해 또한 *ex parte Driver* 사건에서 거부당하게 된다.[27]

영국은 결국 이 문제에 대해 *Bennett* 사건에서 규명하게 된다.[28] 이 사건에서는 비리에 연루된 영국인이 남아프리카에서 영국으로 변칙적으로 인도되었다. 이에 대해 영국의 상원의원들은 적법한 법적 절차에 의함이 없이 범죄인을 인도한 경우 영국 법원은 법적 관할권을 갖지 못한다고 하였다.

(3) 대륙법계 입장

미국, 영국 등 영미법계 국가들과 달리 대륙법계 국가들은 전통적으로 변칙적으로 인도된 범죄인에 대한 법적 관할권을 인정하는 데 소극적이었다. 프랑스 법원은 불법납치가 처음부터 발생하지 않았던 것과 같이 취급하여 피고인을 석방한 예가 있고, 프랑스 경찰이 외국에서 범죄인을 체포한 행위를 무효로 선언한 예가 있다. 또한, 스페인

---

25) *Matta-Ballesteros vs. Henman*, 896 F, 2d 255, 263(7th Cir.), Cer. denied, llls. c. 209(1990), http://www.usdoj.gov/osg/briefs/1990/sg900934.txt(2006년 8월 31일 검색).

26) *R vs. Bow Street Magistrates*, ex parte Mackeson(1982) 75 Cr APPR 24, Ex parte Bennett에서 재인용, http://uniset.ca/other/schmidt/bennett.html(2006년 8월 31일 검색).

27) *R vs. Plymouth Magistrates*, Court, ex parte Driver(1985) 2 All ER 6od, pp.697-698, Ex parte Bennett 재인용, http://uniset.ca/other/schmidt/bennett.html(2006년 8월 31일 검색).

28) *Bennett vs. Horseferry Road Magistrates' Court and another*(1993) 3 All ER 138(HL), http://uniset.ca/other/schmidt/bennett.html(2006년 8월 31일 검색).

에서는 외국이 일단 인도거부한 범죄인을 소환하기 위하여 다른 죄명으로 재인도청구한 후 본래의 목적인 범죄에 대하여 처벌하려 하자 관할권 없음을 결정한 바 있다.

4. 소 결

이와 같이 변칙적 범죄인인도에 대한 법적 관할권을 둘러싼 문제는 많은 논란을 불러일으킨다. 많은 법조인들은 아직도 변칙적으로 인도된 범죄인에 대한 법적 관할권을 부정하는데 소극적이다. 이는 비단 변칙적 범죄인인도가 법적 측면에서만 문제되는 것이 아니라, 테러나 정치범 등이 연루되면서 외교적 상황도 무시할 수 없는 요소가 되기 때문일 것이다. 곧 변칙적 범죄인인도에 관한 한 법적 측면보다 외부적 요소가 더 중요한 판단요소가 되고 있는 것이 오늘날의 현실이다.

결국 변칙적으로 인도된 범죄인에 대해 과연 납치국이 법적 관할권을 가질 수 있을 것인지에 대해서는 정치적·외교적 요건과 상관없이 오로지 법의 원칙에 입각해서 판단되어야 할 것이다. 이런 면에서 볼 때, 변칙적 범죄인인도는 법적 절차를 거침이 없이 범죄인을 인도한다는 측면에서 적법절차원칙에 명백히 위반된다. 요컨대 변칙적 범죄인인도는 법의 근본원칙을 위반한 것이며, 납치국은 당연히 관할권을 가지지 못한다고 생각된다.

V. 인권침해

1. 변칙적 범죄인인도에 관한 직접적 조약의 부재

지금 국제사회에서 법적 관할권에 관한 문제 못지않게 논의의 중심으로 부각되고 있는 것이 바로 범죄인의 인권보호 문제다. 실제로 변칙적 범죄인인도 과정에서 각종 폭력이 남용되고 심지어 고문이 빈번히 행해지고 있다. 하지만 국제사회에서 특별히 변칙적 범죄인인도에 대해 규율하고 있는 조약이나 협정은 어디에도 없다.

현재 변칙적 범죄인인도와 관련해 그나마 검토될 수 있는 조약들로는 유엔헌장, 세계인권선언, 1966년 시민적 및 정치적 권리에 관한 국제규약(ICCPR), 1950년 유럽인권협약, 1969년 미주인권협약 등이 있다. 불행히도 이들 조약이 과연 실효성을 갖는가에 대해선 의문을 제기할 수밖에 없다. 일단 납치국이 조약에 가입되지 않았을 경우에는 조약이 효력을 발휘하지 못하고, 이 밖에도 국제법을 국내법에 적용하기 위해 각종 승인절차를 거쳐야 하는 국가들이 대부분이고 그 과정에서 조약 내용이 전부 승인되지 못하는 경우도 있다. 이에 따라 이런 국제법 조약들이 과연 국내적으로 법적 실효성을 가질 수 있을 것인가에 대한 의문이 제기되는 것이 현실이다.

그럼에도 불구하고 여전히 이들 조약의 의의는 크다. 왜냐하면 수많은 조약들과 협정문의 내용을 토대로 변칙적 범죄인인도에 있어 적법절차가 지켜져야 하며, 동시에 개인의 권리도 함께 보호되어야 한다는 전 세계적 인식의 확산을 확인할 수 있고, 변칙적 범죄인인도가 국제법적 차원에서 허용될 수 없다는 것을 다시 한번 확인시켜 주고 있기 때문이다.[29]

---

29) Gurulé Jimmy, *supra* note 16, p.46: "the general right that every accused is entitled to due process of the law … is not stated sepecifically in human rights documents but is inferred therefrom. It emanates from the total fabric of human rights treaties and doctrines and from specific protections … There are many provisions in the international instruments … which relate to the judicial process and its fairness, and it is the cumulative effect of these provisions which gives rise to this right."

2. 기존의 조약·협정을 통한 변칙적 범죄인인도의 규율 가능성 및 시도

(1) 유엔헌장

유엔헌장(U.N. Charter)은 유엔의 근본조직과 기본적 활동원칙을 정한 근본법으로서 각종 인권관련 규정이 제정되어 있다. 유엔헌장에 규정된 인권관련 조항들로는 제1조 3항, 제13조 1항(b), 제55조(c), 제62조 2항과 제76조(c)가 있다. 이 중 제55조(c)에서는 "경제적·사회적·문화적 또는 인도적 성격의 국제문제를 해결하고 또한 인종·성별·언어 또는 종교에 따른 차별 없이 모든 사람의 인권 및 기본적 자유에 대한 존중을 촉진하고 장려함에 있어 국제적 협력을 달성한다"라고 함으로써 인권보호를 위해 국제적으로 협력할 것을 독려하고 있다. 아울러 제56조에서는 "모든 회원국은 제55조에 규정된 목적의 달성을 위하여 기구와 협력하여 공동의 조치 및 개별적 조치를 취할 것을 약속한다"고 함으로써 인권보호를 위한 국가의 의무를 규정하고 있다.

(2) 세계인권선언

세계인권선언(Universal Declaration on Human Rights)[30]은 인권존중이 평화 확보와 깊은 관계가 있음을 고려하여 기본적 인권존중을 중요 원칙으로 하는 유엔헌장의 취지에 따라 보호해야 할 인권을 구체적으로 규정한 선언문이다. 전문과 본문 30개조로 되어 있는데, 그 중 제21조까지는 시민적·정치적 성질의 자유, 즉 자유권적 기본권에 관한 규정이다. 그리고 경제적·사회적·문화적 성질의 자유, 즉 생존권적 기본권에 관해서도 상당한 배려가 되어 있으며, 사회보장에 대한 권리(제22조), 노동권과 공정한 보수를 받을 권리 및 노동자의

---

30) G.A. Res. 217A (Ⅲ) UN Doc. A/810(1948).

단결권(제23조) 등에 관해서도 상세한 규정이 마련되어 있다.

변칙적 범죄인인도와 관련된 조문으로는, 제3조의 "모든 사람은 생명권과 신체의 자유와 안전을 누릴 권리가 있다"; 제9조의 "어느 누구도 자의적인 체포, 구금 또는 추방을 당하지 않는다"; 제10조의 "모든 사람은 자신의 권리와 의무, 그리고 자신에 대한 형사상의 혐의를 결정함에 있어서, 독립적이고 편견 없는 법정에서 공정하고도 공개적인 심문을 전적으로 평등하게 받을 권리를 가진다"라는 조문이 있다.

세계인권선언은 조약이 아닌 만큼 실효성을 갖는지에 대해 의문을 제기하는 견해도 있다. 하지만 거의 반세기가 넘는 시간 동안 수많은 국가들의 동의로 채택되어 인정되고 있는 이 선언문은 당연히 효력이 인정된다고 봄이 타당할 것이다.

(3) 1966년 시민적 및 정치적 권리에 관한 국제규약(ICCPR)[31]

변칙적 범죄인인도와 관련해서는 이 규약 제7조와 제9조를 주목할 만하다. 제7조에서는 개인이 "고문 및 그 밖의 잔혹한·비인도적인 또는 굴욕적인 대우나 처벌을 받아서는 안"된다고 하고 있다. 나아가 제9조에서는 모든 개인은 "자유와 안전에 대한 권리를 누리며 누구든지 자의적으로 체포되거나 억류되지 않는다"고 한다. 제9조에서는 특히 개인이 체포될 시에는 법에 의한 절차에 따르며, 체포시 체포이유를 반드시 고지해야 한다고 한다. 이 밖에도 제12조에서는 개인의 국가 내에서의 거주·이전의 자유를, 제13조에서는 추방시 법에 의한 절차를 따라야 함을 규정하고 있다.

이들 조문과 관련해 인권위원회에서는 몇 가지 결정을 내린 바 있는데, 우선 *Celiberti de Casariego v. Uruguay* 사건[32]에서 브라질로부터 우루과이로 변칙적으로 인도된 것에 대해 규약 제9조 위반

---

31) G.A. Res. 2200A, UN Doc. A/RES/2200A(XIXI)(1966).

32) Communication No. R13/56, Decision of 29 July 1981 reproduced in 68 ILR 41.

을 인정하였다. 아울러 *Lopez v. Uruguay* 사건[33]에서도 비슷한 결론을 내렸다. 아르헨티나에서 우루과이로 정부요원에 의해 납치된 이 사건에서 위원회는 규약 제9조 1항을 위반한다고 하였다. 이 밖에도 *Giry v. Dominican Republic* 사건[34]에서는 규약 제13조에 위반을 인정한 바 있다.

(4) 1950년 유럽인권협약[35]

여기서는 제3조와 제5조를 특히 주목할 만하다. 유럽인권협약(European Convention on Human Rights) 제3조에서는 개인에 대한 고문 또는 비인도적 차원의 처벌을 금지한다. 아울러 제5조에서는 개인의 자유는 보장되어야 하며 이 자유는 법에 의한 절차에 의하지 않고는 박탈될 수 없다고 하였다.

유럽인권협약으로부터 탄생된 유럽인권재판소(ECHR)에서 제3조와 제5조의 적용과 관련된 몇 가지 판결이 있어 눈길을 끈다. *Stocke v. Federal Republic of Germany* 사건[36]이 그 중 하나이다. Stocke는 비리 관련 혐의를 받고 있었는데, 독일 정부는 그를 잡기 위해 정부요원이 아닌 민간인을 고용했다. 그의 속임에 따라 Stocke는 Strasbourg에서 Luzembourg로 사업차 향하게 되었는데, 이 비행기는 예정에 없이 독일에서 잠시 착륙하였고, 이 기회에 독일은 Stocke를 체포하였다. 이 사건에서 유럽인권재판소는 정부에 의해 이루어진 납치는 개인의 자유를 침해하며, 유럽인권협약 제5조에 위

---

33) Communication No. R12/52, Decision of 29 July 1981 reproduced in 68 ILR 29.

34) UN Doc. CCPR/C/39/D/193/1990, Decision of 20 July 1990. 이 사건에서 프랑스 국적인 Giry는 도미니카공화국 공항에서 미국으로 강제로 이송되었다. 도미니카공화국과 미국 사이에 변칙적 범죄인인도조약이 체결되어 있었음에도 변칙적으로 미국으로 이송되었다.

35) Convention for the Protection of Human Rights and Fundamental Freedoms, 213 UNTS 223(1950).

36) ECHR(Series A), Vol. 199, 7-8(1991).

반된다는 점을 확인하였다. 하지만 본 사건에서는 납치가 개인에 의해 이루어졌고, 독일 정부가 그의 납치를 위한 사전준비에 직접적으로 관여하지는 않았다는 이유로 제5조를 적용하지는 않았다.

이 밖에도 *Carlos Illich Ramirez* 사건[37]도 주목할 만하다. 그는 프랑스 정부에 의해 각종 테러 혐의로 기소된 상태였다. 1994년 수단에서 프랑스로 불법적으로 납치되었으며 그는 이에 대해 제5조 1항의 침해를 주장하였다. 하지만 본 사건에서 재판소는 그의 주장을 배척하였다. 이 사건에서는 수단 정부와 프랑스 정부간 상호협력이 있었던 바, 이는 납치에 해당되지 않는다는 것이다. 하지만 바꾸어 보면 이 사건은, 양국간 협력이 없는 상태에서 국가가 다른 국가에 소재하는 범죄인을 납치하는 경우에는 제5조 위반이 될 수 있음을 시사하였다고도 해석할 수 있다. 하지만 여전히 제5조의 적용을 적극적으로 인정하지는 않고 있어 비판이 가해지고 있다.

몇 년 후에는 *Abdullah Oscalan* 사건이 유럽인권재판소에 제기되었다.[38] 쿠루드 노동자당(Kurdiscan Workers' Party)의 리더인 Oscalan은 1999년 케냐에서 터키로 변칙적으로 인도되었다. 여기서 그는 제5조 침해를 주장하였다. 이에 대해 유럽인권재판소는 Oscalan이 자신이 체포되는 이유를 알고 있었으므로 제5조 1항은 침해되지 않으나, 체포후 즉시 법에 의한 조력을 받지 못했다는 점에서 제5조 3항 및 4항 위반을 인정하였다. 아울러, 전에 했던 판결과 같이 한 정부가 다른 정부의 동의 없이 범죄인을 인도해 가는 것은 제5조 1항 위반이지만, Oscalan의 납치에 대해 케냐와 터키 정부가 긴밀히 협

---

37) *Illich Ramrez Sancez v. France Appl* No. 28780/95, Decision of 24 June 1996, Dec & Rep 86, 2; Alberto Costi, "*Problems with Current International and National and National Practices Concerning Extraterritorial Abuductions*"에서 재인용, http://www.upf.pf/recherche/IRIDIP/RJP/RJP9/5%20Costi.mtc.pdf(2006년 8월 31일 검색).

38) *Oscalan vs. Turkey*(2000) 46221/99, http://www.worldlii.org/eu/cases/ECHR/2005/282.html(2006년 8월 31일 검색).

조했으므로, 변칙적 범죄인인도가 케냐 정부의 영토고권을 침해하는 것도 아니라고 보아 제5조 1항에 대한 침해는 인정하지 않았다. 비록 본 사건에서 제5조 3, 4항의 적용을 인정하였으나, 여전히 법원은 제5조 1항의 적용에 있어 소극적인 입장을 보였다.

(5) 1969년 미주인권협약[39]

미주인권협약(American Convention on Human Rights) 제5조 2항에서는 개인에 대한 고문 및 그 밖의 비인도적 또는 굴욕적인 처벌을 해서는 안된다고 하였다. 제7조 1항에서는 개인의 자유와 안전에 대한 보장이 필요하며, 이러한 권리가 제한되는 것은 사전에 미리 정해진 절차에 의해서만 가능하다고 하고 있다.

미주인권법원은, 비록 유럽인권법원에 비하여 상대적으로 소수의 사건을 처리하였다 할지라도, 판례를 통하여 미주인권협약의 해석은 물론이고 일반적인 국제인권법의 발전에 상당한 기여를 한 것으로 평가되고 있다. 특히 두 번째 쟁송사건인 1988년의 *Velasquez Rodriguez* 사건[40]에 대하여는 온두라스(Honduran)가 피해자의 생명권, 신체의 불가침 등의 협약상의 권리를 침해한 사실을 인정하고 유가족에게 '정당한 손해배상'(just compensatory damages)을 할 것을 명함으로써, 정치적·경제적 및 사회적 불안정으로 말미암아 빈번하고 중대한 인권침해가 계속 반복되어 온 중남미지역에서도 국제기관을 통한 실질적이고 실효적인 인권보호의 길이 열리게 되었다.

(6) 고문방지협약과 변칙적 범죄인인도[41]

변칙적 범죄인인도에 있어 가장 많이 거론되는 것이 바로 고문방지

---

39) 1144 UNTS 1444; Michael John Garcia, supra note 1에서 재인용.

40) *Velasquez Rodriguez case*, Order of January 15, 1988 Inter-Am. Ct. H.R.

41) Convention Against Torture and Other Cruel, Inhuman or Degradiong Treatment or Punishment, G.A. Res. 39/46, Annex, 39 UN GAOR Supp. No. 51, UN Doc. A/39/51(1984).

협약(Convention Against Torture; CAT)이다. 이는 변칙적 범죄인인도에 있어 개인이 고문의 개연성이 높은 요청국에 인도되는 문제점이 발생하기 때문이다. 하지만 고문방지협약 어디에도 변칙적 범죄인인도란 단어는 등장하지 않는다. 그러므로 개인의 권리보호를 위해서는 변칙적 범죄인인도를 어떻게 고문방지협약 속에서 해석할 것인지가 중요하다.

고문방지협약 중 변칙적 범죄인인도와 관련해 특히 주목해야 할 것은 제3조이다. 조문의 내용은 다음과 같다:

> "1. 어떠한 당사국도 고문받을 위험이 있다고 믿을 만한 상당한 근거가 있는 다른 나라로 개인을 추방(expel), 송환(return or refouler) 또는 인도(원문에선 이 경우 extradition이란 개념을 사용)해서는 아니 된다.
>
> 2. 위와 같이 믿을 만한 근거가 있는지 여부를 결정하기 위하여, 권한 있는 당국은 가능한 경우 관련국가에서 현저하며 극악한 또는 대규모 인권침해 사례가 꾸준하게 존재하여 왔는지 여부를 포함하여 모든 관련사항을 고려한다."

비록 제3조에서 변칙적 범죄인인도를 직접적으로 언급하지는 않았으나, 고문방지협약의 전체적 의도를 보건대 변칙적 범죄인인도도 당연히 고문방지협약에 의해 규율될 수 있고 또 그래야만 한다. 협약 제2조의2에서도 밝히고 있는 것처럼, "전쟁상태, 전쟁의 위협, 국내의 정치 불안정 또는 그 밖의 사회적 긴급상황 등 어떠한 예외적인 상황도 고문을 정당화하기 위하여 원용될 수 없다"는 고문방지협약의 목적에 따라 변칙적 범죄인인도도 당연히 범죄행위라고 보아야 할 것이다.

이 밖에도 변칙적 범죄인인도는 양 당사국간에 행해지는 경우도 있을 수 있으나, 대부분의 경우 당사국 외의 제3국이 개입되는 경우가 많다. 이는 특히 변칙적 범죄인인도가 당사국 외 제3국에 소재하는 개인을 바로 요청국으로 이송하는 경우에 문제되는데, 이때 이 제3의 국가와 이 개인을 이송하는데 도움을 준 항공사들에 관한 처벌이 문제될 수 있다.

이에 대해 고문방지협약 제4조의2에서는 "당사국은 이러한 범죄(고문행위)가 그 심각성이 고려된 적절한 형벌로 처벌될 수 있도록 한다"라고 규정하고 있어, 고문에 가담한 자들에 대한 처벌규정을 제정할 의무를 당사국에게 부과하고 있다. 그러므로 미국의 CIA 요원이 변칙적 범죄인인도에 가담한 바 있다면 고문방지협약 제4조에 저촉될 것이다.

그러나 현실적 차원에서 변칙적 범죄인인도에 가담한 미국 요원들이 처벌될 가능성은 희박하다는 것이 전문가들의 추측이다. 왜냐하면 미국이 자국의 요원을 쉽게 포기하지 않을 뿐만 아니라 고문의 위험이 있는 국가로 변칙적 범죄인인도를 하더라도, 미국이 요청국으로부터 고문을 하지 않을 것이라는 확약을 받았다면, 그 범위 내에선 주의의무의 위반이 있었다고 보기 힘들기 때문이다.

이에 대해 국제 인권단체들은 고문의 개연성이 있는 국가로 개인을 이전하는데 어떤 형태로든 도움을 준 국가는 당연히 국제법원칙들을 위반한다고 주장하고 있다.[42] 국가에게는 자국의 개인을 보호할 의무가 있으며, 이 의무를 어떤 형태로든 위반하면 안된다는 것이다.[43] 특히 국가가 변칙적 범죄인인도에 대해 알고 있었을 경우 외에도 설령 알지 못한 경우라 하더라도, 이는 여전히 자국에 소재하는 개인을 보호하기 위한 의무를 다하지 못한 것이므로 이 또한 국제법 위반이라고 한다.[44]

---

42) Amnesty International, "Partners in Crime: Europe's role in US renditions," 14 June 2006, http://web.amnesty.org/library/index/ENGEUR010082006(2006년 8월 31일 검색).

43) *Ibid.*

44) *Ibid.*

생각건대 변칙적 범죄인인도에 가담한 국가는 적법절차원칙을 위반한 것이며, 특히 고문의 위험이 있는 국가로 개인이 인도되는 것을 방관하였다면, 이는 자국민에 대한 국가로서의 의무를 다하지 못한 것이 되며 범죄인의 인권을 침해한 처사라 생각되므로 당연히 고문방지협약을 위반하였다고 생각된다.

VI. 범죄인인도에 대한 대체방안으로서의 변칙적 범죄인인도

이처럼 변칙적 범죄인인도는 각종 국제법원칙들을 위반하는 불법적 행위이다. 하지만 여전히 국제사회에서는 변칙적 범죄인인도의 불가피성을 주장하는 목소리도 심심찮게 들려온다. 이 장에서는 이와 같이 수많은 문제점에도 불구하고 왜 여전히 변칙적 범죄인인도의 필요성이 주장되는지 그 이유를 알아보고, 이러한 현실적 상황하에서 변칙적 범죄인인도가 허용될 수 있을 것인지, 특히 허용조건으로서 최근 주장되고 있는 외교적 보증 및 사후감시제도의 실효성에 대해 살펴보도록 한다.

1. 범죄인인도의 역량 부족과 변칙적 범죄인인도

변칙적 범죄인인도가 행해지는 배경에는 여러 이유가 있다. 우선 요청국과 인도국간 범죄인인도조약이 체결되지 못하였거나, 조약이 있더라도 정치범 불인도의 원칙과 같은 각종 예외적 원칙에 의해 요청국의 요청을 거절함으로써 범죄인이 인도되지 못하는 경우가 있을 수 있다. 실제로 현재 범죄인인도에 관한 일반조약은 존재하지 않으며 지역적 조약만 있을 뿐이다. 그러므로 국가들은 서로 양자조약의 형태로 범죄인인도조약을 체결해야 하는 번거로움이 있어 모든 국가간 범죄인인도조약이 체결되지는 못하고 있는 실정이다.

이 외에도 불가피한 사정에 의해 인도국이 범죄인에 대한 처벌을 하지 않거나 하지 못하고 있는 경우도 있을 것이다. 이런 상황은 주로 인도국이 요청 당시 무정부상태이거나 전쟁중이어서 범죄인 처벌의 실효성을 확보할 수 없는 경우 문제가 된다. 혹은 인도국의 범죄인인도에 따른 테러단체로부터의 보복에 대한 두려움, 각종 뇌물 및 부패에 연루되어 범죄인인도가 행해지지 않는 경우도 있다.[45)]

이처럼 변칙적 범죄인인도가 생겨날 수밖에 없는 현실적 상황도 간과해서는 안된다. 변칙적 범죄인인도가 지속적으로 활발히 전개된다는 것은 역으로 범죄인인도제도가 제역할을 다하지 못하고 있음을 역설적으로 보여주고 있기 때문이다. 실제로, 많은 국가들은 현재 범죄인인도조약이 체결되어 있는 상황에서도 범죄인을 인도하지 않는 경우가 많다. 이런 맥락에선 변칙적 범죄인인도의 문제는 범죄인인도와도 연결되며 변칙적 범죄인인도에 대한 대안은 결국 범죄인인도제도의 보완과 함께 이루어질 때 비로소 실효성을 확보할 수 있다.

2. 외교적 보증 및 사후감시제도를 통한 변칙적 범죄인인도의 인정 여부

이와 같이 범죄인인도에 대한 실효적 대체방안로서 변칙적 범죄인인도의 불가피성이 대두되는 시점에 외교적 보증(political assuarances) 및 사후감시제도(post-monitoring system)가 있을 경우 변칙적 범죄인인도가 허용될 수 있다는 주장이 눈길을 끈다.[46)]

외교적 보증과 관련해 가장 유명한 사건은 *Maher Arar* 사건이

45) *Supra* note 6, p.318.

46) A. John Radan, "A More Regular Process for Irregular Rendition, *37 Seton Hall Law Review*, 2006, p.5.

다.[47] 캐나다와 시리아의 이중국적을 보유하고 있던 Maher Arar는 2002년 9월 미국에서 납치된 후 요르단을 거쳐 시리아로 이송되었다. 그는 이송되는 과정에서 자신이 시리아로 이송될 경우 고문을 당할 것이라며 강력히 항의하였으나, 미국 정부는 시리아 정부의 보증이 있다는 이유로 그를 시리아로 이송하였다. 하지만, 석방후 그의 주장에 따르면 시리아 감옥에 있을 당시 여러 차례에 걸친 심한 고문을 당하였다고 하였다. 이와 관련해 Maher뿐만 아니라 캐나다 정부도 미국을 상대로 소를 제기한 바 있다. 이와 같이 최근 외교적 보증과 관련된 소송사건들이 빈번히 발생하고 있다.

미국에서는 고문방지협약 제3조에 대한 비준과 관련해서 외교적 보증이 있는 경우에는 범죄인을 인도해도 된다는 조항이 있다.[48] 이 조항에서는 미 국무성 장관이 요청국으로부터 고문을 하지 않겠다는 외교적 보증을 받은 경우에는 범죄인이 인도될 수 있다고 한다. 물론 이 때의 외교적 보증은 신뢰할 만한 충분한 근거(sufficiently reliable)가 있어야 한다고 하였다.[49]

이 조항을 토대로 외교적 보증이 존재하고, 그것이 신뢰할 만한 법적 절차의 보호하에 이루어지고 믿을 수 있는 것이라면, 변칙적 범죄인인도도 허용될 수 있다는 견해도 주장되고 있다.[50] 이 견해에 대해 국제사면위원회, 인권감시기구(Human Rights Watch) 등과 같은 인권단체들은 외교적 보증은 신뢰할 수 없으며, 결국 고문을 묵인하는 처사라며 강하게 비난하고 있다.[51] 이들 기관은 최근 범죄인 인도후

---

47) Indepth: Maher Arar, CBS News online, 2006. 2. 17, http://www.cbc.ca/news/background/arar/(2006년 8월 31일 검색).

48) title 8 of Code of Federal Regulations(이하 C.F.R.) section 208.18(c)(1), http://www.washingtonwatchdog.org/documents/cfr/title8/part208.html(2006년 8월 31일 검색).

49) 8 C.F.R. section 208. 18(c)(2), http://www.washingtonwatchdog.org/documents/cfr/title8/part208.html(2006년 8월 31일 검색).

50) A. John Radan, *supra* note 46, pp.31-39. 이 글 part Ⅲ에서는 외교적 보증을 강화할 수 있는 수많은 방안에 대해 제안하고 있다.

의 고문에 관한 보도들은 외교적 보증이 제역할을 충분히 하지 못하고 있음을 반증한다고 주장한다.[52] 아울러 인도국들이 범죄인 인도후 감시제도를 두는 것도 그만큼 인도된 범죄인이 고문을 받을 개연성이 높다는 사실을 인도국 스스로 인정하고 있는 것이라고 한다.[53]

실제로 외교적 보증에 관해선 국제적 차원의 규율은 없고 국가마다 규정형식 및 적용방식도 다 제각각이다. 미국과 같이 외교적 보증에 관한 규정을 둔 국가도 있으나, 대부분의 국가들은 외교적 보증에 대해 정치적 차원에서 해결하는 경우가 많아 외교적 보증에 관해 개인이 법적으로 이의를 제기할 절차가 마련되어 있지 않아 문제이다.

3. 소 결

생각건대, 외교적 보증 및 사후감시제도는 그 실효성을 장담할 수 없다고 생각된다. 실제로 9·11테러 이후, 테러에 대한 전쟁을 이유로 많은 국가들은 앞다퉈 각종 테러 용의자들을 체포 및 인도하였다. 이에 따라 테러범을 잡기 위해선 인권침해는 어느 정도 감수해야 한다는 분위기로 인해 인권보호에 관한 입지가 좁아진 것이 사실이다. 현재의 이런 분위기에서 과연 인도되는 범죄인의 인권이 외교적 보증 및 사후감시제도를 통해 실효적으로 확보될 수 있을 것인가는 상당히 의심스럽다. *Maher Arar* 사건의 경우에서 알 수 있듯이, 고문을 하지 않겠다고 보증을 하더라도 막상 옮겨진 후 일어나는 고문으로부터는 그 누구도 범죄인의 인권을 보호할 수 없기 때문이다.

결국 외교적 보증 및 사후감시제도만으론 고문의 위험이 있는 국가로 개인이 인도되는 것을 정당화할 수 없다고 생각된다. 그러므로 고

---

51) Human Rights Watch, "Empty Promises: Diplomaric Assurances No Safeguard Against Torture," http://hrw.org/reports/2004/un0404/diplomiatic0404(2006년 8월 31일 검색).

52) *Ibid.*, p.1.

53) *Ibid.*

문의 위험이 있는 국가로의 변칙적 범죄인인도는 설사 외교적 보증이 있다고 하더라도 허용될 수 없다고 생각한다.

Ⅶ. 결 론

1. 총괄적 평가

이상에서 변칙적 범죄인인도와 그에 저촉되는 국제법원칙들을 차례로 살펴보았다. 그 결과 i) 당사국간의 합의가 없이 이루어지는 변칙적 범죄인인도는 헌장 제2조 4항상의 무력사용금지원칙에는 위배되지 않지만, 여전히 국내문제 불간섭원칙에 저촉되며 이는 엄연히 국가의 영토고권을 침해한다는 점,[54] ii) 적법절차원칙에도 위배되며 근래 많은 국가들이 변칙적으로 인도된 개인에 대한 법적 관할권을 부정하려는 움직임을 통해 변화를 모색하고 있다는 점, iii) 변칙적 범죄인인도 과정에서 각종 인권이 침해되며, 이는 국제법조약 및 협정문을 위반하는 불법적 행위임을 알 수 있었다. 마지막으로 변칙적 범죄인인도를 인정하기 위한 조건으로 최근 주장되는 법적 보증 및 사후감시제도의 실효성을 검토하였는 바, 이는 변칙적 범죄인인도를 효과적으로 규율하는 수단으로써는 역부족이란 점을 확인할 수 있었다.

2. 결 론

이상에서 살펴본 것처럼, 변칙적 범죄인인도는 많은 문제를 내포하고 있다. 하지만 9·11테러 발생후 테러 진압이라는 새로운 명제하에 세계의 범죄 대처는 범죄인 인권보다는 범죄인 처벌 쪽으로 확연히

54) 물론 상기에서 밝힌 것처럼 자위권 혹은 정당방위의 일환으로 행해지는 경우에는 국내관할권의 제한이 인정될 수 있을 것이다.

기울어져 있는 실정이다. 이런 차원에서 변칙적 범죄인인도가 불가피하게 허용될 수밖에 없다는 주장도 있으나, 그러기에는 변칙적 범죄인인도는 그 남용의 소지가 높고 법적으로도 많은 문제점을 안고 있다. 그렇다면 이러한 변칙적 범죄인인도의 문제를 해결하기 위해 우리는 어떤 노력을 해야 하는 것인가?

(1) 국제법적 노력-변칙적 범죄인인도를 규율하는 총체적 법규범의 제정

우리가 변칙적 범죄인인도에 관련된 문제를 해결함에 있어서 특히 주의해야 할 것은 변칙적 범죄인인도가 다 불법이며, 곧 법에 의해 금지되어야 한다는 편견을 버려야 한다는 것이다.

Radan 교수가 그의 논문에서 인용한 예를 보자:55)

> 아프가니스탄 내에 진격한 미군이 그곳에서 스위스 기자를 발견한 경우를 생각해 보자. 스위스 정부와 아프가니스탄간에 범죄인인도에 관한 조약이 존재한다고 하더라도 내전중인 아프가니스탄 정부가 제대로 임무를 수행할지 미지수인 실정이다. 이 경우에는 미국 정부가 스위스 정부와 직접 연락을 취해 스위스 기자의 신원을 확인한 후 직접 아프가니스탄 본토에서 스위스로 기자를 이송할 수 있을 것이다. 이런 경우도 비록 이송된 자가 범죄인은 아닐지라도 일단은 변칙적 인도의 한 형태라고 할 수 있을 것이다.

이처럼 변칙적 범죄인인도가 긍정적으로 기능할 수 있는 경우도 있다. 그러므로 변칙적 범죄인인도가 항상 고문만을 수반하는 것으로 판단해서 무조건 그것이 금지되어야 한다는 주장은 바람직하지 않다. 변칙적 범죄인인도가 허용되지 않는 근본적인 이유는 (그것이 고문을 수반할 위험이 있기 때문이기도 하지만) 그것이 법의 테두리에서 벗어난

---

55) A. John Radan, *supra* note 46, p.20.

법 외적 제도이기 때문이다. 그러므로 변칙적 범죄인인도에 관한 규율을 통해 이를 법의 테두리 내로 끌어들이는 것이 필요하다. 그리하여 변칙적 범죄인인도에 관해서 어떤 경우에는 허용될 수 있으며 (곧 조약의 체결 없이 범죄인이 인도될 수 있는 상황) 어떤 경우에는 금지되어야 하는지에 대한 명확한 규명이 시급하다. 이렇게 법에 의해 규율된 변칙적 범죄인인도는 더 이상 '변칙적'이지 않게 될 것이고, 합법적 범죄인인도의 개념 속에 포섭될 수 있게 됨에 따라 더 이상 '변칙적 범죄인인도'라는 용어 또한 불필요하게 될 것이라 생각된다.

그러나 변칙적 범죄인인도 중 허용되는 것과 그렇지 않는 것을 구별할 필요가 있다고 하였으나, 명확하고 통일적으로 이를 유형화시키는 것은 결코 쉬운 일이 아니다. 개인적으로는 위에서 살펴본 변칙적 범죄인인도의 Ⅱ. 1. (2)~(7)까지의 6가지 유형 중에서는 (2)의 경우처럼 범죄인인도조약이 부재하더라도 양 당사국간 합의에 의해 이전한 경우나 사후에 변칙적 범죄인인도를 추인해 주는 경우가 그나마 인정될 수 있는 가능성이 있겠으나, 실질적으로 이는 위에서 언급한 '외교적 보증'에 따른 이전의 폐해가 그대로 일어날 수도 있다는 점에서 완전한 해결책일 수는 없다 할 것이다.

그러므로 변칙적 범죄인인도에 대한 근본적인 해결책은 이에 관한 국제법 차원의 규범을 제정하는 것이며, 범죄인인도에 의해 해결되지 못하는 부분에 대해서는 인도국과 요청국간의 두 당사자 관계를 이에 관한 문제를 통합적으로 담당하는 제3당사자로서의 국제기관의 주관하에 해결토록 함으로써, 그 절차를 최대한 공개하여 투명화시키는 것이라 하겠다. 현재 국제법적으로 변칙적 범죄인인도에 관한 확립된 국제법원칙은 없다. 또한 앞서 본 것과 같이 이에 관한 조약 및 협정문도 없는 실정이다. 그러므로 하루 속히 국제법적 규범 제정이 이루어져야 할 것이다.

하지만 아울러 규범 제정은 오랜 토의와 합의절차를 거쳐야 하는 만큼, 그 제정까지는 시간이 오래 걸린다는 단점 또한 있다. 70년전 변칙적 범죄인인도에 관한 문제가 처음 제기된 이래, 규범 제정의 필요성이 끊임없이 제기돼 왔으나 여전히 그 열매를 거두지 못한 것이 이 점을 반증해 준다.

(2) 국내법적 노력-각국 법원에 의한 국제법원칙들의 적극적 수용

법적 규범이 없는 현재 상황에서 자행되고 있는 변칙적 범죄인인도에 대해 수년이 걸릴지도 모를 법규범의 제정만 기다린다는 것은 무모하다는 비판이 가능하다. 또한 국제법이 과연 국내법적으로 얼마나 그 실효성을 담보할 수 있을 것인지에 관해서도 낙관적일 수만은 없는 것이 현실이다. 그러므로 국제법적 차원 못지않게 국내법적 차원의 노력도 매우 중요하다. 곧, 변칙적 범죄인인도 사례에 대해 국내법원이 지속적으로 국제법원칙 위반을 토대로 그 효력을 부정하고, 이러한 판례들이 선례로써 구속성을 가질 수 있다면, 변칙적 범죄인인도의 근절에 많은 기여를 할 수 있을 것이다. 이를 위해서는 각국 법원이 국제법원칙의 수용을 위해 보다 적극적인 태도를 갖는 것이 중요하다고 생각된다.

<참고문헌>

Ⅰ. 단행본

유병화 · 박기갑 · 박노형 공저, 『국제법 I』(법문사, 2001).

A. Cassese, *International Law in a Divided World* (London: Bulter & Tanner, 1989).

I. Brownlie, *International Law and the Use of Force by States* (Oxford: Clarendon Press, 1963).

Ⅱ. 논 문

Michael John Garcia, "Renditions: Constraints Imposed by Laws on Torture," April 5, 2006, *CRS Report for Congress*, Order Code RL32890.

Albrecht Randelzhofer, "Use of Force," in *Encyclopedia of Public International Law*, Vol. IV(Amsterdam: North-Holland Publishing, 1982).

Bassioni M. Cherif, "Unlawful seizures and Irregular Rendition Devices as Alternatives to Extradtition," *Vand J. Transnat'l L.*, Vol. 7(1973).

Melanie M. Laflin, "Kidnapped Terrorists: Bringing International Criminals to Justice through Irregular Rendition and Other Quasi-legal Options," *Journal of Legislation*, Vol. 26 (2000).

Gurulé Jimmy, "Terrorism, Territorial Sovereignty, and the Forcible apprehension of International Criminals Abroad," *Hastings Int'l and Comp*, Vol. 17(1993-1994).

Alberto Costi, "Problems with Current International and National and National Practices Concerning Extraterritorial Abductions," *NAZCL Yearbook*, Vol. 8(2002).

A. John Radan, "A More Regular Process for Irregular Rendition," *Seton Hall Law Review*, Vol. 37(2006).

Ⅲ. 기타 자료

– 판 례

Velasquez Rodriguez case, Order of January 15, 1988 Inter-Am. Ct. H.R.

Military and Paramilitary Activities in and against Nicaragua 〔Nicaragua v. United States of America〕.

Nicaragua vs. United States, ICJ Reports 1986, p.14; Albrecht Randelzhofer.

Ker vs. Illinois, 199 U.S. 436(1886).

Frisbie vs. Collins, 342 U.S. 519(1952).

United States vs. Alvarez-Machain, 504 U.S. 655(1992).

R v. O/C Depot Battalion, RASC, Colchester.

Ex parte Elliott〔1949〕.

Ex parte Bennett.

United States vs. Toscanino, 500F. 2d 267(2d Cir.), reh'g denied, 504F. 2d 1380(2d Fr. 1974).

Matta-Ballesteros vs. Henman, 896F. 2d 255, 263(7th Cir.), Cer. denied, llls. c. 209(1990).

R vs. Bow Street Magistrates, ex parte Mackeson(1982) 75 Cr APPR 24, Ex parte Bennett.

R vs. Plymouth Magistrates, Court, exp parted Driver 〈1985〉 2 All ER 6od.

Bennett vs. Horseferry Road Magistrates' Court and another 〈1993〉 3 All ER 138(HL).

llich Ramrez Sancez v. France Appl No 28780/95, Decision of 24 June 1996, Dec & Rep 86, 2.

Ocalan vs. Turkey(2000) 46221/99.

– 유엔 문서

G.A. Res. 217A(III) U.N. Doc. A/810(1948).

G.A. Res. 2200A, U.N. Doc. A/RES/2200A(XIXI)(1966).

Communication No. R13/56, Decision of 29 July 1981 reproduced in 68 ILR 41.

Communication No. R12/52, Decision of 29 July 1981 reproduced in 68 ILR 29.

U.N. Doc. CCPR/C/39/D/193/1990, Decision of 20 July 1990.

– 국제협약 및 법령

Convention for the Protection fo Human Rights and Fundamental Freedoms, 213 UNTS 223(1950).

ECHR(Series A) Vol. 199, 7-8(1991).

American Convention on Human Rights(1969) 1144 UNTS 1444.

Convention Against Torture and Other Cruel, Inhuman or Degradiong Treatment or Punishment, G.A.

Res. 39/46, Annex, 39 U.N. GAOR Supp. No 51, U.N. Doc A/39/51(1984).

Title 8 of Code of Federal Regulations(이하 C.F.R.) section 208.18(c)(1), 8 C.F.R. section 208.18(c)(2).

– 인터넷 기타

Amnesty International, "Partners in Crime: Europe's role in US renditions," 14 June 2006, http://web.amnesty.org/library/index/ENGEUR010082006.

Indepth: Maher Arar, CBS News online, 2006. 2. 17, http://www.cbc.ca/news/background/arar/.

Human Rights Watch, "Empty Promises: Diplomaric Assurances No Safeguard Against Torture," http://hrw.org/reports/2004/un0404/diplomiatic0404.

Liaquat Ali Khan, "Friendly Renditions to Muslim Chambers of Torture," *The Daily Star* (2005. 7. 6).

Carig Murray, "Abducted imam seeks return to Italy," http://www.craigmurray,co.uk/archives/2006/04/abducted_imam_s.html#mcre.

제 3 편

국제법상 인권보호와 증진

국제인권법의 발달이 외교적 보호권에 미치는 영향과 그로 인한 외교적 보호권의 향후 발전 방향*

이 완 민

* 제5회(2005) 대학(원)생 국제법 논문 경시대회 대학생 부문 우수상.

Ⅰ. 서 론

1. 논의의 목적

외교적 보호권은 국제관습법상 모든 국가에게 인정되는 권리[1]이다. 외교적 보호권은 이미 오래 전부터 국가에 의한 자국민에 대한 보호권행사가 광범위하고도 지속적으로 이루어져왔다는 점에서 일반관행(general practice of states)이 축적되어 왔으며, 이러한 보호권의 행사가 국가만의 고유한 권리라는 법적 확신(*opinio juris*)도 존재해 왔다. 그러나 오늘날 국제법의 주체가 개인에게까지 확대되면서 외교적 보호권이 오로지 국가만의 권리라는 의제(Vattelian fiction)에 근본적인 의문이 제기되고 있다. 즉, 외교적 보호권이 국가만의 고유한 권리라는 법적 확신에 균열이 일기 시작한 것이다.

현실을 반영하지 못하는 규범이 법적 확신을 얻기 힘든 것처럼 외교적 보호권도 오늘날의 현실을 반영하지 못한다면, 예전과 같은 당위를 확보하기 어렵다. 따라서 외교적 보호권이 존속하기 위해서는 국제인권법의 발달이라는 변화한 현실을 반영하는 규범으로 발전해야 한다. 그러나 만일 이로 인해 외교적 보호가 여타 국제인권법상의 보호와 다를 바 없게 되어버린다면 더 이상 일반관행으로 존재할 의미를 상실할 수 있다. 그러므로 국제인권법의 발달이 외교적 보호권에 어떠한 영향을 미쳤으며, 이러한 영향을 반영한 외교적 보호가 국제인권법상의 보호와 어떠한 차이를 갖는지 살펴보는 것은 중요하다. 아울러 외교적 보호권의 독자적 의미가 인정된다면, 구체적으로 어떠

1) *Mavrommatis Palestine Concessions case, 1924 P.C.I.J. Series A,* No. 2, p.12. "다른 국가의 국제법 위반행위에 대하여 손해를 입은 자국민이 일반적 경로를 통해서는 만족을 구할 수 없는 경우에 국적국이 자국민을 보호할 권한이 있다는 것은 국제법의 기초적인 원칙(elementary principle of international law)이다."

한 성질과 내용을 갖게 되는지, 국제인권법상의 보호와 어떠한 관계를 형성하는 것이 바람직한지 살펴볼 필요가 있다.

2. 논의의 방법

이상의 논의의 목적을 실현하는 방법으로는 첫째, 국제인권법의 발달이 외교적 보호권의 법적 성질에 미치는 영향을 살피도록 한다. 둘째, 외교적 보호권에 관한 요건 체계를 본고의 논의 전개에 맞게 재구성한 후, 이러한 요건 체계에 국제인권법이 어떠한 영향을 미치는지 검토하도록 한다. 셋째, 국제인권법의 발달이라는 현실을 반영한 규범으로서의 외교적 보호권이, i) 국제인권법상의 보호와 어떠한 면에서 다른지 성질, 요건, 행사 및 효과상 차이를 검토하여 양자의 관계를 규명하고, ii) ILC가 현재까지 진행하여 온 성문화 작업을 비판적으로 검토한 후, iii) 외교적 보호권이 구체적으로 어떠한 성질과 내용을 갖는 것이 바람직한지 살펴봄으로써 향후 외교적 보호권이 나아갈 방향을 제시하도록 한다. 자세한 내용에 들어가기 앞서 외교적 보호권의 개념과 형성에 관한 주요 내용을 간단히 언급한다.

3. 국제관습법상 외교적 보호권의 개념 및 형성

외교적 보호(diplomatic protection)란, "자국민이 다른 국가로부터 국제적 위법행위로 인해 피해를 입은 경우, 국가가 외교적 수단 혹은 다른 평화적 해결방법으로 스스로의 보호권을 행사하는 것"[2]을 의미한다. 외교적 보호권의 행사 관행이 언제부터 존재하였는지에 관하여 정확하게 지적하는 것은 어려울 것이다. 그럼에도 불구하고 외국인이

2) United Nations, *Report of the International Law Commission on the Work of its fifty-sixth session, 3 May to 4 June and 5 July to 6 August 2004, A/59/10, Text of the draft articles on Diplomatic Protection adopted by the Commission on first reading,* Article 1.

가해국의 침해를 받은 경우, 그 외국인의 국적국 내에 거주하고 있는 가해국의 국민에 대하여도 같은 가해행위로 응보할 수 있었던 제도[3] 가 등장했던 중세를 그 시점으로 보는 견해[4]가 있다.

그러나 15세기에 들어서서야 현대국가의 개념이 정립되었다는 점에서, 국가의 권리로서 외교적 보호권이 오늘날과 같은 의미로 이해되기 시작한 시점은 그 이후에서야 가능하게 되었다고 본다.[5] 같은 선상에서 "국민에 대한 가해행위가 곧 국가에 대한 가해행위를 구성한다"라는 Vattel의 이론을 그 출발로 보는 견해[6]가 있는 반면, Heffter의 연구를 그 출발로 보는 견해[7]도 있다. 그러나 Vattel의 논의는 국가에 의한 가해행위보다는 사인에 의한 가해행위가 주로 다뤄지고 있으며, 이 때 등장하는 외국인도 피해자가 아닌 가해자로 설정되어 있다는 점에서 비판[8]을 받고 있다. 또한 Heffter의 연구도 외교적 보호권을 중심으로 한 외국인에 대한 보호에 관한 연구라고 하기보다는 국가책임 일반에 대한 연구라는 점에서 비판[9]을 면하지 못하

---

3) 이 제도에 관한 자세한 설명은 Franciscus de Victoria, "De Indis Et de Ivre Belli Relectiones," *Classics of International Law*(London: Carnegie Institution of Washington, 1917), p.181을 참조. 한편 고대 그리스 로마 시대에서 기원을 찾는 입장에 대해서는 Ryszard Cholewinski, *Migrant Workers in International Human Rights Law-Their Protection in Countries of Employment*(Oxford: Clarendon Press, 1997), p.40 참조.

4) Paul De Visscher, "Cours General de Droit International Public," *Recueil des Cours*〔de l'Académie de Droit International de la Haye〕, 1973-IX, Vol. 136, p.155; Carmen Tiburcio, *The Human Rights of Aliens under International and Comparative Law*(Martinus Nijhoff Publishers, 2001), p.63 재인용.

5) Tiburcio, *supra* note 4, p.36.

6) Richard Lillich, *The Human Rights of Aliens in Contemporary International Law*(Manchester University Press, 1984), p.9; Cholewinski, *supra* note 3, p.43.

7) A.G. Heffter, *Le Droit International de L'Europe*(1883)를 의미한다. Clive Parry, "Some Considerations upon the Protection of Individuals in International Law," *Recueil des Cours*〔de l'Académie de Droit International de la Haye〕, 1956, Vol. 90, p.657.

8) *Ibid.*

고 있다. 따라서 국제법상 외국인의 보호에 관한 논의는, 외교적 보호권이라는 용어를 처음 정립하고 국가책임의 고유한 영역으로 이를 포섭한 1913년 Borchard의 연구[10]로 인해 국제법의 한 영역으로 자리매김하게 되었다고 할 것이다. 그 이후[11]에도 외교적 보호권은 '국가가 보유하는 고유한 권리'[12]로 이해되어 왔다. 즉, 국민에 대하여 가해행위를 하는 자는 곧 그 국민의 국적국에 대하여 간접적으로 가해행위를 하는 것이나 다름없기 때문에 국가는 외교적 보호권을 행사할지 여부를 스스로 결정할 수 있는 폭넓은 재량이 있다[13]는 전통적인 입장이 이어져 내려온 것이다. 이러한 전통적인 성질에 입각한다면 외교적 보호의 제도적 의의를 '국가의 권리행사에 의한 개인의 침해구제'[14]에 두게 된다. 그 밖에도 외교적 보호권의 의의를 '국제사회질서 유지'에 두는 견해,[15] '국가주권의 수호'라고 보는 견해[16]가 있어 왔다. 한편 최근에는 국제인권법이 발달하는 현실을 반영하여 '일반적

9) Tiburcio, *supra* note 4, p.36.

10) Edwin M. Borchard, "Basic Elements of Diplomatic Protection of Citizens Abroad," *American Journal of International Law*, Vol. 7, No. 3(1913), pp.497-520와 그의 저서 *Diplomatic Protection of Citizens Abroad*(1916)을 의미한다. Borchard는 프랑스혁명 이후 개인의 인권이 주목받기 시작하면서부터야 실질적으로 이러한 외교적 보호권이 실효성 있는 제도로 정착하였다고 한다.

11) Borchard 이후 외교적 보호권에 관한 주요 연구로는 C. Eagleton(1928), F.S. Dunn(1932), A.V. Freeman(1938)이 있다. Louis B. Sohn and Baxter R., "Responsibility of States for Injuries to the economic Interests of Aliens," *American Journal of International Law*, Vol. 55 (1961), p.545.

12) *Mavrommatis Palestine Concessions case, 1924 P.C.I.J. Series A*, No. 2, p.12.

13) E. de Vattel, "The Law of Nations or the Principles of Natural Law (1758)," *The Classics of International Law*(London: Carnegie Institution of Washington, 1916), p.136.

14) *Nottebohm case I.C.J. Reports, 1955*, p.24.; *Electtronica Sicula case, I.C.J. Reports, 1989*, p.15.

15) Celso Duvivier de Albuquerque Mello, *Curso de Direito Internacional Publico*(1994), p.471. Tiburcio, *supra* note 4, p.63. 재인용.

16) De Visscher, *supra* note 4, p.155.

인권보호'에서 그 존재의의를 찾는 견해[17]도 등장하고 있다.

그러나 외교적 보호권이 국가만의 권리라는 점도 오늘날의 현실에 부합하지 않지만, 일반적 인권보호 수단 중 하나에 지나지 않는다면 다른 인권보호 수단과 다를 바 없게 되는 것이 아닌가? 국제인권법의 발달이 미치는 영향으로 인해 외교적 보호권이 독자적인 의미를 상실하고 있는지 검토하기 위해서는, 과연 국제인권법의 발달이 외교적 보호권에 대하여 어떠한 영향을 미치고 있는지 짚어보지 않을 수 없다.

Ⅱ. 국제인권법의 발달이 외교적 보호권의 법적 성질에 미치는 영향

국가를 중심으로 규율되어 온 국제법은 20세기 두 차례의 세계대전으로 인해 대대적인 인권유린 사태를 경험하면서, 개인의 존엄성을 국제적 차원에서 보호하고 존중할 필요에 이른다. 이에 따라 국제인권법을 중심으로 개인의 국제법적 지위를 강화시켜 나갔고,[18] 이러한 규범적 변화는 지금까지 인식되어 온 외교적 보호권의 법적 성질에 관해 근본적인 의문을 갖게 하였다. 무엇보다 종래 외교적 보호권의 관계구도가 가해국과 국적국을 중심으로 하는 양자간 구도였다면, 개인의 국제법상 주체로의 동참은 새로운 삼자간의 구도를 가능케 한 것이다. 이러한 외교적 보호권의 삼자간 구도가 갖는 의미와 영향에 대해 검토할 필요가 있다.

---

17) Colin Warbrick, "Current Developments in Public International Law: Diplomatic Representation and Diplomatic Protection," *International and Comparative Law Quarterly,* Vol. 51, No. 3(2002), p.733.

18) 1948년 세계인권선언, 1966년 두 인권규약을 비롯한 개별 협약, 그리고 유엔인권위원회 및 유럽평의회, 유럽연합, 미주국가기구 등의 지역적 인권보장기구의 등장과 관련규범은 이러한 변화를 반영한다.

1. 외국인 보호에 관한 국제최저기준의 확립

새로운 삼자간의 구도는 개인과 가해국가 사이의 관계에서 외국인의 지위 강화에 크게 영향을 미쳤다. 이로써 종래 외국인의 보호기준에 관한 내국인대우주의와 국제최저기준주의간의 대립은 어느 정도 합일점을 찾았다고 할 수 있다. 오늘날 국제사회의 긴밀화는 누구에게나 잠재적인 외국인의 지위를 부여한다. 그러므로 외국인을 어느 정도 보호해야 하는가라는 문제는 중요하지 않을 수 없다. 한정된 재화나 가치를 취하기 위하여 경쟁하는 구도는 과거사회나 오늘날의 사회나 다를 바 없다는 점에서 여전히 외국인에 대한 태도는 일차적으로 적대적일 수밖에 없기에, 외국인은 내국인보다 상대적으로 많은 위험과 불법행위에 노출되어 있다고 볼 수 있다. 또한 외국인은 내국의 관습이나 법규에 익숙하지 않고, 언어적 제약이 있다는 면에서도 그 지위가 매우 불안정하다.

이처럼 내국인과 다른 상황에 처해 있는 외국인을 내국인과 동일하게 보호 한다고 해서는 적정한 보호가 이루어졌다고 평가받기 어렵다. 따라서 국제적으로 최소한의 표준을 정하여 놓고 그 표준 이상의 대우를 하도록 하는 국제최저기준주의를 취하는 것이 바람직하다. 이때 국제인권법의 발달은 국제최저기준에 입각하여 외국인을 보호해야 한다는 실체법적 원리를 제시하였다는 점에서 의미가 크다.[19] 즉, 국제인권법상 규범은 개개 인간의 존엄성을 유지하기 위한 기준을 제시하여 외국인 보호에 있어 국제최저기준의 근거와 지향점을 확립시켰다고 볼 수 있는 것이다.[20]

---

19) 물론 "아직까지 국제인권법은 '국적'에 의한 구체적인 차별금지를 규율하는 것이 아니라 포괄절인 차별금지를 규율하고 있으므로 경제·사회·정치적인 면에서 외국인을 보호하기 위해서는 역부족이다"라는 Cholewinski의 비판은 적절하다. 그러나 국제인권법은 범세계적인 측면에서 규범성을 가지고 소수자에 대한 차별금지를 천명하고 있으므로, 아직 그 영향이 미약하더라도 외국인 보호에 중요한 역할을 한다고 보지 않을 수 없다. Cholewinski도 결국 이와 같은 결론에 이르고 있다. Cholewinski, *supra* note 3, p.76.

2. 권리귀속 주체와 권리행사 주체의 이원화 가능성 제시

(1) 권리'귀속' 주체로서의 개인과 권리'행사' 주체로서의 국가

한편 삼자간의 구도로 개인이 국제법상의 주체로 등장하면서 종래 외교적 보호권의 일원적 구조에 대하여 의문을 제기하지 않을 수 없게 되었다. 물론 외교적 보호권의 '행사'주체는 외교적 보호권의 제도적 특성상 여전히 국가로 유지되어야 하겠지만, 개인이 그 권리의 '귀속'주체로 인정될 수 있지 않을까? 당장 개인에게 그러한 권리가 귀속될 수 없더라도, 최소한 국가의 무제한적 재량권행사에 제동을 거는 것이 바람직하지 않을까? 국제인권법의 발달은 이에 대응하여 권리귀속과 행사주체의 이원화 가능성을 제시하고, 국가가 갖는 재량에 한계를 설정하고 있다. 즉, 국제인권법의 발달로 인한 재외국민 보호규정의 확대는 외교적 보호권이 국가만의 권리이며 그 행사 여부는 자유재량이라는 종래의 인식[21]에 변화를 가져오고 있는 것이다.

이미 이러한 문제인식을 바탕으로 국가의 폭넓은 재량권행사를 축소해 나가는 움직임이 활발하다.[22] 국가의 권리행사 태만이 헌법이나 국제인권법을 위반한다고 구성[23]하거나, 독일의 경우[24]와 같이 외교

---

20) Cholewinski, *supra* note 3, p.46. "1961년 사회헌장, 1977년 이주노동자의 법적 지위에 관한 유럽협약 등도 이러한 취지에서 제정된 것이다." 유병화 외, 『국제법 I』, 법문사, 2000, 624쪽.

21) *Barcelona Traction case, I.C.J. Reports, 1970,* p.44.

22) "외교적 보호를 국가의 권리로 인정해 온 기왕의 방식을 반대하고 국가권리가 아닌 국가의 직무로써 행해져야 한다는 주장도 없지 않다." 김정균・성재호, 『국제법』, 박영사, 2001, 331쪽; Warbrick, *supra* note 17, pp.723-744.

23) 남아프리카공화국 헌법상 외교적 보호권을 규정하고자 하는 노력에 대해서는 Warbrick, *supra* note 17, p.732. 참조.

24) 1870년 독일제국 헌법 제3조, 1919년 바이마르 헌법 제112조. 그러나 이에 대한 Yellineck의 "이러한 독일 헌법규정은 강제력이 없다. 왜냐하면 외교적 보호권은 국가의 권리이기 때문이다"라는 의견에 의하면, 외교적 보호의 명문화가 곧바로 국가배상을 가능하게 한다는 논리는 경계해야 할 것이다. 반면 Kelsen의 경우 "모든 국가가 자국민에 대한 고유한 보호권을 갖기에 재량을 갖는 것을 원칙으로 하지만, 국내법으로 이러한 권리를 명시하게 될 경우 국가의 보호권을 행사해야 할 의무에 기속된다"고 한다. Andreas H. Roth, *The Minimum Standard of*

적 보호의 행사를 의무로 규정하여 국가배상의무[25]를 지우고자 하는 노력이 그러한 예이다. 초기 ILC 법규안의 경우에도 국적국은 외교적 보호를 할 '권리'가 있으며 그 행사 여부를 판단할 '재량'이 있다[26]라고 규율하는 동시에, "피해가 가해국의 귀책사유에 의하여 강행규범에 대한 중대한 위반을 초래한 경우라면, 피해자가 합법적인 국제재판소의 구제절차를 밟을 수 있는 경우가 아닌 한, 국적국은 자국민의 요청에 의하여 외교적 보호를 행사할 '의무'가 있다"[27]고 명시하여, 제한적으로나마 국적국의 외교적 보호의무를 규율한 바 있었다. 이처럼 국제인권법의 발달은 개인과 국적국간의 관계에 있어 국적국의 재량을 제한하고 있으며, 더 나아가 권리행사 주체와 권리귀속 주체의 이원화 가능성을 열어주고 있다.[28]

(2) 개인에 의한 외교적 보호권의 포기 가능성

한편 이원화 과정을 통하여 개인에게 외교적 보호권이 귀속될 수 있다면, 개인에 의한 외교적 보호권의 포기도 가능해진다. 피해자 개인이 외교적 보호권을 포기할 수 있느냐에 관하여 부정설과 긍정설이 대립한다. 이제까지 이러한 견해의 대립은 주로 이른바 칼보조항의

International Law Applied to Aliens(Leiden: A.W. Sijthoff's Uitgever-smaatschappij N.V., 1949), p.49 참조.

25) 제성호, "재외국민 보호의 법적 근거와 국제적 기준," 『저스티스』, 제37권 제5호(2004), 205쪽.

26) United Nations, International Law Commission, *First Report of the Special Rapporteur on Diplomatic Protection, A/CN.4/506,* Article 3. 한편 이러한 의무에 대한 예외로 i) 외교적 보호의 행사가 국익과 국민의 이익에 중대한 위협을 초래할 경우, ii) 다른 국가가 피해자를 대신하여 외교적 보호를 행사할 경우, iii) 피해자가 국가에 대하여 유효하고 적정한 국적을 가지지 않는 경우를 제시하고 있었다.

27) *Ibid.*, Article 4.

28) *LaGrand case, I.C.J. Reports, 2001,* pp.518-524를 이러한 예로 조심스럽게 제시하는 견해로는 Monica Feria Tinta, "Due Process and the Right to Life in the Context of the Vienna Convention on Consular Relations: Arguing the LaGrand case," *European journal of International Law,* Vol. 12, No. 2(2001).

효력과 관련하여 문제되어 왔다. 일반적으로 외교적 보호권의 행사는 국가의 권리발동이기 때문에 칼보조항은 무효라고 한다.[29] 그러나 당사자의 의견을 완전히 무시할 수 없다는 근거로 효력을 인정하려는 소수견해도 있다.[30] 결론을 도출하기 위해서는 현실적으로 이 같은 행위가 어떠한 이유로 발생하고 있으며 이는 개인의 인권상황에 어떠한 영향을 미치는지 생각해볼 필요가 있다. 흔히 개인에 의한 외교적 보호권의 포기행위는, 외국인과의 계약체결시 본국에 의한 구제를 불가능하게 하기 위하여 외국인에게 불리하게 이루어진다.

한편 계약체결시 발생하는 피해는 주로 재산권과 밀접한 관계를 갖고 있으므로, 국제인권법이 상대적으로 보다 강한 효력[31]을 가지고 보호하고 있는 자유권적인 규범과는 거리가 있다. 따라서 재산권과 같은 비전속적 법익의 경우 사적 자치의 원칙상 당사자의 의사를 존중한다는 측면과, 외교적 보호권의 행사와 귀속주체간의 이원화 가능

---

29) *1903.2.13 이탈리아와 베네수엘라간의 Martini 분쟁사건에 관한 중재판결*; *Mavrommatis Palestine Concessions case, 1924 P.C.I.J. Series A,* No. 2; *Chorzow Factory case, 1928 P.C.I.J. Series A,* No. 17; De Visscher, *supra* note 4, p.155; 칼보의 이론을 외교적 보호권에 대한 급진적 비판으로 보는 견해로는 Lillich, *supra* note 6, pp.16-17; Alwyn V. Freeman, "Recent Aspects of the Calvo Doctrine and the Challenge to International Law," *American Journal of International Law,* Vol. 40(1946), p.147.

30) 유병화 외, 『국제법 II』, 법문사, 2000, 433쪽; "Weis의 경우 개인에 의한 외교적 보호권의 포기는 그 침해권리의 성질에 따라 다를 것이다. 즉, 자유권의 경우 이미 침해가 이루어졌기 때문에 포기의 여지가 없는 것이지만, 재산권의 경우 침해는 지속적으로 존재하고 있으므로 포기의 여지가 있다라고 한다." Tiburcio, *supra* note 4, p.47. 한편 Tiburcio는 칼보가 재산권이라는 특수한 영역에서만 국내문제 불간섭의 원칙을 관철하려 하였지 그 밖의 명백한 인권적 침해 발생시에도 이를 관철하려 한 것이 아니라고 한다. 유사한 입장으로 Roth, *supra* note 24, p.76. 신의칙에 의하여 이를 규율하고자 하는 견해로는 Jimenez de Arechaga, "State Responsibility for the Nationalization of Foreign Owned Property," *New York University Journal of International Law and Politics,* Vol. 11, No. 2(1978), p.193.

31) 물론 이처럼 인권규범의 효력에 우위를 두는 것에 대해 비판적인 견해도 있다. 이러한 입장에 대해서는 Theodor Meron, "On a Hierarchy of International Human Rights," *American Journal of International Law,* Vol. 80, No. 1(1986)을 참조.

성이 열리고 있는 현실에 입각하여, 포기가 가능하다고 구성하는 것이 바람직하다. 그러나 전속적 법익인 자유권의 경우, 국제인권법상 제반 규범의 취지와, 국제인권법상 다른 보호수단의 존재에 불구하고 외교적 보호권이 갖는 독자적인 제도적 의의에 입각하여, 포기가 불가능하다고 구성해야 한다. 이처럼 권리행사와 권리귀속 주체의 이원화 가능성은 개인에 의한 포기가 불가능하다고 여겨졌던 외교적 보호권이 법익에 따라 포기될 수 있는 여지를 넓히고 있다.

3. 목적적 정당성의 확보를 통한 외교적 보호권의 '규범화 기능'

일반적으로, 공통된 가치에 관한 합의가 존재할 경우, 그 가치를 위한 정당한 수단이 행사될 때, 그러한 합의가 존재하지 않을 경우보다 상대적으로 더 큰 규범력이 작용할 것이다.[32] 같은 맥락에서 국제인권법이 여러 국가들의 합의에 의하여 형성된 공통된 국제법상 가치규범체계라고 할 때, 국제인권법이 추구하는 인권이라는 가치를 보호하기 위한 수단의 하나인 외교적 보호권을 평화적인 방법으로 행사할 경우, 그 수단 자체가 정당성을 확보하게 되는 것은 물론이고, 그 규범력 또한 합의된 가치규범체계가 없었을 때[33]와 비교하여 클 수밖에 없을 것이다. 국제법 규범 준수의 동인을 "다양한 주체들이 국제법 규범을 모종의 경로를 통해 국내제도 내로 끌어들이게 되는 것"에서 찾는 견해[34]에 의할 때에도, 국제인권법의 발달로 외교적 보호권이 국

32) 이러한 명제는 '국가관계관리 모델'이나, "국가의 동의는 법규범을 창설하며 준법의 유인이 된다"는 '동의(consent)이론,' '정당성이론'에 의할 경우에도 성립한다고 볼 것이다. 김화진, "국제법은 언제, 왜 지켜지는가?," 『서울대학교 법학』, 제45권 제3호(2004)를 참조한 내용임.

33) 1944년 Third Conference of the Inter-American Bar Association에서 멕시코의 대표 Lic. Garcia Robles는 외교적 보호권이 헤겔적 국가관의 전유물로 유엔의 이념과는 반대되는 제국주의적인 제도이며, 강대국의 약소국에 대한 억압수단으로 사용되고 있다고 주장한 바 있다. Freeman, *supra* note 29, p.122.

내제도로 규율될 경우,[35] 이는 개인과 국적국간의 관계에서 외교적 보호권의 국내적 규범력을 강화할 뿐만 아니라, 가해국과 국적국 사이에서도 상호주의의 간접적 영향으로 외교적 보호권의 국제적 규범력도 강화될 것이다. 나아가 이와 같은 규범화 기능은 외교적 보호권에 대한 법적 확신을 오늘날의 현실에 부합하는 방향으로 형성하여, 외교적 보호권이 새로운 삼자구도선상에서 앞으로도 규범력을 유지하도록 작용한다[36]는 점에서도 의미 있다. 이처럼 국제인권법의 발달은 외교적 보호권의 삼자구도를 형성하는 동시에, 이들 사이의 규범력을 강화하는 방향으로 영향을 미친다.

Ⅲ. 국제인권법의 발달이 외교적 보호권의 요건 체계에 미치는 영향

국제인권법의 발달은 외교적 보호권에 깊이 자리하고 있던 근본적인 법적 성질뿐만 아니라 외교적 보호권이 작용하는 메커니즘, 즉 그 요건 체계에도 많은 영향을 미쳤다. 외교적 보호권이 성립하기 위한 요건 체계[37]를 순차적으로 열거하자면 다음과 같다.

---

34) Harold Hongju Koh, "Why do Nations Obey International Law?," *Yale Law Journal*, Vol. 106(1997), p.2659. 이러한 입장은 국제법 준수 동인 중 'internal acceptance'의 중요성을 강조한다.

35) 초기의 ILC 법규안도 제4조의 3에서 "국가는 이러한 권리(외교적 보호권)가 합법적인 국내재판소나 다른 독립국가기구에 의하여 행사될 수 있도록 국내법상 명문규정을 두어야 한다"고 명시하였으나 이는 채택되지 못하였다. United Nations, International Law Commission, *supra* note 26, Article 4.

36) Oscar Schachter, "Towards a Theory of International Obligation," in Martti Koskenniemi(ed.), *Sources of International Law*(Ashgate Publishing Limited, 2000), p.9에서 열거하는 국제법이 규범력을 유지하는 근거 중 'A sense of "rightness"-the judicial conscience'에 해당할 것이다.

37) 외교적 보호권도, 국제관습법상 다른 제반 원칙이 그러하듯, 그 요건이 명확하지 않다. 따라서 본고는 일반적으로 인정되고 있는 요건을 중심으로 서술하되, 앞으

가장 선순위 요건으로 첫째, '가해국의 개인에 대한 국제위법행위'가 있어야 한다. 이 요건은 대부분의 요건 체계에서 제외되어 있거나 소홀이 다루어져 왔다. 물론 시간적 선후가 요건의 중요도를 정하는 것은 아니지만, 어떠한 행위가 국제위법행위에 포섭 가능한지에 따라 외교적 보호의 성립 여부가 좌우되므로 이는 매우 중요한 요건이다. 둘째, 개인은 가해국 내에서 가능한 구제절차를 모두 밟아 보아도 권리를 실현하지 못한 부당한 경우에 이르러야 한다.38) 이러한 국내구제절차완료의 원칙도 국제관습법상 확립된 원칙으로서, 판례도 이미 여러 번 확인한 바 있다.39) 셋째, '국적국에 의한 외교적 보호의 행사'가 있어야 한다. 이로부터 국적필요성, 국적유효성, 국적계속성의 원칙이라는 세 가지 인적 범위 제한요건을 도출하도록 한다. 국제인권법의 발달은 이와 같은 외교적 보호권의 요건 체계에 다음과 같은 측면에서 영향을 미친다.

1. '가해국의 국제위법행위'에 대한 '구체화 기능'

외교적 보호권의 경우 '가해국의 국제위법행위'를 요건으로 하지만 그러한 국제위법행위의 존재 여부를 판단할 수 있는 내부적 기준이 존재하지 않는다. 이러한 한계는 국제관습법상의 제도가 필연적으로 갖는 한계일 수밖에 없었다.40) 그러나 외교적 보호권의 남용이 바로

로 전개될 논의를 염두에 두어 개인을 포함한 삼당사자 구도로 요건을 재구성하여 열거하도록 한다.

38) 이 때 국내구제절차는 그 이용이 가능하고 실효적이어야 하며, 만일 구제수단이 존재하지 않는 경우나 존재한다 하더라도 실현 가능성이 없는 것일 경우에는 바로 외교적 보호권을 행사할 수 있을 것이다. 이병조・이중범, 『국제법신강』, 제9개정판, 일조각, 2003, 562쪽.

39) 국내구제절차를 완료하지 못하여 외교적 보호권의 행사가 부인된 사건은 다음과 같다. *Fanevezys-Saldutiskis Railway case, 1939 P.C.I.J. Series A/B*, No. 76, pp.4-22; *Ambatielos Arbitration case, 12 R.I.A.A. 83, 23 I.L.R. 1956*, p.306; *Interhandel case, I.C.J. Reports, 1959*, pp.6-125.

40) 아예 국제법 자체가 불명확성을 특성으로 한다는 견해로서는 Prosper Weil,

이러한 불명확성으로부터 발생한다는 점에서, 외교적 보호권이 오늘날 정당한 개인의 권리보호 수단으로 존속하기 위해서는 '국제위법행위'가 구체화되어야 한다. 이제까지 국제관습법과 국제협약을 판단기준으로 삼아왔던 것과는 달리, 국제인권법의 발달은 어떠한 행위가 개인의 인권에 반하는 행위인지 비교적 명확하게 제시하기 때문에 '국제위법행위'를 구체화하는 기능을 한다. 이처럼 국제인권법을 통한 구체화가 이루어질 경우 가해행위에 관한 입증책임의 문제에도 상당한 변화가 있을 것이다. 물론 가해국의 국제위법행위가 오로지 인권위반행위만을 의미하는 것은 아니다.[41] 그러나 개인에 대한 국제위법행위 중 인권위반행위가 커다란 비중을 차지한다[42]는 점에서, 인권침해 영역에 대한 구체화는 외교적 보호권의 '가해국의 국제위법행위' 요건을 구체화하는데 크게 이바지한다.

2. '국내구제절차완료의 원칙'에 대한 '현실화 기능'

(1) 국제위법행위의 구체화를 통한 '국내구제절차완료의 원칙'의 적용유형 규명

국내구제절차완료의 원칙이 외교적 보호권의 요건으로 현실적인 기능을 다하기 위해서는 어떠한 경우에 국내구제절차완료의 원칙이 적용되는지 규명해야 한다.[43] 국제인권법의 발달은 이와 같은 규명을

"Towards Relative Normativity in International Law," in Martti Koskenniemi(ed.), *supra* note 36, p.415.

41) The Restatement (Third) of Foreign Relations, Section 711(1987)도 외국인의 피해에 대한 국가책임에 대해 규율하면서 '인권(a. human right)에 대한 위반'을 가해행위로 인해 국가책임이 발생하는 세 가지 유형 중 하나로 명시하고 있다. 그러나 나머지 두 가지 유형(b. personal right, c. right to property or another economic interest)도 병립적인 가해유형이 아닌, 인권의 영역에 포섭될 수 있는 유형을 제시하고 있다.

42) Warbrick, *supra* note 17, p.726; Athanasia S. Akermark, *Justifications of Minority Protection in International Law*(Kluwer Law International, 1997), p.48.

용이하게 하며, 이러한 규명과정은 앞서 살핀 국제위법행위의 구체화 기능과도 밀접한 관련이 있다. 국내구제완료 원칙이 고려되는 경우는 다음 세 가지로 분류[44]될 수 있다.

첫째, 국제법에 위반하였지만 국내법 위반은 아닌 경우, 둘째, 국내법에 위반하였지만 국제법 위반은 아닌 경우, 셋째, 국제법과 국내법 양자 모두를 위반한 경우로 나누어진다. 첫 번째 유형은 바로 국제법적 구제를 받을 수 있는 경우에 해당한다. 단, 헌법재판소를 통한 구제가 가능한 국가나 유효하게 성립하고 공포된 조약이나 일반적으로 승인된 국제법규가 국내법과 같은 효력을 갖는다고 구성하는 경우 달리 해석할 수 있는 여지는 있다. 두 번째 유형은, 국내구제절차를 거쳐야 할 것이며, 자의적인 법집행이나 정당한 사법구제의 거부 등 2차적 행위(subsequent act)로 침해받지 않은 이상 국제법절차를 거칠 필요가 없는 경우이다. 세 번째 유형이 좁은 의미에서 국내구제절차완료의 원칙이 적용되는 경우이며, 외교적 보호권의 요건으로써 국내구제절차완료의 원칙이 준수되어야 할 것이다. 이러한 유형화 과정에서 국제인권법은 국제위법행위를 구체화함으로써 국내구제절차완료의 원칙이 적용되는 경우를 명확히 한다. 이를 통해 국내구제절차완료의 원칙이 외교적 보호권의 요건으로써 현실적인 기능을 하게 되는 것이다. 다른 한편으로는, 일반적으로 승인된 국제법규나 유효하게 성립하고 공포된 조약이 국내법적 효력을 갖게 되면서 각국의 국내적 구제절차가 보편성을 갖추어, 자의적인 사법절차의 가능성이 줄어들었다는 측면에서도, 국제인권법의 발달은 국내구제절차완료의 원

---

43) "외교적 보호를 강구하기 이전에 국내구제절차를 완료해야 하는데, 이러한 원칙이 실체법적 원리인지, 절차에 불과한 것인지, 아니면 허구일 뿐인지에 관하여 일관된 입장은 없다." J. E. S. Fawcett, "The Exhaustion of Local Remedies: Substance of Procedure?," *British Year Book of International Law*, Vol. 31(1954), p.452.

44) *Ibid.*, p.454; Ian Brownlie, *Principles of Public International Law* (Oxford University Press, 1998), p.497에서도 이러한 세 가지 분류를 통해 국내구제완료의 원칙의 실체를 분석하고자 하는 시도를 찾아볼 수 있다.

칙이 외교적 보호권의 보다 합리적인 요건으로 자리하도록 영향을 미친다.

(2) ICJ의 발달로 인한 실효성 확보

외교적 보호권행사의 실효성을 보장하기 위하여 특별히 정해진 행사방법이나 절차는 존재하지 않는다. 다만, 국제관행상 외교적 보호권은 자국민에 대한 체류국 정부의 행정조치에 대한 해명 요구, 자국민의 긴급피난 허용, 안전한 출국 주선 및 영토국의 신변안전 보장 확보, 자국민이 입은 신체・재산상의 손해배상을 위한 외교교섭 개시, 영토국이 행한 불법행위의 시인・사과 및 재발방지 요구, 책임자 처벌 요구, 진상규명을 위한 공동조사 제의, 체류국 사법당국에 대한 재외국민 범죄의 공정하고 신속한 재판의 요청, 당사국간 합의에 의한 국제중재재판 내지 사법재판에의 회부, 재외국민 범죄의 처리절차 및 조치사항에 대한 통보 요청 등의 방법으로 이루어져 왔다.[45] 이처럼 뚜렷한 외교적 보호권의 행사방법이 정해져 있지 않고, 그 준수 및 이행을 강제하는 장치도 마련되어 있지 않기 때문에 현실적으로 외교적 보호권이 받아들여진 경우는 그리 많지 않았다.

그러나 국제인권법의 발달은 ICJ와 다양한 국내외의 인권보호기구를 등장시켰고, 이는 정당한 외교적 보호권의 행사시 그 이행에 대한 일정한 구속력을 부여한다는 점에서 외교적 보호권의 실효성 확보를 용이하게 한다. 이러한 현실화 기능은 당사국이 직접중재 및 재판에 회부한 경우는 물론이고, 다른 행사방법을 택한 경우에도 불이행시 이를 강제할 수 있는 법적 수단이 존재하기 때문에 간접적으로 보다 신속하고 실효성 있는 구제절차를 가능케 하고 있는 것이다.

---

45) 제성호, 앞의 논문, 206쪽.

3. '국적국에 의한 권리행사'에 대한 '한계 기능'

(1) 인적 제한요건의 완화

국제인권법의 발달로 인한 가장 큰 변화는 개인이 직접 조약체계 또는 국제기구를 통하여 국가를 상대로 진정이나 청원 등 권리보호를 요청할 수 있도록 하는 제도가 마련되었다는 점이다. 물론 아직까지 그 실효성에 대하여 많은 문제가 제기되고 있기는 하지만, 국제인권법상 개인청원제도가 인정되는 예로는 B규약 선택의정서의 선택적 인정, 인종차별철폐협약 제14조, 고문방지협약 제22조가 있다.[46] 한편 1998년 발효된 유럽협약의 이행의정서 제11조는 유럽인권법원에 대한 개인의 제소권[47]을 인정하고 있다. 또한 비엔나협약 제36조와 그 선택의정서 제1조[48]도 개인의 청구권을 인정하고 있다.

외교적 보호권이 종래에 국적필요성, 국적관련성, 국적계속성 원칙을 통하여 인적 적용범위에 한계를 설정하였다면, 새로운 보호수단의 발달은 이러한 인적 제한요건에 또다시 한계를 가하고 있다. 즉 국적필요성, 국적관련성 및 국적계속성의 원칙이라는 제한요건의 적용을 완화하여 인적 적용범위를 확대하고 있는 것이다. 국제인권법상의 보

---

46) United Nations, International Law Commission, *A/CN.4/L.653/Add.1, 2005*, p.67.

47) 개인에게 국가를 상대로 하는 제소권을 부여한 다른 예로는 i) 1907년 '중미사법재판소의 설립을 위한 협정,' ii) 1907년의 국제포획재판소, iii) 1922년의 Upper-Silesian 중재재판소, iv) '베르사이유평화조약' 제297조에 의거한 혼합중재재판소, v) 1952년 '전쟁 및 점령으로부터 발생한 문제의 해결에 관한 협약'에 의거한 최고손해배상재판소와 동 협약에 의거한 재산권리 및 이익에 관한 중재위원회, vi) 1953년 '독일 대외부채에 관한 협정'에 의거한 혼합위원회가 있다. Hari M. Osofsky, "Domesticating International Criminal Law," *Yale Law Journal*, Vol. 107(1997), pp.194-209; 김성준, "국제법상 개인의 청구권," 『국제법평론』, 제15호(2001), 8-9쪽을 참조.

48) *LaGrand case, I.C.J. Reports, 2001*, pp.518-524는 비엔나협약 제36조에 의하여 개인의 권리를 인정하고 있으며, 동일한 입장은 2004년 3월 31일 ICJ의 *Avena and other Mexican Nationals case*(http://www.icj-cij.org/icjwww/idecisions.htm)에서도 재차 확인되고 있다.

호에 의할 경우 국가는 자국민이 아닌 개인을 위하여도 보호를 강구할 수 있다.[49] 이러한 폭넓은 행사 가능성을 외교적 보호권에도 마찬가지로 적용하고자 하는 움직임[50]이 일고 있는 것이다.

(2) 무력사용의 가능성에 대한 한계 설정

중대한 반인권적 범죄행위나, 긴급한 상황이 발생한 경우라면 외교적 보호권의 행사에 무력이 사용 가능한지 문제된다. 실제로 초기의 ILC의 법규안은 이러한 예외적인 사유들을 열거[51]하고 있었다. 그러나 국제인권법은 중대한 반인권적 범죄행위의 존재 여부 등을 가늠하기 위한 하나의 명시적인 척도로 사용될지언정, 국제인권법을 위반하는 가해행위가 이루어졌다는 사실 그 자체만으로 무력사용을 정당화해서는 안될 것이다. 오히려 냉전 이후 오늘날 '인권'이 약소국에 대한 무력에 의한 개입을 정당화하는 수단으로 오용되고 있는 현실[52]을 감

49) "이러한 보호의 근거는 B규약 제41조, 인종차별철폐협약 제11조, 유럽인권협약 제21조, 미주인권협약 제45조, 아프리카인권장전 제47조에서 제54조까지이다." United Nations, International Law Commission, *A/CN.4/L.647, 2004,* p.66. "나아가 국제관습법도 특정 국가의 자국민이 아닌 개인에 대한 항의, 협상, 그리고 국제사법기구를 통한 보호를 가능하게 한다." 이를 부정한 *South West Africa case, I.C.J. Reports, 1966,* p.6은 많은 비판을 받아 왔다.

50) 예컨대, 외교적 보호권의 국적에 관한 요건 전반이 순환논리에 빠져있다는 비판으로는 Malcolm N. Shaw, *International Law*(Cambridge University Press, 2003), p.407.

51) 다만 초기 ILC의 외교적 보호권에 관한 법규안은 외교적 보호를 위한 행사수단으로서 협박이나 무력을 사용해서는 안된다고 규율하는 동시에 다음과 같은 예외를 인정하고 있었다. i) 보호국가가 평화적인 수단으로 자국민의 안전을 확보하지 못했을 때, ii) 가해국이 보호국의 국민의 안전을 보호하기를 원하지 않거나 가능하지 않을 때, iii) 보호국가의 자국민이 직접적인 위해상황에 노출되어 있을 때, 한편 이러한 예외적인 경우에도 iv) 무력의 사용이 상황적합하고 적절량이 행사될 것, v) 자국민을 구제한 즉시 보호국이 무력행위를 중단하여 그 사용을 종료할 것을 명시하고 있었다. 그러나 이는 위원회에 의해 채택되지 못하였다. United Nations, International Law Commission, *supra* note 26, Article 2.

52) Hilary Charlesworth and Christine Chinkin, *The Boundaries of International Law* (Manchester University Press, 2000), p.202; David P. Fidler, "Fighting the Axis of Illness: HIV/AIDS, Human Rights, and U.S. Foreign Policy," *Harvard Human Rights Journal,* Vol.

안하여, 국제인권법은 가급적 외교적 보호의 행사방법으로써의 무력사용을 통제하는 방향으로 작용해야 한다. 따라서 국제인권법의 발달은 외교적 보호권의 발동기준을 명확히 하여 무력사용을 억제하고 부당한 무력의 사용이 초래하게 될 반인권적 상황에 대하여 경계토록 기능할 때 비로소 의미가 있다.[53]

<국제인권법의 발달이 외교적 보호권의 법적 성질에 미치는 영향>

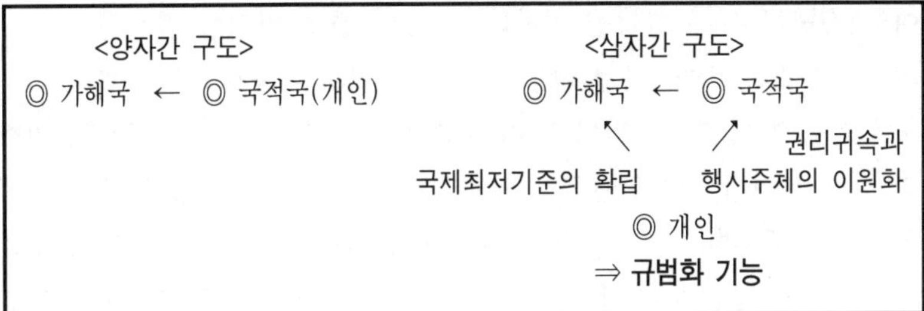

<국제인권법의 발달이 외교적 보호권의 요건 체계에 미치는 영향>

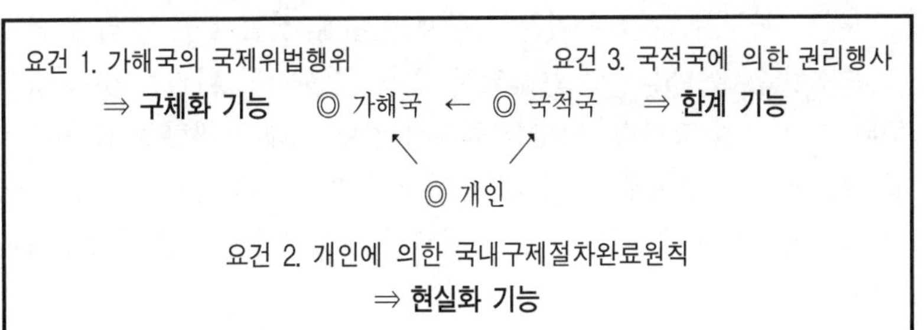

17(2004) 등은 인권이 개별국가의 주권을 침해하기 위한 수단으로 사용되는 점을 지적하고 있다.

53) "외교적 보호제도와 무력사용권은 동시에 존재할 수도 없으며 조화를 이룰 수도 없는 전혀 다른 별개의 문제임을 밝히고 싶다. 무력의 사용은 외교적 보호를 포함한 모든 조치를 다하였을 때 최후에 고려되는 것으로, 이때에도 유엔헌장 제2조를 통한 일반적 허용 여부를 별도로 거친 후에나 가능한 것이기 때문이다." Agenda 159: ILC, 2000/10/30 Mr. Geete의 발언내용임.

Ⅳ. 외교적 보호권의 향후 발전방향

1. 외교적 보호와 국제인권법상 보호의 독자성

(1) 문제의 제기

이상에서 검토한 바와 같이 국제인권법의 발달은 외교적 보호권에 여러 측면에서 큰 영향을 미쳤다. 본고의 경우 이러한 영향을 규범화 기능, 구체화 기능, 한계 기능 그리고 현실화 기능이라는 4가지 기능으로 나누어 살핀 바 있다. 그렇다면 이러한 기능 외에도 국제인권법의 발달로 인한 국제인권법상 인권구제 수단이 외교적 보호권을 '대체하는 기능'은 없는 것일까라는 의문이 들 수 있다. 만일, 외교적 보호권이 국제인권법의 발달로 인한 영향으로 인해 국제인권법상의 인권구제 수단과 다를 바 없게 된다면 굳이 현실과 동떨어진 제도의 존속을 고집할 필요는 없을 것이다. 그러나 만일 외교적 보호권이 이러한 영향에도 불구하고 그 독자적인 존재 의미를 갖는다면, 오히려 외교적 보호권을 오늘날의 현실에 맞게 존속·강화시켜 나가는 것이 앞으로의 과제가 될 것이다. 이러한 점에서 일단 견해의 대립을 간략히 살핀 후, 외교적 보호권과 국제인권법상의 인권구제 수단을 비교하여 양자가 독자적 존속 의의를 갖는 별개의 제도인지 여부를 검토하도록 한다.

(2) 견해의 대립

우선, 국제인권법의 발달이 외교적 보호권의 기능을 대신할 수 있을 것이라는 견해[54]의 경우, 오늘날 국제인권법으로 인하여 평등권과

---

54) 1944년 Third Conference of the Inter-American Bar Association에서 외교적 보호제도는 불필요해졌으므로 이를 없애고자 하는 초안이 발의된 바 있다. Freeman, *supra* note 29, p.122.

최소한의 조치권이 구현되고 있으므로, 자국인뿐만 아니라 외국인도 마찬가지로 광범위한 평등권과 자유권을 누릴 수 있게 되었다고 주장한다. 그러므로 국제관습법상의 외교적 보호권은 그 존재 의의를 서서히 상실해 왔으며, 오늘날 국제인권법은 이를 대체하게 되었다[55]는 것이다.

이와 반면에, 외교적 보호권은 그 본질의 특수성상 존속해야 하며 또한 언제나 존재할 것이라는 견해[56]가 있다. 이 견해의 경우 국제최저기준과 국내구제절차완료의 원칙은 국가책임의 영역, 특히 외교적 보호권의 영역에서 그 행사한계를 가늠하기 위하여 논의되는 것으로, 국제인권법상의 보호와는 매우 다른 의미를 갖는 것이므로 양자는 각자 그 존재 의의가 있다고 한다. 이와 유사한 입장으로 아직까지 국제인권협약들에 의한 개인의 보호는 여전히 취약한 것이어서 이로써 전통적인 외교적 보호제도가 대체되기는 불가능하며, 오히려 외교적 보호제도의 적용범위를 확대하고 그 실효성을 강화하기 위한 방안이 모색되어야 한다는 견해[57]도 있다.

(3) 외교적 보호와 국제인권법상 보호의 구별 가능성

1) 성질상의 차이

첫째, 양자는 논의 범주에 차이가 있다. 외교적 보호권에 관한 법적 논의는 세 가지의 범주로 나눌 수 있다.[58] 즉 i) 권리행사 국가와 피

55) ILC의 외교적 보호권에 관한 선임 특별보고자 Bennouna는 그의 보고서(Preliminary Report on Diplomatic Protection)에서 국제법의 영역에서 일어난 세 가지 중대한 변화를 언급하며 더 이상 외교적 보호권이 실효성이 있는지 의문을 제기한 바 있다.

56) Tiburcio, *supra* note 4, p.73: ILC의 외교적 보호권에 관한 후임 특별보고자 Dugard는 이러한 입장을 취하여, 종래의 보고자와는 상당한 입장 차이를 나타내고 있다.

57) 김부찬, "국제관습법상 외교적 보호제도에 관한 고찰," 『부산대학교 법학연구』, 제42권 제1호(통권 제50호) (2001), p.26에서 이러한 유력한 주장의 존재를 소개하고 있다.

58) Borchard, *supra* note 10, p.497. 이에 입각한 분류방식임을 밝힌다.

해자인 개인 사이의 관계, ii) 피해자 개인과 의무이행 국가 사이의 관계, iii) 권리행사국과 의무이행국 사이의 관계를 들 수 있다. 이 중 외교적 보호권이 중점적으로 다루고 있는 관계는 세 번째 관계의 경우이다. 반면, 개인의 국제인권법상 보호수단에 관한 논의의 경우, 이 중 두 번째 관계를 중심으로 다루어지고 있다고 볼 수 있다. 이처럼 양자가 중점적으로 다루는 논의의 영역이 다르다는 점에서 양자는 구별이 가능한 두 가지 다른 제도임을 알 수 있다.

둘째, 재량권을 갖는지에 따라 구분된다. 외교적 보호권이 행사되었던 초기부터 국가는 자국민에 대하여 외교적 보호의 조치를 취하기 이전에 정치적인 요소를 고려하기 마련이었다. 국가는 침해의 중대여부에 대해 판단할 것이고, 자국민의 이익을 보호하기 위하여 소요되는 기간 및 그 행사로 인해 미치는 외교적 파장에 대해 고려하게 되는 것이다. 물론 국제인권법의 발달은 이러한 국가의 재량권행사에 어느 정도의 제동을 걸겠지만 외교적 보호권의 행사가 국가에 의하여 이루어지는 한, 국가라는 주체에 의한 권리행사라는 상징성 때문에, 여전히 정치적인 판단하에 국가가 행사 여부를 결정하는 것은 불가피할 것이다.[59] 반면에, 국제인권법상의 보호의 경우 개인의 직접적인 권리구제가 가능하다는 점에서는 물론이고, 국가가 제각기 그 책임을 다하는지 여부를 감독하는 범세계적 기구가 존재한다는 측면에서도 국가의 재량권행사 및 정치적 요소의 개입 가능성이 낮아진다.

셋째, 양자는 보호법익이 다르다. 국제관습법상 외교적 보호권의 행사주체는 국가이며, 이 때 국가는 스스로 그 행사 여부를 결정할 수 있는 재량을 갖는다고 살핀 바 있다. 이러한 재량의 행사시 국가는 국익(national interest)을 고려하여 외교적 보호권을 행사할 경우와 그러지 않을 경우의 국익을 비교형량하게 된다.[60] 반면, 국제인권법상

59) "국가는 정치적으로 민감한 문제 등의 경우 외교적 보호권의 행사를 자체적으로 판단할 수 있어야 할 것이다." Agenda 159 : ILC, 2000/10/30 Mr. Geete의 발언내용임.

구제수단을 행사할 경우, 피해자의 권리구제에 공동의 이익이 존재하는 것을 전제로 국가들에게 이러한 국제인권법상 제반 규범을 존중할 의무를 부여한다.[61] 이러한 점에서 국제인권법상의 권리구제는 공동의 이익(common/general interest)을 그 보호이익으로 하고 있다. 따라서 외교적 보호권의 경우 국익이라는, 국제인권법상의 권리구제의 경우 공동의 이익이라는, 보호법익상의 차이가 있다.

2) 요건상의 차이

우선 외교적 보호권은 그 행사요건으로 국적필요성, 국적관련성, 국적계속성의 원칙을 요하는[62] 반면 국제인권법상의 보호는 이러한 요건을 요하지 않는다. 이러한 외교적 보호권의 국적과 관련한 요건이 갖는 문제점은 다음과 같다.

첫째, 국적의 필요성은 수백만의 무국적자와 난민들을 인권보호의 사각지대로 방치하는 결과를 가져올 수 있다. 둘째, 국적관련성은 국적국에 의하여 외국에서 침해를 받았다면 외교적 보호권을 적용할 여지가 없게 된다. 셋째, 국적계속성은 경우에 따라 비자발적으로 국적이 변경된 상당수의 개인들에 대한 외교적 보호에 커다란 난관을 조성할 수 있는 것으로 지적되고 있다.[63]

물론 앞서 살핀 바와 같이 국제인권법의 발달이 외교적 보호권의 인적 제한요건을 완화한다는 점에서 양자의 이로 인한 구분이 더 이상 의미가 있는 것인지 의문 제기가 가능하다. 실제로 ILC의 법규안은 무국적자와 난민의 경우 특정국이 외교적 보호를 행사할 가능성을

60) Akermark, *supra* note 42, p.48.

61) Warbrick, *supra* note 17, p.732.

62) *Panevezys-Saldutiskis Railway case, 1939 P.C.I.J. Series A/B,* No. 76: "특별한 조약이 없으면 국적의 인연만이 국가에 대하여 외교보호권을 행사할 근거를 준다."; *Naomi Russell case, UN Reports,* Vol. Ⅳ, p.805: "국적은 어느 한 국가가 다른 국가 내의 자국민과 그 재산을 보호하기 위하여 권리를 행사하는 것을 국제법상 정당화하는 수단이다."

63) 김부찬, 앞의 논문, 25쪽.

제시[64]하고 국적계속의 원칙을 완화[65]하는 등 인적 적용범위를 확대하는 경향을 보여주고 있다. 그러나 이러한 경우에도 외교적 보호권의 행사 가능성을 특정국에 한정시킨다[66]는 점에서, 그 어떠한 연관성도 요건으로 명시하지 않는 국제인권법상의 보호와는 여전히 차이가 있다.

한편 국내구제절차완료의 원칙은 양 보호수단 모두에 적용되는 원칙이지만, 보호의 성질상 그 적용의 정도가 다르다. 외교적 보호권의 경우 현실적으로 국가 상호간의 대응일 것이기 때문에 국제적 차원의 긴장관계나 불필요한 대결구도는 피해야 할 것이다. 그러므로 외교적 보호권의 행사시 국내구제완료의 원칙은 엄격하게 적용된다. 이에 반하여 국제인권법상 권리보호의 경우 주로 다양한 국제기구 및 기관이 주체가 되어 문제를 제기하는 경우가 많을 것이므로 직접적인 대결구도는 적다는 점에서 국내구제완료의 원칙은 상대적으로 완화[67]하여 적용된다.

3) 행사 및 효과상의 차이

무엇보다 외교적 보호권의 경우 그 권리행사의 주체가 국가에 한정되어 있는 반면, 국제인권법상 구제수단의 경우 권리행사의 주체가 국가에 한정되어 있지 않다는 점에서 다르다. 국제인권법의 발달로 외교적 보호권의 권리귀속 주체가 국가에서 개인으로 점차 이동하게 되더라도, 그 행사의 주체가 국가라는 점에서는 변함이 없다. 반면 국제인권법상의 권리구제 수단은 누구나 향유하며 누구나 직접 행사할 수 있다는 점에서 다르다. 물론 국제인권법상의 보호의 경우에도 국

64) United Nations, International Law Commission, *supra* note 2, Article 8.

65) *Ibid.*, Article 5.

66) 상당수의 학자들도 일정한 기간의 거주요건이나 국적실효성 요건을 충족한다면 난민이나 무국적자에 대하여도 이러한 외교적 보호의 행사가 가능하다고 보고 있다. 그러나 1951년의 난민협약이나 1961년의 무국적자 감소협약 모두 그러한 가능성을 언급하고 있지는 않다.

67) Tiburcio, *supra* note 4, p.69.

가가 개인을 대리하여 다른 국가에게 보호권을 행사하는 경우가 가능하다. 그러나 이 때 국가의 권리행사는 국가 자신의 권리가 아니라 피해자의 권리를 국가가 대신하여 행사하는 것이다.

마지막으로 외교적 보호권이 국제인권법상의 보호에 비하여 국가간에 마찰을 유발할 가능성이 더 크다는 현실도 외면할 수 없다.[68] 물론 국제인권법의 발달은 이러한 부정적 인식을 최소화할 수는 있다. 그러나 첫째, 국제재판소에서는 가급적 외교적 보호권에 근거한 주장을 받아들이지 않으려는 경향을 보이기 때문에 현실적으로 국적국은 제3의 중재기관을 통한 방법 외에 보다 직접적인 행사방법을 강구할 것이라는 점, 둘째, 아직까지 외교적 보호권은 국가의 권리로 남아 있으며, 권리귀속 주체가 변할지라도 권리행사의 주체는 앞으로도 국가일 것이라는 점에서, 외교적 보호권은 국제인권법상의 권리구제 수단을 취할 경우보다 상대적으로 강력한 효력을 갖는다. 이와 같은 강력한 효력으로 말미암아 가해국에 대한 주권침해의 소지와 당사국간의 마찰 가능성은 국제인권법상의 권리구제 수단보다 상대적으로 클 수밖에 없다. 반면, 국제인권법상의 권리구제 수단의 경우 원칙적으로 개인의 권리행사에 주안점을 두고 있으며, 국제재판소 결정이나 제3의 인권기관의 비구속적 권고 등을 통해 구제가 이루어진다는 점에서 상대적으로 약한 효력을 가지며, 주권침해의 소지나 당사국간의 마찰 가능성이 낮다.

2. 외교적 보호와 국제인권법상 보호의 상호보완성

이처럼 외교적 보호권은 국제인권법의 발달로 내·외적으로 많은 영향을 받으면서도, 국제인권법상의 보호수단과 성질상, 요건상, 행사 및 효과상 차이를 나타내는 별개의 제도이다. 따라서 양자는 각기

---

68) *Ibid.*, p.72.

독자적인 의미를 가지며, 국제인권법상의 보호수단은 국제관습법상 외교적 보호권에 대하여 대체적 기능을 갖지 못한다. 즉 어느 하나의 구제수단이 다른 하나의 선이행절차나 대체절차로 존재하는 것이 아니며, 이러한 원칙은 ILC의 외교적 보호권에 관한 법규초안[69]에도 나타나 있다.

그러나 한편으로 양자는 개인의 인권보호라는 동일한 목적[70]을 위한 별개의 수단으로 상호 보완하는 역할을 한다. 이러한 상호보완성은 양자의 독자성에 관한 앞선 논의를 통하여 규명할 수 있다. 즉, 외교적 보호권은 국가가 행사하는 보호권으로 보다 강력하며 신속한 구제조치라는 점에서 오늘날 국제인권법상의 보호조치가 갖는 이행상의 문제나 실효성 문제를 보완할 수 있다.[71] 반대로 국제인권법상의 보호는 국제관습법상 외교적 보호권이 특성상 갖고 있는 마찰 가능성을 완화[72]하고 개인의 직접적인 권리구제 요청 가능성을 확대해 나갈 것이다. 이처럼 양자는 법적 성질상, 요건상, 행사 및 효과상 매우 다른 별개의 권리보호 수단이라는 점에서 독자성을 갖는 동시에, 개인의 인권보호라는 동일한 목적을 달성하기 위하여 서로가 갖는 한계를 보완한다는 점에서 상호보완성을 갖는다. 그렇다면 외교적 보호권이 나아갈 방향은 앞서 검토한 독자적인 제도적 의의를 최대한 살리면서도, 국제인권법상 보호의 인권 지향적 가치체계를 최대한 반영하여

---

69) United Nations, *supra* note 2, Article 17.

70) United Nations, *supra* note 26, paras. 22-32.

71) LaRae Larkin, *The Legitimacy in International Law of the Detention and Internment of Aliens and Minorities in the Interest of National Security* (Edwin Mellen Press, 1996), p.15. Larkin은 외교적 보호권이 비의도적으로 소수자의 인권 전반을 향상시켰다고 한다. 마찬가지로 Cholewinski도 "국제인권규범은 최근 외국인의 보호수준을 향상시켰으며, 국가책임의 영역 등에서 나타난 이러한 변화는 다시 이주노동자 등 사회 소수자의 인권을 향상시켰다"라고 하여 양자의 상호보완작용을 암시했다. Cholewinski, *supra* note 3, p.40.

72) United Nations, *Report of the International Law Commission on the Work of its fiftieth Session, 20 April to 12 June, 27 July to 14 August 1998, A/53/10,* para. 84.

양자의 상호보완성을 극대화하는 방향일 것이다. ILC의 외교적 보호권에 관한 성문화 작업이 이러한 점을 충분히 반영하고 있는지 구체적으로 살펴보기로 한다.

3. ILC의 성문화 작업에 대한 비판적 검토 및 대안 제시

(1) ILC의 외교적 보호권에 관한 성문화 작업[73)]

<외교적 보호권에 관한 ILC의 회기별 성문화 작업내용>

ILC회기	논의 내용 및 검토 대상
1996/48회	○ 외교적 보호권 성문화와 향후 개선작업이 필요한 세 가지 논의대상 중 하나로 지목함[74)]
1997/49회	○ 작업반 구성, 보고서 작성, 위원회는 승인 ○ Mohamed Bennouna를 특별보고자로 선임 ○ 총회도 ILC의 외교적 보호권에 관한 작업을 승인
1998/50회	○ 예비보고서 제출, 특별보고자는 i) 국제인권법의 발달, ii) 다양한 협약의 체결, iii) 특별재판소의 발달이라는 세 가지 변화를 이유로 외교적 보호의 본질과 관련하여 과연 이러한 권리가 국가의 권리인지, 현대 국제법에 외교적 보호제도를 명문화하여야 할 필요성이 있는지 의문을 제기함 ○ 작업반은 다음의 원칙을 제시 : i) 외교적 보호에 관한 국제관습법상 형성된 내용을 기초로 할 것, ii) 불가피한 경우를 제외하고는 국제법상 secondary rule을 내용으로 할 것, iii) 외교적 보호권의 행사주체는 국가라는 점을 전제할 것, iv) 개인의 권리에 관한 확보와 보호가 점점 더 중요한 문제로 자리하고 있는 국제법의 추세를 충분히 반영할 것. 위원회는 승인

73) United Nations, *Report of the International Law Commission on the Work of its fiftieth Session*, 20 April to 12 June, 27 July to 14 August 1998부터 2 May to 3 June and 11 July to 5 August 2005까지의 보고서 *(A/53/10, A/55/10, A/56/10, A/57/10, A/58/10, A/59/10, A/60/10)* 및 두 특별보고자의 7차례에 걸친 보고서*(A/CN.4/484, A/CN.4/506, A/CN.4/514, A/CN.4/523, A/CN.4/530, A/CN.4/538, A/CN.4/546)*를 참고함.

ILC회기	논의 내용 및 검토 대상
1999/51회	○ Christopher John R. Dugard를 후임 특별보고자로 임명
2000/52회	○ 1차보고서 제출. 그러나 시간 부족으로 검토되지 않음.
2001/53회	○ 2차보고서 제출, 1차보고서와 동시에 검토됨.
2002/54회	○ 3차보고서 제출 ○ 검토대상 : 국내구제완료원칙의 예외, 입증책임문제 등이 주요 논의대상. 국제기구에 의한 이들 대표자들에 의한 보호, 선원의 국적과는 무관한 선박국이나 항공국의 보호, 외교적 보호권의 소송당사자, 타국가나 국제기구의 지배하에 있는 국가의 외교적 보호 행사 가부, 'clean hands doctrine' 적용 여부, 외교적 보호권행사의 법적 효과에 관한 조항이 포함되어야 하는지 여부 ○ 유엔에 의한 기능적 보호와 국적국에 의한 외교적 보호의 행사가 충돌할 가능성과 어떠한 권리행사가 우선시되는지 검토해 보아야 한다는 의견이 제시됨.
2003/55회	○ 4차보고서 제출 ○ 총회의 Sixth Committee에 대하여 의견 표명을 요청, 선박국의 외교적 보호 행사 관련 조항과, 국제기구 피용인에 대한 국적국의 외교적 보호 행사 관련 조항의 필요성에 관하여 부정적이거나 무관심한 입장을 표하며 조속히 성문화 작업을 완료하여 달라고 의견 표명함.
2004/56회	○ 5차보고서 제출 ○ 검토대상 : 다른 국가나 국제기구에 의한 보호가 가능한지 여부, 외교적 보호권행사의 소송당사자와 소송의 승계 가부, 국제기구에 의한 보호와 외교적 보호권행사의 관계, 인권과 외교적 보호권, 일반적 구제조항과의 관계, 선원에 대한 선박국의 외교적 보호권행사 가능성. 초안의 19개 조항을 채택한 바 있음.
2005/57회	○ 6차보고서 제출 ○ 검토대상 : 'clean hands doctrine'을 포섭할 것인지 여부 ○ 보고서의 분량이나 검토대상의 수가 현격히 줄어들었다는 점에서 외교적 보호제도의 성문화 작업이 어느 정도 완료시기에 접어들고 있음을 알 수 있음.

74) 유엔 총회는 12/16 결의 제51/160호를 통해 ILC가 동 문제를 보다 심도 있게 다룰 것을 요청한 바 있음.

<ILC의 외교적 보호권에 관한 법규초안 체계>

조 문			명 칭	내 용	반영여부
1편 총칙		1조	외교적 보호의 정의, 목적	국가의 권리임.	×
		2조	외교적 보호의 권리 행사주체	국가에게 행사권 있음.	
2편 국적	1장 기본원칙	3조	국적국에 의한 보호	제8조에 입각 무국적자에 대해 행사 가능함.	○
	2장 자연인	4조	'국적국' 정의	국제법에 부합하는 국적취득일 것임.	
		5조	국적계속성	가해행위시와 청구시 국적동일원칙/청구와 무관한 경우로 변경시 예외/단, 청구시 국적국이 가해행위시 국적국에게 행사하는 것은 불가능함.	
		6조	이중국적자	양국적국 모두 행사 가능함/동시 가능함.	
		7조	이중국적자	상호간에는 불가능[75] / 일방이 우월한 경우 예외 인정	
		8조	무국적자와 난민	무국적자에 대해서도 거주요건과 국적계속성원칙 충족시 행사가능/난민도 동일/단, 난민의 국적국에 대해서는 불가	
	3장 법인	9조	회사의 국적국	주주의 국적국은 행사 불가능하다는 것을 원칙으로 하되 예외사유 인정하고 있음.[76]	
		10조	회사의 국적계속성		
		11조	주주의 보호		
		12조	주주에 대한 직접적인 피해		
		13조	기타 법인에의 적용		
3편 국내구제 절차		14조	'국내구제완료의 원칙'	특별한 국내구제절차도 포함	×
		15조	구제절차의 유형	무국적자와 난민의 경우를 제시	
		16조	예외사유(4가지)	비효율/지연/비합리/불이행인한 예외 인정	
4편 기타		17조	다른 구제절차	배제하지 않음.	×
		18조	특별협약	특별협약에 의해 배제 가능	
		19조	선원	선원의 국적국도 행사 가능	

75) *Canevaro case, 11 R.I.A.A. 1912,* p.397. 1930년 국적에 관한 Hague협약 제4조도 국가는 자기 국민이 상대국의 국적도 가지고 있는 경우 외교보호를 행사할 수 없다고 규정한다.

(2) ILC의 외교적 보호권에 관한 법규초안[77]에 대한 비판적 검토

현재 ILC가 채택한 법규초안 체계는 국적에 관한 제한요건을 전체적으로 완화하였다는 점에서 국제인권법의 영향으로 인한 인적 제한요건의 완화를 반영하였다고 할 수 있다. 그러나 i) 여전히 권리귀속과 권리행사 주체의 일원성을 고수하였고, ii) 국제위법행위에 대한 구체적인 기준을 두고 있지 않으며, iii) 국내구제절차완료의 원칙이 적용되는 경우를 유형화하지 않았다는 점, iv) 행사효과에 대한 규정을 미비하고 있다는 점, v) 무력사용에 대한 한계를 별도의 조문으로 명시하지 않았다는 점 등에 비추어 아직까지 국제인권법의 영향과 양 보호수단의 지향점을 제대로 반영하고 있지 못하다. 이처럼 ILC의 외교적 보호권에 관한 성문화 작업은 오늘날 국제인권법상 일어나고 있는 다양한 변화를 포용하지 못한 채 기존의 국가중심적 외교적 보호의 틀에서 벗어나고 있지 못하다는 한계를 갖는다.[78]

(3) 대안의 제시

ILC의 이러한 소극성은 국제법의 다양한 영역에 흩어져 있는 외국인 보호에 관한 논의를 하나의 법규체계로 포괄하지 못하고 있다는 문제점을 안고 있다. 별도의 입법기관을 갖추고 있지 못한 국제사회

---

76) 이에 관한 종래 논의는 Herbert W. Briggs, "Barcelona Traction: The Jus Standi of Belgium," *American Journal of International Law*, Vol. 65 (1971) 참조.

77) United Nations, *Report of the International Law Commission on the Work of its fifty-sixth Session, 3 May to 4 June and 5 July to 6 August 2004, A/59/10*, pp.17-22.

78) ILC도 2004년 초안 내용이 다음과 같은 점에서 미숙하였음을 시인하고 있다. i) 권리행사의 실질적 주체를 명시하지 않은 점, ii) 행사효과에 대한 규정 미비, iii) 가해행위를 평가할 수 있는 기준의 부재, iv) 외교적 보호권이 국가의 권리라는 설득력 부족, v) 개인의 절차적 참여 정도, 특히 국적국에 대해 행사를 요구할 수 있는지 여부에 대한 불명확성을 문제삼고 있다. United Nations, *Report of the International Law Commission on the Work of its fifty-seventh Session, 2 May to 3 June and 11 July to 5 August 2005, A/60/10*, para. 237.

에서 ILC의 성문화 작업이 갖는 의미가 결코 작지 않다는 점에 비추어, ILC는 보다 적극적으로 오늘날 국제인권법의 발달로 인한 변화된 현실과 지향점을 반영하여 외교적 보호를 규율할 필요가 있다. 그러므로 본고는 앞으로 외교적 보호권이 나아가야 할 방향에 대하여 다음과 같은 대안을 제시하고자 한다.

외교적 보호권이 나아갈 방향은 그 독자성을 유지하되 국제인권법상 보호와의 상호보완성을 극대화하는 것이라고 언급한 바 있다. 이러한 기본적인 인식을 바탕으로, 앞서 제시한 4가지 기능의 분석을 통해 취해야 할 것과 지양해야 할 것을 구분하며, 외교적 보호권의 구체적인 실천과제를 제시하자면 다음과 같다.

첫째, 개인 특히 외국인의 국제법적 지위 강화와 이로 인한 '규범화 기능'은 외교적 보호권을 오늘날의 현실에 부합하는 인권 지향적 가치체계로 정립하여 법적 확신을 확보한다는 점에서 강화되어야 한다. 또한 점차 권리귀속의 주체는 국민으로, 권리행사의 주체는 국가로 이원화되는 현상은 개인의 보호 강화 차원에서 바람직하다. 그러나 외교적 보호권의 권리'행사' 주체마저 국민으로 이전되는 현상은 외교적 보호권의 고유한 특성을 상실하게 된다는 점에서 경계해야 할 것이다. 둘째, 가해국의 국제위법행위에 대한 '구체화 기능'은 종래 외교적 보호권의 남용 사례가 주로 요건의 불명확성에 기인하였다는 점에서 강화되어야 한다. 따라서 '가해국의 국제위법행위'에 관한 별도의 요건을 '국적'과 '국내구제절차'와 대등한 요건으로 별개의 편에서 규율할 필요가 있다. 셋째, 국내구제절차완료원칙이 적용되는 유형을 명확히 하고 외교적 보호의 행사효과를 규율하여 '현실화 기능'을 극대화할 필요가 있다. 이는 외교적 보호권이 합리적이며 실효성 있는 제도로 발전하기 위하여 반드시 필요하다. 넷째, 무력의 사용이 금지되어야 한다는 측면에서 '한계 기능'은 취해야 할 것이지만, 국적필요성·국적관련성·국적계속성 원칙의 완화는 외교적 보호권이 국적국에 의해 행사된다는 고유한 특성을 퇴색시키기 때문에 일률적으로 다루어서는 안될 것이다. 즉, 국적'필요성'이나 국적'계속성'의 원칙은 무국적자나 난민의 보호 및 비자발적이거나 불가피한 국적변경의 경우의 보호를 위하여 완화하는 것이 바람직하나, 국적'관련성'의 원칙은 행사국의 범위를 제한한다는 점에서 외교적 보호권의 독자성을 유지하도록 기능하므로 엄격히 적용할 필요가 있다.

V. 결 론

최근 국제인권법의 발달은 국제관습법상 외교적 보호권에 많은 영향을 미치고 있다. 우선 법적 성질의 측면에서, 개인의 국제법상 지위 강화는 종래 양자간의 관계에 머물렀던 외교적 보호권의 구도를 개인을 포함한 삼자간의 관계로 재구성하여, i) 가해국과의 관계에서는 외국인의 법적 지위를 강화하고 그 보호기준으로 국제최저기준을 확고히 하였으며, ii) 국적국과의 관계에서는 권리귀속의 주체와 권리행사의 주체가 이원화될 수 있는 기반을 마련하였고, iii) 삼자간에 공통의 목적과 합의를 도출하여 외교적 보호권의 규범력을 강화 및 공고히 하였다(규범화 기능). 한편 요건 체계의 측면에서는, i) '국제위법행위'를 구체화하였고(구체화 기능), ii) 이를 통해 국내구제절차완료의 원칙이 적용되는 유형을 명확히 하여, 국내구제절차완료의 원칙이 합리적인 전제조건으로 작용하도록 하였으며, 국제사법기구의 발달은 외교적 보호권의 행사에 대한 실효성을 확보하였다(현실화 기능). 또한 iii) 자국민이 아닌 개인에 대한 보호 가능성을 넓혀, 인적 적용범위를 확대하였으며, 외교적 보호권의 행사시 무력사용을 엄격히 제한할 것을 요청하고 있다(한계 기능).

이와 같은 국제인권법의 영향력은 결국 외교적 보호권을 국제인권법상 보호수단의 하나로 전락케 하여, 외교적 보호권이 더 이상의 제도적 의미를 갖지 못하게 되는 것은 아닌가라는 의문을 낳고 있다. 그러나 외교적 보호권은 i) 가해국과 국적국의 관계를 중심으로 논의의 범주가 설정되어 있다는 점, 국익을 주요 법익으로 보호하고 있다는 점, 따라서 그 행사 여부에 관한 재량이 상대적으로 크다는 점(성질상 차이), ii) 국제인권법 위반행위는 국제위법행위의 한 유형에 지나지 않는다는 점, 국내구제절차완료의 원칙이 엄격하게 적용된다는 점, 국적필요성・국적관련성・국적계속성을 요한다는 점(요건상 차이), iii) 권리행사의 주체는 언제나 국가라는 점, 그러므로 상대적으로 권리행사의 효력이 신속하고 강력하다는 점(행사 및 효과상의 차이)에서 국제인권법상의 보호와는 다른 독자적인 제도이다. 동시에 아직까지 국제인권법상의 보호가 현실적으로 불충분하고 미흡하여 여러 가지 한계를 안고 있다는 점에서, 양자는 개인의 인권보호라는 동일한 목적을 위한 상이한 수단으로써 서로를 보완해 나간다고 할 수 있다. 그러므로 앞으로 외교적 보호권이 나아갈 방향은 이러한 독자적인 제도적 의의를 최대한 살리면서도, 국제인권법상 보호의 인권 지향적 가치체계를 최대한 반영하여 양자의 상호보완성을 극대화하는 방향일 것이다.

그 실천과제는 앞서 국제인권법의 발달이 외교적 보호권에 미치는 영향으로 제시한 4가지 기능을 분설하여 취해야 할 것과 지양해야 할 것을 구분하는 과정에서 찾을 수 있다. 요컨대 규범화 기능, 구체화 기능, 현실화 기능 및 한계 기능은 전반적으로 강화되어야 하나, 외교적 보호권의 권리행사 주체마저 국민으로 확대되는 현상과 국적'관련성' 원칙의 완화 현상은, 외교적 보호권의 고유한 특성을 상실케 한다는 점에서 경계해야 한다.

<참고문헌>

Ⅰ. 단행본

김정균 · 성재호, 『국제법』, 박영사(2001).

김한택, 『현대국제법』, 강원대학교 출판부(2004).

유병화 · 박노형 · 박기갑, 『국제법 Ⅱ』, 법문사(2000).

이병조 · 이중범, 『국제법신강』(제9개정판), 일조각(2003).

이석용, 『국제법』, 세창출판사(2003).

이한기, 『국제법강의』, 박영사(1999).

Akermark, Athanasia S.(1997), *Justifications of Minority Protection in International Law*, Kluwer Law International.

Brownlie, Ian(1998), *Principles of Public International Law*, Oxford University Press.

Charlesworth, Hilary · Chinkin, Christine(2000), *The Boundaries of International Law*, Manchester University Press.

Cholewinski, Ryszard(1997), *Migrant Workers in International Human Rights Law-Their Protection in Countries of Employment*, Oxford: Clarendon Press.

Larkin, LaRae(1996), *Legitimacy in International Law of the Detention and Internment of Aliens and Minorities in the Interest of National Security*, Edwin Mellen Press.

Kim, Keechang(2000), *Aliens in Medieval Law*, Cambridge University Press.

Lillich, Richard(1984), *Human Rights of Aliens in Contemporary International Law*, Manchester University Press.

Roth, Andreas H.(1949), *Minimum Standard of International Law Applied to Aliens*, Leiden: A.W. Sijthoff's Uitgeversmaatschappij N.V..

Shaw, Malcolm N.(2003), *International Law*, Cambridge University Press.

Tiburcio, Carmen(2001), *Human Rights of Aliens under International and Comparative Law*, Martinus Nijhoff Publishers.

Vattel, E.(1916), "Law of Nations or the Principles of Natural Law," *Classics of International Law*, Carnegie Institution of Washington.

Victoria, Franciscus(1917), "De Indis Et de Ivre Belli Relectiones," *Classics of International Law*, Carnegie Institution of Washington.

Woolsey, Theodore D.(1890), *Introduction to the Study of International Law*, New York: Charles Scribner's Sons.

Ⅱ. 논 문

김부찬, "국제관습법상 외교적 보호제도에 관한 고찰,"『부산대학교 법학연구』, 제42권 제1호(2001).

______, "외교적 보호제도와 국내구제완료의 원칙: ILC 초안과 관련하여,"『국제법학회논총』, 제46권 제3호(2001).

______, "국제기업의 국제법주체성과 외교적 보호제도,"『국제법학회논총』, 통권 제86호(1999).

김성준, "국제법상 개인의 청구권,"『국제법평론』, 제15호(2001).

김정균, "외교적 보호의 성격,"『고시계』(1963).

김화진, "국제법은 언제, 왜 지켜지는가?,"『서울대학교 법학』, 제45권 제3호(2004).

유병화, "국제사법법원의 Barcelona Traction 사건판결,"『판례연구』, 제1호, 고려대학교 법학연구소(1982).

이근관, "국제인권규약상의 개인통보제도와 한국의 실행,"『국제인권법』(2001).

이한기, "외교적 보호와 국적,"『고시연구』(1975).

정인섭, "외국인의 국제법상 지위에 관한 연구," 서울대학교 박사학위논문(1991).

제성호, "재외국민 보호의 법적 근거와 국제적 기준,"『저스티스』, 제37권 제5호(2004).

최승환, "인권조약의 효용성: 국제인권규약을 중심으로,"『국제인권법』, 제2

호(1998).

Bochard, Edwin M., "Basic Elements of Diplomatic Protection of Citizens Abroad," *American Journal of International Law*, Vol. 7(1913).

____________, "Responsibility of States: At the Hague Codification Conference," *American Journal of International Law*, Vol. 24(1930).

Briggs, Herbert W., "Barcelona Traction: The Jus Standi of Belgium," *American Journal of International Law*, Vol. 65 (1971).

Chartier, G., "The Role of International Human Rights and the Law of Diplomatic Protection in Resolving Zimbabwe's Land Crisis," *Boston College International and Comparative Law Review*, Vol. 27(2004).

De Arechaga, E. Jimenez, "State Responsibility for the Nationalization of Foreign Owned Property," *New York University Journal of International Law and Politics*, Vol. 11(1978).

Fawcett, J.E.S., "The Exhaustion of Local Remedies: Substance of Procedure?," *British Year Book of International Law*, Vol. 31(1954).

Fidler, David P., "Fighting the Axis of Illness: HIV/AIDS, Human Rights, and U.S. Foreign Policy," *Harvard Human Rights Journal*, Vol. 17(2004).

Freeman, Alwyn V., "Recent Aspects of the Calvo Doctrine and the Challenge to International Law," *American Journal of International Law*, Vol. 40(1946).

Guha Roy, S.N., "Is the Law of Responsibility of States for Injuries to Aliens a Part of Universal International Law?," *American Journal of International Law*, Vol. 55(1961).

Koh, Harold, "Why do Nations Obey International Law?," *Yale Law Journal*, Vol. 106(1997).

Lillich, Richard, "Diplomatic Protection of Nationals Abroad: An Elementary Principle of International Law under Attack," *American Journal of International Law*, Vol. 69(1975).

MaDougal et. al., "The Protection of Aliens from Discrimination and World Public Order: Responsibility of States Concoined with Human Rights," *American Journal of International Law*, Vol. 70(1976).

Meron, Theodor, "On a Hierarchy of International Human Rights," *American Journal of International Law*, Vol. 80(1986).

Osofsky, Hari M., "Domesticating International Criminal Law," *Yale Law Journal*, Vol. 107(1997).

Parry, Clive, "International Law and the Conscription of Non-Nationals," *British Year Book of International Law*, Vol. 31(1954).

Schachter, Oscar, "Towards a Theory of International Obligation," in Martti Koskenniemi(ed.), *Sources of International Law*, Ashgate Publishing Limited(2000).

Sohn, Louis B. and Baxter R., "Responsibility of States for Injuries to the economic Interests of Aliens," *American Journal of International Law*, Vol. 55(1961).

Tinta, Monica Feria, "Due Process and the Right to Life in the Context of the Vienna Convention on Consular Relations: Arguing the LaGrand Case," *European Journal of International Law*, Vol. 12(2001).

Towle, Richard, "Human Rights Standards: A Paradigm for Refugee Protection?," *Human Rights and Forced Displacement*, Kluwer Law International(2000).

UNHCR (2001), "Refugee Protection," Inter-Parliamentary Union.

Warbrick, Colin, "Current Developments in Public International Law: Diplomatic Representation and Diplomatic Protection," *International and Comparative Law Quarterly*, Vol. 51

(2002).

Weil, Prosper, "Towards Relative Normativity in International Law," in Martti Koskenniemi(ed.), *Sources of International Law*, Ashgate Publishing Limited(2000).

Ⅲ. 기타 자료

ICJ 판결문 - ICJ의 공식 홈페이지
http://www.icj-cij.org/icjwww/idecisions.htm

ILC 보고서 및 자료 - ILC의 공식 홈페이지
http://www.un.org/law/ilc

김태천, "유엔인권보장제도의 기본구조"
http://www.humanrights.or.kr/library/library_1.htm

The Restatement(Third) of Foreign Relations
http://www.ali.org/ali/foreign.htm;
http://web2.westlaw.com/search

International Provisions Protecting the Human Rights of Non-Citizens,

U.N. Doc. E/CN. 4/Sub.2/392/Ver.1.
http://www1.umn.edu/humanrts/demo/noncitizenrts-2003.html

인권조약에서 유보문제에 관한 연구 *

정 다 운

* 제8회(2008) 대학(원)생 국제법 논문 경시대회 대학생 부문 장려상.

Ⅰ. 서 론

1948년 12월 10일 유엔 제3차 총회에서 만장일치로 채택된 세계인권선언(Universal Declaration of Human Rights)은 국제사회가 인권 및 기본적 자유에 대해 선언한 최초의 경우로서, 인권보장에 있어서 '모든 국가와 민족이 달성해야 할 공통된 기준'을 천명하였다. 세계인권선언은 법적 구속력을 가지는 것이 아니지만, 그 채택 당시 인권보호의 타당성에 대한 유엔인권회원국들의 법적 확신(*opinio juris*)을 확인한 것이며, 그 후 대다수 국가들의 실천을 유도함으로써 오늘날 인권보호에 관한 관습법 형성이 성숙되는 데 결정적 기여를 했다고 볼 수 있다.[1] 이 선언 속의 기본원칙들은 「시민적 및 정치적 권리에 관한 국제규약」(International Covenant on Civil and Political Rights, 이하 '시민적·정치적 권리규약'), 「경제적·사회적·문화적 권리에 관한 규약」(International Covenant on Economic, Social and Cultural Rights, 이하 '경제·사회·문화권리규약'), 「모든 형태의 인종차별 철폐에 관한 협약」(International Convention on the Elimination of All Forms of Racial Discrimination, 이하 '인종차별철폐협약'), 「고문 및 그 밖의 잔혹한, 비인도적인 또는 굴욕적인 대우나 처벌의 방지에 관한 협약」(Convention against Torture and Other Cruel, Inhuman or Degrading Treatment or Punishment, 이하 '고문방지협약'), 「여성에 대한 모든 형태의 차별철폐에 관한 협약」(Convention on the Elimination of All Forms of Discrimination Against Women, 이하 '여성차별철폐협약'), 「아동의 권리에 관한 협약」(Convention on the Rights of the Child, 이하 '아동권리협약') 등의 조약에 의하여 구체화되었다.

---

1) 김석현, "인권보장의 보편적 제도," 『국제법평론』, 통권 제6호(1996), 39쪽.

이러한 인권조약들의 인권의 국제적 보호를 위한 실효적 효용성 여부는 각 조약의 법적 성질과 실시조치 여부에 좌우되며, 궁극적으로는 조약당사국의 인정 및 준수 여부에 달려있다.[2] 그러나 주권국가가 특정 조항의 효력을 '배제 또는 변경'할 목적으로 행하는 일방적 선언인 조약의 유보는 인권조약의 통일적 적용을 약화시키는 결과를 발생시킨다.

1993년 비엔나 세계인권선언에서는 보편적 인권조약의 효용성에 대한 주권국가의 유보의 영향이 주된 관심사로 다루어졌으며, 그 결과 인권보장을 위해서 인권조약의 대상 및 목적과 양립할 수 없는 유보를 피하고, 기존의 유보 중 조약의 대상 및 목적과 양립할 수 없는 유보는 철회할 것을 촉구하였다. 이는 인권의 중요성에 대한 인식과 국제적인 인권보호를 위한 체계적인 제도의 필요성을 강조한 것이라 볼 수 있다. 그러나 이렇게 전 세계적으로 인권조약 유보 제한의 필요성을 인정함에도 불구하고, 여전히 인권조약에 대한 유보가 광범위하게 행해지고 있으며, 인권조약의 유보에 관한 제도도 불명확하고 논란이 많아서 많은 문제점이 제기되고 있다.

따라서 이 글은 이러한 문제점들을 해결하고 인권의 국제적 보호의 목적을 달성하기 위하여 인권조약 유보제도의 문제점을 검토하고, 이에 대한 유보제도의 개선방향에 대하여 검토하려고 한다. 이를 위해서는 먼저 조약의 유보의 일반원칙과 유보의 허용성 여부를 판단하는 기준인 「1969년 조약법에 관한 비엔나협약」(Vienna Convention on the Law of Treaties, 이하 '1969년 비엔나협약')과 강행규범에 대하여 살펴보고, 이를 기초로 하여 인권조약 유보의 특수성과 유보의 허용성에 대한 판단기준에 대하여 살펴본다. 그리고 이러한 판단기준에 비추어 앞에서 언급한 6대 인권조약을 중심으로 각국의 유보 현황과

---

2) 최승환, "인권조약의 효용성: 국제인권규약을 중심으로," 『국제인권법』, 제2호 (1998), 20쪽.

이유를 분석하고, 그로부터 발생한 문제점들의 해결을 위한 유보제도의 보완에 대한 논의를 정리하도록 한다.

Ⅱ. 조약의 유보와 유보의 제한

인권조약의 논의에 앞서, 이 장에서는 조약의 유보의 원칙적인 모습에 대하여 살펴보도록 한다. 또한, 유보의 허용성에 대한 판단기준인 1969년 비엔나협약과 강행규범에 대하여 살펴보고, 이러한 기준을 적용함으로써 생기는 문제점은 없는지 함께 검토한다. 이와 같은 조약의 유보 허용성의 판단기준과 문제점에 대한 논의는 조약의 특수한 형태로서의 인권조약에 있어서도 기본적인 원칙으로써 직접적인 영향을 미치므로 의미가 있다.

1. 조약의 유보의 의의

1969년 비엔나협약 제2조 1항(d)에 의하면, 조약의 '유보'라 함은 자구 또는 명칭에 관계없이 조약의 성명・비준・수락・승인 또는 가입시에 국가가 그 조약의 일부 규정을 자국에 적용함에 있어서 그 조약의 일부 규정의 법적 효과를 배제하거나 또는 변경시키고자 의도하는 경우에 그 국가가 행하는 일방적 성명을 의미한다.[3)]

조약의 유보에는 형태적 요소와 내용적 요소로 분류할 수 있으며, 형태적 요소에는 '일방적 성명,' '국가 또는 국제기구가 조약에 대한 기속적 동의를 표시하는 시점,' '표현과 명칭'이라고 하는 3가지의 세부요

3) 조약의 유보와 구별되는 개념으로 해석선언이 있다. 유보는 조약의 일부 규정을 자국에 적용함에 있어서 그 법적 효과를 배제 또는 변경하여 조약상 의무를 수락하는 선언의 범위를 구체화하는 반면, 해석선언은 단지 조약 전체 또는 조약의 일부 규정을 해석하여 그 의미 또는 범위를 명확화하기 위해서 행해진다. *Yearbook of International Law Commission*, 1998, Vol. Ⅱ, part. Ⅱ, para. 517.

소가 포함되는 한편, 내용적 요소로는 '유보가 조약의 특정 조항의 법적 효력을 배제하거나 변경하기 위해 의도되었다'라고 하는 하나의 요건이 포함된다.[4] 또한 조약의 유보는 조약의 '특정 사항'에 대해서만 가해질 수 있으며,[5] 포괄적이고 광범위한 유보는 허용되지 아니한다.

2. 조약의 유보 자유 원칙과 유보 자유 제한의 필요성

다자조약에 있어서 조약의 유보를 하는 국가들의 권리는 국제법적 체계에서 중요한 기능을 한다.[6] 이에 따라 주권국가의 의사에 기초하여 조약의 유보를 하는 것은 원칙적으로 자유이다. 그러나 조약의 유보의 사용은 정치적・경제적 시스템에서 넓게 이탈함에도 불구하고 조약의 당사국이 되는 것을 촉진시키며, 조약의 보편적 참여는 조약의 통일성을 유지시키는데 불리하게 작용한다.[7] 즉, 조약의 유보의 자유 원칙은 조약의 통일성을 유지하는 것을 어렵게 하며, 때로는 조약 자체의 본질적인 목적과 의미가 상실되게 하므로, 조약의 유보 자유 원칙에 대하여 제한이 필요하다.

3. 조약의 유보 제한에 대한 일반적 판단기준

(1) 1969년 비엔나협약 제19조에 의한 한계

1) ICJ의 *Genocide Convention* case와 1969년 비엔나협약 제19조

전통적으로 다자조약에 대한 유보가 수락되기 위해서는 만장일치의

---

4) *Ibid.*, para. 495.

5) 김대순, 『국제법론』, 제13판, 삼영사, 2008, 141쪽.

6) John King Gamble, "Reservation to Multilateral Treaties: a Macroscopic View of State Practice," *American Journal of International Law*, Vol. 74, No. 2, 1980, p.372.

7) Catherine J. Redgwell, "Universality or Integrity? Some Reflections on Reservations to General Multilateral Treaties," *British Yearbook of International Law*, Vol. 64, 1993, p.247.

동의가 있어야 하며, 모든 체약국에 의해서 수락되지 않은 유보는 당연무효였다. 이러한 전통적인 만장일치의 원칙은 조약의 당사국들이 자유롭게 협상한 '조약규정의 통일성'을 기초로 한 것이었다.[8] 그 후 ICJ(International Court of Justice)는 이러한 전통적인 원칙에서 벗어나 1951년 *Genocide Convention* case에서 "한 국가의 유보에 대하여 제노사이드협약의 일부 당사국은 반대하였으나 다른 당사국들은 반대하지 않은 경우, 그 유보가 협약의 객체 및 목적과 양립하면(if the reservation is compatible with the object and purpose of the Convention) 그 국가는 협약의 당사자로 간주될 수 있다"는 판결을 내렸다.[9][10] 이러한 결론은 '협약의 존엄성 유지'와 '국가들의 폭넓은 참여'라고 하는 서로 상충하는 명제들 간의 균형을 확보하기 위한 목적에서 비롯된 것이었다.[11]

1969년 비엔나협약은 이러한 *Genocide Convention* case에서 수립된 ICJ의 기본원칙을 받아들여, 제19조 내지 제23조로 구체화하였다. 특히 제19조는 원칙적으로 조약의 유보의 자유를 인정하면서도, 'i) 그 조약에 의하여 유보가 금지된 경우, ii) 문제의 유보를 포함하지 아니하는 특정의 유보만을 행할 수 있음을 그 조약이 규정하는 경우, 그리고 iii) 상기 세항 i) 및 ii)에 해당되지 아니하는 경우에는 그 유보가 그 조약의 대상 및 목적과 양립하지 아니하는 경우'와 같은 3가지 예외를 인정하고 있다.

---

8) *Ibid.*, p.246.

9) *Reservations to the Convention on the Prevention and Punishment of and Crime of Genocide, Advisory Opinion, ICJ Reports* 1951, p.15.

10) 4명의 판사의 반대의견에서 ICJ의 새로운 원칙에 대한 새로운 문제점들이 지적되었다. i) 다수의견에서 형성된 새로운 규칙은 국제법체제 내에서 아무런 법적 근거를 갖고 있지 못하며, ii) 본 협약 내의 조항들 중 어떤 것이 본 협약의 대상 및 목적을 구성하고 어떤 것은 구성하지 않는지 분류하기 힘들다. 또한, iii) 다수의견에 따르면 본 협약의 대상 및 목적이 무엇인지를 결정하는 문제가 개별국가들의 재량에 맡겨지게 되었는데, 이것은 유보를 수락한 국가와 수락하지 않은 국가간의 관계에 있어서 새로운 혼란을 초래하게 될 것이다. *Ibid.*, pp.32-46.

11) *Ibid.*, p.15.

2) 대상과 목적의 의미와 이에 따른 허용한계

1969년 비엔나협약 제19조에 따르면, 조약의 '대상과 목적'이 조약의 유보가 허용 가능한지 판단하는데 있어서 중요한 의미를 갖는다. 이에 대하여 Lindelfalk 교수는 '목적과 대상'의 개념을 설명하면서 유보는 조약을 적용함으로써 획득하고자 하는 목적인(*telos*)에 위배되어서는 안되며, 또한 조약에 규정된 권리와 의무, 즉 규범적 내용(normative content)에 대한 유보는 허용되지 않는다고 강조하였다. 그는 동 협약 여러 조항에서 '대상과 목적'을 규정하고 있는데, 그 중에서도 유보의 형성에 관한 제19조와 조약의 해석원칙에 관한 제31조에서 사용되고 있는 의미가 서로 동일하다고 주장하였다.[12)]

이러한 대상과 목적은 조약의 핵심이므로 조약에 대하여 의무를 진다고 승인하면서도, 동시에 조약의 대상과 목적에 양립하지 않는 유보를 형성하여 조약의 존재이유를 부정하는 것은 모순적이며, 허용되지 않는다.[13)]

(2) 강행규범에 의한 한계

1969년 비엔나협약 제53조에 따르면, 강행규범(*jus cogens*)은 "협약의 목적상 일반국제법의 절대규범은 그 이탈이 허용되지 아니하며, 또한 동일한 성질을 가진 일반국제법의 추후의 규범에 의해서만 변경될 수 있는 규범으로 전체로서의 국제공동사회가 수락하며, 또한 인정하는 규범"이라고 정의할 수 있다. 제53조에서 "어떠한 조약도 강행법규에 위반할 수 없으며 위반하면 무효이다"라고 하였는데, 하물며

---

12) Ulf Lindelfalk, "On the meaning of the 'Object and purpose' Criterion. in the Context of the Vienna Convention on the law of treaties, Article 19," *Nordic Journal of International Law*, Vol. 72, 2003, pp.429-449; 이주윤, "인권조약에 대한 유보의 효력," 『국제법학회논총』, 제51권 제3호(2006), 120쪽에서 재인용.

13) L. Lijnzaad, *Reservations to Human Rights Treatise: Ratify and Ruin?*(Martinus Nijhoff, Dordecht, 1994), p.59.

일방행위인 유보에 의해 강행규범상 의무에서 벗어날 수 없음은 당연하다.[14]

(3) 조약의 유보에 대한 판단기준의 문제점

1969년 비엔나협약 제19조는 ICJ의 반대의견에서도 잘 드러났듯이 대상과 목적에 대한 판단의 어려움이 있을 뿐만 아니라, 허용되지 않는 유보의 효력과 이를 판단하는 주체에 대한 내용이 포함되어 있지 않다는 문제점[15]이 있다. 또한, 제21조 규정과 관련하여 만약 조약이 유보를 하는 것을 금지하거나, 특정한 경우에만 허용하는 경우에도 상대국가는 조약에 의해 금지된 유보를 받아들일 수 있다는 한계를 가진다.[16]

4. 소 결

현대국제법에 있어서 원칙적으로 조약의 유보의 자유가 인정되고 있으며, 예외적으로 조약의 유보를 제한하고 있다. 1969년 비엔나협약은 'i) 그 조약에 의하여 유보가 금지된 경우, ii) 문제의 유보를 포함하지 아니하는 특정의 유보만을 행할 수 있음을 그 조약이 규정하는 경우, 그리고 iii) 상기 세항 i) 및 ii)에 해당되지 아니하는 경우에는 그 유보가 그 조약의 대상 및 목적과 양립하지 아니하는 경우'와 같은 3가지 예외를 제한사유로 명시하고 있다. 그러나 이러한 판단기준 역시 의미가 모호하고, 허용되지 않는 유보의 효력과 이를 판단하는 주체에 대한 내용이 포함되어 있지 않으며, 특히 1969년 비엔나협약 제19조는 제21조와의 관계에 있어서 당사국들의 주관적인 의사

14) 유병화 외, 『국제법 I 』, 법문사, 1999, 188쪽.

15) Malcolm N. Shaw, *International Law*, fifth edition(Cambridge, 2003), p.828.

16) Anthony Aust, *Modern Treaty Law and Practice*, second edition (Cambridge, 2007), p.144.

에 의하여 조약에 의해 금지된 유보를 받아들일 수 있다는 점에서 문제점이 발생한다.

Ⅲ. 인권조약의 유보와 허용 가능성의 판단기준

이 장에서는 인권조약의 유보와 관련된 문제점을 살펴보려고 한다. 이를 위하여 인권조약의 특수성을 검토하고, 인권조약의 유보의 제한의 필요성에 대하여 논의한다. 그리고 이러한 인권조약의 허용 가능성을 판단하는 기준인 개별 인권조약과 1969년 비엔나협약의 원칙이 인권조약의 유보에 대하여 어떻게 적용되고 있는지에 대하여 살펴보도록 한다.

1. 인권조약의 특수성과 인권조약의 유보

국제공동체는 국가의 자유 또는 주권을 기초로 하며, 이것은 여러 국제판례[17]를 통해 분명하게 표명되었다. 전통적인 주권국가이론에 따르면, 인권은 주권국가의 '국내문제'로서 국내법이 국가들에게 의무를 부과하거나, 다른 주권국가가 개입하는 것은 허용되지 않는다. 이에 따라 국제사회에서 인권조약의 성립을 통한 인권보호를 함에 있어서도 주권국가의 주권적 이익이 침해받지 않을 수 있는 장치가 필요하다는 점에서 주권국가에게 조약의 유보제도는 매우 중요하게 여겨진다.[18]

---

17) PCIJ의 *Lotus*호 사건에서 "국제법은 독립국가간의 관계를 규율한다. 그러므로 국가에 대한 구속력을 가지는 법규는 조약에 표명된 바와 같은, 혹은 공존하는 이들 독립적 단체간의 관계를 규율하기 위해 또는 공동목적을 달성하기 위해 법의 원칙의 표현으로서, 일반적으로 수락되고 확립된 실례에 의해 표명된 바와 같은 그들 자신의 자유의사에서 유래하는 것이다. 그러므로 국가의 독립에 대한 제한은 추정될 수 없는 것이다." P.C.I.J Publications, Series A, No. 10, 1927, p.18.

일반 다자조약이 상호적이며 상대적인 의무를 규정하고 있는 것과는 달리, 인권조약은 당사국에게 절대적이고, 객관적인 의무를 요구한다.[19][20] 이러한 인권조약이 가지는 특수한 성격으로 인하여 인권조약에 대한 유보는 국제인권의 기준을 낮추고, 인권의 보편성의 원칙을 약화시키며, 국제적인 책임회피 등의 결과를 가져오게 됨으로써,[21] 인권의 국제적 보호라는 목적을 달성하는데 어려움을 겪게 된다. 따라서 유보의 중요한 과제인 국가들로 하여금 조약의 보편적인 참여를 보장하면서도, 또한 원래의 조약문안 그대로 통일적인 적용을 관철하는 문제와 관련하여 인권조약의 유보는 좀 더 신중히 접근할 필요가 있다.[22]

2. 인권조약에 대한 유보의 허용 여부에 관한 논의

인권조약에 대한 유보가 허용되는지 여부에 대해서 긍정설과 부정

18) 정서용, "인권의 국제적 보호와 조약의 유보," 『서울국제법연구』, 제13권 1호(2006), 33쪽.

19) Ryan Goodman, "Human Rights Treaties, Invalid Reservations and State Consent," *American Journal of International Law*, Vol. 96, 2002, p.537.

20) 이러한 인권조약의 특성은 Inter-American Court of Human Rights의 조약의 유보의 효과에 대한 사건에서 잘 나타나 있다. "일반적으로 현대 인권조약은 조약 당사국 쌍방의 이익을 위하여 권리의 상호 교환을 성취하려는 전통적인 타입의 다자조약과는 다르다. 그것의 대상과 목적은 국적과 국가, 다른 모든 체약국과는 상관없이 개개인의 기본적인 권리를 보호하는 것이다. 이러한 인권조약을 체결하는 것은, 당사국은 그들 스스로 보편적인 가치를 위하여 다른 나라의 관계에서가 아니라, 그들의 사법권의 범위 안에서 모든 개인들을 위하여 다양한 의무를 부담한다는 법적인 명령에 복종한다고 판단될 수 있다": Matthew Craven, "Legal Differentiation and the concept of the Human Rights Treaty in International Law," *European Journal of international Law*, Vol. 11, 2000, p.498.

21) Yogesh Tyagi, "The Conflict of Law and Policy on Reservations to Human Rights Treaties," *British Yearbook of International Law*, Vol. 71, 2000, pp.202-212.

22) 이주윤, 앞의 주 12), 120쪽.

설의 두 가지 견해가 대립하고 있다. 긍정설[23]은 이러한 조약들에 대한 국가들의 보다 광범위한 참여를 독려하는 것이 바람직하고, 국가들이 유보를 붙여 참여하더라도 아예 참여하지 않는 것보다는 낫다는 점을 근거로 제시한다. 반면에 부정설[24]은 유보와 인권은 그 성질상 양립할 수 없는 개념이며, 이러한 조약이 갖는 준입법적 기능이라고 하는 특수한 성질과 그 적용의 획일성이 절실하게 요구된다는 점을 고려할 때 이러한 조약들에 대해서는 유보를 인정하지 말아야 한다는 점을 주장한다.

인권조약은 상호성을 가지는 전통적인 조약과 다르다는 인권조약의 특징에도 불구하고, 양도할 수 없는 천부적인 권리의 개념은 유보를 완전히 배제하지 않음을 강조한다.[25] 따라서 인권조약의 유보에 대하여 유보는 허용되나, 아무런 유보조항이 없는 사실은 제한된 표현 안에서 그 속에 유보를 만들 수 있는 공간을 마련한 입법자들의 의도에 따라[26] 제한적으로 가능하다.

3. 개별 인권조약의 유보의 제한을 위한 판단기준

(1) 1969년 비엔나협약 제19조가 인권조약에 적용 가능한지 여부

개별 인권조약이 유보에 대하여 침묵하고 있는 경우에 '1969년 비엔나협약'이 인권조약에 대하여 적용되는지 문제가 된다. 이에 대하여 유엔 국제법위원회의 특별보고자 Pellet[27]은 첫째, '1969년 비엔나

23) *Supra* note 3, para. 121.

24) *Ibid.*, para. 121.

25) Anja Seibert-Fohr, "the Potentials of the Vienna Convention on the Law of Treaties with Respect to Reservations to Human rights Treaties," *Reservations to Human Rights Treaties and the Vienna Convention Regime*, Ineta Ziemele(ed.), Martimus Nijhoff Publishers, 2004, p.187.

26) *Ibid.*, p.188.

27) *Supra* note 3, para. 76.

협약'의 입안자들은 인권조약 등의 문서가 갖는 특별한 성질을 충분히 고려하여 비엔나협약의 일반규칙이 모든 다자조약에 대해 보편적으로 적용될 것이라는 생각을 가지고 이를 초안하였고, 둘째, 논의의 시작점인 1951년 ICJ의 *Genocide Convention* case에 대한 권고적 의견이 인권조약에 관련된 것이었으며, 셋째, 비엔나협약 이후에 등장한 인권조약 중 많은 수는 오히려 비엔나협약 자체를 언급하거나, '조약의 대상 및 목적'이라고 하는 비엔나협약상의 기준을 반복함으로써 유보에 대한 명시적 조항을 담고 있거나, 또는 유보에 대한 별도의 조항은 포함하지 않고 있으나 비엔나협약들의 준비문서에 나타나 있는 것과 마찬가지로 '보통법'(ordinary law)을 명시함으로써, 비엔나 레짐의 효율적인 적용을 가능하게 하고 있는 관행을 고려하여 인권조약에 대한 1969년 비엔나협약의 적용을 긍정하였다.

(2) 1969년 비엔나협약 제19조에 의한 구체적 판단

제19조 1항과 제19조 2항은 유보의 허용 여부와 그 결과로 유보를 포함한 비준이 가능한지 여부에 대한 가이드라인을 제시한다.[28] 이때, 제19조 3항은 제19조 1항과 2항이 다룰 수 없는 경우 보충적으로 적용된다.[29]

1) 조약에 의하여 유보가 금지된 경우(제19조 1항)

다음 표에서 알 수 있듯이, 경제적・사회적・문화적 권리규약과 시민적・정치적 권리규약 및 그 의정서는 유보의 허용 여부 또는 금지에 관하여 아무런 명문의 규정이 없다. 이에 따라 1969년 비엔나협약에 따른 대상과 목적의 양립 가능성 여부와 강행규범에 반하는지 여부에 대한 해석이 이 규약들의 허용한계를 판단함에 있어서 중요한 역할을 한다는 것을 알 수 있다. 인종차별철폐협약은 1969년 비엔나

---

28) L. Lijnzaad, *supra* note 13, p.39.
29) *Ibid.*, p.38.

조약 명칭	유보 조항과 그 내용
경제・사회・문화 권리규약	없음
시민적・정치적 권리규약	없음30)
시민적・정치적 권리규약 선택의정서	없음
고문방지협약	없음31)
고문방지협약 선택의정서	없음
인종차별철폐협약	- 제20조 2항 : 협약의 목적 및 취지에 용납될 수 없는 유보는 허용되지 않으며 또한 이 협약에 의해 설립된 기관의 운영을 저해하는 효력을 가진 유보는 허용되지 않는다. 최소한 이 협약의 체약국 중 2/3가 유보를 반대할 경우 동 유보는 용납할 수 없거나 또는 저해되는 것으로 간주된다.
여성차별철폐협약	- 제28조 2항 : 본 협약의 대상 및 목적과 양립하지 아니하는 유보는 허용되지 아니한다.
여성차별철폐협약 선택의정서	- 제17조 : 이 조는 의정서에 대하여는 유보가 허용되지 아니함을 규정한다.
아동권리협약	- 제51조 2항 : 본 협약의 대상 및 목적과 양립하지 아니하는 유보는 허용되지 아니한다.
아동의 무력충돌 참여에 관한 아동권리협약 선택의정서	없음
아동매매・성매매아동음란물에 관한 아동권리협약 선택의정서	없음

30) 시민적・정치적 권리협약 제4조에 따르면, 1항 본문은 "국민의 생존을 위협하는 공공의 비상사태가 발생한 경우에 그러한 비상사태의 존재가 공식적으로 선포되어 있을 때에는 체약국은 당해 사태의 긴급성에 의하여 엄격히 요구되는 한도 내에서 이 규약상의 의무를 위반하는 조치를 취할 수 있다"고 규정한 반면에, 2항은 "전항의 규정은 제6조(생명권), 제7조(고문 또는 잔혹한 형벌 금지), 제8조 1, 2항(노예의 금지), 제11조(채무불이행으로 인한 구금의 금지), 제15조(죄형법정주의, 소급입법처벌 금지), 제16조(인간으로서 인정받을 권리) 및 제18조(사상,

협약 제19조 3항에 따른 대상과 목적의 양립 불가능성 외에, 협약에 의해 설립된 기관의 운영을 저해하는 효력을 가진 유보와 협약의 체약국 중 2/3가 유보를 반대할 경우와 같이 허용되지 않는 유보에 대한 3가지의 중요한 원칙을 언급하고 있다. 특히, 체약국의 2/3의 원칙[32]은 인종차별철폐협약만이 가진 독특한 요소인데, 동 협약은 감시기구의 역할에 대한 언급은 전혀 없고, 체약국들로 조직된 독립된 기구가 유보에 대한 감시체제를 수행한다는 점에 특징이 있다.[33] 여성차별철폐협약과 아동권리협약은 1969년 비엔나협약 제19조를 그대로 받아들였으므로, 여전히 대상과 목적에 대한 양립 불가능성 판단이 중요한 역할을 한다.

2) 특정의 유보만을 행할 수 있음을 그 조약이 규정하는 경우 (제19조 2항)

제19조 2항은 만들어질지도 모르는 조약을 유보하기 위하여 조약 스스로가 만들어질 수 있는 '유일한' 유보에 대하여 언급하고 있는 것

양심 및 종교의 자유)에 대한 위반을 허용하지 아니한다"고 규정하고 있다. 이것은 긴급사태시 일정한 요건(균형성, 다른 국제의무와의 정합성, 무차별성)하에서 체약국에 의해 위 규약상의 (상대적인) 권리가 제한될 수 있음을 규정하고 있음에 반하여, 2항에서는 그 제한의 한계인 훼손할 수 없는 (절대적인) 권리를 규정하고 있는 것이다. 김태천, "재판과정을 통한 국제인권협약의 국내적 이행," 『국제법평론』, 통권 제20호(2004), 44쪽; 따라서 2항에 대한 조약의 유보는 허용될 수 없다고 생각된다.

31) 고문방지협약은 제28조 1항(당사국은 이 협약의 서명·비준 또는 가입시에 제20조에 규정된 위원회의 권능을 인정하지 아니한다고 선언할 수 있다)과 제30조 2항(각국은 이 협약의 서명·비준 또는 가입시에 자기 나라는 1항에 구속받지 아니하는 것으로 간주한다고 선언할 수 있다)을 통해 2가지의 유보 허용 조항을 두고 있다는데 특이점이 있다. 그러나 고문방지협약은 유보로부터 자유로운 조항이 있다는 것(즉, 유보가 허용되지 않는 조항)에 대하여 언급하지 않음으로써 많은 국가들이 이 협약의 모호함을 이용하고, 조약기구의 본질적인 조항에 대하여 유보를 한다는 비판이 있다. Tyagi, *supra* note 21, p.234.

32) 2/3의 원칙은 인종차별철폐협약의 유보에 있어서 가장 중요한 요소임에도 불구하고, 체약국들이 유보의 양립 가능성에 대하여 스스로 판단하기 때문에 허위의 객관성을 창출하고, 그 결정은 산술에 불과하다는 비판이 있다. L. Lijnzaad, *supra* note 13, p.175.

33) Tyagi, *supra* note 21, p.200.

이다. 이러한 제19조 2항의 유형에 해당하는 명문 규정은 없는 것으로 보인다.

3) 유보가 그 조약의 '대상 및 목적'과 양립하지 아니하는 경우 (제19조 3항)[34]

1969년 비엔나협약의 원칙, 특히 '대상과 목적'의 원칙은 이 원칙의 적용을 둘러싼 문제점에도 불구하고, 그 전제조건으로서 조약 속에서 의무와 핵심의무를 구별한다.[35] '대상과 목적'은 조약의 규범에 의한 구별을 필요로 함에도 불구하고, 이것을 어떻게 구별해야 하는지에 대하여 사용 가능한 규칙이 없다. 따라서 핵심의무를 찾아내는 것은 비엔나협약이 스스로 제공하는 원칙에 의한 것이 아니라, 해석의 문제이다.[36] 이에 따라 개별 인권조약 이행감시기구가 권고나 논평 등을 통하여 개별 인권조약의 핵심조항 또는 유보가 허용되지 않는 조항을 언급하여, 유보의 허용한계에 대한 기준을 제시하는 경우가 있다.

유엔인권위원회(시민적·정치적 권리위원회)는 1994년 General Comment 24를 통하여, 유보가 허용되지 않는 내용들에 대하여 직접적으로 언급하고 있다. 강행규범을 위반한 유보는 동 규약의 대상 및 목적에 양립하지 않는다고 하여, 유보할 수 없는 권리를 구체적으로 제시하고 있다.[37] 시민적·정치적 권리협약의 권리보호를 위한 필

---

34) 1969년 비엔나협약 제19조 3항은 조약법의 가장 중요한 요소가 무엇인지 언급하고 있다는데 의미가 있다. 즉, 조약 당사국들은 단순히 조약의 문구에만 동의한 것이 아니라, 더 나아가 문구에 의해 표현된 보편적 목적에 동의했다는 것을 의미한다는 것이다. L. Lijnzaad, *supra* note 13, p.59.

35) *Ibid.*, p.83.

36) *Ibid.*

37) 노예제도, 고문, 잔혹한 행위, 비인도적이거나 굴욕적인 처우나 처벌, 자의적인 생명박탈, 자의적인 체포와 구금, 사상과 양심 및 종교의 자유에 대한 부정, 결백의 증명 없는 유죄 추정, 임산부나 아동에 대한 사형집행, 민족적·인종적·종교적 증오의 고취, 혼인적령기인 사람의 결혼할 권리의 부정, 소수집단의 문화 및 신앙의 표명 혹은 자신들의 언어 사용을 향유할 권리에 대한 부정, 그리고 제14조의 일부 조항에 대한 유보가 허용된다 하더라도, 공정한 재판에 대한 권리의 일반적

수적인 구조를 제공하며, 동 규약의 대상 및 목적을 위해 필수적인 보장조치를 제거하는 의도의 유보는 허용될 수 없으므로, 제2조 3항에 대한 유보를 형성할 수 없다.[38] 또한 동 규약의 모든 권리들을 무력한 것으로 만들어 버리는 광범위한 유보, 동 규약의 권리가 국내법정에 제소될 수 있음을 보장하는 조항, 개인 청원이 제1선택의정서에 근거하여 본 위원회에 회부되는 것을 허용하지 않는 유보는 허용될 수 없다고 하였으며,[39] 선택의정서를 매개로 하는 유보, 제1선택의정서하의 필요절차에 관한 유보는 그 대상과 목적에 양립하지 않는다고 한다.[40]

그 외에 인종차별철폐협약위원회는 제4조(세계인권선언의 원칙과 인종차별금지의 일반원칙을 확인하는 조항)[41]를, 여성차별철폐위원회는 제2조(여성차별철폐협약의 필수적 보장조치)와 제16조(혼인과 가족관계에 있어서의 차별금지)[42]를, 아동권리협약위원회에 따르면 제2조(아동에 대한 차별금지), 제3조(아동권리 실현을 위한 필수적 보장조치), 제6조(아동의 생명권), 제12조(아동의 표현의 자유)에 대하여 유보를 허용할 수 없다[43]는 입장을 취하고 있다.

유보는 허용되지 않을 것이다.; General Comment 24: "Issues relating to Reservations Made upon Ratification or Accession to the Covenant or the Optional Protocols, or in Relation to Declarations under Article 41 of the Covenant," CCR/C/21/Rev.1/Add.6, para. 8.

38) *Ibid.*, para. 11.

39) *Ibid.*, para. 12.

40) *Ibid.*, para. 14.

41) CERD, General Comment No. 15: on article 4 of the Convention (1993).

42) CEDAW, General Recommendation No. 21: Equality in marriage and family relations(1994).

43) CRC, General Comment No. 5: General measures of implementation of the Convention on the Rights of the Child(arts. 4, 42 and 44, para. 6) (2003).

4. 소 결

당사국에게 절대적이고, 객관적인 의무를 요구하는 인권조약은 인권조약이 가지는 특수한 성격으로 인하여 이에 대한 유보는 국제인권의 기준을 낮추고, 인권의 보편성의 원칙을 약화시키며, 국제적인 책임회피 등의 결과를 발생시키므로, 인권조약의 유보는 제한적으로 이루어져야 한다. 이때 1969년 비엔나협약 제19조 3항은 보충적 성격을 가지고 있으므로 인권조약 유보의 허용성 여부를 판단하기 위해서는 우선, 개별적인 인권조약의 명문 규정을 먼저 살펴보아야 한다. 그런데 아무런 명문의 규정이 없거나, 1969년 비엔나협약 제19조 3항의 표현을 그대로 받아들인 경우가 많아, 1969년 비엔나협약에 따른 대상과 목적의 양립 가능성 여부와 강행규범에 반하는지 여부에 대한 해석이 인권조약들의 허용한계를 판단함에 있어서 중요한 역할을 한다.

Ⅳ. 각국의 인권조약 유보 현황의 검토와 분석

위에서 살펴보았던 인권조약의 유보의 허용 가능성 판단기준에 비추어, 각국의 인권조약에 대한 유보의 현황과 이유에 대해서 살펴보도록 한다. 특히, 인권조약에서도 1969년 비엔나협약에 따른 판단이 중요한 역할을 하는데, 인권조약의 유보에 있어서도 앞에서 언급했던 1969년 비엔나협약 제19조에 의한 문제점들이 발생하는지 여부에 대하여 검토해 보고자 한다.

1. 외국의 인권조약 유보의 현황 검토

(1) 인권조약의 가입 및 유보 현황

인권조약의 비준·가입시 특정 조항의 유보는 그 조항의 효력을 적극적으로 배제한다는 점에서 조약에 대한 제한적 참여에 해당한다.44) 외국의 개별 인권조약에 대한 가입과 인권조약에 대한 제한적 참여로서의 유보 또는 해석선언을 한 국가 수의 비교 내용은 다음과 같다.45)

조약 명칭	1) 채택일 2) 발효일	조약에 가입한 국가 수	조약의 유보 또는 해석선언한 국가 수46)
경제·사회·문화 권리규약	1) 66.12.16 2) 76. 1. 6	159	46
시민적·정치적 권리규약	1) 66.12.16. 2) 76. 3.23	162	38
시민적·정치적 권리규약 선택의정서	1) 66.12.16 2) 76. 3.23	111	26
고문방지협약	1) 84.12.10 2) 87. 6.26	145	44
고문방지협약 선택의정서	1) 03. 1. 9 2) 06. 6.22	61	1
인종차별철폐협약	1) 65.12.21 2) 69. 1. 4	173	59
여성차별철폐협약	1) 79.12.18 2) 81. 9. 3	185	50
여성차별철폐협약 선택의정서	1) 99.10. 6 2) 00.12.22	90	5
아동권리협약	1) 89.11.20 2) 90. 9. 2	193	53
아동의 무력충돌 참여에 관한 아동권리협약 선택의정서	1) 00. 5.25 2) 02. 2.12	123	116
아동매매·성매매아동음란물에 관한 아동권리협약 선택의정서	1) 00. 5.25 2) 02. 1.18	128	15

44) 정경수, "한국의 인권조약 비준·가입의 성취와 과제," 『안암법학』, 통권 제26호(2008), 622쪽.

45) http://untreaty.un.org/English/access.asp와 http://www2.ohchr.org/english/bodies/ratification/index.htm를 참조하여 표를 작성하였음(2008년 9월 12일 검색).

각 개별 인권조약에서 많이 유보된 조항을 살펴보니, 시민적·정치적 권리협약에서는 제14조(형사절차상의 권리), 시민적·정치적 선택의정서는 제5조(개인통보와 관련한 이사회의 심리 조항), 인종차별철폐협약은 제22조(체약국간의 분쟁 발생시, ICJ에 따른 해결 조항), 고문방지협약은 제20조(위원회의 의견제출 요청과 사안에 대한 조사를 직접적으로 할 수 있는 권리), 여성차별철폐협약은 제16조(혼인과 가족관계에 있어서의 여성차별 금지 조항)와 제29조(체약국간의 분쟁 발생시, ICJ에 따른 해결 조항), 아동권리협약은 제37조(아동의 형사절차에 관한 권리) 등으로 분석되어졌다. 이러한 유보의 내용들이 의도하는 목적은 특히 i) 국제적 인권기준을 의무적으로 국내법에 반영시켜야 되는 부분과, ii) 이를 근거로 한 사법적 구제책을 마련해야 한다는 부분과 관련한 것으로 판단된다.[47]

(2) 인권조약의 유보 사유의 분석

첫째, 당사국이 조약의 유보를 하는 가장 큰 이유는 인권조약에 대한 그들의 의무를 실행하는데 필요한 국내법 법체계가 부족하거나 충돌하는 경우이다. 예를 들어, 앞에서 언급한 시민적·정치적 권리규약 중 당사국들이 가장 많이 유보한 제14조는 형사절차와 관련된 조항인데, 많은 국가들이 규약의 영향으로부터 국내입법을 보호하기 위하여 유보를 했다.[48] 둘째, 종교의 전통적 기본원리나 종교적 관습법 때문에 조약의 유보를 하는 경우이다. 이러한 현상은 이슬람 국가들에서 많이 찾아볼 수 있는데, 예를 들어 여성차별철폐협약에서 Saudi

46) 유보와 특정 규정에 대한 당사국의 해석 이해에 대한 선언 또는 정책성명을 구분하는 것이 항상 용이한 것은 아니므로, 문서의 형식보다는 당사국의 의도가 고려되어야 할 것이다. 성명의 명칭이나 제목에 상관없이 하나의 성명이 당사국에 적용될 때 조약의 법적 효과를 배제하거나 또는 변경시키고자 의도하는 경우에, 이는 유보를 구성한다. 따라서 유보와 해석선언의 국가를 함께 판단하였다.

47) 김정건, 『국제법』, 신판, 박영사, 2004, 446쪽.

48) L. Lijnzaad, *supra* note 13, p.211.

Arabia, Pakistan[49]은, '이슬람법의 규범과 조약의 조항이 모순되는 경우에는 조약의 모순되는 조항을 따를 의무를 지지 않는다'고 하였다.[50] 셋째, 조약의 유보는 당사국의 정치적인 반대를 표현하기 위하여 사용되기도 하는데, 예를 들어 인권조약 당사국들 중의 몇몇 아랍국가[51]들은 이러한 인권조약에 대한 이스라엘의 참여를 승인하길 거부하면서 조약의 유보를 하였다. 넷째, 허약한 경제사정을 이유로 조약의 유보를 하기도 한다. 방글라데시는 고문에 의한 희생자의 보상받을 권리의 핵심인 고문방지협약 제14조 1항에 대하여 유보를 하였다. 정부는 국내의 입법과의 조화를 이룰 때에만 구제와 보상에 대하여 책임을 진다고 발표하였으나, 실제 이유는 허약한 경제사정 때문으로 여겨진다.

49) Pakistan의 경우에는 아동권리협약에 대하여 같은 입장을 취하였으나, 1997. 7. 23일에 모든 유보를 철회하였다. 그러나 여성차별철폐협약의 경우에는 이슬람법에 따른 조약의 유보 입장이 유지되고 있다. http://untreaty.un.org/humanrightsconvs/Chapt_IV_8/CEDAW.pdf(검색 날짜: 2008년 9월 12일).

50) The United Arab Emirates도 여성차별철폐협약에서, "The United Arab Emirates, being of the opinion that this paragraph violates the rules of inheritance established in accordance with the precepts of the Shariah, makes a reservation thereto and does not consider itself bound by the provisions thereof."라고 하여, 이슬람 전통관습인 Shariah를 조약의 유보의 이유로 들고 있다. Shariah를 유보의 이유로 들고 있는 나라는 그 외에 Libyan Arab Jamahiriya, Mauritania 등이 있다. 이슬람 국가들의 법과 종교적 관습과 충돌되는 조약에 대한 유보는 아동권리협약(Iran, Kuwait, Mauritania, Oman, Qatar, Saudi Arabia, Syrian Arab Republic 등)이나 인종차별철폐협약(Saudi Arabia 등)에서도 쉽게 찾아볼 수 있다. http://untreaty.un.org/humanrightsconvs/Chapt_IV_11/Rightsofthechild.pdf, http://www2.ohchr.org/english/bodies/ratification/2.htm(검색 날짜 : 2008년 9월 12일).

51) 예를 들어, 인종차별철폐협약에 대하여 쿠웨이트는 "In acceding to the said Convention, the Government of the State of Kuwait takes the view that its accession does not in any way imply recognition of Israel, nor does it oblige it to apply the provisions of the Convention in respect of the said country."라고 하였다. 이와 같은 입장으로는 Iraq, Libyan Arab Jamahiriya, Syrian Arab Republic 등이 있다. http://www2.ohchr.org/english/bodies/ratification/2.htm(검색 날짜 : 2008년 9월 12일).

2. 한국의 인권조약 유보의 현황 검토

우리나라의 유보조항과 유보 철회 및 현재 남아있는 유보조항들은 다음과 같다.[52]

조약 명칭	유보	유보 철회	유보 잔류
경제적·사회적·문화적 권리규약	없음	-	-
시민적·정치적 권리규약	제14조 5항, 7항, 제22조, 제23조 4항	제23조 4항(1991. 3. 15. 조약 제1042호) 제14조 7항(1993. 1. 21. 조약 제1122호) 제14조 5항(2007. 4. 2. 조약 제1840호)	제22조
시민적·정치적 권리규약 선택의정서	없음	-	-
고문방지협약	없음	-	-
인종차별철폐협약	없음	-	-
여성차별철폐협약	제9조, 제16조 1항, (c)(d)(g)(f)호	제9조(1999. 8. 24. 조약 제1492호) 제16조 1항 (c)(d)(f)호(1991. 3. 15. 조약 제1041호)	제16조 1항 (g)
여성차별철폐협약 선택의정서	없음	-	-
아동권리협약	제9조 3항, 제21조 1항, 제41조 2항 나호(5)	-	제9조 3항, 제21조 1항, 제41조 2항 나호(5)
아동의 무력 충돌 참여에 관한 아동권리협약 선택의정서	없음	-	-
아동매매·성매매아동음란물에 관한 아동권리협약 선택의정서	없음	-	-

52) 정경수, 앞의 주 44), 622쪽.

현재 남아 있는 유보조항들은 모두 인권조약과 국내법의 충돌을 피하기 위하여 유보를 한 것으로 판단된다.[53]

3. 평가 : 유보 관행에 있어서의 문제점 분석

(1) 국가들의 관행으로 인해 생겨난 문제점

1) 해석선언과 유보의 문제

외국의 인권조약의 유보의 현황을 살펴볼 때 언급했던 것처럼, 국가들은 해석선언의 이유에 대해서는 국가들이 해석선언을 행함에 있어서 애매하거나 불명확한 형태의 언어가 '우연하게' 사용되는 경우도 있었지만, 때로는 외교정책과 법적 전략을 다양하게 구사하기 위한 목적에서 또는 유보의 금지를 회피하기 위해서, 심지어는 유보를 형성하는 국가에 대한 부정적인 인상이 형성되는 것을 피하기 위해서 부정확한 언어가 매우 자주 '고의적으로' 사용되기도 하였다.[54] 이에

---

53) 예를 들면, 시민적·정치적 권리규약의 경우, 현재 유보되어 있는 조항은 노동조합 결성·가입 등을 포함한 결사의 자유보장 규정인 제22조인데, 가입 당시 한국의 국내법에 따르면 교원과 공무원의 노조결성이 금지되어 있었다. 그 후 1999년 '교원의 노동조합설립 및 운영에 관한 법률'이 시행됨으로써 교원노조는 허용되었지만, 5급 이상의 공무원노조는 아직도 금지되고 있다. 여성차별철폐협약의 경우도, 협약 제16조 1항 (g)는 혼인과 가족관계 조항 중 가족의 성 및 직업을 선택할 권리를 포함하여 부부로서의 동일한 권리에 관한 조항인데, 민법과의 충돌을 이유로 유보하고 있다. 아동권리협약도 현재 유보되어 있는 협약 제9조 3항은 아동이 부모와 분리되는 경우 아동의 부모면접권을 인정하고 있는 반면, 우리 민법 제837조는 부모의 자녀면접권만을 인정하고 있으며, 협약 제21조는 아동을 입양할 경우 권한 있는 당국의 허가를 얻도록 규정하고 있으나, 우리 민법 제869조는 15세 미만인 아동을 입양할 경우 그 법정대리인의 허락을 요구하고 있을 뿐이며, 이 대락입양에 대해서는 가정법원의 허가와 같은 법적 통제가 없다. 또 협약 제41조 2항 나호 (5)는 형사재판에 관하여 상소권을 보장하고 있으나, 우리 헌법 제110조 4항 및 군사법원법 제534조는 비상계엄시 단심제인 군사재판을 허용하고 있기 때문에 헌법과의 충돌을 방지하기 위하여 조약의 유보를 하였다. Initial Report of State Parties due in 1992: Republic of Korea CCPR/C/68/Add. 1, para. 276. Initial Report of State Parties due in 1993: Republic of Korea. 30/11/94, CRC/C/8/Add. 21(State Party Report), para. 11.

54) *Yearbook of International Law Commission*, 1998, Vol. Ⅱ, part. Ⅱ,

따라 실질적으로 허용되지 않는 유보의 내용을 담고 있으면서도 해석선언이라고 하여 그 의무이행에서 벗어나려고 하는 경우가 많다.[55]

2) 포괄적 유보

위에서 살펴본 바와 같이, 이슬람 국가들의 경우 '이슬람법의 규범과 조약의 조항이 모순되는 경우에는 조약의 모순되는 조항을 따르는 의무를 지지 않는다'라고 하여,[56] 특정 조항에 대한 유보가 아니라 허용되지 않는 포괄적인 유보를 하는 경우가 많다. 그들의 종교적 문화는 보호되어야 하지만, 그들의 문화와 종교적 가치도 인권의 보편성을 위태롭게 한다면 허용될 수 없으며, 인권조약의 모든 권리들을 무력한 것으로 만들어 버리는 포괄적인 유보 또한 허용될 수 없다.

3) 유보가 허용되지 않는 조항에 대한 유보

개별 인권조약의 핵심조항이어서 유보가 허용되지 않는 내용에 대한 유보가 여전히 높은 비율을 차지하고 있다. 예를 들면, 여성차별철폐위원회가 일반권고 21을 통하여 여성차별철폐협약의 핵심조항임을 밝히며 철회를 요구한 제2조와 제16조에 대하여 전체 50개 유보국 중에서 30개 국가가 유보를 하였다.[57] 이와 같이 당사국이 본질적이고 실체적인 규정에 대한 유보를 하는 경우에는 그 나라는 유보에 의해 조약에 구속되기보다는 조약에 비준했다는 형식적인 행위만을 한

---

paras. 506-507.

55) *Belilos v. Switzeland* 사건에서, 스위스는 유럽인권협약 제6조 1항에 대해서 '스위스 연방각의(Federal Council)는 시민적 권리 및 의무 혹은 개인에 대해서 부과된 형벌을 결정함에 있어서 협약 제6조 1항에서 규정한 공정한 재판은 그러한 권리 혹은 의무나 해당 형벌을 결정하는데 관련이 있는 공적 기관의 행위나 결정에 대해서 사법부가 최종적으로 통제할 수 있음을 보장하는 것으로만 의도된 것으로 본다'라고 해석선언하였다. 이러한 해석선언에 대하여, 유럽인권재판소는 이 해석선언의 실질은 유보이며, 너무 모호하고 광범위한 일반적인 유보로서 유럽인권협약상 허용되는 유보가 되기 위한 요건을 충족하지 못하였다고 판단하였다. *Belilos v. Switzerland*, ECHR(1988), Series A. No. 12, para. 38.

56) 앞의 주 50)' 참조.

57) http://untreaty.un.org/humanrightsconvs/Chapt_IV_8/CEDAW.pdf(검색 날짜 : 2008년 9월 12일).

것으로 법적·정치적·사회적 효과에서는 허구가 된다.[58] 이러한 경우 인권의 국제적 보호라는 목적달성뿐만 아니라, 인권조약의 통일성 확보는 불가능해지는 것이다.

(2) 유보제도의 불명확성으로 인한 문제점

1) '대상과 목적' 판단의 모호성

대상과 목적은 인권조약의 유보의 허용성 여부를 판단하는 중요한 원칙임에도 불구하고 여전히 그 의미는 불분명하다. 특히, 위에서 살펴보았던 것처럼 많은 국가들이 분쟁의 해결에 대한 인권조약의 조항들을 유보 또는 해석선언하였는데, ICJ는 일관되게 분쟁해결 조항이 그 자체로 조약의 대상 및 목적에 배치되는 것은 아니라고 판결하고 있고, 인권조약기구들은 조약이행 감시에 관한 조항은 조약에 규정된 권리의 확보를 보장하는 역할을 하기 때문에 조약의 대상 및 목적에 필수적이라고 주장하였다.[59] 이렇게 인권조약의 '대상과 목적'을 둘러싸고 각 인권관련 국제기구들의 입장도 대립하고 있으므로, 해석에 대한 기준 마련이 필요하다고 생각된다.

2) 유보 허용 여부의 판단 주체의 부존재

유보의 허용 가능성을 심사하기 위한 집단적 혹은 제도적 장치를 두고 있지 아니하여, 각 조약마다 다양한 모습을 보이고 있다.[60] 특히, 인권조약이행기구에 따라 조약의 유보에 대한 역할의 입장 차이를 가지고 있고, 현실적으로도 유보국의 유보 철회·제거를 요구하는데 있어서 권한의 차이도 있다. 따라서 인권조약과 관련하여 조약이행기구의 역할에 대한 기준 마련이 필요하다.

---

58) 한국여성개발원, 『각국의 공적 부문에 있어서의 여성차별철폐조치에 관한 연구 : 유엔여성차별철폐협약의 이행과 관련하여』, 1993, 21쪽.

59) Report of the ILC, 2005, para. 380.

60) Tyagi, *supra* note 21, p.235.

4. 소 결

인권조약의 유보의 허용성 여부에 대한 판단기준에 비추어 외국과 우리나라의 인권조약 유보 현황과 이유에 대해서 살펴보았다. 이러한 현황과 이유를 분석한 결과, 인권조약의 특수성에 비추어 인권조약의 유보에 대한 제한의 필요성은 더 많이 요구되는데도 불구하고, 1969년 비엔나협약의 문제점으로 지적되었던 인권조약에 관한 유보제도의 명확하고 구체적인 기준이 마련되지 않음으로써 오히려 더 많은 문제점들을 가지고 있다. 특히 당사국들이 해석선언과 유보를 구별하여 사용하지 않아 조약의 효력에 있어서의 혼동을 야기하였으며, 포괄적 유보 또는 핵심조항에 대한 유보를 함으로써 인권조약이 갖는 인권의 국제적 보호의 목적을 훼손하기도 하였다. 따라서 당사국들은 그 유보의 제거 또는 철회에 대하여 노력하여야 할 것이다. 한편, 유보제도 자체의 불명확성으로 인하여 생기는 문제점들, 특히 목적과 대상의 의미의 불분명함과 개별 인권조약기구들의 역할이 통일되지 않은 모습들은 모두 인권조약의 의미를 퇴색하게 하며, 이에 대하여는 하루빨리 명확한 기준과 제도 마련이 필요하다고 생각된다. 왜냐하면, 유보의 제한에 대한 기준과 제도가 마련되면 그에 따라 당사국의 의무이행을 기대할 수 있기 때문이다. 따라서 다음 장에서는 인권조약의 유보제도를 보완하기 위하여 현재 논의되고 있는 부분에 대하여 검토하고, 앞으로의 개선방향에 대하여 논의해 보고자 한다.

V. 인권조약의 유보제도 보완을 위한 논의

위에서 살펴본 것과 같이, 국가들의 관행으로 인한 인권조약의 유보의 문제 외에 인권조약 유보제도 자체의 문제점들을 살펴보았다. 현재 가장 문제가 되고 있는 부분들은 1969년 비엔나협약에 명문의 규정이 없어서 제대로 된 기준이 마련되지 않은 해석선언과 유보의 구별, '목적과 대상'의 개념의 구체화, 유보의 허용성 여부를 판단하는 문제에 대한 조약이행감시기구의 역할 등이다.

1. 해석선언과 유보의 구별 논의

각국의 현황에서 살펴보았던 것처럼, 국가들은 유보의 의미를 가지고서 해석선언[61]을 하는 경우가 빈번하게 일어나고 있었다. 특히 이러한 구별 문제는 조약의 유보와 관련하여 가장 어려운 문제 중의 하나지만, 1969년 비엔나협약은 이에 대해 침묵하고 있어 오랜 시간 많은 논의들이 있었다. 유엔 ILC(International Law Commission)[62]에서 이러한 해석선언과 유보의 문제에 대하여 많은 논의가 있었으며, 현재는 견해대립이 상당부분 해소된 상태이다. 이러한 ILC의 논의는 해석선언과 유보에 대한 명확한 기준을 마련하고, 해석선언에 대한 문제점들을 보완하려고 노력하였다는데 큰 의미가 있다.

ILC에 의하면 유보는 조약의 일부 규정을 자국에 적용함에 있어서 그 법적 효과를 배제 또는 변경하여 조약상 의무를 수락하는 선언의 범위를 구체화하는 반면, 해석선언은 단지 조약 전체 또는 조약의 일부 규정을 해석하여 그 의미 또는 범위를 명확히 하기 위해서 행해진

---

61) McRae는 해석선언을 '단순 해석선언'(mere interpretative declaration)과 조건부 해석선언(qualified interpretative declaration)으로 구분하여 조건부 해석선언은 조약의 유보로 다루어야 한다고 주장한다. MaRae, "The Legal Effect of Interpretative Declarations," *British Yearbook of International Law*, Vol. 49, 1978, pp.161-166.

62) 국제법의 점진적 발전과 성문법전화를 증진하는 기관으로서 ILC는 1993년 제45차 회기에서 '조약의 유보에 관한 법과 관행'(the law and practice relating to reservations to treaties)을 작업 대상에 포함시키기로 결정하였고, 이 결정은 유엔 총회 결의 제48/31호에 의해 승인되었다. 1994년 제46차 회기에서 ILC는 Alain Pellet를 특별보고자(Special Rapporteur)로 임명하였고, 이듬해 제47차 회기에서 작업의 제목을 '조약의 유보'(Reservations to Treaties)로 변경하여 이러한 작업은 현재까지 진행되고 있다.; http://untreaty.un.org/ilc/summaries/1_8.htm(2008. 9. 12. 검색).

다[63]고 한다. 이러한 해석선언의 목적은 단지 조약의 해석절차에 영향을 미치는 것이고, 해석선언을 행하는 국가는 유보의 경우와는 달리 대상조항의 법적 효과뿐만 아니라[64] 그 조항을 있는 그대로 수락한다.[65] 이러한 해석선언과 유보의 구별방법으로는, 일방적 선언은 그 선언에 의해 결과가 보충적 해석수단, 특히 준비문서에 의해 확인될 때까지는 문맥상 용어에 부여된 의미와 조화되도록 신의성실의 원칙에 따라 해석되어야 한다는 것이다.[66]

2. 조약의 '대상과 목적' 개념의 구체화를 위한 노력[67]

ILC의 특별보고자는 '대상'(object)은 조약의 내용에 해당하는 반면, '목적'(purpose)은 해당조약이 달성하기 위해 노력하는 목표와 관련이 있다고 생각하면서도 이 두 가지가 서로 무관한 두 개의 개념이 아니라 '대상 및 목적'으로서 하나의 완결된 개념이라고 해석하면서, 신의성실에 따라 이 개념을 제대로 이해하기 위해 판례법과 학설에 최대한 의존하였다.[68] 이와 관련하여 조약의 '대상 및 목적'은 각국에 의해 주관적으로 결정되는 것으로, 이러한 국가들의 의도는 복잡한 교섭절차를 거친 이후에야 비로소 조약에 반영되기 때문에, 어떤 조약이 구체적으로 어떠한 대상 및 목적을 가지고 있는지를 판단하기가 어려운 경우가 많다. 따라서 이에 대한 정의가 가능한지, 또는 심지어 이것이 필요한지에 대해서 몇몇 위원들은 의문을 제기하였다. 이들에

---

63) *Supra* note 3, para. 517.

64) *Ibid.*, para. 444.

65) *Ibid.*, para. 517.

66) *Ibid.*, para. 519.

67) ILC의 특별보고자의 기본적인 입장은 비엔나협약의 현존하는 규정이 확립된 원칙으로서 취급되어야 함을 제안하였다. 즉, ILC에서는 기존의 규범을 존중하는 범위 내에서 기존 규율의 불완전성을 보완하고 흠결을 메우기 위한 노력이 행해져야 한다는 것이다. *Supra* note 3, para. 430.

68) Report of the ILC, 2005, paras. 375, 410.

따르면 이를 정의하는 것은 아주 어려운 작업이며 해결되지 못한 부분이 항상 남아 있게 될 것이라고 한다.[69] 대상과 목적의 개념을 구체화하기 위하여 ILC는 노력하고 있지만 아직까지 확실한 결론을 내리지 못하고 있다. 이에 따라 인권조약의 유보의 허용성에 관하여 '대상과 목적'을 판단하는 주체의 문제가 중요하게 다루어지고 있다.

3. 인권조약의 유보제도와 관련하여 조약이행감시기구가 수행하는 역할

(1) 인권조약과 관련된 국제기구들의 견해 대립

1969년 비엔나협약은 허용 가능한 유보와 허용 불가능한 유보를 누가 결정하여야 하는 것에 관하여 아무런 언급을 않기 때문에 이와 관련하여 각 인권관련 국제기구들의 견해가 대립하고 있다.

1) ICJ의 입장

ICJ는 *Genocide* 사건에서, 각 체약국은 유보의 유효성에 대하여 개별적으로 또한 독자적으로 판단할 권리를 갖고 유보수락을 거절하는 국가는 유보의 구속을 받지 않으며, 따라서 유보국을 협약의 당사국으로 간주하는가의 여부도 동 협약의 목적과 유보와의 양립성에 대한 각 체약국의 개별적 판단에 의존한다고 판결하였다.[70]

2) 유엔인권위원회의 입장

시민적·정치적 권리협약에 기초한 유엔인권위원회는 General Comment 24를 통하여, 특정 유보가 동 규약의 대상 및 목적에 양립하는지 여부를 결정하는 것은 필연적으로 유엔인권위원회의 책무가 된다고 하여,[71] 유보의 허용 가능성 판단에 적극적인 입장을 표명하

---

69) *Ibid.*, para. 413.

70) *Reservations to the Convention on the Prevention and Punishment of and Crime of Genocide, Advisory opinion, ICJ Reports* 1951, p.15.

였다.[72]

3) ILC의 입장

유엔 ILC의 특별보고자 Pellet는 1996년 제2차보고서를 통하여, 유보의 허용 가능성을 감시하는 두 개의 대등한 방식으로, 첫째, 체약국에 의한 감시를 위주로 하고 필요한 경우에는 이에 더하여 분쟁해결의 맥락에서 재판소에 의한 감시가 추가적으로 행해지는 '전통적인 메커니즘'과 둘째, 인권조약상의 감시기구가 인정된다고 하였다.[73] 이에 따르면, 인권조약에 대한 유보의 허용 가능성을 확인할 수 있는 방법에는 분쟁해결의 맥락에서 감시기구가 조약에 의해 건립된 경우에 감시기구에 의해 행해지는 감시, 그리고 이와 병행하여 체약국에 의한 전통적인 감시, 심지어 국내법원에 의한 통제까지 실로 다양한 조합이 존재하게 된다. 그리고 이들은 서로 배타적인 관계를 형성하는 것이 아니라 오히려 상호보완적 성격을 가지고 있다[74]고 하였다. 이러한 특별보고자의 견해에 대해서 ILC 위원들의 견해도 ① 조약법은 국가들의 동의에 기반하고 있기 때문에 유보의 허용 가능성 여부를 결정하는 것은 오로지 국가들의 권한이라는 견해, ② 감시기구들로 하여금 개별조약의 적절한 이행을 보장하도록 하는 것이 바람직하다는 견해, ③ 이 두 가지의 의견을 절충하여 당사국들과 감시기구들 간의 협조가 해결의 기초를 제공할 수 있다고 하는 견해로 나누어졌다.[75]

(2) 평 가

각 조약 당사국에 유보 문제를 맡기는 경우 객관적인 판단이 이루

---

71) General Comment 24, *op. cit.*, para. 18.

72) 인권위원회가 유보의 허용성 여부를 판단할 권한이 있다고 하더라도, 인권위원회에게 구속력이 있는 결정을 할 수 있는 권한을 부여할 의도까지는 없었던 것으로 보인다. 정서용, 앞의 주 18), 43쪽.

73) *Supra* note 3, para. 127.

74) *Ibid.*, para. 128.

75) *Ibid.*, paras. 135-137.

어지기 어렵고,[76] ILC의 특별보고자가 말하는 것처럼 체약국에 의한 전통적인 감시와 인권조약 감시, 국내법원에 의한 통제 등의 상호보완은 현실적으로 어렵다고 생각된다. 인종차별철폐협약의 경우, 명문규정으로 체약국의 유보에 대한 판단이 필수적 절차로 들어가 있기 때문에 인종차별철폐위원회는 감시기구로서의 역할을 제대로 수행하지 못했기 때문이다.[77]

인권조약의 유효성을 담보하기 위한 필요한 기능을 인권조약위원회는 행사할 수 있어야 하며, 이러한 면에서 인권조약의 효율성을 저하할 가능성이 있다면 인권조약위원회는 인권조약의 효율성 담보 측면에서 유보의 허용성 여부를 결정할 수 있을 것이다.[78] 따라서, 지금 현재로서는 유보의 허용 가능성을 심사하는 주체는 조약의 이행기관인 위원회가 하는 것이 타당하다고 생각된다. 그러나 유럽인권협약이나 미주인권협약과 같은 지역적 인권조약의 경우, 독립된 사법기관이 존재하고 그것이 중요한 역할을 수행하고 있는 것을 보면, 향후에 국제인권재판소(International Court of Human Rights)를 설립하여 인권조약과 관련된 문제에 대해 통일적인 적용과 해석을 하도록 만드는 것이 필요하다고 본다.[79]

4. 소 결

해석선언과 유보의 구별문제에 대하여 ILC는 유보는 조약의 일부규정을 자국에 적용함에 있어서 그 법적 효과를 배제 또는 변경하여 조약상 의무를 수락하는 선언의 범위를 구체화하는 반면, 해석선언은 단지 조약 전체 또는 조약의 일부 규정을 해석하여 그 의미 또는 범위

76) 이주윤, 앞의 주 12), 136쪽.
77) Tyagi, *supra* note 21, p.223.
78) 정서용, 앞의 주 18), 42쪽.
79) 이주윤, 앞의 주 12), 136쪽.

를 명확히 하기 위해서 행해진다고 하여 명확한 기준을 마련한 것으로 보인다. 그러나 '목적과 대상'의 의미의 구체화에 대해서는 여러 가지 견해가 제시되고 있을 뿐 아직까지 확실한 결론을 내리지 못하고 있다. 이에 따라 유보의 허용 가능성 여부를 판단하는 주체의 문제가 중요하게 다루어지고 있는데, 조약 당사국에게 그 역할이 주어진다는 ICJ, 규약의 대상 및 목적에 양립하는지 여부를 결정하는 것은 필연적으로 유엔인권위원회의 책무가 된다고 하는 유엔인권위원회, 감시기구에 의해 행해지는 감시, 체약국에 의한 전통적인 감시, 국내법원에 의한 통제 등이 상호보완적 성격을 가진다는 ILC의 특별보고자 등의 견해가 대립하고 있다.

인권조약의 경우 유보의 허용 가능성 여부를 심사하는 주체는 우선 조약의 이행기관인 위원회가 담당하는 것이 타당하다고 생각하며, 더 나아가 국제인권재판소를 설립하여 인권조약과 관련한 문제에 대해 통일적인 적용과 해석을 하도록 만드는 것이 필요하다고 생각한다.

Ⅵ. 결 론

현대국제법에 있어서 원칙적으로 조약의 유보의 자유가 인정되고 있으며, 예외적으로 조약의 유보를 제한하고 있다. 1969년 비엔나협약은 'i) 그 조약에 의하여 유보가 금지된 경우, ii) 문제의 유보를 포함하지 아니하는 특정의 유보만을 행할 수 있음을 그 조약이 규정하는 경우, 그리고 iii) 상기 세항 i) 및 ii)에 해당되지 아니하는 경우에는 그 유보가 그 조약의 대상 및 목적과 양립하지 아니하는 경우'와 같은 3가지 예외를 제한사유로 명시하고 있다. 그러나 이 협약은 특히 제19조와 관련하여 유보의 대상과 목적에 대한 판단이 어렵고, 허용되지 않는 유보를 판단하는 주체에 대한 내용이 포함되어 있지 않으며, 당사국의 주관적 의사에 의하여 금지되어 있는 유보를 받아들일 수 있다는 문제점이 있다.

한편, 인권조약의 경우에도 조약 유보의 자유가 일반적으로 받아들여지고 있으나, 당사국에게 절대적이고 객관적인 의무를 요구하는 인권조약의 특수성으로 인하여 인권조약의 유보는 특히나 제한적으로 이루어질 필요성이 강조된다. 인권조약의 유보의 허용성을 판단함에 있어 개별 인권조약에 명문규정이 없거나 또는 '대상과 목적'이라는 표현을 그대로 사용하는 경우가 많아서, 1969년 비엔나협약의 제19조 3항의 대상과 목적의 양립 가능성 판단은 여전히 중요한 의미를 가지고 있다.

6대 인권조약을 중심으로 각국의 유보의 현황과 이유를 분석해 본 결과, 인권조약의 특수성에 비추어 인권조약의 유보에 대한 제한의 필요성은 더 많이 요구되는데도 불구하고, 1969년 비엔나협약의 문제점으로 지적되었던 인권조약에 관한 유보제도의 명확하고 구체적인 기준이 마련되지 않음으로써 오히려 더 많은 문제점들을 안고 있다. 특히, 해석선언과 유보를 구별하지 않고 사용하고, 포괄적인 유보를 하거나 또는 유보가 허용되지 않는 핵심조항에 대한 유보를 하는 등 국가들의 유보에 대한 관행의 문제점도 있지만, '대상과 목적'의 판단기준의 불명확함과, 허용되지 않는 유보의 판단주체 등 유보제도 자체가 기준과 제도가 불분명하여 생겨나는 문제점들도 있었다.

이에 따라 유보제도에 대한 명확한 기준 마련과 제도가 필요하며, 현재 1969년 비엔나협약에 명문의 규정이 없어서 제대로 된 기준이 마련되지 않은 해석선언과 유보의 구별, '목적과 대상'의 개념의 구체화, 유보의 허용성 여부를 판단하는 문제에 대한 조약이행감시기구의 역할 등 조약의 유보제도를 보완하기 위한 논의를 검토해 보았다. 해석선언과 유보의 구별문제에 대하여 ILC는 명확한 기준을 마련하고 있으나, '대상과 목적'의 의미의 구체화에 대해서는 여러 가지 견해가 제시되고 있을 뿐 아직까지 확실한 결론을 내리지 못하고 있다. 이에 따라 유보의 허용 가능성 여부를 판단하는 주체의 문제가 중요하게 다루어지고 있는데, 인권조약의 경우 유보의 허용 가능성 여부를 심사하는 주체는 우선 조약의 이행기관인 위원회가 담당하는 것이 타당하다고 생각한다. 그리고 더 나아가 국제인권재판소를 설립하여 인권조약과 관련한 문제에 대해 통일적인 적용과 해석을 하도록 만드는 것이 필요하다고 생각한다.

<참고문헌>

Ⅰ. 단행본

김대순, 『국제법론』, 제13판, 삼영사(2008).

김정건, 『국제법』, 신판(박영사, 2004).

유병화 외, 『국제법Ⅰ』(법문사, 1999).

한국여성개발원, 『각국의 공적 부문에 있어서의 여성차별철폐조치에 관한 연구: 유엔여성차별철폐협약의 이행과 관련하여』(1993).

Anthony Aust, *Modern Treaty Law and Practice*, second edition (Cambridge, 2007).

L. Lijnzaad, *Reservations to Human Rights Treatise: Ratify and Ruin?* (Martinus Nijhoff, Dordecht, 1994).

Malcolm N. Shaw, *International law*, Fifth edition(Cambridge, 2003).

Ineta Ziemele, *Reservations to Human Rights Treaties and the Vienna Convention Regime: Conflict, Harmony or Reconciliation* (Martinus Nijhoff Publishers, 2004).

Ⅱ. 논 문

김석현, "인권보장의 보편적 제도," 『국제법평론』, 통권 제6호(1996).

김지영, "조약의 유보-ILC의 최근 연구결과를 중심으로," 고려대학교 석사학위논문(2007).

김태천, "재판과정을 통한 국제인권협약의 국내적 이행," 『국제법평론』, 통권 제20호(2004).

이주윤, "인권조약에 대한 유보의 효력," 『국제법학회논총』, 제51권 제3호 (2006).

정서용, "인권의 국제적 보호와 조약의 유보," 『서울국제법연구』, 제13권 1호 (2006).

정경수, "한국의 인권조약 비준· 가입의 성취와 과제," 『안암법학』, 통권 제26호(2008).

최승환 "인권조약의 효용성: 국제인권규약을 중심으로," 『국제인권법』, 제2

호(1998).

Catherine J. Redgwell, "Universality or Integrity? Some Reflections on Reservations to General Multilateral Treaties," *British Yearbook of International Law*, Vol. 64(1993).

D.W. Bowett, "Reservations to Non-restricted Multilateral Treaties," *British Yearbook of International Law*, Vol. 48(1976-1977).

John King Gamble, "Reservation to Multilateral Treaties: a Macroscopic View of State Practice," *American Journal of International Law*, Vol. 74(1980).

Matthew Craven, "Legal Differentiation and the concept of the Human Rights treaty in International law," *European Journal of International Law*, Vol. 11(2000).

MaRae, "The legal effect of Interpretative Declarations," *British Yearbook of International Law*, Vol. 49(1978).

Ryan Goodman, "Human Rights Treaties, Invalid Reservations and State Consent," *American Journal of International Law*, Vol. 96(2002).

Yogesh Tyagi, "The Conflict of Law and Policy on Reservations to Human Rights Treaties," *British Yearbook of International Law*, Vol. 71(2000).

Ⅲ. 기타 자료

– 유엔 문헌

Yearbook of International Law Commission, 1996, Vol. Ⅱ, part Ⅱ.

Yearbook of International Law Commission, 1997, Vol. Ⅱ, part Ⅱ.

Yearbook of International Law Commission, 1998, Vol. Ⅱ, part Ⅱ.

Report of the International Law Commission, 2005.

– 판 례

P.I.C.J. Publications, Series A. No. 10.

Northsea Continental Shelf cases(Federal Republic of Germany v. Denmark; Federal Republic of Germany v. the Netherlands), ICJ Report(1969).

Reservations to the Convention on the Prevention and Punishment of and Crime of Genocide, Advisory opinion, ICJ Reports (1951).

– 개별 인권조약기구의 자료

Initial Report of State Parties due in 1992: Republic of Korea CCPR/C/68/Add. 1.

Initial Report of State Parties due in 1993: Republic of Korea. 30/11/94, CRC/C/8/Add. 21(State Party Report).

CERD, General Comment No. 15: on article 4 of the Convention (1993).

CEDAW, General Recommendation No. 21: Equality in marriage and family relations(1994).

General Comment 24: "Issues relating to Reservations Made upon Ratification or Accession to the Covenant or the Optional Protocols, or in Relation to Declarations under Article 41 of the Covenant"(1994).

CRC, General Comment No. 5: General measures of implementation of the Convention on the Rights of the Child(arts. 4, 42 and 44, para. 6)(2003).

– 인터넷 자료

http://untreaty.un.org/humanrightsconvs/Chapt_IV_8/CEDAW.pdf

http://untreaty.un.org/humanrightsconvs/Chapt_IV_4/CovenantCivPo.pdf

http://untreaty.un.org/humanrightsconvs/Chapt_IV_11/Rightsofthechild.pdf

http://www2.ohchr.org/english/bodies/ratification/index.htm
(검색 날짜 : 2008년 9월 12일)

인도적 조약의 합법성과 정당성에 대한 검토 *

이 원 재

* 제7회(2007) 대학(원)생 국제법 논문 경시대회 대학생 부문 우수상.

Ⅰ. 서 론

20세기의 마무리가 가까워 오던 90년대에 들어 동유럽의 한켠에서 2차 세계대전 이후 유럽 최대의 집단살해가 발생하였다. 1995년 7월, 현 보스니아-헤르체고비나의 스레브레니카 지역에서 세르비아계 군대가 보스니아계 이슬람교도 8,000여명을 학살한 것이다. 미온적 대응으로 일관했던 국제사회는 큰 충격에 빠졌고, 집단살해의 발생을 막기 위해 무력행사를 적극적으로 실행하자는 목소리가 높아졌다. 이후 1999년 3월, 현 보스니아의 코소보 지역에서 세르비아 군의 알바니아계 주민에 대한 공격이 강화되자 NATO는 공습을 개시했고 우려했던 집단살해를 막을 수 있었다. 당시 독일의 외무장관을 역임했던 요슈카 피셔는 후일 NATO 공습의 의미를 이렇게 회고했다.

> "… 좀 더 일찍 다른 사람들을 설득하지 못했던 점이 후회스럽습니다. 나의 동료인 다니엘 콘-벤디트는 처음부터 무력행사를 주장했습니다. 그는 모든 이념적 대립을 접어두고서, 코소보 사태는 우리의 원칙에 관한 것이며, 수십만 심지어는 수백만의 생명과 관련된 문제라는 사실을 환기시켜 주었습니다. 저는 이러한 점에서 코소보 사태가 유럽에 큰 영향을 미쳤다고 생각합니다. 이제 유럽은 새로운 도약을 이루어 내야만 합니다."[1]

그러나 이러한 정치적 찬사와는 별도로 인도적 간섭에 대한 법적 평가는 대개의 경우 긍정적이지 못했다. 학계에서는 주로 국가가 인도적 간섭의 권리를 가지는지, 즉 유엔헌장 제2조 4항과 관련하여 인도적 간섭이 허용되는 지의 여부가 다투어졌다.[2] 긍정하는 측은 우선

---

1) http://www.cfr.org/publication/13400/hbo_history_makers_series_rush_transcript_federal_news_service_i nc.html.

4항의 전단을 들어 '다른 국가의 영토보전이나 정치적 독립'에 대한 무력행사가 금지되므로, 이에 해당하지 않는 인도적 간섭은 허용된다고 주장한다. 또한, 후단을 들어 '유엔의 목적과 양립하지 아니하는 어떠한 기타 방식'으로 무력을 행사하는 것이 금지되므로, 역시 이에 해당하지 않는 인도적 간섭은 허용된다고 주장한다. 그러나 부정하는 측이 주장하는 바와 같이 헌장의 협상과정에 비추어 볼 때 4항의 전단과 후단은 금지를 더욱 명백히 하기 위한 것이었지 축소하기 위한 것이 아니었다. 긍정하는 측은 인도적 간섭을 허용하는 관습의 존재를 주장하기도 하였지만, 부정하는 측이 지적하는 바와 같이 인도적 간섭에 대해 법적 확신의 존재를 인정받기 어려웠다. 결국 부정하는 측의 주장이 일반적으로 받아들여지고 있으며 국가에게 인도적 간섭의 권리는 허용되지 않는다.

하지만, 헌장과는 별도로 새로운 조약을 체결하여 국가에게 인도적 간섭의 권리를 허용하자는 대안도 이미 제기되어 있었다.[3] 그러나 당시에는 이러한 조약이 존재하지 않았고, 또한 이러한 조약의 체결 전망은 더더욱 불투명하였다. 결국 기존의 논쟁에서 벗어난 색다른 관점에서 이루어진 접근이었지만, 별다른 실익도 없이 이러한 조약의 합법성 여부가 활발히 논의될 수는 없었다. 그러나 2000년에 아프리카연합헌장이 체결되면서 바로 이러한 조약이 현실화되었고 논의를 위한 새로운 전기가 마련되었다. 바로 기존의 국제법과 이러한 조약 사이에 발생할 수 있는 규범충돌이 실제로 등장하게 되었고, 따라서 이에 대한 법적인 평가가 요구되는 상황이 조성된 것이다.

본 논문은 이러한 역사적 전개를 바탕으로 기존의 국제법체계 내에

---

2) J.L. Holzgrefe, "The Humanitarian Intervention Debate," in J.L. Holzgrefe & Robert O. Keohane(ed.), *Humanitarian Intervention: Ethical, Legal, and Political Dilemmas*(Cambridge University Press, 2003), pp.36-49.

3) Stanley Hoffman, "Delusions of World Order," *New York Review of Books*, Vol. 39, No. 7, 1992.

서 인도적 조약에 대한 법적 평가를 진행해 보고자 한다. 법학의 일차적인 목적이 실정법의 해석에 있음을 고려하면 우선적으로 검토되어야 하는 것은 형식적인 관점에서 보는 인도적 조약의 합법성 여부이다. 그런데 국제법체계는 국내법체계와 비교해 볼 때 완결된 법체계로서 갖추어야 할 사항들을 여럿 결여하고 있다. 때문에 합법과 불법의 경직된 이분법이 그대로 적용되기 어려운 둘의 중간지대를 이해하기 위해 새로운 평가기준이 필요하다. 본 논문은 이러한 기준을 정당성으로 명명하여, 국제법체계의 특수성을 반영하고 폭넓은 관점을 고려하면서 인도적 조약의 정당성 여부를 검토해 보고자 한다. 종합하면, 인도적 조약에 대한 충실한 법적 평가를 위해 형식적 관점에서 본 합법성 여부와 함께 다양한 관점에서 조명해 본 정당성 여부를 살펴보려는 것이다.

아래에서는, 먼저 앞으로의 논의의 바탕이 될 수 있도록 논의의 대상이 되는 인도적 조약을 정의하여 그 뜻을 명확히 하고자 한다. 이러한 정의에 기초하여 집단살해 방지를 위한 기존의 국제질서의 문제점과 이를 개선하기 위해 인도적 조약이 등장하게 된 과정을 살펴본다. 그리고 본격적으로 먼저 형식적인 관점에서 기존의 국제법규범들, 특히 무력금지원칙과 관련하여 인도적 조약의 합법성 여부를 검토해 본다. 이를 이어 다양한 관점에서, 합법과 불법의 중간지대를 평가하기 위한 기준들과 이에 따른 인도적 조약의 정당성 여부를 다루어 본다. 마지막으로 이러한 논의들을 아프리카연합헌장에 적용하여 현실의 예를 통해 구체화하여 설명해 보도록 한다.

Ⅱ. 인도적 조약의 정의

인도적 조약에 관한 논의를 시작하기 위해서는, 우선 논의의 대상인 인도적 조약을 정의할 필요가 있다. 본 논문에서 인도적 조약은 인도적 간섭을 목적으로 하는 조약이라는 의미로 사용된다. 따라서 이를 구체화하기 위해, 먼저 이 글이 다루고자 하는 인도적 간섭의 범위를 한정하고, 다음으로 인도적 조약이 인도적 간섭을 목적으로 한다는 의미를 명확히 할 필요가 있다.

먼저, 인도적 간섭은 학자에 따라 그 정의가 매우 다양하다.[4] 그 중에서 어느 견해는 인도적 간섭을 대상, 주체, 형태의 3부분으로 나누어 규정한다.[5] 이러한 정의에 따르면, 인도적 간섭은 "국제적으로 승인된 인권의 광범위한 박탈로부터 피간섭국의 국민을 보호하는 것을 주된 목적으로 하는 일국, 제국 또는 국제기구에 의해 이루어지는 무력적 위협이나 무력의 사용"[6]을 의미한다. 그런데 본 논문은 집단살해의 방지를 위한 무력사용으로 특히 안보리의 승인을 얻지 못한 경우를 중점적으로 검토하고자 한다. 따라서 앞서 언급한 정의에서 주체는 그대로 사용하지만, 대상과 형태는 위의 정의보다 축소하고, 여기에 안보리의 불승인을 추가하여 사용하고자 한다. 즉, 본 논문에서 인도적 간섭은 '안보리의 승인 없이, 집단살해방지협약상 의무의 위반으로부터 피간섭국의 국민을 보호하는 것을 주된 목적으로 하는 일국, 제국 또는 국제기구에 의해 이루어지는 무력의 사용'을 의미한다.

다음으로, 인도적 조약이 인도적 간섭을 목적으로 한다는 것은, 인도적 조약이 차후의 인도적 간섭에 대한 피간섭국의 사전동의를 내용으로 한다는 의미이다. 일반적으로 국가는 자국의 관할권에 속하는 사항에 대해 타국이 자국의 영역 내에서 무력을 사용하도록 적법하게 동의할 수 있는 것으로 이해된다.[7] 따라서 간섭시에 피간섭국이 동의

4) 김대순, 『국제법론』, 제10판, 삼영사, 2005, p.1004; J.L. Holzgrefe, *supra* note 2, p.18.

5) 이영환, "국제법상 인도적 간섭에 관한 연구," 고려대학교 박사학위논문, 2002, p.12.

6) 위의 논문.

7) Ian Brownlie, *International Law and the Use of Force by States* (Clarendon Press, 1963), p.317; David Wippman, "Treaty-Based Intervention: Who Can Say No?," *University of Chicago Law Review*,

한다면 이러한 인도적 간섭은 적법하게 된다. 반면에 피간섭국의 동의가 없다면, 서론에서 언급한 바와 같이 일반적인 인도적 간섭의 권리는 인정되지 않으므로 이러한 인도적 간섭은 현행 국제법상 허용되지 않는다. 그런데 인도적 조약의 경우, 인도적 조약에 명문화된 피간섭국의 동의는 조약체결시의 의사로 간섭시의 의사와 무관하기 때문에 둘은 서로 상반되는 내용을 가질 수도 있다. 그럼에도 인도적 조약에 근거한 인도적 간섭은 간섭시의 동의 여부를 불문하고 조약체결시의 동의를 들어 이러한 인도적 간섭이 적법하다고 주장하게 된다. 이러한 인도적 간섭은 전혀 동의를 얻지 못한 것도 아니며, 그렇다고 개입시에 동의를 받은 것도 아니다. 바로 이 점에서 인도적 조약과 이에 근거한 인도적 간섭이 여타의 인도적 간섭들과 구분되는 법적 판단의 대상으로서 거론될 수 있는 것이다.

정리하면, 본문에서 사용되는 인도적 조약의 의미는 집단살해 방지를 위한 무력사용에의 사전동의로 간추려 볼 수 있다.

Ⅲ. 인도적 조약의 등장

위와 같이 정의될 수 있는 인도적 조약은 국제사회의 규범과 현실이 가장 모순적으로 충돌하는 지점에서 등장했다. 비록 오랜 시간이 필요했지만, 20세기 후반에 걸쳐 수많은 집단살해를 경험하면서 국제사회는 집단살해에 대한 반대의 의사를 확고히 할 수 있었다. 그러나 이러한 의지는 강경한 대응으로 연결되지 못했고, 대부분의 집단살해 사례에서 국제사회는 유약한 대응으로 일관해 왔다. 새로운 국제질서를 요구하는 목소리가 높아져 갔지만 국제사회 전반을 아우르는 대안

Vol. 62, 1995, p.620; Alexander Orakhelashvili, *Peremptory Norms in International Law*(Oxford University Press, 2006), p.360.

은 등장하지 않았다. 결국 집단살해로 인한 엄청난 충격을 고스란히 부담해야 했던 일부 국가들은 기존 국제질서를 넘어선 새로운 대안을 현실화시켰다. 바로 최초의 인도적 조약인 아프리카연합헌장이 체결된 것이다.

이 장에서는 인도적 조약이 등장하게 된 배경과 그 과정에 대하여 다룬다. 먼저 집단살해를 방지하기 위해 국제사회가 고안한 질서와 그 한계를 점검하고, 다음으로 불완전한 현재의 국제질서를 개혁하려는 대안적 노력들의 전개과정을 살펴본다.

1. 집단살해방지협약의 내용과 한계

집단살해는 국제법상 '집단살해죄의 방지와 처벌에 관한 협약'(이하 '집단살해방지협약'이라 함)에 의해 규율된다. 집단살해방지협약은 1948년 12월 9일에 체결되고, 1951년 1월 12일에 발효되었으며, 41개국이 서명하였고, 140개국이 당사국이다.[8] 집단살해방지협약은, 집단살해를 "국민적·인종적·민족적 또는 종교적 집단을 전부 또는 일부 파괴할 의도로써 행하여진 행위"[9]로 정의한다. 그리고 이 정의에 근거하여 집단살해, 집단살해를 범하기 위한 공모, 집단살해를 범하기 위한 직접 또는 공연한 교사, 집단살해의 미수, 집단살해의 공범을 처벌한다.[10] 그러나 인도적 조약과 관련하여 주목할 것은, 집단살해방지협약에서 개인의 형사적 책임 외에 국가의 집단살해방지의무 또한 도출되며, 이를 집행하기 위해 유엔이 관련되어 있다는 사실이다. 구체적으로, 집단살해방지협약은 체약국이 관련된 기관·사람·집단을 통해 위의 행위를 저지르는 것도 금지하므로, 이를 위반하는 경우 국가책임이 발생한다.[11] 나아가 이러한 집단살해 금지가 집행되도록 하기

8) http://www.ohchr.org/english/countries/ratification/1.htm.
9) 집단살해방지협약 제2조.
10) 집단살해방지협약 제3조, 제4조.

위해 체약국은 유엔의 기관이 유엔헌장에 기한 조치를 취하도록 요구할 수 있다.[12] 특히, 안보리는 평화에 대한 위협, 평화의 파괴 또는 침략행위의 존재를 결정하고,[13] 국제평화와 안전의 유지 또는 회복에 필요한 공군, 해군 또는 육군에 의한 조치를 취할 수 있다.[14] 그러므로 집단살해방지협약에 따르면, 체약국은 안보리가 집단살해의 방지를 위해 무력을 행사하도록 요구할 수 있다. 이는 집단살해방지협약이 사실상 유엔에 의한 의사, '인도적 간섭'을 목적으로 하는 의사, '인도적 조약'으로서의 역할을 수행하는 것을 의미한다.

이러한 집단살해방지협약이 체결되고 60여년이 흐르면서, 집단살해방지협약의 핵심적 내용인 '집단살해 기타 행위의 방지 또는 억압'도 강행규범으로서 확고한 인정을 받게 되었다. 그러나 유엔은 집단살해방지협약을 집행하기 위한 국제기구로서 관련되었음에도 불구하고, 요구받은 역할을 수행하는 데에 실패했다. 집단살해 금지는 강행규범의 개념이 도입된 이후로 노예무역 금지 등과 함께 강행규범의 가장 대표적인 예로 여겨져 왔다. 이는 2006년의 판결에서 ICJ가 재판소 역사상 처음으로 강행규범이라는 표현을 사용하여 집단살해 금지의 강행규범적 지위를 확정하면서 공인되었다.[15] 이후 2007년의 결정에서 ICJ가 이를 다시 확인함으로써 집단살해 금지는 그 강행규범성을 명백히 인정받게 되었다.[16]

---

11) case concerning The Application of the Convention on the Prevention and Punishment of the Crime of Genocide(Bosnia and Herzegovina v. Serbia and Montenegro), *I.C.J. Reports* at 179.

12) 집단살해방지협약 제8조.

13) 유엔헌장 제39조.

14) 유엔헌장 제41조.

15) case concerning Armed Activities on the Territory of the Congo(New Application: 2002) (Democratic Republic of the Congo v. Rwanda) *I.C.J. Reports* at 64.

16) case concerning The Application of the Convention on the Prevention and Punishment of the Crime of Genocide(Bosnia and Herzegovina v. Serbia and Montenegro), *I.C.J. Reports* at 161.

그러나 집단살해 금지의 규범적 지위가 강화되어 가는데도 불구하고, 1955년에서 1989년 사이에 집단살해로 보이는 사태가 20건이나 발생하였다.[17] 그럼에도 미·소냉전의 대립구도 속에서 거듭되는 거부권의 위협과 행사로 인해 안보리는 오직 한 번 유엔헌장 제7장에 근거한 것처럼 보이는 결의를 채택했을 뿐이었다.[18] 결국, 안보리는 어느 한 사태에 대해서도 무력행사를 승인하지 않았고, 이러한 국제사회의 무관심 속에서 최소 6백만명이 허무하게 목숨을 잃었다.[19] 미·소냉전이 종식되면서 유엔이 주도하는 새로운 국제질서에 대한 기대감이 한층 높아졌지만, 1990년 이후로도 11개의 사태가 새롭게 발생하고 또 지속되었다.[20] 그러나 안보리는 여전히 계속되는 거부권의 행사와 무관심으로 인해 소말리아, 르완다, 보스니아, 코소보의 경우에 대해서만 무력사용을 승인하는 데에 그쳤다.[21] 그럼에도 불구하고, 소말리아, 르완다, 보스니아의 경우는 모두 집단살해가 이미 충분히 진행된 이후에야 승인이 이루어졌다. 코소보의 경우도 '집단살해 기타 행위의 방지 또는 억압'에 결정적이었던 NATO에 의한 무력사용에 대해서는 그 승인 여부가 명확하지 않았다.

2. 인도적 조약의 좌절과 성공

유엔이 집단살해 방지를 위해 무력사용을 승인하지 못한데 비해, NATO에 의한 무력사용은 집단살해 방지의 목적을 성공적으로 달성하였다. 집단살해 금지를 집행하기 위해 새로운 대안을 촉구하는 국

17) Barbara Harff, "No Lessons Learned from the Holocaust? Assessing Risks of Genocide and Political Mass Murder since 1955," in Mark Lattimer(ed.), *Genocide and Human Rights*(Ashgate, 2007), p.332.

18) Simon Chesterman, *Just War or Just Peace?: Humanitarian Intervention and International Law*(Oxford University Press, 2001), p.237.

19) Barbara Harff, *supra* note 17.

20) *Ibid.*

21) Simon Chesterman, *supra* note 18, pp.241-249.

제적 분위기가 고조되는 가운데, '간섭과 국가주권에 관한 위원회'(International Commission on Intervention and State Sovereignty : ICISS)가 인도적 간섭에 관한 새로운 제안들을 담은 보고서를 발간하였다.[22] 이 보고서는 '보호의 의무'라는 개념을 도입하여 기존의 인도적 간섭에 관한 논의들을 개선하려고 하였다. 우선, 기존의 논의들이 국가가 인도적 간섭의 권리를 가지는 지의 여부에 초점을 맞추어 왔다고 지적하였다. 하지만, 이제는 보호가 필요한 개인들을 중심으로 국적국과 국제사회가 이들에 대하여 어떠한 의무를 부담하는 지의 여부에 초점을 맞추어야 한다고 주장하였다. 이런 측면에서 보고서는 국적국이 일차적으로 국민에 대하여 보호의 의무를 부담하지만, 그렇지 못할 경우 국제사회가 보충적으로 보호의 의무를 부담해야 한다고 역설하였다. 특히 집단살해와 관련하여, 안보리가 무력사용을 승인하지 못하는 경우 국제사회가 의무를 이행하기 위한 대안적 수단으로써 인도적 간섭을 제시하였다.

이후 유엔의 개혁이 논의되는 과정에서 ICISS 보고서는 많은 영향력을 행사하였지만, 결과적으로 전혀 반영되지 못한 채 개혁이 마무리되고 말았다. 공식적인 유엔 개혁의 논의는 2004년 12월에 발간된 '위협, 도전, 변화에 관한 고위패널'의 보고서에서 시작되었다.[23] 이 보고서는 ICISS 보고서를 반영하였는데, 특히 무력사용과 관련하여 국제사회가 보충적으로 보호의 의무를 이행해야 한다고 강조하였다. 그러나 이 보고서는 국제사회를 유엔으로 등치시키면서, 유엔이 의무를 이행하기 위해 안보리가 무력사용을 승인할 수 있도록 하기 위한 개혁방안만을 논의하였다. 결국 안보리가 무력사용을 승인하지 못하는 경우의 대안은 논의하지 않았고, 따라서 인도적 간섭도 검토하지

22) Carsten Stahn, "Responsibility to Protect: Political Rhetoric or Emerging Legal Norm?," *American Journal of International Law*, Vol. 101, 2007, pp.102-104.

23) *Ibid.*, pp.105-106.

않았다. 2005년 3월에는 이러한 고위패널보고서를 바탕으로 유엔 사무총장의 보고서가 발간되었다.[24] 이 보고서 역시 보호의 의무를 수용하였지만, 이를 무력사용과 관련하여 다루지 않으면서 평화적 수단에 의한 의무의 이행을 강조하였다.

반면에 무력사용은 의무를 이행하기 위한 가장 최후의 수단으로 이해되면서, 보호의 의무는 오히려 무력사용을 억제하는 기능을 수행하게 되었다. 2005년 9월에는 사무총장 보고서를 바탕으로 유엔 총회가 '2005년 세계정상총회 결과보고서'를 의결하였다.[25] 이 보고서는 보호의 의무의 어휘를 사용하였지만, 무력사용과 관련하여 유엔은 사실상 의무를 부담하지 않는 것으로 규정되었다. 또한 이 보고서는 총회가 보호의 의무를 더욱 검토해 나갈 필요성을 강조하면서, 의도적으로 보호의 의무가 현재 적용 가능한 원칙이 아닌 것으로 규정하였다. 결국, 보호의 의무라는 이름만이 유지될 수 있었을 뿐, 그 내용은 전혀 반영되지 않았던 것이다.

그러나 아프리카대륙에 한해서는 이와 전혀 다른 상황이 전개되었다. 기존의 지역연합인 아프리카통합기구가 아프리카연합으로 재편되는 과정에서 ICISS 보고서의 제안들이 대폭 반영되고, 인도적 조약이 체결된 것이다. 2000년 6월에 채택된 아프리카연합헌장은 연합이 집단살해 방지를 위해 무력을 사용할 수 있는 권한을 명문으로 규정하고 있다.[26] 즉, 헌장은 인도적 조약으로서, 연합에 의한 차후의 인도적 간섭에 대한 회원국들의 사전동의를 내용으로 한다. 안보리가 무력사용을 승인하지 못하는 경우, 연합은 보호의 의무를 이행하기 위한 수단으로써 인도적 간섭을 실행하려는 것이다. 2003년 12월에는 아프리카연합 평화안전보장이사회가 설치되어 연합에 의한 인도적 간섭을 관할하게 되었다.[27] 이 이사회는 안보리와 유사한 기능을 수

24) *Ibid.*, p.107

25) *Ibid.*, pp.108-110.

26) Constitutive Act of the African Union article 4 h.

행하지만, 연합이 의무를 이행하기 위해 이사회가 무력사용을 승인할 수 있도록 어느 이사국도 거부권을 갖지 않는다.

Ⅳ. 인도적 조약의 합법성 검토

집단살해에 대처하기 위한 제도적 대안으로서 등장한 인도적 조약이지만, 그 합법성에 관하여는 아직 논란의 여지가 많다. 쟁점을 명확히 하기 위해, 우선 '조약법에 관한 비엔나협약'을 살펴보면, 동 협약 제46조에서 제53조는 조약이 무효로 되는 사유들을 열거하고 있다.[28] 그러나 이 중에서 기속적 동의의 하자에 근거한 사유들을 제외하면, 조약이 그 실질적 내용에 의해 무효로 되는 것은 오직 강행규범 위반과 관련된 동 협약 제53조에 의해서만 가능하다. 즉, 올바른 절차를 거쳐 체결되었다면, "조약은 그 체결 당시에 일반국제법의 절대규범과 충돌하는 경우"[29]에만 무효일 수 있다. 나아가 동 협약 제64조는, "일반국제법의 새 절대규범이 출현하는 경우에 그 규범과 충돌하는 현행 조약은 무효로 되어 종료한다"[30]고 규정하고 있다. 따라서 조약이 올바른 절차를 거쳐 체결되었다면 그 합법성은 강행규범 위반 여부에 따라 판단할 수 있다.

그런데 인도적 조약은 연혁적인 견지에서 보면 보장조약의 일종으로 고전적 체제가 국제사회의 변화를 반영하여 새롭게 재등장한 경우에 해당한다. 보장조약이란, "일국 또는 제국이 다른 국가나 국가들에 대하여 적법한 수단을 통해 특정한 사항을 보장할 의무를 부담하는 조약"[31]을 말한다. 국제기구가 발달하지 않았던 과거에는 보장조약을

27) Protocol Relating to the Establishment of the Peace and Security Council of the African Union article 4 j.

28) 조약법에 관한 비엔나협약 제46-53조.

29) 조약법에 관한 비엔나협약 제53조.

30) 조약법에 관한 비엔나협약 제64조.

통해 형성된 국가간 협력체제가 그 기능을 수행하였지만, 근래의 보장조약들은 대부분 국제기구헌장의 내용으로 포함되어 있다. 게다가 보장조약은 현재에 이르기까지 국가실행, 국가의 권리와 의무, 독립국의 지위, 헌법질서 등 매우 다양한 사항을 보장의 대상으로 삼아왔다.[32] 구체적으로 인도적 조약의 경우 집단살해 방지의무의 이행을 보장하는 조약이라 할 수 있다. 이와 유사한 보장조약의 대표적인 예로 제1차 세계대전후 소수민족 보호를 위해 체결된 조약들[33]이나 집단살해방지협약을 들 수 있다. 결국 상하관계의 관점에서 보면, 인도적 조약의 합법성을 판단하기 위해 먼저 다양한 보장조약들의 합법성과 관련한 과거의 논의들을 검토할 필요가 인정된다. 그러므로 보장조약의 강행규범 위반 여부와 관련한 논쟁들을 검토하면서, 이를 바탕으로 인도적 조약의 합법성을 판단하기 위한 구체적 기준들을 이끌어 내는 작업이 필요해지는 것이다.

이 장에서는 인도적 조약의 합법성 여부에 대하여 다룬다. 먼저 무력사용을 수단으로 하는 보장조약과 관련하여, 무력사용금지원칙 중에서 강행규범에 해당하는 부분을 구분하고 인도적 조약이 이에 반하는 지의 여부를 살펴본다. 나아가 민족자결원칙과 관련하여 인도적 조약의 합법성 여부를 살펴본다.

1. 무력금지원칙의 위반 여부

보장조약은 목적으로 하는 사항을 보장할 의무를 이행하기 위해 차후의 무력사용에 대한 사전동의를 내용으로 하는 경우가 있었다.[34]

---

31) L. Oppenheim, *Oppenheim's international law* (Longman, 1992), pp. 1322-1323.

32) *Ibid.*, p.1323.

33) *Ibid.*, pp.974-975.

34) Alexander Orakhelashvili, *supra* note 7(20세기 이후의 예: 소련-페르시아, 키프로스, 소련-아프가니스탄 등).

전통국제법의 시기에 이러한 보장조약은 비록 일면으로는 국제법에 의해 무력사용을 규율하려는 시도를 반영하고 있었지만,[35] 당연히 적법한 조약으로 여겨졌다.[36] 그러나 유엔이 창설되고 강행규범의 개념이 등장하면서, 유엔헌장 제2조 4항의 무력금지원칙은 강행규범의 지위를 가지는 것으로 이해되었다. 따라서 이러한 보장조약의 합법성 여부, 즉 이러한 보장조약이 일반국제법의 절대규범과 충돌하는지의 여부가 논란의 대상으로 떠오르게 되었다. 여기서 주목할 점은 이러한 보장조약의 합법성 여부를 다투는 찬반 양론 모두 이러한 보장조약이 헌장에 위배되는 것으로 이해하는 점이다.[37] 찬반 양론 간에 견해의 대립이 존재하는 지점은 헌장상 무력금지원칙 내에서 강행규범의 지위를 가지는 부분의 범위에 관한 지점이다. 즉, 헌장상 무력금지원칙의 어느 부분이 강행규범의 지위를 가지는지, 나아가 그 부분에 이러한 보장조약이 위배되는지의 여부가 합법성 여부를 판단하는 기준에 해당하는 것이다.

불법임을 주장하는 견해는, 헌장상 무력금지원칙 내에서 무력사용금지의 부분이 강행규범의 지위를 가지므로, 무력사용을 내용으로 하는 보장조약은 강행규범에 위배되어 무효일 수밖에 없다고 본다.[38] 이러한 입장은 주로 유엔과 그 관련기관의 견해 속에서 쉽게 확인할 수 있다. 1966년 ILC는 조약법협약 초안에 대한 주석에서 무력금지원칙을 강행규범의 대표적인 예로 제시하면서, '무력사용 금지와 관련된 헌장상의 법'이 강행규범의 지위를 가진다고 지적하였다.[39] 이후

---

35) Ian Brownlie, *supra* note 7, p.319.

36) *Ibid.*, p.318.

37) Alexander Orakhelashvili, *supra* note 7, p.156.; Natalino Ronzitti, "Use of Force, Use Cogens and State Consent," in Antonio Cassese (ed.), *The current legal regulation of the use of force* (M. Nijhoff, 1986), p.159.; Ademola Abass, *Regional Organisations and the Development of Collective Security: Beyond Chapter VIII of the UN Charter* (Hart, 2004), p.198.

38) Alexander Orakhelashvili, *supra* note 7, p.161.

1986년 ICJ는 *Nicaragua* 판례를 통해, 국가대표들의 성명 속에서 "헌장 제2조 4항에 표현된 무력사용금지원칙"이 빈번하게 "국제관습법상의 근본적이고 중요한 원칙"으로 언급되는 사실을 지적하고,[40] 위의 ILC의 견해를 인용하였다.[41] 유엔 총회도 우호관계선언결의와 무력불사용결의에서 헌장 제2조 4항을 그대로 수용하여 무력사용의 금지를 규정하였다.[42]

합법임을 주장하는 견해는, 헌장상 무력금지원칙 내에서 침략행위 금지의 부분만이 강행규범의 지위를 가진다고 주장한다.[43] 따라서 보장조약의 내용으로 되는 무력사용이 침략행위에 해당하지 않으면, 그 조약은 강행규범에 위배되지 않는다고 본다. 그런데 국가책임협약 초안은 강행규범에 위배되는 국가행위를 제외하면 유효한 동의가 위법성을 조각할 수 있도록 규정하고 있다.[44] 이에 미루어 보면, 침략행위가 아닌 무력사용을 내용으로 하는 보장조약은 강행규범의 지위를 가지지 않는 헌장상 무력금지원칙에 위배되지만, 위법성이 조각되므로 적법하다는 것이다.

이러한 견해는 ICJ가 *Nicaragua* 판례에서 무력사용을 그 심각성에 따라 구분한 것에 주목한다.[45] ICJ는 우호관계선언결의에 예시된 무력사용의 예들을 검토하면서, 이를 "가장 심각한 형태의 무력사용"인 침략행위와 "덜 심각한 형태의 무력사용"으로 구분하였다.[46] 이후

---

39) *ILC Yearbook*, 1966, Vol. II, p.247.

40) case concerning Military and Paramilitary Activities in and against Nicaragua(Nicaragua v. United States of America) at 190.

41) *Ibid.*

42) G.A. Res. 2625(XXV); A/42/766.

43) Ademola Abass, *supra* note 38, p.198.; Natalino Ronzitti, *supra* note 38, p.159.

44) *LC Yearbook*, 2001, pp.173, 206.

45) case concerning Military and Paramilitary Activities in and against Nicaragua(Nicaragua v. United States of America) at 191.

46) *Ibid.*

2001년 ILC는 국가책임협약 초안에 대한 주석에서 위의 ILC의 견해를 인용하면서도, "무력사용 금지와 관련된 헌장상의 법"이 아닌 "침략행위 금지"를 강행규범의 대표적인 예로 지적하였다.[47] 이 견해는 이를 강행규범이 변경된 것으로 이해하여, 헌장상 무력금지원칙 내에서 강행규범의 지위를 가지는 부분이 축소되었다고 본다.[48] 나아가 이 견해는 침략정의결의에 따라, 침략행위를 "다른 국가의 주권, 영토보전이나 정치적 독립에 대하여 또는 유엔의 목적과 양립하지 아니하는 어떠한 기타 방식에 의한 무력행사"[49]로 정의한다.[50] 그러나 이 견해는 인도적 간섭이 '다른 국가의 영토보전이나 정치적 독립'에 대한 무력사용이 아니므로 침략행위에 해당하지 않는 것으로 본다.[51]

사견에 따르면, 합법임을 주장하는 견해는 강행규범이 변경된 것으로 이해하지만, 이러한 이해에는 잘못된 점이 있다. 합법임을 주장하는 견해는 침략정의결의에 따라 침략행위를 정의하지만, 침략정의결의 제1조와 헌장 제2조 4항을 비교해 보면 실질적인 차이를 발견할 수 없다. 침략정의결의는 헌장에서 무력의 위협을 삭제하고, 금지되는 무력행사의 대상으로 주권을 추가하고, 무력을 '군사력'으로 명확히 하였다. 그러나 헌장은 자위권의 행사와 안보리의 승인에 의한 경우를 제외한 모든 무력행사를 금지하며, 여기서 무력은 군사력을 의미하므로 사실상 침략정의결의와 그 내용이 동일하다. 그래도 ICJ에 따르면, 반군에 대해 무기, 보급품 기타 지원을 제공하는 형태의 원조는 침략행위에는 해당하지 않지만 무력행사에는 해당한다고 한다.[52] 결국 규범적으로는 침략행위와 그에 해당하지 않는 무력행사로 전체

47) *ILC Yearbook*, 2001, p.283.
48) Ademola Abass, *supra* note 38, p.197.
49) G.A. Res. 3314(XXIX) 제1조.
50) Ademola Abass, *supra* note 38, p.198.
51) *Ibid.*
52) case concerning Military and Paramilitary Activities in and against Nicaragua(Nicaragua v. United States of America) at 195.

무력행사를 세밀하게 구분할 수도 있겠지만, 사실상 침략행위가 매우 광범위하게 정의되어 있어 인도적 간섭은 침략행위에 해당할 수밖에 없다. 따라서 강행규범이 변경되었어도 인도적 조약의 합법성 여부에는 영향을 미칠 수 없는 정도에 그친 것이다.

생각건대, ILC가 무력행사 대신 침략행위라는 용어를 사용한 이유는 침략행위에 해당하지 않는 무력행사에 대한 금지를 강행규범의 지위에서 탈락시키기 위함이 아니다. 침략행위가 매우 광범위하게 정의되어 있는 점을 고려하면, 오히려 전체 무력행사에 대한 비난과 금지를 강화하려는 전략적인 용어구사로 파악하는 것이 올바른 관점일 것이다.

결론적으로 보면, 무력사용을 내용으로 하는 보장조약은 강행규범에 위배되어 무효로 된다. 인도적 조약도 '집단살해 방지를 위한 무력사용에의 사전동의'를 내용으로 하므로, 강행규범에 위배되고 무효일 수밖에 없다.

2. 민족자결원칙의 검토

민족자결원칙은 "동질적인 민족집단이 스스로 정치기구의 형태와 다른 집단과의 관계를 결정할 권리"를 인정한다.[53] 민족자결원칙은 유엔헌장 제1조 2항과 제55조에 규정된 이후로 여러 차례의 총회결의와 ICJ 판례를 통해 거듭 천명되어 왔다. 이에 따라, 체약국의 헌법질서를 보장의 대상으로 하는 보장조약의 합법성 여부, 즉 이러한 조약이 강행규범에 위배되는 지의 여부가 다투어지게 되었다.[54] 보장되

---

53) Ian Brownlie, *Principles of public international law* (Oxford University Press, 2003), p.553.

54) Brad R. Roth, "The Illegality of 'Pro Democratic' Invasion Pacts," in Gregory H. Fox and Brad R. Roth(ed.), *Democratic Governance and International Law* (Cambridge University Press, 2000), p.329; Natalino Ronzitti, *supra* note 38, p.152.

는 국가를 구성하는 민족집단의 자결권이 보장조약에 의해 침해되는지, 나아가 민족자결원칙이 강행규범의 지위를 가지는 지의 여부가 논란의 대상으로 떠오르게 된 것이다.

그러나 위의 정의에 비추어 볼 때, 민족자결원칙은 민족집단에게 다른 국가들과 동등한 주권을 허용하려는 원칙이지, 모든 국가가 일반적으로 부담하는 의무를 배제하려는 원칙이 아니다. 인도적 조약은 집단살해 금지를 보장의 대상으로 하는데, 집단살해 금지는 강행규범으로 모든 국가를 구속한다. 따라서 다른 국가들과 동등하게 집단살해 금지의무를 부담하는 주권을 보유하게 되는 것은 민족자결원칙에 위배되지 않으며, 이를 보장의 대상으로 하는 조약은 자결권을 침해하지 않는다. 결국 인도적 조약은 민족자결원칙과 관련한 보장조약의 합법성 여부에 관계없이 민족자결원칙에 위배되지 않는다.

Ⅴ. 인도적 조약의 정당성 검토

인도적 조약은 불법이지만, 국제법체계에서 불법은 無의 존재가 아니며 오히려 독자적인 기능을 가질 수 있다. 국제법의 변경과 관련하여, 국제법체계는 보편적인 입법부를 갖지 못한 데다, 조약은 힘든 협상을 거쳐야 체결될 수 있으므로, 국제법체계는 관습의 변경에 크게 의존하고 있다.[55] 특히 강행규범은 일반국제법의 절대규범으로 동일한 성질을 가진 일반국제법의 추후의 규범에 의해서만 변경될 수 있다.[56] 그러나 관습의 경우, 변경을 위한 명확한 절차가 존재하지 않으므로, 국가들과 국제법원들이 새로운 국가실행을 어떻게 판단하느냐

55) Allen Buchanan, "Reforming the International Law of Humanitarian Intervention," in J.L. Holzgrefe & Robert O. Keohane(ed.), *Humanitarian Intervention: Ethical, Legal, and Political Dilemmas*(Cambridge University Press, 2003), p.136.

56) 조약법에 관한 비엔나협약 제53조.

에 따라 관습의 변경 여부가 결정된다.[57] 결국 관습의 변경을 위해서는 먼저 기존의 관습을 위반하는 새로운 국가실행, 즉 불법이 요구되는 것이다(집단살해방지협약-노예제 폐지-해양법).

따라서 국제법의 변경을 위한 불법은 단순불법과 구분되며 법적 판단도 달라질 수 있다. 구체적으로 두 가지 불법의 차이점은 법의 지배와 관련하여 명백하게 드러난다. 법의 지배는 국내법체계에서 자의적인 권력행사에 반하는 법의 절대적 우위를 의미하고, 정부가 특권이나 지나친 재량을 누리지 못하도록 한다.[58] 이는 국제사회에서 국가가 국제법에 의한 규범적 제약을 수용하지 않고 힘에 호소해 자의적으로 행동하는 무법상태를 거부한다.[59] 그러므로 여기서 법의 지배를 훼손하고 국제법에 의한 규율에서 벗어나고자 하는 단순불법과 법의 지배를 유지하되 새로운 국제법에 의해 규율받고자 하는 변경을 위한 불법이 구분된다.[60] 즉, 엄격한 형식적 관점에서 벗어나 도덕적 관점을 포함한 보다 넓은 관점에서 볼 때, 변경을 위한 불법이 단순불법보다 정당성을 지니는 것이다.

특히 두 가지 불법의 정당성 격차는 안보리와 ICJ에서 서로 다른 결과를 이끌어 낼 수 있다. 안보리가 국제평화와 안전을 유지하고 회복하기 위하여 권고하거나 조치를 취하기 위해서는 우선 평화에 대한 위협, 평화의 파괴 또는 침략행위의 존재를 결정하여야 한다.[61] 그런데 헌장은 안보리의 결정에 관하여 의무를 부과하지 않으므로, 안보리는 실제로 평화에 대한 위협, 평화의 파괴 또는 침략행위가 존재하더라도 그 존재를 결정하지 않을 수 있다.[62] 따라서 바로 이 지점에서

---

57) Robert E. Goodin, "Toward an International Rule of Law," *Journal of Ethics*, Vol. 9, 2005, p.230.

58) Albert V. Dicey, *Introduction the Law of the Constitution*(Macmillian, 1959), p.202.

59) Robert E. Goodin, *supra* note 59, pp.227-228.

60) *Ibid.*, p.232.

61) 유엔헌장 제39조.

안보리는 불법의 정당성을 재량행사를 위한 기준으로 원용할 수 있고, 이로 인해 권고나 조치가 취해지는 지의 여부가 달라질 수 있다. ICJ는 재판소에 회부된 분쟁을 국제법에 따라 재판하는 것을 임무로 하지만, 당사자가 합의하는 경우에는 형평과 선에 따라 재판할 수 있다.[63] 일반적인 견해에 따르면, 형평과 선에 따라 재판하는 경우 ICJ는 기존의 국제법에 구애받지 않고 국제법체계의 바깥에서 판결할 수 있다.[64] 따라서 불법의 정당성이 판단기준으로 원용될 수 있고, 이로 인해 합법성 여부가 달라질 수 있다.

그러므로 이제 문제는 변경을 위한 불법을 단순불법과 구분하는 불법의 정당성 기준이 어느 정도 수준이어야 하는 지로 옮겨진다. 즉, 단순불법과 달리 합법에 준하는 법적 판단을 근거지울 수 있는 불법임을 인정하기 위한 구체적인 요건이 검토되어야 하는 것이다. 더욱이 인도적 조약은 불법이므로, 결국 불법의 정당성에 관한 기준에 비추어 그에 대한 법적 판단이 결정된다. 인도적 조약의 정당성 여부를 판단하기 위해서도 변경을 위한 불법의 정당성에 관한 기준이 구체화되어야 하는 것이다.

이번 장은 인도적 간섭의 정당성 여부에 대하여 다룬다. 먼저, 변경을 위한 불법에 대한 비판을 반박하며, 제기되는 쟁점을 중심으로 불법의 정당성에 관한 기준을 도출하여 본다. 다음으로, 도출한 기준을 인도적 조약에 적용하여, 특히 실질적 정의와 국제법규범의 지위와 관련한 기준을 중심으로 조약의 정당성 여부를 판단하여 본다.

---

62) Bruno Simma, *The Charter of the United Nations: A Commentary* (Oxford University Press, 2002), p.719.

63) ICJ규정 제38조.

64) Andreas Zimmerman, *The Statute of the International Court of Justice: A Commentary* (Oxford University Press, 2006), p.731.

1. 변경을 위한 불법의 정당성 기준

변경을 위한 불법을 비판하는 견해는, 이러한 불법이 준법의 당위를 파괴하며, 일부의 도덕관념을 다른 모두에게 강요한다고 주장한다.[65] 국제법체계에 있어 국가가 국제법을 준수해야 할 의무를 전제한다면 국제사회에서 준법은 하나의 당위로서 우선적으로 인정되어야 한다. 따라서 준법의 당위라는 측면에서 볼 때, 국제사회에 있어 법의 지배를 강조하면서 불법의 정당성을 논하는 것은 모순이라고 본다.[66] 또한 국제법이 국가간의 동의를 기반으로 형성되는 점을 고려하면, 불법은 일방의 도덕관념을 강요하기 위한 자의적 수단일 수밖에 없다고 본다.

이에 대해, 변경을 위한 불법을 옹호하는 측에서는 준법의 당위를 우선하는 주장이 지니는 몇 가지 한계점을 지적한다. 첫째로, 법의 지배를 중시하는 것이 곧 기존의 국제법에 대한 준법의 당위로 연결되는 것은 아니라는 점이다.[67] 법의 지배는 법체계에 대하여 일반적인 개인을 수범자로 할 것, 자의적인 개폐의 대상이 아닐 것, 충분한 명확성을 갖출 것, 따라서 보통사람이면 그 법체계를 준수할 수 있을 것 등을 요구한다. 물론, 법의 적용과 집행이 공정해야 한다는 법 앞의 평등도 법의 지배에 따르는 요청으로 파악할 수 있다. 따라서 법의 지배를 중시하는 경우, 기존의 국제법이 위의 요소를 갖추고 있는 것을 전제하여야 준법의 당위가 우선될 수 있다. 때문에 법의 지배를 중시하는 것은 오히려 불법을 통해 기존의 국제법을 개혁하여 법의 지배를 실현하려는 중요한 근거로 작용할 수도 있다. 즉, 기존의 국제법이 법의 지배를 실현하고 있는 정도에 따라 준법의 당위를 우선하는 비

---

65) Allen Buchanan, *supra* note 57, p.141.

66) *Ibid.*, p.142.

67) Allen Buchanan, "From Nuremburg to Kosovo: The Morality of Illegal International Legal Reform," *Ethics*, Vol. 11, 2001, p.684.

판의 정당성이 좌우되는 것이다.

둘째로, 설령 법의 지배가 실현되었더라도 이것이 곧 기존의 국제법에 대한 준법의 당위로 연결되는 것은 아니라는 점이다.68) 법의 지배가 실현되는 것은 준법의 당위를 도출하기 위한 최소한의 조건일 뿐 그 자체로서 충분한 이유가 될 수 없다는 것이다. 법의 지배가 실현되었더라도, 해당 법체계가 일반적으로 높은 가치가 인정되는 실질적 정의를 달성하지 못하는 경우 준법의 당위는 정당성을 지니기 힘들다. 즉, 기존의 국제법이 실질적 정의를 달성하고 있는 정도에 따라 준법의 당위를 우선하는 비판의 정당성이 좌우되는 것이다.

변경을 위한 불법을 옹호하는 측은 도덕관념의 강요와 관련한 비판에 대해서도 이의를 제기한다.69) 기존의 국제법을 변경하려는 불법이 오직 일부의 도덕관념에만 의존해야 하는 것은 아니라는 것이다. 법체계는 도덕적 가치를 담고 있으므로, 법체계가 보다 넓은 동의에 기초하고 있는 만큼 도덕적 가치도 널리 공유되고 있다고 말할 수 있다. 따라서 이러한 도덕적 가치를 고양시키기 위한 불법은 오히려 다른 모두와 도덕관념을 공유하는 것으로 이해할 수 있다는 것이다. 물론 법체계는 다양한 도덕적 가치들을 담고 있으므로, 가치들 간의 충돌을 감안하지 않을 수 없다. 그러므로 불법이 고양시키려는 가치가 법체계 내에서 공유되고 있는 정도나 이와 충돌하는 가치의 법체계 내에서의 지위에 따라 도덕관념의 강요와 관련한 비판의 정당성이 좌우되는 것이다.

일련의 논의를 정리해 보면, 변경을 위한 불법의 정당성을 판단하기 위한 몇 가지 기준을 도출해 볼 수 있다.70) 첫째, 기존의 국제법이 법의 지배를 실현하고 있는 정도가 낮을수록 불법이 정당화될 수 있다. 둘째, 기존의 국제법이 실질적 정의를 달성하고 있는 정도가 낮

68) *Ibid.*, p.685.
69) *Ibid.*, p.694.
70) Allen Buchanan, *supra* note 57, p.160.

고, 새로운 국제법이 실질적 정의를 달성할 가능성이 높을수록 불법이 정당화될 수 있다. 셋째, 기존의 국제법체계 내에서, 불법이 저해하는 가치를 담고 있는 국제법규범의 지위가 낮고 불법이 고양하려는 가치를 담고 있는 국제법규범의 지위가 높을수록 불법이 정당화될 수 있다. 마지막으로, 변경을 위한 불법의 궁극적인 목적을 고려해 볼 때, 불법이 기존의 국제법을 새로운 국제법으로 대체시킨 정도가 높을수록 불법이 정당화될 수 있다.

2. 인도적 조약에의 적용

인도적 조약이 변경을 위한 불법으로서 정당화되는지의 여부를 판단하기 위해서는 두 가지 단계의 심사가 필요하다. 먼저 법의 지배와 관련하여 인도적 조약이 단순불법과 구분되는 지의 여부를 검토해야 한다. 나아가 위의 네 가지 기준과 관련하여 인도적 조약이 불법의 정당성 기준을 만족하는 지의 여부를 검토해야 한다. 특히, 기존의 국제법과 새로운 국제법이 내용적 측면에서 견주어지는 기준은 더욱 면밀히 검토될 필요가 있다. 실질적 정의의 달성과 관련된 두 번째 기준과 국제법규범간의 상대적 순위와 관련된 세 번째 기준이 이에 해당한다.

먼저 법의 지배와 관련하여 볼 때, 인도적 조약이 국제법에 의한 규율에서 벗어나 자의적으로 행동하려는 것인지의 여부가 문제로 된다. 인도적 조약은 국제법체계 내에서 인도적 간섭의 법적 근거를 마련하려는 것일 뿐, 국제법에 의한 무력행사의 규율 자체를 부정하려는 것은 아니다. 무력금지원칙에 위배되어 불법이지만, 제 기능을 발휘하지 못하는 유엔을 우회하여 집단살해 금지가 효과적으로 집행될 수 있도록 새로운 국제법에 의해 규율받으려는 것이다. 따라서 인도적 조약은 단순불법과는 구분된다고 할 수 있다.

다음으로 불법의 정당성 기준들과 관련하여 볼 때, 집단살해방지협약이 법의 지배를 실현하고 있는 정도와 인도적 조약이 무력금지원칙을 대체한 정도가 문제로 된다. 법의 지배를 구성하는 법 앞의 평등의 관점에서 볼 때, 집단살해방지협약의 적용과 집행은 공정함과는 거리가 멀었다. 위에서 다룬 바에 따르면, 국가들은 24여건의 사태에서 집단살해방지협약을 위반했지만 안보리는 단 4건의 사태에서만 무력행사를 승인하는 데에 그쳤다. 안보리는 대부분의 경우 무관심으로 팽배해 있었고, 상임이사국들은 이해관계에 따라 언제라도 거부권을 행사할 준비가 되어있었다. 결국 안보리는 무력행사를 승인하거나 그렇지 않은 결정을 내리는 데에 있어 중립적인 판단기준을 유지하지 못했다. 즉, 집단살해방지협약은 법의 지배를 실현하는 데에 실패한 것이다.

조약으로 강행규범을 변경하려는 관점에서 볼 때, 조약의 체결 당시에 이를 수락하며 또한 인정하는 국가들의 규모가 문제로 된다.[71] 조약은 그 체결 당시에 일반 국제법의 절대규범과 충돌하는 경우에 무효이므로, 조약이 그 체결 당시에 강행규범의 지위를 가지고 있어야 강행규범을 변경할 수 있다. 그런데 여기서 강행규범은 전체로서의 국제공동사회가 수락하며 또한 인정하는 규범이다. 일설에 따르면, 새로운 강행규범에 대한 국제사회의 수락과 인정은 조약이 얼마나 많은 국가의 비준과 가입을 통해 발효되었는지를 통해 확인할 수 있다고 한다.[72] 비록 많은 국가들이 서명하였더라도 적은 국가들의 비준과 가입만으로 발효될 수 있다면, 조약은 발효 당시에 강행규범에 위배되어 무효로 된다는 것이다. 그러므로 인도적 조약은 조약이 발효되기까지 비준하고 가입한 국가들의 규모에 따라 그 정당성이 좌우된다. 결국 최종적인 판단은 개별 조약들을 구체적으로 검토하는 과정에서 내려져야 할 것이다.

---

71) 조약법에 관한 비엔나협약 제53조.

72) Yoram Dinstein, *War, Aggression, and Self-defence* (Cambridge University Press, 2001), p.97.

실질적 정의나 국제법규범의 지위와 관련해서는 절을 바꾸어 자세히 살펴보기로 한다.

(1) 실질적 정의와 인도적 조약의 정당성

실질적 정의의 달성과 관련하여 볼 때, 집단살해방지협약이 집단살해 금지를 달성하고 있는 정도와 인도적 조약이 집단살해 금지를 달성할 가능성이 문제로 된다. 그런데 거듭 다룬 바에 따르면, 집단살해방지협약이 효과적으로 집단살해 금지를 달성하고 있다는 판단을 내리기 어렵다. 따라서 인도적 조약이 집단살해 금지를 달성할 수 있는 정도가 실질적 정의의 기준에 의거한 인도적 조약의 정당성 판단을 결정짓게 된다.

그러나 효과적인 집단살해 금지를 논하기 위해서는 먼저 집단살해가 가지는 독자적인 특징에 주목해 볼 필요가 있다. 일설에 의하면, 인도적 조약의 대상이 되는 집단살해는 인권문제의 일부에 해당하면서도 관련된 문제들과 구분되는 독특한 속성을 지닌다.[73] 일반적인 인권문제와 관련하여 대부분의 국가들은 타국과의 별다른 협조 없이도 자국 내에서의 인권을 신장시키기에 충분한 능력을 보유하고 있다. 그러나 여전히 상당수의 국가들은 자유롭게 인권을 침해할 수 있기를 원하며 자국 내의 인권상황을 개선하는 데에 별다른 의지를 보이지 않는다. 그럼에도 인권침해국의 부정적 행위가 타국에 영향을 끼치는 경우는 매우 드물기 때문에, 국가들은 타국의 인권 상황을 개선하는 데에 별다른 관심을 기울이지 않는다. 집단살해와 관련해서도, 대부분의 국가들이 자국 내의 상황을 해결할 수 있는 능력을 보유하고 있지만, 여전히 집단살해 금지를 준수하려는 의지가 부족한 국가들 또한 존재한다. 그러나 다른 인권문제와 달리 집단살해는 대량

---

73) Ryan Goodman & Derek Jinks, "How to Influence States: Socialization and International Human Rights Law," *Duke Law Journal*, Vol. 54, No. 3, 2004, pp.628-629.

난민 발생과 직결되므로 인접국들에게 심각한 사회불안정을 야기한다. 물론 집단살해는 간헐적인 현상이며 그 영향 또한 인접지역으로 한정된다. 그러나 일국에서 발생한 집단살해는 분명히 그 인접국들에게 영향을 끼치므로, 이는 집단살해가 발생한 국가의 상황을 개선하려는 인접국들의 의지로 이어질 수 있다.

아래에서는 이러한 집단살해의 특성을 바탕으로 인도적 조약이 어느 정도까지 집단살해 금지를 달성할 수 있을 지에 대하여 다룬다. 먼저 일반적인 조약이 국가에게 영향력을 행사하는 방식을 살펴보고, 나아가 인도적 조약이 집단살해 금지와 관련하여 이러한 방식들을 강화시키는 지의 여부를 판단해 본다.

1) 조약이 영향력을 행사하는 방식

인도적 조약이 집단살해 금지를 달성할 수 있는 지의 문제는 결국 인도적 조약이 국가들에게 집단살해 방지를 준수하도록 실질적인 영향력을 행사할 수 있는가의 문제이다. 따라서 일반적인 조약이 어떤 방식을 통해 국가에게 영향력을 행사하여 스스로를 준수하게 하는 지에 대해 살펴볼 필요가 있다.

기존의 논의에 따르면, 조약이 국가에게 영향력을 행사하는 방식은 크게 강제와 설득으로 분류될 수 있다고 한다.[74] 먼저, 강제의 방식은 물질적인 보상과 제재를 통해, 조약을 준수하는 행위로 얻을 수 있는 이익 그리고 조약에 위배되는 행위로 부담하게 될 손해를 증가시키는 방법이다. 즉, 대상국이 원하는 바를 본질적으로 변화시키는 것이 아니라 상벌체계를 통해 손익계산의 결과를 수정하려는 목적을 가진다. 다음으로, 설득의 방식은 지속적인 계몽과 정보전달을 통해, 새로운 규범이 제시하는 바람직한 행위들을 대상국에게 내면화시킴으로써 그 선호를 변화시키는 방법이다. 이는 구체적으로, 새로운 규범을 기존에 널리 수용된 다른 규범에 '연결'하여 소개하거나, 통념에 반하는 새

---

74) *Ibid.*, pp.633-637.

로운 정보를 발굴하여 새로운 규범의 정당성에 대해 '주의를 환기'하는 등의 전략적 접근을 통해 실현된다.

물론 이 두 가지 방식을 통해 효과적으로 조약의 목적을 달성하기 위해서는, 각각의 방식을 동시에 사용했을 때 발생하는 상호작용을 고려해야 한다. 나아가 조약의 규범력이 발전되어가는 양상에 따라 어느 단계에 어느 방식이 최대의 효과를 거둘 수 있는지에 대한 이해가 필요하다. 그러나 궁극적으로는 이러한 방식들이 가장 효율적으로 작동할 수 있는, 일국적 차원과 국제적 차원의 정치·경제·사회적 상황에 대한 검토가 요구된다.

2) 강제의 방식의 강화 여부

인도적 조약의 체결로 강제의 방식이 강화되었다는 결론을 내리기 위해서는, 그로 인해 피간섭국이 집단살해 금지를 위반하여 얻을 이익이 줄거나, 입을 손해가 늘어야 한다. 그런데 인도적 조약은 집단살해 방지를 위한 무력사용에의 사전동의를 의미하므로, 인도적 조약의 체결은 피간섭국이 입을 손해로 연결될 수 있다. 따라서 집단살해 금지의 위반국이 입을 손해가 늘어나려면, 인도적 조약의 체결로 위반국에 대한 인도적 간섭이 실제로 증가하여야 한다. 아래에서는 강제와 설득의 방식에 의한 인도적 조약의 영향력을 근거로 인도적 간섭의 증가 여부를 살펴보고, 이를 통해 강제의 방식이 강화되었는지의 여부를 판단해 본다.

인도적 간섭을 촉진하는 요인과 관련하여서는, 조약의 체결 여부와 관련 없는 손익계산의 측면과 관련 있는 규범 내면화의 측면으로 나누어 볼 수 있다. 인도적 조약의 체결 여부와 관계없이, 집단살해는 대량의 난민을 발생시키므로 인접국들은 인도적 간섭을 통해 집단살해를 중지시킴으로써 난민문제를 해결하는 이익을 얻을 수 있다. 그러나 그 밖의 국가들은 인도적 간섭으로 타국 내의 집단살해가 중지되어도, 여타의 인권문제들과 같이 별다른 이익을 얻기 힘들다. 반면에 조약이 체결되어, 집단살해에 대한 인도적 개입을 각국이 내면화하기 시작하면, 그 국가들의 선호체계가 개입에 호의적으로 변화되어, 이익에 무관하게도 개입이 증가할 수 있다.

인도적 간섭을 억제하는 요인과 관련하여서는, 조약의 체결 여부와 관련 없는 손익계산과 관련 있는 손익계산으로 나누어 볼 수 있다. 인도적 간섭은 본질적으로 무력행사이므로 이를 실행하기 위해서는 인적·물적 자원의 소모가 불가피하고, 이러한 손해는 조약의 체결 여부와 무관하다. 코소보 사태의 경우, 집단살해 방지에 결정적이었던 NATO의 공습은 77일에 걸쳐[75] 23억에서 40억달러의 비용을 수반하였다.[76] 소말리아 사태의 경우, 미국이 독자적으로 사용한 비용을 제외하더라도 2년여에 걸쳐 약 16억달러의 비용이 소모되었고, 154명이 사망하였다.[77] 아프리카의 경우에도, 서아프리카공동체가 나이지리아의 주도로 라이베리아에 간섭하였는데, 8년여에 걸쳐 10억달러 이상이 소요되었고 500여명이 목숨을 잃었다.[78] 그러나 인도적 조약에 근거하지 않는 인도적 간섭은 단순불법으로 침략행위에 해당하므로, 인도적 간섭을 실행한 국가는 국제사회의 다양한 제재의 대상이 된다. 우선 피간섭국을 회원국으로 하는 집단안보기구는 집단적 자위권을 근거로 무력행사를 통해 간섭국을 제재할 수 있다.[79] 나아가 유엔과 지역적 약정 또는 지역기구는 헌장에 따라 권고, 병력의 사용을 수반하지 아니하는 조치 및 나아가 공군, 해군 또는 육군에 의한 조치로 간섭국을 제재할 수 있다.[80] 그러나 유엔의 상임이사국들은

75) http://www.nato.int/kosovo/history.htm.

76) http://www.csbaonline.org/4Publications/PubLibrary/U.19990610.Total_Cost_Of_Alli/U.19990610.Total_Cost_Of_Alli.php.

77) http://www.un.org/Depts/dpko/dpko/co_mission/unosom2facts.html.

78) Gareth Evans & Mohamed Sahnoun, *The Responsibility to Protect: Report of the International Commission on Intervention and State Sovereignty: Supplementary Volume*(International Development Research Centre, 2001), p.84.

79) 유엔헌장 제51조.

이러한 국제사회의 제재와 관련하여 예외적이다. 이들은 개별 국가로서 거대한 군사력과 경제력을 보유하고 있으며, 다양한 국제기구들에서 주요 회원국으로서 지대한 영향력을 행사한다. 더욱이 이들은 안보리의 의사결정 과정에서 거부권까지 행사할 수 있으므로, 상대적으로 국제사회의 제재와 관련하여 자유로울 수 있다.

결론적으로 보면, 인도적 간섭을 통해 난민문제를 해결하는 이익을 얻을 수 있는 인접국들 중 조약의 체결로 부담이 감소하는 중소국가들이 간섭을 증가시킬 가능성이 높다. 따라서 집단살해의 발생 가능성이 높은 지역의 중소국가들이 인도적 조약을 체결할 때, 기존의 집단살해방지협약보다 강제의 방식을 강화할 수 있다. 유엔헌장을 개정하는 것보다 집단살해가 다발하는 지역에서 제한된 수의 국가들이 인도적 조약을 체결하는 것이 효과적인 것이다. 그러나 무력행사를 위해 소요되는 인적·물적 비용은 군사력과 경제력에서 취약한 중소국가들이 인도적 간섭을 실행하는 것을 차단한다. 그러므로 일국이 부담하는 비용을 축소하기 위해 인접국간의 협력을 강화하고, 비인접국을 포섭하면서도 이것을 인도적 간섭의 실행을 억제하지 않는 범위 내에서 이루어야 한다. 결국 인도적 조약이 강제를 강화하여 집단살해 금지를 달성하고 정당성 기준을 만족시키기 위해서는, 인접국간의 협력을 동원하고 비인접국의 참여를 조절하는 조약설계의 기술이 중요해진다.

구체적으로 인도적 간섭을 실행할 권한을 보유하는 측과 관련하여 체결국 각자를 간섭의 주체로 하는 조약과 체결국으로 구성된 국제기구를 주체로 하는 조약을 생각해 볼 수 있다. 비용을 분담시키려는 면에서 보면, 인접국간의 협력과 비인접국의 참여를 제도화하기 용이한 국제기구를 주체로 설계하여야 유리하다. 그러나 비인접국은 인도적 간섭에 관하여 부정적인 손익계산을 가지기 쉬우므로, 비인접국이 인

80) 유엔헌장 제40-42조.

도적 조약의 의사결정 과정에 많이 참여할수록 국제기구의 손익계산도 부정적으로 되기 쉽다. 따라서 국제기구를 주체로 하면서도 손익계산을 긍정적으로 유지하는 수준에서 비인접국의 참여를 조절해야 인도적 조약이 강제를 강화할 수 있다. 나아가 하나의 비인접국인 체약국의 손익계산이 국제기구의 손익계산을 대체할 수 있다는 점에서 안보리와 같은 형태의 거부권은 인정하지 않아야 역시 강제를 강화할 수 있다.

3) 설득 방식의 강화 여부

인도적 조약의 체결로 설득의 방식이 강화되었다는 결론을 내리기 위해서는, 그로 인해 집단살해 금지가 국제적 차원의 관심사로서 체약국들 간에 지속적으로 심도있게 논의되어야 한다. 나아가 이를 바탕으로, 국내적 차원에서 집단살해 금지가 중요한 정치적 의제로 부각되어 체약국들의 의사결정에 결정적인 영향을 미쳐야 한다. 그러나 인도적 조약이 무력행사를 내용으로 하며 강제의 방식을 중시하는 점을 고려하면, 국제적·국내적 모든 차원에서 규범 내면화에 부정적으로 작용하기 쉽다. 집단살해와 관련한 국제적 논의가 무력행사와 연계된다면, 체약국들은 자국의 인권상황에 대한 정보를 타국과의 관계에서 감추려 하므로, 이는 '주의환기'의 전략을 무력화시킨다. 또한, 국내의 여론형성 과정에서 무력행사가 부각된다면, 조약이 집단살해 금지를 고양하려는 점은 무력금지원칙을 위반하는 점과 함께 다루어질 수밖에 없고, 이는 '연결'의 전략을 전도시킨다. 따라서 인도적 조약이 설득을 강화하여 집단살해 금지를 달성하고 정당성 기준을 만족하기 위해서는, 강제와 설득의 상호작용을 유화시키는 조약설계의 기술이 중요해진다.

그런데 부정적 상호작용을 전제하여도 우선 강제의 방식을 중시하지 않는다면, 위반국들에 대하여 설득의 방식이 작용할 수 있는 국내외적 환경을 구축하는 것 자체가 불가능하다. 그러므로 집단살해 금지가 달성되어가는 양상에 따라 값비싼 강제에서 효율적인 설득으로 강조점을 변경할 수 있도록 폭넓은 대응수단을 갖춘 조약이 요구된다. 또한 인도적 간섭을 실행할 권한을 보유하는 측과 관련하여 보면, 집단살해와 관련한 국제적 논의를 제도화할 수 있다는 점에서 국제기구를 주체로 하는 조약이 유리하다.

(2) 국제법규범의 지위와 인도적 조약의 정당성

국제법규범간의 상대적 순위와 관련하여 볼 때, 집단살해 금지의 규범적 지위와 무력금지원칙의 규범적 지위가 문제로 되는 듯 보인다. 더욱이 두 가지 규범이 모두 동등한 강행규범의 지위를 가지므로, 이러한 문제는 강행규범 내에서 다시 상대적 순위를 결정해야 하는 난제로 여겨질 수 있다. 그러나 이러한 사실에 앞서 상대적 순위가 결정되어야 하는 규범은 인도적 조약이 저해하거나 고양하려는 가치를 담고 있어야 하는 점에 주목해야 한다. 인도적 조약이 고양하려는 국민적, 인종적, 민족적 또는 종교적 집단의 생존이라는 가치가 집단살해 금지에 담겨 있는 점은 쉽게 파악할 수 있다. 그러나 인도적 조약이 무력금지원칙에 담겨 있는 국제평화와 안전의 유지라는 가치를 저해하는 지의 여부 또한 문제가 되는 것이다.

인도적 간섭이 적법하도록 헌장을 개정하자는 주장에 대해, 이는 인도적 간섭을 가장한 무력행사의 증가를 불러와 국제평화와 안전이 붕괴되도록 부추길 뿐이라는 비판이 있다.[81] 이러한 비판에 따르면, 인도적 조약의 정당성을 긍정하는 주장에 대해서도 국제평화와 안전의 유지라는 가치를 저해한다는 비판이 가능해진다. 그러나 일설에 따르면, 이러한 비판은 무력행사를 인도적 간섭으로 구성하려는 노력이 최종적인 무력행사의 결정까지 이르는 과정에 미치는 영향을 고려하지 않은 것으로 지적된다.[82] 오히려 인도적 간섭이 적법한 국제법

81) Ryan Goodman, "Humanitarian Intervention and Pretexts for War," *American Journal of International Law*, Vol. 100, 2006, pp.108-109.
82) *Ibid.*, p.135.

체계가 기존의 국제법체계보다 국가들에 의한 무력행사를 줄일 수 있다는 것이다. 바꾸어 생각해 보면, 인도적 조약의 정당성이 긍정되어야 국제평화와 안전의 유지라는 가치가 고양될 수 있다는 결론으로도 된다.

이 견해는 국가간의 분쟁이 단순한 외교적 분쟁에서 최종적인 무력행사에 이르기까지의 중간과정에 주목한다.83) 즉, 무력행사의 결정은 집권세력의 일순간의 판단에 의존하기보다 국민 일반, 대립하는 정치세력 등과의 상호작용을 통해 점진적으로 도출된다는 것이다. 나아가 집권세력은 분쟁을 강화하는 결정을 포장하는 논리를 동원하는데, 이러한 논리가 국가의 의사결정 과정에 되먹임되어 역으로 무력행사의 결정 여부를 좌우할 수 있다고 본다. 즉, 분쟁을 강화하는 결정을 포장하는 논리가 무엇이냐에 따라 집권세력이 차후의 결정에서 분쟁을 강화할 수 있는 여지가 한정된다는 것이다. 그런데 이 견해가 제시하는 경험적 자료에 따르면, 분쟁을 강화하는 결정을 포장하는 논리로 인도적 간섭이 동원된 경우 다른 논리의 경우보다 무력행사에 이르는 빈도가 낮았다. 즉, 결정을 포장하는 논리로 인도적 간섭이 동원되면 될수록 무력행사가 줄어들고 국제평화와 안전의 유지라는 가치가 고양될 수 있는 것이다.

그러므로 바로 이 지점에서 위에서 다룬 바와 같이 국제법규범이 국가의 의사결정에 영향력을 행사하는 점이 중요해진다. 즉, 국가가 분쟁을 강화하는 과정에서 국제법규범이 국가의 결정을 적법하게 포장하도록 국가에게 영향력을 행사하는 점이 부각되는 것이다. 다시 말해, 기존의 국제법체계에서보다 인도적 간섭이 적법한 국제법체계에서 결정을 포장하는 논리로 인도적 간섭이 더욱 많이 동원될 수 있다는 것이다.

결론적으로 보면, 분쟁을 강화하는 논리로 인도적 간섭이 동원될

---

83) *Ibid.*

수록 무력행사가 감소하므로, 인도적 간섭이 적법한 국제법체계가 오히려 국제평화와 안전의 유지라는 가치를 고양시킨다. 따라서 이에 준하여 인도적 조약의 정당성이 긍정되어도 무력금지원칙이 담고 있는 가치는 저해되지 않는 것이다. 결국 인도적 조약은 집단살해 금지가 담고 있는 국민적·인종적·민족적 또는 종교적 집단의 생존을 고양할 뿐이므로, 국제법규범의 지위와 관련한 정당성 기준을 만족한다.

3. 소 결

이 절에서는 인도적 조약의 정당성 여부를 검토하기 위해 인도적 조약을 '변경을 위한 불법'과 관련된 4가지의 정당성 기준에 비추어 검토해 보았다. 첫째로, 기존의 국제법이 법의 지배를 실현하고 있는 정도와 관련하여 볼 때, 집단살해방지협약은 그 정도가 낮으므로 인도적 조약은 이 기준을 만족한다. 둘째로, 새로운 국제법이 실질적 정의를 달성할 가능성과 관련하여 볼 때, 인도적 조약이 집단살해 방지를 달성하는 방식을 강화하는 조약설계의 기술이 중요해진다. 구체적으로 인도적 조약은 집단살해위험지역에 인접한 중소국가들을 중심으로 체결되는지, 무력행사를 실행하는 주체를 국제기구로 구성하고 있는지, 비인접국의 참여가 손익계산을 왜곡하지 않는 수준으로 조절되는지, 집단살해에 대응하기 위한 수단을 다양하게 보유하고 있는지 등의 여부에 따라 이 기준을 만족하는 지의 여부가 좌우된다. 셋째로, 불법이 저해하는 가치를 담고 있는 국제법규범의 지위와 관련하여 볼 때, 인도적 조약은 무력사용 금지에 담겨진 국제평화와 안전의 유지를 저해하지 않으므로 이 기준을 만족한다. 넷째로, 불법이 기존의 국제법을 새로운 국세법으로 대체시킨 정도와 관련하여 볼 때, 인도적 조약이 발효되기까지 비준하고 가입한 국가들이 많을수록 이 기준을 만족하게 된다.

정리해 보면, 인도적 조약은 일반적으로 첫째와 셋째의 정당성 기준을 만족하지만, 둘째와 넷째의 기준을 만족하는 지의 여부는 구체적인 사례를 통해 검토되어야 하는 것이다.

Ⅵ. 아프리카연합헌장의 정당성 검토

아프리카연합헌장은 인도적 조약을 포함하고 있으며, 형식적인 관점에서 볼 때 엄연히 무력사용 금지에 위배되는 불법에 해당한다. 하지만 인도적 조약은 위에서 살펴본 바와 같이 그 정당성 여부에 따라 법적 평가가 달라질 수 있다. 따라서 아프리카연합헌장이 최초의 인도적 조약임을 감안하면 정당성 기준을 적용하여 이를 평가하는 작업은 앞으로의 인도적 조약들을 위해 중요한 의미를 지닐 수 있다. 아래에서는, 먼저 아프리카연합헌장이 포함하는 인도적 조약 부분의 구체적인 내용을 살펴보고 나서, 이에 대해 실질적 정의와 국제법의 대체와 관련된 기준을 통해 그 정당성 여부를 검토해 보고자 한다.

1. 아프리카연합헌장의 내용

인도적 간섭을 실행할 권한을 보유하는 측과 관련해서 볼 때, 아프리카연합헌장은 국제기구를 주체로 하는 인도적 조약으로, 특히 총회와 평화안전보장이사회가 핵심적인 기능을 담당한다. 여기서 총회는 53개 회원국의 국가수반, 정부수반 또는 이들의 적법한 자격을 가지는 대표로 구성된다.[84] 최소 연 1회는 소집하도록 되어 있으나,[85] 집단살해 방지를 위한 지속적인 업무수행을 위해 추가로 상설기관인 이사회가 설치되었다. 이사회는 2년 임기의 10개 이사국과 3년 임기의

84) Constitutive Act of the African Union article 6 1.
85) *Ibid*. article 6 3.

5개 이사국 총 15개의 이사국으로 구성되며,[86] 지속적인 활동을 위해 각 이사국은 연합본부에 상주대표를 파견하여야 한다.[87] 이사회의 회합은 두 개의 수준으로 구분되는데, 상주대표급에서는 최소 월 2회, 장관이나 국가, 정부수반급에서는 최소 연 2회는 소집하여야 한다.[88]

무력행사의 결정과 관련하여 보면, 아프리카연합은 전쟁범죄, 집단살해, 인도에 반하는 죄와 같은 심각한 상황이 발생하였을 때 총회의 결정에 따라 회원국에 간섭할 수 있다.[89] 이때 총회는 우선 총의에 의해 결정하고, 여의치 않을 경우 전체 회원국 3분의 2의 찬성으로 결정한다.[90] 이와는 별도로 평화안전보장이사회는 총회가 헌장에 따라 간섭을 결정하도록 권고할 수 있는데,[91] 이 역시 우선 총의에 의하고, 이후에 전체 이사국 3분의 2의 찬성에 의한다.[92] 최종적으로 총회는 이사회의 권고를 접수하고, 고려하고, 이에 대해 결정을 내릴 수 있다.[93]

유엔과의 관계와 관련하여 보면, 아프리카연합은 유엔 안보리를 고려하면서도 아프리카의 문제와 관련하여서는 무력행사의 승인에 대한 독점적 지위를 인정하지 않는다. '아프리카연합 평화안전보장이사회의 설립에 관한 의정서'는 우선 아프리카연합의 전반적인 안보체제가 아프리카의 평화와 안보를 증진시키기 위한 일차적인 의무를 부담한다고 규정하였다.[94] 그런 다음 이사회가 위의 의무를 달성하기 위한

86) Protocol Relating to the Establishment of the Peace and Security Council of the African Union, article 5 1.

87) *Ibid.* 8 1.

88) *Ibid.* 8 2.

89) Constitutive Act of the African Union, article 4 (h).

90) *Ibid.* article 7 1.

91) Protocol Relating to the Establishment of the Peace and Security Council of the African Union, article 7 1. e.

92) *Ibid.* article 8 13.

93) Constitutive Act of the African Union, article 9 1. (b).

범위 내에서 국제평화와 안전을 유지하기 위한 일차적 의무를 부담하는 안보리와 협력하도록 하였다.[95] 따라서 이사회는 무력행사와 관련하여 안보리와 단지 협력관계를 가지며, 안보리의 승인이 있어야만 이사회가 무력행사를 권고할 수 있도록 되어 있는 것이 아니다. 더욱이 이사회는 아프리카 내에서 연합의 평화·안전·안정의 유지와 증진을 위한 활동과 관련하여 필요에 따라 유엔에 재정·보급·군사면에서의 지원을 요청하도록 되어 있다.[96] 결국 이사회와 안보리의 협력관계도 무력행사의 결정과 관련한 것이라기보다는 이사회가 안보리에게 연합의 활동을 보조해 주도록 요청할 수 있는 것에 지나지 않는다.

2. 아프리카연합헌장의 정당성 여부

실질적 정의의 기준과 관련하여 볼 때, 우선 아프리카대륙의 국가들 간에 체결된 조약이라는 점은 정당성 여부에 긍정적으로 작용한다. 1955년 이후 발생한 23건의 집단살해 중 10건이 아프리카에서 일어났으며, 아프리카의 어느 국가도 국제사회에서 상임이사국 수준의 영향력을 행사하고 있지 못하다. 즉, 아프리카연합헌장은 인도적 조약이 집단살해위험지역에 인접한 중소국가들을 중심으로 체결되어야 한다는 원칙을 충족하고 있다. 나아가 유엔을 의사결정에 관여할 수 없도록 하면서도 보조적 지원은 요청하도록 규정한 점 또한 긍정적이다. 즉, 인도적 조약에서 비인접국의 참여가 손익계산을 왜곡하지 않는 수준으로 조절되어야 한다는 원칙을 충족하고 있다. 게다가 무력행사 이외에도 아프리카 법원을 통한 형사적 제재, '아프리카 발전을 위한 신협력안'을 통한 경제협력 등을 통해 장기적인 안목에서

94) *Ibid.* article 16 1.
95) *Ibid.* article 17 1.
96) *Ibid.* article 17 2.

유연한 대처가 가능한 점도 긍정적이다. 즉, 인도적 조약은 집단살해에 대응하기 위한 수단을 다양하게 보유하고 있어야 한다는 원칙을 충족하고 있다. 전반적으로 아프리카연합헌장은 실질적 정의의 기준을 매우 훌륭히 달성하는 조약체계를 완성하였다고 할 수 있다.

국제법의 변경 정도와 관련하여 볼 때, 유엔헌장의 개정에도 192개 회원국 중 3분의 2의 찬성이 필요한 점을 감안하면, 53개국이 체결한 조약은 그 효과가 미약하다고 할 수도 있다. 그러나 아프리카연합은 아프리카 지역의 문제를 다루기 위한 기구로 모로코를 제외한 모든 아프리카 국가가 회원국으로 참여하고 있는 점을 고려하여야 한다. 특히 아프리카연합은 유엔 총회의 결정을 통해 그 전신인 아프리카통합기구의 자격을 승계하여 총회에서 옵저버의 자격을 가지게 되었다. 이러한 결정은 아프리카연합 회원국들에게로 한정되어 인도적 조약이 적용되는 것에 대하여, 유엔 회원국들이 묵시적인 동의를 표현한 하나의 방식으로도 이해할 수 있다. 따라서 아프리카연합 회원국들 간에 한정하여 아프리카연합헌장은 국제법의 변경의 기준을 충분히 달성하였다고 결론지을 수 있다.

덧붙이자면, 아프리카연합헌장과 관련된 분쟁이 발생하여 ICJ에 계속되는 경우, 인도적 조약의 정당성 여부가 판결의 결과에 영향을 미칠 수 있어야 한다. 따라서 그러한 분쟁은 형평과 선에 의한 재판으로 해결하도록 하는 방향으로 헌장의 개정을 고려해 보아야 할 것이다.

Ⅶ. 결 론

언제나 인류에게 크나큰 충격을 안겨다 주었던 집단살해는 20세기 후반에 접어들어서도 근절되지 못했다. 일부는 집단살해를 방지하기 위해 국가들이 인도적 간섭의 권리를 가진다고 주장하였지만, 유엔헌장에 비추어 볼 때 이는 적법한 논리로 받아들여질 수 없었다. 그런데 이와는 별도로 인도적 조약을 체결하여 국가들에게 인도적 간섭을 허용하자는 주장이 있었고, 최근에 들어 아프리카연합헌장의 체결로 이러한 주장이 실현되기에 이르렀다. 하지만 기존의 국제법과 인도적 조약이 여러 지점에서 충돌함에도 불구하고, 이에 대한 법적인 평가는 여전히 미진한 실정에 그치고 있었다. 따라서 본 논문은 이러한 사실과 문제의식을 바탕으로 인도적 조약의 합법성 여부와 정당성 여부를 검토해 보았다.

먼저 합법성 여부와 관련하여 볼 때, 강행규범에 따르는 법적 효과로서 이에 위배되는 조약은 무효로 되는 점이 중요하다. 인도적 조약은 유엔헌장상 무력금지원칙 내에서 무력사용 금지의 부분에 위배되므로 무효로 된다. 이는 무력사용 금지의 부분이 강행규범의 지위를 가지는 데에 반하여, 인도적 조약이 무력행사를 내용으로 하기 때문이다. 그러나 인도적 조약은 민족자결원칙과의 관계에서는 별다른 규범충돌을 일으키지 않는다.

다음으로 정당성 여부와 관련하여 볼 때, '변경을 위한 불법'과 관련된 4가지의 정당성 기준을 만족하는 지의 여부가 중요하다. 단순불법과 달리 '변경을 위한 불법'에 대해서는 합법에 준하는 법적 평가가 내려지는데, 위의 기준들을 만족하여야만 '변경을 위한 불법'으로서 인정되기 때문이다. 인도적 조약은 일반적으로 법의 지배가 실현되어 있는 정도나 국제법규범간의 상대적 순위와 관련한 기준을 만족한다. 하지만 실질적 정의의 달성이나 국제법을 변경한 정도와 관련한 기준을 만족하는 지의 여부는 구체적인 인도적 조약의 검토를 통해서만 살펴볼 수 있다. 아프리카연합헌장의 경우, 체결국들의 특성, 무력행사의 주체, 비인접국의 참여수준, 대응수단의 다양성 등에 비추어 볼 때 대체적으로 위의 두 기준을 만족한다. 따라서 아프리카연합헌장과 이에 근거한 인도적 간섭은 '변경을 위한 불법'으로 안보리나 ICJ 등에서 합법에 준하는 법적 평가를 받아야 한다.

본 논문은 불법과 합법 사이의 중간지대를 상정하고, 다양한 기준을 통해 그 일부에 대하여 긍정적인 법적 평가를 내리는 결론을 이끌어 냈다. 그러나 국제사회의 철저한 무관심의 깊이와 허무하게 희생되어가는 인명의 무게에 비하면, 이러한 결론도 전혀 충분한 것이 되지 못한다. 물론 혹자는 이를 두고 지나친 정치적 의욕이 결국 법 아닌 것을 법으로 하는 개념조작으로까지 진행하였다며 맹렬한 비난을 아끼지 않을 것이다. 하지만 올바르지 못한 법이 법이어야 하는 것은 우리 모두가 악하기 때문이다. 악한 자들이 도대체 법에 대해서만 올바름을 요구할 수 있다는 것인가? 어리석은 이야기다. 마지막으로 아프리카연합 평화안보이사회 의사록의 일부를 인용하며 이 글을 마치고자 한다.

> "더 이상은, 다시는 이런 일들이 일어나서는 안됩니다. 아프리카 사람들은 … 이제 이 대륙에서 자행되는 비극들을 지켜보며 이것이 유엔이나 다른 누군가의 책임이라고 말하지 않을 것입니다. 우리는 간섭을 허용하지 않는 것에서 무관심을 허용하지 않는 것으로 생각을 바꾸었습니다. 우리 아프리카 사람들은 더 이상 주위의 비극에 대해 무관심한 채로 남아 있지 않을 것입니다."[97]

---

97) Kristiana Powell, *The African Union's Emerging Peace and Security Regime* (North-South Institute, 2005), p.1.

<참고문헌>

Ⅰ. 단행본

김대순, 『국제법론』, 제10판(삼영사, 2005).

Ademola Abass, *Regional Organisations and the Development of Collective Security: Beyond Chapter VIII of the UN Charter* (Hart, 2004).

L. Oppenheim, *Oppenheim's International Law* (Longman, 1992).

Alexander Orakhelashvili, *Peremptory Norms in International Law* (Oxford University Press, 2006).

Andreas Zimmerman, *The Statute of the International Court of Justice: A Commentary* (Oxford University Press, 2006).

Bruno Simma, *The Charter of the United Nations: A Commentary* (Oxford University Press, 2002).

Ian Brownlie, *International Law and the Use of Force by States* (Clarendon Press, 1963).

____________, *Principles of Public International Law* (Oxford University Press, 2003).

Antonio Cassese(ed.), *The Current Legal Regulation of the use of Force* (M. Nijhoff, 1986).

Simon Chesterman, *Just War or Just Peace?: Humanitarian Intervention and International Law* (Oxford University Press, 2001).

Albert V. Dicey, *Introduction the Law of the Constitution* (Macmillian, 1959).

Yoram Dinsteain, *War, Aggression, and Self-defence* (Cambridge University Press, 2001).

Gregory H. Fox and Brad R. Roth(ed.), *Democratic Governance and International Law* (Cambridge University Press, 2000).

J.L. Holzgrefe & Robert O. Keohane(ed.), *Humanitarian Intervention: Ethical, Legal, and Political Dilemmas* (Cambridge

University Press, 2003).

Mark Lattimer(ed.), *Genocide and Human Rights* (Ashgate, 2007).

Kristiana Powell, *The African Union's Emerging Peace and Security Regime* (North-South Institute, 2005).

Gareth Evans & Mohamed Sahnoun, *The Responsibility to Protect: Report of the International Commission on Intervention and State Sovereignty: Supplementary Volume* (International Development Research Centre, 2001).

Ⅱ. 논 문

이영환, "국제법상 인도적 간섭에 관한 연구," 고려대학교 박사학위논문, 2002.

Allen Buchanan, "From Nuremburg to Kosovo: The Morality of Illegal International Legal Reform," Ethics, Vol. 11(2001).

Robert E. Goodin, "Toward an International Rule of Law," *Journal of Ethics*, Vol. 9(2005).

Ryan Goodman & Derek Jinks, "How to Influence States: Socialization and International Human Rights Law," *Duke Law Journal*, Vol. 54(2004).

Ryan Goodman, "Humanitarian Intervention and Pretexts for War," *American Journal of International Law*, Vol. 100 (2006).

Stanley Hoffman, "Delusions of World Order," *New York Review of Books*, Vol. 39(1992).

Carsten Stahn, "Responsibility to Protect: Political Rhetoric or Emerging Legal Norm?," *American Journal of International Law*, Vol. 101(2007).

David Wippman, "Treaty-Based Intervention: Who Can Say No?," *University of Chicago Law Review*, Vol. 62(1995).

Ⅲ. 기타 자료

– 웹문서

http://www.csbaonline.org/4Publications/PubLibrary/U.19990610.Total_Cost_Of_Alli/U.19990610.Total_Cost_Of_Alli.php

http://www.cfr.org/publication/13400/hbo_history_makers_series_rush_transcript_federal_news_service_inc.html

http://www.nato.int/kosovo/history.htm

http://www.ohchr.org/english/countries/ratification/1.htm

http://www.un.org/Depts/dpko/dpko/co_mission/unosom2facts.html

– 조 약

국제사법재판소규정

국제연합헌장

조약법에 관한 비엔나협약

집단살해죄의 방지와 처벌에 관한 협약

Constitutive Act of the African Union

Protocol Relating to the Establishment of the Peace and Security Council of the African Union

– 판 례

case concerning Armed Activities on the Territory of the Congo (New Application: 2002) (Democratic Republic of the Congo v. Rwanda)

case concerning Military and Paramilitary Activities in and against Nicaragua(Nicaragua v. United States of America)

case concerning The Application of the Convention on the Prevention and Punishment of the Crime of Genocide (Bosnia and Herzegovina v. Serbia and Montenegro)

- UN 문헌

A/42/766

G.A. Res. 2625(XXV)

G.A. Res. 3314(XXIX)

ILC Yearbook, 1966, Vol. II.

ILC Yearbook, 2001

제 4 편

영토, 조약 그리고 사법적 해결

영유권 관련 국제사법재판소 등 국제재판에서의 판례상 역사적 권원 및 실효적 지배 개념의 형성과 변천 및 오늘날의 의의*

안 태 희

* 第10회(2010) 대학(원)생 국제법 논문 경시대회 대학원생 부문 최우수상.

Ⅰ. 서 론

영토의 주권에 관한 분쟁은 15~16세기 서구열강이 본격적으로 영토확장에 뛰어들기 시작하면서 시작되었다고 볼 수 있다. 영토취득 경쟁이 과열되자 1884년 베를린회의 등 여러 국제회의와 조약들을 통하여 이를 규제하기 위한 시도가 나타났으며, 20세기에 들어서서 양차에 걸친 세계대전의 종결후 열강들이 식민지를 해방하기 시작하자 구 식민지국가들 간 영토분쟁이 대두되기 시작하였다. 영토분쟁과 관련된 국제판례들은 크게 서구열강간의 영토분쟁, 구 식민국가들 간의 영토분쟁으로 나누어 볼 수 있는데, 분쟁당사국들은 서구유럽국가간 혹은 이들과 중남미 국가간에서 중동 및 아프리카, 아시아에 이르기까지 계속해서 그 범위가 확대되어 왔으며 이들은 중재재판소 혹은 국제사법재판소(설립 이전에는 상설국제사법재판소)를 통해 분쟁의 해결을 꾀하여 왔다.

한편 국제재판소들은 영토분쟁을 해결함에 있어서 선점(occupation), 시효(prescription), 할양(cession), 첨부(accretion), 정복(conquest) 등 다양한 영토권원에 근거하여 판결을 내려왔다. 또한 판례는 이들과는 별개로, 때로는 중첩적으로 역사적 권원(historic title) 및 실효적 지배(effective occupation 혹은 effective control)라는 개념을 통하여 영토분쟁을 해결하였는데, 분쟁당사국들은 역사적 권원에 기해 자국이 시원적으로 주권을 행사해 왔다는 점을 주장하거나, 실효적 지배에 기해서는 이는 자국이 유효한 주권을 행사해 왔다는 결정적인 증거에 해당된다는 점을 주장하였다.

오늘날 한국의 독도영유권을 문제삼는 일본은 역사적 권원과 실효적 지배를 근거로 자국이 주권을 보유해 왔고 한국은 독도를 불법으로 점유하고 있는 것일 뿐이라고 주장하고 있으며, 이에 대한 대응으로서 한국 또한 역사적 권원과 실효적 지배의 성립을 주장하고 있다.

이러한 현실에서 국제재판소 판례를 통해 형성·발전되어 온 역사적 권원과 실효적 지배의 법리를 고찰해 보는 것은 국제법적으로 독도에 대한 한국의 주권을 더욱 공고히 하기 위해 반드시 필요하다.

이하에서는 먼저 역사적 권원과 실효적 지배 개념이 국제재판소 판례들을 통해서 어떻게 형성·발전되어 왔는지를 살펴본다. 영토분쟁의 해결에 있어서 국제재판소들이 역사적 권원과 실효적 지배에 어느 정도의 중요성을 부여했는지와 구체적으로 어떤 경우 이들의 성립을 인정했는지에 초점을 둘 것이다. 그 다음으로는 국제재판소 판례들을 통해 발전되어 온 역사적 권원과 실효적 지배의 법리를 바탕으로 일본이 계속해서 문제삼고 있는 한국의 독도영유권에 관해 한국측의 주장과 일본측의 주장을 검토하고자 한다. 판례의 입장에 비추어 양국의 주장을 평가하며 이를 통해 우리가 보완해야 될 점이 무엇인지 살펴보는 것이 최종적인 목적이다.

Ⅱ. 역사적 권원 개념의 발전

역사적 권원은 역사적 사실 자체에 기초한 권원으로서 오랜 기간 널리 알려진 세간의 평가에 의해 형성된 영토권원을 말한다.[1] 영토분쟁의 당사국들은 많은 경우 역사적 권원을 영토권원으로 주장하는 모습을 보여 왔다. 이하에서는 판례에서 언급된 역사적 권원을 유형별로 검토해 보고, 역사적 권원이 판례에서 차지하는 비중을 살펴본다.

---

1) Ian Brownlie, *Principles of Public International Law*, 7th edition(New York: Oxford University Press, 2008), p.142; Yehuda Z. Blum, Historic Rights, in R. Bernhardt(ed.), *Encyclopedia of Public International Law*(Amsterdam: Elsevier Science B.V., 1997), p.710.

1. 형성 및 변천

역사적 권원 개념의 형성에 있어서 큰 영향을 끼친 것은 19세기 공해자유이론과 3마일 영해이론의 정립이다.[2] 바다에 인접한 국가들은 빈번하게 일반적인 국제법규상 그들의 영해 혹은 내수의 범위를 벗어나는 바다에까지 그 영역을 확장하려는 시도를 하였고, 이는 특히 역사적 만(historic bay)과 같이 해안에 인접하여 지리적으로나 경제적으로 연안국에 중요한 의미를 갖는 수역에 관해서 자주 언급되었다.[3] 하지만 역사적 권원은 결코 해양문제에 국한된 개념이 아니었으며, 여러 국제재판소의 판례들을 통해 육지영역 혹은 섬에 대해서도 자주 주장되었던 것을 볼 수 있다. 이들 국제재판소의 판결들을 살펴보면 역사적 권원은 오랜 기간 동안 다양한 형태의 국가행위가 복합적으로 작용하여 형성된 권원으로서, 두 가지 형태를 띠고 있음을 알 수 있다. 첫째는 태고의 점유(immemorial possession)의 형태로, 이는 널리 알려진 역사적 사실 자체에 기초하여 형성된 권원이다. 둘째는 권원의 역사적 응고(consolidation of historic titles)로서, 이는 오랜 세월동안 시효·묵인·점유의 과정을 통해 법적 권원으로서 인정된 경우이다.[4] 이하에서는 국제재판소들의 판례를 통해서 발전되어 온 역사적 권원의 내용을 이들 두 유형으로 나누어 살펴보도록 한다.

(1) 태고의 점유(immemorial possession)

널리 알려진 역사적 사실 자체에 기초한 권원으로서 역사적 권원이 언급된 판례는 다음과 같다.

1931년 클리퍼튼섬 사건에서 멕시코는 오래 전 스페인이 발견에

---

2) Blum, *supra* note 1, p.711.

3) *Ibid.*

4) *Ibid.*; Territorial Sovereignty and Scope of the Dispute(Eritrea/Yemen), Arbitral Award of October 9th, 1998, *Reports of International Arbitral Awards*, Vol. XXII, para. 106.

의해 취득한 클리퍼튼섬에 대해 1836년 스페인을 계승한 자국이 주권을 가지고 있다고 주장하였다.[5] 이러한 멕시코의 주장에 대해 중재재판소는 "멕시코의 역사적 권리(historic right)는 주권의 표명에 의해 증명되지 않는다"라고 하며 클리퍼튼섬에 대해 상당히 미약하긴 하지만 실효적 지배를 행사한 프랑스의 손을 들어 주었다.[6]

1953년 멩끼에와 에끄레오 사건에서는 분쟁당사국이었던 프랑스와 영국 모두 중세시대로까지 거슬러 올라가는 역사적 권원을 주장하였다.[7] 하지만 ICJ는 중세시대 이후 문제의 도서에 대해 양국이 끊임없이 번갈아가면서 점유를 한 사실에 주목하며, "중세시대에 있었던 사건들로부터 도출되는 간접적 추정이 아니라 문제의 섬들의 점유에 직접적으로 관련된 증거가 결정적인 중요성을 갖는다"[8]라고 하여, 오래 전에 성립한 역사적 권원보다 분쟁 당시와 인접한 시기의 실효적인 국가주권의 행사가 결정적인 역할을 한다는 것을 보여 주었다.

2008년 페드라 브랑카/풀라우 바투 푸테, 미들 락스, 사우스 레지에 관한 주권 사건에서도 역사적 권원이 문제가 되었다. 말레이시아는 역사적 권원과 조약상 권원에 주로 근거하여 주장을 펼쳤는데, 분쟁의 대상이 된 도서 중 페드라 브랑카/풀라우 바투 푸테에 대해 ICJ는 다음과 같이 말레이시아의 피승계국인 조호르 왕국의 역사적 권원을 인정하였다.[9]

---

5) *Clipperton Island* case(France/Mexico), 1931, *American Journal of International Law*, Vol. 26, No. 2(1932), pp.390-392.

6) *Ibid.*, p.393.

7) *The Minquiers and Ecrehos* case*(France/United Kingdom), Judgment of November 17th, 1953, I.C.J. Reports 1953*, pp.50-51.

8) *Ibid.*, p.57.

9) 하지만 ICJ는 "조호르 정부는 페드라 브랑카에 대한 소유권을 주장하지 않는다"라고 언급한 1953년 조호르 국무장관서리가 싱가포르 식민성 장관에게 보낸 서한을 통해 조호르 정부는 1953년부터 동 섬에 대한 주권을 갖지 않는다고 보았다. *Case concerning Sovereignty over Pedra Branca/Pulau Batu Puteh, Middle Rocks and South Ledge(Malaysia/Singapore), Judgment of May 23rd, 2008, I.C.J. Reports 2008*, pp.75-76, 80, paras. 204-209,

"역사적・지리적 정황들을 고려할 때 조호르 왕국의 영토는 … 페드라 브랑카/풀라우 바투 푸테 섬을 포함한다. 조호르 왕국의 이러한 점유는 해당 지역의 다른 국가에 의해 반박된 적이 없고 모든 상황 가운데 '계속적이고 평화적인 영토주권의 표시'의 조건을 만족시키고 있는 것으로 보인다. 그러므로 본 재판소는 조호르 왕국이 페드라 브랑카/풀라우 바투 푸테에 대한 원시적 권원(original title)을 가지고 있다고 판단한다."[10)]

(2) 권원의 역사적 응고(consolidation of historic titles)

ICJ의 1951년 영국-노르웨이 어업 사건에 대한 판결에서 언급된 '권원의 역사적 응고'(historical consolidation) 개념은 "명확하고 일관된 체계로서 그 자체로 (타국의) 일반적인 용인을 얻으며 모든 국가들에 대해 집행할 수 있게 하는 근거"를 의미한다.[11)] 권원의 역사적 응고 개념은 특히 Charles de Visscher, R.Y. Jennings 교수 등 몇몇 학자들에 의해서 발전되었으며 *quieta non movere* 원칙에 근거하고 있다. 동 개념에 따르면 오랜 기간 이루어진 국가의 실효적 지배와 타국의 이에 대한 평가(예를 들어, 묵인) 등 제반 요소들은 모두 하나의 권원 응고(consolidation)의 과정에 포함되며, 그 자체로서 단순한 권원 존재의 증거를 넘어선 영토권원으로서의 지위를 부여받는다.[12)] 권원이 역사적으로 응고되었는지에 대한 판단은 국가의 물리적인 행위뿐 아니라 타국의 평가, 의견 및 태도까지 고려하여 이루어지

223.

10) *Ibid.*, p.37, paras. 68-69.

11) *Fisheries* case*(United Kingdom v. Norway), Judgment of December 18th, 1951, I.C.J. Reports 1951*, p.138.

12) 자세한 내용은 Surya P. Sharma, *Territorial Acquisition, Disputes and International Law* (Hauge: Kluwer Law International, 1997), pp.173-175; R.Y. Jennings, *The acquisition of territory in international law* (Manchester University Press, 1963), pp.24-25; 김채형, "영토취득과 실효적 지배기준에 대한 연구," 『국제법학회논총』, 제54권 제2호(2009. 8), 64-65쪽.

는데,[13] 이 개념은 동 사건 이후로 여러 사건에서 ICJ에 의해 언급되었다.

특히 권원의 역사적 응고 개념은 1998년 에리트레아 사건에 대한 중재판정에서 자세히 다루어지고 있다. 동 판정에서 중재재판소는

> "… 원시적 권원은 역사적 만(灣)에 국한된 것이 아니라 이를 포함하는 개념으로서 공공의 세평에 의해 오랜 기간에 걸쳐 확립된, 널리 알려진 지식 그 자체로서 권원이 되는 것을 의미한다. 하지만 역사적 권원은 국제법상 또 다른 의미를 갖고 있는데, 이는 오랫동안 계속된 시효·묵인 혹은 점유를 통해 응고되어 법적 권원으로서 받아들여진 경우이다."[14]
>
> "(영토주권의 확립을 위해) 양국이 제시한 행위들은 Charles de Visscher가 지칭한 점진적인 권원의 '응고'를 보여주기 위한 노력으로서 필연적으로 (그 의미가) 확대되었다."[15]

라고 하며 역사적 권원의 한 형태로서 권원의 역사적 응고 개념을 다루고 있다.

하지만 이후의 판례들을 살펴보면 국제재판소는 권원의 역사적 응고는 영토권원 성립을 판단하는 데 기여하는 하나의 증거일 뿐 그 자체를 영토권원으로서 인정하지는 않으려는 입장을 명확히 하고 있다. 2001년 카타르와 바레인간 해양경계획정 및 영토문제 사건,[16] 2002년 카메룬과 나이지리아간 육지 및 해양경계 사건에 대한 판결[17] 등

---

13) Territorial Sovereignty and Scope of the Dispute(Eritrea/Yemen), *supra* note 4, para. 451.

14) *Ibid.*, para. 106.

15) *Ibid.*, para. 451.

16) *Case concerning Maritime Delimitation and Territorial Questions between Qutar and Bahrain(Qatar v. Bahrain), Judgment of March 16th, I.C.J. Reports 2001*, para. 96.

17) *Land and Maritime Boundary between Cameroon and Nigeria(Cameroon v. Nigeria), Judgment of October 10th, I.C.J. Reports 2002*,

이 이를 다루고 있는 판례에 해당한다. 이들 판례를 살펴보면 '권원의 역사적 응고' 개념은 역사적 권원과는 구별되는 개념으로서, 독립된 영토권원의 취득 방식에 해당하지는 않는다.[18] 오히려 이는 실효적 지배의 개념처럼 영토권원 성립의 하나의 증거로서 기능한다고 볼 수 있다.

2. 평 가

위에서 살펴봤듯이 최근에 이르기까지 영토분쟁에 있어서 국가들은 자주 역사적 권원을 주장하고 있으며, 국제재판소들도 이를 하나의 분명한 영토권원으로서 검토하고 있다. 그러나 판례가 역사적 권원에 근거하여 영토권원을 인정한 사례는 극히 제한적이다(페드라 브랑카 사건에서도 결국 이후의 국가행위에 근거하여 이미 성립한 역사적 권원을 배제하였다). 즉 판례는 역사적 권원의 개념을 인정하지만 거의 대부분의 경우 오래된 역사적 사실보다는 명확한 조약상 권원이나 결정적 시점에 임박한 시기의 실효적 지배에 더 큰 중요성을 부여하고 있다. 심지어 역사적 권원의 성립을 판단하는 경우에조차도 국가에 의한 실효적 지배가 뒷받침되는지 여부를 결정적인 증거로서 검토하는 경향을 보이고 있는데, 이를 모두 종합해 볼 때 역사적 권원은 비록 이론적으로는 독립적인 권원으로서 다루어지고 있지만, 결정적 시점에 임박한 시기에 성립된 명확한 조약이나 실효적 지배보다는 중요성이 떨어짐을 알 수 있다. 그리고 이는 사료의 불명확성과 분쟁당사국들의 주장 간 우월성을 판단하기가 쉽지 않다는 점에 기인하는 측면이 크다. 독도영유권 분쟁에 직면하고 있는 우리나라로서는 역사적 권원의 성립을 뒷받침할 수 있는 명확한 자료들과 논리를 개발하는 것도 중요하

---

paras. 65, 220.

18) *Ibid.*, para. 65; Territorial Sovereignty and Scope of the Dispute (Eritrea and Yemen), *supra* note 4, paras. 106, 450.

지만, 이보다 더 중요한 것이 역사적 권원을 둘러싼 국가행위의 구체화와 분쟁관련 조약에 관한 법논리적인 차원에서의 연구임을 숙지할 필요가 있다.

Ⅲ. 실효적 지배 개념의 발전

국제재판소 판례에서 언급되는 실효적 지배(effective occupation 혹은 effective control)의 개념은 다양한 용어로 표현되고 있다. '국가의 이름으로 행해진 효과적이며, 중단 없는, 그리고 상설적인 점유'[19] 혹은 '계속적이고 평화적인 국가권한의 표시'[20] 등 실효적 지배를 지칭하는 용어는 통일되어 있지 않으나, 이들 간에는 공통된 특징들이 있으며 이를 통해서 국제판례에 나타난 실효적 지배의 요건과 구체적 형태를 파악해 낼 수 있다.

1. 실효적 지배 개념의 형성 및 변천

15~16세기 대항해시대에 들어서면서 국가들은 경쟁적으로 신대륙으로 진출, 영토를 확장하기 시작하였다. 이러한 무주지에 대한 영토취득의 권원으로서 당시 몇몇 학자들은 단순한 발견(discovery)만으로도 취득이 가능하다고 인정하였지만, 또 다른 상당수의 저명한 학자들은 이를 반대하였으며, 국가관행을 살펴보아도 점유(possession 혹은 occupation)가 수반되지 않는 발견은 이후의 실제적인 점유에 의해 뒤집힐 수 있는 불완전한 권원에 불과했다.[21] 즉, 국가가 무주지인 영토를 새로이 취득하기 위해서는 어떤 형태로든 반드시 점유가

19) *The Guiana Boundary* case, RIAA, Vol. Ⅺ, p.21.
20) *The Island of Palmas* case, RIAA, Vol. XX, p.846.
21) Sharma, *supra* note 12, pp.40-42.

수반되어야 했던 것이다. 이러한 점유를 수반한 영토취득이 곧 선점(occupation)으로, 1904년 기아나 국경 사건에 대한 중재판정에서 언급되었듯이 선점이 성립하려면 국가의 해당 영토에 대한 영유의 의사(*animus occcupandi*)와 실효적 지배 두 가지 요건이 갖춰져야만 했다.[22] 여러 판례들에서 '국가의 이름으로 행해진 효과적이며, 중단 없는, 그리고 상설적인 점유' 혹은 '계속적이고 평화적인 주권의 표시' 등 다양한 표현으로 언급된 실효적 지배 개념은 지난 3세기 동안 여러 영토분쟁 사건에서 논의되면서 그 법적 지위가 더욱 확장되었고, 이와 함께 그 중요성 또한 더욱 강화되고 있다. 실효적 지배 개념의 구체적인 형성 및 변천과정을 살펴보면 다음과 같다.

(1) 선점의 요건으로서의 실효적 지배

초기의 국제재판소 판례들에서 실효적 지배는 무주지에 대한 선점이 성립하기 위한 하나의 요건으로서 언급되고 있는 것을 자주 볼 수 있다.

첫째로, 1904년 기아나 국경 사건에 대한 중재판정에서 중재재판관으로 선임된 Victor Emmanuel Ⅲ세는 무주지에 대한 영토취득의 유효한 권원인 선점의 두 가지 요건으로 국가의 영유의사와 국가의 이름으로 이루어지는 실효적 지배를 언급하고 있다. 중재판정에 따르면 이러한 요건이 충족되었는지는 선점이 국가의 이름으로 효과적이며, 중단 없는, 그리고 상설적인 점유(effective, uninterrupted, permanent possession)를 통해 행해졌는지를 통해서 판단할 수 있다.[23]

둘째로, 1931년 클리퍼튼섬 사건에 대한 중재판정은 문제의 영토가 무인도인 경우 실효적 지배요건의 성립에 있어서 더욱 완화된 기

22) *The Guiana Boundary* case, *supra* note 19, p.21; 그리고 이는 이후의 여러 판례에서도 언급되고 있다. *Legal Status of Eastern Greenland(Denmark v. Norway), Judgment, P.C.I.J. Series A/B, No. 53, 1933*, pp.45-46.

23) *The Guiana Boundary* case, *supra* note 19, p.21.

준을 적용하면서 미약하긴 하지만, 프랑스가 실효적으로 해당 지역을 지배했다는 것을 근거로 클리퍼튼섬에 대한 프랑스의 선점을 인정하였다.[24)]

1933년 동부 그린랜드 사건에 대한 PCIJ의 판결에서도 다음과 같이 선점의 요건으로서 실효적 지배개념을 언급하는 것을 엿볼 수 있다.

> "… 특정한 행위나 할양조약과 같은 권원에 기인한 것이 아니라 단순히 계속적인 권한의 표시에 근거한 영토주권의 주장은 반드시 다음의 두 요소를 포함해야 한다: 주권자로서 행위할 의도, 그러한 <u>권한의 표시 혹은 실제적 행사</u>."[25)](* 밑줄은 필자에 의한 것임)

(2) 영토권원 성립의 증거로서의 실효적 지배

하지만 시간이 지남에 따라 실효적 지배를 단지 무주지에 대한 선점의 요건으로서뿐 아니라 조약상 권원, 역사적 권원 등 다른 권원들의 성립 혹은 존속을 뒷받침하는 증거로서 언급하고 있는 판례들이 등장했는데, 이는 영토분쟁의 해결에 있어서 실효적 지배의 역할이 점점 더 강화되어 왔다는 것을 의미한다.

1928년 팔마스섬 사건에서 미국은 자국이 스페인의 팔마스섬에 대한 권리의 승계국임을 주장하였는데, 스페인의 권리는 1648년 뮌스터조약에 의해 확인되었듯이 발견을 통해 취득되었다고 주장하였다.[26)] 그리고 이후 1898년 파리평화조약에서 스페인이 팔마스섬을 포함한 필리핀의 주권을 미국에 할양하였으므로 미국은 팔마스섬에 대한 자국의 실제적 주권의 표시(actual display of sovereignty)는 불

---

24) *Clipperton Island* case(France/Mexico), *supra* note 5, pp.393-394.

25) *Legal Status of Eastern Greenland(Denmark v. Norway)*, *supra* note 22, pp.45-46.

26) *The Island of Palmas* case, *supra* note 20, p.837.

필요하다는 입장을 취하였다.[27] 그러나 사건이 회부된 상설중재재판소(Permanent Court of Arbitration: PCA)는 우선 미국이 권원을 양도받기 위해서는 스페인이 할양 당시 권원을 갖고 있어야 되는데, 19세기 이후의 지배적 견해에 따르면 미국이 스페인의 권원으로 주장한 발견은 실효적 지배에 의해 완성되어야만 하는 불완전한 권원(inchoate title)에 불과하다고 언급하였다.[28] PCA에 따르면 이러한 불완전한 권원은 '타국의 계속적이고 평화적인 권한의 표시'(continuous and peaceful display of authority)에 우선할 수 없는 것이다.[29] 즉, PCA는 네덜란드의 실효적 지배가 미국의 불완전한 권원인 발견에 우선한다고 하며 네덜란드의 주장을 받아들였으며, 나아가 이러한 '계속적이고 평화적인 주권의 표시에 의한 권원'은 타국의 선행하는 확정적 권원이 있는 경우에도 후자가 실제적 권한의 표시에 의해 뒷받침되지 않는 경우 전자가 우선한다고 언급하는 등[30] 실효적 지배의 역할을 선점 이외의 권원에 대한 결정적인 증거로서 확장시키고 있다.

1953년 멩끼에와 에끄레오 사건에서도 문제의 영토는 무주지가 아닌 것으로 다루어졌다. ICJ에 사건을 회부한 프랑스와 영국은 모두 자국이 원시적 권원을 가지고 있으며 실효적 지배를 통해 이를 계속 유지해 왔다고 주장하였다.[31] 그리고 이에 따라 ICJ는 이 분쟁은 무주지에 관한 사건이 아님을 강조하였다.[32] 하지만 1066년부터 1204

---

27) *Ibid.*

28) *Ibid.*, p.846; PCA는 18세기 중반부터 점령은 영토의 취득시뿐 아니라 그에 관한 권리의 유지에 있어서도 동일하게 실효적 지배를 필요로 하는데, 계속적이며 평화적인 권한의 표시가 이를 판단하는데 결정적인 고려사항이 되며, 실효적 지배가 이루어졌다는 것은 곧 해당 영토에 대해 이미 성립한 다른 권한이 존재하지 않는다는 것을 의미한다고 하였다. *Ibid.*, p.839.

29) *Ibid.*, p.846.

30) *Ibid.*, p.867.

31) *The Minquiers and Ecrehos* case(*France/United Kingdom*), *supra* note 7, pp.50-51.

32) *Ibid.*, p.53.

년에 이르기까지의 역사적 권원에 초점을 둔 양국의 주장과는 달리 ICJ는 중세시대에 있었던 사건들로부터 도출되는 간접적 추정이 아니라, 문제의 섬들의 점유에 직접적으로 관련된 증거가 결정적인 중요성을 갖는다고 하였다.[33] ICJ는 결정적 기일에 근접한 19세기부터 20세기까지 영국이 행한 국가기능의 행사, 즉 실효적 지배에 근거하여 영국의 영토주권을 인정하였다.[34]

1992년 엘살바도르와 온두라스간 내륙, 도서, 해양경계 분쟁 사건에서도 ICJ는 실효적 지배를 권원 확인의 증거로서 언급하고 있다. 과거 식민경영국이었던 스페인의 권리를 계승한 세 개의 국가 중 두 국가인 엘살바도르와 온두라스는 내륙국경, 폰세카만에 위치한 섬들의 영유권, 그리고 폰세카만 내외의 해양경계를 놓고 ICJ에 분쟁의 해결을 요구하는 특별협정을 제출하였다. 온두라스는 *uti possidetis* 원칙만이 이 사건에 적용되어야 될 국제법규범이라고 주장하였지만, 엘살바도르는 동 원칙의 적용과 함께 실효적 지배, 역사적 권원 등을 고려할 것을 주장하였다.[35] ICJ는 이에 대해서 먼저 문제의 영토는 무주지가 아니므로 선점의 성립요건으로서 발전되어 온 개념인 실효적 지배를 *uti possidetis juris* 권원의 증거로서 받아들일 수 있는지에 대해 고민하면서도, 1953년 멩끼에와 에끄레오 사건에 대한 동 재판소의 판결을 언급하면서 이를 인정하였다. 판결 본문을 자세히 살펴보면 다음과 같다.

> "… (동 사건이 무주지에 대한 것이 아님에도 분쟁해결에 있어서 가장 중요한 것은 해당 영토의 실효적 지배라고 한 멩끼에와 에끄레오 사건에 대한 ICJ 판결을 언급하면서) 이는 멩끼에와 에끄레오섬

---

33) *Ibid.*, p.57.

34) *Ibid.*, pp.50-52, 67, 69-71.

35) *Case concerning the Land, Island and Maritime Frontier Dispute(El Salvador/Honduras: Nicaragua intervening), Judgment of September 11th, 1992, I.C.J. Reports 1992*, pp.362, 386.

> 을 무주지로 인정하지 않으면서도 실효적 지배의 증거를 권원의 확증으로서 검토한 것이다."[36]

또한 이를 전제로 ICJ는 문제가 된 지역 중 하나인 엘 티그레 섬에 대해 다음과 같이 실효적 지배가 *uti possidetis juris* 권원의 결정적 증거로서 기능함을 밝히고 있다.

> "문제의 섬들은 무주지가 아니었으며 … 따라서 선점에 의한 해당 영토의 취득은 불가능한 것이었다. 그러나 만(the Gulf)에 인접한 나라들 중 한 국가에 의한 실효적 지배는 실효성(effectiviés)을 구성할 수 있으며, 이는 동시대 법적 상황의 평가를 확실히 내려 준다. 주권의 행사가 뒷받침된 점유는 *uti possidetis juris* 권원을 확증하는 증거로서 받아들여질 수 있다."[37]

1998년 에리트레아와 예멘간 영토주권 및 분쟁의 범위 사건에 대한 중재판정에서도 PCA는 1953년 멩끼에와 에끄레오 사건에 대한 판결을 언급하면서 역사적 권원의 성립을 뒷받침하는 증거로서 실효적 지배를 검토하고 있다.[38]

(3) 영토권원 확립의 보조적 수단으로서의 실효적 지배

이렇게 실효적 지배는 권원성립에 있어서 결정적인 증거로서 역할을 해왔지만, 판례는 이미 권원이 명확하게 성립하는 경우에는 실효적 지배의 검토를 생략하는 경향을 보이고 있다.

먼저 1986년 부르키나파소와 말리간의 국경분쟁 사건에서 ICJ는 조약상 권원이 명확한 경우 이에 반하는 실효적 지배는 전자에 우선

---

36) *Ibid.*, pp.564-565.

37) *Ibid.*, p.566, para. 347.

38) Territorial Sovereignty and Scope of the Dispute(Eritrea/Yemen), *supra* note 4, paras. 450-451.

할 수 없으며, 조약을 통해 권원을 규명할 수 없는 경우에라야 비로소 실효적 지배가 핵심적인 역할을 한다고 언급하고 있다.[39] 그리고 *uti possidetis juirs* 원칙과의 관계에서 실효적 지배의 역할을 다음과 같이 명확히 밝히고 있다.

> "(실효적 지배)행위가 법과 정확히 일치하는 경우, 즉 실효적 통치가 *uti possidetis juris*에 부가적인 경우에 실효적 지배의 역할은 오직 법적 권원에서 도출되는 권리의 행사를 확증하는 것에 지나지 않는다. (그러나) 행위가 법과 일치하지 않는 경우, 즉 문제의 영토가 법적 권원을 가지고 있는 국가가 아닌 다른 국가에 의해 실효적으로 관리되는 경우에는 법적 권원을 가지고 있는 국가에 우선권이 부여되어야 한다. 만일, 실효적 지배가 어떠한 법적 권원과도 공존하지 않는 경우에는 변함 없이 이를(실효적 지배를) 고려해야 한다."[40]

또한 2001년 카타르와 바레인간 해양경계획정 및 영토문제 사건에서 ICJ는 해양경계획정과 영유권 분쟁 중 영유권에 대해 1939년, 1947년의 영국 정부의 결정 및 해석에 근거하여 영토주권을 판단하였고, 따라서 실효적 지배가 성립했는지 여부에 대해서는 별도로 검토할 필요가 없다고 하였다.[41] ICJ는 사안을 문제가 된 도서별로 각각 나누어 검토하였는데, 이 중 하와르(Hawar)섬은 바레인, 자난(Janan)섬은 카타르의 주권에 속한다고 하며 다음과 같이 언급하고 있다.

> "그러므로 1939년에 취해진 영국의 결정에 근거하여 내려진 본 재

39) *Frontier Dispute(Burkina Faso/Republic of Mali), Judgment of December 22nd, 1986, I.C.J. Reports 1986*, pp.586-587, para. 63.

40) *Ibid.*

41) *Case concerning Maritime Delimitation and Territorial Questions between Qatar and Bahrain(Qatar v. Bahrain), supra* note 16, p.85, paras. 147-148.

> 판소의 결론은 … 역사적 권원 및 실효적 지배(*effectivités*)의 존재와 *uti possidetis juris* 원칙의 적용 가능성에 바탕을 둔 당사국들의 주장을 검토할 필요가 없게 한다."[42]

2005년 베닌과 니제르간 국경분쟁 사건에서는 부르키나파소와 말리간 국경분쟁 사건을 인용하면서 다음과 같이 이를 더욱 명확히 하였다.

> "재판부는 먼저 당사국들에 의해 원용된 다양한 규제적·행정적 행위들을 고려할 것인데, 따라서 주권의 근거로서 실효적 지배보다 법적 권원이 우선적으로 고려될 것이다."[43]
>
> "결정적 기일의 식민지 상호간 국경을 정하는데 있어서 우선적으로 당사국들이 주장하는 법적 근거들을 검토해야 할 필요가 있고, 실효적 지배는 단지 확증적 혹은 보조적 근거로서 고려되어야 한다."[44]

즉 실효적 지배는 확립된 법적 권원에 우선할 수 없으며, 다만 특정한 영토권원이 명확하게 성립하지 않은 경우 이의 성립을 판단하기 위한 보조적 증거로서만 언급이 되고 있다.

2. 실효적 지배의 요건 및 형태

앞에서 검토한 국제재판소의 판례들을 살펴보면 실효적 지배가 성립하기 위해 충족되어야 하는 공통적인 요소들이 존재하는 것을 발견할 수 있다. 이하에서는 이러한 실효적 지배의 요건들과 이를 충족하는 것으로 국제재판소가 판단한 구체적인 국가행위들을 검토한다.

---

42) *Ibid.*, p.85, para. 148.

43) *Frontier Dispute(Benin/Niger), Judgment of July 12th, 2005, I.C.J. Reports 2005*, p.120, para. 47.

44) *Ibid.*, p.143, para. 128.

(1) 요 건

1904년 기아나 국경 사건에 대한 판결에서 중재재판관은 실효적 지배의 요건으로 점유가 국가의 이름으로 효과적이며, 중단 없는, 그리고 상설적인(effective, uninterrupted, permanent possession) 형태로 이루어질 것을 요구하고 있다.[45] 이는 1928년 팔마스섬 사건에서의 '계속적이고 평화적인 권한의 표시'(continuous and peaceful display of authority),[46] 1933년 동부 그린랜드 사건에서 언급한 '권한의 표시 혹은 실제적 행사'[47]와도 크게 다르지 않은 것으로서, 이러한 판례의 입장들을 종합해 볼 때 실효적 지배를 성립시키는 국가권한의 표시는 국가에 의한, 평화적이며(peaceful), 실제적인(actual), 충분하며(sufficient), 계속적(continuous)인 것이어야 한다는 것을 알 수 있다.[48]

첫째, 실효적 지배는 국가에 의한 것이어야 한다. 단순히 사인(私人)이 행한 점유 기타 행위는 인정될 수 없으며, 다만 국가의 규제에 따라서 행한 행위일 경우 국가에 의한 것으로 받아들여질 수 있을 뿐이다.[49]

둘째, 평화적이어야 한다는 것은 주권을 주장한 것이 최초이며, 타국이 점유하고 있는 영토를 빼앗는 형태를 취하지 말아야 한다는 것이다.[50] 오랜 기간 타국에 의한 항의가 이루어지고 있는 경우에는 동

---

45) *The Guiana Boundary* case, RIAA, Vol. XI, p.21.

46) *The Island of Palmas* case, RIAA, Vol. XX, p.846.

47) *Legal Status of Eastern Greenland(Denmark v. Norway), Judgment, P.C.I.J. Series A/B, No. 53, 1933*, pp.45-46.

48) 김채형, 앞의 논문, 70-74쪽; 김현수·박성욱, 『독도 영유권과 실효적 지배에 관한 연구』(한국해양수산개발원, 2007), 8-9쪽; Sharma, *supra* note 12, pp. 100-104 참조.

49) *Case concerning Sovereignty over Pulau Ligitan and Pulau Sipadan (Indonesia/Malaysia), Judgment of December 17th, 2002, I.C.J. Reports 2002*, para. 140.

50) 김채형, 앞의 논문, 71쪽.

요건의 성립을 방해할 수 있다.[51] 팔마스섬 사건에서 PCA는 네덜란드의 권한의 표시가 평화적이었는가와 관련해서 1700년부터 1906년까지 네덜란드의 주권행사에 대해 어떠한 국가도 항의하지 않았다는 점, 타국에 의한 주권의 표시가 존재하지 않았다는 점을 통해 네덜란드의 주장을 받아들였다.[52]

셋째, 실제적이어야 한다는 것은 주권의 표시가 단순한 문서상의 주장에 그치지 않고, 영토에 대한 진정한 관할권의 행사로서의 행위를 통하여야 한다는 것이다.[53] 이에 대한 판단은 각 영토의 상황에 따라 유동적이다.[54]

넷째, 충분해야 한다는 것은 국가활동의 행사가 타국과의 관계에 있어서 주권을 표명하는데 충분한 것이어야 한다는 것이다.[55] 실제성과 마찬가지로 이에 대한 판단은 각 영토의 상황에 따라 유동적이다.[56]

다섯째, 주권의 행사는 계속적이어야 한다.[57] 하지만 계속성 또한 영토의 상황에 따라 유동적인 것을 볼 수 있는데, 팔마스섬 사건에서는 네덜란드의 주권의 행사가 약 18-19세기 동안 약 100년의 공백기를 갖고 있음에도 불구하고 권한의 표시는 아주 오랜 기간 표시될 것을 요구하지 않으며, 작고 멀리 떨어진 토착민만 거주하는 섬에 대해서는 빈번한 주권의 표명이 기대될 수 없다는 점을 언급하면서 네덜란드의 실효적 지배를 인정하였다.[58]

---

51) Sharma, *supra* note 12, p.100.
52) *The Island of Palmas* case, RIAA, Vol. XX, p.868.
53) 김채형, 앞의 논문, 71쪽.
54) Sharma, *supra* note, p.101.
55) 김채형, 앞의 논문, 72쪽.
56) 위의 논문.
57) 위의 논문, 73쪽.
58) *The Island of Palmas* case, *supra* note 20, p.867.

(2) 형 태

그럼 실제로 어떤 행위들이 실효적 지배를 뒷받침하는 주권행사로서 받아들여졌을까? 판례를 살펴보면, 국가의 입법·행정·사법적 규제행위가 주로 실효적 지배의 근거로서 언급되고 있는 것을 알 수 있다.

1933년 동부 그린랜드 사건에서 PCIJ는 덴마크의 영토주권 성립의 구체적인 근거로서 덴마크가 체결한 일련의 상업적 조약, 상업과 사냥 및 채광을 규율하는 덴마크 국내법, 그린랜드에 대한 주권의 국제적 승인을 구하는 덴마크의 외교문서 등을 들었으며, 특히 결정적 시점에 인접한 1921-1931년 사이 덴마크의 각종 법규 제정 및 기타 국가기능의 행사를 중요시하였다. 그린랜드 동부와 서부연안에 대한 덴마크의 통치를 확인하는 포고령, 그린랜드 인근 해역의 항해를 관할하는 포고령, 사냥과 어업을 규제하는 법, 그린랜드의 행정구역을 나누며 그린랜드 내에서의 모든 상업적 활동은 덴마크가 보유한다는 것을 선언하는 법, 점점 증가하는 과학적 조사, 동부 그린랜드 지역에 대한 방문허가증 발행 등이 그러한 예이다.

1953년 멩끼에와 에끄레오 사건에서는 19세기부터 20세기까지 형사관할권의 행사, 시신들의 조사, 부동산 매매계약의 등록, 세관의 건설, 인구통계를 위한 관리의 방문 등을 행한 영국이 문제의 지역에 대해 국가기능을 행사했다고 하며 등대 및 부표의 관리, 부표 검사를 위한 프랑스 수상의 멩끼에섬 방문, 프랑스인의 주거지 건설 및 소유, 멩끼에 지역에서의 수력발전사업의 시행 등을 행한 프랑스의 주장을 배척하였다.[59] 한편 멩끼에와 에끄레오섬이 영국과 프랑스가 합의한 공동어업수역(common fishery zone) 내에 위치하고 있는 것에 대해서는 설사 이들이 공동어업수역 내에 있다고 하더라도 이것이

59) *The Minquiers and Ecrehos* case*(France/United Kingdom)*, *supra* note 7, pp.69-71.

반드시 섬과 바위 등 육지영토의 공동사용권 체제 또한 의미하는 것은 아니라고 하며, 공동어업수역 자체의 도서영유권 관련성을 부인하였다.[60]

1992년 엘살바도르와 온두라스간 사건에서는 치안판사의 임명, 주민에 대한 허가, 선거의 시행, 과세, 인구조사, 출생 및 사망 등록, 토지등록, 민・형사 재판절차 시행, 우편서비스 등을 통해 엘살바도르의 망기에라에 대한 실효적 지배를 인정하였고,[61] 2001년 카타르와 바레인간 사건에서는 바레인의 수로표지 설치, 석유 시추작업의 허가, 어로작업의 허가 등을 통해 바레인의 실효적 지배를 인정하였다.[62]

이를 통해 국제재판소는 결정적 시점에 임박한 시기에 행해진 국가의 입법・행정・사법적 규제행위를 전체적으로 고려하여 보다 우월한 증거를 제시한 국가가 실효적 지배를 성립한 것으로 판단하는 경향을 읽을 수 있다. 한편 등대의 설치 및 관리, 해군의 주변해역 순찰활동 등은 어떤 경우에는 그 자체로서는 실효적 지배를 도출해 낼 수 없다는 판결을 받고 있는데,[63] 이에 비춰봤을 때 해당 영토의 이용과 직접적으로 관련이 있는 행위가 주변해역의 이용 등 간접적인 관련이 있을 뿐인 행위보다 더욱 중요하다는 것을 알 수 있다.

---

60) *Ibid.*, p.58.

61) *Case concerning the Land, Island and Maritime Frontier Dispute(El Salvador/Honduras: Nicaragua intervening)*, *supra* note 35, para. 359.

62) *Case concerning Maritime Delimitation and Territorial Questions between Qutar and Bahrain(Qatar v. Bahrain)*, *supra* note 16, para 197.

63) 해군활동에 대해서는 *Case concerning Sovereignty over Pulau Ligitan and Pulau Sipadan(Indonesia/Malaysia)*, *supra* note 49, p.683, paras. 137-141, 등대에 대해서는 *The Minquiers and Ecrehos case(France/United Kingdom)*, *supra* note 7, pp.70-71.

3. 평 가

실효적 지배는 초기에는 영토취득권원 중 하나인 선점의 요건으로서 기능하였지만, 시간이 지남에 따라 그 역할은 모든 종류의 영토권원의 성립을 확증하는 결정적인 증거로서 확장되었다. 다만, 실효적 지배의 검토 이전에 조약상 권원 기타 법적 권원의 성립이 명확한 경우에는 실효적 지배의 역할은 단지 이를 보조하는 것에 그치고 있는데, 이는 실효적 지배가 이와 충돌하는 법적인 권원에 우선할 수 없다는 것을 보여주는 것이다. 하지만 그럼에도 불구하고 실효적 지배가 오늘날 판례에서 끊임없이 원용되고 있는 것은 영토분쟁에서는 법적 권원이 확실히 성립한 경우보다 불명확한 경우가 훨씬 많으며, 이러한 경우에는 실효적 지배의 성립만이 영토주권의 소유를 드러내주는 유일한 증거가 되기 때문이다. 특히 오래된 사료를 바탕으로 하는 역사적 권원이 문제가 되는 경우 증거의 불명확성 때문에 결국 보다 결정적 시점에 임박한 실효적 지배에 기해 분쟁을 해결하는 국제재판소의 태도는 독도영유권에 대한 일본의 주장에 맞서고 있는 우리나라에 시사하는 바가 크다.

이하에서는 항목을 바꾸어 역사적 권원과 실효적 지배에 관한 국제재판소 판례의 법리를 통해 독도영유권 문제와 관련한 한국과 일본의 입장을 평가해 본다.

Ⅳ. 역사적 권원 및 실효적 지배의 법리와 독도영유권 문제

앞서 살펴봤듯이 역사적 권원은 끊임없이 원용되고 있으며, 오늘날에도 영토권원의 근거로서 분명하게 기능하고 있다. 많은 경우 분쟁당사국들은 역사적 권원을 주장할 것이므로, 비록 역사적 권원의 비중은 약하지만 분명하고 확실하게 대비할 필요가 있다. 하지만 오래된 역사적 권원보다 결정적 시점에 임박해서 형성된 실효적 지배가 더욱 큰 중요성을 인정받고 있음을 간과해서는 안될 것이다.

이하에서는 국제재판소 판례에 의해 형성된 이러한 역사적 권원과 실효적 지배의 법리가 한·일간 독도영유권 문제에 있어서 어떠한 시사점을 주고 있는지 살펴보도록 한다.

1. 영유권 근거로서 역사적 권원과 실효적 지배 주장의 양립 가능성

앞서 살펴봤듯이 국제재판소의 판례는 실효적 지배를 모든 영토권원들의 성립을 확증하는 증거로서 언급하고 있다. 따라서 실효적 지배는 역사적 권원의 성립을 뒷받침하는 역할을 할 수도 있고, 역사적 권원이 성립하지 않거나 불분명한 경우 이와 별도의 영토권원 성립의 근거로서 기능할 수도 있다. 기존에 실효적 지배가 선점의 요건으로서만 기능하던 경우에는 무주지를 대상으로 하는 선점의 성격상 그 이전의 역사적 사실에 기초한 역사적 권원의 주장과 실효적 지배의 주장은 서로 충돌할 가능성이 존재하였다. 이미 역사적 권원이 성립한 영토를 무주지로서 다시 선점한다는 것은 말이 되지 않기 때문이다. 하지만 오늘날 실효적 지배의 역할은 단순히 선점의 요건을 넘어서서 다른 영토적 권원의 성립 및 존속을 뒷받침하는 증거로서의 역할로까지 확대되었기 때문에, 역사적 권원과 실효적 지배의 주장은 서로 양립 가능한 것이다.

2. 분쟁의 결정적 시점과 결정적 중요성을 갖는 권원

양국의 역사적 권원과 실효적 지배의 주장을 검토하기에 앞서서 분쟁의 결정적 시점[64]과 결정적 중요성을 갖는 권원이 무엇인지 살펴볼 필요가 있다. 독도영유권 분쟁에 있어서는 한국이 평화선을 선포하고 일본이 이에 항의한 1952년이나 한국의 독도 점유에 일본이 본격적으로 항의하며 분쟁을 ICJ에 회부할 것을 제안한 1954년이 될 가능성이 크다. 이는 국제재판소들은 분쟁이 본격화된 시점을 결정적 시점으로 잡는 경향이 있기 때문이다. 그리고 분쟁에 임박한 시점에 형성된 권원이 곧 분쟁해결에 있어 결정적인 중요성을 갖는 권원이 되므로, 전후 일본의 한국에 대한 영토포기 조항을 규정하고 있는 1951년 샌프란시스코평화조약과 분쟁 당시까지의 역사적 사실에 기반하고 있는 역사적 권원 및 실효적 지배가 결정적인 역할을 할 것이다.

한편 앞서 살펴봤듯이 국제재판소 판례들은 조약 등 법적 권원이 명백한 경우에는 이에 입각하여 판결하고, 이들 권원이 존재하지 않거나 그 존재가 불명확한 경우에 비로소 역사적 권원과 실효적 지배에 근거하여 판단하는 것을 알 수 있다. 따라서 이하에서는 먼저 독도영유권 분쟁에 있어서 1951년 샌프란시스코평화조약의 법적 지위를 살펴보고 그 후에 한·일 양국의 역사적 권원과 실효적 지배 주장을 검토해 본다.

3. 1951년 샌프란시스코평화조약의 법적 지위

1951년 샌프란시스코평화조약은 제2차 세계대전 당시 일본의 무조건 항복 선언 이후 연합국과 일본간의 관계에서 전후 처리문제를

---

64) 결정적 시점은 영토주권의 소재가 확인되는 시점으로서 결정적 시점에 임박한 시기에 영토권원을 가지고 있었음을 증명하는 당사국에게 해당 영토에 대한 주권이 있는 것으로 인정된다. 하지만 결정적 시점이 언제인지를 규율하는 일반화된 원칙은 존재하지 않으며, 국제재판소의 판례는 보통 영토주권에 대한 분쟁이 구체화된 시점을 결정적 시점으로 보고 그 이전에 발생한 상황을 고려하여 분쟁을 해결하는 경향을 보이고 있다. 한편 결정적 시점을 불필요한 개념으로 보고 제출된 모든 증거를 검토한 판례도 존재한다. 결정적 시점에 대한 자세한 내용은 김대순, 『국제법론』, 제14판(삼영사, 2009), 870-872쪽 참조.

다루기 위해 체결된 조약이다. 동 조약 제2조는 일본이 주변국에게 반환해야 되는 영토를 규정하고 있는데, 한국 영토에 관한 (a)항의 문언을 살펴보면 반환해야 될 도서들로서 제주도, 거문도, 울릉도는 명시적으로 언급하고 있으나 독도에 대해서는 규정하고 있지 않은 것을 볼 수 있다.[65] 샌프란시스코평화조약 체결 초기의 논의과정에서는 일본이 한국에 반환해야 될 영토로서 독도가 초안에 포함되어 있었다. 하지만 이에 반대하는 일본의 주장이 받아들여져 결국 최종 채택시에는 문언에서 독도가 삭제되게 된 것이다.[66] 조약이 체결되기 전 주미 한국대사는 동 조항에 독도도 명기할 것을 요구하며 실질적 문안작성자였던 미국 국무성에 항의서신을 보냈는데, 이에 대해 미국 국무성 딘 러스크 차관은 1951년 답신을 통해 그가 가지고 있는 정보에 의하면 독도는 1905년 이후로 일본의 시마네현의 관할권에 속하고, 그 이전에 한국이 독도에 대한 영유권을 주장한 사실이 증명되지 않고 있으므로 한국의 주장을 받아들일 수 없다고 하였다.[67] 일본 정부는 조약문언과 미국의 대응을 통해 미국은 독도가 일본 영토인 것을 인정하고 있는 것이라고 주장하고 있다.[68] 또한 샌프란시스코평화조약 채택시에는 조약의 실질적 작성자인 미국뿐 아니라 영국, 호주 등의 관련 연합국들, 그리고 한국과 일본 등 이해관계국들의 의사가 표출되었으며, 이는 문서화된 자료로서 남겨져 있는데, 따라서 동 조약과 이의 준비문서는 만약 국제재판소가 독도영유권 분쟁 사건

---

65) 1951년 샌프란시스코평화조약 제2조 (a)항 원문은 다음과 같다. "Japan recognizing the independence of Korea, renounces all right, title and claim to Korea, including the islands of Quelpart, Port Hamilton and Dagelet." 여기서 islands of Quelpart, Port Hamilton and Dagelet은 각각 제주도, 거문도, 울릉도를 의미한다.

66) 1951년 샌프란시스코평화조약 제2조 (a)항의 채택과정에 대한 자세한 내용은 이석우, 『동아시아의 영토분쟁과 국제법』(집문당, 2007), 173-199쪽 참조.

67) 이석우, 앞의 책, 200쪽.

68) 일본 외무성, 『다케시마 문제를 이해하기 위한 10의 포인트』(도쿄: 외무성, 2008), 10-11면.

을 다루게 된다면 영유권 귀속의 중요한 증거로서 작용할 가능성이 크다.[69)]

하지만 샌프란시스코평화조약은 두 가지 측면에서 독도의 영유권 귀속을 결정하는 조약상 권원 그 자체로서 기능할 수 없다. 첫째는 동 조약 제2조 (a)항은 예시적 규정에 불과하기 때문이다. 독도가 명기되어 있지 않은 점을 근거로 독도가 일본 영토라고 한다면 마찬가지로 규정에서 명시하고 있지 않은 제주도 남방 마라도 기타 도서들도 마찬가지로 일본 영토가 되는 것이다. 그러나 현재 이들 영토는 아무 문제 없이 한국 영토로서 인정받고 있다. 즉 샌프란시스코평화조약 제2조 (a)항은 열거방식이 아니라 예시방식을 취하고 있기 때문에 독도가 누락되어 있다는 것만으로 일본의 독도영유권을 인정하고 있는 것이라고 볼 수 없다.[70)] 둘째는 한국은 샌프란시스코평화조약의 체약국이 아니라는 점 때문이다. 조약의 상대성은 조약의 효력이 체결 당사국간에만 미치도록 하고 있으며, 동 조약은 제3국이 권리를 얻게 되는 상황을 명시적으로 차단하고 있기 때문에 조약의 제3자효도 한국에게는 미치지 않는다.

4. 한국, 일본의 역사적 권원 및 실효적 지배[71)]

법적 권원이 불명확한 경우 국제재판소의 판례에서는 결국 누가 해당 영토를 실효적으로 지배했느냐가 분쟁해결의 결정적인 역할을 하였다. 따라서 샌프란시스코평화조약이 명확한 법적 권원에 해당하지 않을 때 중요한 것은 역사적 권원과 실효적 지배의 성립이다. 한편 앞

69) 이석우, 앞의 책, 172쪽.

70) 김현수·박성욱, 앞의 책, 62쪽.

71) 양국 정부의 공식적인 입장을 기초로 하되, 학자들의 견해도 같이 다루고자 한다. 한국 정부의 공식적인 입장은 외교통상부 홈페이지 https://www.mofat.go.kr/press/hotissue/dokdo/index.jsp; 일본 정부의 공식적인 입장은 일본 외무성, 앞의 책, 1-14면 참조.

서 살펴본 샌프란시스코평화조약 체결 당시 딘 러스크 미 국무성 차관의 서한에서도 언급되었듯이, 독도영유권 분쟁이 본격화된 시점에 임박한 행위인 일본에 의한 시마네현 독도 편입조치는 일본의 영유권 주장의 강한 논거가 되고 있다.[72] 이하에서는 한국과 일본 양국의 역사적 권원 및 실효적 지배조치를 검토해 본다.

(1) 역사적 권원

한·일 양국은 모두 17세기 혹은 그 이전까지 거슬러 올라가는 역사적 권원을 주장하고 있다. 이는 상당수의 사료 및 지도들을 근거로 하는데, 양국의 주장별로 자세한 내용을 살펴보면 다음과 같다.

1) 한국측의 주장

한국 정부는 독도에 대한 역사적 권원의 근거로서 『삼국사기』를 비롯한 옛 문헌과 지도들을 들고 있다.[73] 『삼국사기』에서는 "우산국이 귀복하여, 매년 토산물을 공물로 바치기로 하였다. 우산국은 명주의 정동쪽 바다에 있는 섬인데, 울릉도라고도 한다"[74]라고 하며 우산국을 울릉도로 칭하고 있는데, 당시 우산국은 울릉도와 독도를 모두 포함하고 있었으며 울릉도가 중심섬이었기에 울릉도만 언급한 것이라 한다. 독도는 이후 조선시대에는 우산도로 불리며 울릉도와 같은 행정구역에 편입되었고, 때로는 울릉도와 함께, 때로는 독립적으로 우산국, 우산도, 가지도, 삼봉도, 석도, 독도 등 다양한 이름으로 불렸다.[75] 이에 대해 일본은 한국은 독도에 대한 정확한 지식조차도 없으

72) 일본 외무성, 앞의 책, 8면.
73) 『세종실록 지리지』(1432년), 『고려사 지리지』(1451년), 『신증동국여지승람』(1530년), 『동국문헌비고』(1770년), 『만기요람』(1808년), 『증보문헌비고』(1908년) 등이 그것이다. 외교통상부 홈페이지 https://www.mofat.go.kr/press/hotissue/dokdo/20090312/1_7946.jsp 참조.
74) 김영수 외, 『독도 영유권에 대한 한일 및 주변국의 인식과 정책 비교연구』(한국해양수산개발원, 2007), 113쪽.
75) 위의 책, 112쪽; 이석우, 앞의 책, 155쪽.

며 이는 독도에 대한 영유권이 없었음을 반증하는 것이라고 비판하고 있는데,[76] 하지만 1770년 『동국문헌비고』, 1808년 『만기요람』 등에는 "울릉도와 우산도는 모두 우산국의 땅이며, 우산도는 일본인들이 말하는 송도(松島)"[77]라고 명백히 기록함으로써 우산도가 독도라는 것을 명확히 알려 주고 있다.

한편 일본의 옛 문헌 중에서도 한국의 입장을 뒷받침하는 사료가 많이 있는데, 17세기 중엽의 일본 고문서인 1667년 『은주시청합기(隱州視聽合記)』는 "일본의 서북쪽 한계를 오키섬으로 한다"고 기록하여 일본인들 스스로 독도를 자국의 영토에서 제외하고 있다.[78] 일본 외무성도 1870년 『조선국교제시말내탐서(朝鮮國交際始末內探書)』에서 '죽도(울릉도)와 송도(독도)가 조선부속으로 되어 있는 시말'이라는 보고서를 작성하였으므로 송도(독도)가 조선의 영토임을 인정하였다.[79] 독도를 한국 영토에 포함시키고 있는 1876년 일본 해군성의 『조선동해안도』,[80] 죽도(울릉도)와 송도(독도)는 조선 영토이므로 시마네현의 지도와 지적조서에 포함시키지 말라는 내용을 담고 있는 1877년 태정관 지령 또한 마찬가지이다.[81] 한편 이들은 당시 일본 정부가 독도가 자국 영토가 아니며 조선의 영토로 인식하고 있었다는 것을 뒷받침하는 중요한 자료가 되지만, 일본 정부가 조선과의 관계에서 대외적으로 표명한 것이 아니기 때문에 그 자체로서 한국의 역사적 권원을 확립시키는 묵인과 같은 효력까지는 발생시키지 않는다.

---

76) 일본 외무성, 앞의 책, 3-4면; 김영수 외, 앞의 책, 112쪽.

77) 당시 일본인들은 독도를 송도(松島)라고 불렀다(동북아역사재단 홈페이지 http://www.historyfoundation.or.kr/main.asp?sub_num=128&pageNo=4&state=view&idx=33#1).

78) 위의 홈페이지.

79) 위의 홈페이지.

80) 위의 홈페이지.

81) 김현수·박성욱, 앞의 책, 58-60쪽.

2) 일본측의 주장

일본은 1618년 발급한 울릉도로의 도해면허 발급과 1635년 쇄국령이 내려질 때에도 독도에의 도해는 금지되지 않았다는 점을 들어 17세기부터 일본이 독도를 영유하고 있었다고 주장하고 있다.[82] 하지만 도해면허 자체의 진위 여부도 의심스러울 뿐더러,[83] 도해면허라는 것은 외국으로 출항할 때 발급하는 허가라는 점[84]에서 이는 오히려 독도가 자국 영토가 아님을 인정한 것이라는 점에서 비판을 받고 있다. 무엇보다도 한국이 오래 전부터 독도를 영유하고 있었다는 것을 자인하는 일본의 사료가 무수히 많이 존재한다는 점에서 일본의 역사적 권원은 인정되기 힘들다.

3) 평 가

한국은 일본에 비해 질적으로나 양적으로 우월한 사료를 바탕으로 역사적 권원을 주장하고 있다. 특히 일본이 한국의 영유권을 인정하고 있었음을 뒷받침하는 일본의 사료는 일본에 역사적 권원이 없음을 확인하는 증거로서 중요한 역할을 할 것이다. 그러나 사료에 나타난 독도의 명칭만 대여섯 개가 되는데, 이는 과연 해당 문헌이 독도를 지칭하는 것인지 다른 섬을 지칭하는 것인지 의구심을 불러일으킬 수 있다. 특히 '다케시마'라는 명칭을 사용하기 시작한 일본의 시마네현 고시 제40호보다 앞서서 '독도'라는 명칭을 사용한 공식문서는 전무한 실정이다.[85] 1953년 멩끼에와 에끄레오 사건에서도 볼 수 있듯이 판례는 오래된 역사적 권원을 인정하는데 소극적인데,[86] 권원의 근거가 되는 역사적 사실이 불명확하다면 더욱 이를 받아들이지 않으려 할

82) 일본 외무성, 앞의 책, 3-4면.

83) 김용환, 『독도 인근해역 경계획정의 국제법적 쟁점 및 대응방안』(한국해양수산개발원, 2007), 21쪽.

84) 김현수・박성욱, 앞의 책, 63쪽.

85) 김용환, 앞의 책, 32쪽.

86) *The Minquiers and Ecrehos case(France/United Kingdom), supra* note 7, p.57.

것이다. 보다 철저한 고증을 통해서 독도 명칭의 혼란을 극복할 필요가 있다.[87)]

(2) 실효적 지배

앞서 살펴봤듯이 한국의 역사적 권원을 뒷받침하는 사료가 일본보다 우월한 것을 알 수 있지만, 판례는 역사적 사실에 불명확한 점이 있으면 역사적 권원을 인정하는데 소극적이다. 실효적 지배는 권원 성립을 뒷받침하는 증거로서 역사적 권원의 성립을 확증해 주며, 권원의 성립이 불명확한 경우에는 더욱 결정적인 중요성을 갖기 때문에 양국의 실효적 지배를 비교, 평가해 볼 필요가 있다.

1) 한국측의 주장

한국은 먼저 조선 태종 이후 조선 말기까지 울릉도 및 주변 도서에 대해 실시한 공도·수토정책을 독도에 대한 실효적 지배로서 주장하고 있다. 공도정책은 울릉도가 납세 및 부역을 회피하려는 사람들의 피난처로 이용되는 것을 본 조선왕조가 1403년부터 약 400년간 울릉도 및 독도에 사람이 살지 못하게 한 조치로서, 공도정책의 시행기간 동안 이들 지역에 대해서는 3년마다 순찰관이 파견되었다.[88)] 이러한 순찰을 수토라고 하는데, 정기적인 수토의 실시는 곧 국가주권의 실효적인 행사로 인정될 여지가 있다. 그러나 일본은 공도정책은 곧 조선이 독도에 대한 영유권을 포기한 것을 의미한다고 주장하고 있으며, 특히 순찰관의 업무수행은 울릉도에만 한정해서 이루어졌고 독도를 순찰한 기록은 남아 있지 않다는 점을 언급하며 이를 뒷받침하고 있다.[89)]

한국이 제시하는 또 하나의 근거는 1900년 대한제국 칙령 제41호

87) 독도 명칭의 혼란을 해결하기 위한 시도로서 자세히는 김영수 외, 앞의 책, 112-141쪽 참조.
88) 이석우, 앞의 책, 156쪽; 김현수·박성욱, 앞의 책, 51쪽.
89) 이석우, 앞의 책, 159-160쪽.

로서, 이는 일본측 실효적 지배 주장의 핵심적인 근거가 되고 있는 1905년 시마네현 고시보다 앞서는 것으로 매우 중요한 의미를 갖는다. 더욱이 1951년 샌프란시스코평화조약 체결 당시 주미 한국대사의 항의서한에 대한 미 국무성 차관 딘 러스크의 답변에서는 1905년 시마네현 고시를 기점으로 일본이 독도를 관할하에 두었고, 그 이전의 한국측 독도영유권 주장은 증명되지 않았다는 내용이 언급되어 있어[90] 이에 대한 대응 차원에서 1900년 대한제국 칙령 제41호의 내용을 검토할 필요가 있다.

대한제국 칙령 제41호의 발령 배경은 다음과 같다.[91] 일본인들에 의한 울릉도에서의 삼림벌채가 문제가 됨에 따라 대한제국 정부는 1882년 일본 외무성에 이의 금지를 강력히 요청하면서 그 이듬해 공도정책을 폐기하는 동시에 울릉도 및 독도에 대한 개척정책을 실시하였다. 이에 54명의 주민이 울릉도로 이주하였고, 동 도민들은 독도에서 매년 하계에 어로활동을 하기 시작하였다. 대한제국은 1898년 칙령 제12호로 울릉도를 지방관제에 편입하였고, 울릉도 시찰위원을 임명, 현지 실정을 조사하도록 하였으며, 1900년 시찰위원 우용정이 조사를 마치고 이를 황제에게 보고하자 칙령 제41호로써 황제의 재가를 거쳐 10월 27일 관보에 게재되었다.[92] 그리고 그 내용에는 울릉도를 울도로 개칭, 군수를 파견한다는 것과 그 관할구역을 울릉전도와 죽도, 석도로 한다는 것이 포함되어있다.[93] 한국측은 여기서 죽도는 죽서, 석도는 독도라고 하며 따라서 시마네현 고시로 인한 일본의 독도 편입조치에 앞서서 이미 독도가 행정구역상 울도군 관할하에 있었다고 주장하고 있다.[94] 그러나 이에 대해 일본 정부는 '독도', 혹은

---

90) 위의 책, 200쪽.
91) 이에 대한 자세한 내용은 김현수·박성욱, 앞의 책, 53-56쪽 참조.
92) 이에 대한 자세한 내용은 위의 책, 55쪽.
93) 칙령 제41호 제2조, 위의 책, 53쪽.
94) 이에 대한 자세한 내용은 위의 책, 55쪽.

옛 문헌에서 독도를 지칭하는 것으로 한국이 주장하는 '우산도'라는 명칭 대신에 왜 석도라고 언급하였는지에 주목하며 의문을 제기하고 있고, 동 칙령의 공포만으로는 실효적 지배가 성립되지 않는다는 취지의 주장을 하고 있다.[95]

다음으로 제2차 세계대전 이후의 실효적 지배로서는 한국은 먼저 전후 1951년 샌프란시스코평화조약 체결전 연합국의 일본에 대한 영토처리 방침을 언급한다. 1943년 카이로선언과 1945년 포츠담선언은 일본의 영토를 本州, 北海島, 九州, 四國과 연합국이 결정하는 諸小島에 국한시키고 있다.[96] 일본이 1945년 8월 14일 이 선언을 무조건 수락하고 항복문서에 조인함으로써 동 선언은 일본에 구속력을 갖게 되었는데, 연합국이 결정하는 諸小島의 범위에 독도가 포함되는지는 문언상 분명하지 않으므로 당시 연합국의 구체적인 영토처리 방침을 확인해 보는 것이 중요하다. 연합국은 항복문서를 실시하기 위해 1946년 '약간의 주변구역을 정치상·행정상 일본으로부터 분리하는데 관한 각서'(Supreme Commander for the Allied Powers-677, 이하 SCAPIN 제677호)를 일본 정부에 보내면서 일본 정부가 독도에 대하여 정치상 또는 행정상의 권력을 행사하거나 또는 행사하려고 기도하는 것을 정지시키고 있는데,[97] 한국측은 동 지령에 의해 독도는 원래의 영유권자인 한국에게로 반환되었다고 주장한다. 하지만 이에 대해 일본측은 SCAPIN 제677호는 영토의 처분이 아닌 행정권의 정지였을 뿐이고, SCAPIN 제677호 제6항에도 언급되어 있듯이 이는 포츠담선언에 언급된 '諸小島'에 대한 최종적인 결정이 아니며,[98] 1951년 샌프란시스코평화조약상 독도가 포함되지 않은 것을 근거로 독도는 계속해서 일본의 영유권하에 속해 왔음을 주장하고 있다.[99]

---

95) 일본 외무성, 앞의 책, 8-9면.
96) 김현수·박성욱, 앞의 책, 60-61쪽.
97) SCAPIN-677, Arts. 1, 2.
98) SCAPIN-677, Art. 6.

한국은 SCAPIN 제677호의 조치 이후 오늘날에 이르기까지 계속해서 독도에 대한 실효적 지배를 행사해 오고 있는데,[100] 1947년 민정장관의 명령에 따른 독도 실지답사 및 남면 소속 독도라는 표주 설립,[101] 1948년 정부수립과 동시에 독도에 경상북도 울릉군 남면도동 1번지 부여, 1952년 국무원 고시 제14호로 '대한민국 인접 해양의 주권에 대한 대통령 선언(평화선)' 선포, 1953년 영토비 건립, 1956년 독도의용수비대에서 경북경찰청 울릉경찰서로 독도경비임무 전환,[102] 1980년 국립지리원에서 대형 지형도 작성, 1982년 독도해조류번식지 천연기념물 지정, 1995년 생태계 보호대상지로 지정을 비롯하여 1996년 문화재청 고시 천연기념물 제336호 독도관리지침, 2007년 독도 등 도서지역의 생태계보전에 관한 특별법령, 2008년 독도의 지속가능한 이용에 관한 법률 제정 등 정부 차원에서의 행정[103]·입법적 규제를 통한 실효적 지배 조치를 꾸준히 실시해 오고 있다. 한편 일본은 이에 대해 지속적으로 항의를 해왔고, 이를 통해 한국의 실효적 지배 성립을 무력화시키려 하고 있다.[104]

---

99) 김현수·박성욱, 앞의 책, 67쪽.

100) SCAPIN 제677호 이후 오늘날까지의 한국에 의한 구체적인 실효적 지배조치 내용은 김현수·박성욱, 앞의 책, 62-63쪽; 독도연구소 홈페이지 http://www.dokdohistory.com/02_archive/law_list.asp 참조.

101) 신동욱, "독도영유논고,"『국제법학회논총』, 제11권 제1호(1966. 5), 340쪽.

102) 현재 경북경찰청 소속 독도경비대 38명과 해양수산부 항로표지관리소(등대) 직원 3명이 상주하여 독도를 관리하고 있으며, 해양경찰청이 독도 및 주변수역 해안경비를 수행하고 있다. 김현수·박성욱, 앞의 책, 63쪽; 독도경비대 홈페이지 http://dokdo.gbpolice.go.kr/default.asp; 해양경찰청 소속 독도경비함정 홈페이지 http://dokdo.kcg.go.kr/ 참조.

103) 또한 국토해양부(구 해양수산부)는 1996년 이래로 각종 해양수산시설을 독도에 설치하여 관리해 오고 있다. 김현수·박성욱, 앞의 책, 63쪽.

104) 일본의 항의 내용에 대해서 자세히는 박기갑·김자영,『영유권 취득·상실에 있어서 국가의 일방적 행위가 갖는 국제법적 효력에 관한 연구: 최근 사례를 중심으로』(한국해양수산개발원, 2008), 64-70쪽; 김현수·박성욱, 앞의 책, 67-68쪽 참조.

2) 일본의 주장

일본의 실효적 지배 주장은 17세기부터 시작된다. 이는 조선이 공도정책을 실시한 시기(1400년부터 약 400년간)에 해당하는데, 1618년 울릉도 도해면허의 발급 이후 계속된 일본 어민들의 어로활동, 일본 정부의 울릉도 및 독도 일대 개발권한 양허 등을 그 근거로 삼고 있다.[105] 하지만 이에 대해 한국측은 도해면허는 외국으로의 항해를 허가해 주는 의미를 담고 있으므로 이는 곧 독도가 자국 영토가 아님을 전제로 하는 것이고, 또한 국제재판소 판례들을 살펴봤을 때 국가가 아닌 사인(私人)의 자격으로 행하는 행위는 실효적 지배의 근거로서 받아들여질 수 없다는 점에서 반박하고 있다.

일본이 주장하는 실효적 지배의 근거 중 주목해야 될 것은 1905년 독도편입을 결정한 시마네현 고시 제40호이다. 이는 일본이 처음으로 독도에 대한 영유의사를 밝힌 사건이며, 1952년 한국의 평화선 선포 이후 시작된 한·일간 독도영유권 공방에서 핵심적인 사안으로 다루어졌다.[106] 1951년 샌프란시스코평화조약 제2조 (a)항에 대한 한국의 항의에 답하는 미국 딘 러스크 국무성 차관의 서한에서도 동 사건이 언급되고 있으며, 오늘날까지 일본 정부의 실효적 지배 주장의 가장 주된 논거가 되고 있다는 점에서 시네마현 고시의 법적 성격과 효력에 대한 심도 있는 고찰이 필요하다.

일본이 주장하는 독도편입 배경은 다음과 같다. 1900년대 독도 인근에서 강치 포획 경쟁이 과열되자 시마네현 오키도민 나카이 요자부로라는 사람이 1904년 일본 내무, 외무, 농상무 세 대신에게 '리양코섬'의 영토편입 및 10년간의 임대를 청원하였다. 이를 접수한 일본 정부는 리양코섬을 '다케시마'라고 지칭하기로 하고 각의결정으로 다케

105) 이석우, 앞의 책, 160쪽.

106) 시네마현 고시를 둘러싼 한·일간 외교적 공방에 대한 자세한 내용은 김석현, 『시네마현 고시 제40호의 국제법적 효력』(한국해양수산개발원, 2007), 5-15쪽 참조.

시마를 시마네현 오키도사의 소관으로 정하였으며, 시마네현 지사는 이를 1905년 고시함과 동시에 동 고시를 오키도청에 전달하고 신문에 게재, 일반에게 널리 알렸다.107) 일본은 시마네현 고시를 통한 독도편입 조치는 오래 전부터 유지되어 온 독도에 대한 영유의사를 재확인하는 것이고 동 섬을 근대 행정조직으로 편입하고 이를 공표하는 성질을 갖는다고 하며 독도에 대한 자국의 실효적 지배를 뒷받침하고 있다.

하지만 한국측은 이에 대해 다음과 같은 점에서 반박하고 있다. 첫째는 시마네현 고시 자체의 고시로서의 진정성이 의심된다는 것이다. 시마네현 고시 제40호 우측 가장자리에는 '회람'이라는 주인(朱印)이 선명하게 찍혀 있는데, 이는 동 고시가 시마네현청 내에서만 비밀리에 돌려보는 자료였음을 의미하는 단서가 된다. 특히 다른 도서를 영토로 편입할 때와는 달리 이는 관보 및 일본의 104개 신문 어디에도 게재되지 않았고, 단지 1905년 2월 22일자 시마네현 현보와 산음신문 두 군데에만 실렸다는 사실은 이를 강하게 뒷받침해 준다.108) 그리고 이는 공공연한 지배에 해당하지 않는 것으로서 실효적 지배의 요건으로서의 성질을 결여하고 있다.109) 둘째는 일본은 1905년 이전에 독도는 한국 영토라는 인식을 분명히 갖고 있었기에 시마네현 고시가 독도 영유의사의 재확인이라는 것은 말이 안된다는 것이다. 앞서 살펴본 1877년 태정관 지령 등 일본은 독도가 한국 영토임을 인정하고 있었다는 것이 분명하므로 시마네현 고시를 통한 독도 편입조치는 타국 영토의 편입조치에 해당하며 독도 영유의사의 확인이라는 일본의

---

107) 일본 외무성, 앞의 책, 8쪽.

108) 김용환, 앞의 책, 27쪽; 이종학, "독도를 둘러싼 바다에 대한 한・일간의 시각," 독도박물관 제1회 학술발표회(2000. 5. 31), 15쪽(김현수・박성욱, 앞의 책, 64-65쪽에서 재인용).

109) 판례는 주권의 행사가 공공연하고(public), 공개적으로(open) 이루어질 것을 요구하는 경향을 보인다. *The Island of Palmas* case, *supra* note 20, p.868; *Clipperton Island* case(France/Mexico), *supra* note 5, pp.391, 393.

주장에는 모순이 있다.[110] 또한 시마네현 고시의 근거가 되는 각의 결정은 독도가 무주지임을 전제로 국제법상 점령(선점을 의미하는 것으로 보인다) 차원에서 독도를 편입하는 것으로 언급하고 있기에 동 고시가 독도영유권의 재확인이라는 일본의 주장은 스스로 자국의 역사적 사실을 왜곡하는 것이다.[111] 만약 시마네현 고시가 독도 영유의사의 재확인 차원에서 이루어진 것이라고 인정한다고 해도 이는 자국 영토에 대한 영토편입 조치로서 상식적으로 납득이 가지 않는 행위이다.[112] 셋째로, 일본은 자국의 논리가 받아들여지지 않을 때 시마네현 고시를 통한 독도편입이 각의 결의의 내용에 들어가 있는 무주지 선점에 해당한다고 하며 그 입장을 바꿀 가능성이 있는데, 앞서 살펴봤듯이 당시 독도는 무주지가 아니었고 일본도 이를 인정하고 있었으며, 또한 공공연한 행위가 아니라 그 진위조차 의심스러운 비밀스러운 행위를 통해 독도에 대한 주권행사를 꾀했다는 점에서 선점의 요건조차도 만족시키지 못하고 있다.[113] 한편 일본의 독도편입조치에 대해 한국이 공식적으로 항의를 하지 않은 것이 이에 대한 묵인으로서 언급될 여지가 있는데, 당시 독도를 담당하던 관리들은 1906년 이 사실을 알게 되자 바로 상부에 보고하였고, 대한제국의 참정대신은 이에 반발하며 자세한 사항을 조사하여 보고하라는 지령을 하달하였다. 다만, 일본에 직접적으로 항의를 할 수 없었던 것은 1905년 11월 제2차 한일협약 체결로 외교권을 이미 박탈당한 상태였기 때문이기에 이를 두고 항의의 부재 혹은 묵인이라 주장할 수 없다.[114]

---

110) 김석현, 앞의 책, 22-24쪽.

111) 각의 결의의 자세한 내용은 http://www.geocities.jp/tanaka_kunitaka/takeshima/2a11rui981-1905/(김석현, 앞의 책, 30-31쪽에서 재인용).

112) 김석현, 앞의 책, 32쪽.

113) 이에 대한 자세한 논의는 김석현, 앞의 책, 33-67쪽; 김현수・박성욱, 앞의 책, 66쪽.

114) 김현수・박성욱, 56-57쪽.

3) 평 가

국제재판소 판례는 실효적 지배 성립 여부 검토시 모든 증거를 종합적으로 고려하여 상대적으로 우월한 주장을 펼치는 국가의 손을 들어주는 경향을 보이고 있다.[115] 이하에서는 판례의 법리를 통해서 양국의 실효적 지배를 평가해 본다.

먼저 한국은 결정적 시점에 해당할 가능성이 큰 1950년대를 기준으로 그 이전에는 독도에 대한 행정적 규제를 중심으로, 그 이후에는 행정적 규제와 함께 입법적 규제를 중심으로 실효적 지배를 주장하고 있다. 앞서 살펴보았던 순서대로 한국의 실효적 지배를 평가해 보면, 먼저 조선의 공도정책은 영유권의 포기로 볼 수 없다. 공도정책은 납세 및 부역을 회피할 목적으로 울릉도에 사람들이 모여들자 이를 방지할 목적으로 울릉도와 독도에 사람이 살지 못하도록 한 것이다. 일본은 이는 조선이 독도의 영유권을 포기한 것이라고 주장하는데, 공도정책은 도서관리정책으로서 오히려 주권의 행사라고 볼 수 있으며, 3년마다 정기적인 순찰, 즉 수토를 실시했다는 것은 이를 뒷받침해 준다.[116] 1931년 클리퍼튼섬 사건에서는 무인도의 경우 그 특별한 상황을 감안하여 실제적으로 동 섬에 정착하지 않았음에도 프랑스의 주권을 인정하였고,[117] 단순히 적극적인 방법으로 권한을 행사하지 않았다는 이유만으로 동 섬에 대한 주권을 포기했다고 볼 수 없다고 하며 프랑스의 손을 들어 주었다.[118] 당시 조선이 공도정책 시행후 정기적으로 해당 지역을 순찰했다는 것은 결코 영유권을 포기하려는 의사가 존재하지 않았다는 것을 반증해 주는 사실이다.

대한제국 칙령 제41호는 1882년 울릉도에 대한 일본인들의 접근

115) Sharma, *supra* note 12, p.76; *Legal Status of Eastern Greenland* case(*Denmark v. Norway*), *supra* note 22, p.44.

116) 이석우, 앞의 책, 156쪽.

117) *Clipperton Island* case(*France/Mexico*), *supra* note 5, p.394.

118) *Ibid.*

과 개발에 항의하며 실시한 울릉도 및 독도에 대한 개척정책과 연계하여 1905년 일본의 시마네현 고시 발령에 앞서서 한국의 실효적인 지배를 드러내고 있다. 동 칙령은 울릉도의 행정구역을 개편하면서 석도, 즉 독도를 그 관할하에 두는 것을 분명히 공표하였고, 무인도였던 독도의 특성상 실제로 독도에 상주하는 관리를 파견하지는 않았지만, 현지 실정 조사 등을 실시하였다는 것은 무인도에 대한 판례의 완화된 기준에 비춰봤을 때 한국의 실효적 지배를 분명히 지지하고 있다. 특히 개척정책과 동 칙령의 공표를 전후하여 대한제국이 일본 외무성에 대해 분명하게 울릉도에 대한 침입을 항의하였고, 일본은 여기에 소극적으로 대응하기만 하였다는 사실은 일본 또한 대한제국의 독도영유권을 인정하고 있었던 것을 나타내 주는 것이다.[119)]

일본의 강제병합에 의해 사실상 국가주권을 행사할 수 없었던 기간이 지난 제2차 세계대전 종전 후에도 한국은 오늘날까지 독도에 대해 실효적으로 주권을 행사해 오고 있다. 이는 예전부터 영유하여 왔던 독도에 대한 주권행사의 연장으로서, 판례가 실효적 지배의 형태로서 인정하고 있는 다양한 입법·행정적 규제를 통해 독도에 대한 역사적 권원을 강하게 뒷받침하는 것이다. 이에 대해 일본은 지속적인 항의로써 이러한 행위들이 한국의 실효적 지배 성립에 기여하는 효과를 반감시키려 하고 있는데, 따라서 우리는 계속해서 주권행사의 연장 차원에서의 입법·행정적 규제를 실행할 필요가 있다. 다만, 이러한 행위가 한국의 독도영유권 주장을 강화하기 위해 의도된 행위로 비춰진다면 그 증거로서의 신뢰성이 약화될 수 있으므로 이 점에 주의해야 할 것이다.[120)]

---

119) 김현수·박성욱, 앞의 책, 54-56쪽; 국가주권행사에 대한 항의의 부재는 영유권 인정의 강한 근거가 될 수 있다. *Case concerning Sovereignty over Pedra Branca/Pulau Batu Puteh, Middle Rocks and South Ledge(Malaysia/Singapore)*, *supra* note 9, p.87, para. 246.

120) *Case concerning Sovereignty over Pulau Ligitan and Pulau Sipadan (Indonesia/Malaysia)*, *supra* note 49, p.682, para. 135 참조.

한편 일본의 실효적 지배 주장은 상당부분 불확실하거나 해석이 모호한 자료에 근거하고 있거나, 국가가 아닌 사인(私人)의 행위 혹은 공개적이지 않고 비밀스럽게 행해진 국가행위에 기초하고 있다. 1618년 도해면허 발급의 경우 그 진위 여부가 의심받고 있을 뿐 아니라 오히려 울릉도 및 독도에의 출항이 자국 영토를 벗어나는 것을 의미하는 것이고, 일본 어민의 어로활동은 사인(私人)의 자격에서 행한 행위일 뿐이다.

일본이 자국의 실효적 지배 근거로서 강하게 주장하고 있는 시마네현 고시도 그 고시로서의 진정성이 의심되는 것은 마찬가지이다. '회람'이라는 주인(朱印)이 찍혀 있는 것과 시마네현 현보와 산음신문을 제외하고 관보 및 다른 신문 어디에도 게재되지 않았다는 것은 동 고시가 진정한 고시였는지 아니면 단순한 내부문서에 불과했는지 의심케 한다. 실효적 지배는 공공연할 것을 요구하는 판례의 입장과도 배치되는 것은 물론이다. 앞서 살펴봤듯이 시마네현 고시가 일본의 독도 영유의사의 재확인이라는 것은 동 고시 발령 이전 일본측의 1877년 태정관 지령 하달 등 독도가 한국 영토임을 인정하고 있었던 것을 보여 주는 일본의 행위와 모순되며, 시마네현 고시의 근거가 되는 각의 결정은 오히려 독도편입조치가 무주지 선점에 해당하는 행위임을 나타내고 있다. 또한, 만약 이를 무주지 선점이라고 하더라도 비밀리에 행해진 고시 발령만으로는 선점의 요건을 만족시켰다고 볼 수 없다. 또한 시마네현 고시를 통한 독도편입에 대해 대한제국의 외교적인 항의가 부재했던 것은 당시 이미 일본에 외교권을 박탈당한 대한제국에게는 불가항력에 가까운 것이었으므로, 이를 두고 항의의 부재 혹은 묵인이라 주장할 수 없다.

이렇듯 일본의 주장은 그 실효적 지배의 근거를 불확실한 사료에만 의존하고 있을 뿐, 팔마스섬 사건에서 언급된 것과 같은 '국가에 의한 평화적이며 계속적인 주권의 표시'의 증거를 보여 주지 못하고 있다. 모든 증거를 종합적으로 고려, 상대적으로 우월한 주장을 펼치는 국가의 손을 들어 주는 판례의 입장에 따르면 한국의 실효적 지배가 우월한 것으로 보인다.

(3) 양국의 역사적 권원 및 실효적 지배 주장의 평가

오늘날 영토분쟁에 있어서 당사국들은 많은 경우 역사적 권원과 실효적 지배를 통해 자국의 영토주권을 주장한다. 이에 대해 국제재판소들은 명확한 역사적 증거와 단순한 문서상의 지배가 아닌 국가 주권의 실제적이며 충분한 행사를 요구하고 있는 것을 살펴보았다. 한편 국제재판소는 불명확한 역사적 권원보다는 분쟁이 구체화된 시기에 인접한 확실한 실효적 지배에 더욱 의존하여 판결을 내리고 있는데, 분쟁이 역사적으로 오래된 성격을 띠는 경우 실효적 지배의 판단은 역사적 사실에 기초하게 되므로 역사적 권원과 실효적 지배는 서로 밀접하게 관련을 맺고 있다고 볼 수 있다.

한국과 일본의 역사적 권원 및 실효적 지배에 관한 주장을 검토해 본 결과, 역사적 권원 및 실효적 지배 모두 한국의 증거가 우월한 것을 알 수 있다. 한국의 주장은 대부분 공식적인 사료에 바탕을 두고 있고, 한국의 실효적 지배는 단순히 문서상에만 나타난 형식적인 것이 아니라 실제적이며 충분한 국가주권의 행사가 수반된 것이다. 반면, 일본의 주장은 많은 경우 그 진정성이 의심되거나 모순된 입장을 나타내는 사료에 의지하고 있으며, 또한 한국의 영유권을 인정하는 사료도 적지 않게 보이고 있다. 일본의 역사적 권원 주장은 실제적인 주권행사에 의해 뒷받침되고 있지 않은 것도 일본의 입장을 약화시키는 큰 요인이 되고 있다.

하지만 한국측 사료에 나타난 독도의 명칭이 통일되어 있지 못한 것에 주목할 필요가 있다. 『삼국사기』부터 대한제국 칙령 제41호까지 독도를 지칭하는 명칭은 대여섯 개에 이르고 있다. 이는 불명확한 역사적 사실에 기초해서 판단하기를 꺼려하는 국제재판소의 경향상 우리의 역사적 권원 및 실효적 지배가 과연 독도에 대해 이루어진 것인

지 의심을 불러일으킬 수 있기에 독도의 명칭에 대한 보다 치밀한 고증이 필요하다고 할 수 있겠다.

V. 결 론

결론적으로 국제재판소들은 역사적 권원을 하나의 분명한 영토권원으로서 검토하고 있으나 실제로 판례가 역사적 권원에 근거하여 영토권원을 인정한 사례는 극히 제한적이다. 즉, 판례는 역사적 권원의 개념을 인정하지만 거의 대부분의 경우 오래된 역사적 사실보다는 명확한 조약상 권원이나, 결정적 시점에 임박한 기간의 국가에 의한 실효적 지배에 더 큰 중요성을 부여하고 있다. 심지어 역사적 권원의 성립을 판단하는 경우에조차도 국가에 의한 실효적 지배가 뒷받침되는지 여부를 결정적인 증거로서 검토하는 경향을 보이고 있는데, 이를 모두 종합해 볼 때 역사적 권원은 비록 이론적으로는 독립적인 권원으로서 다루어지고 있지만, 결정적 시점에 임박한 시기에 성립된 명확한 조약이나 실효적 지배보다는 중요성이 떨어짐을 알 수 있다. 이는 사료의 불명확성과 분쟁 당사국들의 주장간 우월성을 판단하기가 쉽지 않다는 점에 기인하는 측면이 크다.

반면, 실효적 지배는 초기에는 영토취득권원 중 하나인 선점의 요건으로서 기능하였지만, 시간이 지남에 따라 그 역할은 모든 종류의 영토권원의 성립을 확증하는 결정적인 증거로서 확장되었다. 다만, 실효적 지배의 검토 이전에 조약상 권원 기타 법적 권원의 성립이 명확한 경우에는 실효적 지배의 역할은 단지 이를 보조하는 것에 그치고 있는데, 이는 실효적 지배가 이와 충돌하는 법적인 권원에 우선할 수 없다는 것을 보여 주는 것이다. 그럼에도 실효적 지배가 오늘날 판례에서 끊임없이 원용되고 있는 것은 영토분쟁에서는 법적 권원이 확실히 성립한 경우보다 불명확한 경우가 훨씬 많으며, 이러한 경우에는 실효적 지배의 성립만이 영토주권의 소유를 드러내 주는 유일한 증거가 되기 때문이다. 특히 오래된 사료를 바탕으로 하는 역사적 권원이 문제가 되는 경우 증거의 불명확성 때문에 결국 보다 결정적 시점에 임박한 실효적 지배에 기해 분쟁을 해결하는 국제재판소의 태도는 독도영유권에 대한 일본의 주장에 맞서고 있는 우리나라에 시사하는 바가 크다.

국제재판소 판례들을 통해 형성되어 온 역사적 권원과 실효적 지배에 대한 법리를 바탕으로 한국과 일본의 역사적 권원 및 실효적 지배에 관한 주장을 검토해 본 결과, 역사적 권원 및 실효적 지배 모두 한국의 증거가 우월한 것임을 알 수 있다. 한국의 주장은 대부분 공식적인 사료에 바탕을 두고 있고, 한국의 실효적 지배는 단순히 문서상에만 나타난 형식적인 것이 아니라 실제적이며 충분한 국가주권의 행사가 수반된 것이지만, 일본의 주장은 많은 경우 그 진정성이 의심되거나 모순된 입장을 나타내는 사료에 의지하고 있으며, 또한 한국의 영유권을 인정하는 사료도 적지 않게 보이고 있다. 일본의 역사적 권원 주장은 실제적인 주권행사에 의해 뒷받침되고 있지 않은 것도 일본의 입장을 약화시키는 큰 요인이 되고 있다. 하지만 한국측 사료에 나타난 독도의 명칭이 통일되어 있지 못한 것에 주목할 필요가 있다. 『삼국사기』부터 대한제국 칙령 제41호까지 독도를 지칭하는 명칭은 대여섯 개에 이르고 있다. 이는 불명확한 역사적 사실에 기초해서 판단하기를 꺼려하는 국제재판소의 경향상 우리의 역사적 권원 및 실효적 지배가 과연 독도에 대해 이루어진 것인지 의심을 불러일으킬 수 있기에 독도의 명칭에 대한 보다 치밀한 고증이 필요하다고 할 수 있겠다.

<참고문헌>

Ⅰ. 국내문헌

김대순, 『국제법론』, 제14판(삼영사, 2009).

김석현, 『시네마현 고시 제40호의 국제법적 효력』(한국해양수산개발원, 2007).

김영수 외, 『독도 영유권에 대한 한일 및 주변국의 인식과 정책 비교연구』(한국해양수산개발원, 2007).

김용환, 『독도 인근해역 경계획정의 국제법적 쟁점 및 대응방안』(한국해양수산개발원, 2007).

김채형, "영토취득과 실효적 지배기준에 대한 연구," 『국제법학회논총』, 제54권 제2호(2009. 8).

김현수 · 박성욱, 『독도 영유권과 실효적 지배에 관한 연구』(한국해양수산개발원, 2007).

박기갑, "국제법상 CRITICAL DATE 설정문제에 관한 연구," 『국제법학회논총』, 제43권 제2호(1998. 12).

______, "도서 영유권 분쟁관련 국제판례에서 나타난 實效的 支配 내지 占有 개념과 독도영유권문제," 『국제법학회논총』, 제45권 제2호(2000. 12).

박기갑 · 김자영, 『영유권 취득·상실에 있어서 국가의 일방적 행위가 갖는 국제법적 효력에 관한 연구: 최근 사례를 중심으로』(한국해양수산개발원, 2008).

이석우, 『동아시아의 영토분쟁과 국제법』(집문당, 2007).

독도연구소 홈페이지, http://www.dokdohistory.com/02_archive/law_list.asp

외교통상부 홈페이지, https://www.mofat.go.kr/press/hotissue/dokdo/index.jsp

Ⅱ. 외국문헌

일본 외무성, 『다케시마 문제를 이해하기 위한 10의 포인트』(도쿄: 외무성, 2008).

Blum, Yehuda Z., Historic Rights, in R. Bernhardt(ed.), *Encyclopedia of Public International Law*(Amsterdam: Elsevier Science B.V., 1997).

Brownlie, Ian, *Principles of Public International Law*, 7th edition (New York: Oxford University Press, 2008).

Sharma, Surya P., *Territorial Acquisition, Disputes and International Law*(Hauge: Kluwer Law International, 1997).

Treaty of Peace with Japan

SCAPIN-677

Ⅲ. 국제사법재판소, 상설국제사법재판소 판례

Clipperton Island case(France/Mexico), 1931, *American Journal of International Law*, Vol. 26, No. 2, 1932.

Legal Status of Eastern Greenland(Denmark v. Norway), Judgment, P.C.I.J. Series A/B, No. 53(1933).

Fisheries case(United Kingdom v. Norway), Judgment of December 18th, 1951, *I.C.J. Reports 1951*.

The Minquiers and Ecrehos case(France/United Kingdom), Judgment of November 17th, 1953, *I.C.J. Reports 1953*.

Frontier Dispute(Burkina Faso/Republic of Mali), Judgment of December 22nd, 1986, *I.C.J. Reports 1986*.

Case concerning the Land, Island and Maritime Frontier Dispute (El Salvador/Honduras: Nicaragua intervening), Judgment of September 11th, 1992, *I.C.J. Reports 1992*.

Case concerning Maritime Delimitation and Territorial Questions between Qutar and Bahrain(Qatar v. Bahrain), Judgment of March 16th, *I.C.J. Reports 2001*.

Land and Maritime Boundary between Cameroon and Nigeria (Cameroon v. Nigeria), Judgment of October 10th, *I.C.J. Reports 2002*.

Case concerning Sovereignty over Pulau Ligitan and Pulau

Sipadan(Indonesia/Malaysia), Judgment of December 17th, 2002, *I.C.J. Reports 2002.*

Frontier Dispute(Benin/Niger), Judgment of July 12th, 2005, *I.C.J. Reports 2005.*

Case concerning Sovereignty over Pedra Branca/Pulau Batu Puteh, Middle Rocks and South Ledge(Malaysia/Singapore), Judgment of May 23rd, 2008, *I.C.J. Reports 2008.*

Ⅳ. 국제중재재판소 판례

The Guiana Boundary case, RIAA, Vol. XI.

The Island of Palmas case, RIAA, Vol. XX.

Territorial Sovereignty and Scope of the Dispute(Eritrea/Yemen), Arbitral Award of October 9th, 1998, *Reports of International Arbitral Awards*, Vol. XXII.

'조약체결 이후 후속합의와 관행'이 조약에 미치는 영향*

신 수 연

* 제9회(2009) 대학(원)생 국제법 논문 경시대회 대학원생 부문 우수상

Ⅰ. 서 론

국제법의 대표적인 형식적 연원으로서 조약이 국제관습법과 구별되는 특징으로 우선 문언(text)으로 확인할 수 있어 '명확'한 점을 들 수 있다. 이러한 명확한 문언은 개정되지 않는 한 시간의 경과에도 문언의 보통 의미란 한계에서 계속 존속할 것이며 따라서 조약은 '안정성'을 갖는다. 그러나 모든 법체계가 규범적 효력을 유지해야 하듯이, 조약도 변화하는 상황을 반영하지 못하면 사실상 사문화되어 규범력을 갖지 못하게 되는 경우를 생각할 수 있을 것이다. 이에 국제법위원회(International Law Commission; ILC)는 '조약과 시간'(Treaties over time)이란 의제를 채택하였는데,[1] 특히 후속합의와 관행이 조약에 미치는 영향을 주목하였다. 그렇다면 후속합의와 관행이란 무엇이며, 이것이 기존 조약에 미치는 영향을 검토하는 이유가 무엇인가?

조약법에 관한 비엔나협약(Vienna Convention on the Law of Treaties, 이하 '비엔나협약') 제31조 3항(a), (b)는 해석원칙의 수단으로서 후속합의와 관행을 규정하고 있으므로 우선 그 의미파악으로부터 논의가 출발되어야 할 것이다(Ⅱ). 그리고 특히 조약에 있어서 후속행위가 미치는 영향이 문제되는 것은, 국제관습법에서는 후속행위가 관습법의 형성의 일부를 이루지만 조약은 시간이 지나도 계속 존속하는 것을 의도하기 때문이다.

본 글은 후속합의와 관행이 조약에 미치는 영향을 논의하기 위해 ILC 보고서의 논의 주제와 방향을 따른다. 우선 해석에 미치는 영향(Ⅲ)을 검토하기 위해 ① 발전적 해석론을 논할 것이다. 이는 조약의

---

1) United Nations, *Report of the International Law Commission on the work of its sixtieth session, 5 May-6 June and 7 July-8 August 2008, A/63/10*, pp.365-389: http://untreaty.un.org/ilc/reports/2008/2008report.htm.

해석과 적용단계[2]에서 변화된 상황을 고려하는 것으로 시제법도 같은 맥락에서 검토할 필요가 있다. 나아가 ② 후속관행이 국제관습법을 형성하는 경우 조약의 해석과 적용을 논할 것이다. 그리고 변경에 미치는 영향(Ⅳ)을 먼저 해석과의 연관성하에서 검토할 것이고, 특히 비엔나협약 제41조 다자조약의 수정과 후속관행에 의해 묵시적 합의로 조약이 변경되는지를 볼 것이다. 조약의 종료(Ⅴ)에 미치는 영향은 비엔나협약 제42조 2항을 전제로 제한적으로 볼 것인데, 우선 ① 비엔나협약상 종료 사유를 검토하고, ② 후속관행에 의한 조약의 묵시적 폐지(desuetude), 그리고 ③ 강행규범 또는 일반 국제관습법의 출현으로 인한 조약의 종료를 차례로 논할 것이다. ILC 보고서에서도 목표하였듯이 후속 합의와 관행이 조약에 미치는 양상을 검토하는 의의는, 주요 국제법 주체로서 국가들의 의도를 반영하고 시간의 경과 동안 발전을 고려하되 그 요건과 한계를 명확하게 하여 국제법정에서 객관적으로 적용할 수 있는 질서를 확립하는 것이다.

Ⅱ. 후속합의와 관행의 의미

1. 비엔나협약 제31조 3항(a) '후속합의'와 (b) '후속관행'

비엔나협약 제31조 3항의 후속합의와 후속관행은 조약의 해석에 관한 논의이지만, 후속합의와 관행의 의미 파악은 여기에 한정되지 않고, 조약의 변경 및 종료에도 영향을 미칠 수 있는 넓은 개념으로 볼 것이다. 나아가 후속관행이 집적되어 국제관습법을 형성하는 경우

2) 조약의 해석(interpretation)은 적용(application)하기에 앞서 행해지는 것이 논리적이지만, 대부분의 경우 해석작용에 적용이 포함되거나 상호간 관련하에 이루어지는 것으로 볼 것이다. 조약의 해석이 문제되는 시점은 조약을 체결한 당시가 아닌 조약을 적용하는 것이 문제되는 현재 시점을 의미하는 것으로 이해할 것이다.

도 논의에 포함될 것이다.

(1) 후속합의의 의미

조약의 해석원칙으로서 비엔나협약 제31조 3항(a)는 조약의 해석 또는 그 조약규정의 적용에 관한 당사국간의 '후속의 합의'(subsequent agreement)가 참작되어야 한다고 명시하고 있다. 통상 국가간 합의란 구속력 있는 약속을 의미하며 조약과 동의어로 볼 수 있으나, 제31조 3항(a)는 뒤에서도 보듯이 조약이 아닌 넓은 의미의 약속을 뜻하고 있다. 이때 2항(a)의 '협의'는 문맥에 포함되는 것이며, 3항(a)는 참작되어야 하는 성질로서 문언상 차이와 시간적 차이에도 불구하고 해석에 관한 법적 효력이 과연 다른지 문제될 수 있는데, 비엔나협약 제31조는 통틀어 해석에 관한 일반원칙으로 볼 것이다.[3] 1966년 조약법규정 초안에 대한 주해는 제31조 3항에 대하여 강제적 성질을 띠며 이전 조항들과 같은 효력을 지니는 것으로 보았다.[4] 그리고 3항(a)의 후속합의는 당사국에 의한 유권적 해석으로 조약의 해석 목적상 참작해야 한다고 하였다.[5] 이로써 2항의 협의와 3항의 후속합의가 조약의 해석에 동일하게 모두 참작되는 것이다.

(2) 합의의 형식

합의란 국제법에 의해 구속력이 있을 것을 의도하는 것이나, 조약의 해석에 관한 후속합의의 형식에 관하여는 비엔나협약은 구체적으로 명시하지 않으므로 조약의 형식이 요구되는지가 문제될 수 있는

3) Gardiner, *Treaty Interpretation* (Oxford University Press, 2008), p.207.

4) *Yearbook of the International Law Commission*, 1966, Vol. II, p.220, para 9.

5) *Ibid.*, p.221, para 14. 원문은 다음과 같다. "An agreement at to the interpretation of a provision reached after the conclusion of the treaty represents and authentic interpretation by the parties which must be read into the treaty for purposes of its interpretation."

데, 특별히 서면 형식을 요구하지는 않는다고 보는 것이 일반적 견해이다.[6] 독일과 유럽분자생물학연구소(EMBL)간의 분쟁[7]에서 중재재판소는 국제기구의 조세 및 의무면제의 범위를 해석함에 있어서 독일연방 연구와 과학기술부(BMFT)가 보낸 1977년 편지와 1987년 타협(Settlement)이 비엔나협약 제31조 3항(a)의 후속합의에 포함된다고 하였다. 1977년 편지는 일방적 선언이 아니라 분쟁 상대국의 질문에 대한 답변으로서 해석에 관한 합의로 볼 수 있으며, 이는 후속합의의 형식이 조약 또는 국제법상 정식을 따르기보다는 그 내용이 해석에 관한 합의로 볼 수 있는지를 검토한 것으로 평가된다. 1986년 국가와 국제기구 또는 국제기구 상호간의 조약법에 관한 비엔나협약(Vienna Convention on the Law of Treaties between States and International Organizations or between International Organizations)이 1969년 비엔나협약과 동일한 해석 조항을 규정하며, 제31조는 일반적으로 국제관습법규를 표현한 것으로서 볼 수 있으므로, 위 사건은 후속합의의 형식보다는 후속합의의 사실과 내용에 따라 해석에 관한 후속합의 여부를 결정한다는 논거가 될 수 있다.

(3) 후속관행의 의미와 묵시적 동의

1) 후속관행의 의미

비엔나협약 제31조(b)는 '조약의 적용에 있어서', '조약의 해석에 관한 당사국의 합의를 확정하는' 후속관행(subsequent practice)이라 규

---

6) Linderfalk, *On the Interpretation of Treaties* (Springer, 2007), p.162; 비엔나협약 제31조 3항(a)의 후속합의의 예로 1995년 마드리드에서 EC 대표회의에서 ECU를 Euro로 변경하기로 하는 결정(decision)도 포함되며, 1959년 남극조약 제9조 4항에 오직 조치(measures)만을 적용하기로 한 결정(Decision 1)도 들 수 있다. 1951년 난민조약 제1조 F(c)상 '국제연합의 목적과 원칙'의 해석에 관하여 1996년 테러리즘(terrorism)에 관한 총회 결의에 부속된 선언(Declaration)도 포함되는 것으로 본다.

7) *European Molecular Biology Laboratory Arbitration(EMBL v. Germany)*, Award of 29 June 1990, 105 ILR 1(noted by Gardiner, p.220).

정하고 있다. 후속관행은 외교서신, 정책발표, 국내법령 및 판결, 조약체결, 국제기구에서의 활동 등으로 반복된 행위일 것인데, 독립된 개별 후속행위는 후속관행을 이루기에 부족하며 당사국들의 해석에 관한 합의를 나타내는 '일치되고 공통적이고 일관된 행위'일 것이 요구된다.[8] 추후관행이 조약의 해석에서 고려되는 것은 조약체결 당시 당사국의 의사를 밝히는 주요 근거가 되기 때문이다. 따라서 Lausanne 조약의 해석에 관한 상설국제사법재판소(Permanent Court of International Justice)의 권고적 의견에서 밝혔듯이 가급적 조약체결 직후의 관행일 것이 요구된다. Kasikili/Sedudu섬 분쟁사건에서 국제사법재판소(International Court of Justice; ICJ)는 보츠와나와 나미비아간 Chobe강의 경계에 관하여 독일과 영국간 1890년 조약 이후 비엔나협약 제31조(b)의 후속관행이 이루어지지 않았다고 판시하였는데, 이때 나미비아의 주장에 대한 판단에서 후속행위가 관행이 되기 위한 두 가지 기준으로 우선 후속행위가 조약의 해석에 관한 행위측의 입장을 나타내는 것으로서, 상대국이 이를 충분히 알았고 이를 수락한 것으로 볼 수 있을 것을 검토하였다.[9] 또한 조약의 적용에 있어서 해석의 요소인 후속관행의 중요성에 대하여 ILC 주해를 인용하면서, 조약의 해석에 대한 당사국들의 의사를 객관적으로 확인할 수 있는 것으로 국제법정에서 후속관행을 참작하는 판결이 확립되었다고 하였다.[10] 한편, 일관되게 후속행위가 부재하는 경우에도 해석에 관한 합의를 확정하는 것으로 볼 수 있는지에 대해 유럽인권재판소(European Court of Human Rights)는 *Bankovic* 사건[11]에서 유럽

---

8) Sinclair, *The Vienna Convention on the Law of Treaties* (Manchester University Press 2nd ed., 1984), p.137.

9) *Kasikili/Sedudu Island(Botswana v. Namibia), Merits, Judgement, I.C.J. Reports 1999,* para 74.

10) *supra* note 4, p.221, para 15.

11) *Bankovic and Others v. Belgium and 16 Other Contracting States* (Dec.)[GC], Application No. 52207/99, ECHR 2001-XII.

인권협약(Convention for the Protection of Human Rights and Fundamental Freedoms) 제15조상 인정되는 의무의 손상이 없었고 이러한 관행의 부재는 해석의 요소가 되는 것으로 보았다.

2) 묵시적 동의와 Preah Vihear 사원 사건

ILC 특별조사관 Sir Humphrey Waldock은 "유권적 해석에 이르기 위해서는 해석에 대해 당사국 일반의 묵시적 동의가 있는 것으로 볼 수 있을 정도의 관행이 있어야 한다"고 하였는 바, 이러한 묵시적 동의는 묵인(acquiescence) 나아가 철회할 수 없는 금반언(estoppel) 효과를 낳을 수 있다.[12] 후속관행이 일정 상황에서 묵시적 동의를 구성하여 이에 반하는 주장을 못하도록 하는 금반언의 의무를 부과하는 사례로 캄보디아와 태국간 Preah Vihear 사원 사건[13]이 있다. ICJ는 태국 정부가 프랑스에 대해 지도 제작을 의뢰하고 이를 전달 받았는데, 이러한 수락행위가 지도를 조약 해석의 일부가 되게 하여 1904년 국경조약 내용을 위반하지 않는 것으로 보았다. 또한 태국과 프랑스간 우호통상항해조약 체결 당시 태국 정부의 침묵, 조정위원회의 자료로써 사원을 캄보디아령 내로 표시한 지도를 제출한 점 및 프랑스 국기를 계양한 사원에의 공식적 방문 등 일련의 행위는 사원에 대한 프랑스와 캄보디아의 영유권을 다투지 않는다는 금반언으로 보았다. 이는 국경조약의 해석에 있어서 후속행위에 의해 지도상의 국경선에 우선적 효력을 부여한 것으로 볼 수 있다.[14] 한편, 이 사건에서 금반언은 조약의 해석에 관계되는 많은 원칙 중 하나에 불과하며 근거가 되는 사실관계가 불명확하므로 주변상황 및 행위의 성질 등을 참작해야 할 것이다.[15] 본 사건은 조약해석에 있어서 후속관행

12) *supra* note 1, p.376.
13) *Temple of Preah Vihear(Cambodia v. Thailand), Merits, Judgement, I.C.J Reports 1962,* p.6.
14) *Ibid.*, p.33.
15) Malcom N. Shaw, *International Law*, 5th ed.(Cambridge University Press, 2003), p.440.

이 당사국의 합의를 확정하는 양태가 당사국 쌍방의 의해서뿐만 아니라 일방의 행위와 상대의 묵시적 동의로도 성립될 수 있다는 것을 나타낸다.

2. 시제법과 후속합의 및 관행

국제법상 시제법(intertemporal law)이란 시간이 경과함에 따라 법규의 내용이 변화할 때 그 이전에 생긴 행위 또는 사실이 신법과 구법 중 어느 법에 지배되는가의 문제로서 그 사실이 발생한 '당시의 법'으로 판단할 것이 원칙이다. 신법을 소급적용하는 것은 법적 안정성에 반하기 때문이다. 한편 팔마스섬 사건[16]에서 Huber 단독 중재재판관은 영토주권은 영토 취득후 계속적 실효적 점유를 할 것이란 새로운 논리를 전개하였는데, 이는 변화하는 조건을 고려한다는 점에서 유용하지만 새로운 법의 무조건적 소급적용으로서 판사의 주관이 개입된다는 비판이 가능하다. ILC 제56회기에서는 시제법에 관한 쟁점으로 후속 행위가 조약에 미치는 영향에 대하여 (a) 조약체결 당시에는 존재하지 않던 규범이 적용되는 사건에서 후속행위는 조약의 적용에 영향을 미칠 수 있으며, (b) 조약의 개념들이 '정적이지 않고 발전적'이므로 조약의 해석에 영향을 줄 수 있다고 하였다.[17] 따라서 시제법원칙의 존재는 인정해도 구체적인 적용단계에서는 복잡한 문제가 발생한다. 그리고 시제법을 적용함에 있어서도 양 분쟁당사국의 동의가 전제되어야 함을 주의해야 할 것이다.[18] 이는 국가들의 후속합의 및 관행이 현재의 당사국의 의도를 나타내는 것임을 볼 때 결국 당사국의

16) *Island of Palmas(U.S v. Netherlands)*, RIAA 1928.

17) Ineke van Bladel, "The Iron Rhine case and the art of treaty interpretation," The Netherlands in Court: Essays in Honour of Johan G. Lammers(Martinus Nijhoff Publishers, 2006), p.5.

18) 박기갑, "국제법상 시제법," 동북아역사재단, 재단출범 1주년 기념 학술회의 「상이한 역사인식-그 책임과 민족, 영토 인식」(2007), p.84.

의도가 법질서에 비추어 타당한지를 검토하는 객관적인 판단기준이 중요할 것이다.

3. 후속합의와 관행의 주체

국가들의 후속합의와 관행이 조약을 해석, 변경 및 종료하기까지 영향을 미치거나 새로운 국제법상 관습법을 형성하기 위해서는 국가들의 의사를 나타내기에 적절한 권한이 있는 주체에 의하여 수행될 것이 요구된다. 후속합의 및 행위를 하는 권한 있는 국가기관 또는 주체를 결정하기 위해 비엔나협약 제7조 전권위임장에 관한 규정은 명백히 협소하다.[19] 한편, 국가책임에 관한 일반규칙을 적용하는 것은 광범위하다.[20] *Tax regime governing pensions paid to retired UNESCO officials residing in France* 사건[21]에서 중재재판소는 하급기관에 의한 행위가 조약의 후속관행으로 볼 수 없다고 판시하였다. 조약의 안정성과 후속합의 및 관행의 개념이 명확하지 않은 점으로 볼 때 그 주체를 좁게 하여 한계를 지우는 것이 타당할 것이다.

4. 소 결

비엔나협약상 해석원칙으로서 참작되는 후속합의와 관행은 형식상 구별이 어렵고 그 내용에 있어 조약의 해석·적용이 문제되는 시점에

---

19) *supra* note 1, p.377.

20) 국가책임을 발생시키기 위해 국제위법행위의 주관적 요소로서 행위의 국가귀속이 있을 것인데, 이때 일체의 국가기관(any State organ)의 행위가 국제법상 당해 국가 자체의 행위로 간주된다. 이때 지위의 높고 낮음에 관계 없이 말단 공무원의 행위도 포함되며 지방자치단체와 연방국가 내의 구성국도 포함되는 것으로 볼 수 있으며, 이는 *LaGrand* 사건에서도 확인할 수 있다.

21) *Question of the tax regime governing pensions paid to retired UNESCO officials residing in France(France v. UNESCO)*, Award of 14 January 2003, UNRIAA, Vol. XXV.

국가들의 의도를 나타내는 것으로 볼 것이다. 해석에 영향을 미치는 후속합의와 관행의 의미를 변경 및 종료에 영향을 미치는 국가들의 후속행위에서도 동일하게 보아도 큰 무리는 없을 것이다. 특히 종료의 경우에는 뒤에서도 살펴보듯이 그 요건과 한계를 명확히 하여 조약의 안정성·규범성과 조화를 이루어야 할 것이다. 하지만 여전히 후속합의와 관행의 판단이 불명확하고, 국제관습법도 포함되는 것으로 볼 수 있으므로 조약의 해석·변경·종료에 각각 미치는 영향을 살펴보고 그 적용 양상과 한계를 검토할 것이다.

Ⅲ. 조약의 '해석'에 미치는 영향

1. 문제 제기

후속합의 및 관행은 조약체결 당시 국가들의 의도를 나타내기도 하지만, 특히 문제가 되는 것은 조약에 명시된 내용에 일치되지 아니하는 국가들의 후속행위이다. 조약의 문언(text) 범위 내에서 후속 합의와 관행을 해석의 요소로 볼 것인지, 이를 넘어서는 조약의 위반으로 볼 것인지를 결정하며 이는 국가책임과도 연결되기 때문이다. 따라서 체결 당시 의도는 아니지만 변화된 상황에 따른 국가의 의도를 반영하는 목적적 해석론으로서 발전적 해석론을 검토하고, 후속행위에 대한 법원의 태도를 검토할 필요가 있다.

2. 조약의 발전적 해석론

(1) 조약의 '대상과 목적'의 발전적 해석

조약의 발전적 해석(evolutive interpretation)이란 일정 조약이 성질상 발전 및 추가의 여지가 있는 경우, 현재의 상황에 비추어 다양하고 변화하는 조약 문헌에 대한 해석을 뜻한다.[22] 비엔나협약 제31조 상 '대상과 목적'(object and purpose)을 당사국이 조약의 적용을 통해 의도하는 목적으로 볼 때 조약의 발전적 해석의 지표가 될 것이다. 이에 대해 조약체결 당시에는 의도하지 않았더라도 조약을 해석하고 적용하는 시점에서 의도하는 것을 고려하는 것이 가능하다는 견해가 있다.[23] 이는 또한 효과성(effectiveness)이론과도 연결되는 것으로 볼 수 있을 것이다.[24]

(2) *Iron Rhine* 사건[25]의 검토

Iron Rhine은 벨기에 Antwerp에서 네덜란드를 거쳐 Rhine강 유역을 잇는 철도로서, 1897년 철도협약에 의해 네덜란드 정부의 소유가 되었는데 2차대전에서 파괴된 후 운행이 거의 중단되었다. 주요 쟁점은 벨기에가 1839년 영토분할조약 제XII조에 근거하여 철도의 재가동시 네덜란드 환경법의 적용에 의한 비용을 부담하게 되는지 여부였다. 이 사건은 19세기의 조약의 문언을 21세기에 해석, 적용하기 위한 법원의 태도를 나타내므로 그 의의가 있다.

1) 시제법과 조약의 현대적 해석

시제법(the intertemporal rule)이란 조약체결 당시 효력 있는 국제법이 적용되어야 한다는 원칙으로서, 이에 의하면 영토분할조약 제XII조의 해석은 1839년 당시 법적 사실을 기반으로 해야 할 것이다. 한편, 이 원칙이 비엔나협약 제31조 3항(c)의 관계규칙(relevant rules)에 해당될 수 있으나 효과적인 조약의 적용을 위해 추후 사실과 법의 발전을 적용할 것이다.[26] 19세기의 조약의 현대적 해석에 있어

22) Gardiner, *supra* note 3, pp.242-243.

23) Linderfalk, *supra* note 6, pp.207-211.

24) Gardiner, *supra* note 3, pp.200-201.

25) *In the Arbitration Regarding the Iron Rhine("Ijzeren Rijn") Railway (Belgium v. The Netherlands)*, Permanent Court of Arbitration, Award of the Arbitral Tribunal, 24 May 2005.

서 국제상설중재재판소(Permanent Court of Arbitration)는 영토분할조약 제XII조상 "새로운 도로" 또는 "새로운 수로"(철로)의 해석을 위해 1839년 조약체결 당시에는 현대에서 전기시설, 철로설계 및 정비화 등에 소요되는 비용을 감안할 수 없었던 점을 인정하여 개념적이고 포괄적인 용어들은 "정적이지 않고, 발전적이다"라고 한 나미비아와 남아프리카간 분쟁에 대한 국제사법재판소의 권고적 의견을 인용하였다. 또한 포괄적 용어의 문제라기보다는 기술발달로 인하여 발전적 해석이 필요한 사건으로 보면서, 이는 조약의 대상과 목적에 따른 적용을 효과적으로 달성하는 것으로 시제법의 엄격한 적용에 비해 선호된다고 판시하면서 *Gabčikovo-Nagymaros Project* 사건을 원용하였다.[27] 국제법정은 조약의 대상과 목적에 비추어 조약을 발전적으로 해석하는 태도를 취하고 있음을 판례법을 통해 확인할 수 있는 것이다.

2) 효과성이론과 조약의 대상과 목적

1839년 영토분할조약의 대상과 목적은 벨기에와 네덜란드의 분할과정에서의 문제를 해결하는 것이고, 제XII조는 벨기에로부터 독일까지 교통로를 마련하는 것으로 그 대상은 고정된 기간 동안이 아니며 목적은 상업적 교통이었다. 이러한 조약의 대상과 목적과 관련하여 체결국이 기대하는 이익을 위해 조약의 조항을 효과적으로 해석하는 것이 효과성이론(principle of effectiveness)이다. 2003년 네덜란드와 벨기에는 중재협정(Arbitration Agreement)를 맺고 고정된 기간 동안이 아닌 통행권을 암묵적으로 인정한바 있어 조약의 역동적이고 발전적인 해석의 접근을 통해 장기간에 걸쳐 상업적 통행권을 보장할

26) *Ibid.*, para 79.

27) *Ibid.*, para 80. 원문은 다음과 같다. "But here, too, it seems that an evolutive interpretation, which would ensure an application of the treaty that would be effective in terms of its object and purpose, will be preferred to a strict application of the intertemporal rule."

수 있다고 하였다.[28)]

(3) 발전적 해석의 문제점과 한계

발전적 해석은 조약의 유효성을 담보하지만 조약체결 당사국들이 동의 당시 전혀 의도하지 않은 새로운 해석을 할 우려가 있다. 따라서 조약의 역동적인 해석의 근거로서 후속관행의 중요성은 더욱 크다고 볼 수 있다. 유럽인권재판소는 *Loizidou v. Turkey* 사건[29)]에서도 분명하게 밝히듯이 협약은 "'살아 있는 협정'(living instrument)으로서 현재의 상황에 비추어 해석해야 할 것"이라고 하였다. 이는 체결 당시 국가들이 의도하지 않았더라도 ① 변화된 현재 상황에 비추어 해석할 필요성과 ② 이를 뒷받침하는 국가들의 의도를 나타내는 후속관행을 인정할 수 있는 경우에는 발전적 해석이 가능한 것으로 판단된다. 물론 발전적 해석은 조약 문언에 근거한다는 한계가 필요하고 전혀 새로운 개념의 도입은 입법작용에 해당될 것이다. 한편, 이러한 발전적 해석의 한계를 인정한다면 오히려 일관된 국가들의 후속관행에 의한 해석의 확장에 미치지 못하게 되어 구별될 것이란 견해도 주장된다.[30)] 그러나 조약 문언의 통상적 의미 범위를 넘는 것은 수정으로서 해석작용과 구별할 것이다.

3. 새로운 국제관습법의 형성과 조약의 해석

국가들의 일반관행이 관습법으로 되기 위한 요건으로 관행의 지속, 관행의 획일성・일관성・일반성이 갖추어지고 이에 대한 법적 확신이 있을 것이다. 국제관습법은 해양법과 같이 단기간에 형성될 수도 있

---

28) *Ibid.*, para 84.

29) *Loizidou v. Turkey*, Preliminary Objections 23 March 1995, Application No. 310, para 71.

30) Gardiner, *supra* note 3, pp.242-3.

기 때문에 후속관행이 새로운 관습법을 형성하는 경우 기존 조약의 해석이 문제된다. 비엔나협약 제31조 3항(c)[31]에 의하면 당사국간의 관계에 적용될 수 있는 국제법의 관계규칙이 조약 해석의 일반원칙으로 받아들여지는 바, 이때 조약 적용 당시 국제관습법이 존재한다면 관계규칙으로서 해석에 영향을 미치게 될 것이다. Guinea-Bissau 간 Senegal 해양경계에 관한 중재재판[32]에서 1960년 협약의 해석이 문제되었을 때 재판소는 조약체결 당시 법을 기준으로 해석하는 것이 원칙일 것이나 '영해, 접속수역, 대륙붕' 등 개념의 발전을 인정하면서 아직 발효되지는 않았지만, 1982년 유엔해양법협약(the United Nations Convention on the Law of the Sea)이 해양경계획정에 있어서 국제관습법을 이루는 것으로 볼 때 1960년 협약은 중재재판 당시를 기준으로 해석될 것이라 하였다. 이러한 해석은 당사국의 의도와 일관성을 갖는 것으로 볼 수 있다. 한편, 해양법의 발전을 고려는 하되, 조약의 해석의 단계를 넘어 수정하는 정도가 되어서는 안될 것이다.[33]

4. 국내법원의 조약 해석에 관한 태도

ILC는 조약의 해석의 수단으로서 후속합의와 후속관행은 국내법에 있어서의 의미와 영향이 크므로 검토할 것이라 하였다. 국제법정에서 조약을 해석하는 것도 중요하지만 국내법원에서 국제조약의 해석의

---

31) 비엔나협약 제31조 3항(c)의 원문은 다음과 같다. "Any relevant rules of international law applicable in the relations between the parties." 이때 국제법의 관계규칙으로서 국제관습법을 들 수 있으며, 넓게 조약상 의무를 포함하는 것으로 해석할 수 있다.

32) *Affaire de la délimitation de la frontière maritime entre la Guinée-Bissau et le Sénégal(Sentence de 31 juillet 1989)*, UNRIAA, Vol. XXV.

33) Nancy Kontou, *The Termination and Revision of Treaties in the light of New Customary international law* (Clarendon Press Oxford, 2001), pp.125-127.

비중이 크며 그만큼 중요한 점을 감안해야 할 것이기 때문이다.[34] 미국 대법원은 *Medellin v. Texas* 사건에서 '당사국의 추후 비준에 대한 이해'를 근거로 조약을 해석하였으며,[35] 미국의 조약에 대한 해석은 상당한 가치가 있다고 하여 문제되는 조약이 국내에서 강제력이 있는 연방법으로 볼 수 없다고 판시했다. 다른 많은 국가들이 조약의 문언의 보통 의미에 따라 해석하지만, 미국 법원은 조약을 체결하는 당사국의 의사를 우선하며, 이러한 의사를 확인할 수 있는 국가관행은 해석의 중요한 요소가 된다. 한편, 국가들의 의사를 확인할 수 있는 국가관행을 참고할 수 있는 공식적인 발표나 자료가 부족한 문제는 여전히 남아 있다.

5. 특별한 유형[36]의 조약의 해석

(1) WTO체제에서 조약의 해석

WTO(World Trade Organization)체제에서 조약의 해석은 일반 해석규칙을 기반으로 하되 다양한 관련 WTO규정들과의 관계에서 국가들의 후속관행이 조약의 해석에 미치는 영향을 검토해야 할 것이다. 분쟁해결협정(Understanding on Rules and Procedures Governing the Settlement of Disputes) 제3.2조는 1994년 GATT와 WTO협

34) Francis G. Jacobs and Shelly Roberts, *The Effect of Treaties in Domestic Law* (London Sweet & Maxwell, 1987), pp.164-167.

35) *Medellin v. Texas*, Judgement of 25 March 2008, 552 United States (2008) Slip opinion pp.20-21. 원문은 다음과 같다. "The Court's conclusion that Avena does not by itself constitute binding federal law is confirmed by the "postratification understanding" of signatory countries."

36) 자기완비적 체제(self-contained regime)에서 후속합의 및 관행이 조약의 해석에 미치는 영향을 어떻게 보는가의 문제이다. 자체 분쟁해결 및 집행수단을 규정하고 있는 WTO협정과 EC, EU조약이 대표적인 예이다. 이 범위에서 일반국제법의 적용이 제한되고 독립적으로 존재할 수 있는데, 한편 비엔나협약 제31조, 32조가 국제관습상의 해석규칙으로서 적용되므로 WTO가 자기완비적 체제가 아니라는 견해도 가능하다.

정하의 조약들을 일반 국제법상 해석에 관한 관습법에 의해 명확하게 할 것이라 규정하고 있으며,[37] 이에 따라 국제관습법으로 볼 수 있는 비엔나협약 제31조의 해석에 관한 원칙이 적용된다. 일본의 알코올성 음료에 대한 관세사건[38]에서는 패널보고서의 해석상 법적 지위가 문제되었는데, 패널이 GATT 체결 당사국과 WTO 분쟁해결기구(DSB)에 의해 채택된 패널 보고서들은 후속관행을 이룬다고 결정한 것에 대해, 항소기구는 비록 1947년 GATT의 패널 보고서들이 계약 당사국의 결정에 의해 채택된 것이라 할지라도 이는 1947년 GATT의 해석을 구성하는 것은 아니며, 특히 WTO협정 제9.2조에서 동 협정과 복수국가간 무역협정의 해석에 관한 각료회의 및 총회의 독점적 권한을 규정하고 있는 점을 근거로 채택된 보고서를 해석상 후속관행으로 볼 수 없다고 하였다.[39] 미국의 덤핑 마진율 계산법에 관한 사건[40]에서 WTO 당사국의 반덤핑의 적용에 관한 1994 GATT 제6조의 이행에 관한 협정(The Agreement on Implementation of Article VI of the General Agreement on Tariffs and Trade 1994, 이하 'AD 협정')의 해석이 문제되었는데, EC는 AD협정 제2.4.2조의 해석에 관하여 105개 당사국의 통보에 의하면 국내법률에 의해 제5조상 조사에 제2.42조의 적용을 제한한 예가 없으며 이는 비엔나협약 제31조 3항(b)의 후속관행이라고 주장하였다. 항소기구는 후속관행이란 앞에서 살펴본 일반적 해석과 더불어 "문제되는 조항의 해석에 관하여 WTO 당

37) 원문은 다음과 같다. "The Members recognize that it serves to preserve the rights and obligations of Members under the covered agreements, and to clarify the existing provisions of those agreements in accordance with customary rules of interpretation of public international law."

38) Appellate Body Report, *Japan-Taxes on Alcoholic Beverages*(1 November 1996) WT/DS8/R, WT/DS10/R, WT/DS11/R.

39) *World Trade Organization Dispute Settlement Reports*, 1996, Vol. 1, pp.97-123.

40) Panel Report, *United States-Laws, Regulations and Methodology for Calculating Dumpin Margins("Zeroing")*(9 May 2006) WT/DS294/R.

사국의 합의를 암시하는 분별 가능한 행동양식 또는 선언"이라고 하였다. 본 사안에서 패널은 EC의 주장을 기각하면서, 비록 다른 국가들의 반덤핑에 대한 국내법률 사례는 국가관행을 이루는 것이지만 이는 "해석에 관한 당사국의 합의를 이루는 것"에 이르지 않으며, 단지 다른 WTO 국가들은 미국과 다르게 제2.4.2조를 의무평가에 적용한다는 사실을 확인할 수 있다 하였다.

(2) 유럽연합체제에서 조약의 해석

유럽사법재판소(European Court of Justice)는 해석의 수단으로서 후속관행을 포함시키지 않는 태도이나,[41] 유럽연합 공통의 외교 및 안보정책에 관하여 2007년 리스본조약으로 개정된 유럽연합설립조약(Treaty Establishing the European Union; TEU) 제24조와 같은 경우를 해석하기 위해서 유럽연합의 후속관행을 참작하는 것이 타당할 것이라 볼 수 있다.[42] 유럽인권협약도 특수한 유형의 조약으로서 유럽인권재판소는 후속관행을 참작한 사례가 많은데, 유럽인권협약을 '살아 있는 협정'으로 보는 것이 당사국의 후속관행뿐만 아니라 시민사회의 후속관행으로서 볼 수 있다는 견해도 있다.[43]

(3) UN헌장의 해석

UN헌장과 같은 국제기구 설립문서의 경우, ICJ는 무력충돌에서 핵무기 사용의 적법성 사건[44]에서 특별한 유형의 조약으로 보면서 기구적 성격, 기구에 할당된 목표, 직무의 실효적인 수행 그리고 기구의 관행을 특별히 유의해야 한다고 하였다. 특히 UN과 같은 기구의 권리와 의무는 관행상 발전되어 온 바의 그 목적과 직무에 의존하며,

---

41) 68/86 *United Kingdom v. Council*[1988] ECR 855, para. 24.

42) *supra* note 1, p.380.

43) *Ibid.*

44) *Legality of the Use by a State of Nuclear Weapons in Armed Conflict, Advisory Opinion, I.C.J Reports 1996*, p.66, para. 19.

그 의무이행에 필수적인 것으로서 암묵적으로 기구에 부여된 권한을 갖는 것으로 볼 수 있기 때문에[45] 유엔의 주요 기관들의 관행이 유엔 체제 전체의 발전을 제한하는 경우에는 이를 배제할 수도 있을 것이다.[46] 유엔헌장은 뒤에 검토할 제27조 3항의 급진적 해석에서도 나타나듯이 '살아 있는 조약'(living treaty)의 대표적인 예로 체결 당시 예상과는 다르게 발전되어 왔다.[47]

6. 소 결

해석에 관한 일반원칙으로서 후속합의와 관행은 비엔나협약 제31조 3항(a), (b)에 명문으로 규정하고 있으며, 이는 조약체결 당시 국가들의 의도를 나타내는 주요 증거가 될 수 있다. 한편, 변화하는 상황에 따라 조약의 발전적 해석이 가능하며 이는 학자들의 견해와 판례에 의해 원용되고 있다. *Gabčikovo-Nagymaros* 사건에서 ICJ가 해석이 문제되는 조약의 '발전하는 조항'들을 검토한 것, 유럽인권재판소에서 인권협약에 대해 '살아 있는 협정'이라고 한 것이 그 예이다. 국가들의 후속합의와 관행은 발전적 해석을 뒷받침하는 강력한 근거라는 점에서 의의가 있으나, 해석은 어디까지나 조약의 문언과 대상과 목적이라는 한계 내에서 이루어지는 점을 감안할 때 후속합의와 관행을 제한적으로 이해할 것이다.

---

45) *Reparations for Injuries Suffered in the Service of the UN, Advisory Opinion, I.C.J Reports 1949*, p.174.

46) *supra* note 1, p.373.

47) Anthony Aust, "Does the Vienna Convention on the Law of Treaties Need to be Revised," 『국제법 동향과 실무』, 제2권 제3호(2003), 128쪽.

Ⅳ. 조약의 '변경'에 미치는 영향

1. 조약의 해석과 변경의 구별

조약을 개정하는 합의가 기존 조약의 의미를 분명하게 하기 위한 해석을 의도하는 경우가 있는데, 이는 조약의 '변경'이 조약의 '해석' 작용과 항상 분명하게 구별할 수 있는 것이 아니기 때문이다. 기존 조약의 해석과 변경을 구별할 효과상 차이가 없다고 본 사례로, 리비아와 차드간 영토분쟁 사건에서 ICJ는 1919년 협약이 1898년 영국과 프랑스 식민지 영토경계에 관한 협약에 대한 해석인지 수정인지에 대해 판단을 각하하였다.[48] 그러나 조약의 개정은 기존 조약과 양립하지 않는 의무를 개정조약 당사국에 발생시킬 경우, 국가가 두 조약의 당사국이 될 수는 없으므로 조약의 해석과 구별된다.[49] 후속관행에 의하여 조약의 내용을 실질적으로 수정하는 것으로 본 사례로, Preah Vihear 사원 사건에서 ICJ는 후속관행을 통하여 지도상 국경선이 국경조약상 국경획정기준에 우선하도록 하는 해석이라고 판시하였다. 법원은 "우선하도록 하는 해석"이라고 하였지만 실질적으로 국경의 변경으로 볼 수 있으므로 조약의 적용에 있어서 현대적 해석의 문제와 조약의 변경은 구별이 명확하지 않다. 그럼에도 불구하고 법적으로 분명히 해석과 변경은 구별될 것이며, 특히 국제법상 법정은 조약을 해석할 권한이 있지 변경할 권한은 없다는 점에서 더욱 중요하다.[50]

---

48) *Case concerning the Territorial Dispute(Libyan Arab Jamahiriya v. Chad), Judgment, I.C.J. Reports 1994,* p.29, para 60.

49) Gardiner, *supra* note 3, p.223.

50) Nancy Kontou, *supra* note 33, p.19.

2. 비엔나협약 제41조와 다자조약의 수정

ILC는 보고서[51]에서 후속조약 또는 관습법이 특정 조약에 미치는 영향으로 비엔나협약 제41조상 후속합의에 의한 다자조약의 변경과 또한 후속하는 국제관습법에 의한 조약의 변경을 문제제기하였다. 비엔나협약 제39조는 당사국의 합의에 의해 조약을 개정(amend)할 수 있다고 규정하는데, 이때 '합의'란 사실상 또 하나의 조약체결과정에 해당되므로[52] 조약 당사국 모두가 개정협정에 합의하면 문제될 것이 없다. 한편, 비엔나협약 제41조는 다자조약의 둘 이상의 당사국이 그 당사국간에서만 조약을 수정(modify)하기 위한 협정을 체결할 수 있으며, (a) 수정의 가능성이 조약에 규정된 경우 또는 (b)수정이 그 조약에 의하여 금지되지 아니하고, 다른 당사국이 조약상 권리향유 및 의무수행에 영향을 받지 않고, 또한 그 훼손이 조약 전체의 대상과 목적의 효과적 수행과 양립하지 않는 규정에 관련된 것이 아닌 경우라 규정하였다.

3. 후속관행에 의한 조약의 변경

(1) 후속관행에 의해 입증된 묵시적 합의

ILC의 조약법협약 초안 제38조[53]에서는 "조약은 그 규정을 수정하려는 당사자들의 합의를 수립하는 조약 적용상의 후속관행에 의하여 수정될 수 있다"라고 규정하여 조약 당사자들의 후속관행에 의해 입증되는 묵시적 합의(tacit agreement)에 의한 조약의 변경을 인정하였다. 그러나 비엔나조약법 회의에서 일부 국가들이 후속관행에 의해 서면으로 된 조약을 수정할 수 있다는 제안에 반대하였고, 결국 동 초

51) *supra* note 1, p.367.
52) 김대순, 『국제법론』, 제14판(삼영사, 2009), 186쪽.
53) Yearbook of International Law Commission, *supra* note 4, p.236.

안은 채택되지 않았다. 한편, 채택되지 않은 이유 중 비엔나협약 제31조의 표현과 중복되기 때문이란 견해도 있었는데[54] 이는 후속관행에 의한 조약의 해석과 변경의 구별 문제를 야기한다. 비엔나협약 제41조가 당사국의 후속합의에 의해 변경을 가능하다고 하므로 후속관행에 의해서도 가능한지에 대한 문제 제기가 가능한데, 관행의 집중이 제41조 2항상 타방 당사국에의 통고를 해야 하는 등 절차적 조건을 만족시키는 것은 아니므로 무리가 있다.[55] 그러나 학설과 판례는 후속관행에 의하여 입증되는 묵시적 합의에 의한 조약의 변경을 인정하고 있다.

나미비아 사건에 관한 권고적 의견[56]에서 ICJ는 조약이 후속관행에 의해 입증된 후속합의에 의해 수정될 수 있음을 나타내고 있다. 유엔헌장 제27조 3항에 의하면 절차 외의 사항에 대하여 상임이사국의 동의 투표를 포함한 9개 이사국의 찬성투표로써 한다고 규정하고 있는 바, 사건에서 두 상임이사국의 기권으로 채택된 결의안의 효력이 문제되었다. 법원은 유엔 안전보장이사회가 상임이사국의 기권이 있는 결의안에 대해서도 유효하다고 보는 관행이 있었고, 이는 유엔헌장 제27조 3항의 유권적 해석을 가능하게 한다고 보았다. 이는 새로운 국제관습법의 출현으로 인한 조약의 종료 또는 개정이 아니라, 기존 조약을 중심으로 조약 적용단계에서 당사국의 후속관행으로 인한 조약의 수정이 있는 사건으로 볼 것이다.[57]

---

54) *Official Records, United Nations Conference on the Law of Treaties*, U.N.Doc. A/CONF. 39/11.

55) Gardiner, *supra* note 3, p.237.

56) *Legal Consequences for States of the Continued Presence of South Africa in Namibia(South West Africa) notwithstanding Security Council Resolution 276(1970), Advisory Opinion of 21 June 1971, I.C.J. Reports 1971*, p.22, para 22.

57) Nancy Kontou, *supra* note 33, pp.124-125. 한편 Aust는 제31조 3항(b)에 의한 급진적 해석의 예로 보았다.

(2) 국제관습법의 발생과 조약의 변경

국가들의 후속관행이 집적되고 법적 확신을 얻어 새로운 국제관습법의 지위를 갖게 되는 경우 이에 따라 조약이 변경될 수 있는지 문제된다. 조약은 준수되어야 하지만, 조약상 의무에 반대되는 국가의 후속관행이 계속되면 의무의 내용을 결정할 때에 국제법상 주체로서 국가의 관행이 주요하게 참고 되어야 할 것이기 때문이다. 국제관습법의 발달로 특히 해양법의 발전을 들 수 있는데, *Maine*만 사건[58]은 새로운 국제관습법의 출현으로 인한 조약의 변경을 나타내는 판례이다. 1958년 대륙붕에 관한 협약(The Convention on the Continental Shelf, 이하 '대륙붕협약') 제6조에 의하면 공유대륙붕의 경계획정에 관한 합의가 없고, 또한 특별한 사정에 의해 다른 경계선이 정당화되지 않는 경우에는 대향국간에는 중간선으로 하며, 인접국간에는 등거리 원칙을 적용한다고 규정하는 바, ICJ는 캐나다와 미국간 경계획정에 동 규정을 적용하지 않았다. 이는 대륙붕협약이 체결된 1958년 당시에는 어업수역에 관한 개념이 없었으나, 1958년 이후 국가들의 후속관행과 판례법에 의하여 '형평의 원칙'과 '관련 사정의 원칙'이 적용되었고, 동 사건도 대륙붕뿐만 아니라 어업수역을 포괄하는 문제로서 대륙붕협약 제6조가 의무적으로 적용되지 않기 때문이다. 이러한 관행은 1982년 유엔해양법협약 제83조에 의해 공유대륙붕의 경계획정은 "형평한 해결에 이르기 위하여 ICJ규정 제38조에 언급된 국제법을 기초로 하여 합의에 의하여" 이루어져야 한다고 규정함으로써 명문으로 대체되었다. 결론적으로 이 사건에서 형평 원칙은 기존의 중간선, 등거리선 원칙에 따른 경계선을 조정하거나 이동하여 형평한 결과를 달성하는 것으로서 1958년 이후 후속관행에 의해 기존 조약이 수정된 것으로 해석할 수 있다.[59]

---

58) Delimitation of the Maritime Boundary in the Gulf *of Maine Area Case(Canada v. U.S.), Judgement, I.C.J. Reports 1984,* p.246.

4. 소 결

다자조약의 체결후 당사국의 합의에 의한 조약의 변경은 비엔나협약 제41조에 의해서 명문으로 가능하나, 기존의 조약상 의무의 내용과 반대되는 후속관행에 의해서 조약이 수정되는지는 명문으로 규정하고 있지 않기 때문에 논란이 된다. 이때 조약의 수정이 기존 조약을 명확히 하고 보충하는 해석 작용과 구분이 명확하지 않은 점은 인정되나, 기존 문언에 따라 조약의 대상과 목적에 따라 해석하는 것과 기존 문언이 조약의 적용시에 있어서 체결 당시에는 없었던 새로운 개념 또는 관습으로 대체되는 것은 구별되어야 할 것이다. 조약이 후속행위에 의해 변경되기 위해서는 적어도 국가들의 묵시적 합의가 입증될 것이다. 해양법 판례의 경우 국제관습법의 발달도 1982년 해양법협약이란 국가간 합의로서 후속관행을 확인할 수 있었던 사례로 볼 것이기 때문이다.

V. 조약의 '종료'에 미치는 영향

1. 문제 제기

비엔나협약 제26조는 "유효한 모든 조약은 그 당사국을 구속하며 또한 당사국에 의하여 성실하게 이행되어야 한다"(*Pacta sunt servanda*)고 규정하고 있다. 비엔나협약 제42조 2항은 조약의 종료・폐기 또는 당사국의 탈퇴는 당해 조약의 규정 또는 본 협약의 적용의 결과로서만 발생할 수 있으며, 조약의 시행정지에도 동일한 규칙이 적

59) Arther M. Weisburd, "Customary International Law: The Problem of Treaties," *Vanderbilt Journal of Transnational Law*, Vol. 21, No. 1, 1988, pp.21-22.

용된다고 규정하여 조약의 법적 안정성을 보장하고 있다.[60] 따라서 당사국의 후속합의 및 관행이 조약의 종료에 영향을 미치기 위해서는 엄격한 요건과 한계를 충족해야 할 것이다. 후속관행 및 발전이 일정 조건하에 어떻게 조약의 해석, 존재에 영향을 미치는지 명시한 사건으로 *Gabčíkovo-Nagymaros* 사건을 검토할 것이며, 후속관행에 의한 조약의 묵시적 폐지(desuetude)와 관습법의 출현의 관계도 중요한 논점이다.

2. 비엔나협약상 조약의 종료

(1) 조약의 종료 또는 탈퇴와 시행정지(suspension)

비엔나협약 제54조(b)는 다른 체약국과 협의한 후 모든 당사국의 동의를 얻은 경우 언제든지 종료(termination) 또는 탈퇴(withdrawal)할 수 있음을 규정하고 있다. 이때 당사국의 동의가 조약의 체결과 동일한 비준의 절차를 요구하는지에 대해 ILC는 당사국의 행위로 인하여 조약종료 합의를 추론할 수 있다고 보고 있다. 제59조는 조약의 모든 당사국이 동일한 사항에 관하여 後조약을 체결하고, 일정 조건하에[61] 조약이 종료된 것으로 간주한다. 이는 비엔나협약 제30조 계승적 조약의 적용과 유사해 보이지만 이는 조약을 종료시키려는 의도가 없을 때 조약의 우선순위를 규정한 것으로 구별된다.[62] 제60조 1항은 양자조약의 위반에 대한 제재로써 피해국에게 조약의 종료 또는 시행의 전부 또는 일부의 정지를 원용할 수 있는 권리를 부여한다. 다자조약의 경우에는 직접적인 피해 당사국이 조약을 위반하지

60) 김대순, 전게서, 172쪽.

61) "(a) 後조약에 의하여 그 사항이 규율되어야 함을 당사국이 의도하였음이 그 後조약으로부터 나타나거나 또는 달리 확정되는 경우, 또는 (b) 後조약의 규정이 前조약의 규정과 근본적으로 양립하지 아니하여 양 조약이 동시에 적용될 수 없는 경우"에 종료한 것으로 간주한다.

62) 김대순, 전게서, 177쪽.

않은 당사국들의 의사에 관계 없이 조약 전체를 종료시키는 것은 부당하기 때문에 2항에서 일정한 조건을 충족할 것이 요구된다. 조약을 종료 또는 정지시킬 수 있는 권리는 조약의 '중대한 위반'(material breach)시 부여되는데,[63] 조약의 근본적(fundamental) 위반을 주장하는 견해도 있으나, ILC는 이는 조약의 주요 목적과 직접 관련 있는 조항의 위반에만 국한될 우려가 있다고 하였다.[64] 한편, 제57조, 60조[65] 외에도 제58조[66]에서 다자조약의 경우 일시적으로 또는 그 당사국간에서만 조약 규정의 시행을 정지시키기 위한 합의를 성립시킬 수 있다고 규정한다.

(2) 묵시적 폐기(denunciation)와 탈퇴권

비엔나협약 제56조는 조약이 종료·폐기 또는 탈퇴에 관한 규정을 두고 있지 않은 경우, (a) 당사국이 폐기 또는 탈퇴의 가능성을 인정하고자 하였음이 확정되는 경우 또는 (b) 폐기 또는 탈퇴의 권리가 조약의 성질상 묵시되는 경우가 아니면 폐기 또는 탈퇴할 수 없다고 규정하고 있다. (a)의 예로 유엔헌장이 있는데, 1945년 샌프란시스코회의에서 유엔이 평화를 유지할 수 없는 경우이거나 회원국의 권리와 의무 그 자체가 당해 회원국이 동의하지 아니하였고, 그 회원국이 수락할 수 없는 것으로 인정하는 헌장 개정에 의하여 변경되는 경우 등 예외적 사정이 있는 경우 탈퇴할 수 있다고 결론 내렸다.[67] (b)의 예로는

---

63) 제60조 3항에 의하면 "(a) 비엔나협약에 의하여 인정되지 않는 조약의 부인 또는 (b) 조약의 대상과 목적의 달성에 필수적인 규정의 위반"이다.

64) Malgosia Fitzmaurice and Olufemi Elias, *Contemporary Issues in the Law of Treaties* (Eleven International Publishing, 2005), p.130.

65) 제57조는 조약 규정 또는 당사국의 동의에 의한 조약의 시행정지를 규정하며 형식적으로 제54조의 종료와 같다. 제60조는 조약 위반의 결과로서 조약의 종료와 시행정지를 함께 규정하고 있다.

66) (a) 정지의 가능성이 그 조약에 의해 규정되어 있거나, (b) 조약에 의해 금지되지 아니하고 또한 다른 당사국에 의한 조약상의 권리 향유 또는 의무의 이행에 영향을 주지 아니하며, 그 조약의 대상 및 목적과 양립할 수 없는 것이 아닌 경우에 가능하다.

동맹조약 또는 일정한 통상조약이 있다.[68] 국제재판소에게 재판관할권을 부여하는 조약들도 이 범주에 속하는데, *Nicaragua* 사건에서 ICJ는 비엔나협약 제56조가 국제관습법을 규정한 것이라 판시하였다고 볼 수 있다는 견해가 있다.[69]

(3) 사정의 근본적 변경

조약체결후 당사국의 후속합의 및 관행이 사정의 근본적 변경을 반영하는 경우에 조약을 종료할 수 있을 것이다. 예전에는 조약에 종료에 대한 규정이 없는 '영구적 조약'에 관하여 사정의 근본적 변경이 있을 경우 조약의 종료 또는 탈퇴를 허용하는 묵시적 조건이 있는 것으로 보는 원칙(*rebus sic stantibus*)이 주장되었다. 그러나 ILC[70]는 이러한 묵시적 개념은 조약의 주관적 해석 및 남용이 우려되므로 형평과 정의에 기초하여 객관적으로 조건을 정립해야 할 것이라 결정하였다. 그리고 한정된 기간 동안의 조약이나 통고와 동시 종료하는 조약의 경우에도 사정의 근본적 변경을 원용할 수 있을 것이라 하였다. 비엔나협약 제62조는 종료를 원용할 수 있는 권리를 명시하는 바, 이는 엄격한 조건하에서만 가능하다.[71] *Fisheries Jurisdiction* 사

---

67) Richard Plender, "The Role of Consent in the Termination of Treaties," *British Yearbook of International Law*, 1986, pp.150-151.

68) Lord McNair, *The Law of Treaties* (Oxford University Press, 1961), p.505. 통상조약이 상대적으로 지속적이지 않다는 데에 McNair는 전쟁으로 폐기된 양국간 통상조약이 부활하지 않은 점, 통상조약에 6개월, 12개월의 통고와 함께 폐기권을 명시적으로 규정하려는 국가들의 태도를 들고 있다.

69) Peter Malanczuk, *Akehurst's Modern Introduction to International Law* (Routledge, 1997), p.142.

70) United Nations, *Report of the International Law Commission on the Work of the Second Part of its Seventeenth Session, 2-28 January 1966, Vol. II, UN Doc. A/6309/Rev. 1.*

71) 비엔나협약 제62조에 의하면. ① 조약체결 당시에 존재했던 사정에 변경이 있을 것, ② 당사국들이 예견하지 못한 사정의 변경일 것, ③ 사정이 근본적으로 변경했을 것, ④ 조약체결 당시의 사정이 조약의 구속을 받겠다는 동의의 본질적 기초를 구성했을 것, ⑤ 사정변경의 효과가 앞으로 여전히 이행되어야 할 의무의 범위를 급격하게 변경시키는 것일 것, 이 다섯 가지의 엄격한 조건을 충족해야 조약의

건[72]에서 ICJ는 동 규정이 사정의 변경을 이유로 한 조약관계의 종료 문제에 관한 기존 관습법을 법전화한 것으로 볼 수 있다고 하였다. 그리고 제62조 1항에서 조약체결 당시에 미리 예견할 수 없었을 것이란 요건을 강조하였고, 앞으로 여전히 이행되어야 할 의무의 범위를 급격하게 변경시키는 사정의 변경이 되기 위해서는 그 이행을 원래 약속하였던 것과는 본질적으로 다른 어떤 것으로 만드는 범위로까지 증가시켰어야 한다고 하였다.

3. *Gabčíkovo-Nagymaros Project* 사건[73]

(1) 사건의 의의 및 조약의 종료에 대한 ICJ의 판결

1977년 헝가리와 체코슬로바키아는 Gabčíkovo-Nagymaros 갑문시스템 건설 및 운영에 관한 조약(이하 '1977년 조약')을 체결하였고 댐과 수력발전소를 건설하였는데, 헝가리에서 동 프로젝트에 대한 경제적·환경적 우려가 제기됨에 따라 공사를 중지하였고, 이에 대한 대안으로 체코슬로바키아는 수로를 변경하여 댐을 운영하는 Variant C를 결정하였다. 이에 헝가리는 체코슬로바키아에 일방적으로 1977년 조약을 종료시킨다는 통지를 보낸 바, 이러한 헝가리의 일방적인 조약의 종료가 문제되었다.

우선 비엔나협약[74] 제60조의 적용과 관련하여 체코슬로바키아의

종료 또는 탈퇴사유로 원용할 수 있다.

72) *Fisheries Jurisdiction(United Kingdom v. Iceland), Jurisdiction, Judgement, I.C.J. Reports 1973*, p.3.; Fisheries Jurisdiction(Federal Republic of Germany v. Iceland), *Jurisdiction, Judgement, I.C.J. Reports 1973*, p.49.

73) *Gabčíkovo-Nagymaros Project(Hungary v. Slovakia), Judgement, I.C.J Reports 1997*, p.7.

74) 1977년 조약이 비엔나협약이 양국 사이에서 발효되기 전에 체결된 것으로서 불소급효에 따라 적용되지 않는지가 문제되었는데, ICJ는 동 사건에서 특히 제60조에서 제62조에 규정된 조약의 종료 및 정지에 관한 조문들이 기존의 관습법을 법전화한 것이므로 문제가 없다고 지적하였다.

Variant C가 조약의 중대한 위반이었는지에 대해 ICJ는 문제된 조약 자체의 중대한 위반만이 그 조약의 종료사유가 되며, Variant C는 불법이긴 하지만 타국의 의무이행을 불법적으로 방해한 국가는 그 타국의 의무위반 사실을 원용할 수 없음은 국제판례에서 인정된 것이므로, 헝가리가 자신의 행위에 의해 조약종료권을 스스로 손상시켰다고 하였다.[75] 비엔나협약 제62조의 적용과 관련해서 법원은 공산주의의 붕괴와 같은 정치적 상황의 변화는 당사국의 동의의 본질적 기초가 아니며, 또한 수익성의 감소도 장차 이행되어야 할 의무의 범위를 급격히 변화시킬 성질도 아니라고 하였다. 환경법의 새로운 발전에 대해서는 전혀 예견될 수 없었던 사정이라고 볼 수 없다고 하여 사정변경의 원칙은 조약의 안정성을 위해 아주 예외적으로만 적용되어야 한다고 판시하였다. 이러한 ICJ의 판결은 *Fisheries Jurisdiction* 사건과 함께 조약의 종료에 대한 엄격한 해석을 하는 법원의 입장을 나타내며, 특히 조약의 안정성과 신의성실원칙에 비추어 볼 때 조약의 일방적인 종료에 대한 권한을 제한하는 것은 모든 조약에 있어서 적용될 것이라 볼 수 있다.[76] 또한, 조약법과 국가책임법을 엄격히 분리하여[77] 헝가리에 의한 조약종료의 적법성을 조약법에 의해서만 판단한 재판소의 입장 역시 조약관계의 안정성을 지지하는 것으로 볼 수 있다.[78]

---

75) *Gabčíkovo-Nagymaros case*, *supra* note 73, para. 110.

76) Herbert W. Briggs, "Unilateral Denunciation of Treaties: The Vienna Convention and the International Court of Justice," *The American Journal of International Law*, Vol. 68, 1974, pp.60-61.

77) 박현석, "국제법상 동시이행의 항변," 『국제법학회논총』, 제52권 제2호(2007. 8), 166쪽. 2001년 국가책임법 초안 제22조상 대항조치(countermeasures)와 비엔나협약 제60조에 의한 조약의 종료 또는 정지는 혼동의 여지가 있다. 그러나 조약 위반에 대하여 동시이행의 항변권 행사 이외의 다른 대항조치를 허용하게 되면 조약관계가 불안정하게 될 우려가 있으므로 이를 구별하여 조약의 종료에 관한한 비엔나협약에 한정하여 볼 것이다. ICJ도 국가책임법상 위법성조각사유인 긴급피난 상태의 존재에 근거한 헝가리의 주장을 1977년 조약상 의무의 정지 및 종료사유로 받아들이지 않았다.

78) 정진석, "Gabčíkovo-Nagymaros Project 사건과 조약법," 『서울국제법연구』,

(2) *Pacta sunt servanda* 원칙의 검토

법원은 1977년 조약이 여전히 효력이 있고 당사국 사이의 관계를 규율한다고 판시하여 조약의 안정성을 강조하였다. 법원은 당사국 상호간 조약위반 행위가 근거가 되어 일방적인 조약의 종료를 가능하게 한다면 동 원칙에 대한 부적절한 예를 남기게 될 것이라 하였다.[79] 한편, 당사국에 의해 조약이 제대로 이행되지 않은 점 및 새로운 사실관계가 발생한 점을 간과할 수 없으며, 1977년 조약을 문언 그대로 적용하는 것보다는 동 조약의 목적과 조약체결 당시 당사국의 의도를 우선해야 한다고 해석할 것이다.[80] 법원은 1977년 조약의 문언에 대해서 고정된 것이 아니며, 당사국이 이를 변경하고자 하는 의지를 여러 경로를 통해 나타내고 있으므로 조약이 당사국에 의해 협의 조정이 가능할 것으로 보았다.[81] 그리고 프로젝트의 실질적인 수정을 통해 조약의 목적을 달성할 수 있다고 하여 법원은 변화된 상황에 그 조약을 적용, 존속시킨다는 점에서 안정성을 지지한 것으로 볼 수 있다.[82]

(3) 조약의 위반과 후속합의 및 관행의 검토

한 당사국의 위반행위와 이로 인한 다른 당사국의 대응조치, 또는 조약종료권의 원용이 각각 조약 종료를 위한 후속행위로 보기엔 무리가 있다. 그러나 위반으로 보이는 행위를 명시적 또는 묵시적으로 동의하여 당사국의 합의를 이루는 후속관행을 인정한다면, 결론적으로 각 국가들의 행위는 후속관행을 이루는 것으로 판단할 수 있을 것이

제10권 제2호(2003), 41쪽.

79) *Gabčíkovo-Nagymaros case, supra* note 73, para. 114.

80) *Ibid.*, paras. 132-142.

81) *Ibid.*, paras. 138-139.

82) M. Fitzmaurice "The Gabčíkovo-Nagymaros case: The Law of Treaties," in Malgosia Fitzmaurice and Olufemi Elias, *Contemporary Issues in the Law of Treaties* (Eleven International Publishing, 2005), pp.349 -371.

다. 본 사건은 종료를 부정했지만 발전적 해석을 인정하였다.

4. 새로운 관습법의 출현과 조약의 종료

(1) 후속관행에 의한 조약의 묵시적 폐지

비엔나협약에는 규정이 없지만, 조약에 반대되는 국가관행은 외면할 수 없는 사실이다. 특히 이러한 관행이 계속되고 일관된 경우 기존 조약을 수정할 뿐만 아니라 종료시킬 수 있다고 주장하는 견해가 주장되며, 조약의 폐지(desuetude)를 묵시적 동의로 볼 수 있는 경우 비엔나협약 제54조에 의한 당사국의 동의를 충족하여 조약을 종료할 수 있다는 견해도 있다.[83] 조약은 일반적으로 당사국이 시간에 걸쳐 조약을 적용하지 않는 경우에 폐지 상태에 놓이며, 이때 조약이 종료되었다고 보기 위해서는 단순히 오랜 시간이 경과된 사실로 부족하며 당사국이 조약을 적용하리라 기대되었던 상황에서 사실상 조약을 위반하는 행위를 묵인하였을 것이 요구된다.[84] 조약의 폐지는 ILC가 채택한 견해에도 나타나듯이 "묵시적 동의를 나타내는 조약에 관련된 행위"로서 비엔나협약 제54조(b)에 포함된다.[85] 핵실험 사건[86]에서 호주는 ICJ에 국제사법재판소규정(Statute of the International Court of Justice) 제41조와 보조적으로 태평양 분쟁해결에 관한 1928년 일반협정(이하 'General Act') 제33조에 근거하여 잠정보호조치를 청구하였는 바, 프랑스는 이에 대하여 General Act는 국제연맹(League

83) Vamvoukos, *Termination of treaties in international law: the doctrines of Rebus Sic Stantibus and desuetude*(Clarendon Press, 1985), pp. 292-293.

84) Lord McNair, *supra* note 68, pp.516-518.

85) *Yearbook of the International Law Commission*, 1966, *supra* note 4, p.237.

86) *Nuclear Tests(Australia v. France), Interim Protection, Order, I.C.J Reports 1973*, p.99.

of Nations)체제의 종료 이후 당사국들의 관행에 의해 폐지 상태라고 반박하였다. 법원은 이에 대하여 검토하지 않았지만 반대의견에서 폐지에 의한 조약의 종료는 당사국의 행동에 의한 묵시적 동의라고 하였다. 당사국의 후속관행에 의한 조약의 수정은 조약법협약 초안 제38조에서 규정하였는 바, 이는 비엔나협약에 최종적으로 채택되지는 않았지만 국제관습법을 이루는 내용으로 볼 수 있다. 후속관행에 의한 조약의 수정은 기존 조약의 규범을 폐지하고 새로운 규범으로 대체하는 것을 모두 포함하는 개념으로 볼 때에, 조약의 폐지는 조약을 중심으로 비엔나협약 제54조상 묵시된 동의의 범주로 이해되어야 할 것이며, 법적 확신(*opinio juris*)에 의한 새로운 관습법의 출현과는 구별할 수 있을 것이다.[87]

(2) 새로운 관습법과 조약의 폐기

새로운 관습법의 출현으로 기존 조약이 당연히 폐지되는지 여부가 문제된다. 기존 조약이 대체되기 위해서는 당사국에 의한 선언 등에서 조약을 수정 또는 종료하려는 의도가 뒷받침되어야 할 것이다. 새로운 관습법의 형성을 위한 법적 확신에는 기존 조약을 폐지하려는 의도가 포함되는 것은 아니기 때문이다. 또한, 조약 당사국간에 기존 조약을 적용하려는 의도가 있는 경우 특별법 우선의 원칙에 의하여 조약과 후속관습법이 양립하기 때문이다. 이에 대한 사례로 미국과 파나마간 체결된 1903년의 파나마운하 조약의 폐기를 들 수 있다. 동 조약은 미국에게 파나마운하의 건축·유지·가동 및 보장을 위한 파나마 영토의 영구적인 사용과 점유 및 통제를 보장하였는데, 이는 새로운 국제법질서와 양립할 수 없으므로 개정되어야 한다고 파나마는 주장하였다. 영토의 보전, 주권독립의 원칙, 불간섭원칙, 주권평등과 민족자결원칙은 유엔헌장에 의해 선언된 것이며,[88] 유엔 결의에

87) Nancy Kontou, *supra* note 33, p.27.
88) 유엔헌장 제1-2조, 제55-56조

의해 반복 확인된 것으로서 일반국제법을 형성하는 원칙으로 이해되고 있다. 따라서 유엔헌장과 국제법에 비추어 볼 때 1903년 조약의 조항들은 유효하지 않으므로 이의 폐기와 새로운 조약의 체결이 필요하다는 양 당사국의 협의에 따라 1977년 새로운 파나마운하 조약과 파나마운하의 가동과 영구적 중립성에 관한 조약이 각각 체결되었다.[89] 유럽사법재판소(European Court of Justice) 사건[90]으로 스페인 어선의 선장 Burgoa가 EC의 규칙(Regulation)과 이에 의한 국내법의 적용에 위반하였는지가 문제되었는데, EC가 200마일 배타적 경제수역(EEZ)을 선언하였을 때 스페인 어선은 몇몇 EC 당사국과 6, 12마일에서 어로활동을 할 권리를 조약상 향유하고 있었기 때문이다. 해양법에 관한 국제관습법의 형성에 따라 스페인과 EC는 협약을 체결하였고, 협약 체결 전부터 EC 규칙에 의해 200마일 내 어로활동을 규제하였는 바, 스페인은 묵시적으로 기존 조약상 권리들을 폐기하였음을 동의하였다고 볼 수 있을 것이다. 법원은 새로운 국제관습법의 출현이 양립할 수 없는 기존 어업조약을 폐기하는 것이라 판시하지는 않고, 어업에 관한 법의 발전으로 EC와 스페인간 협의를 하여 기존 조약이 폐기된 것이라 하면서 새로운 국제관습법의 발전만을 이유로 원용하지 않았다.[91]

(3) 새로운 강행규범의 출현

새로 출현한 국제관습법이 비엔나협약 제64조에 의한 일반국제법의 새 절대규범인 경우 그 규범과 충돌하는 현행 조약은 무효로 되어 종료한다고 규정한다. 신 강행규범(*jus cogens*)과 충돌하지 아니하는 범위에서는 제71조 2항(b)에 의해 종료 전의 조약의 시행을 통하여 생긴 당사국들의 권리・의무 또는 법적 상태에 영향을 미치지 않을 것

89) Kontou, *supra* note 33, pp.74-78.
90) Case 812/79, A.-G. V. Burgoa, ECR(1980).
91) Kontou, *supra* note 33, pp.118-122.

이다. 강행규범이란 제53조에 의하면 그 이탈이 허용되지 아니하며 또한 동일한 성질을 가진 일반국제법의 후속규범에 의해서만 변경될 수 있는 규범으로 전체로서의 국제공동사회가 수락하며 또한 인정하는 규범이다. 강행규범의 개념에 대한 논란에도 불구하고 ILC에 의해 절대규범이 인정되고 비엔나협약에 채택된 것은 국가관행에 근거하기 때문이다. 새로운 국제 관습법에 의한 조약의 종료로서 강행규범의 출현은 일반국제관습법과 구별된다. 강행규범은 그 이탈이 허용되지 않지만, 일반국제관습법은 특별규범에 의한 예외가 허용될 수 있기 때문이다.

5. 조약과 관습법의 우열관계[92]

조약이 체결된 후 후속관행에 의해 동일한 사항을 규율하는 관습법이 형성된 경우 그 관계가 문제된다. 국제관습법 이후 조약이 체결되는 경우와 반대로 기존 조약의 규정과 다른 새로운 국제관습법규가 출현한 경우에 어느 쪽이 우선하느냐는 아직 미해결 상태로 남아 있기 때문이다.[93] 국제사법재판소규정 제38조 1항은 조약과 관습 사이에 위계를 수립하고 있는 것이 아니고, 다만 그 적용에 있어서 우선순위를 시사하는 것으로 이해되므로 조약과 관습은 이론상 동등한 권위를 갖는다. 그러므로 양 규칙간 충돌이 있으면 신법우선의 원칙(*lex posterior derogat priori*)이 적용되어 조약 적용상의 사후관행이 조약의 해석, 조약의 수정 및 조약의 전부 또는 일부의 종료에 영향을 미칠 수도 있는 것이다.[94] 한편, 이에 대하여 강행규범이 아닌 후속

---

92) 이는 조약의 적용단계에서 발생하는 문제로서 새로운 관습법이 형성된 이후에도 조약과 양립할 수 있음을 생각할 때 발생하는 문제로 볼 수 있을 것이다. 관습법을 우선적용하면 조약이 곧바로 종료되는 것은 아니나, 실질적으로 어떤 법을 우선적용하는 법리 또는 관행이 국제적으로 받아들여진다면 이는 전혀 무관한 문제가 아님을 밝힌다.

93) 박현석, "새로운 국제관습법규의 출현에 의한 기존조약의 개폐 문제," 『국제법학회논총』, 제53권 제2호(2008. 8), 61-62쪽.

하는 관습법에 의하여 조약이 종료되는 것은 특별법우선의 원칙(*lex specialis*)과 양립하지 않는다는 견해가 있다. 조약은 당사국간에 한정되어 적용되는 것으로 일반관습법에 비해 특별법으로 보기 때문이다.[95] 그러나 특별법 우선의 원칙도 하나의 기준일 뿐이며, 관습법을 폐기하고 조약을 적용하려는 당사국의 의도가 있어 진정한 특별법으로 인정되어야 할 것이란 비판이 가능하다. 결론적으로 강행법규가 아닌 국제관습법을 적용하기 위해서는 기존 조약이 묵시적으로 폐기되거나 또는 비엔나협약 제62조의 요건을 입증하여 조약의 적용을 배제할 것이다.

6. 소 결

이상으로 조약체결 이후 후속 합의와 관행에 의해 조약을 종료할 수 있는지에 대해서 살펴보았다. 기존 조약을 종료하기로 당사국이 합의한다면 문제될 것이 없겠지만, 조약상 의무위반에 해당하는 당사국의 행위를 조약을 종료하기 위한 후속관행으로 원용하기 위해서는 비엔나협약의 요건을 충족해야 할 것이다. 특히 한 당사국에게 조약의 일방적 탈퇴 또는 종료를 부여하는 문제와, 묵시적 폐기 또는 새로운 관습법이 형성되는 경우 기존 조약과의 충돌문제에서 기존 조약을 종료하려는 당사국의 의도가 결국 결정적인 것을 검토하였다. 조약의 종료를 위한 당사국의 청구와 이에 대한 다른 당사국의 명시적 또는 묵시적 동의가 있어야 할 것이며,[96] 새로운 관습법의 형성에 대한 국가들의 구속력을 받겠다는 법적 동의와 확신에 대해 기존 조약을 자동적으로 종료한다는 의사로 오인하면 안될 것이다. 새로운 국제관습법이 기존 조약을 개정, 종료하기 위해서는 첫째, 기존 조약과 양립하

94) 김대순, 전게서, 86쪽.

95) Kontou, *supra* note 33, pp.141-144.

96) Richard Plender, *supra* note 67, pp.133-167.

지 않을 것이고, 둘째, 조약이 체결될 당시의 국제관습법과 상이하며, 셋째, 조약의 모든 당사국에 대해 구속력이 있고, 넷째, 당사국이 조약을 특별법으로서 적용하고자 의도하지 않았을 것이다.

VI. 결 론

비엔나협약 제31조(a), (b)에서 조약의 해석에 참작되는 후속합의와 관행이란 어떤 형식이 요구되기보다는 국가들의 의도를 나타내는 내용으로서 일치되고, 공통되고, 일관된 것임을 살펴보았다. 발전적 해석론이 주장되고 국제법정이 발전 사실과 국가들의 후속행위를 적용하고 있으나 이는 어디까지나 조약 문언의 범위 내에서 이루어지는 해석작용으로서 한계가 있고 이런 의미에서 후속합의와 관행은 제한할 필요가 있다. 특히 후속합의와 관행의 개념이 분명하지 않은 점, 후속합의 및 관행과 국제관습법간의 구별이 모호한 점을 고려한다면 더욱 그렇다. 조약의 해석에 미치는 영향에서 나아가 조약의 변경 및 폐기, 종료에 미치는 영향에 이르면 후속합의와 관행은 더욱 제한되어야 할 것이다.

그렇다면 그 제한의 기준이 중요한데, 결국 조약의 해석·변경 및 종료에 대한 '분쟁 당사국의 의도'가 결정적임을 확인할 수 있을 것이다. 조약의 해석·적용단계에서 당사국의 의사를 고려하는 발전적 해석론과 조약을 변경하고자 하는 당사국간 묵시적 합의, 비엔나협약 제54조와 조약의 묵시적 폐기에 관한 합의는 모두 기존 조약에 대한 당사국의 의사의 합치·동의가 있을 것을 요한다. 새로운 국제관습법의 출현으로 인한 기존 조약과의 관계에서도 결국 당사국의 의도에 따라 적용 우선순위가 결정되는 것을 확인할 수 있었다. 따라서 조약체결 이후 후속합의와 관행이 조약에 영향을 미치기 위해서는, 조약의 형식을 갖출 필요까지는 없지만 국가들 간 합의에 중점을 두는 것이 보다 타당할 것이다. 후속관행도 결국 당사국간 묵시적인 합의를 나타내는 경우에만 조약에 영향을 미치는 것으로 볼 것이므로, 이러한 합의를 인정하기 위해 권한 있는 주체가 국가의 동의를 나타내고 있는지 제반 사정의 객관적인 검토를 기존 조약에 대한 영향을 인정할 수 있을 것이다.

조약은 국가간의 법적 구속력이 있는 합의이며 신의성실원칙에 의해 지켜져야 하지만, 조약의 특징으로서 '안정성'을 보장하기 위해서는 고정된 조약문의 적용을 통한 형식적인 안정성뿐만 아니라, 변화하는 상황을 반영하여 조약의 실질적 안정성 또한 보장되어야 할 것이다. 이러한 현실적·규범적 필요성은 분명한 것이고 분쟁 당사국의 의도 또한 법적·사실적 발전에 따라 변화를 지향하고 있다면 일정한 요건과 한계라는 국제법질서하에서 *pacta sunt servanda* 원칙의 재해석이 가능할 것이다.

<참고문헌>

1. 단행본

김대순, 『국제법론』, 제14판(삼영사, 2009).

Gardiner, *Treaty Interpretation* (Oxford University Press, 2008).

Francis G. Jacobs and Shelly Roberts, *The Effect of Treaties in Domestic Law* (London Sweet & Maxwell, 1987).

Ineke van Bladel, "The Iron Rhine case and the art of treaty interpretation," The Netherlands in Court: Essays in Honour of Johan G. Lammers(Martinus Nijhoff Publishers, 2006).

Linderfalk, *On the Interpretation of Treaties* (Springer, 2007).

Lord McNair, *The Law of Treaties* (Oxford University Press, 1961).

Malcom N. Shaw, *International Law*, 5th ed.(Cambridge University Press, 2003).

Malgosia Fitzmaurice and Olufemi Elias, *Contemporary Issues in the Law of Treaties* (Eleven International Publishing, 2005).

Nancy Kontou, *The Termination and Revision of Treaties in the light of New Customary International Law* (Clarendon Press Oxford, 2001).

Peter Malanczuk, *Akehurst's Modern Introduction to International Law* (Routledge, 1997).

Sinclair, *The Vienna Convention on the Law of Treaties*, 2nd ed. (Manchester University Press, 1984).

Vamvoukos, *Termination of treaties in international law: the doctrines of Rebus Sic Stantibus and desuetude* (Clarendon Press, 1985).

World Trade Organization Dispute Settlement Reports, 1996, Vol. 1.

Yearbook of the International Law Commission, 1966, Vol.Ⅱ.

2. 논 문

박기갑, "국제법상 시제법," 동북아역사재단, 재단출범 1주년 기념 학술회의 「상이한 역사인식-그 책임과 민족, 영토 인식」(2007).

박현석, "국제법상 동시이행의 항변," 『국제법학회논총』, 제52권 제2호 (2007. 8).

박현석, "새로운 국제관습법규의 출현에 의한 기존조약의 개폐 문제," 『국제법학회논총』, 제53권 제2호(2008. 8).

정진석, "Gabčíkovo-Nagymaros Project 사건과 조약법," 『서울국제법연구』, 제10권 제2호(2003).

Arther M. Weisburd, "Customary International Law: The Problem of Treaties," *Vanderbilt Journal of Transnational Law*, Vol. 21, No. 1, 1988.

Herbert W. Briggs, "Unilateral Denunciation of Treaties: The Vienna Convention and the International Court of Justice," *The American Journal of International Law*, Vol. 68, 1974.

M. Fitzmaurice, "The Gabčíkovo-Nagymaros case: The Law of Treaties," in Malgosia Fitzmaurice and Olufemi Elias, *Contemporary Issues in the Law of Treaties* (Eleven International Publishing, 2005).

Anthony Aust, "Does the Vienna Convention on the Law of Treaties Need to be Revised," 『국제법 동향과 실무』, 제2권 제3호(2003), 128쪽.

Richard Plender, "The Role of Consent in the Termination of Treaties," *British Yearbook of International Law*, 1986.

3. 판 례

1) 중재판결

1989 Affaire de la délimitation de la frontière maritime entre la Guinée-Bissau et le Sénégal case.

1990 European Molecular Biology Laboratory Arbitration(EMBL v. Germany) case.

2003 Question of the tax regime governing pensions paid to retired UNESCO officials residing in France(France v. UNESCO) case.

2005 Iron Rhine("Ijzeren Rijn") Railway(Belgium v. The Netherlands) case.

2) 국제사법재판소

1962 Temple of Preah Vihear(Cambodia v. Thailand) case.

1949 Reparations for Injuries Suffered in the Service of the UN case.

1971 Legal Consequences for States of the Continued Presence of South Africa in Namibia(South West Africa) notwithstanding Security Council Resolution 276(1970) case.

1973 Fisheries Jurisdiction(United Kingdom v. Iceland); Fisheries Jurisdiction(Federal Republic of Germany v. Iceland) cases.

1984 Delimitation of the Maritime Boundary in the Gulf of Maine Area Case(Canada v. U.S.) case.

1994 Case concerning the Territorial Dispute(Libyan Arab Jamahiriya v. Chad) case.

1996 Legality of the Use by a State of Nuclear Weapons in Armed Conflict case.

1997 Gabčíkovo-Nagymaros Project(Hungary v. Slovakia) case.

1999 Kasikili/Sedudu Island(Botswana v. Namibia) case.

3) 유럽사법재판소와 유럽인권재판소

1980 812/79, A.-G. V. Burgoa, ECR.

1988 68/86 United Kingdom v. Council ECR 855.

2001 Bankovic and Others v. Belgium and 16 OtherContracting States(dec.)[GC], Application No. 52207/99.

4) WTO 판결

1996 Appellate Body Report, Japan-Taxes on Alcoholic Beverages case WT/DS8/R, WT/DS10/R, WT/DS11/R.

2006 Panel Report, United States-Laws, Regulations and Methodology for Calculating Dumpin Margins("Zeroing") case WT/DS294/R.

5) 국내 판결

2008 Medellin v. Texas case(United States).

국제판결의 이행지연에 대한 상대 당사자의 강제집행 수단에 관한 고찰*

이 윤 정

* 제8회(2008) 대학(원)생 국제법 논문 경시대회 대학원생 부문 최우수상.

I. 서 론

법원의 기능과 관련한 문제에 있어서 그 종착점은 판결에 대한 집행의 문제일 것이다. 소송당사자는 분쟁의 해결을 위하여 자신의 주장을 펼치게 되나, 법원의 판결에 의한 해결이란 그 판결에 순응·이행할 것을 전제로 한 것이기 때문이다. 이는 비단 국내법원에서의 문제만이 아니라 국제사회 분쟁을 해결하기 위해 법원에 제소하는 경우에도 마찬가지이다. 다만, 구성원인 개별국가의 주권평등을 그 전제로 한다는 점에 있어, 그 이행을 주도할 중앙집권적 체계를 갖추기 힘들다는 것은 국제법의 성격상 내재된 문제이며 또한 한계로서 지적되는 문제이다. 본 글에서는 국제사회 분쟁의 평화적 해결수단으로서 국제사법재판소(International Court of Justice; ICJ), 국제해양법재판소(International Tribunal on the Law of the Sea, 이하 '해양법재판소'라 한다) 및 ICJ의 판결이 내려진 경우, 일방 당사국의 판결에 대한 정당한 사유 없는 이행지연에 대해 이를 강제하기 위해 타방 당사자가 취할 수 있는 강제수단에는 어떤 것이 있는지 살펴보고, 각 법원판결의 특성 및 근거규정상 어떠한 차이가 있는지 검토해 보고자 한다.

먼저 본 글의 대상이 되는 재판의 범위와 관련하여, ICJ의 경우 동 재판소의 결정은 ICJ 규정(The Statute of International Court of Justice) 제58조 이하의 종국판결 및 제41조에 의한 잠정조치, 제65조에 의한 권고적 의견으로 나눌 수 있다. 본 글의 범위는 당사자에 대해 구속력을 갖는 제58조 이하의 종국판결의 집행을 위한 수단으로 한정한다. 해양법재판소의 판결 역시 종국판결을 주요 대상으로 한다. 국제중재판정의 경우 국가가 당사자가 되는 중재 및 양 당사자 중 일방이 사인인 경우가 논의의 범위이다. 위 법원들의 종국판결이 내려진 경우, 이행의무 있는 당사국 일방의 과도한 이행지연시 소의 상대 당사자가 취할 수 있는 조치를 각 법원별로 나누어 검토해 본다. i) ICJ의 경우 국제연합헌장(Charter of the United Nations, 이하 '유엔헌장') 제94조 2항에 규정된 일방 당사자의 제소에 의한 유엔 안전보장이사회(UN Security Council, 이하 '안보리')의 권고 및 조치를 중심으로 동 조항의 해석상 안보리 결의의 범위, 동 결의와 ICJ 판결의 관계, 무력사용 가능성 등을 논하며 불이행이 문제되었던 사례들을 검토한다. 그 외에도 유엔헌장 기타 유엔기관 및 전문기구의 개별 규정에 나타난 조치 및 지역기구 차원의 강제수단에 대하여도 논한다. ii) 해양법재판소 판결과 관련하여서는 1982년 유엔해양법협약(United Nations Convention on the Law of the Sea)상의 관할권 규정과 관련한 특성을 살펴보고, 동 재판소 설립 이후 사례분석을 통해 집행에서의 강제수단 문제를 검토한다. iii) 국제중재판정과 관련해서는 중재판정의 승인 및 집행의 문제를 검토하고, 제3국에서의 채무국 소유재산의 압류가 가능한지에 대하여 국가면제와 관련하여 살펴본다. 또한 중재지에서 중재판정이 취소된 경우의 집행지에서의 집행 가능성 및 그 방안을 검토한다. iv) 기타 판결 이행의무 위반이 국가책임을 구성하는지 여부 및 국가책임 일반에 의한 책임추궁 수단으로써 대항조치, 보복조치 등에 대하여도 논한다.

Ⅱ. 국제법원 판결 및 국제중재판정의 효력 및 이행의무

1. 판결의 효력 및 소송당사자의 판결 이행의무

유엔헌장 제94조 1항 및 ICJ 규정 제59조에 의하면 당사국은 동 재판소의 모든 결정에 따를 의무가 있다. 1982년 유엔해양법협약의 경우 제296조 1항에서 "관할권을 가지는 재판소의 판결은 종국적이며 분쟁당사자에 의하여 준수되어야 한다"라고 하여 당사자에 대한 구속력 및 이행의무를 명시하고 있다. 중재재판의 경우에는 1907년의 국제분쟁의 평화적 해결을 위한 협약(Convention for The Pacific Settlement of International Disputes) 제37조에서 "중재재판에 의뢰하는 것은 그 판정에 충실히 따른다는 약속을 포함한다"고 규정하고 있으며, 제84조에서는 "판정은 분쟁당사국에 대하여서만 구속력을 가진다"고 하여 당사국의 이행의무를 명시하고 있다. 이러한 이행의무의 준수와 관련하여서 중요한 점은 당해 판결의 내용이다. 단순히 국가의 행위가 위법함을 확인하는 내용의 경우에 있어서는 직접적인 이행의 문제는 발생하지 않는다.[1] 소의 제기 방법에 있어서 일방 당사자에 의한 제소와, 양 당사자의 제소합의에 의한 소의 제기는 구별되는 것이며, 이는 집행에 있어서 그 이행 가능성과 관련하여서도 많은 차이를 보이게 될 것이다.[2]

2. 이행지연의 의미

해양법재판소의 경우 대부분의 사건에서 즉시석방 의무가 문제되었다. 유엔해양법협약 제73조 및 제292조에 의한 이 조치는 억류된 선원 등의 신변확보 등을 위한 긴급한 필요에서 인정되는 것이므로, 이러한 즉시석방 규정은 종국판결에 의한 이행에 비해 이행시기와 관련하여서는 다른 법원의 판결에 의한 이행시기보다 그 구속적 의미가 강하다 할 것이다. ICJ 판결에 대한 이행의무와 관련하여서는 이러한 구체적 규정은 없으며 판결의 대상에 따라 시간적 즉시이행 위반을 이행지연으로 인정하기 어려운 경우도 있다. 물론 판결문에서 명시적으로 이행기한을 명시하는 방법으로 신속한 이행을 유도하는 것이 가

1) Rudiger Wolfrum, "Implementation of Decisions of International Courts," *Current marine environmental issues and the International Tribunal for the Law of the Sea*, Martinus Nijhoff Publishers, p.103.

2) Terry D. Gill, *Rosenne's The World Court-What It is and how It works*, 6th ed., Martinus Nijhoff Publishers, 2003, p.37.

능하며, 이 경우에 있어서는 이행지연의 여부 판단이 조금 더 용이할 것이다. 이행기한을 명시하지 않은 경우에 있어서도 후술하는 *Corfu* 해협 사건 및 *Preah Vihear* 사원 사건에서 보는 바와 같이 ICJ의 배상판결에 대해 수십년간 손해배상금을 지불하지 않거나, ICJ의 영토경계획정에 불응하여 수십년간 자국 영토임을 주장하는 행위 등은 명백히 이행지연에 해당하는 것이다.

Ⅲ. 이행의무 위반에 대한 국제법상 강제수단

1. 문제 제기

소송당사자의 소 제기는 법원의 판결 이후 이에 대한 이행이 행해짐으로써 그 목적을 다하는 것이다. 당사자 일방이 판결의 이행을 지연하여 타방 당사자가 그 목적을 달성할 수 없는 경우, 구체적으로 어떠한 수단을 통하여 이행을 확보할 수 있는지는 서로 다른 성격을 지닌 국제법원의 특성 및 근거규정의 검토를 통해 비교해 보아야 할 사항이다. 이하 ICJ, 해양법재판소 및 중재재판소에서의 이행확보 수단에 대하여 검토해 본다.

2. ICJ 판결에 대한 강제집행

(1) 이행의무 규정 및 강제수단

유엔헌장 제92조에 따르면 ICJ는 유엔의 주요 사법기관이며, 제93조에 따라 모든 유엔 회원국은 ICJ 규정의 당연 당사국이 된다. 헌장 제94조 1항은 판결에 대한 이행의무를, ICJ 규정 제59조는 소송당사자에 대한 판결의 구속력을, 제60조는 판결은 종국적이며 상소할 수 없다고 규정하여 당사자의 이행의무를 규정하고 있다. ICJ의 판결 불이행에 관한 강제수단은 유엔헌장 제94조 2항에 구체적으로 명시되어 있다. 이행을 요구하는 당사자는 이를 안보리에 제소하여 안보리의 권고 및 구체적 조치를 통하여 이행을 확보할 수 있는 것이다. 이 조항에 대해서는 항을 바꾸어 상세히 논한다.

(2) 유엔헌장 제94조 2항의 해석문제

헌장 제94조 2항의 안보리를 통한 판결의 집행과 관련해서는 첫째, 제94조 2항에 규정된 권고나 조치의 범위가 문제된다. 동 조항에서는 권고의 의미나 구체적 범위 등을 규율하고 있지 않으므로, 회원국 자산의 동결이나, 경제제재 기타 제재가 가능한 것이다. 단, 동 규정을 근거로 군사행동을 할 수 있는지에 대해서는 후술한다.

둘째, 양 기관의 관계에 있어, 안보리가 ICJ가 내린 잠정조치 등을 변경하여 전혀 다른 조치를 명하는 것이 가능한지, 또는 즉각적인 조치를 취하지 않는 것이 상당하다 하여 조치를 취하지 않고 판결효력을 일시적으로 정지시키는 것이 가능한지 문제된다.[3] 동 규정에 근거한 안보리의 조치는 ICJ 판결의 이행에 초점을 두고 있으므로, 판결집행에 방해되는 조치는 해당하지 않는다.[4]

셋째, 안보리의 조치와 과거 국제연맹 이사회의 강제조치를 비교해 볼 필요가 있다. 국제연맹 규약 제13조[5]와 비교해 보면, 동 조항의 조치는 상설국제사법재판소(Permanent Court of International Justice; PCIJ) 판결만을 대상으로 하지 않고 어떠한 판결・결정의 이행의무 위반에 대해서도 취할 수 있다. 국제연맹 이사회의 경우는 판결의 이행을 위한 조치를 취할 것이 의무사항으로 되어 있고, 소송당사국의

3) Constanze Schulte, *Compliance with Decisions of the International Court of Justice*, Oxford University Press, 2004, p.48

4) *Ibid.*, pp.48-49.

5) 관련 부분의 원문은 다음과 같다. Article 13: (생략) "In the event of any failure to carry out such an award or decision, the Council shall propose what steps should be taken to give effect thereto."

문제제기 없이 자발적으로 판결 불이행에 대한 조치를 취한다는 점 또한 차이점이라 할 수 있다.[6]

넷째, 동 조항에 근거하여 무력사용이 허용될 수 있는가의 문제이다. 가능한 수단들은 대체로 평화적 방법들로 한정되어 있다. 그러나 판결의 이행지연과 관련한 상황이 국제평화 및 안보에 위협이 되는 경우라면 유엔헌장 제7장의 모든 수단이 적용될 것이다.[7] 그러나 유엔헌장 제39조, 제41조 및 제42조에는 무력행사를 위한 구체적 조건들이 제시되어 있는데, 제94조 2항에 따른 무력행사가 가능하다면 이는 위의 조건들을 완화시키는 결과가 될 것이어서, 동 조항은 군사행동에 대한 독립된 근거로서 작용할 수는 없다.[8] 즉, ICJ 판결을 집행하는데 있어서도 무력사용을 통한 이행은 일반절차에 따라야 하며, 판결의 불이행이 유엔헌장 제51조에 정한 상황에 달하여 이에 대한 정당방위로 인정되는 경우에만 무력행사가 가능하다.[9]

(3) 일방 당사자가 유엔 또는 ICJ 회원국이 아닌 경우의 문제

소송당사국 일방이 유엔 회원국이 아닌 경우에는 유엔헌장 제93조 2항에 따라 안보리의 권고를 받아 유엔 총회(UN General Assembly)가 각 경우에 결정하는 조건으로 소송의 당사자가 될 수 있다. 총회는 모든 경우에 있어서 동일한 조건을 요구해 왔는데 헌장 제94조의 의무를 수용할 것이 그것이다. 또한 ICJ 규정 제35조 2항에 따라 ICJ의 회원국이 아닌 경우에 있어서는 조약의 특별한 규정에 따를 것을 전제로 안보리가 조건을 정한다. 안보리는 1946년 이러한 조건에 대해 결의하였는데 회원국이 아닌 국가의 경우 서기국 직원(registrar)

---

6) Oscar Schachter, "The Enforcement of International Judicial and Arbitral Decisions," *American Journal of International Law*, Vol. 54, 1960, pp.17-18.

7) *supra* note 3, p.44.

8) *Ibid.*, p.46.

9) *supra* note 6, p.15.

에게 법원의 결정 또는 판결에 대해 신의로써 이행할 것과 유엔헌장 제94조의 모든 의무를 수락할 것을 조건으로 하였다. 위 두 경우의 안보리 결의는 모두 유엔헌장 제94조의 준수를 요구하고 있는 것이다. 따라서 동 조의 1항에 의한 이행의무만이 아니라 2항에 의한 안보리에의 제소 역시 비회원국에도 동일하게 적용되는 것이다.[10)]

(4) 기타 강제집행 수단

유엔 안전보장이사회를 통한 강제수단 외에 집행을 강제하기 위한 수단으로는 첫째, 유엔 총회의 토의, 심의를 통한 권고를 들 수 있다. ICJ 판결에 대한 불이행은 헌장의 범위 내에 있는 문제이므로, 헌장 제10조 및 제11조 2항에 따라 총회는 ICJ의 판결과 관련하여 회원국에 권고할 수 있는 권한이 있는 것이다.[11)] 비록 이러한 권고가 당사국에 대해서는 비구속적이나 국제사회 결의에 의한 정치적 압력이라는 점을 고려해 본다면 이 역시 강제수단으로서의 의미를 갖게 된다. 이러한 총회 결의의 대표적인 예로 니카라과 사건을 들 수 있다. ICJ 판결[12)]에 대한 미국의 불이행 및 안보리에서의 반대투표로 집행이 무산되자, 니카라과는 총회에 이 문제를 제기하였고, 총회는 1986년 11월 3일 결의 제41/31호[13)]를 채택하여 헌장 제36조 6항에 의하여 ICJ의 관할에 대한 다툼이 있을 경우 동 법원의 결정에 의하는 것이며, 미국은 국내문제 불간섭의 관습법원칙에 따라 유엔헌장의 관련규정을 준수하여 동 사건의 판결을 이행할 것을 촉구하였다. 또한, 총회는 동 사건 이행에 관한 보고서를 제출할 것을 유엔 사무총장에게 명

---

10) *supra* note 3, p.26.

11) A. Tanzi, "Problems of Enforcement of Decisions of the International Court of Justice and the Law of the United Nations," *6 European Journal of International Law*, 1995, p.546.

12) *Military and Paramilitary Activities in and against Nicaragua (Nicaragua v. United States of America), Merits, Judgement, I.C.J. Reports 1986.*

13) A/RES/41/31, 3 November 1986, 53rd plenary meeting.

하였다. 총회와 안보리의 권한 문제에 대해서는 헌장 제11조 2항과 제12조 1항의 해석상, 총회는 유엔헌장 범위 내의 모든 문제나 사항에 대해서도 토의할 수 있으나, 안보리가 관여하는 사안에 대해서는 그 요청이 없는 한 총회는 권고는 할 수 없다.[14)]

두 번째 수단으로, 경제사회이사회(Economic and Social Council; ECOSOC)와 같은 유엔기관 및 국제노동기구(International Labor Organization; ILO), 국제민간항공기구(International Civil Aviation Organization; ICAO) 등의 규약에 나타난 개별 조치들이 있다. 헌장 제62조 1항 및 2항에 의해 ECOSOC는 국제경제, 사회, 문화, 교육, 보건 및 관련 국제사항에 대하여 총회, 회원국 및 전문기구에 대하여 권고안을 제시할 수 있으며, 모든 사람을 위한 인권 및 기본적 자유의 존중과 준수를 촉진하기 위하여 권고할 수 있다. 이러한 권고는 그 권한 범위 내에서는 ICJ 판결의 집행을 위한 수단이 될 수 있는 것이다.[15)] ILO헌장 제33조,[16)] 제34조에 의하면 ICJ 판결 불이행에 대하여 ILO 이사회(Governing Body)는 총회(Conference)에 이행을 보장하는 적절한 조치를 취할 것을 권고할 수 있다. 동 조치들은 각 기구가 어느 정도 회원국 자산에 대한 통제권을 지니고 있고, 회원국 자격정지 등이 개별국의 이해관계에 중대한 영향을 미칠 수 있다는 점에서 판결의 이행강제 수단이 될 수 있다.[17)]

세 번째로 지역기구 차원의 조치 또한 고려되어야 한다. 예를 들어, 평화적 분쟁해결을 위한 미주조약(American Treaty on Pacific

---

14) *supra* note 3, pp.64-66.

15) *Ibid.*, p.69.

16) 원문은 다음과 같다. Article 33: In the event of any Member failing to carry out within the time specified the recommendations, if any, contained in the report of the Commission of Inquiry, or in the decision of the International Court of Justice, as the case may be, the Governing Body may recommend to the Conference such action as it may deem wise and expedient to secure compliance therewith.

17) *supra* note 15, p.69.

Settlement-"Pact of Bogota") 제50조[18]에는 유엔헌장 제94조 2항을 보충하는 수단으로 안보리 상정 전에 미주기구(Organization of American States; OAS) 외무장관 회동을 요구할 수 있는 권한이 규정되어 있다. 온두라스와 니카라과의 중재판정에 대한 ICJ 판결[19] 집행에서 OAS는 동 규정에 의하여 강제조치를 보조하였다.[20] 기타 국내법원에 의하여 제3국이 보유하는 채무국 소유 재산에 대한 압류 및 집행을 통한 강제이행 문제 등이 있으나 이는 국제중재판정의 집행과 관련하여 검토한다.

(5) ICJ 판결에 대한 이행지연과 관련한 사례

1) 코르푸해협 사건[21]

알바니아는 코르푸해협에서의 기뢰로 인한 영국 해군 군함 및 인명피해에 대한 ICJ의 배상금 판결에 대하여 이행을 지연하였다. 영국은 집행을 위한 시도로 첫 번째, 자국 대표와 알바니아 대표의 손해배상 지급을 위한 협상을 개시하였다. ICJ가 결정한 843,927파운드의 배상금에 대하여 알바니아 대표는 40,000파운드의 배상금을 최종적인 것으로 제시하였고, 영국은 이를 거절하였다. 두 번째로 영국은 자국 내의 알바니아 자산에 대한 강제집행을 시도하였으나, 국내에 해당 자산이 없었으므로 이로부터 어떠한 만족도 얻을 수 없었다. 세 번째

---

18) 원문은 다음과 같다. ARTICLE L.: If one of the High Contracting Parties should fail to carry out the obligations imposed upon it by a decision of the International Court of Justice or by an arbitral award, the other party or parties concerned shall, before resorting to the Security Council of the United Nations, propose a Meeting of Consultation of Ministers of Foreign Affairs to agree upon appropriate measures to ensure the fulfillment of the judicial decision or arbitral award.

19) *Arbitral Award Made by the King of Spain on 23 December 1906 (Honduras v. Nicaragua)*, Judgment, I.C.J. Reports 1960, p.217.

20) *Supra* note 3, p.75.

21) *Corfu Channel(United Kingdom of Great Britain and Northern Ireland v. Albania)*, Merits, Judgments, I.C.J. Reports 1949.

로 영국은 ICJ의 *Monetary Gold* 사건[22]을 통해 알바니아의 2,338킬로 상당의 금화에 대한 권리를 주장하여 부분적 만족을 꾀하고자 하였다. 이는 세계 2차대전 기간 동안 이탈리아에서 독일로 옮겨진 것으로 알바니아 소유라는 중재판정이 있었다. 그러나 동 사건은 ICJ가 관할권 없음을 이유로 소가 종료되었다. 결국 알바니아의 영국에 대한 배상금지급은 알바니아 공산정권 붕괴후 1992년에야 1,574킬로의 금을 영국에 인도함으로써 이루어졌다.[23]

2) 니카라과 사건[24]

법원의 관할권 위반을 이유로 미국이 소송을 수행하지 않았음에도 법원은 ICJ 규정 제53조에 근거하여 소송을 계속하였다. 판결에서 법원은 미국의 인도법상의 원칙, 관습법상 의무의 위반을 확인하였으며, 니카라과에 대한 위 의무위반으로 인한 손해에 대하여 배상을 명하였다. 특히 재판부는 만장일치로 "양 당사국은 국제법에 따른 평화적 수단으로 분쟁 해결을 모색할 의무가 있음"을 환기하였다.[25] 손해배상과 관련한 미국의 불이행에 대해 니카라과는 법원판결의 이행을 위한 권리를 행사하여 문제제기하였으며, 법원은 이를 위하여 양 당사국간 절차진행을 위하여 양 당사국 대리인의 소환을 명하였다. 이에 대해 미국은 그 입장에 변함이 없음을 확인하며 불참하였다. 1990년 니카라과 선거에서 친미성향의 정권으로 교체된 이후 미국은 니카라과에 대한 경제제재를 해제하고, 원조를 약속하였다. 이후 니카라과 정부 대리인은 1991년 이후 절차를 진행하지 않겠다고 통보하였고, 동 사건은 종료되었다.

---

22) *Monetary Gold Removed From Rome in 1943, Judgment,* I.C.J. Reports 1954, p.19.

23) B.A. Ajibola, "Compliance with Judgments of the International Court of Justice," *Compliance with Judgments of International Courts,* Kluwer Law International, 1995, pp.19-20.

24) *supra* note 12, pp.146-150.

25) *Ibid.*, p.149.

3) 온두라스-엘살바도르 영토경계획정 사건[26][27]

영토, 섬, 해양경계 분쟁에 관해 양국이 1986년 제소 합의하여 1992년 ICJ의 종국판결이 내려졌다. 동 판결에 대해 양국 모두 판결을 수용한다는 즉각적인 성명이 있었다. 그러나 이후 ICJ에 의해 귀속이 달라진 영토거주 국민의 이중국적 허용문제, 국경지역에서의 소규모 분쟁, 엘살바도르 주민들의 온두라스 영토에서의 벌목문제가 불거졌으며, 이러한 벌목에 대해 엘살바도르 정부가 온두라스 지역에서의 벌목 허가를 내어주고 있었다는 점 등이 문제가 되었다. 이에 대해 온두라스는 2000년 유엔 사무총장을 통해 안보리에 보낸 서신에서 엘살바도르의 판결이행을 촉구하였으며, 2002년에는 엘살바도르의 불이행에 대해 안보리 결의 및 조치를 요구하였다.[28] 이에 대해 안보리의 구체적 권고 내지 조치는 취해지지 않았다. 이후 엘살바도르는 2002년 재심(revision) 제기 기한[29]을 하루 앞두고 폰세카만에 이르는 강의 경계에 있어서 판결에 결정적 영향을 미치는 새로운 사실이 있음을 이유로 재심을 신청하였으나 받아들여지지 않았다.[30]

4) *Preah Vihear* 사원 사건[31]

1962년 Preah Vihear 사원에 대한 영유권을 캄보디아에 인정한 판결로, 상대 당사국인 태국은 판결 이후 수십년간 동 판결에 불만을

---

26) *Land, Island and Maritime Frontier Dispute(El Salvador/Honduras: Nicaragua intervening)*, Judgments, I.C.J. Reports 1992.

27) Colter Paulson, "Compliance with Final Judgments of the International Court of Justice since 1987," *American Journal of International Law*, Vol. 98, No. 3, 2004, pp.437-439.

28) UN Doc. S/2002/108.

29) ICJ 규정 제61조 5항.

30) *Application for Revision of the Judgment of 11 September 1992 in the Case concerning the Land, Island and Maritime Frontier Dispute(El Salvador/Honduras: Nicaragua intervening)(El Salvador v. Honduras)*, I.C.J. Reports 2003, p.60.

31) *Temple of Preah Vihear(Cambodia v. Thailand)*, Merits, Judgments, I.C.J. Reports 1962, p.33.

표시하며, 자국 영토임을 공공연히 하였다. 최근에는 캄보디아의 동 사원에 대한 UNESCO 세계문화유산 등록이 이루어졌다. 태국 총리 Samak은 동 사원에 대한 캄보디아의 영유권을 인정하는 발언을 하였으며, 이에 대한 태국 반정부 세력의 총리 퇴진 압력, 불신임 투표 등이 계속되고 있는 상황[32]이어서 태국의 판결이행 여부를 확신하기는 이를 것으로 보인다.

5) *LaGrand* 사건[33][34]

사형집행을 보류할 것을 명한 ICJ의 잠정조치에 대해 미국은 불이행하였고, 이에 ICJ는 잠정조치가 구속력 있는 것임을 선언하였다. 영사관계에 관한 비엔나협약(Vienna Convention on Consular Relations) 제36조 위반을 확인함과 동시에 판결로 미국에 두 가지 이행의무를 부과하였다. 독일에게 동 협약의 위반이 반복되지 않을 것임을 보장할 것과, 동 비엔나협약상의 권리에 대한 위반을 검토하여 독일 국민에게 가혹한 형벌이 선언된 경우를 검토 및 재고할 의무가 그것이다. 첫 번째 의무와 관련해서는 *Avena* 사건[35]에 대한 판결과정에서 보듯 비단 독일 국민만이 아니라 모든 외국인에 있어 동 비엔나협약의 이행을 위한 조치를 하고 있어, 판결의 이행이 이루어졌다할 것이다.[36] 그러나 후자의 의무에 대해서는 미국 주법원 또는 연방법원 판사들은 동 사건을 직접 언급하기를 꺼리며 ICJ 판결에 부합하

---

32) 경향신문, 인터넷판 2008년 6월 26일 보도.

33) *LaGrand(Germany v. United States of America)*, Merits, Judgments, I.C.J. Reports 1999, p.128 (3)-(7).

34) *supra* note 27, pp.443-446.

35) *Avena and Other Mexican Nationals(Mexico v. United States of America)*, Merits Judgments, I.C.J. Reports 2004, para. 149.

36) 동 재판에서 멕시코 역시 *LaGrand* 사건에서의 독일과 같이 영사관계에 관한 비엔나협약 제36조 위반의 재발방지를 보장할 것을 요구하였으나, 재판부는 당시 미국이 시행하고 있는 경찰 기타 법집행업무 담당자들에 대한 교육 및 팜플렛 제작 등을 통한 영사권 통지관련 프로그램을 재발방지를 위한 적절한 조치로 인정하여 멕시코의 주장을 배척하였다.

는 어떠한 검토나 재고와 관련한 결정도 내리지 않고 있다.

6) 차드/리비아 영토 분쟁[37]

Aouzou 지역을 포함한 영토분쟁에 대해 양국은 1989년 협정을 통해 동 사건을 ICJ에서 해결하기로 하였다. ICJ는 위 지역이 차드의 영토임을 확인하며, 리비아의 철수를 명령하였다. 동 사건은 안보리가 ICJ 판결의 집행에 관하여 관여한 사안으로 유엔헌장 제94조 2항에 명시적으로 근거한 것은 아니나, 양 당사국이 판결집행을 위한 협정을 체결하고, 양국 장교 및 유엔 옵저버들의 감독하에 리비아의 철수가 이루어진 것이다. 1994년 5월 4일 결의 제915호[38]로 안보리는 Aouzou 지역에 대한 옵저버 그룹(United Nations Aouzou Strip Observer Group; UNASOG)을 설립하였으며, 이러한 그룹의 설립이 당사국간의 평화·우호관계 조성에 도움이 될 것이라 하였다.[39]

(6) 소 결

헌장 제94조 2항은 판결의 집행을 위한 수단을 헌장에서 직접 규정하고 있다는 점에서 긍정적이라 할 것이며, 소송당사자만을 구속하는 법원 판결에 비하여 안보리 결정의 경우 이행의무의 수범자가 전체 회원국으로 확대될 수 있다는 점[40]은 집행 가능성을 높이는 긍정적인 측면도 있다. 그러나 니카라과 사건에서 보듯 소송의 일방 당사자인 미국의 반대투표로 결의의 채택이 실패로 돌아갔고, 동 조항을 활용한 안보리의 권고 및 구체적 수단이 실제로 실행된 적이 없었다는 점에서 ICJ 종국판결의 집행권한을 부여하려는 시도가 효과를 거두지 못했음을 보여 준다. 또한, 그 강제적 성격의 면에서 국제연맹

---

37) *Territorial Dispute(Libyan Arab Jamahiriya/Chad)*, Judgment, I.C.J. Reports 1994, p.6.

38) UN Doc. S/RES/915(1994).

39) *supra* note 1, p.108.

40) 유엔헌장 제25조.

규약 제13조에 비하여 헌장의 동 조항은 안보리가 필요하다고 인정하는 경우에 한하여 조치를 취하도록 하여, 판결의 실효성을 강력하게 담보하고 있다고 하기는 어렵다. 안보리의 집행강제 수단은 ICJ의 판결을 이행하는데 초점을 둔 조치라는 점에서 동 수단의 이행에는 안보리의 정치적 기구의 성격은 가능한 한 배제되어야 할 것이다. 기타 강제수단과 관련해서도, 제10조에 의한 총회 결의는 ICJ 판결의 집행을 위한 수단으로만 볼 수는 없다는 점, 전문기구에 의한 해결의 경우는 기구의 특성에 따른 한정적 기능만이 가능하다는 점 등에서 실효성면에서 국내재판의 집행과 같은 효과를 거둘 수 있는 강제수단은 아니라고 할 것이며, 이는 주권평등원칙에 기초한 국제법원 판결의 집행의 어려움을 여전히 나타내고 있다. 또한, ICJ가 유엔의 사법기구로서 인정된다 하더라도, 집행단계에서 동 재판소의 역할이 배제된다면, 판결의 불이행으로 인한 재판소 역할의 한계가 문제되는 것이다.

3. 해양법재판소 판결의 이행을 위한 강제수단

유엔해양법협약 체결과 함께 제6부속서에 근거하여 설립된 해양법재판소는 설립 이후 15개의 사건[41]을 다루었으며, 이 중 대부분이 즉시석방과 관련되며, 4개의 사건은 잠정조치와 관련한 것이다. 유엔해양법협약 제287조에 의해 본 협약상의 분쟁은 선택에 의한 강제관할권 행사의 대상이어서 해양법재판소는 상대적으로 한정된 부분에 있어서 관할권을 행사하는 것이 사실이다. 이하 동 재판소 판결의 이행의무 근거 및 이행강제 수단을 검토한다.

(1) 이행의무 규정 및 강제수단

유엔해양법협약 제296조 및 헤양법재판소 규정 제33조 1항, 2항

41) http://www.itlos.org/cgi-bin/cases/list_of_cases.pl/language=en(검색일 2008년 9월 8일).

은 해양법재판소의 판결은 당사자에 대해서만 구속력이 있고, 종국적이며, 소송의 당사자는 이를 준수하여야만 한다고 규정한다. 이러한 점에서 유엔해양법협약은 유엔헌장 제94조 1항의 규정을 재확인하고 있을 뿐이다. 유엔해양법협약 제296조는 그러나 어느 법원이, 어느 범위에서 결정의 이행에 대한 감시역할을 하게 될지는 적시하고 있지 않다.[42] 이와 구별해야 할 점은 해양법재판소 규정 제39조에 규정된 해양법재판소의 해저분쟁재판부 판결의 집행문제이다. 동 위원회 판결의 집행은 집행이 이루어지는 개별국 최고법원의 판결과 동일한 방법으로 집행된다. 이 경우에는 국내법상의 강제집행 수단들이 적용되게 되므로, 국제법상의 이행강제 문제는 제기되지 않는 것이다.

(2) 해양법재판소 판결에 대한 분석

현재까지의 해양법재판소 판결의 대부분을 차지하는 문제는 해양법협약 제73조 및 제292조의 선박, 선원 억류시의 즉시석방의무 또는 제290조의 잠정조치와 관련한 것이다. 이하에서는 본안에 관한 2개의 사건에 대해 우선 검토하고, 즉시석방의무 및 잠정조치와 관련한 사례도 간단히 검토한다.

1) *Saiga*호 사건[43]

조업선박에 석유를 공급하는 선박인 *Saiga*호는 세인트빈센트 그레나딘에 임시등록한 선박으로, 기니아 근해에서 기니아 배타적 경제수역 조업허가를 가진 선박에 급유를 하고, 다른 선박에의 급유대기중 기니아의 경비정에 의해 기니아 Conakry항으로 나포되었다. 기니아는 동 선박의 선원 중 일부에 대해서는 석방하였으나, 선장과 6명의 선원들은 선박 반환 전까지 억류되었다. 기니아는 후에 동 선박 선장을 자국법에 따라 형사소추하였으며, 세인트빈센트 그레나딘에 대한

42) *supra* note 1, pp.108-109.

43) *The M/V "SAIGA"(No. 2)* case(*Saint Vincent and the Grenadines v. Guinea*).

민사소송도 제기되어 밀수, 사기 기타 범죄에 해당, 벌금 및 그 지불 보증으로 선박의 압류를 선고하였다. 동 사건에서는 첫째, *Saiga*호의 국적이 문제되었는데 재판소는 유엔해양법협약 제91조, 제92조 및 제94조 등의 관련규정에 비추어 세인트빈센트 그레나딘의 선박이라 결정하였다. *Saiga*호의 나포 및 추적권행사에 있어 협약 위반에 해당하며, 과도한 무력사용으로 세인트빈센트 그레나딘의 권리를 침해하였음을 인정하여 위법임을 확인함과 동시에 기니아는 세인트빈센트 그레나딘에 2,123,356달러를 배상할 것을 명하였다.

2) *Swordfish* 사건[44]

동 사건은 남동태평양에서의 황새치 무리의 지속적 이용을 위한 보존과 관련하여 칠레와 유럽연합의 요구에 따라 특별위원회에 제기되었다. 유럽연합 회원국 국적 선박이 칠레의 배타적 경제수역과 가까운 공해상에서 조업하는 것이 황새치 보존을 위한 유엔해양법협약상 의무에 적합한 것인지 여부가 문제되었다. 또한 칠레의 황새치 보존조치를 적용하는 것이 동 협약의 위반이 아닌지, 그리고 2000년의 갈라파고스협약의 협상이 위 협약에 맞게 이루어졌는지 여부가 문제되었다. 특별위원회는 선결적 항변권을 행사할 수 있는 기한을 설정하였는데 이 기한이 계속하여 연장되어 특별위원회는 결국 2007년 11월 30일 결정으로 위 선결적 항변권 제기 기간을 2009년 1월 1일까지 연장하였으며, 따라서 본안과 관련하여서는 구체적 결정이 내려지지 않고 있다.

3) *Southern Bluefin Tuna* 사건[45]

1993년의 '남방 참다랑어 보존협약'(Convention for the Conservation of Southern Bluefin Tuna) 당사국으로서 일본이 자국의 쿼터

---

44) *Case concerning the Conservation and Sustainable Exploitation of Swordfish Stocks in the South-Eastern Pacific Ocean(No. 7)(Chile v. European Community).*

45) *Southern Bluefin Tuna(No. 3, 4)(Japan v. New Zealand, Australia).*

이와 시험조업을 실시하여, 남획 우려가 있음을 이유로 호주 및 뉴질랜드가 일본의 시험조업을 중지시켜 줄 것을 요하는 잠정조치를 청구하여 법원이 잠정조치 결정을 내렸다. 일본은 이에 대해 관할권 유무 문제 항변을 하여, 동 사건은 남방 참다랑어 보존협약의 규율을 받는 것이므로 그 분쟁에 대해서도 동 협약이 적용되어야 한다 하여 해양법재판소의 잠정조치권이 없음을 주장하였다. 이후 동 사건은 국제투자분쟁해결센터(International Center for Settlement of Investment Disputes; ICSID)에서 다루어졌으며, 중재재판소는 동 중재재판소가 분쟁의 본안에 대한 관할권이 없다고 판정하고, 해양법재판소의 관할권 없음을 이유로 잠정조치 결정을 취소하는 판정이 내려졌다.

4) *Mox Plant* 사건[46]

영국이 이미 사용한 핵연료를 재처리하여 만드는 Mox라는 연료의 설비시설을 Shell 지역에 허가하자, 아일랜드는 동 시설 가동시 방사성물질의 운반으로 인한 아일랜드해(Irish Sea) 오염 가능성이 있음을 지적하여 동 사건을 유엔해양법협약 제7부속서에 의한 중재판정에서 해결하기로 하였다. 중재재판이 계속되는 동안 유엔해양법협약 제290조 5항에 의한 잠정조치가 필요한지 여부와 관련하여, 영국은 이후 방사성물질의 운반 등의 필요가 없음을 들어 반대하였으나, 재판부는 유엔해양법협약 제12장의 해양환경 보존을 위한 예방조치로서 필요가 인정되었으며, 따라서 영국과 아일랜드는 상호 Mox Plant의 가동으로 인한 아일랜드해의 오염위험을 감시, 정보를 교환하고, 해양환경 오염 방지를 위한 대책을 강구할 수 있도록 자문을 구하도록 명령하였으며, 동 결정의 이행에 관해 기한 내에 공동보고서를 제출하도록 하였다.

---

46) *The Mox Plant Case(No. 10)(Ireland v. United Kingdom).*

5) *Camouco* 사건[47]

파나마 국적 어선인 *Camouco*호가 프랑스령 Crozet섬 배타적 경제수역에서 조업하였음을 이유로 프랑스 군함에 의하여 나포되고, 선장 및 선원 4명이 체포·억류되고 보석금이 청구되었다. 파나마는 프랑스의 행위에 대해 즉시석방의무를 규정한 유엔해양법협약 위반을 이유로 소를 제기하였으며, 재판소는 이에 대해 석방 및 800만 프랑의 보석금 예치를 명한 사건이다. 사건의 쟁점은 재판관할권의 존재여부 및 수리 가능성(applicability)의 문제이다. 재판관할권에 대해서는 프랑스는 파나마가 해양법협약 제292조 1항에 규정된 10일 이내에 관할합의가 이루어지지 않았고, 선박 억류후 상당시간이 지나 소를 제기한 것은 신속한 석방에 관한 권리를 포기한 것으로 보아야 한다고 주장했다. 그러나 재판소는 해양법협약상 선박의 억류후 특정기간 내에 기국이 소를 제기해야만 하는 것은 아니라는 점 등에 비추어 관할권 있다고 판시하였다. 재판의 수리 가능성에 대해 재판소는 해양법협약 제292조의 경우에 있어 국내구제절차완료의 문제는 적용되지 않는다고 보고, 동 규정은 보통 그러한 국내구제절차로 신속히 해결되지 않는 점에 대하여 독립적인 절차를 규정한 것이라는 점을 상기하였다.

(4) 소 결

ICJ와 비교하여 볼 때, 해양법재판소의 판결의 이행을 확보하는 명시적인 강제수단이 관련 국제법에 규율되어 있지 않다는 점은 동 재판소 판결의 중요성면에서도 반드시 보완되어야 할 점이다. 그러나 동 재판소의 설립 이후 14년간 잠정조치 내지 억류 선박의 즉시석방조치 등을 제외하면, 당사자를 구속하는 본안이 제기된 것은 2건의 사건에서였고, 그 중 1건은 선결적 항변 제기기한의 연기로 본안의

47) *Camouco* case(*No. 5*)(*Panama v. France*), pp.8-14.

검토가 이루어지지 않았으므로, 종국판결이 이루어진 것은 실제 1건에 불과하다. 또한 잠정조치 등과 관련해서도 상당수의 판결이 선결적 항변과 관련하여 재판관할권 또는 수리 가능성과 관련한 쟁점이 문제되었다는 점에서 법원의 판결이 구체적 이행의무를 부과한 사건이라 보기 어려우므로, 이행지연과 관련한 상대 당사자의 조치는 앞으로 축적될 법원의 사건에 대한 실행 및 법원의 태도 등을 관찰하여 검토해야 할 사항이다. 또한, 동 법원에서의 판결은 유엔해양법협약상의 분쟁해결 절차의 특성과 관련하여 선택적 강제관할권으로 규정된 점에서, 동 재판소와 이후 제기된 중재재판소의 판정에서 배치되는 해석의 문제도 있어 이행에 있어서의 당사국의 반발이 문제될 수 있을 것이다.

잠정조치와 즉시석방의무, 심해저 분쟁이 그 성질상 해양법재판소의 강제관할권으로 이해되고 있는 점에서 동 사항들에 대한 해양법재판소 판결의 집행은 보다 신속하게 이루어져야 함은 물론이다.[48] 이에 반해, 종국판결에 대한 강제집행 문제는 재판소의 역사 및 판결의 수를 고려하면 시기상조라 할 수 있을 것이나, 그럼에도 판결 자체에 대한 강제집행의 근거가 해양법재판소 규정 및 유엔해양법협약상에 명시되어 있지 않다는 점은 ICJ 관련규정과 비교하여 볼 때 반드시 검토해 보아야 하는 사항이라 하겠다.

4. 국제중재판정의 집행

국제중재는 미국과 영국이 1794년 체결한 Jay조약에서 유래하며, 19세기 영국과 미국간의 Alabama 중재재판소를 거쳐 1899년 헤이

---

48) 선박의 담보금 문제와 즉시석방 문제에 대해서는 해양법재판소는 매우 신속한 판결을 내리고 있다. *Camouco* 사건의 경우 동 재판소에 제소된지 불과 20일만에 판결이 이루어졌는데, 판결에 기본적으로 몇 년씩 걸리는 ICJ와 비교해 본다면 매우 신속한 판결임은 물론이다. 이를 고려할 때 잠정조치 및 즉시석방 문제에 있어서는 신속한 집행 역시 강조되고 있다 할 것이다.

그 평화회의에서 국제분쟁의 평화적 해결을 위한 협약(Convention for The Pacific Settlement of International Disputes)의 제4장에 중재재판제도 및 상설중재재판소(Permanent Court of Arbitration)가 설립되면서 규범화되기 시작하였다.[49] 이후 외국 중재판정의 승인 및 집행에 관한 협약(Convention on Recognition and Enforcement of Foreign Arbitral Awards, 이하 '뉴욕협약')의 체결,[50] ICSID 설립 등 중재의 범위가 확대되고, 이와 관련하여 중재판정의 집행과 관련한 법제 역시 국내법 수용이 확대되어 많은 발전이 이루어졌다. 이하 중재판정의 집행과 관련한 일반론을 간략히 살펴본다.

(1) 이행의무 규정 및 국제중재판정의 집행[51]

양국간 중재분쟁을 위한 국제상설중재재판소 선택규칙(Permanent Court of Arbitration Optional Rules for Arbitration Disputes Between Two States; PCA규칙) 및 국제상거래법 위원회 중재규칙(United Nations Commission on International Trade Law Arbitration Rules; UNCITRAL규칙) 제32조 2항은 재판소의 판결은 종국적이며, 당사자에게 구속력이 있으며, 중재 당사자는 지체없이 판결을 이행해야 함을 규정하고 있다. 당사자 중 1인이 사인인 경우의 판결은 국제상사 중재에 있어서와 같은 방법으로 집행 가능하다. 예를 들어, 외국 중재판정의 승인 및 집행에 관한 뉴욕협약에 따르거나, 관할권 있는 국내법원의 집행방법에 따르는 것이다. 다만, ICSID에서의 중재판정의 경우에는 국가와 타방국가 국민간의 투자분쟁의 해결에 관한 협약(Convention On the Settlement of Investment Disputes between States and Nationals of Other States) 제54조에 의

49) *supra* note 23, pp.9-10.
50) 1958년 6월 10일 뉴욕에서 채택되었으며, 현재 체약국은 143개에 이르고 있다.
51) UNCTAD, *Dispute Settlement General Topics*, "Permanent Court of Arbitration," pp.27-28.

거, 판정은 당해 국가 법원의 최종판결과 같이 자국의 영역 이내에서 그 판정이 부과하는 금전상의 의무를 집행하도록 되어 있어 뉴욕협약에서의 승인과 집행과는 별도로 취급된다. 이는 앞서 논한 해양법재판소 해저분쟁재판부 판결의 집행과 같은 경우라 할 수 있다.

(2) 국제중재판정의 집행과 국가면제

중재판정의 집행은 집행국가의 국내법에 따라 해당국 법원이 이를 집행할 수 있고, 또는 뉴욕협약하의 외국 중재판정으로서 집행된다. 이러한 집행은, 첫째, 법정지국의 법률하에서 법적으로 구속력 있는 결정으로서 승인(recognition)하고, 둘째, 피고인 국가의 재산에 대하여 강제집행(execution) 소송 절차를 거치는 2단계로 이루어진다. 국가들은 승인 및 강제집행 단계에서 국가면제를 주장하여 중재판정의 집행을 방해할 수 있다.[52] 국제상설중재재판소 규칙 기타에 근거[53] 중재합의로 관할권면제의 포기로 간주된 경우이더라도 이는 승인에 대해서만 포기일 뿐, 이것이 곧 집행에서의 면제 포기로 간주되지는 않는 것이다.[54]

(3) 중재지 법원의 중재판정 취소 가부 및 취소된 중재판정의 집행 문제

중재판정이 내려진 경우 그 집행이전 단계에서 중재지 법원이 국제중재판정을 취소할 수 있는지 여부가 문제된다. 이 경우 원칙적으로

---

52) 고영국, "중재판정의 집행에서 국가면제에 관한 고찰," 『국제법학회논총』, 제51권 제3호, 9쪽.

53) PCA Optional Rules for Arbitrating Disputes Between Two Parties of which only One is a State 제1조 2항, 원문은 다음과 같다: "Agreement by a party to arbitration under these Rules constitutes a waiver of any right of sovereign immunity from jurisdiction, in respect of the dispute in question, to which such party might otherwise be entitled. A waiver of immunity relating to the execution of an arbitral award must be explicitly expressed."

54) *supra* note 48, p.28.

해당 중재판정은 집행단계로 나아갈 수 없기 때문이다. 국제중재판정은 특정 중재지 법원의 관할권 내에서 부여된 것이라도 국내관할권 밖에서 내려진 외국 중재판정과 유사하므로 법원이 중재판정을 취소할 권한이 없다는 견해와 국제중재도 중재지 법의 강행법규에 구속되므로 취소할 수 있다는 견해가 대립한다.[55] 채무국이 중재지 법원에 의한 중재판정 취소를 이유로 집행을 거부하는 경우,[56] 이를 해결하기 위한 것으로는 첫째, 각국 법규정 또는 중재 당사자들의 중재지 법원 관할권 배제특약을 통해 중재지 법원에 중재판정의 취소소송을 제기하지 못하게 하는 방법이 있다.[57] 둘째, 중재판정이 중재지에서 취소된 경우에 "법원은 그 고려하에 집행을 거부할 수 있다(may be refused)"는 뉴욕협약 동 규정의 해석에 비추어, 중재지 법원의 취소사유가 국제사회의 컨센서스를 반영한 기준에 적합한지를 검토하되, 그 취소근거가 이에 해당하지 않는 경우(intolerable criterion) 집행지의 기준에 따라 그것이 집행지국의 공공정책에 반하는지 등의 기준에 의한 무효·취소 여부를 다시 검토할 것을 주장하는 것이 그 한 방법이 될 것이다.[58]

(4) 제3국이 보유하는 채무국 소유재산에 대한 압류 및 집행 문제

금전배상 기타 금전채권관계에 관한 판결의 경우, 중재판정의 불이행에 대한 강제수단으로 가장 유효한 것으로 제3국이 보유하는 채무국 소유재산에 대한 압류 및 집행을 고려할 수 있다. 우선 이러한 재산에 대한 제3국의 집행 보조 및 압류가 가능한지와 관련, i) 제3국은 국제법상 판결의 집행을 보조할 권한을 부여받고, 판결 불이행에

55) 강병근, 『국제중재의 기본문제』, 소화출판사, 2000, 299-300쪽.

56) 뉴욕협약 제5조 1항 (마)호.

57) 강병근, 앞의 책, 306쪽.

58) Jan Paulsson, "Awards set aside at the place of arbitration," *Enforcing Arbitration Awards under the New York Convention*, United Nations Publication, 1998, p.26.

대해 채권국이 보조를 요청하였을 것, ii) 제3국의 보조는 채무국 재산을 채권국으로 이전하는 것을 내용으로 하며, 동 재산은 채권국의 동의나 안보리 제재 또는 국제판결 등에 의하지 않고 제3국으로 이전되었어야 하며, iii) 제3국은 채권국 외의 다른 당사자들의 경쟁적 제소가 실효성을 거두는데 필요한 조치를 취해야 하는 의무를 준수하여야 한다는 요건을 만족하는 경우에는 압류가 가능하다는 견해가 있다.[59] 압류 이후에는 국내법원을 통한 집행이 가능하게 될 것이다.

이와 관련해서는 국내판결이 아님을 이유로 집행허가장(*exquatur*)이 부여되어야만 하는지 우선 검토해야 한다. 이에 대한 벨기에 법원의 *Socobelge v. Greece* 사건[60]에서의 태도를 참고할 필요가 있다. 동 판결에서 벨기에 법원은 국제중재판정의 경우 역시 국내관할권 외에서의 판결이므로 이는 외국 판결과 동일하게 취급하여 집행허가장이 부여되어야만 하며, 그 국제적 성격 때문에 자기 집행성을 갖지 않는다는 태도를 취하였다. 또한, 해당 중재판정은 보전절차의 한 형태로서 채권국에 속하는 자산의 압류를 뒷받침할 만한 충분한 권원이 된다고 하였다. 동 판결은 국제판결 또는 중재판결이 승소국이 패소한 불이행국에 대하여 취할 수 있는 국내법원의 절차에서의 근거가 될 수 있음을 보여주는 것이다.[61]

(5) 국제중재판정 집행과 관련한 사례: 에리트레아-에티오피아 경계위원회 판정

동 사안은 중재재판소에 계속중인 것으로 2000년 12월 12일 에리트레아와 에티오피아 정부간의 합의에 따라 PCA에 접수되었다. 동 위원회는 1900년, 1902년, 1908년의 식민통치 시절 체결된 조약

---

59) *supra* note 6, pp.11-12.

60) *Socobelge v. Greece*, I.L.R. 1951, 3; *American Journal of International Law*, 1953, Vol. 47, No. 3.

61) *supra* note 6, p.12.

(Colonial Treaty) 및 관련 국제법에 따라 국경획정 및 분리에 관한 결정을 할 권한을 부여받았다. 2002년 6월 위원회는 에티오피아가 제기한 해석, 수정, 자문요구에 대한 결정을 내렸으며, 이는 주로 양국간 영토, 경계분쟁과 관련한 확정적 해석과 관련한 것이었다. 위의 결정에 대하여 안보리는 결의를 통해[62] 차기 경계위원회의 판정이 구속력을 갖는 종국적인 것임을 양 국가가 수용한 점에 대한 확인 및 동 지역에서의 UNMEE(United Nations Mission on Eritrea Ethiopia)의 활동에 양국의 보다 적극적인 지원을 요청하였다. 또한 2002년의 결의에서는 위원회의 경계획정 결정[63]이 양국에 의해 최종적이고 구속력 있는 것으로 받아들여졌음을 상기하고, 위 결정의 신속한 이행을 촉구하였다.[64] 위 결의는 유엔헌장 제7장에 규정된 안보리 권한[65]과 관련하여 양국간 분쟁해결을 위해 취해진 조치이나, 동 경계위원회의 중재판정에 대한 이행을 강제하는 점 역시 간과할 수 없을 것이다.

(6) 소 결

국내에서의 중재판정에 대한 승인 및 집행의 문제에서도 관할, 기타 중재합의와 마찬가지로 당사자의 합의가 가장 우선되는 것은 당연하다. 국가면제와 관련해서 승인과 달리 집행단계에서는 이행을 거부하는 국가의 집행면제 주장이 인정될 가능성이 매우 높고, 따라서 중재조항에서 집행면제의 포기에 관한 내용을 포함시키는 것이 이행확보의 면에서는 아주 중요하다.

중재의 경우에는 그 집행이 주로 국내법에서의 수용문제나 국내법원을 통한 이행문제로 다루어지므로, 국제법상의 이행확보 수단의 중

62) UN Doc. S/RES/1398.
63) UN Doc. S/2002/423.
64) UN Doc. S/RES/1507.
65) 유엔헌장 제39조-제44조.

요성은 ICJ나 해양법재판소에 비해 높지 않다 하겠다. 다만, 뉴욕협약 제5조의 해석과 관련하여서는 중재지에서 구속력이 없거나, 취소된 중재판정에 대해 집행지에서 이를 강제할 수 있는지에 대한 논의가 고려되어야 할 것이다. 최근 뉴욕협약 조항들의 확장해석 및 적용을 통한 이행력 확보의 경향이 몇몇 국가의 중재판정 승인 및 집행과 관련한 판결에서 나타나고 있으나,[66] 중재판정의 집행과 관련한 협약 등에 명시적인 강제조치를 규정하는 것이 중재판정을 통한 해결을 꾀하려는 당사자의 의사 및 중재판정의 의의에 맞는 근본적인 해결책이라 할 것이다.

Ⅳ. 국가의 이행의무 위반과 국가책임 문제

유엔국제법위원회(International Law Commission)의 2001년 국가책임법 초안(Draft Articles on Responsibility of States for Internationally Wrongful Acts, 이하 '초안'이라 한다) 제1조에 의하면 국가의 모든 국제위법행위는 그 국가의 국제책임을 발생시킨다. 판결의 이행지연이 국가의 책임발생 사유에 해당하는지 검토하고, 책임추궁의 방법에 대해 살펴본다.

---

66) 동 협약의 적용을 받게 되는 중재판정의 집행에 있어, 최근 미국 몇 개 주법원 등에서는 중재판정(Award)이라는 용어가 뉴욕협약하의 승인, 확정 등에 결정적인 요소가 아니라는 이유를 들어, 동 협약하의 중재판정이란 그 용어 자체의 사용이 아니라 판정의 최종성에 의미를 두어야 한다고 하여 명령(Order)의 형식으로 내려진 중재판정부 결정을 집행하도록 하였다. 또한, 협약상의 '당사자'의 의미를 넓게 해석하여 동 협약의 체약국이 아닌 제3국에도 중재판정의 집행의무 있음을 확인한 바 있다.; Carolyn Lamm, Frank Spporenberg, "The Enforcement of Foreign Aribitral Awards under The New York Convention, Recent Developments," *ICC Conference on International Arbitration*, 2001, pp.5-7; *Publicis Communication, et al., v. True North Communication Inc.* case 206 F. 3d 725-731(7th Cir. 2000); International Paper Company v. Schwabedissen Maschinen&Anlagen GmbH. case 206 F. 3d 411-420(4th Cir. 2000).

1. 국가책임의 성립요건[67] 및 책임의 추궁

(1) 행위의 국가귀속성 및 위법성

초안 제2조에 의하면 국가의 행위가 i) 국제법상 국가에 귀속되며, ii) 국가의 국제의무의 위반을 구성하는 경우 국가의 국제위법행위가 존재한다. 또한, 동 행위는 초안 제20조 이하의 위법성조각사유에 해당하지 않아야 한다. ICJ, 해양법재판소, 기타 중재재판의 이행지연은 i) 국가기관에 부여된, ii) 각 근거규정에 기한 판결 이행의무의 위반에 해당하므로, 이는 국가책임을 구성하게 된다. 즉, ICJ 판결과 관련하여 이를 이행할 의무는, 소송당사국 내의 다른 특별기관에 부여된 것이 아니라면, 일반적으로 해당국 법원이 지는 것이며, 이러한 법원이 이를 위반하였을 시에는 해당국의 국제책임이 문제된다.[68] 이러한 원칙을 명시한 예로 이탈리아와 베네수엘라간에 있었던 Martini 중재판정[69]을 들 수 있다. 동 판정에서는 국가책임에 관한 일반원칙에 의하면, 국제중재판정이 국제조약 내용을 근거로 하여 선고되고 소송당사자가 동 조약의 체약국인 경우, 소송당사국 법원의 태도가 이러한 국제중재판정에 합치하지 않는 경우에는 국가책임을 부담하게 됨을 명백히 하였던 것이다. 이러한 태도는 초안 제4조 1항에도 명시되어 모든 국가기관의 행위는 그 기관이 입법, 행정, 사법 또는 기타 다른 기능을 수행하는지 여부와 관계없이 국제법상 그 국가의 행위로 간주되는 것이다.

---

67) 김석현, 『국제법상 국가책임』, 삼영사, 2006, 35쪽.

68) Shabtai Rosenne, *The Law and Practice of the International Court*, 4th ed., Martinus Nijhoff Publishers, 2006, p.129.

69) *Martini case*, RIAA X, 1903, pp.644-669; Judicial Decision-Martini Arbitration, *American Journal of International Law*, Vol. 25, 1931, p.577.

(2) 책임의 추궁

일반적 국가책임의 경우 그 책임추궁 수단으로 원상회복, 금전배상, 만족을 통한 피해의 완전배상을 취하게 된다.[70] 판결의 이행지연에 관한 책임추궁은 판결의 이행 자체를 얻으려는 것이 목적이므로 이를 대상으로 이행확보 수단을 취하는 것이 가능할 것이다.

2. 이행의무 위반에 따른 타방 당사자의 조치

소송 일방당사국의 이행지연이 국가책임을 발생시키는 경우 상대당사자가 책임의 이행확보를 위해 취할 수 있는 조치로는 초안 제3부 제2장에 명시된 대응조치 및 기타 복구·보복조치 등이 있다. 이는 자력구제(Self-help)의 한 형태로서 일반국제법상 강제관할권을 갖는 분쟁의 평화적 해결수단이 여전히 결여된 현 국제공동체의 분권적·수평적 체제를 반영하고 있다.[71]

(1) 대응조치

초안 제49조 이하에서 규정하는 대응조치(counter-measures)란, 위법행위로 인하여 피해를 입은 국가가 그 위법행위국을 상대로 책임의 이행을 강요하기 위하여 그에 상응하는 의무 불이행으로 응수하는 것을 가리킨다.[72] 이는 *Naulilaa* 사건에 대한 1928년 중재판정 및 1978년의 항공운수협정[73] 사건에 관한 중재판정에서 인용되었다. 특히 후자의 결정에서 대응조치의 목표는 상호 해결점에 도달하고자 하는 바람에 따라 협상을 계속할 수 있게 하는 것이라고 하였다. 따라서 협상단계에 있어 분쟁의 해결을 가속화시킬 가능성을 제시하여 대응

70) 초안 제34조-제37조.
71) 김대순, 『국제법론』, 제13판, 삼영사, 2008, 603쪽.
72) 김석현, 앞의 책, 541쪽.
73) Reports of International Arbitral Award(RIAA), XVIII, pp.90-91.

조치를 취하는 것은 가능하다는 것이다.[74] 대응조치의 수단 및 범위와 관련해서는 초안 제50조에서 무력사용에 의한 방법은 명시적으로 배제하고 있으며, 제49조 2항에서는 상대국에 대한 국제의무를 당분간 이행하지 않는 것에 한정된다고 명시하였다.

(2) 복구 및 보복조치

복구(reprisal)와 보복조치(retortion)는 대응조치와 비교할 때 국제의무에 반하지 않는 범위 내에서 취해지는 조치로서 본래적으로도 합법적인 행위이다.[75] 양 개념의 구별과 관련해서는 복구는 *Naulilaa* 사건에서 보는 것처럼 무력에 의한 추궁을 의미할 수 있다는 점에서 합법적 범위에서 취해진 조치라는 의미를 강조하는 보복조치가 책임추궁의 수단으로 적합하다고 본다. 양자 모두 국제법위원회 등에서 인정되고는 있으나 초안에 규정되어 있지는 않다.

(3) 비례성의 요구

초안 제51조는 대응조치는 받은 피해에 비례하여야 한다고 규정하고 있다. 위의 대응조치 및 보복조치의 경우 모두 비례성의 원칙에 따라 목적 및 결과에 있어서의 비례가 요구된다. 그러나 대응조치는 정상적인 상황에서는 상대국에 대해 의무위반을 구성할 수 있는 행위인데 반해, 보복조치의 경우는 본래 적법한 행위인 점에서 그 비례성 요구의 정도는 다르다 할 것이다.[76]

(4) 소 결

국가책임은 행위의 국가귀속 및 위법성이라는 요소가 충족되면 인정되는 일반적 성격의 책임이며, 재판소 판결의 불이행은 국가의 행

74) *Ibid.*
75) 김석현, 앞의 책, 571쪽.
76) 김석현, 앞의 책, 573쪽.

위로서 이행의무 위반에 해당하여 국가책임을 발생시킨다. 유엔헌장 제94조 2항의 안보리 권고 및 조치에서 일방 당사자의 제소를 요구하는 등의 절차가 요구되는데 비해, 국가책임의 경우 대응조치, 보복 등의 이행확보 조치는 직접 상대국을 대상으로 행사 가능한 점에서 장점이 있다. 그러나 이러한 조치들은 비례성의 요구에 따라 행해져야 하고, 책임을 추궁하는 당사자 역시 그에 상응하는 의무를 부담하는 경우에 취해질 수 있다는 점에서 제한적일 수 있음을 유의해야 할 것이다.

V. 결 론

ICJ 판결에 대한 이행지연을 강제하는 문제에서 가장 주요한 특징은 이를 달성하기 위한 구체적 조치가 유엔헌장 제94조 2항에 규정되어 있다는 점이다. 동 규정에 의해 안보리는 판결의 집행을 위한 권고 및 구체적 조치들을 취할 수 있다는 점에서 유효한 집행수단을 규정하고 있는 것이다. 또한 동 조치는 당사자에만 구속력 있는 판결과 달리 유엔 회원국 전체를 수범자로 하고 있다는 점에서, 다수국가에 의한 당사자에 대한 압력행사라는 점에서도 이행과 관련한 의의를 찾아볼 수 있다. 그러나 소송의 일방 당사자가 안보리에 제소하여야 하는 절차적 제한을 두고 있고, 과거 국제연맹 규약 제13조에 비하여 안보리의 정치적 성격이 반영되어 이행의 강제가 의무사항은 아니라는 점은 문제점으로 지적되어야 할 것이다. 니카라과 사건 등에서 보듯, 동 조치를 취하는 경우에도 집행을 거부하고 있는 일방 당사국이 안보리 결정과정에 참여하여 거부권을 행사할 수 있으며, 이러한 결과 등으로 실제 동 규정에 의한 조치가 한 번도 행해진 적이 없다는 점은 판결의 이행강제에의 실효성 부여라는 동 규정의 의미를 퇴색시키는 것이다. 그 외에도 ICJ 판결의 이행을 위해서는 유엔헌장 제10조에 의한 총회에서의 토론·결의를 통한 이행강제, ECOSOC과 같은 유엔기관 및 ILO, ICAO 등 전문기구의 각 규정에 의한 이행확보 문제, 지역기구 내에서의 보조적 집행강제 등의 수단도 활용 가능하다.

해양법재판소의 경우 판결의 이행을 확보하는 명시적인 강제수단이 규율되어 있지 않은 점은 실효성 확보면에서 반드시 보완되어야 할 점이다. 그러나 동 재판소의 설립후 제기된 대부분이 사건이 이행의 확보를 요하는 본안판결과 관련된 것이 아닌, 잠정조치 및 선박, 선원의 즉시석방 조치와 관련한 것이었던 점에서 동 재판소의 판결 이행에 관한 사항을 판단하기는 시기상조라고 할 것이며, 앞으로 축적될 판례를 통해 이행과 관련한 문제를 주시하여야 할 것이다.

중재판정의 경우에는 이행의 면에서도 당사자간의 합의가 가장 중요한 것이며, 집행에 있어서의 국가면제를 이유로 집행을 거부하는 일방 당사국과의 사이에 집행면제의 포기에 관한 합의를 중재합의 과정에서 미리 체결하는 것 등이 중요하다 하겠다. 아울러 뉴욕협약 제5조의 해석과 관련하여 중재지에서 구속력이 없거나, 취소된 중재판정임을 이유로 집행을 거부하는 경우에 대하여 이행수단을 확보하는 것 역시 고려되어야 할 문제이다.

이 밖에 이행지연이 일반국가책임을 구성함을 이유로 대응조치 및 복구, 보복조치 수단을 통한 판결의 이행확보 역시 가능하다. 다만, 이러한 조치에 있어서도 비례성의 요구에 맞는 이행수단을 선택하여야 하고, 이행을 강제하는 당사자 역시 타방의 의무에 상응하는 의무를 부담하는 경우에 한하여 가능하다는 점을 염두에 두어야 한다.

국제무역기구(World Trade Organization; WTO)의 분쟁해결절차[77]의 예에서 보듯 법원이 판결후 절차, 즉 집행의 면에서도 주도적

77) Understanding on Rules and Procedures Governing the Settlement of Disputes(분쟁해결양해, 'DSU'라 함) 제21조 5항 및 제22조에 의하면 분쟁해결기구(Dispute Settlement Body)에서 내린 권고 및 판정의 준수 여부에 대한 판단 역시 가능한 한 원패널에 회부하는 것을 포함하여, 동 분쟁해결절차 내에서 결정되도록 하고 있으며, 권고사항 불이행 등의 경우 분쟁해결기구의 승인하에 보

역할을 할 수 있는 체계를 마련하는 것이 가능하다는 점도 참조하여야 할 것이다. ICJ의 경우, 판결에서 구체적 집행수단을 명시한 예로 부르키나 파소와 말리 사건[78]에서 영토분리에 관하여 세 명의 전문가를 지정할 것을 명령하였던 점[79]을 이러한 예로 들 수 있을 것이다. 판결 전·후 과정에서의 각 재판소의 참가 및 주도적 역할은 판결과 그 이행의 면에서 통일을 기할 수 있다는 점에서도 재판소의 역할은 더욱 강조되어야 하며, 이러한 방향으로의 관련법규 개정 등이 요구된다 하겠다.

복조치를 시행하도록 하고 있다.; 고준성 외 16인, 『국제경제법』, 박영사, 2006, 85-86쪽.

78) *Frontier Dispute(Burkina Faso/Republic of Mali)*, Judgment, I.C.J. Reports 1986, p.179. B.

79) Mutlaq Al-Qahtani, "The Role of the International Court of Justice in the Enforcement of Its Judicial Decisions," *Leiden Journal of International Law*, 2002, p.784.

<참고문헌>

Ⅰ. 단행본

강병근, 『국제 중재의 기본 문제』, 소화출판사(2000).

金奭賢, 『국제법상 국가책임』, 삼영사(2006).

김대순, 『국제법론』, 제13판, 삼영사(2008).

Rudiger Wolfrum, "Implementation of Decisions of International Courts," *Current Marine Environmental issues and the International Tribunal for the Law of the Sea*, Marinus Nijhoff Publishers.

Constanze Schulte, *Compliance with Decisions of the International Court of Justice*, Oxford University Press(2004).

Poudret, Jean-Francois, *Comparative Law of International Arbitration*, 2nd ed, Sweet & Maxwell(2007).

Terry D. Gill, *Rosenne's The World Court-What It is and how It works*, 6th ed., Martinus Nijhoff Publishers(2003).

Philippe Sands, Ruth Mackenzie, Yuval Shany, *Manual on International Courts and Tribunals*, Tottel Publishing(1999).

Ⅱ. 논 문

고영국, "중재판정의 집행에서 국가면제에 관한 고찰," 『국제법학회논총』, 제51권 제3호(2006).

Oscar Schachter, "The Enforcement of International Judicial and Arbitral Decisions," *American Journal of International Law*, Vol. 54(1960).

A. Tanzi, "Problems of Enforcement of Decisions of the International Court of Justice and the Law of the United Nations," *European Journal of International Law*, Vol. 6 (1995).

Mutlaq Al-Qahtani, "The Role of the International Court of Justice in the Enforcement of Its Judicial Decisions," *Leiden*

Journal of International Law (2002).

Colter Paulson, "Compliance with Final Judgments of the International Court of Justice since 1987," *American Journal of International Law*, Vol. 98(2004).

W.M. Reisman, "The Enforcement of International Judgments," *American Journal of International Law*, Vol. 63(1969).

B.A. Ajibola, "Compliance with Judgments of the International Court of Justice," in Henry Schermers(ed.), *Compliance with Judgments of International Courts*, Kluwer Law International(1995).

Joseph Sinde Warioba, "Mornitoring Compliance with and Enforcement of Binding Decisions of International Courts," *Max Planck Yearbook of United Nations Law*, Vol. 5 (2001).

Alan Boyle & Malcolm D. Evans, "The Southern Bluefin Tuna Arbitration," *International and Comparative Law Quarterly*, Vol. 50(2001).

Jan Paulsson, "Awards set aside at the place of arbitration," *Enforcing Arbitration Awards under the New York Convention*, United Nations Publication(1998).

Ⅲ. 기타 자료

Diakonia IHL Program 3rd AIDA IHL Forum on the ICJ Advisory Opinion-Enforcement Mechanisms.

UNCTAD, Dispute Settlement General Topics, "Permanent Court of Arbitration"

〔부 록〕

대한국제법학회 및 외교통상부 공동 주최

대학(원)생 국제법 논문 경시대회 역대 주제 목록

○ 2001년도(제1회)

대학원부 : "유엔헌장상 '평화에 대한 위협' 개념의 확대와 안보리의 역할에 대한 평가"

대 학 부 : "무력을 사용하는 인도적 간섭의 현행 국제법상 허용 여부"

○ 2002년도(제2회)

대학원부 및 대학부 공통 주제 :

"국제법상 난민개념의 변화와 그에 따른 탈북자의 보호 가능성"

○ 2003년도(제3회)

대학원부 : "아프가니스탄과 이라크에의 미국 무력행사에 대한 국제법적 평가"

대 학 부 : "국제법상 황사피해의 예방과 구제"

○ 2004년도(제4회)

대학원부 : 이하 두 문제 중 택일

(1) 가칭 "대량살상무기확산방지협약"과 같은 입법조약이 있다고 가정할 경우, UN 안전보장이사회는 동 조약의 비당사국에게 그 조약상의 의무 이행을 요구할 수 있는지 논술하시오.

(2) 국가들이 부담하는 조약, 국제관습법 기타 국제법상의 의무들이 충돌하는 경우 이를 해결할 수 있는 법리에 관하여 논술하시오.

대 학 부 : "대량살상무기(WMD) 규제 법리의 과제"

○ 2005년도(제5회)

대학원부 : "국제형사재판소(ICC)의 관할대상범죄로서의 침략범죄(Crime of Aggression)"

대 학 부 : "국제인권법의 발달이 외교적 보호권에 미치는 영향과 그로 인한 외교적 보호권의 향후 발전 방향"

○ 2006년도(제6회)

대학원부 : "우리나라에서의 조약의 국내법적 효력"

대 학 부 : "변칙적 범죄인인도의 효력"

○ 2007년도(제7회)

대학원부 : "국제법상 국가의 재외국민 보호의무의 범위와 한계"

- 국제판례(LaGrand case 등)에서 나타난 외교적·영사적 보호 및 우리 헌법과 판례상의 개념을 중심으로

대 학 부 : "국제법과 국제정치"를 대주제로 하여 참신성 있는 소주제·세부주제 자유 선정

○ 2008년도(제8회)

대학원부 : 아래 주제 중 택일

(1) 〔세계인권선언 60주년 기념 문제〕

- "A국에서 중대하고도 심각한 자연재해가 발생하여 수만명의 인적 피해 및 재산상의 손해가 발생한 상황에서 A국은 정치적인 사유로 타국의 인도적 구호 등 여하한 지원을 거부하고 있는 경우, 국제공동체 전체 또는 그 인접국인 B국이 A국의 의사에 반하여 A국을 지원하기 위하여 현행 국제법상 취할 수 있는 조치에는 어떠한 것이 있는가?"

(2) 〔분야 : 국제판결의 집행〕

- "국제사법재판소(ICJ), 국제해양법재판소(ITLOS), 중재재판소에서 판결이 부여된 상황에서, 동 재판의 일방당사국이 동

판결의 이행을 과도히 지연시키고 있는 경우, 訴의 상대방이 현행 국제법상 판결 미이행국으로 하여금 판결의 이행을 강제할 수 있는 방법에는 무엇이 있는가?

(3) 〔분야 : 국제분쟁의 평화적 해결〕

- "현행 국제법상 국제분쟁의 해결을 위한 평화적인 방법에는 무엇이 있으며, 우리나라와 관련된 분쟁이 발생했을 경우 우리는 어떠한 방법으로 분쟁을 해결하는 것이 가장 바람직할 것인가?"

(4) 〔분야 : 국제거래법〕

- "기업의 국제거래에서 발생한 분쟁을 해결하기 위하여 중재재판소를 통한 판정이 제공되었을 경우, 동 중재판정의 승인 및 집행과 관련하여 발생할 수 있는 문제에는 무엇이 있으며, 그 해결방안은 무엇이 있는가?"

대 학 부 : 아래 주제 중 택일

(1) 〔세계인권선언 60주년 기념 문제〕

- "인권 보호 및 인권의 증진에 있어서 국제법의 역할"

(2) 〔분야 : 외교적 보호권〕

- "해외에 투자하고 있는 우리 기업이 주재국으로부터 대규모 손해를 입었을 경우, 국제법상 우리나라는 어떠한 구제조치를 취할 수 있겠는가?"

(3) 〔분야 : 국제거래법〕

- "국제거래에 있어서의 준거법"

○ 2009년도(제9회)

대학원부 : 아래 주제 중 택일

(1) 제네바에 소재한 국제법위원회(International Law Commission)는 2008년 회의에서 '조약과 시간'(Treaties over time)을 새로운 의제로 채택하고 금년부터 본격적으로 논의할 예정입니다.

이와 관련, '조약 체결 이후 후속합의와 관행'이 조약에 미치는 영향에 대해 관련 국제법 및 구체 사례들을 통해 논하시오.

(2) 현직 국가원수는 공무상 행위에 대해 재판관할권 면제가 부여되고 있습니다. 그러나 1998년 "국제형사재판소(ICC)에 관한 로마규정" 제5조는 국제공동체 전체의 관심사인 가장 중대한 범죄에 해당하는 집단살해죄 등에 대해서는 재판소가 관할권을 갖는다고 규정하고 있으며, 최근 현직 국가원수가 ICC에 기소된 바 있습니다. 국가원수의 공무상 행위와 국제형사재판소 재판관할권의 관계에 대해 논하시오.

대 학 부 : 아래 주제 중 택일

(1) 최근 수년간 소말리아 해역에서 해적들의 활동에 의한 피해가 급증하자 국제사회의 관심국가들은 자국의 해군력 파견 등을 통해 공동대응을 하는 한편, 관련 국제규범 보완을 통해 체포한 해적의 실효적 처벌 등의 다각적인 해적행위 억제 방안을 모색하고 있습니다. 해적행위의 실효적 억제를 위한 현행 국제규범의 한계를 지적하고 개선방안을 제시하시오.

(2) 대한민국은 헌법 제3조에 따라 일정한 절차를 거치면 북한이탈주민을 대한민국 국적자로 인정하고 있습니다. S국에 체류하고 있는 북한이탈주민이 정치적 박해의 우려가 있다는 점을 인정받아 난민지위를 획득한 경우에 난민협약 규정에 따라 S국이 발급한 난민여행증명서를 가지고 우리나라에 입국하고자 사증을 신청한다면 어떻게 처리할 수 있는지 그리고 바람직한 처리방안은 무엇인지 논하시오.

(3) 최근 북미지역에서 발생한 신형 인플루엔자(H1N1)가 전 세계에 확산되면서 각국은 자국내 신형 인플루엔자의 진입과 확산을 억제하기 위해 공항에서의 방역활동 강화 및 확진환자 격리조치 등 국가별로 다양한 정책을 취하고 있습니다. 이와 관련, ICAO는 이러한 각국의 방역 활동이 국제민간항공의 운항에 부

정적 영향을 주어서는 안 된다는 결의를 채택한 바 있으며, 일국의 방역조치가 자국민에 대해 지나친 조치라며 국적국이 항의하는 사례도 발생한 바 있습니다. 국가가 실효적 방역조치를 취함에 있어 고려해야 할 국제법은 어떤 것들이 있으며, 어떤 요소들을 고려하는 것이 좋을지 논하시오.

○ 2010년도(제10회)

대학원부 : 영유권 관련 국제사법재판소 등 국제재판에서의 판례상 역사적 권원 및 실효적 지배 개념의 형성과 변천 및 오늘날의 의의를 논하시오

대 학 부 : 최근 미국국제법학회는 국제법이 개인의 일상생활과 밀접한 관계를 가지고 있다는 사례를 발표한 바 있다. 국제법이 개인의 하루 일상생활에 어떠한 영향을 주고 있는지를 사례를 들어 설명하면서 국제화 시대에서 국제법의 중요성과 의미를 논하시오.

찾아보기

[인명 · 사항]

(*조약법에 관한 비엔나협약 → 비엔나협약(1969), 국가와 국제기구 또는 국제기구 상호간의 조약법에 관한 비엔나협약 → 비엔나협약(1986), 고문 및 그 밖의 잔혹한, 비인도적인 또는 굴욕적인 대우나 처벌의 방지에 관한 협약 → 고문방지협약, 모든 형태의 인종차별 철폐에 관한 협약 → 인종차별철폐협약, 여성에 대한 모든 형태의 차별철폐에 관한 협약 → 여성차별철폐협약, 아동의 권리에 관한 협약 → 아동권리협약, 집단살해죄의 방지와 처벌에 관한 협약 → 집단살해방지협약)

(ㄱ)

박기갑

고려대학교 법과대학 법학과
고려대학교 법과대학 대학원(법학석사)
프랑스 파리 제II대학교(법학박사)
네덜란드 헤이그 국제법 아카데미 디플롬
한림대학교 법학과 부교수
현 고려대학교 법학전문대학원 교수
〈저서〉
La Protection de la souveraineté aérienne (Pédone, Paris, 1991)
환경오염의 법적 구제와 개선책(공저, 소화, 1996)
國際私法總論(삼우사, 1996)
현대국제법개론(역서, 한림대출판부, 1997)
21세기 국제인권법의 과제와 전망(편저, 삼우사, 1999)
국제원자력손해배상법(1) (삼우사, 2001)
전쟁과 국제법(신편, 삼우사, 2010)
국제법상 보호책임(공저, 삼우사, 2010)

김현정(金玹廷)

고려대학교 법과대학 법학과
고려대학교 대학원 석사(국제법)
파리 제1대학(Pantheon-Sorbonne) Master 2, 박사과정(국제법)
지해(之海)해양학술상논문대회(2009) 최우수상

김현정(金泫廷)

고려대학교 법과대학 법학과
고려대학교 대학원 석사(국제법)
Harvard University Law School(LL.M., SK한국고등교육재단 장학생)

남승현

고려대학교 법과대학 법학과
Oxford University 법학석사(BCL/MJur)
고려대학교 대학원 석사(국제법)
외교통상부 평화체제과 근무
University of Pennsylvania, SJD과정(국제법)

박진아

건국대학교 법과대학 법학과
고려대학교 대학원 석사(국제법)
고려대학교 대학원 박사과정 수료(국제법)

신수연

고려대학교 법과대학 법학과
고려대학교 대학원 석사(국제법)

안태희

고려대학교 법과대학 법학과
고려대학교 대학원 석사(국제법)
고려대학교 대학원 박사과정(국제법)

이완민

고려대학교 법과대학 법학과
고려대학교 대학원 석사과정 수료(국제법)

이원재

고려대학교 법과대학 법학과
고려대학교 대학원 석사(국제법)
육군 통역장교 복무중

이유정

이화여자대학교 법정대학 정치외교학과
고려대학교 대학원 석사(국제법)
프랑스 르아브르대 법학 마스터과정(EU에라스무스 장학생)
고려대학교 대학원 박사과정 수료(국제법)

이윤정

고려대학교 법과대학 법학과
고려대학교 대학원 석사(국제법)
고려대학교 대학원 박사과정(국제법)

임예준

고려대학교 법과대학 법학과
LL.M. Georgetown University Law Center
고려대학교 대학원 석사(국제법)
스위스 제네바 Institut des Hautes Etudes 박사과정(국제법)

정다운

고려대학교 법과대학 법학과 졸업

국제법이론총서 No.8
21세기 국제법의 현안과 과제

저자협의
인지생략

2011년 2월 25일 초판 인쇄
2011년 3월 5일 초판 발행

저 자 박 기 갑 외
발행인 조 병 철
발행처 **三 宇 社**
서울특별시 용산구 청파동3가 82-1
전화 (02) 718-8553(대) Fax (02) 718-8554
등록 1994. 9. 23. 제17-189호

정가 26,000원

ISBN 978-89-91083-51-6
ISBN 978-89-91083-28-8(세트)

이 책의 무단전재 또는 복제행위는 저작권법에 의거,
징역 또는 벌금형에 처해질 수 있습니다.